한국사 능력검정시험

심화 (1·2·3급)

개념완성

이금수 편저

빈출 이론
핵심 자료
확인 학습
실전 문제

시험 안내 information

한국사능력검정시험이란?

국사편찬위원회는 우리 역사에 대한 관심을 제고하고, 한국사 전반에 걸쳐 역사적 사고력을 평가하는 다양한 유형의 문항을 개발하고 있습니다. 이를 통해 한국사 교육의 올바른 방향을 제시하고, 자발적 역사 학습을 통해 고차원적 사고력과 문제 해결 능력을 배양하고자 합니다.

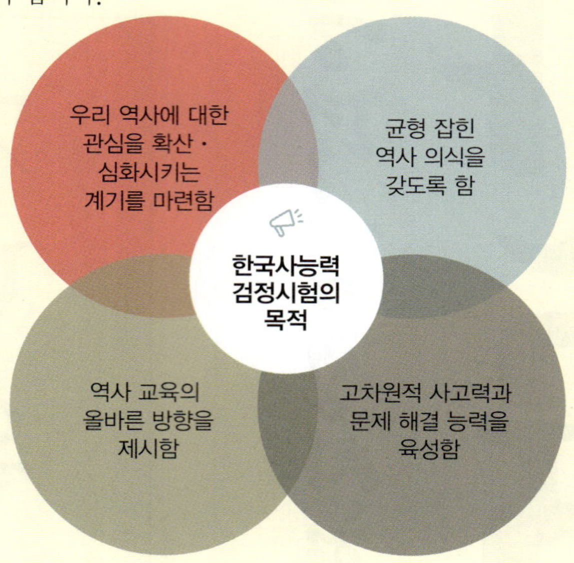

한국사능력검정시험의 특징

✔ **한국사 학습능력을 측정할 수 있는 시험입니다.**

한국사능력검정시험은 한 나라의 국민으로서 가져야 하는 기본적인 역사적 소양을 측정하고, 역사에 대한 전 국민적 공감대를 형성하기 위한 시험입니다.

✔ **응시자의 계층이 매우 다양합니다.**

한국사능력검정시험은 입시생이나 각종 채용시험과 같은 동일한 집단이 아니라, 다양한 연령층과 다양한 직업군을 가진 사람들이 응시하고 있습니다.

✔ **국가기관인 국사편찬위원회가 주관합니다.**

국사편찬위원회는 우리 역사에 대한 자료를 관장하고 있는 교육부 직속 기관입니다. 우리나라 역사에 관한 자료를 조사 · 연구 · 편찬하는 국사편찬위원회가 한국사능력검정시험을 주관 · 시행을 함으로써, 수준 높고 참신한 문항과 공신력 있는 관리를 통해 안정적인 시험 운영을 하고 있습니다.

✔ **참신한 문항 개발에 노력하고 있습니다.**

매회 시험마다 단순 암기 위주의 보편적인 문항보다는, 다양한 영역에서 여러 접근 방법을 통해 풀 수 있는 참신한 문항을 새로 개발하고 있습니다. 또한 탐구력을 증진할 수 있는 문항 개발을 통해 기존 시험의 틀을 탈피하려고 노력하고 있습니다.

✔ **'선발 시험'이 아니라 '인증 시험'입니다.**

합격의 당락을 결정하는 선발 시험의 성격이 아니라, 한국사의 학습 능력을 인증하는 시험입니다.

시험정보

- 주관 및 시행기관 : 국사편찬위원회
- 시험접수 : 한국사능력검정시험 홈페이지(www.historyexam.go.kr/)
- 시행횟수 : 심화(1~3급) 연 4회 / 기본(4~6급) 연 2회
- 시험시간 : 심화 80분 / 기본 70분
- 응시대상 : 한국사에 관심 있는 대한민국 국민(외국인도 가능), 한국사 학습자, 상급학교 진학 희망자, 공공기관이나 기업체 취업 및 해외 유학 희망자 등
- 응시료 : 심화 27,000원 / 기본 22,000원
- 시험준비 : 수험표, 신분증, 컴퓨터용 수성사인펜, 수정테이프(수정액) 등
- 결과발표 : 인터넷 성적 조회, 인증서 출력(홈페이지, 정부24)

※ 시험정보는 변경될 수 있으므로, 자세한 시험정보는 한국사능력검정시험 홈페이지를 참고하여 주시기 바랍니다.

시험종류 및 인증등급

구분	인증등급			문항 수
심화	1급(80점 이상)	2급(70~79점)	3급(60~69점)	50문항(5지 택1형)
기본	4급(80점 이상)	5급(70~79점)	6급(60~69점)	50문항(4지 택1형)

※ 국가기관 · 기업체마다 인정하는 기간이 상이하므로, 각 기관 및 기업 채용 가이드라인 확인이 필요함

평가내용

구분	평가내용	배점
심화	**[한국사 심화과정]** 한국사에 대한 체계적인 이해를 바탕으로 한국사의 주요 사건과 개념을 종합적으로 이해하고, 역사 자료를 분석하고 이해하는 능력, 한국사의 흐름 속에서 시대적 상황 및 쟁점을 파악하는 능력을 평가	100점 만점 (문항별 1점~3점 차등 배점)
기본	**[한국사 기본과정]** 기초적인 역사 상식을 바탕으로, 한국사의 필수 지식과 기본적인 흐름을 이해하는 능력을 평가	

출제유형

- 역사 지식의 이해

  역사 탐구에 필요한 기본적인 지식을 갖고 있는가를 묻는 영역입니다. 역사적 사실 · 개념 · 원리 등의 이해 정도를 측정합니다.

- 연대기의 파악

  역사의 연속성과 변화 및 발전을 이해하고 있는지를 묻는 영역입니다. 역사 사건이나 상황을 시대 순으로 정확하게 이해하고, 인과관계를 파악할 수 있는지를 측정합니다.

시험 안내 information

역사 상황 및 쟁점의 인식

제시된 자료에서 해결해야 할 구체적 역사 상황과 핵심적인 논쟁점, 주장 등을 찾을 수 있는지를 묻는 영역입니다. 문헌자료, 도표, 사진 등의 형태로 주어진 자료에서 해결해야 할 과제를 포착하거나 변별해내는 능력이 있는지를 측정합니다.

역사 자료의 분석 및 해석

자료에 나타난 정보를 해석하여 그 의미를 파악할 수 있는지를 묻는 영역입니다. 정보의 분석을 바탕으로 자료의 시대적 배경과 사회적 의미를 해석할 수 있는지를 측정합니다.

역사 탐구의 설계 및 수행

제시된 문제의 성격과 목적을 고려하여 절차와 방법에 따라 역사 탐구를 설계하고 수행할 수 있는 능력이 있는지를 묻는 영역입니다.

결론의 도출 및 평가

주어진 자료의 타당성을 판별하고, 여러 자료를 종합하여 결론을 도출할 수 있는지를 묻는 영역입니다.

시험시간

구분	시간	내용	소요 시간
심화	10:00~10:10	오리엔테이션(시험 시 주의 사항)	10분
	10:10~10:20	신분증 및 수험표 확인(감독관)	10분
	10:20~10:30	답안지 및 문제지 배부	10분
	10:30~11:50	시험 실시(50문항)	80분
기본	10:00~10:10	오리엔테이션(시험 시 주의 사항)	10분
	10:10~10:20	신분증 및 수험표 확인(감독관)	10분
	10:20~10:30	답안지 및 문제지 배부	10분
	10:30~11:40	시험 실시(50문항)	70분

응시자 유의 사항

입실 시간 및 고사실 확인

- 시험 당일 시험장*은 08:30부터 10:00까지 입장 가능하며, 10:00 이후 시험장 입장은 불가합니다.
  * 시험장은 시험실이 위치한 건물
- 시험 시작 전(오전 10:20)까지 시험실 지정된 자리에 앉아 있어야 하며, 10:20 이후에는 시험실 입실이 불가합니다.
- 시험장을 착오한 응시생은 시험에 응시할 수 없습니다.
- 수험번호대로 시험실의 지정된 자리에 앉아 응시해야 합니다.

본인 확인 절차

- 본인 확인을 위해 수험표와 한국사능력검정시험 인정 신분증을 반드시 소지하여야 합니다.

- 시험 당일 신분증을 가져오지 않은 응시자는 시험에 응시할 수 없으며, 즉각 퇴실 조치됩니다.
- 한국사능력검정시험 인정 신분증 외에는 신분증으로 인정되지 않습니다.
- 수험표에 본인 얼굴이 아니거나 본인 여부를 정확히 식별할 수 없는 사진을 첨부한 경우에는 시험 응시가 불가합니다.
- 시험 당일 수험표를 잃어버렸을 경우, 시험장 관리 본부에 신고한 뒤 본인 여부를 확인받은 후 수험표를 다시 발급받아 시험실 입실 시간 내에 입실해야 합니다.
- 감독관의 응시자 본인 확인 절차에 성실하게 응하여야 하며, 따르지 않으면 부정행위로 간주될 수 있습니다.
- 자세한 내용은 한국사능력검정시험 신분증 규정(시험 안내 > 응시 규정 > 신분증 규정) 참조 (https://www.historyexam.go.kr)

시험 진행 중 유의 사항

- 시험 종료 15분 전까지는 퇴실할 수 없습니다(감염병 유행 등 특이사항 발생시 별도 안내).
- 시험 중 퇴실할 경우에는 답안지를 감독관에게 직접 제출하며, 다른 응시자에게 방해가 되지 않도록 조용히 퇴실해야 합니다.
- 시험 도중 화장실 이용 등으로 부득이하게 고사실을 출입할 경우에는 복도 감독관의 인솔 하에 이동합니다.

답안지 작성 시 유의 사항

- 답안지는 컴퓨터용 사인펜만을 사용하여 작성하여야 하며, 그 외의 펜을 사용하는 경우 응시자가 불이익을 받을 수 있습니다.
  ※ 이미지 스캐너를 이용하여 채점하므로 컴퓨터용 사인펜 이외의 연필, 샤프 등을 사용하거나 특히 펜의 종류와 상관없이 답안을 예비 표기하였을 경우 중복 답안 등으로 채점되어 불이익을 받을 수 있음
- 답안지는 컴퓨터로 처리되므로 구기거나 이물질로 더럽혀서는 안 됩니다.
- 답안지에는 예비 표기를 포함하여 다른 어떠한 형태의 표시도 하여서는 안 됩니다.
- 시험 중 답안지를 교체한 경우, 인적사항 등 답안지 기재사항을 모두 기재해야 합니다.
  ※ 교체 전 답안지는 감독관에게 제출하며, 답안지 교체에 따른 모든 책임은 응시자에게 있음
- 한번 표기한 답을 수정할 경우에는 수정테이프를 사용하여 완전히 지운 후 수정하여야 합니다.
  ※ 수정테이프가 떨어지는 등 바르지 못한 수정으로 발생하는 모든 책임은 응시자에게 있음
- 한 문항에 답을 2개 이상 표기하거나 바르지 못한 방법으로 표기를 하여 오류로 판독된 경우는 해당 문항을 '오답' 처리합니다.
- 기타 답안 작성 및 표기의 잘못으로 인하여 일어나는 모든 불이익은 응시자 본인이 감수하여야 합니다.

바른 방법	바르지 못한 방법
●	ⓘ ⊙ ◐ ⓥ ⊗

중복 답안으로 인한 오답 처리 예시	
예비 마킹이 남아있는 답안	① ② ③ ④ ⑤
수정테이프 사용 없이 X표시한 답안	① ⊗ ● ④ ⑤
2개 이상의 문항에 점이 찍힌 답안	● ② ③ ④ ⑤

- 성명란에는 응시자의 성명을 한글로 정확하게 정자로 기입해야 합니다. 수험번호란에는 수험번호를 아라비아 숫자로 먼저 기입하고, 수험번호의 숫자 해당란에 "●"와 같이 정확하게 표기하여야 합니다.

출제경향 분석 tendency

합격률 현황

회차별 한국사능력검정시험 심화 (2024~2025년)

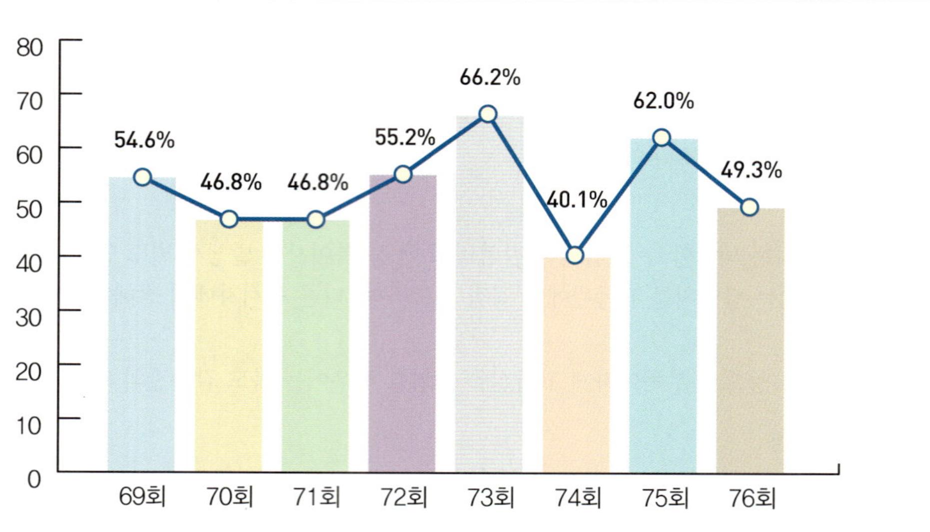

※ 단위(%), 소수 둘째점 자리에서 반올림하였습니다.

출제경향 분석

제69회

고대부터 현대까지 고르게 출제되었으며, 전반적으로는 기출 문제의 범주를 크게 벗어나지 않았다. 다만, 환국의 경과나 광복 직후의 경제 정책은 다소 난도가 있었고, 47번 문항에 출제된 무위영(고종), 응양군(고려), 서당(신문왕)은 사료로 자주 등장하지 않았기 때문에 체감 난도를 높였다. 제69회 한국사능력검정시험 심화 합격률은 54.59%였다.

제70회

현대 정치사와 헌정사 비중이 크게 늘었고, 낯선 자료가 여러 개 출제되어 수험생에게 어려운 회차였다. 조소앙의 활동, 유엔 한국임시위원단과 남북 협상, 2·28 만주 운동, 노태우 정부의 대북 정책, 사회 정책 변화 등 현대사 주제가 다양하게 출제된 점이 특징이다. 제70회 한국사능력검정시험 심화 합격률은 46.76%로 낮았다.

제71회

개념+추론형, 선후 관계 파악형 문항이 늘어나 단순 암기형 학습자들이 당혹스러웠던 회차였다. 고려의 재추, 고려 토지 제도의 변화, 이제현, 조선 태조와 조준, 1870~1880년대 통상 조약, 을미개혁의 군사 개혁 등 사고력을 요하는 자료가 다수 출제되었다. 제71회 한국사능력검정시험 심화 합격률은 46.8%로 낮았으며, 체감 난도는 70회보다도 높았다는 평가가 많았다.

✔ 제72회

71회에서 출제되었던 개념+추론형, 선후 관계 파악형이 이번 회차에서도 킬러 문제로 작용했다. 4~6세기 고구려와 백제의 관계, 송시열의 기년설 주장, 1870~1880년대의 통상 조약은 출제를 예상할 수 있었으나 체감 난도는 매우 높았으며, 제주 4・3 사건에 대한 정부의 공식 사과는 다소 생소한 주제였다. 제72회 한국사능력검정시험 심화 합격률은 55.22%로, 71회보다 다소 증가하였다.

✔ 제73회

고대 10문제, 고려~조선 19문제, 근현대 21문제로 전통 시대 비중이 상대적으로 확대되었고, 정치・문화 중심의 기본 개념 확인형 문항이 다수 출제되었다. 조선 경재소(25번) 관련 문제를 제외하고는 기존 회차에서 여러 번 출제된 주제들이 대부분을 차지해서 체감 난이도가 낮았다. 고난이도 문항이 특정 시대에 집중되지 않았고, 통합형 문항도 정형화된 흐름 수준에 머물러 총합격률 66.15%, 1급 합격률 32.86%로 최근 평균을 크게 상회하며 2025년에 치러진 한능검 심화 중 가장 쉬운 시험이었다.

✔ 제74회

고대 10문제, 고려~조선 17문제, 근현대 23문제로 근현대 비중이 확대되었고, 정치사 중심 구조 속에서 개항기・대한제국・일제 강점기 문항이 연속 배치되며 체감 난이도가 급상승했다. 백제와 신라의 6~7세기 대립, 조미 수호 통상 조약과 해관 설치처럼 인과 관계를 정확히 구분해야 하는 문항과 다수의 통합형・흐름형 문제가 고난이도로 작용했다. 그 결과 총합격률은 40.11%, 1급 합격률은 14.41%까지 하락해 최근 회차 중 가장 강한 변별력을 보였다.

✔ 제75회

고대 10문제, 고려~조선 19문제, 근현대 21문제로 다시 73회와 유사한 비중의 기본 구조를 회복했으며, 주제별로는 정치사 중심이 유지되었지만 문화・경제・사회사는 빈출 개념 위주로 출제되어 체감 난이도가 크게 낮아졌다. 천마도, 신라 말 정치 변동, 후삼국 통일 과정, 고려와 조선의 대표적인 왕, 회사령 등 정형화된 소재가 반복 출제되었다. 이에 따라 총합격률 61.95%, 1급 합격률 31.14%로 반등하였다.

✔ 제76회

고대 10문제, 고려~조선 19문제, 근현대 21문제로 기본 구조를 유지하면서도, 전반적으로 통합형・사진 제시형 문항과 근현대 세부 흐름을 정확히 구분하는 문제가 강화되어 변별력 강화를 시도했다. 개성의 지역사(15번), 제2차 조선 교육령(37번), 건준에서 인공 수립으로 이어지는 1945년 상황(44번)을 묻는 문제가 난이도를 높였다. 총합격률은 49.26%, 1급 합격률은 17.27%로 평균 수준에서 다시 변별력을 회복하며, 2025년 한국사능력검정시험 심화 시험이 '완화 - 강화 - 조정 - 재강화'의 흐름 속에서 회차별 난이도 변화를 뚜렷하게 조절해 왔음을 보여준다.

단원별 빈출 키워드 keyword

선사 · 고조선 · 초기 국가

주먹도끼, 빗살무늬 토기, 가락바퀴, 비파형 동검, 고인돌, 명도전, 위만, 범금 8조, 사출도, 읍군 · 삼로, 가족공동묘, 책화, 소도, 제천 행사

삼국 · 가야, 남북국 시대

진대법, 광개토 대왕, 장수왕, 근초고왕, 나제 동맹, 22담로, 관산성 전투, 마립간, 호우명 그릇, 지증왕, 법흥왕, 진흥왕, 수로왕, 살수대첩, 천리장성, 미륵사, 대야성 전투, 원광, 연개소문, 황산벌 전투, 백강 전투, 안승, 기벌포 전투, 외사정, 신문왕, 김흠돌의 난, 9주 5소경, 9서당, 국학, 사정부, 선종, 독서삼품과, 김헌창의 난, 장보고, 원종과 애노, 견훤, 궁예, 무왕, 문왕, 장문휴, 상경, 해동성국, 5경 15부 62주, 중정대, 동시, 울산항, 청해진, 솔빈부, 촌락문서, 녹읍, 관료전, 화백회의, 원광, 자장, 원효, 의상, 혜초, 승탑, 미륵사지 석탑, 영광탑, 태학, 임신서기석, 강수, 최치원, 사신도, 금동대향로, 무령왕릉

고려 왕조

고창 전투, 기인, 노비안검법, 과거제, 최승로, 12목, 묘청, 최충헌, 최우, 김보당, 망이 · 망소이, 만적, 위화도 회군, 광군, 서희, 강조, 양규, 강감찬, 윤관, 김윤후, 삼별초, 최무선, 중서문하성, 어사대, 도병마사, 서경, 향 · 부곡 · 소, 음서, 주전도감, 은병, 벽란도, 역분전, 전시과, 과전법, 향리, 백정, 흑창, 의창, 제위보, 의천, 지눌, 관촉사 석조 미륵보살 입상, 경천사지 10층 석탑, 국자감, 양현고, 7재, 만권당, 삼국사기, 삼국유사, 직지심체요절

조선 왕조

정도전, 6조 직계제, 홍문관, 경국대전, 갑자사화, 조광조, 기유약조, 사르후 전투, 예송, 환국, 탕평비, 규장각, 대전통편, 이종무, 비변사, 이순신, 신립, 정문부, 훈련도감, 이괄, 정봉수, 남한산성, 광교산 전투, 송시열, 나선정벌, 승정원, 사헌부, 홍문관, 3사, 관찰사, 유향소, 사역원, 과전법, 직전법, 공법, 방납, 대동법, 공인, 영정법, 결작, 농사직설, 상품 작물 재배, 신해통공, 덕대, 초량 왜관, 잡과, 시사, 규장각 검서관, 향약, 홍경래의 난, 삼정이정청, 성균관, 소수서원, 성학십도, 성학집요, 가례집람, 정제두, 성호사설, 경세유표, 의산문답, 열하일기, 북학의, 신유박해, 칠정산, 국조오례의, 경복궁, 창덕궁, 동의보감, 정선, 김정희

개항기

대전회통, 경복궁 중건, 호포제, 병인양요, 신미양요, 척화비, 강화도 조약, 조미수호통상 조약, 조선책략, 통리기무아문, 구식 군인, 조청상민수륙무역장정, 제물포 조약, 우정국, 거문도 사건, 교조신원, 전봉준, 황토현 전투, 전주 화약, 집강소, 우금치 전투, 군국기무처, 노비제 혁파, 홍범 14조, 교육입국 조서, 을미사변, 건양, 아관파천, 서재필, 관민 공동회, 헌의 6조, 중추원, 구본신참, 원수부, 한・일 의정서, 을사늑약, 중명전, 헤이그 특사, 정미 7조약, 기유각서, 최혜국 대우, 내지통상권, 방곡령, 화폐정리사업, 보안회, 국채 보상 운동, 최익현, 13도 창의군, 허위, 나철, 안중근, 신민회, 대성학교, 박문국, 대한매일신보, 양기탁, 원산학사, 한성사범학교, 광혜원

일제 강점기

헌병 경찰, 치안 유지법, 황국 신민화, 회사령, 국가 총동원법, 대한 광복회, 신흥강습소, 중광단 대조선 국민 군단, 숭무학교, 연통제, 교통국, 국민대표회의, 한인 애국단, 건국강령, 홍범도, 김좌진, 미쓰야 협정, 의열단, 김원봉, 조선 혁명 선언, 한국 독립군, 조선 혁명군, 조선 의용대, 한국 광복군, 물산 장려 운동, 조만식, 원산 총파업, 강주룡, 근우회, 형평 운동, 6・10 만세 운동, 광주 학생 항일운동, 정우회 선언, 신간회, 조선어 학회 사건, 박은식, 신채호, 조선학 운동, 백남운

현대

여운형, 좌우합작운동, 남북협상, 제주 4・3 사건, 5・10 총선거, 반민족 행위처벌법, 농지개혁, 인천상륙작전, 한미 상호방위조약, 부산 정치 파동, 발췌 개헌, 사사 오입 개헌, 조봉암, 삼백 산업, 3・15 부정선거, 내각 책임제, 양원제, 장면, 5・16 군사 정변, 6・3 시위, 베트남 파병, 3선 개헌, 7・4 남북 공동성명, 통일주체국민회의, 유신 체제, YH 무역 사건, 경제 개발 5개년 계획, 새마을 운동, 전태일, 석유 파동, 12・12 사태, 5・18 민주화 운동, 3저 호황, 박종철, 6월 민주 항쟁, 서울 올림픽, 3당 합당, 북방외교, 남북 기본 합의서, 금융 실명제, 금 모으기 운동, 외환 위기 극복, 6・15 남북공동선언, 개성공단

출제경향 분석 + 단원별 빈출 키워드

한국사능력검정시험 심화 시험 제69회부터 제76회 시험까지 합격률 현황을 제시하고 출제경향을 분석하여 시험 전반의 흐름을 알 수 있도록 하였습니다. 또한 최신 회차 기출문제를 분석하고 단원별 빈출 키워드를 간결하게 정리하여, 한눈에 주요 키워드를 볼 수 있도록 제시하였습니다.

출제경향 분석 tendency

합격률 현황

회차별 한국사능력검정시험 심화(2024~2025년)

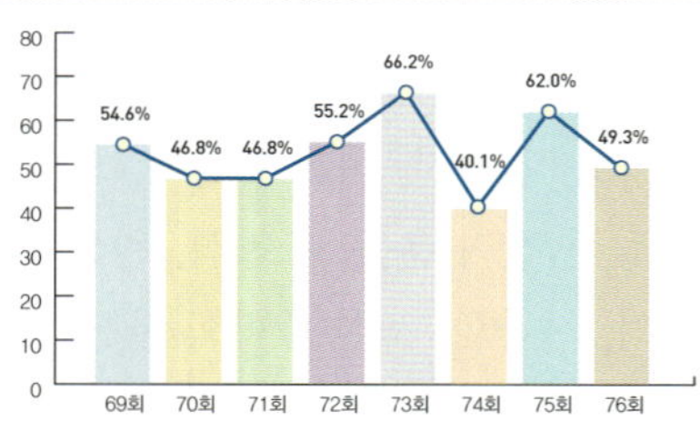

※ 단위(%), 소수 둘째점 자리에서 반올림

출제경향 분석

✔ 제69회

고대부터 현대까지 고르게 출제되었으며, 전반적으로는 기출 문제의 범주를 크게 벗어나지 않았다. 다만, 과나 광복 직후의 경제 정책은 다소 난도가 있었고, 47번 문항에 출제된 무위영(고종), 응양군(고려), 서당 사료로 자주 등장하지 않았기 때문에 체감 난도를 높였다. 제69회 한국사능력검정시험 심화 합격률은 54.

✔ 제70회

현대 정치사와 헌정사 비중이 크게 늘었고, 낯선 자료가 여러 개 출제되어 수험생에게 어려운 회차였다. 동, 유엔 한국임시위원단과 남북 협상, 2·28 민주 운동, 노태우 정부의 대북 정책, 사회 정책 변화 등 가 다양하게 출제된 점이 특징이다. 제70회 한국사능력검정시험 심화 합격률은 46.76%로 낮았다.

✔ 제71회

개념+추론형, 선후 관계 파악형 문항이 늘어나 단순 암기형 학습자들이 당혹스러웠던 회차였다. 고려의 토지 제도의 변화, 이제현, 조선 태조와 조준, 1870~1880년대 통상 조약, 을미개혁의 군사 개혁 등 사 는 자료가 다수 출제되었다. 제71회 한국사능력검정시험 심화 합격률은 46.8%로 낮았으며, 체감 난도 도 높았다는 평가가 많았다.

단원별 빈출 키워드 keyword

선사·고조선·초기 국가

주먹도끼, 빗살무늬 토기, 가락바퀴, 비파형 동검, 고인돌, 명도전, 위만, 범금 8조, 사출도, 읍군·삼로, 가족공동묘, 책화, 소도, 제천 행사

삼국·가야, 남북국 시대

진대법, 광개토 대왕, 장수왕, 근초고왕, 나제 동맹, 22담로, 관산성 전투, 마립간, 호우명 그릇, 지증왕, 법흥왕, 진흥왕, 수로왕, 살수대첩, 천리장성, 미륵사, 대야성 전투, 원광, 연개소문, 황산벌 전투, 백강 전투, 안승, 기벌포 전투, 외사정, 신문왕, 김흠돌의 난, 9주 5소경, 9서당, 국학, 사정부, 선종, 독서삼품과, 김헌창의 난, 장보고, 원종과 애노, 견훤, 궁예, 무왕, 문왕, 장문휴, 상경, 해동성국, 5경 15부 62주, 중정대, 동시, 울산항, 청해진, 솔빈부, 촌락문서, 녹읍, 관료전, 화백회의, 원광, 자장, 원효, 의상, 혜초, 승탑, 미륵사지 석탑, 영광탑, 태학, 임신서기석, 강수, 최치원, 사신도, 금동대향로, 무령왕릉

고려 왕조

고창 전투, 기인, 노비안검법, 과거제, 최승로, 12목, 묘청, 최충헌, 최우, 김보당, 망이·망소이, 만적, 위화도 회군, 광군, 서희, 강조, 양규, 강감찬, 윤관, 김윤후, 삼별초, 최무선, 중서문하성, 어사대, 도병마사, 서경, 향·부곡·소, 음서, 주전도감, 은병, 벽란도, 역분전, 전시과, 과전법, 향리, 백정, 흑창, 의창, 제위보, 의천, 지눌, 관촉사 석조 미륵보살 입상, 경천사지 10층 석탑, 국자감, 양현고, 7재, 만권당, 삼국사기, 삼국유사, 직지심체요절

조선 왕조

정도전, 6조 직계제, 홍문관, 경국대전, 갑자사화, 조광조, 기유약조, 사르후 전투, 예송, 환국, 탕평비, 규장각, 대전통편, 이종무, 비변사, 이순신, 신립, 정문부, 훈련도감, 이괄, 정봉수, 남한산성, 광교산 전투, 송시열, 나선정벌, 승정원, 사헌부, 홍문관, 3사, 관찰사, 유향소, 사역원, 과전법, 직전법, 공법, 방납, 대동법, 공인, 영정법, 결작, 농사직설, 상품 작물 재배, 신해통공, 덕대, 초량 왜관, 잡과, 시사, 규장각 검서관, 향약, 홍경래의 난, 삼정이정청, 성균관, 소수서원, 성학십도, 성학집요, 가례집람, 정제두, 성호사설, 경세유표, 의산문답, 열하일기, 북학의, 신유박해, 칠정산, 국조오례의, 경복궁, 창덕궁, 동의보감, 정선, 김정희

시대별 · 분야별 빈출주제 핵심 요약

시험에서 반복해서 출제되는 시대별 · 분야별 주제의 핵심 내용을 요약하여 수록하였습니다. 주목해야 할 자료는 Click! 박스로, 추가 설명이 필요한 부분은 파랑색 작은 글씨로 본문에 보충 설명을 추가했습니다. 각 장별 핵심이론 학습 후 실제 기출문제의 핵심 선지로 구성된 자료들을 체크하며, 개념을 확실하게 정리할 수 있도록 구성하였습니다.

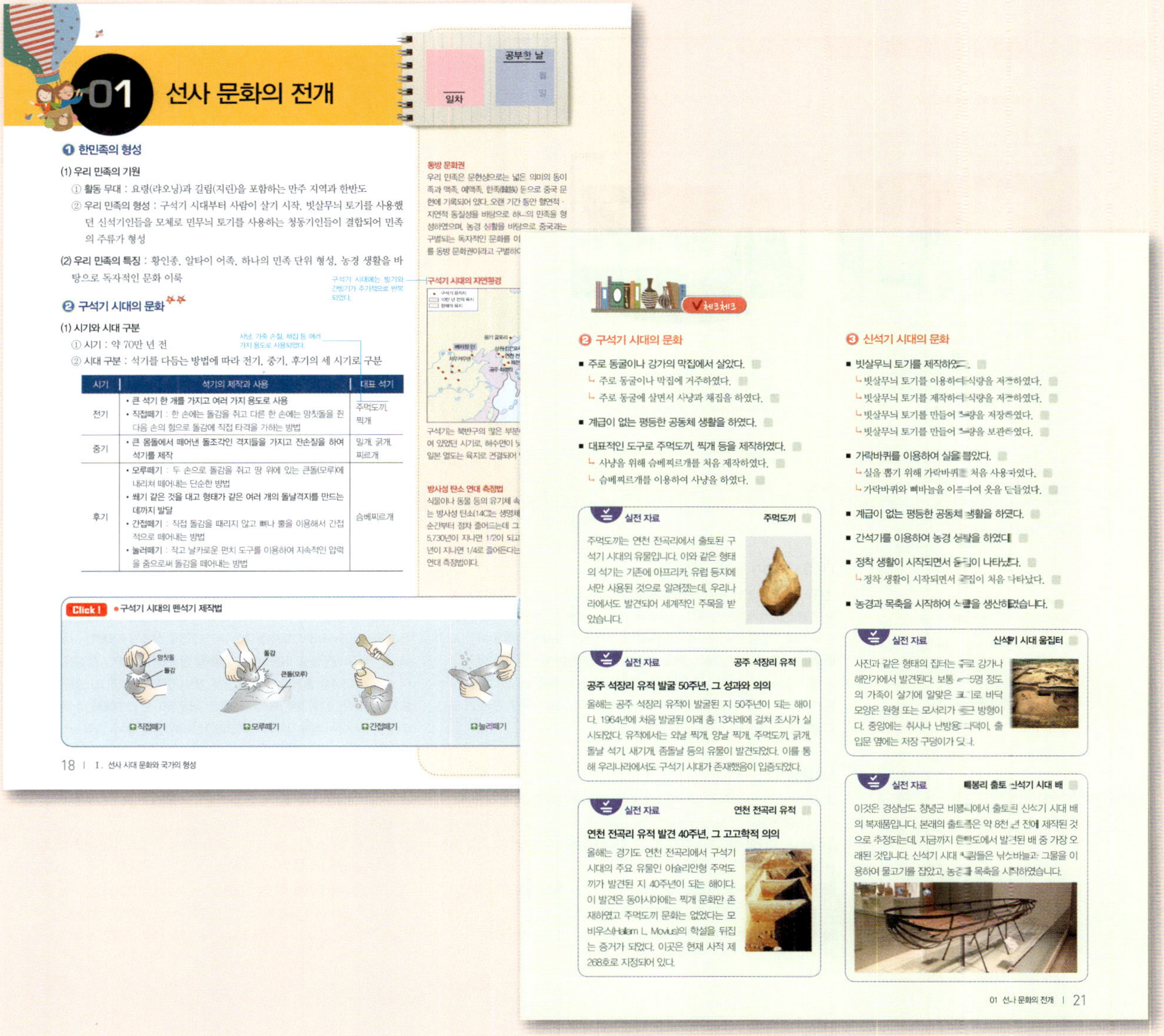

구성과 특징 composition

실력 점검을 위한 각 장별 '실전 문제 다잡기'

각 장별 학습을 모두 마친 후에는 실력 점검을 위한 실전 문제 다잡기 8문제씩을 수록하였습니다. 기출문제 중에서 해당 장의 주제와 관련된, 대표성 있는 문제들로 엄선하였습니다. 또 문제 바로 아래에 해설과 정답을 제시하여 효율적인 학습이 가능하도록 하였습니다.

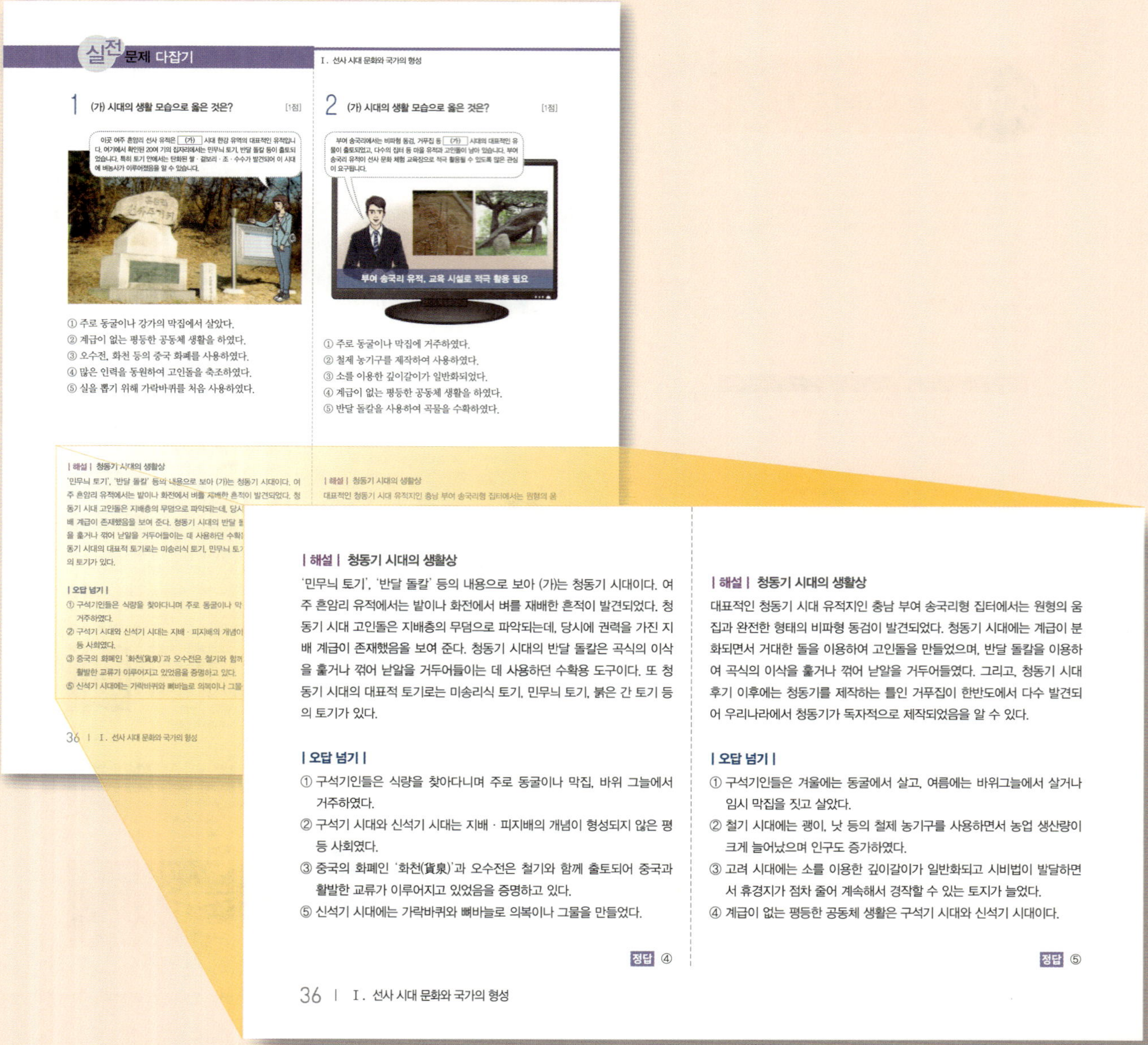

실전 문제 다잡기

I. 선사 시대 문화와 국가의 형성

1 (가) 시대의 생활 모습으로 옳은 것은? [1점]

이곳 여주 흔암리 선사 유적은 (가) 시대 한강 유역의 대표적인 유적입니다. 여기에서 확인된 20여 기의 집자리에서는 민무늬 토기, 반달 돌칼 등이 출토되었습니다. 특히 토기 안에서는 탄화된 쌀 · 겉보리 · 조 · 수수가 발견되어 이 시대에 벼농사가 이루어졌음을 알 수 있습니다.

① 주로 동굴이나 강가의 막집에서 살았다.
② 계급이 없는 평등한 공동체 생활을 하였다.
③ 오수전, 화천 등의 중국 화폐를 사용하였다.
④ 많은 인력을 동원하여 고인돌을 축조하였다.
⑤ 실을 뽑기 위해 가락바퀴를 처음 사용하였다.

2 (가) 시대의 생활 모습으로 옳은 것은? [1점]

부여 송국리에서는 비파형 동검, 거푸집 등 (가) 시대의 대표적인 유물이 출토되었고, 다수의 집터 등 마을 유적과 고인돌이 남아 있습니다. 부여 송국리 유적이 선사 문화 체험 교육장으로 적극 활용될 수 있도록 많은 관심이 요구됩니다.

부여 송국리 유적, 교육 시설로 적극 활용 필요

① 주로 동굴이나 막집에 거주하였다.
② 철제 농기구를 제작하여 사용하였다.
③ 소를 이용한 깊이갈이가 일반화되었다.
④ 계급이 없는 평등한 공동체 생활을 하였다.
⑤ 반달 돌칼을 사용하여 곡물을 수확하였다.

| 해설 | 청동기 시대의 생활상

'민무늬 토기', '반달 돌칼' 등의 내용으로 보아 (가)는 청동기 시대이다. 여주 흔암리 유적에서는 밭이나 화전에서 벼를 재배한 흔적이 발견되었다. 청동기 시대 고인돌은 지배층의 무덤으로 파악되는데, 당시에 권력을 가진 지배 계급이 존재했음을 보여 준다. 청동기 시대의 반달 돌칼은 곡식의 이삭을 훑거나 꺾어 낟알을 거두어들이는 데 사용하던 수확용 도구이다. 또 청동기 시대의 대표적 토기로는 미송리식 토기, 민무늬 토기, 붉은 간 토기 등의 토기가 있다.

| 오답 넘기 |

① 구석기인들은 식량을 찾아다니며 주로 동굴이나 막집, 바위 그늘에서 거주하였다.
② 구석기 시대와 신석기 시대는 지배 · 피지배의 개념이 형성되지 않은 평등 사회였다.
③ 중국의 화폐인 '화천(貨泉)'과 오수전은 철기와 함께 출토되어 중국과 활발한 교류가 이루어지고 있었음을 증명하고 있다.
⑤ 신석기 시대에는 가락바퀴와 뼈바늘로 의복이나 그물을 만들었다.

정답 ④

| 해설 | 청동기 시대의 생활상

대표적인 청동기 시대 유적지인 충남 부여 송국리형 집터에서는 원형의 움집과 완전한 형태의 비파형 동검이 발견되었다. 청동기 시대에는 계급이 분화되면서 거대한 돌을 이용하여 고인돌을 만들었으며, 반달 돌칼을 이용하여 곡식의 이삭을 훑거나 꺾어 낟알을 거두어들였다. 그리고, 청동기 시대 후기 이후에는 청동기를 제작하는 틀인 거푸집이 한반도에서 다수 발견되어 우리나라에서 청동기가 독자적으로 제작되었음을 알 수 있다.

| 오답 넘기 |

① 구석기인들은 겨울에는 동굴에서 살고, 여름에는 바위그늘에서 살거나 임시 막집을 짓고 살았다.
② 철기 시대에는 괭이, 낫 등의 철제 농기구를 사용하면서 농업 생산량이 크게 늘어났으며 인구도 증가하였다.
③ 고려 시대에는 소를 이용한 깊이갈이가 일반화되고 시비법이 발달하면서 휴경지가 점차 줄어 계속해서 경작할 수 있는 토지가 늘었다.
④ 계급이 없는 평등한 공동체 생활은 구석기 시대와 신석기 시대이다.

정답 ⑤

36 | I. 선사 시대 문화와 국가의 형성

특별 주제 등 다양한 학습장치

각 장별 학습 후 특강 코너에서는 중요한 주제들을 좀 더 심층적이고 상세하게 정리하였고, 본문 이론이 끝나는 뒤편에는 우리나라의 세시 풍속, 우리나라 각 지역의 역사, 유네스코 등재 유산, 역대 왕계표 등 시험에 출제되는 특별한 주제들을 별도로 정리하였습니다. 또 OMR 답안지와 학습 플랜 양식지, 고득점 합격을 위한 '신개념' 정리표를 도서 뒤편에 수록하여 학습에 활용할 수 있도록 구성하였습니다.

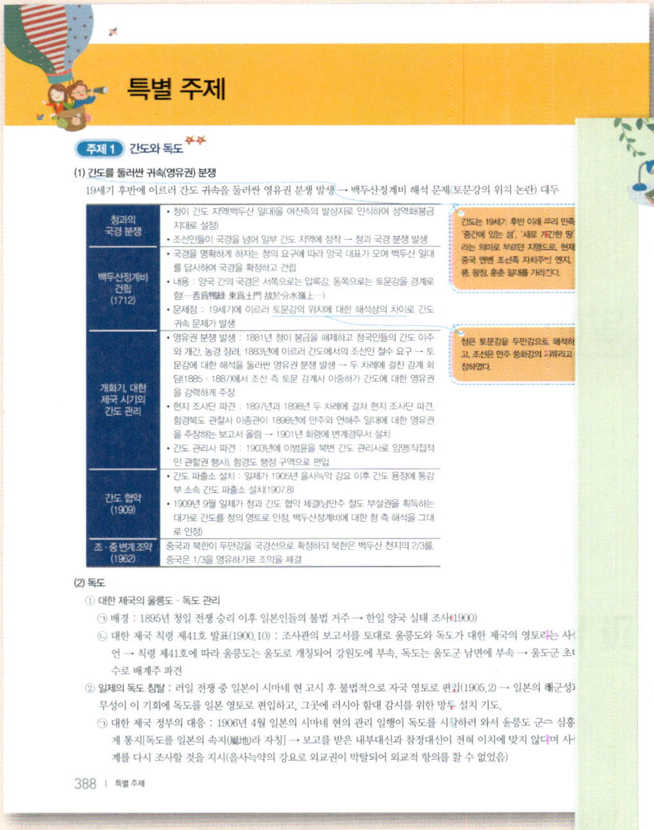

특별 주제

주제 1 간도와 독도

(1) 간도를 둘러싼 귀속(영유권) 분쟁

19세기 후반에 이르러 간도 귀속을 둘러싼 영유권 분쟁 발생 → 백두산정계비 해석 문제(토문강의 위치 논란) 대두

(2) 독도

388 | 특별 주제

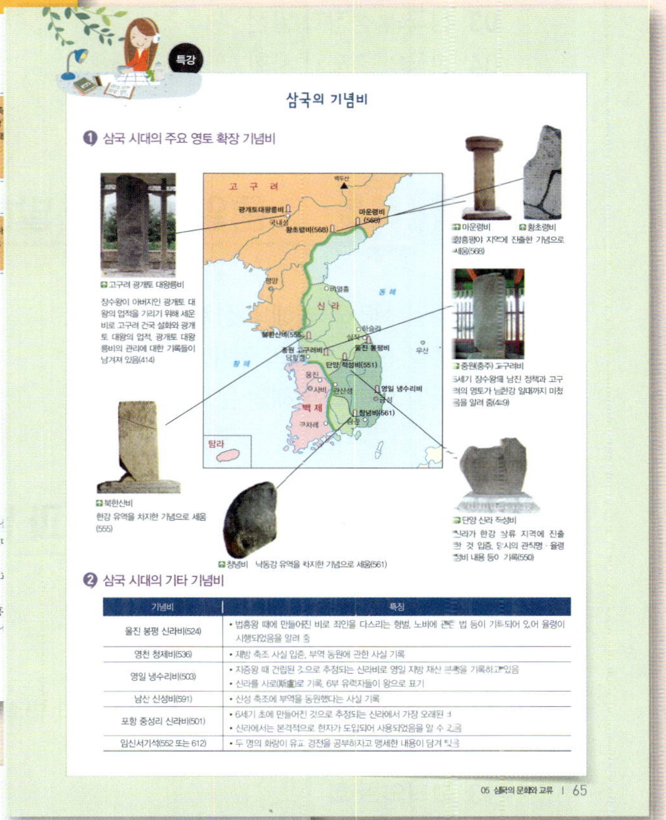

특강

삼국의 기념비

❶ 삼국 시대의 주요 영토 확장 기념비

❷ 삼국 시대의 기타 기념비

05 성문의 문화와 교류 | 65

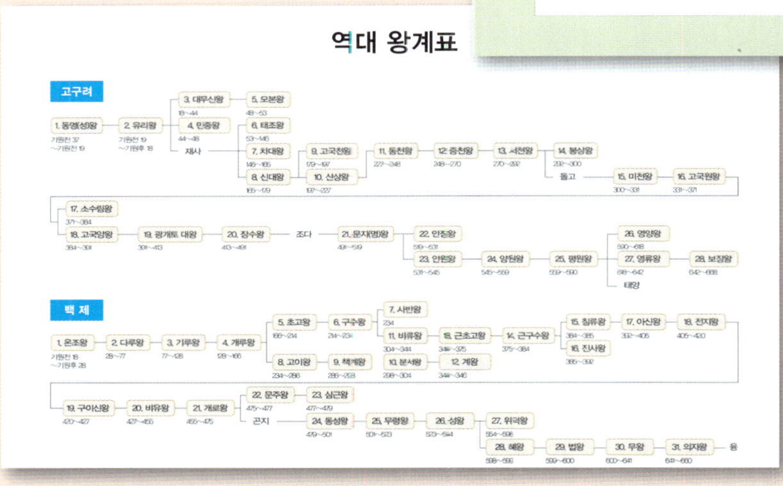

역대 왕계표

고구려

백제

목차 contents

조선 사회의 변동

VII 근대 사회의 전개

VIII 민족 독립운동의 전개

IX 현대 사회의 발전

I

선사 시대 문화와 국가의 형성

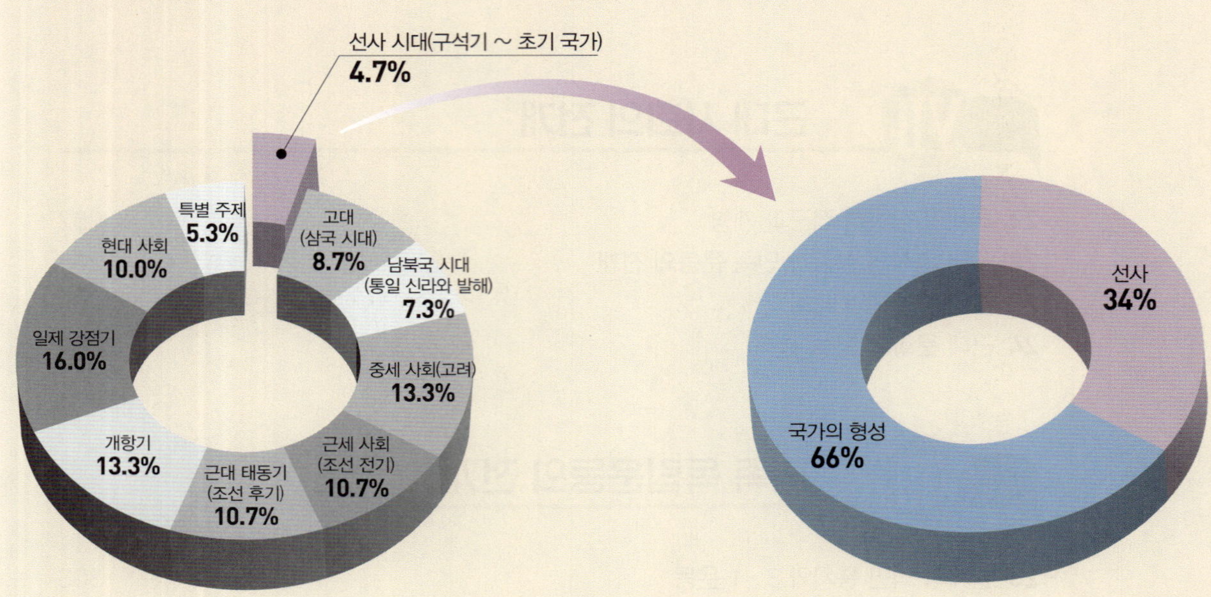

단원 들어가기

선사 시대는 문자 기록이 없었던 시대이므로 현존하는 유물과 유적을 통해 당시의 모습을 유추할 수 있다. 선사 시대는 인류가 사용한 도구에 따라 구석기 · 신석기 · 청동기 · 철기 시대로 구분한다.

만주 지역과 한반도 일대에서는 약 70만 년 전부터 뗀석기를 사용하고 무리 생활을 하는 구석기 시대가 시작되었다. 그 후 신석기 시대에는 빗살무늬 토기의 제작과 아울러 농경이 시작됨으로써 부족 단위의 정착 생활이 이루어졌다.

청동기 시대에는 지배 계급이 출현하여 국가가 형성되었는데, 고조선은 이때 성립되었다. 고조선은 점차 정치적 · 문화적 중심지 역할을 하면서 세력을 확장하여 만주와 한반도 일대를 지배하였다.

이어서 기원전 5세기경부터 철기가 널리 보급되어 농업 생산이 증대되고, 사회 변화가 촉진되어 문화 생활도 다양해져 갔다. 이러한 토대 위에서 각지에 여러 나라가 형성되어 성장하였는데, 이들 가운데 일부는 다른 나라에 통합되었고 일부는 연맹 왕국으로 발전하여 중앙 집권 국가를 형성해 갔다.

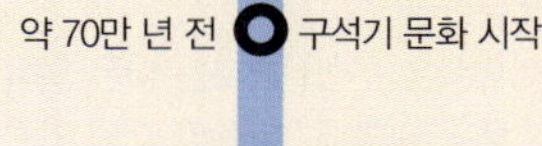

약 70만 년 전	구석기 문화 시작
약 1만 년 전	후빙기, 해수면 상승
기원전 8000년경	신석기 문화 시작
기원전 2333년	고조선 건국(삼국유사)
기원전 2000년경	청동기 문화 시작
기원전 1000년경	고조선의 발전
기원전 5세기경	철기 문화 보급
기원전 194년	위만, 고조선의 왕이 됨
기원전 108년	고조선 멸망

| 연표로 흐름잡기 |

1 선사 문화의 전개

2 고조선과 국가의 형성

01 선사 문화의 전개

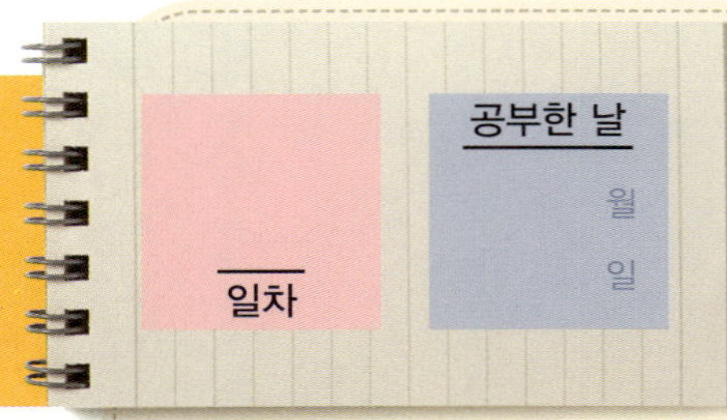

❶ 한민족의 형성

(1) 우리 민족의 기원

① **활동 무대** : 요령(랴오닝)과 길림(지린)을 포함하는 만주 지역과 한반도

② **우리 민족의 형성** : 구석기 시대부터 사람이 살기 시작, 빗살무늬 토기를 사용했던 신석기인들을 모체로 민무늬 토기를 사용하는 청동기인들이 결합되어 민족의 주류가 형성

(2) 우리 민족의 특징 : 황인종, 알타이 어족, 하나의 민족 단위 형성, 농경 생활을 바탕으로 독자적인 문화 이룩

동방 문화권
우리 민족은 문헌상으로는 넓은 의미의 동이족과 맥족, 예맥족, 한족(韓族) 등으로 중국 문헌에 기록되어 있다. 오랜 기간 동안 혈연적·지연적 동질성을 바탕으로 하나의 민족을 형성하였으며, 농경 생활을 바탕으로 중국과는 구별되는 독자적인 문화를 이룩하였는데, 이를 동방 문화권이라고 구별하여 부른다.

❷ 구석기 시대의 문화 ☆☆

구석기 시대에는 빙기와 간빙기가 주기적으로 반복되었다.

구석기 시대의 자연환경

구석기는 북반구의 많은 부분이 얼음으로 덮여 있었던 시기로, 해수면이 낮아져 한반도와 일본 열도는 육지로 연결되어 있었다.

(1) 시기와 시대 구분

① **시기** : 약 70만 년 전

② **시대 구분** : 석기를 다듬는 방법에 따라 전기, 중기, 후기의 세 시기로 구분

사냥, 가죽 손질, 채집 등 여러 가지 용도로 사용되었다.

시기	석기의 제작과 사용	대표 석기
전기	• 큰 석기 한 개를 가지고 여러 가지 용도로 사용 • **직접떼기** : 한 손에는 돌감을 쥐고 다른 한 손에는 망칫돌을 쥔 다음 손의 힘으로 돌감에 직접 타격을 가하는 방법	주먹도끼, 찍개
중기	• 큰 몸돌에서 떼어낸 돌조각인 격지들을 가지고 잔손질을 하여 석기를 제작	밀개, 긁개, 찌르개
후기	• **모루떼기** : 두 손으로 돌감을 쥐고 땅 위에 있는 큰돌(모루)에 내리쳐 떼어내는 단순한 방법 • 쐐기 같은 것을 대고 형태가 같은 여러 개의 돌날격지를 만드는 데까지 발달 • **간접떼기** : 직접 돌감을 때리지 않고 뼈나 뿔을 이용해서 간접적으로 떼어내는 방법 • **눌러떼기** : 작고 날카로운 펀치 도구를 이용하여 지속적인 압력을 줌으로써 돌감을 떼어내는 방법	슴베찌르개

방사성 탄소 연대 측정법
식물이나 동물 등의 유기체 속에 포함되어 있는 방사성 탄소(14C)는 생명체가 생명을 잃는 순간부터 점차 줄어드는데 그 줄어드는 양이 5,730년이 지나면 1/2이 되고, 또다시 5,730년이 지나면 1/4로 줄어든다는 원리를 이용한 연대 측정법이다.

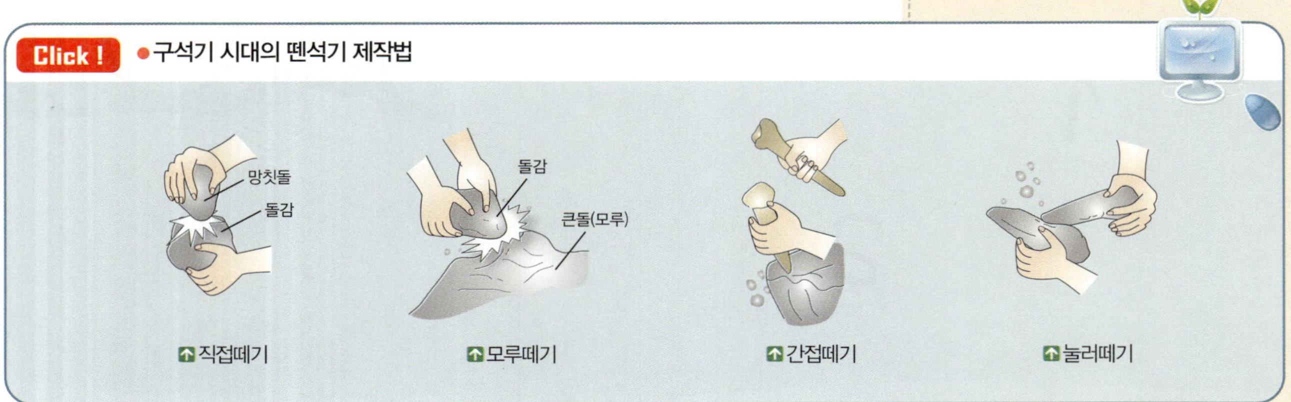

한국사 感 높이기

아슐리안형 주먹도끼
종래 주먹도끼는 인도와 유럽, 아프리카에서만 발견되었기 때문에 미국의 고고학자 모비우스(Hallam L. Movius)는 인도의 동쪽 아시아 지역은 유럽과 달리 찍개 문화권이라고 불러 전기 구석기 시대를 구분하였다. 그러나 전곡리에서 주먹도끼가 발견됨으로써 이 이론을 반박할 수 있게 되었다.

흥수아이 충북 청원군 두루봉 동굴에서 아이의 뼈가 발견되었는데 발견자의 이름을 따서 이 뼈를 '흥수아이'라고 부른다.

흑요석 도구 흑요석은 화산 활동으로 생성되는 암석으로 후기 구석기 시대에 여러 도구를 손쉽게 대량으로 만드는 데 사용되었다. 한국의 구석기 시대 유적에서도 다수의 흑요석 석기가 발굴되었는데 흑요석을 분석해 백두산 등 원석 산지와의 문화적 교류를 추정하기도 한다.

구석기 시대 후기 이후 자연환경이 변화하면서 작고 날랜 동물이 많아지자, 이들을 잡기 위해 석기들을 작고 섬세하게 가공한 후, 한 개 내지 여러 개의 석기를 나무나 뼈에 이어 쓰는 이음 도구를 제작하여 사용하였다.

도구의 용도
한 손에 쥘 수 있는 주먹도끼는 만능 도구로서 가장 널리 쓰였다. 이 밖에 쓰임에 따라 사냥용으로 찍개와 찌르개, 가죽 벗기기용으로 긁개 등을 사용하였다.

(2) 구석기 시대의 주요 유적

시기	지역	주요 유물 및 특징
전기	평남 상원 검은모루 동굴	60~40만 년 전의 12종의 포유류 동물의 뼈 화석과 주먹도끼 등 출토
	충남 공주 석장리	고래와 새, 멧돼지 조각품 등 전기 구석기 유물에서 후기 구석기 유물까지 출토
	경기 연천 전곡리	아슐리안 계통의 주먹도끼와 동아시아식 찍개가 동시에 출토
	충북 단양 금굴	약 70만 년 전의 유적지로, 포유 동물 화석 등이 발견되었음
중기	함북 웅기 굴포리	매머드의 뼈 화석 출토, 박편석기, 신석기와 구석기의 문화층 확인
	충북 제천 점말 동굴	사람의 얼굴을 새긴 코뿔소의 화석 발견
	강원 양구 상무룡리	흑요석기 출토 → 선사 시대의 교류 확인 가능
후기	충북 청원 두루봉	구석기인 인골(흥수아이)과 화덕자리, 뼈조각 인물상 등 발견
	함북 종성 동관진	우리나라 최초로 출토된 구석기 유적지, 짐승의 뼈 출토
	충북 단양 수양개	석기 제작소 발견, 석회암 지대
	제주 빌레못 유적	혈거 유적지, 동물의 화석과 뗀석기 발견

(3) 구석기 시대의 생활

① **도구** : 뼈도구와 주먹도끼 등의 뗀석기 사용 → 사냥, 채집, 어로 생활
② **주거 생활** : 동굴이나 바위 그늘, 강가의 막집 → 이동 생활
③ **사회 생활** : 무리 생활, 평등한 공동체 사회, 경험 많고 지혜로운 사람이 지도자
④ **신앙 생활** : 고래와 물고기 등을 새긴 조각 → 사냥감의 번성을 비는 주술적 의미
⑤ **예술 활동** : 석회암이나 동물의 뼈, 뿔 등을 이용하여 조각품 제작

(4) 중석기 시대 : 구석기 시대에서 신석기 시대로 넘어가는 전환기

① **자연환경의 변화** : 빙하기가 지나고 다시 기후가 따뜻해짐 → 동식물이 번성하면서 작고 빠른 짐승을 사냥하기 위해 활, 창 등을 사용
② **도구의 변화** : 잔석기, 이음 도구 제작(슴베찌르개)

전곡리 출토 주먹도끼
밀개
긁개
슴베찌르개

❸ 신석기 시대의 문화 ☆☆☆

(1) 시기 : 기원전 8000년경(약 1만 년 전)부터 시작

(2) 도구

① **간석기의 사용 :** 돌을 갈아서 다양한 형태와 용도를 가진 간석기 제작

> 간석기: 돌을 갈아 만든 석기. 날이 무뎌지면 다시 갈아 날카롭게 만들어 사용하기도 하였다.

② **토기**

㉠ 신석기 시대 초기의 토기 : 이른 민무늬 토기, 덧무늬 토기, 눌러찍기무늬 토기 등

㉡ 빗살무늬 토기 : 기하학적 무늬를 새긴 신석기 시대의 대표적 토기

(3) 신석기 시대의 주요 유적

지역	주요 유물	특징
제주 한경 고산리	이른 민무늬 토기, 눌러찍기무늬 토기	현존하는 가장 최고(最古)의 유적지
평양 남경 / 황해도 봉산 지탑리	탄화된 좁쌀 발견	신석기 시대 농경 생활이 나타난 유적지
서울 암사동	움집, 빗살무늬 토기	신석기 시대 움집이 여러 채 발견됨

(4) 경제 생활

① **농경 생활 시작 :** 조 · 피 · 수수 등 잡곡류 경작(탄화된 좁쌀 발견)

② **원시적인 수공업의 발달 :** 가락바퀴(실을 뽑는 도구)나 뼈바늘 출토 → 옷이나 그물 제작

(5) 주거 생활 : 원형이나 모서리가 둥근 사각형의 움집

> 움집: 4~5명 거주, 중앙에 화덕, 남쪽 출입문, 화덕이나 출입문 옆에 저장 구덩을 만들어 식량이나 도구 저장

(6) 사회 생활 : 혈연을 바탕으로 한 씨족 사회, 족외혼을 통해 부족 형성, 평등 사회

(7) 예술 활동 : 흙을 빚어 구운 얼굴 모습, 조개껍데기 가면, 치레걸이 등 제작

(8) 원시 신앙의 발생 : 애니미즘(자연 숭배), 토테미즘(특정한 동물 숭배), 영혼 · 조상 숭배, 샤머니즘(무당, 주술 신앙)

신석기 시대의 농기구

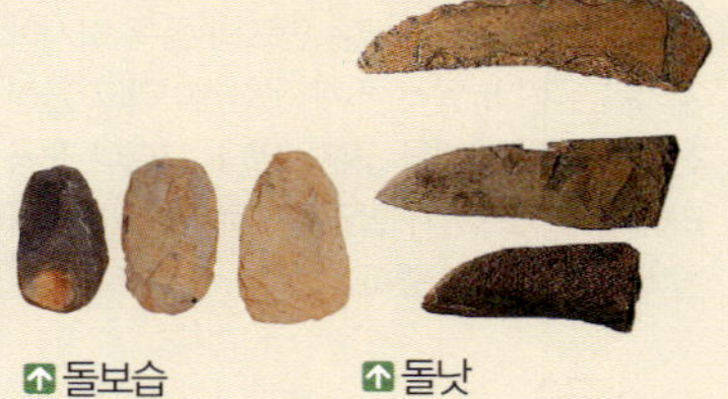

돌보습 돌낫

덧무늬 토기

신석기 시대의 집터

조개껍데기 가면 얼굴 모양의 토제품

Click ! ● 우리나라의 신석기 유적지와 다양한 유물

● 신석기 유적

웅기 서포항: 움집 발굴, 짐승 뼈

봉산 지탑리: 돌보습, 돌가래, 돌낫 등의 농기구, 탄화미 발견

평양 남경: 탄화미 발견

양양 오산리: 석기 매장 시설

몽금포: 신석기 시대의 대표적 토기(사단선 무늬, 어골 무늬)

서울 암사동: 빗살무늬 토기, 돌도끼, 돌낫, 보습 등, 움집 발견

부산 동삼동: 이른 민무늬 토기, 덧띠 무늬 토기 발견

신석기 시대의 움집터 / 여러 종류의 간석기 / 갈돌과 갈판 / 이음낚시

신석기 시대의 움집 / 빗살무늬 토기 / 가락바퀴 / 뼈바늘과 바늘통

> 가락바퀴: 섬유를 꼬아 실을 만드는 도구로, 중앙의 둥근 구멍에 축이 될 막대를 넣어 회전시켜 꼬임을 주고 섬유를 길게 늘어뜨려 이어가며 실을 만든다.

❷ 구석기 시대의 문화

- 주로 동굴이나 강가의 막집에서 살았다.
  - ↳ 주로 동굴이나 막집에 거주하였다.
  - ↳ 주로 동굴에 살면서 사냥과 채집을 하였다.
- 계급이 없는 평등한 공동체 생활을 하였다.
- 대표적인 도구로 주먹도끼, 찍개 등을 제작하였다.
  - ↳ 사냥을 위해 슴베찌르개를 처음 제작하였다.
  - ↳ 슴베찌르개를 이용하여 사냥을 하였다.

 실전 자료 **주먹도끼**

주먹도끼는 연천 전곡리에서 출토된 구석기 시대의 유물입니다. 이와 같은 형태의 석기는 기존에 아프리카, 유럽 등지에서만 사용된 것으로 알려졌는데, 우리나라에서도 발견되어 세계적인 주목을 받았습니다.

 실전 자료 **공주 석장리 유적**

공주 석장리 유적 발굴 50주년, 그 성과와 의의

올해는 공주 석장리 유적이 발굴된 지 50주년이 되는 해이다. 1964년에 처음 발굴된 이래 총 13차례에 걸쳐 조사가 실시되었다. 유적에서는 외날 찍개, 양날 찍개, 주먹도끼, 긁개, 돌날 석기, 새기개, 좀돌날 등의 유물이 발견되었다. 이를 통해 우리나라에서도 구석기 시대가 존재했음이 입증되었다.

 실전 자료 **연천 전곡리 유적**

연천 전곡리 유적 발견 40주년, 그 고고학적 의의

올해는 경기도 연천 전곡리에서 구석기 시대의 주요 유물인 아슐리안형 주먹도끼가 발견된 지 40주년이 되는 해이다. 이 발견은 동아시아에는 찍개 문화만 존재하였고 주먹도끼 문화는 없었다는 모비우스(Hallam L. Movius)의 학설을 뒤집는 증거가 되었다. 이곳은 현재 사적 제268호로 지정되어 있다.

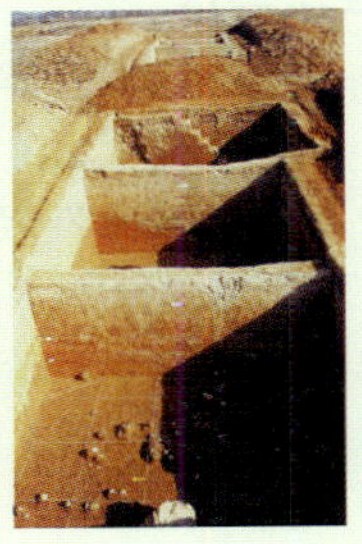

❸ 신석기 시대의 문화

- 빗살무늬 토기를 제작하였다.
  - ↳ 빗살무늬 토기를 이용하여 식량을 저장하였다.
  - ↳ 빗살무늬 토기를 제작하여 식량을 저장하였다.
  - ↳ 빗살무늬 토기를 만들어 식량을 저장하였다.
  - ↳ 빗살무늬 토기를 만들어 식량을 보관하였다.
- 가락바퀴를 이용하여 실을 뽑았다.
  - ↳ 실을 뽑기 위해 가락바퀴를 처음 사용하였다.
  - ↳ 가락바퀴와 뼈바늘을 이용하여 옷을 만들었다.
- 계급이 없는 평등한 공동체 생활을 하였다.
- 간석기를 이용하여 농경 생활을 하였다.
- 정착 생활이 시작되면서 움집이 나타났다.
  - ↳ 정착 생활이 시작되면서 움집이 처음 나타났다.
- 농경과 목축을 시작하여 식량을 생산하였습니다.

 실전 자료 **신석기 시대 움집터**

사진과 같은 형태의 집터는 주로 강가나 해안가에서 발견된다. 보통 4~5명 정도의 가족이 살기에 알맞은 크기로 바닥 모양은 원형 또는 모서리가 둥근 방형이다. 중앙에는 취사나 난방용 화덕이, 출입문 옆에는 저장 구덩이가 있다.

실전 자료 **비봉리 출토 신석기 시대 배**

이것은 경상남도 창녕군 비봉리에서 출토된 신석기 시대 배의 복제품입니다. 본래의 출토품은 약 8천 년 전에 제작된 것으로 추정되는데, 지금까지 한반도에서 발견된 배 중 가장 오래된 것입니다. 신석기 시대 사람들은 낚싯바늘과 그물을 이용하여 물고기를 잡았고, 농경과 목축을 시작하였습니다.

1 (가) 시대의 생활 모습으로 옳은 것은? [1점]

이것은 경기도 고양시 도내동 유적 발굴 현장 모습입니다. 이 유적에서는 약 4~7만 년 전에 제작된 주먹도끼, 찌르개, 돌날 등 (가) 시대의 도구들이 8,000여 점이나 출토되었으며, 대규모의 석기 제작 공간이 있었던 것으로 추정됩니다.

① 소를 이용한 깊이갈이가 일반화되었다.
② 주로 동굴이나 강가의 막집에서 살았다.
③ 반량전, 명도전 등의 화폐를 사용하였다.
④ 지배층의 무덤으로 고인돌을 축조하였다.
⑤ 빗살무늬 토기를 이용하여 식량을 저장하였다.

| 해설 | 구석기 시대의 생활상

제시된 자료에서 '주먹도끼', '찌르개', '돌날'의 내용을 통하여 (가) 시대는 구석기 시대임을 알 수 있다. 구석기 시대 사람들은 돌을 깨뜨려서 만든 주먹도끼와 같은 뗀석기를 사용하였다. 이들은 주로 사냥, 채집, 물고기잡이를 통해 생활하였으며, 동굴이나 강가에 막집을 짓고 살았다.

| 오답 넘기 |

① 소를 이용한 깊이갈이가 일반화된 것은 고려 시대의 일이다.
③ 반량전, 명도전 등의 화폐를 사용한 것은 초기 철기 시대의 일이다.
④ 지배층의 무덤으로 고인돌을 축조한 것은 청동기 시대의 일이다.
⑤ 빗살무늬 토기를 이용하여 식량을 저장한 것은 신석기 시대의 일이다.

정답 ②

2 (가) 시대의 사회 모습으로 옳은 것은? [1점]

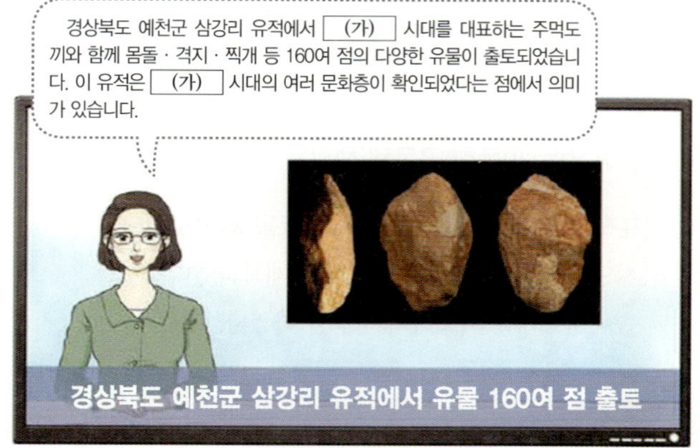

경상북도 예천군 삼강리 유적에서 (가) 시대를 대표하는 주먹도끼와 함께 몸돌 · 격지 · 찍개 등 160여 점의 다양한 유물이 출토되었습니다. 이 유적은 (가) 시대의 여러 문화층이 확인되었다는 점에서 의미가 있습니다.
경상북도 예천군 삼강리 유적에서 유물 160여 점 출토

① 가락바퀴를 이용하여 실을 뽑았다.
② 주로 동굴에 살면서 사냥과 채집을 하였다.
③ 거푸집을 이용하여 세형 동검을 제작하였다.
④ 빗살무늬 토기를 만들어 식량을 저장하였다.
⑤ 쟁기, 쇠스랑 등의 철제 농기구를 사용하였다.

| 해설 | 구석기 시대의 생활상

주먹도끼와 함께 몸돌 · 격지 · 찍개 등이 출토되었다는 내용을 통해 볼 때 (가) 시대는 구석기 시대이다. 구석기 시대 사람들은 돌을 깨뜨려서 만든 주먹도끼와 같은 뗀석기를 사용하였다. 이들은 주로 사냥, 채집, 물고기잡이를 통해 생활하였으며, 동굴이나 강가에 막집을 짓고 살았다.

| 오답 넘기 |

① 신석기 시대에는 가락바퀴로 실을 뽑아 뼈바늘로 옷을 지어 입거나 그물을 만들었다.
③ 철기 시대에는 거푸집을 이용하여 세형 동검을 만들고 잔무늬 거울도 만들었다.
④ 빗살무늬 토기는 신석기 시대에 곡식을 저장하는 용도로 사용되었다.
⑤ 초기 철기 시대에는 철제 농기구를 사용하면서 농업 생산량이 더욱 늘어났다.

정답 ②

3 (가) 시대의 생활 모습으로 옳은 것은? [1점]

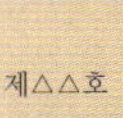

○○ 신문

제△△호 20○○년 ○○월 ○○일

연천 전곡리 유적 발견 40주년, 그 고고학적 의의

발굴 현장

올해는 경기도 연천 전곡리에서 (가) 시대의 주요 유물인 아슐리안형 주먹도끼가 발견된 지 40주년이 되는 해이다. 이 발견은 동아시아에는 찍개 문화만 존재하였고 주먹 도끼 문화는 없었다는 모비우스(hallam L. Movius)의 학설을 뒤집는 증거가 되었다. 이곳은 현재 사적 제268호로 지정되어 있다.

① 거푸집을 이용하여 도구를 제작하였다.
② 지배자의 무덤으로 고인돌을 축조하였다.
③ 반달 돌칼을 이용하여 곡식을 수확하였다.
④ 가락바퀴와 뼈바늘을 이용하여 옷을 지었다.
⑤ 주로 동굴이나 강가의 막집에서 거주하였다.

| 해설 | 구석기 시대의 생활상

경기도 연천 전곡리 유적에서는 우리나라에서 처음으로 주먹도끼가 발견되었다. 이전에는 인도와 유럽, 아프리카에서만 주먹도끼가 만들어졌고, 인도의 동쪽 아시아 지역은 유럽과 달리 찍개만 있는 문화권이라는 모비우스의 이론이 우세하였다. 그러나 전곡리에서 주먹도끼가 발견됨으로써 이 이론을 반박할 수 있게 되었다.

⑤ 구석기인들은 겨울에는 동굴에서 살고, 여름에는 바위그늘에서 살거나 임시 막집을 짓고 살았다.

| 오답 넘기 |

① 거푸집은 청동기 시대 후기에 청동을 부어 원하는 모양을 만들어 내는 틀을 말한다.
② 청동기 시대에 축조된 고인돌은 지배층의 무덤으로 파악된다.
③ 반달 돌칼은 청동기 시대 곡식의 이삭을 자르던 도구이다.
④ 신석기 시대 사람들은 가락바퀴로 실을 뽑아 뼈바늘로 옷을 지어 입거나 그물을 만들었다.

정답 ⑤

4 (가) 시대의 생활 모습으로 옳은 것은? [2점]

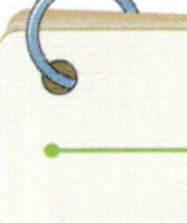

유물 카드

- 명칭 : 슴베찌르개
- 출토지 : 충청북도 단양 수양개 유적
- 시대 : (가) 시대
- 소개 : 뗀석기로서 슴베를 자루에 연결하여 창끝이나 화살촉 등의 용도로 사용하였다.

① 빗살무늬 토기를 제작하였다.
② 주로 동굴이나 강가의 막집에서 살았다.
③ 지배층의 무덤으로 고인돌을 축조하였다.
④ 반달 돌칼을 사용하여 곡물을 수확하였다.
⑤ 가락바퀴와 뼈바늘을 이용하여 옷을 만들었다.

| 해설 | 구석기 시대의 생활상

슴베찌르개는 자루 속에 박히는 슴베가 달린 찌르개로 구석기 시기 뗀석기의 일종이다. 따라서 (가) 시대는 구석기 시대이다. 구석기 시대 사람들은 돌을 깨뜨려서 만든 주먹도끼와 같은 뗀석기를 사용하였다. 이들은 주로 사냥, 채집, 물고기잡이를 통해 생활하였으며, 동굴이나 강가에 막집을 짓고 살았다.

| 오답 넘기 |

① 신석기 시대에는 농경을 시작하면서 식량 저장 및 곡식을 조리하기 위해 토기를 사용하였는데, 대표적으로 빗살무늬 토기가 있다.
③ 고인돌은 청동기 시대 군장의 무덤이다.
④ 반달 돌칼은 청동기 시대 곡식의 이삭을 자르던 도구이다.
⑤ 신석기 시대 사람들은 가락바퀴로 실을 뽑고 뼈바늘로 옷을 지어 입거나 그물을 만들었다.

정답 ②

5 (가) 시대의 생활 모습으로 옳은 것은? [1점]

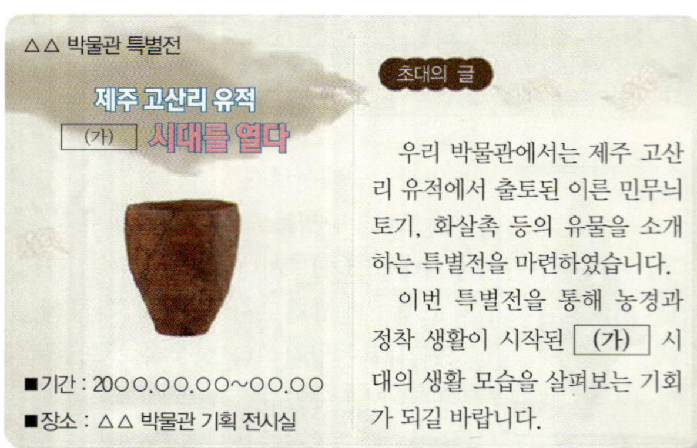

△△ 박물관 특별전
제주 고산리 유적
(가) 시대를 열다
■기간 : 20○○.○○.○○~○○.○○
■장소 : △△ 박물관 기획 전시실
초대의 글
우리 박물관에서는 제주 고산리 유적에서 출토된 이른 민무늬 토기, 화살촉 등의 유물을 소개하는 특별전을 마련하였습니다.
이번 특별전을 통해 농경과 정착 생활이 시작된 (가) 시대의 생활 모습을 살펴보는 기회가 되길 바랍니다.

① 주로 동굴이나 막집에 거주하였다.
② 가락바퀴를 이용하여 실을 뽑았다.
③ 명도전을 이용하여 중국과 교역하였다.
④ 철제 농기구를 사용하여 농사를 지었다.
⑤ 의례 도구로 청동 거울과 방울 등을 제작하였다.

| 해설 | 신석기 시대의 생활상

자료의 (가)는 신석기 시대이다. 제주도 고산리 유적은 한국 초기 신석기 문화를 보여주는데 발굴 결과 나온 유물을 통해 후기 구석기 말엽의 수렵 채집 집단이 석기 전통을 계승하며, 이른 민무늬 토기 등 초보적인 형태의 토기를 만들었던 것으로 짐작한다. 한반도에서는 기원전 8000년경부터 정착 생활을 하면서 간석기와 토기를 사용하는 신석기 문화가 시작되었다. 이 시기 사람들은 가락바퀴와 뼈바늘로 의복이나 그물을 만들었으며, 주로 큰 강가나 바닷가에 지은 둥근 움집에서 생활하였다.

| 오답 넘기 |

① 구석기 시대 사람들은 동굴이나 강가에 막집을 짓고 살았다.
③ 명도전은 중국의 화폐로 초기 철기 시대 유적에서 발견된다.
④ 초기 철기 시대에는 철제 농기구를 사용하면서 농업 생산량이 더욱 늘어났다.
⑤ 청동기 시대에는 청동 거울, 청동 방울 등을 의례 도구로 사용하였다.

정답 ②

6 (가) 시대의 생활 모습으로 옳은 것은? [1점]

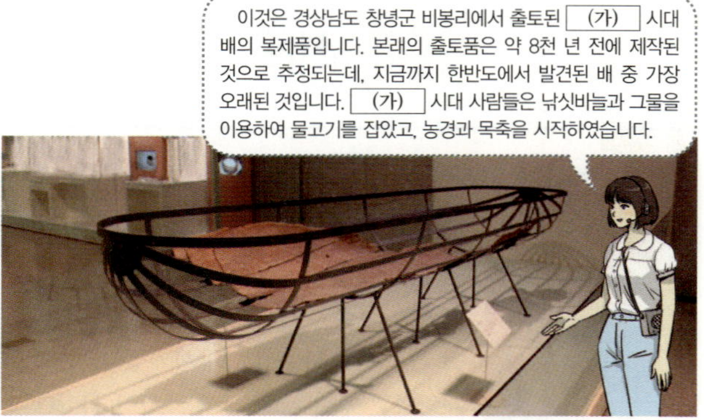

이것은 경상남도 창녕군 비봉리에서 출토된 (가) 시대 배의 복제품입니다. 본래의 출토품은 약 8천 년 전에 제작된 것으로 추정되는데, 지금까지 한반도에서 발견된 배 중 가장 오래된 것입니다. (가) 시대 사람들은 낚싯바늘과 그물을 이용하여 물고기를 잡았고, 농경과 목축을 시작하였습니다.

① 소를 이용한 깊이갈이가 일반화되었다.
② 반량전, 명도전 등의 화폐를 사용하였다.
③ 빗살무늬 토기를 만들어 식량을 보관하였다.
④ 많은 인력을 동원하여 고인돌을 축조하였다.
⑤ 대표적인 도구로 주먹도끼, 찍개 등을 제작하였다.

| 해설 | 신석기 시대의 생활상

농경과 목축을 시작했다는 내용을 통하여 (가) 시대는 신석기 시대임을 알 수 있다. 신석기 시대에는 농경과 목축이 시작되었으며, 움집을 지어 정착 생활을 하였다. 신석기 시대에는 농경 도구나 빗살무늬 토기의 제작 이외에도 원시적인 수공업 생산이 이루어졌다. 뼈바늘과 함께 실을 뽑는데 사용된 가락바퀴가 출토되는 것으로 보아 옷이나 그물을 만들었음을 알 수 있다.

| 오답 넘기 |

① 우경이 시작되어 깊이갈이가 일반화 된 것은 고려 시대부터이다.
② 중국의 화폐인 반량전과 오수전은 철기와 함께 출토되어 중국과 활발한 교류가 이루어지고 있었음을 증명하고 있다.
④ 청동기 시대에는 계급이 분화되면서 거대한 돌을 이용하여 고인돌을 만들었다.
⑤ 구석기 시대 초기에는 찍개, 주먹도끼 등과 같이 하나의 도구를 여러 용도로 사용했으나 점차 자르개, 밀개, 찌르개 등 쓰임새가 정해진 도구를 만들어 사용하였다.

정답 ③

7 밑줄 그은 '이 시대'의 생활 모습으로 옳은 것은? [1점]

이곳은 서울 암사동에
위치한 이 시대의 대표적인 유적지입
니다. 당시에는 농경이 시작되고 정착
생활이 이루어지면서 움집에 거주하게
되었습니다.

① 빗살무늬 토기에 식량을 저장하였다.
② 소를 이용한 깊이갈이가 일반화되었다.
③ 면도전, 반량전 등의 화폐를 사용하였다.
④ 많은 인력을 동원하여 고인돌을 만들었다.
⑤ 거푸집을 이용하여 세형 동검을 제작하였다.

| 해설 | **신석기 시대의 생활상**

암사동 선사 주거지는 신석기 시대 사람들이 한곳에 정착하여 마을을 이루고 살았음을 보여 주는 움집터 유적이다. 또 빗살무늬 토기는 신석기 시대에 곡식이나 음식을 담거나 저장, 요리하는 데 사용하였다.

| 오답 넘기 |

② 우경이 시작되어 깊이갈이가 일반화 된 것은 고려 시대부터이다.
③ 중국의 화폐인 반량전과 오수전은 철기와 함께 출토되어 중국과 활발한 교류가 이루어지고 있었음을 증명하고 있다.
④ 청동기 시대에는 계급이 분화되면서 거대한 돌을 이용하여 고인돌을 만들었다.
⑤ 초기 철기 시대에는 거푸집을 이용하여 세형 동검을 만들고 잔무늬 거울도 만들었다.

정답 ①

8 밑줄 그은 '이 시대'의 생활 모습으로 옳은 것은? [1점]

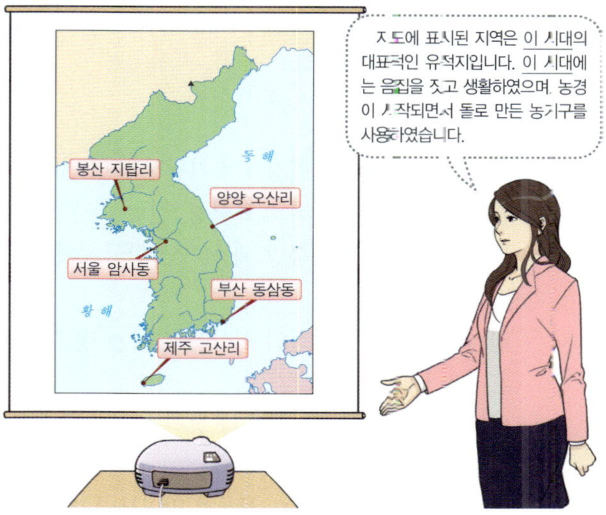

지도에 표시된 지역은 이 시대의
대표적인 유적지입니다. 이 시대에
는 움집을 짓고 생활하였으며, 농경
이 시작되면서 돌로 만든 농기구를
사용하였습니다.
봉산 지탑리
양양 오산리
서울 암사동
부산 동삼동
제주 고산리
동해
황해

① 반량전 등의 중국 화폐를 사용하였다.
② 대표적인 무덤으로 고인돌을 축조하였다.
③ 우경이 시작되어 깊이갈이가 가능해졌다.
④ 거푸집을 사용하여 세형 동검을 제작하였다.
⑤ 가락바퀴와 뼈바늘을 이용하여 옷을 만들었다.

| 해설 | **신석기 시대의 생활상**

봉산 지탑리, 양양 오산리, 서울 암사동, 부산 동삼동 등은 신석기 시대의 대표 유적지이다. 특히 제주도 고산리 유적은 한국 초기 신석기 문화를 보여주는데 발굴 결과 나온 유물을 통해 후기 구석기 말엽의 수렵 채집 집단이 석기 전통을 계승하며, 이른 민무늬 토기 등 초보적인 형태의 토기를 만들었던 것으로 짐작한다.
한반도에서는 기원전 8000년경부터 정착 생활을 하면서 간석기와 토기를 사용하는 신석기 문화가 시작되었다. 신석기 시대에는 농경과 목축이 시작되었으며, 움집을 지어 정착 생활을 하였다. 또 이 시기 사람들은 가락바퀴와 뼈바늘로 의복이나 그물을 만들었다.

| 오답 넘기 |

① 반량전은 중국의 화폐로 초기 철기 시대 유적에서 발견된다.
② 청동기 시대에 축조된 고인돌은 지배층의 무덤으로 파악된다.
③ 삼국 시대에 이르러 소를 경작에 이용하는 우경의 보급이 확대되었다.
④ 거푸집은 청동기 시대 청동을 부어 원하는 모양을 만들어 내는 틀을 말한다.

정답 ⑤

02 고조선과 국가의 형성

공부한 날 월 일
일차

❶ 청동기 · 철기 문화

(1) 청동기의 보급

① 청동기 시대의 시작
- ㉠ 시기 : 기원전 2000년경에서 기원전 1500년경
- ㉡ 분포 : 만주 지역(중국의 요령성, 길림성 지방), 한반도
- ㉢ 특징 : 중국과 다른 북방 계통(아연 합금, 동물형 장식)

② 청동기 시대의 유물
- ㉠ 간석기 : 농기구(곡식의 이삭을 자르는 데 사용된 반달 돌칼, 바퀴날 도끼, 홈자귀 등)
- ㉡ 청동기 : 지배 계급의 무기나 장식품(비파형 동검, 거친무늬 거울 등)
- ㉢ 청동기 시대의 토기
  - ⓐ 덧띠새김무늬 토기 : 신석기 말기부터 나타나며 청동기 시대의 가장 이른 시기 대표
  - ⓑ 민무늬 토기 : 적갈색의 청동기 시대의 대표적인 토기
  - ⓒ 붉은 간토기 : 토기의 겉에 산화철을 발라 붉은색 광택을 띠는 토기

③ 청동기 시대의 무덤 양식
- ㉠ 고인돌 : 지배층의 무덤으로 당시 지배층이 가진 정치 권력과 경제력을 반영(계급 사회의 발생)
- ㉡ 돌널무덤 : 땅 밑에 평평한 돌(판석)을 상자 모양으로 만들어 관을 사용하는 무덤으로 후기에는 고인돌의 지하 구조로 이용되기도 함

④ 주요 유적

지역	특징
부여 송국리, 울산 검단리	대표적인 청동기 시대 유적지로 마을을 둘러싼 환호(環濠)나 목책(木柵)과 같은 방어 시설이 발견되었음
여주 흔암리	탄화미가 발견되어 청동기 시대 벼농사를 지었음을 알 수 있음
울산 무거동 옥현	청동기 시대에 경작된 논 터가 발견되어 일본이 한국을 거치지 않고 중국에서 직접 벼농사를 도입했다는 기존 학설을 뒤집는 증거가 됨

우리나라에는 세계에서 가장 많고 다양한 고인돌이 분포되어 있어 고창 · 화순 · 강화의 고인돌 유적지가 세계 문화유산으로 지정되었다.

Click ! ● 청동기 시대의 무덤

탁자식(북방식) 고인돌

바둑판식(남방식) 고인돌

돌널무덤

청동기 시대의 간석기

청동은 구리에 주석이나 아연을 10~20% 정도 합금하여 만든 금속으로, 인류가 최초로 사용한 금속이라는 데 의의가 있다. 그러나 청동은 매우 귀했을 뿐만 아니라 농기구를 만들 수 있을 만큼 단단하지는 않았다. 따라서 청동으로는 주로 무기나 제사용 도구를 만들었으며, 청동기 시대에도 간석기가 널리 사용되었다.

비파형 동검

비파형 동검은 랴오닝 지방과 한반도 전 지역에 걸쳐 출토되고 있으므로 비파형 동검을 통해 청동기 시대에 중국 랴오닝 지방과 한반도가 동일한 청동기 문화권이었음을 알 수 있다.

울산 검단리 청동기 유적지

부여 송국리 청동기 유적지

거푸집
청동 거푸집은 청동기를 만들 때 사용하는 주물틀로, 돌 · 흙 · 밀랍 등으로 만들었는데, 두 쪽이나 세 쪽으로 만들어 조립한 후 고정시켜 쇳물을 부어 넣도록 하였다.

Click ! ● 다양한 청동기와 청동기 시대의 유물

다양한 청동 방울 / 반달 돌칼 / 청동기 시대의 집터

반달 돌칼: 청동기 시대의 수확용 도구로 중앙에 있는 구멍에 끈을 꿰어 끈 사이로 손가락을 넣어 쥐고, 곡식의 이삭을 자르는 데 사용하였다.

(2) 철기의 사용

① 시기 : 기원전 5세기경 중국 계통의 철기 유입

② 초기 철기 시대
- ㉠ 청동기와 철기의 혼용 : 청동기는 점차 쓰임이 줄고 의식용 도구로 바뀜
- ㉡ 독자적 청동기의 발전 : 세형 동검, 잔무늬 거울, 거푸집 등

Click ! ● 독자적 청동기 문화의 발전

비파형 동검 → 세형 동검 / 거친무늬 거울 → 잔무늬 거울 / 거푸집(용범)

비파형 동검: 중국의 청동검과 달리 검날과 검자루가 따로 만들어진 조립식 무기이다.

철제 무기 / 철제 농기구

③ 철기 사용의 영향
- ㉠ 철제 농기구의 사용 : 농업 생산력이 증대되어 경제 기반 확대
- ㉡ 철제 무기의 사용 : 정복 전쟁이 활발해지면서 연맹 국가 등장

④ 토기의 다양화 : 덧띠 토기, 검은 간토기가 출토됨

⑤ 철기 시대의 무덤 양식
- ㉠ 널무덤 : 지하에 수직으로 장방형의 구덩이를 파고 직접 시체를 안치하거나, 나무로 된 곽을 놓고 그 안에 시체를 묻는 무덤 양식
- ㉡ 독무덤 : 크고 작은 항아리 또는 독 두 개를 맞붙여서 관으로 쓰는 무덤 양식

⑥ 중국과의 활발한 교류
- ㉠ 중국 화폐 사용 : 명도전, 반량전, 오수전 등(중국과의 교류 증거)
- ㉡ 붓의 출토(경남 창원 다호리 유적) : 한자 사용의 증거

1988년 경남 창원시 다호리에서 출토된 붓으로 중국과의 교류를 짐작하게 한다. 특히, 문자를 사용하였다는 증거가 되어 우리나라 역사 시대의 시작을 기원전 2세기경으로 보는 근거가 되기도 한다.

Click ! ● 철기 시대의 유물

명도전(춘추 전국 시대) / 반량전(진) / 창원 다호리 출토 붓 / 널무덤 / 독무덤

널무덤: 초기 철기 시대의 대표적인 무덤 양식으로 널 안에 시신과 함께 청동기나 장신구 등 주인공의 신분을 알 수 있는 물건을 넣고, 널 주위에는 철기와 토기 등을 함께 묻었다.

Click ! ● 우리나라 토기의 변천 과정

이른 민무늬 토기	덧무늬 토기	빗살무늬 토기	덧띠새김무늬 토기	민무늬 토기	미송리식 토기	붉은 간토기
신석기 전기	신석기 전기	신석기 중기	신석기 말~ 청동기 초기	청동기	청동기	신석기 말~ 청동기

(3) 청동기 · 철기 시대의 생활

① 경제 생활

㉠ 농기구의 다양화 : 간석기가 매우 다양해지고 기능이 개선됨

㉡ 농업 : 밭농사 중심(조 · 보리 · 콩 · 수수 등), 벼농사 시작 → 사냥 · 고기잡이의 비중 축소, 가축 사육 증가

② 주거 생활 : 배산임수의 집자리, 직사각형의 집터, 움집의 지상 가옥화와 규모 확대 → 움집 중앙에 있던 화덕은 한쪽 벽으로 옮겨지고, 저장 구덩도 따로 설치

③ 사회 구조의 변화 : 사유 재산 제도의 성립, 빈부의 격차와 계급의 분화, 족장(군장)의 등장, 선민 사상의 출현 등

(4) 청동기 · 철기 시대의 예술

① 바위그림(암각화)

㉠ 울주 반구대 바위그림 : 사냥과 고기잡이의 성공, 풍성한 수확 기원

㉡ 고령 양전동 알터의 바위그림 : 동심원, 십자형, 삼각형 등의 기하학 무늬

㉢ 울주 천전리 각석 : 종교적 제단이나 성지로 추정

울주 천전리 각석: 선사 시대 여러 가지 문양의 암각화와 신라 시대의 명문이 함께 새겨져 있다.

② 농경무늬 청동기 : 따비라는 농기구를 이용해 밭을 가는 사람의 모습이 새겨져 있어 풍요로운 농경 생활을 기원하는 주술적인 의미를 지니고 있음

Click ! ● 선사 시대의 암각화

울주 반구대 바위그림 / 고령 양전동 바위그림

울주 반구대 바위그림: 청동기 시대 사람들의 신앙과 예술을 보여주는 대표적인 유적으로 고래를 비롯해 호랑이, 멧돼지 등 220여 점이나 되는 다양한 그림이 새겨져 있는데, 사냥과 고기잡이의 성공, 다산과 풍요에 대한 기원이 담겨있다.

벼농사의 시작

청동기 · 철기 시대에는 조 · 보리 · 콩 · 수수 등 밭농사가 중심이었지만, 일부 저습지를 중심으로 벼농사가 시작되었다. 평양 남경 집자리, 여주 흔암리 집자리, 나주 다시면 등지에서 기원전 1,000년경 탄화미가 발견되고 있다.

선민 사상의 출현

정치 권력이나 경제력에서 우세한 부족은 스스로 하늘의 자손이라고 믿는 선민 사상을 가지고 주변의 약한 부족을 통합하거나 정복하고 공납을 요구하였다.

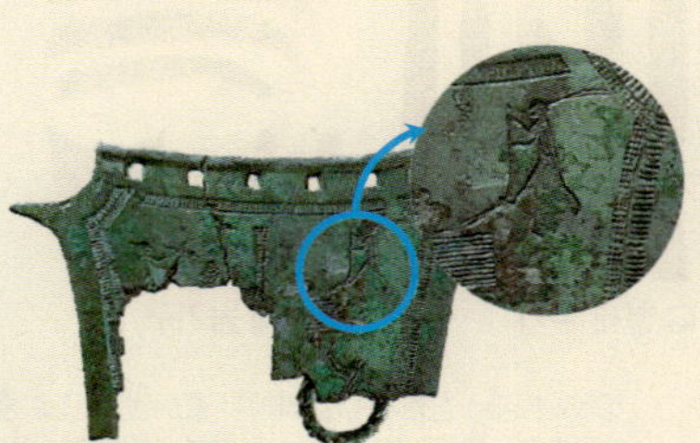
농경무늬 청동기

고조선의 중심지 이동 요동 지역이라는 '요동설', 평양 일대라는 '평양설', 요동에서 평양으로 이동하였다는 '중심지 이동설' 등 여러 주장이 있는데, 남한 학계의 다수는 요령 지방을 중심으로 성장하여 한반도까지 발전하였다는 이동설에 중점을 두고 있다.

단군에게 제사를 지내는 참성단(강화 마니산)

❷ 고조선의 성립과 발전

(1) 고조선의 건국

① 건국 : 우리 역사상 최초의 국가인 고조선은 발달된 농경과 청동기 문화를 배경으로 건국(『삼국유사』에 기록) → 후에 철기 문화를 수용하여 연맹체 국가로 성장

② 고조선의 세력 범위 : 비파형 동검, 미송리식 토기, 팽이형 토기, 탁자식 고인돌의 출토 범위와 대체로 일치

(2) 단군 신화와 고조선의 사회상

① 단군 신화의 특징

㉠ 우리 민족의 시조 신화 : 청동기 시대 농경 사회를 배경으로 한 고조선 성립이라는 역사적 사실을 반영

㉡ 단군 신화의 수록 문헌 : 『삼국유사』, 『제왕운기』, 『세종실록』 지리지, 『응제시주』, 『동국여지승람』, 『동국통감』 등

㉢ 역사적 의미 : 단군은 몽골 침입 시 민족의 자주성 고양에 도움을 주었으며, 1909년에는 나철 등이 단군을 숭배하는 대종교 창시

② 단군 신화를 통해 알 수 있는 당시 사회 모습

㉠ 환웅 부족이 태백산의 신시를 중심으로 세력 형성 → 구릉 지대 거주

㉡ 환웅 부족은 하늘의 자손임을 내세워 자기 부족의 우월성 과시, 환인 · 환웅 → 선민 사상

㉢ 풍백, 우사, 운사를 두어 바람, 비, 구름 등을 주관 → 농경 사회, 계급의 분화와 지배 계층 등장 → 이전과는 다른 새로운 사회 질서 성립

㉣ 널리 인간을 이롭게 한다. → '홍익인간(弘益人間)'의 통치 이념

㉤ 환웅 부족이 곰을 숭배하는 부족과 연합하여 고조선 형성, 호랑이를 숭배하는 부족은 연합에서 배제 → 부족의 연합 과정을 통한 고조선 건국, 토테미즘 존재

㉥ 단군 왕검 : 단군(제사장) + 왕검(정치적 군장) → 제정 일치 사회의 지배자

Click ! ● 고조선의 세력 범위와 단군의 건국 이야기

고조선의 세력 범위 고조선의 세력 범위는 청동기 시대에 제작된 비파형 동검과 탁자식 고인돌, 미송리식 토기의 분포 범위를 통해 알 수 있는데, 주로 만주와 한반도 서북부 지방에서 발굴되고 있다. 이를 통해 고조선이 만주 랴오닝 지방과 한반도 북부 지역을 잇는 넓은 지역을 통치하였음을 알 수 있다.

옛날에 환인(桓因)의 서자 환웅(桓雄)이 있었는데, 천하에 자주 뜻을 두고 인간 세상을 매우 부러워하였다. 아버지는 아들의 뜻을 알아차려 삼위 태백(三危太伯)을 내려다보니 널리 인간을 이롭게 할 만하였다(弘益人間). 이에 천 · 부 · 인 세 개를 주어 인간 세상을 다스리게 했다. 환웅은 무리 3천 명을 거느리고 태백산의 신단수 밑에 내려와서 이곳을 신시(神市)라 불렀다. 그는 풍백, 우사, 운사를 거느리고 곡식, 수명, 형벌, 선악 등을 주관하여 인간 세계를 다스리고 교화시켰다(在世理化). 이때 곰과 호랑이가 같은 굴에 살았는데, 환웅에게 찾아와 사람이 되기를 빌었다. …… 곰은 약속한지 삼칠일 만에 여자가 되었으나, 호랑이는 이를 지키지 못해 사람이 되지 못하였다. …… 환웅이 웅녀와 결혼하여 아들을 낳았는데, 그 이름을 단군 왕검(檀君王儉)이라 하였다.

– 『삼국유사』 –

(3) 고조선의 발전

① **독자적 문화 성립** : 고조선은 요령 지방과 대동강 유역을 중심으로 독자적인 문화를 이룩하면서 발전

② **왕의 등장과 관직 정비** : 기원전 3세기경에는 '왕'이라고 칭하며 왕위를 세습하였고, 왕 아래에 상, 대부, 장군 등의 관직을 둠

③ **대외적 발전** : 요서 지방을 경계로 중국의 연(燕)과 겨룰 만큼 강한 나라로 성장 → 기원전 3세기 초에 연의 침략을 받아 일시적으로 세력이 약해짐

(4) 위만의 집권

① **위만 조선의 성립**

㉠ 유이민의 이주 : 진 · 한 교체기(기원전 206~202)에 위만이 고조선에 입국

㉡ 위만 왕조의 성립 : 기원전 194년에 수도인 왕검성에 쳐들어가 준왕을 몰아내고 고조선의 왕이 됨

② **위만 조선의 발전**

㉠ 철기 문화의 본격적 수용 : 철기의 사용은 농업과 무기 생산을 중심으로 한 수공업을 더욱 융성하게 하였고, 그에 따라 상업과 무역도 발달

㉡ 사회 · 경제의 발전 : 철기 기술의 발전과 경제의 발전을 기반으로 활발한 정복 사업을 전개하여 광대한 영토를 확보

㉢ 중계 무역 : 지리적인 이점을 이용하여 동방의 예나 남방의 진이 직접 중국의 한과 교역하는 것을 막고, 중계 무역의 이익 독점 → 중국의 한과 대립

(5) 고조선의 멸망

① **원인** : 고조선의 성장에 불안을 느낀 한의 무제가 수륙 양면으로 침략

② **과정** : 고조선은 1차의 접전(패수)에서 대승을 거두었고, 이후 약 1년에 걸쳐 한의 군대에 맞서 완강하게 대항하였으나 장기간의 전쟁으로 지배층의 내분이 일어나 왕검성이 함락되어 멸망(기원전 108)

③ **결과** : 고조선이 멸망하자 한은 고조선의 일부 지역에 군현(낙랑, 진번, 임둔, 현도)을 설치

(6) 고조선의 사회

① **8조법과 고조선의 사회상** : 반고의『한서』지리지(漢書地理志)에 3개 조목의 내용만 전해짐

Click ! ● **8조법의 내용과 성격**

- 사람을 죽인 자는 즉시 죽인다. ➡ 인간의 생명 존중, 노동력 중시, 보복주의
- 남에게 상처를 입힌 자는 곡식으로 갚는다. ➡ 사유 재산 보호, 노동력 중시, 농경 사회
- 도둑질을 한 자는 노비로 삼는다. 용서받고자 하는 자는 한 사람마다 50만 전을 내야 한다.
  ➡ 형벌과 노비의 발생, 화폐의 사용, 계급 차별이 엄격

② **고조선 사회의 변화** : 토착민들이 한군현의 억압과 수탈에 대항하면서 한군현의 엄한 율령 시행으로 법 조항이 60여 조로 증가하고 풍속이 각박해짐

고조선의 관제

왕 아래에 상(相), 대부(大夫), 장군(將軍) 등의 관직을 두었으며, 동부도위라는 호칭을 통해 볼 때, 지방관이 파견되었다는 사실을 알 수 있다.

위만 조선의 성격

위만은 고조선으로 들어올 때 상투를 틀고, 흰옷을 입고 있었다. 그리고 왕이 된 뒤에도 나라 이름을 조선이라는 국호를 계속 사용하였으며 그의 정권에는 토착민 출신으로 높은 지위에 오른 자가 많았다. 따라서 위만의 고조선은 단군의 고조선을 계승한 것으로 볼 수 있다.

한군현의 쇠퇴

옛 고조선 지역의 한군현은 토착 세력의 저항으로 처음 4개 중 3개의 군현이 설치 2년 만에 사라졌으나, 낙랑군이 낙랑 · 대방 2개의 군으로 나뉘어 존속하다가 313년 낙랑군이 고구려 미천왕의 공격을 받아 축출됨으로써 한반도에서 한군현의 세력은 완전히 소멸되었다.

고조선의 법률

절도죄에 관한 항목은 한의 영향을 받은 것으로 보이며, 부인의 정절을 중시했다는 점을 볼 때 간음을 금지하는 항목이 있었을 것으로 추정된다.

❸ 여러 나라의 성장

(1) 부여

① 성립

㉠ 건국 : 기원전 4세기경 만주 길림시 일대를 중심으로 하는 송화(쑹화)강 유역의 평야 지대를 중심으로 건국

㉡ 계승 : 고구려나 백제의 건국 세력이 부여의 한 계통임을 자처하였고, 또 이들의 건국 신화도 같은 원형을 하고 있음

② 정치적 발전

㉠ 발전 : 1세기 초에 왕호를 사용하였으며 중국과 외교 관계를 맺고 북쪽으로는 선비족, 남쪽으로는 고구려와 접하고 있었음

㉡ 5부족 연맹체의 형성 : 왕 아래에 가축의 이름을 딴 마가, 우가, 저가, 구가와 그 직속으로 대사자, 사자 등의 관리가 있음 → 가(加)는 저마다 따로 행정 구획인 사출도(四出道)를 다스리고 있어서, 왕이 직접 통치하는 중앙과 합쳐 5부를 이루었음

㉢ 왕권의 미약 : 연맹 왕국으로 가(加)에 의해 왕을 추대, 수해나 한해의 책임을 왕에게 묻기도 함

㉣ 외교 : 고구려와 선비족을 견제하기 위해 중국과 친선을 유지

③ 사회와 문화

㉠ 경제 : 농경과 목축을 주로 하였으며 말, 주옥, 모피 등을 생산하여 중국에 수출

㉡ 법률 : 1책 12법(12배로 배상)

㉢ 풍속

ⓐ 순장 : 왕이 죽으면 많은 사람들을 껴묻거리와 함께 묻는 장례 풍습

ⓑ 우제점법(牛蹄占法) : 전쟁이 일어났을 때에는 제천 의식을 행하고, 소를 죽여 그 굽으로 길흉을 점치기도 함

ⓒ 제천 행사 : 영고(12월, 수렵 사회의 전통)

㉣ 기타 : 흰옷을 즐겨 입었으며, 은력(殷曆)이라는 달력을 사용

④ 멸망 : 3세기 말에 선비족의 침략을 받아 크게 쇠퇴하면서 연맹 왕국 단계에서 고구려에 편입(494)

(껴묻거리) 죽은 사람의 무덤에 시체와 함께 끼워서 묻는 물건

(사출도) 부여에서 여러 가들이 다스리는 지역은 사방으로 뻗은 길을 따라 나뉘었으므로 사출도라 불렀다. 가들의 호칭을 가축의 이름에서 딴 것으로 보아, 부여가 목축을 중시하였음을 알 수 있다.

(제천 행사) '하늘에 제사를 지내는 의식'을 말한다. 각 나라는 제천 행사 때 죄인을 풀어주고 농사의 풍요, 나라의 안녕과 발전을 기원하였다. 오늘날 단오와 추석의 기원도 여기서 유래하였다.

윷놀이와 부여 우리 고유의 민속놀이인 윷놀이는 부여에서 다섯 종류의 가축을 5부족에게 나누어 주어 경쟁적으로 번식시키려고 한 데서 비롯된 놀이라고 전해진다. 윷놀이의 도, 개, 걸, 윷, 모는 각각 돼지, 개, 양, 소, 말을 가리킨다. 가축은 고대인에게는 큰 재산이었고, 일상생활에서 가장 친밀한 짐승이었다. 그러한 배경에서 가축의 이름과 함께 몸 크기, 걸음 속도를 윷놀이에 이용한 것으로 보인다.

부여의 신분 구조

지배 계급으로 왕, 제가, 관리, 호민이 있었고, 피지배 계급으로 양인 농민인 하호와 천민인 노비가 있었다.

부여의 황금 허리띠 장식 말이 조각된 부여 지배층의 허리띠 장식. 부여 사람들은 황금을 잘 다루었으며 말을 소중히 여겼다.

Click! ●부여의 법률

- 살인자는 사형에 처한다 ➡ 생명(노동력) 중시(보복법)
- 살인자의 가족은 노비로 삼는다. ➡ 연좌제의 적용, 형벌 노비제
- 남의 물건을 훔쳤을 때는 물건값의 12배를 배상하게 한다. ➡ 사유 재산제, 1책 12법
- 간음한 자와 투기(妒忌, 질투)가 심한 부인은 사형에 처한다. 시체는 산 위에 버리며, 그 시체를 가져가려면 소와 말을 바쳐야 한다. ➡ 가부장제, 일부다처제

– 『삼국지』 위지 부여전 –

(2) 고구려

① **건국** : 『삼국사기』의 기록에 따르면, 고구려는 부여에서 내려온 주몽이 부여 지배 계급 내의 분열·대립 과정에서 박해를 피해 남하하여 독자적으로 고구려를 건국(기원전 37)

② **위치와 성장** : 건국 초 고구려는 압록강의 지류인 동가강 유역의 현도군 졸본(환인) 지방에 자리 잡았으나 이 지역은 대부분 큰 산과 깊은 계곡으로 된 산악 지대였기 때문에 농토가 부족하여 압록강가의 국내성(집안)으로 옮겨 5부족 연맹을 토대로 발전

③ **정복 활동** : 활발한 정복 전쟁으로 한의 군현을 공략하여 요동 지방으로 진출하였을 뿐만 아니라 동쪽으로는 부전고원을 넘어 (동)옥저를 정복함(56)

④ **정치 체제**

㉠ 5부족 연맹체 : 계루부, 소노부(연노부), 순노부, 관노부, 절노부의 5부족 연맹체로 고구려도 부여와 마찬가지로 왕 아래에 상가, 고추가, 대로, 패자 등의 대가들이 있었으며, 이들은 각기 사자, 조의, 선인 등의 관리를 거느림

㉡ 제가 회의 : 국가의 중대 문제를 결정하기 위하여 대가들이 모여서 하는 회의로 중대한 범죄자가 있으면 제가 회의를 통해 사형에 처하고 그 가족을 노비로 삼았음

⑤ **경제** : 지배층은 피정복민으로부터 획득한 공물을 저장하는 부경이라는 창고를 운영하였으며, 부여와 마찬가지로 백성을 역시 하호(下戶)라고 부름

⑥ **사회와 문화**

㉠ 조상신 숭배 : 건국 시조인 주몽과 그 어머니 유화부인을 조상신으로 제사 지냄

㉡ 풍속 : 서옥제(데릴사위제)의 풍속이 있었으며, 부여와 마찬가지로 형이 죽으면 형수를 동생이 취하여 아내로 삼는 형사취수제가 널리 행해짐

㉢ 법률 : 고구려의 법률은 매우 엄하여 무거운 죄를 짓거나 전쟁에서 패배한 자는 사형에 처하고, 그 가족을 종으로 삼았으며 12배로 보상하는 1책 12법이 있었음

㉣ 제천 행사 : 일종의 추수감사제인 동맹(10월), 국동대혈(제사 장소)

(3) 옥저

① **위치** : 함경도 함흥 지방에 위치하였는데 변방에 치우쳐 있어서 선진 문화의 수용이 늦었으며, 일찍부터 고구려의 압력을 받아 크게 성장하지 못함

② **정치** : 통합된 큰 정치 세력을 형성하지 못하여 왕이 없고 각 읍락을 읍군(邑君)이나 삼로(三老)라는 군장이 통치

③ **경제** : 어물과 소금 등 해산물이 풍부하였고, 토지가 비옥하여 농사가 잘 되었는데 고구려에 소금, 어물 등의 생산물을 공납으로 바침

④ **풍속** : 민며느리제(매매혼), 가족 공동 무덤(골장제)

고구려를 세운 주몽이 처음 도읍지로 삼았던 졸본성으로 추정되는 곳으로 서쪽과 북쪽을 병풍처럼 둘러싼 천연 절벽을 그대로 성벽으로 이용하였고, 비교적 산세가 완만한 동쪽과 남쪽에는 석성을 쌓아 적의 공격에 대비하였다.

부여와 고구려의 공통점
- 5부족 연맹체
- 1책 12법
- 점복(占卜)
- 군장으로서 가(加)의 존재
- 제천 행사의 거행
- 하호(下戶)가 생산 담당
- 부여족과 기원이 같음
- 관리 명칭에 사자(使者)가 있음

고추가
고구려의 왕족이나 귀족들에게 주는 칭호의 하나로 고추가가 될 수 있는 자격은 왕족, 즉 계루부 출신의 대가들과 소노부의 적통대인, 그리고 왕비족인 절노부의 대가 등이었다.

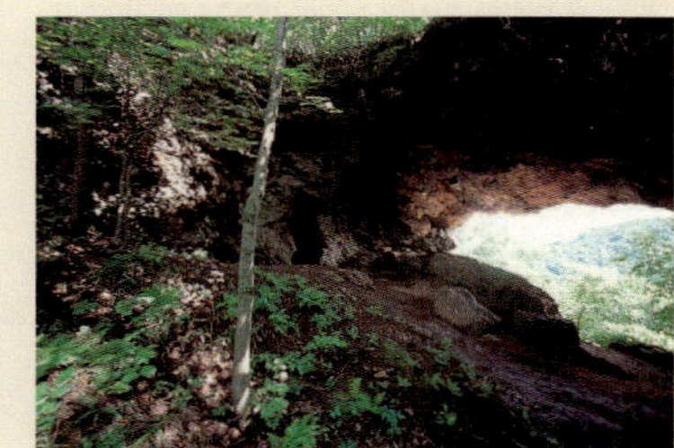
국동대혈

옥저와 동예의 공통점
- 왕이 없고 군장이 통치
- 부여족의 한 갈래로 고구려와 언어·풍속이 같음
- 선진 문화의 수용이 늦어 씨족 사회의 전통이 남아 있음

Click ! ● 여러 나라의 위치와 풍습

민며느리제 : 결혼을 약속한 신랑 집에 며느리가 될 여성이 어린 나이부터 와서 살다가, 성인이 되면 남성이 여성의 집에 일정한 대가를 지불하고 정식으로 아내를 삼는 옥저의 결혼 풍습이다.

➡ 서옥제와 민며느리제는 혼인 과정에서 나타날 수 있는 노동력 손실을 막으려는 과정을 보여주고 있다. 즉, 노동력을 중요시하는 전통이 방법만 다르게 나타난 것이다.

서옥제 : 결혼을 정한 신랑이 신부의 집에 마련된 집(서옥)에 머무르며 일을 해주고 살다가, 자식이 태어나고 어느 정도의 시간이 지나면 부인과 아이를 신랑의 집으로 데려가는 고구려의 결혼 풍습이다.

책화(責禍) : 동예는 부족 또는 지역 간의 경계를 중시하여 만약 경계를 침범하여 수렵, 어로, 경작 행위를 하다가 적발되면 소나 말, 노비로 변상해야 하였다. 이처럼 책화는 지역 주민의 생활 안정과 재산 보호를 위해 존재했던 규칙이다.

동예의 집터

⇧ 철(凸)자형 집터

⇧ 여(呂)자형 집터

(4) 동예

① 위치 : 강원도 북부의 동해안에 위치

② 정치 : 각 읍락에는 읍군(邑君)이나 삼로(三老) 등의 군장이 있어서 자기 부족을 다스렸으나, 이들은 큰 정치 세력을 형성하지 못하였고 후에 고구려에 복속됨

③ 경제 : 해산물이 풍부, 명주와 삼베를 짜는 등 방직 기술이 발달, 특산물로 과하마(말을 타고 과일 나무 아래를 지나갈 수 있을 정도의 작은 말), 반어피(바다표범의 가죽), 단궁(짧은 활) 등이 생산됨

④ 가옥 형태 : 바닥이 철(凸)자, 여(呂)자 모양의 집터에서 생활

⑤ 사회

㉠ 책화 : 각 씨족의 영역을 중요시하여 다른 부족의 영역을 함부로 침범하면 소나 말, 노비로 변상(부족 간 폐쇄성을 알 수 있게 해주는 씨족 사회의 풍습임)

㉡ 족외혼 : 씨족 사회의 전통으로서 족외혼(族外婚)을 엄격하게 지킴

㉢ 제천 행사 : 매년 10월에 무천이라고 하는 제천 행사를 거행

㉣ 호신 숭배 : 호랑이를 산신으로 숭배하였으며, 사회 내부의 결속과 규범을 유지하는 역할을 함

Click ! ● 동예의 족외혼과 책화

사람들의 성품은 솔직하고 성실하며 욕심이 적고 염치가 있어서 고구려에 도움을 청하지 않았다. 언어와 법속이 거의 고구려와 같았으나 의복은 달랐다. 산천을 존중하여 산천에 각기 영역이 있었으므로 서로 함부로 들어갈 수 없었다. 같은 성은 서로 혼인하지 않았으며 꺼리고 두려워하는 것이 많아 병들어 죽으면 즉시 옛 집을 버리고 다시 새 집을 지어 살았다. 읍락이 서로 침범하면 포로와 우마를 보상하여 상호 처벌했다. 이를 책화라 하였다.

(5) 삼한

① 성립과 발전

㉠ 성립 : 고조선 남쪽의 진(辰)이라는 토착 세력과 고조선 사회의 변동에 따라 남하해 오는 고조선 유이민 세력이 융합되면서 마한, 진한, 변한의 삼한 연맹체가 형성

㉡ 발전

구분	중심지	구성	주도국	발전
마한	천안, 익산, 나주	54개 소국, 10여만 호	목지국 → 백제국	백제
진한	대구, 경주	12개 소국, 4~5만 호	사로국	신라
변한	김해, 마산	12개 소국, 4~5만 호	구야국	가야 연맹

② 정치 체제

㉠ 주도 세력 : 마한을 이루고 있는 소국의 하나인 목지국의 지배자가 마한왕 또는 진왕으로 추대되어 삼한 전체를 주도

㉡ 지배층 : 군장은 나라의 크기에 따라 대군장인 신지와 소군장인 읍차, 부례 등이 존재

목지국의 지배자인 진왕은 마한 소국 연맹체뿐만 아니라 진한, 변한 소국의 일부에까지 지배권을 행사하였으며, 중국 군현과의 교역 과정에서 주도적 역할을 하였다.

㉢ 제정 분리

ⓐ 천군의 존재 : 제사장으로 농경과 종교에 대한 의례를 주관

ⓑ 소도의 역할 : 천군이 주관하는 소도는 신성한 공간으로 죄인이라도 도망하여 이곳에 숨으면 잡아가지 못하였음

ⓒ 소도의 정치적 의미 : 소도의 존재는 삼한에서 제사장과 정치가의 영역이 분명하게 분리되었다는 사실을 보여주고 있으며, 사회적 갈등을 완화시키는 역할과 신·구 문화의 완충지 역할을 함

③ 경제

㉠ 농경의 발달

ⓐ 벼농사 발달 : 철제 농기구를 사용하면서 농경이 비약적으로 발전

ⓑ 저수지 축조 : 김제 벽골제, 밀양 수산제, 제천 의림지, 상주 공검지 등

㉡ 철 생산 활발 : 삼한 중 변한에서는 철이 많이 생산되어 덩이쇠를 만들어 마한, 예, 왜, 중국 군현 등에 공급하였으며, 교역에서 화폐처럼 사용하기도 함 → 마산 등지에서 야철지가 발견되어 제철 기술이 크게 성장하였음을 보여줌

가운데가 잘록하고 양쪽 끝에는 폭이 넓어지는 형태의 쇠판이다. 철을 1차 가공한 것으로 이것을 이용하여 다양한 철기를 만들었다. 화폐처럼 사용되어 신라, 가야, 마한뿐만 아니라 왜에도 보급되었다.

④ 사회와 문화

㉠ 주거지 : 초가지붕의 반움집이나, 큰 통나무를 이용하여 정(井)자 모양으로 귀를 맞추어 층층이 얹고 틈을 흙으로 발라 지은 귀틀집에 거주

㉡ 무덤 양식 : 중앙에 널무덤이 있고, 주변에는 해자(일종의 도랑 형태) 모양의 고랑이 있는 주구묘가 만들어짐

㉢ 두레 : 평야 지대에 위치하여 농업이 발달해 공동 작업을 통해 농사일을 함

㉣ 제천 행사 : 5월 수릿날(단오)과 10월 계절제(상달, 현재의 추석)

㉤ 문신 풍습 : 마한에서는 남성, 변한과 진한에서는 남녀 모두 문신을 하는 풍습이 존재

마한 목지국(目支國)

마한 목지국은 처음에 성환, 직산, 천안 지역을 중심으로 발달하였으나 백제의 성장과 지배 영역의 확대에 따라 남쪽으로 옮겨 익산 지역을 거쳐 마지막에 나주 부근에 자리 잡았을 것으로 추정된다.

솟대 삼한의 소도에서는 솟대를 세워 신성한 지역임을 표시하였다.

삼한의 소도

귀신을 믿기 때문에 국읍에 각각 한 사람씩을 세워서 천신의 제사를 주관하게 하는데, 이를 '천군'이라 부른다. 또, 여러 나라에는 각각 별읍이 있으니 그것을 '소도'라 한다. 그곳에서는 큰 나무를 세우고 방울과 북을 매달아 놓는데 천군에 의해 농경과 종교 의식이 거행되었다. 거기에는 군장의 세력이 미치지 못하여 죄인이라도 도망해 오면 함부로 붙잡지 못하였다. – 『삼국지』 위서 동이전 –

마한의 무덤(주구묘)

마한의 토실

1 청동기와 철기 문화

■ 지배층의 무덤으로 고인돌을 축조하였다.
↳ 많은 인원(인력)을 동원하여 고인돌을 축조하였다.
↳ 대표적인 무덤으로 고인돌을 축조하였다.
↳ 고인돌, 돌널무덤 등이 만들어졌다.

실전 자료 탁자식 고인돌

이것은 사유 재산과 계급이 발생했던 청동기 시대의 대표적인 유적입니다.

■ 반달 돌칼을 이용하여 곡물(벼)을 수확하였다.

■ 의례 도구로 청동 거울과 방울 등을 제작하였다.

■ 거푸집을 이용하여 세형 동검을 제작하였다.

■ 목책과 환호로 외부 침입에 대비하였다.
↳ 구릉 지대에 취락을 이루어 생활하였다.

■ 철제 농기구를 사용하여 농사를 지었다.

■ 쟁기, 쇠스랑 등의 철제 농기구를 사용하였다.

■ 반량전, 명도전 등의 화폐를 사용하였다.
↳ 명도전을 이용하여 중국과 교역하였다.
↳ 오수전, 화천 등의 중국 화폐를 사용하였다.

■ [울산 울주] 반구대 암각화로 보는 선사 시대 생활

2 고조선의 성립과 발전

■ [삼국유사, 제왕운기] 단군왕검의 건국 이야기가 수록되어 있다.

■ 전국 7웅 중 하나인 연과 대적할 만큼 성장하였습니다.
↳ 연의 장수 진개의 공격을 받아 땅을 빼앗겼다.

■ 부왕(否王) 등 강력한 왕이 등장하여 왕위를 세습하였습니다.
↳ 준왕이 부왕((否王)으로부터 왕위를 물려받았다.

■ 사회 질서를 유지하기 위해 범금 8조를 두었다.

■ [위만 조선] 준왕을 몰아내고 왕이 되었다.
↳ 한(漢)과 진국(辰國) 사이에서 중계 무역을 하였습니다.
↳ 진번과 임둔을 복속시켜 세력을 확장하였다.
↳ [우거왕] 한 무제가 파견한 군대에 맞서 싸웠다.

3 여러 나라의 성장

■ [부여] 여러 가(加)들이 별도로 사출도를 주관하였다.
↳ 남의 물건을 훔쳤을 때에는 12배로 갚게 하였다.
↳ 도둑질한 자에게 12배를 변상하게 하였다.
↳ 12월에 영고라는 제천 행사를 열었다.

■ [고구려] 제가 회의에서 나라의 중요한 일을 결정하였습니다.
↳ 집집마다 부경이라는 창고가 있었다.
↳ 대가들이 사자, 조의, 선인 등의 관리를 거느렸습니다.
↳ 10월에 동맹이라는 제천 행사를 열었다.

■ [옥저] 혼인 풍습으로 민며느리제가 있었다.
↳ 민며느리제라는 혼인 풍습이 있었습니다.

■ [동예] 읍락 간의 경계를 중시하는 책화가 있었다.
↳ 읍락 간의 경계를 중시하는 책화라는 풍습이 있었다.
↳ 단궁, 과하마, 반어피 등의 특산물이 유명하였다.

■ [옥저와 동예] 읍군, 삼로 등의 군장이 있었다.

■ [삼한] 제사장인 천군과 신성 지역인 소도가 존재하였다.
↳ 신성 구역인 소도에서 천군이 제사를 주관하였다.

■ [변한] 철이 많이 생산되어 왜 등에 수출하였다.
↳ 철이 많이 생산되어 낙랑과 왜에 수출하였다.
↳ 낙랑과 왜를 연결하는 중계 무역으로 번성하였다.

실전 자료 부여의 황금 귀고리

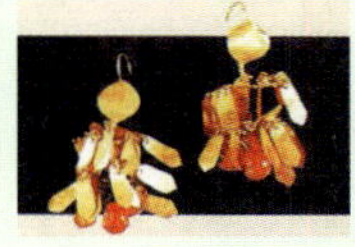
이것은 지린 성 라오허선 유적에서 출토된 부여의 황금 귀고리이다. 이 나라에서는 금이 많이 산출되고 사람들이 금과 은으로 치장하기를 즐겼다고 한다. 삼국지 동이전에 따르면 부여는 장성 북쪽에 있었던 나라로, 여러 가(加)들이 별도로 주관하는 사출도가 있었다

1 (가) 시대의 생활 모습으로 옳은 것은? [1점]

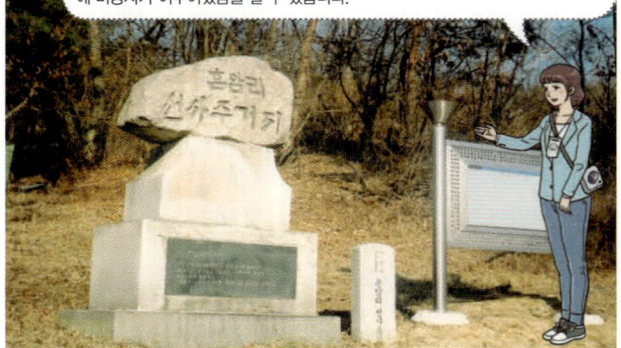

이곳 여주 흔암리 선사 유적은 (가) 시대 한강 유역의 대표적인 유적입니다. 여기에서 확인된 20여 기의 집자리에서는 민무늬 토기, 반달 돌칼 등이 출토되었습니다. 특히 토기 안에서는 탄화된 쌀 · 겉보리 · 조 · 수수가 발견되어 이 시대에 벼농사가 이루어졌음을 알 수 있습니다.

① 주로 동굴이나 강가의 막집에서 살았다.
② 계급이 없는 평등한 공동체 생활을 하였다.
③ 오수전, 화천 등의 중국 화폐를 사용하였다.
④ 많은 인력을 동원하여 고인돌을 축조하였다.
⑤ 실을 뽑기 위해 가락바퀴를 처음 사용하였다.

| 해설 | 청동기 시대의 생활상

'민무늬 토기', '반달 돌칼' 등의 내용으로 보아 (가)는 청동기 시대이다. 여주 흔암리 유적에서는 밭이나 화전에서 벼를 재배한 흔적이 발견되었다. 청동기 시대 고인돌은 지배층의 무덤으로 파악되는데, 당시에 권력을 가진 지배 계급이 존재했음을 보여 준다. 청동기 시대의 반달 돌칼은 곡식의 이삭을 훑거나 꺾어 낟알을 거두어들이는 데 사용하던 수확용 도구이다. 또 청동기 시대의 대표적 토기로는 미송리식 토기, 민무늬 토기, 붉은 간 토기 등의 토기가 있다.

| 오답 넘기 |

① 구석기인들은 식량을 찾아다니며 주로 동굴이나 막집, 바위 그늘에서 거주하였다.
② 구석기 시대와 신석기 시대는 지배 · 피지배의 개념이 형성되지 않은 평등 사회였다.
③ 중국의 화폐인 '화천(貨泉)'과 오수전은 철기와 함께 출토되어 중국과 활발한 교류가 이루어지고 있었음을 증명하고 있다.
⑤ 신석기 시대에는 가락바퀴와 뼈바늘로 의복이나 그물을 만들었다.

정답 ④

2 (가) 시대의 생활 모습으로 옳은 것은? [1점]

부여 송국리에서는 비파형 동검, 거푸집 등 (가) 시대의 대표적인 유물이 출토되었고, 다수의 집터 등 마을 유적과 고인돌이 남아 있습니다. 부여 송국리 유적이 선사 문화 체험 교육장으로 적극 활용될 수 있도록 많은 관심이 요구됩니다.

부여 송국리 유적, 교육 시설로 적극 활용 필요

① 주로 동굴이나 막집에 거주하였다.
② 철제 농기구를 제작하여 사용하였다.
③ 소를 이용한 깊이갈이가 일반화되었다.
④ 계급이 없는 평등한 공동체 생활을 하였다.
⑤ 반달 돌칼을 사용하여 곡물을 수확하였다.

| 해설 | 청동기 시대의 생활상

대표적인 청동기 시대 유적지인 충남 부여 송국리형 집터에서는 원형의 움집과 완전한 형태의 비파형 동검이 발견되었다. 청동기 시대에는 계급이 분화되면서 거대한 돌을 이용하여 고인돌을 만들었으며, 반달 돌칼을 이용하여 곡식의 이삭을 훑거나 꺾어 낟알을 거두어들였다. 그리고, 청동기 시대 후기 이후에는 청동기를 제작하는 틀인 거푸집이 한반도에서 다수 발견되어 우리나라에서 청동기가 독자적으로 제작되었음을 알 수 있다.

| 오답 넘기 |

① 구석기인들은 겨울에는 동굴에서 살고, 여름에는 바위그늘에서 살거나 임시 막집을 짓고 살았다.
② 철기 시대에는 괭이, 낫 등의 철제 농기구를 사용하면서 농업 생산량이 크게 늘어났으며 인구도 증가하였다.
③ 고려 시대에는 소를 이용한 깊이갈이가 일반화되고 시비법이 발달하면서 휴경지가 점차 줄어 계속해서 경작할 수 있는 토지가 늘었다.
④ 계급이 없는 평등한 공동체 생활은 구석기 시대와 신석기 시대이다.

정답 ⑤

3 밑줄 그은 '이 나라'에 대한 설명으로 옳은 것은? [2점]

> 누선장군 양복이 병사 7천 명을 거느리고 먼저 왕검성에 이르렀다. 이 나라의 우거왕이 성을 지키고 있다가 양복의 군사가 적음을 알고 곧 성을 나와 공격하자, 양복의 군사가 패배하여 흩어져 달아났다. 한편 좌장군 순체는 패수서군을 공격하였지만 이를 깨뜨리고 나아가지 못하였다. 한 무제는 두 장군이 이롭지 못하다 생각하고, 이에 위산으로 하여금 군사의 위엄을 갖추고 가서 우거왕을 회유하도록 하였다.

① 정사암에 모아 재상을 선출하였다.
② 10월에 동맹이라는 제천 행사를 열었다.
③ 읍락 간의 경계를 중시하는 책화가 있었다.
④ 제사장인 천군과 신성 지역인 소도가 있었다.
⑤ 사회 질서를 유지하기 위해 범금 8조를 두었다.

| 해설 | **고조선의 성립과 발전**

제시된 자료에서 '왕검성', '우거왕', '한 무제'의 내용을 통하여 밑줄 그은 '이 나라'는 고조선임을 알 수 있다. 우거왕은 위만의 손자로 한에게 멸망당한 고조선의 마지막 왕이다. 위만 조선이 성장하자 이에 불안을 느낀 한 무제는 수륙 양면으로 대규모 침략을 감행하였다. 고조선은 1차의 접전(패수)에서 대승을 거두었고, 이후 약 1년에 걸쳐 한의 군대에 맞서 완강하게 대항하였다. 그러나 장기간의 전쟁으로 지배층의 내분이 일어나 왕검성이 함락되어 멸망하였다(기원전 108).

⑤ 고조선은 사회 질서를 유지하기 위해 범금 8조를 두었다. 이를 통하여 당시 사회에 권력과 경제력의 차이가 생겨나고 재산의 사유가 이루어지면서 형벌과 노비도 발생하였음을 알 수 있다.

| 오답 넘기 |

① 귀족 회의인 정사암 회의에서 재상을 선출한 나라는 백제이다.
② 고구려는 매년 10월에 동맹이라는 제천 행사를 거행하였다.
③ 동예에는 다른 읍락의 경계를 침범할 경우 소나 말 또는 노비로 보상하게 하는 책화의 풍습이 있었다.
④ 삼한의 천군은 제천 행사 등 종교 의례를 주관하였는데, 제사를 거행하던 소도는 신성시되어 죄인이 그곳으로 도망가도 잡지 못하였다.

정답 ⑤

4 (가)에 들어갈 내용으로 옳은 것은? [2점]

① 지방의 여러 성에 욕살, 처려근지 등을 두었습니다.
② 제가 회의에서 나라의 중요한 일을 결정하였습니다.
③ 한(漢)과 진국(辰國) 사이에서 중계 무역을 하였습니다.
④ 전국 7웅 중 하나인 연과 대적할 만큼 성장하였습니다.
⑤ 부왕(否王) 등 강력한 왕이 등장하여 왕위를 세습하였습니다.

| 해설 | **고조선의 발전 과정**

중국의 진 · 한 교체기에 많은 유이민 집단이 고조선으로 이주해 왔다. 그 중 위만은 1,000여 명의 무리를 이끌고 고조선으로 들어왔다. 위만은 준왕의 신임을 받아 서쪽 변경을 수비하는 임무를 맡게 되었다. 그는 그 곳에 거주하는 이주민 세력을 통솔하면서 자신의 세력을 점차 확대하여 나갔다. 그 후 위만은 수도인 왕검성에 쳐들어가 준왕을 몰아내고 스스로 왕이 되었다(기원전 194). 위만 왕조 시기의 고조선에서는 철기 문화를 본격적으로 받아들였고, 중국의 한과 한반도 남쪽 나라 사이에서 중계 무역을 하면서 많은 이득을 얻었다. 그러나 점차 이에 대해 불만을 갖게 된 한이 고조선을 공격하여 고조선은 멸망하였다(기원전 108).

| 오답 넘기 |

① 고구려는 지방에 5부를 두었고, 장관으로 욕살을 파견하였다. 그 아래 성(城)은 처려근지 또는 도사가 다스렸다.
② 제가 회의는 국가의 중대사를 결정하던 고구려의 귀족 대표자 회의이다.
④ 고조선은 기원전 4세기 말 중국의 연과 대립할 만큼 강성하였다.
⑤ 기원전 3세기경 고조선은 부왕, 준왕 같은 강력한 왕이 등장하여 왕위를 세습하였다.

정답 ③

5 교사의 질문에 대한 학생의 답변으로 옳은 것은? [2점]

이 유물은 지린성 마오얼산 유적에서 출토된 장신구입니다. 이 나라의 사람들은 금과 은으로 만든 장신구로 치장하는 것을 즐겼다고 합니다. 12월에 영고라는 제천 행사를 열었던 이 나라에 대해 발표해 볼까요?

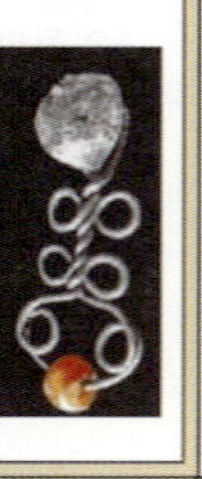

① 민며느리제라는 혼인 풍습이 있었습니다.
② 철이 많이 생산되어 낙랑과 왜에 수출하였습니다.
③ 여러 가(加)들이 별도로 사출도를 주관하였습니다.
④ 단궁, 과하마, 반어피 등이 대표적인 특산물입니다.
⑤ 대가들이 사자, 조의, 선인 등의 관리를 거느렸습니다.

| 해설 | 초기 국가의 사회상

부여는 만주 길림시 일대를 중심으로 송화(쑹화)강 유역의 평야 지대를 중심으로 성장하였다. 부여의 풍습에는 영고라는 제천 행사가 있었다. 이것은 수렵 사회의 전통을 보여 주는 것으로 12월에 열렸다. 이 때에는 하늘에 제사를 지내고 노래와 춤을 즐기며, 죄수를 풀어 주기도 하였다. 부여에는 왕 아래에 가축의 이름을 딴 마가, 우가, 저가, 구가와 대사자, 사자 등의 관리가 있었다. 이들 가(加)는 저마다 따로 행정 구획인 사출도를 다스리고 있어서, 왕이 직접 통치하는 중앙과 합쳐 5부를 이루었다. 가들은 왕을 추대하기도 하였고, 수해나 한해를 입어 오곡이 잘 익지 않으면 그 책임을 왕에게 묻기도 하였다.

| 오답 넘기 |

① 옥저에는 장래를 약속한 여자가 어렸을 때부터 남자 집에서 살다가 결혼하는 민며느리제의 풍습이 있었다.
② 삼한 중 변한에서는 철을 많이 생산하여 마한, 한의 군현, 일본 등으로 수출하였다.
④ 동예의 특산물에는 짧은 활(단궁)과 키가 작은 말(과하마)이 있었다.
⑤ 고구려는 왕 아래에 상가, 고추가 등의 대가가 있었는데, 이들은 각기 사자, 조의, 선인 등의 관리를 거느렸다.

정답 ③

6 (가), (나) 나라에 대한 설명으로 옳은 것은? [3점]

(가) 나라가 작아 큰 나라의 틈바구니에서 압박을 받다가 마침내 고구려에 예속되었다. 고구려는 그 [지역 사람] 중에서 대인(大人)을 두고 사자(使者)로 삼아 함께 통치하게 하였다. 또 대가(大加)로 하여금 조세를 책임지도록 하였고, 맥포(貊布) · 어염(魚鹽) 및 해산물 등을 천리나 되는 거리에서 짊어져 나르게 하였다.
– 『삼국지』 동이전 –

(나) 해마다 10월이면 하늘에 제사를 지내는데, 밤낮으로 술 마시며 노래 부르고 춤추니 이를 무천(舞天)이라 한다. 또 호랑이를 신(神)으로 여겨 제사 지낸다. …… 낙랑의 단궁이 그 지역에서 산출된다. 바다에서는 반어피가 나며, 땅은 기름지고 무늬 있는 표범이 많고, 과하마가 나온다.
– 『삼국지』 동이전 –

① (가) – 혼인 풍속으로 민며느리제가 있었다.
② (가) – 읍락 간의 경계를 중시하여 책화가 있었다.
③ (나) – 여러 가(加)들이 별도로 사출도를 주관하였다.
④ (나) – 남의 물건을 훔쳤을 때에는 12배로 갚게 하였다.
⑤ (가), (나) – 제사장인 천군과 신성 지역인 소도가 존재하였다.

| 해설 | 초기 국가의 사회상

(가)는 옥저에 대한 설명이며, (나)는 동예에 관한 설명이다. (가) 옥저는 어물과 소금 등 해산물이 풍부하였고 토지가 비옥하여 농사가 잘 되었다. 그러나 고구려에 소금, 어물 등을 공납으로 바쳤다. 옥저는 고구려와 같이 부여족의 한 갈래였으나 풍속이 달랐으며 민며느리제가 있었다. (나) 동예는 토지가 비옥하고 해산물이 풍부하였는데, 특히 단궁, 과하마, 반어피 등의 특산물이 많이 생산되었다. 동예에서는 매년 10월에 무천이라는 제천 행사를 열었다.

| 오답 넘기 |

② 동예에는 다른 부족의 경계를 침범할 경우에는 가축이나 노비로 변상해야 하는 책화의 풍습이 있었다.
③ 부여에서 여러 가(加)는 저마다 따로 행정 구획인 사출도를 다스리고 있어서, 왕이 직접 통치하는 중앙과 합쳐 5부를 이루었다.
④ 부여와 고구려에는 1책 12법이 있어 도둑질한 자에게 12배의 배상금을 물게 하였다.
⑤ 삼한에서는 종교를 주관하는 제사장인 천군이 소도라는 신성 지역을 다스렸는데, 이를 통해 삼한 사회가 제정이 분리되어 운영되었음을 알 수 있다.

정답 ①

7 (가), (나) 나라에 대한 설명으로 옳은 것은? [2점]

(가) 백성들은 노래와 춤을 좋아하여 촌락마다 밤이 되면 남녀가 무리지어 모여 서로 노래하며 즐긴다. …… 10월에 지내는 제천 행사는 국중대회(國中大會)로서 동맹이라 부른다. 그 나라의 풍속에 혼인을 할 때에는 말로 미리 정한 다음, 여자 집에서는 본채 뒤에 작은 집을 짓는데 그 집을 서옥이라 부른다.

– 『삼국지』 동이전 –

(나) 해마다 5월이면 씨뿌리기를 마치고 귀신에게 제사를 지낸다. 무리지어 모여서 노래와 춤을 즐긴다. 술을 마시고 노는데 밤낮을 가리지 않는다. 춤은 수십 명이 모두 일어나서 뒤를 따라가고, 땅을 밟고 몸을 구부렸다 펴면서 손과 발로 장단을 맞추며 춘다. …… 10월에 농사일을 마치고 나서도 이렇게 한다.

– 『삼국지』 동이전 –

① (가) – 남녀가 몸에 문신을 새기는 풍습이 있었다.
② (가) – 철이 많이 생산되어 낙랑과 왜에 수출하였다.
③ (나) – 신성 지역인 소도가 존재하였다.
④ (나) – 읍락 간의 경계를 중시하는 책화가 있었다.
⑤ (가), (나) – 물건을 훔친 자는 12배로 배상하게 하였다.

| 해설 | 초기 국가의 사회상

(가) 고구려에는 남자가 일정 기간 처가에서 살다가 본가로 돌아가는 서옥제라는 혼인 풍속이 있었다. 또한, 고구려는 건국 시조 주몽과 그 어머니 유화 부인을 섬겨 제사를 지냈으며, 추수가 끝나는 10월에 동맹이라는 제천 행사를 열었다. (나) 삼한은 비옥한 평야 지대에 자리하여 일찍부터 농업이 발달하였다. 특히 철제 농기구를 이용하여 벼농사를 많이 지었으며, 씨를 뿌린 5월에는 수릿날, 추수를 마친 10월에는 계절제를 열어 하늘에 제사 지냈다.

③ 삼한에는 종교를 주관하는 제사장인 천군이 소도라는 신성 지역을 다스렸다.

| 오답 넘기 |

① 삼한에서는 상투와 문신의 풍습이 존재하였다.
② 삼한 중 변한에서는 철이 많이 생산되어 낙랑, 왜 등에 수출하였다.
④ 동예에는 다른 읍락의 경계를 침범할 경우 소나 말 또는 노비로 보상하게 하는 책화의 풍습이 있었다.
⑤ 훔친 물건의 12배로 배상하는 것은 부여와 고구려의 법률이다.

정답 ③

8 (가), (나) 나라에 대한 설명으로 옳은 것은? [3점]

(가) 동이 지역 중에서 가장 평탄하고 넓은 곳으로 토질은 오곡이 자라기에 알맞다. …… 12월에 지내는 제천 행사에는 연일 크게 모여서 마시고 먹으며 노래하고 춤추는데, …… 이때에는 형옥(刑獄)을 중단하고 죄수를 풀어 준다. 전쟁을 하게 되면 그때에도 하늘에 제사를 지내고, 소를 잡아서 그 발굽으로 길흉을 점친다.

– 『후한서』 –

(나) 그 나라의 넓이는 사방 2천 리인데, 큰 산과 깊은 골짜기가 많으며 사람들은 산골짜기에 의지하여 산다. …… 혼인에 있어서는 [신랑이] 신부의 집에 가서 살다가 자식을 낳아 장성한 뒤에야 남자의 집으로 돌아온다. …… 금과 은, 재물을 모두 써 성대하게 장례를 치르며, 돌을 쌓아 봉분을 만들고 소나무와 잣나무를 심는다.

– 『후한서』 –

① (가) – 여러 가(加)들이 별도로 사출도를 주관하였다.
② (가) – 박, 석, 김의 3성이 교대로 왕위를 계승하였다.
③ (나) – 10월에 무천이라는 제천 행사를 열었다.
④ (나) – 읍락 간의 경계를 중시하는 책화가 있었다.
⑤ (가), (나) – 제사장인 천군과 신성 지역인 소도가 있었다

| 해설 | 초기 국가의 사회상

자료의 (가) 국가는 부여이다. 부여에서는 '12월에 지내는 제천 행사'로 영고가 열렸다. 또 전쟁이 나면 소를 잡아 그 발굽에 갈라진 모양을 보고 길흉을 점쳤다. 자료의 (나) 국가는 고구려이다. '신랑이 신부의 집에 가서 살다가 자식을 낳아 장성한 뒤에 남자의 집으로 돌아온다.'는 자료의 내용은 고구려의 서옥제이다. 고구려는 동맹이라는 제천 행사를 치렀으며, 결혼 이전에 남자가 여자의 집에서 생활하면서 노동력을 제공하는 서옥제의 풍습을 갖고 있었다.

| 오답 넘기 |

② 박, 석, 김의 3성이 교대로 왕위를 차지한 것은 내물왕 이전 신라의 일이다.
③ 동예는 매년 10월에 무천이라는 제천 행사를 열었다. 또 ④ 동예에서는 다른 읍락의 경계를 침범할 경우 소나 말 또는 노비로 보상하게 하는 책화의 풍습이 있었다.
⑤ 삼한에서 천군은 하늘에 대한 제사를 주관하였고, 신성 구역인 소도를 다스렸다.

정답 ①

II 삼국의 성립과 발전

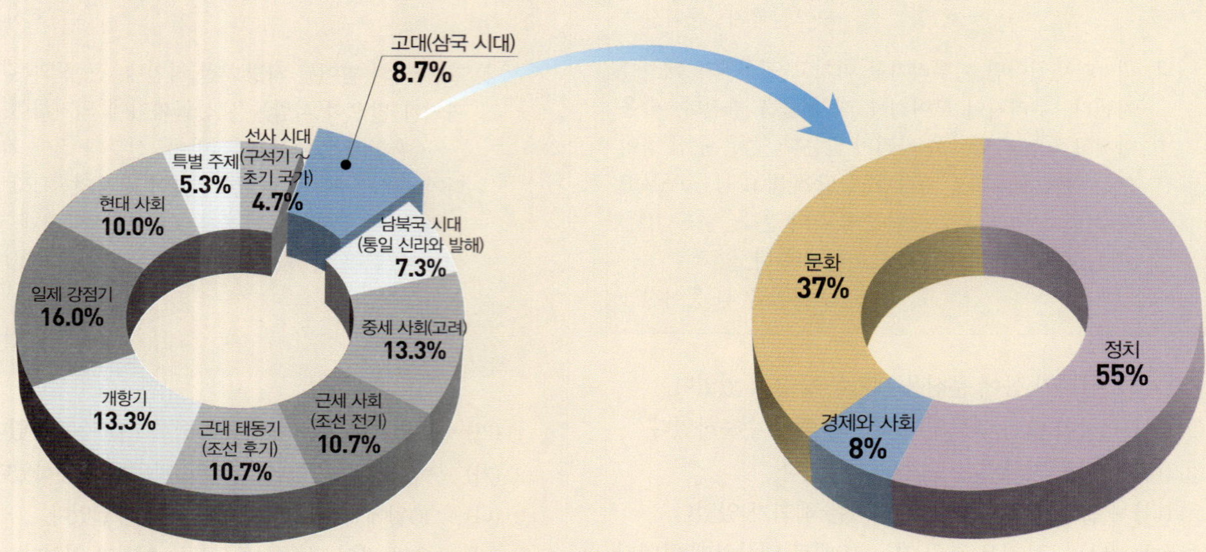

단원 들어가기

삼국 시대는 우리나라 역사에서 중앙 집권 국가가 성립하여 발전한 시기이다. 고구려, 백제, 신라는 작은 국가에서 출발하여 각기 정복 활동을 통해 여러 나라를 지속적으로 통합하고 율령 반포, 불교 수용, 영토 확장 등을 바탕으로 왕권을 강화하면서 국왕 중심의 중앙 집권 국가로 발전하는 데 성공하였다.

삼국 중에서 고구려는 압록강 유역에서 가장 먼저 성장하였고, 백제는 마한 지역에서, 신라는 진한 지역에서 각각 발전하였다. 그러나 변한 지역에서 성장한 가야의 여러 나라는 연맹 왕국 단계에서 더 이상 국가적 통합을 이루지 못한 채 주변 국가의 압력에 시달리다가 마침내 신라에 의해 차례로 병합되고 말았다.

삼국 시대는 계층상의 차이가 뚜렷하여 개인의 능력보다는 친족의 사회적 지위가 중시된, 귀족 중심의 엄격한 신분제 사회를 이루었다. 또 이 시대에는 농업을 비롯하여 목축업, 어업, 수공업 등이 상당히 발달하였다. 그리고 불교의 영향으로 문화의 폭이 넓어졌으며, 국민 사상이 통합되어 국력을 강화할 수 있었다. 나아가 삼국인은 각종 불교 미술뿐만 아니라 고분 건축을 통해 새로운 예술의 세계를 열어 나갔다.

기원전 57	신라 건국
기원전 37	고구려 건국
기원전 18	백제 건국
194	고구려, 진대법 실시
260	백제, 16관등과 공복 제정
372	고구려, 불교 전래, 태학 설치
384	백제, 불교 전래
427	고구려, 평양 천도
433	나 · 제 동맹
475	백제, 웅진 천도
520	신라, 율령 반포
538	백제, 사비 천도
612	고구려, 살수 대첩
645	고구려, 안시성 싸움
660	백제 멸망
668	고구려 멸망
676	신라, 삼국 통일

| 연표로 흐름잡기 |

03 삼국의 성장과 발전

공부한 날 월 일

일차

❶ 삼국과 가야의 성장

(1) 고대 국가의 성격

① 정복 전쟁을 통해 영역 확대, 왕권 강화 → 왕위 세습권 확립, 족장 세력이 중앙 귀족으로 흡수

② 중앙 집권적 통치 체제 정비 : 율령 반포, 중앙 관제와 지방 조직 정비, 관리의 복색과 관등 제정, 불교 수용(사회 통합, 국왕 중심 지배 이념 강화)

(2) 삼국의 성장 과정

① 고구려 : 부여 계통의 이주민과 동가강 유역의 토착민이 연합하여 건국(기원전 37)

왕	내용
태조왕(1세기)	요동 지방으로 진출 도모, 옥저 · 동예 정복, 계루부 고씨의 왕위 독점적 세습, 5부 체제로 발전 → 중앙 집권 국가의 기틀 마련 (5부: 계루부, 소노부, 절노부, 순노부, 관노부)
고국천왕(2세기)	부족적 5부를 행정적 5부로 개편, 왕위의 부자 상속제 수립 → 왕권 강화 (행정적 5부: 동부 · 서부 · 남부 · 북부 · 중부)
미천왕(4세기)	낙랑 공격(313), 요동 지역으로 세력 확대, 대동강 유역 확보
고국원왕(4세기 후반)	전연과 백제의 침략으로 위기, 백제 근초고왕이 공격한 평양성 전투에서 전사(371)
소수림왕(4세기 후반)	율령 반포(373), 태학(최초의 국립 대학) 설치(372), 불교 공인(전진의 순도, 372) → 고대 국가(중앙 집권 국가) 완성

② 백제 : 고구려 계통의 유이민 세력이 한강 유역의 토착 세력과 결합하여 건국(기원전 18)

왕	내용
고이왕(3세기)	한강 유역 장악, 한군현과 항쟁, 6좌평의 관제 마련, 관리의 복색 제정, 목지국을 병합, 율령 반포 → 중앙 집권 국가의 기틀 마련
근초고왕(4세기 후반)	마한 통합, 고구려 공격, 낙동강 유역 진출, 중국의 요서 · 산둥과 일본의 규슈 지방에 진출, 부자 상속제 수립, 중국의 동진 · 왜와 외교(칠지도를 하사), 「서기」 편찬
침류왕(4세기 후반)	동진으로부터 불교 수용(384)

중앙 집권적 고대 국가의 형성 순서

고대 국가로의 발전은 선진 문화의 수용이나 지리적 위치에 따라 차이를 보였다. 우리 역사에서는 고구려, 백제, 신라의 순서로 고대 국가 체제가 정비되었고, 부여와 가야는 삼국의 각축 속에서 중앙 집권화를 이루지 못한 채 연맹 왕국 단계에서 삼국에 흡수되었다.

고구려의 국내성 고구려는 졸본에서 국내성으로 수도를 옮기면서 크게 성장하였다.

한강 유역의 지리적 조건과 백제의 성장

- 철기 문화와 농경 문화가 크게 발달
- 중국의 선진 문화 수용에 유리
- 한반도 중서부 요지를 차지하여 국가 발전에 유리한 여건으로 삼국 중 가장 빨리 성장

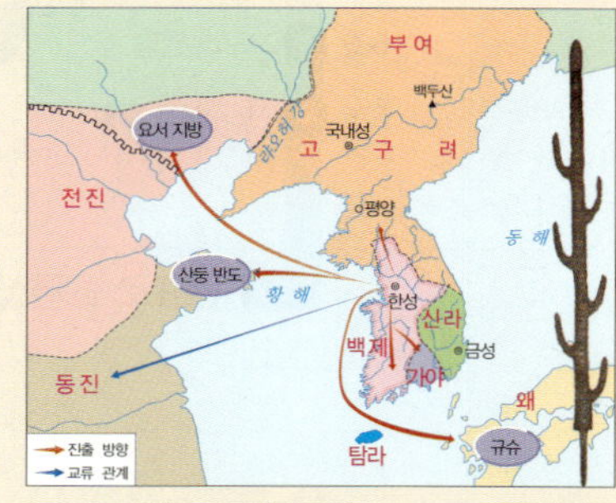

4세기 백제의 세력 범위 칠지도

Click !

백제의 건국 설화

백제의 시조는 온조왕으로 아버지는 주몽이다. 주몽이 새로이 왕비를 얻어 비류와 온조 두 아들을 낳았다. 그런데 주몽이 동부여에 있을 때 낳은 아들인 유리가 찾아와서 태자로 책봉되었다. 이에 비류와 온조는 남쪽으로 내려와, 비류는 인천 부근에 가서 살았고, 온조는 하남 위례성에 도읍을 정하여 십제라는 나라를 세웠다. 그 후 비류를 따르던 무리들도 온조에게 합류하면서 나라 이름을 백제라 하였다. －『삼국사기』－

고구려의 유이민이 백제를 건국했다는 증거

백제 석촌동 돌무지무덤

고구려 장군총

- 백제 초기의 서울 석촌동 무덤이 압록강 유역의 고구려 무덤과 유사한 돌무지무덤 양식으로 만들어진 점
- 백제 왕실이 부여씨를 칭한 점
- 백제 건국 설화에서 주몽의 아들인 온조의 무리가 백제를 세운 점

신라(新羅)의 의미
왕의 덕업이 날로 새로워져서 사방을 망라한다는 의미이다.

③ 신라 : 진한 소국의 하나인 사로국에서 출발하여 경주 지역의 토착민 집단과 유이민 세력의 결합으로 시작(기원전 57)

초기 정치	6부 연맹체로서 박 · 석 · 김씨 중에서 이사금 선출
내물왕 (4세기 후반)	낙동강 동쪽의 진한 전 지역 장악, 김씨의 왕위 세습, 마립간(대군장) 칭호 사용, 고구려의 도움으로 왜를 격퇴(호우명 그릇)

Click !

● **신라 왕호의 변천**

왕호	거서간	차차웅	이사금	마립간	왕	불교식
시기	박혁거세	남해 차차웅	유리 이사금	내물왕	지증왕	법흥왕
의미	군장, 대인	제사장, 무당	계승자	대군장	한자식	불교 수용

➡ 최고 지배자를 부르는 명칭이 변화한 것은 신라가 여러 단계를 거쳐 발전하였다는 것을 보여 줌 → 왕권의 강화

● **고구려의 도움을 받아 왜를 격퇴한 신라**

호우명 그릇 그릇 밑바닥에 '을묘년국강상 광개토지호태왕(乙卯年國岡上 廣開土地好太王)'이라는 글씨가 새겨져 있어 당시 신라와 고구려의 관계를 보여 준다.

신라가 사신을 보내 왕(광개토 대왕)에게 말하기를, "왜인이 그 국경에 가득차 성을 부수었으니, 노객(내물왕)은 백성된 자로서 왕에게 귀의하여 분부를 청한다."고 하였다. …… 10년 경자에 보병과 기병 5만을 보내, 신라를 구원하게 하였다. – 광개토 대왕릉 비문 –

➡ 신라는 내물왕 때 광개토 대왕의 원조로 왜의 침입 격퇴(광개토 대왕릉 비문, 호우명 그릇) → 고구려의 신라 내정 간섭, 내물왕은 고구려군의 힘을 이용하여 왕권 강화

「삼국유사」 가락국기에는 구지봉에서 발견한 6개의 황금알 중에서 가장 먼저 태어난 수로를 금관가야의 왕으로 추대하였다고 전한다. 이는 김해 지역의 금관가야를 중심으로 가야의 소국들이 연합하여 연맹체를 결성한 사실을 반영하고 있다.

신라의 건국 이야기
진한 땅에 살던 여섯 마을 중 하나인 고허촌의 촌장이 나정이라는 우물 옆의 숲에서 말이 무릎을 꿇고 있는 것을 보았다. 말은 하늘로 올라가 버리고 그 자리에는 큰 알이 하나 있었다. 그 알에서 아름다운 사내아이가 나와 촌장은 그 아이를 데려다 길렀다. 여섯 마을 사람들은 그 출생이 신기하고 이상했으므로 그를 높게 받들고 존경하여 그를 임금으로 세웠다. 큰 알이 박과 같았으므로 성을 박으로 삼았다. –『삼국사기』–

가야의 수레바퀴 토기

(3) 전기 가야 연맹(맹주 : 금관가야)

① 성립 : 낙동강 하류 유역 변한 지역에서 6가야 성립 → 3세기경 금관가야(구야국, 김수로왕이 건국)의 권한이 강화되고 부가 집중되는 과정에서 포상팔국의 난 등 반란이 있었으나 신라의 도움을 얻어 이를 진압, 전기 가야 연맹 성립

② 성장 : 해상 교역에 유리한 낙동강 유역의 평야 지역에 위치, 중계 무역 번성, 철기 문화 발달

김해의 금관가야는 낙동강을 이용하여 내륙 지방과 교류하였고, 바다로 낙랑, 왜의 규슈 지방과 무역 활동을 활발히 하였다. 금관가야는 이러한 중계 무역의 이익으로 경제 발전을 이루었고, 여러 소국 중에서 중심 국가로 성장할 수 있었다.

Click ! ● **철의 나라 가야**

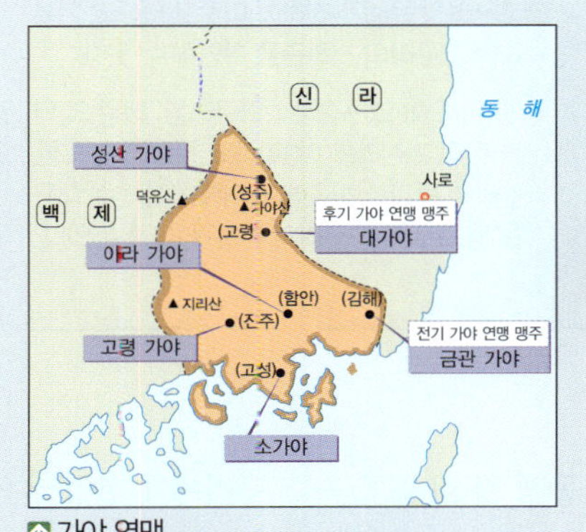

가야 연맹

철제 판갑옷과 철제 투구

삼한의 덩이쇠

- 가야는 질 좋은 철이 많이 생산됨 → 중국과 왜에 수출하면서 성장의 밑거름 마련
- 각종 철제 무기를 만들어 사용하였고, 덩이쇠를 만들어 화폐와 같은 교환 수단으로 이용하기도 함

③ 유적과 문화 : 김해 대성동 고분에서 다량의 덩이쇠와 판갑옷, 가야 토기 출토 → 가야의 철제 기술과 높은 문화 수준을 알 수 있음

④ 쇠퇴 : 백제와 신라의 팽창으로 약화되면서 고구려군의 공격으로 낙동강 서쪽 연안으로 영역이 축소된 후 가야 연맹의 주도권 상실

2 삼국과 가야의 교류와 경쟁 ★★★

(1) 고구려의 발전

광개토 대왕부터 장수왕, 다음 대인 문자명왕까지 이어지는 고구려의 전성기이다. 이때 고구려는 남북으로 최대 규모의 영토를 차지하였다.

① 광개토 대왕 : 백제 압박, 신라를 도와 왜군 격퇴(400), 가야를 공격한 뒤 한반도 남부에 군대 주둔, 거란과 후연을 격파(요동과 만주 장악), 한강 이북 확보 → 독자적 연호 '영락' 사용

예부터 중국에서는 황제가 즉위한 해를 기준으로 새롭게 연대가 시작되었는데, 이때 연도의 기준이 되는 단어를 연호라고 하였다. 본래 황제만 제정할 수 있었기 때문에 연호를 제정한다는 것은 중국과 대등하다는 의식과 왕권의 강대함을 나타내는 것이었다.

② 장수왕

㉠ 남북조와 외교 : 서로 대립하고 있던 중국 남북조와 각각 교류하면서 중국을 견제

㉡ 평양 천도(427) : 평양은 대동강을 끼고 있어 교통이 편리하고 해양 진출에 유리함, 국내성의 귀족 세력을 약화시켜 왕권을 강화시킴, 적극적인 남진 정책 추진으로 신라와 백제 압박 → 나 · 제 동맹 결성(433)

㉢ 한강 유역 장악 : 백제의 수도 한성 함락(475), 죽령 일대에서 남양만을 연결하는 선까지 판도를 넓힘 → 광개토 대왕릉비(414), 충주(중원) 고구려비

최근 397년 건립 추정

㉣ 광개토 대왕릉비, 충주(중원) 고구려비 : 고구려의 한강 유역 진출 사실과 번영을 반영

③ 동아시아의 강대국으로 성장

㉠ 영토 확장 : 한반도의 중부 지방과 요동을 포함한 만주 지역 차지 → 중국과 대등한 세력 형성

㉡ 중국(북위)의 고구려 사신 우대 → 고구려의 위상이 높았음

Click ! ● 고구려의 천하관

광개토 대왕릉비

충주(중원) 고구려비

- 광개토 대왕릉비 : '영락' 연호의 사용과 백제, 신라로부터 조공을 받았다는 내용이 있다. 또한, 고구려를 하늘의 자손이라 여기고 고구려의 은혜가 천하에 미치고 있다고 기록하여 고구려의 천하관을 확인할 수 있다.
- 충주(중원) 고구려비 : 고구려를 '태왕'의 나라로 적고 신라를 이(夷)라고 칭하였다. 또한, 신라의 왕과 신하들에게 의복을 내려준 내용을 담고 있어 고구려의 천하관을 알 수 있다.

(2) 백제의 중흥

① 위기 : 고구려의 압박 → 신라와 나·제 동맹 결성(433) → 고구려에게 한강 유역을 잃고 웅진(현재의 공주)으로 천도(475) → 대외 활동 위축, 내부 혼란

가야와 임나일본부설

4세기 후반 근초고왕 때 백제의 정복 사업이 활발해지면서 가야는 백제의 지배하에 들어갔다. 그리고 백제는 일본과의 무역을 위한 일종의 상관(商館)으로서 '임나일본부'를 설치했는데 일제 시대 일본인들은 이것이 마치 일본이 4세기부터 6세기에 걸쳐 가야 지방에 설치한 식민 통치 기구인 것처럼 왜곡 선전하기 시작했다. 당시 일본은 '일본'이라는 국호도 없이 '왜'라고 불렸으며, 한반도 남부를 지배할 만한 통일된 권력이 없었다.

고구려군의 이동 경로

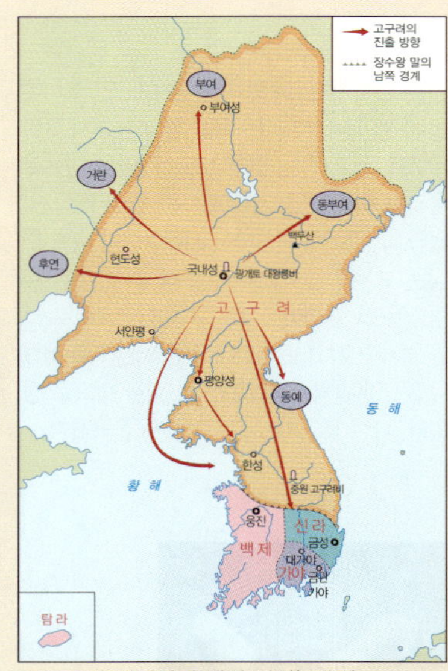

고구려 전성기의 세력 범위(5세기)

고구려의 수도 변천

수도	시기	위치
졸본성	동명성왕	졸본(환인)
국내성	유리왕	통구
환도성	산상왕	통구
평양성	장수왕	평양

관산성(옥천) 전투

성왕은 신라와 연합하여 고구려에 빼앗겼던 한강 하류 지역을 되찾았으나, 신라가 동맹을 깨고 백제를 공격하여 한강 유역을 빼앗기고 말았다. 성왕은 신라에 복수를 하고, 한강 유역을 되찾기 위해 신라를 총공격하였으나, 관산성(옥천)에서 전사하고 말았다. 이 전투에서 승리한 신라는 한강 유역에 대한 지배권을 확 고히 하고, 이후 삼국 항쟁의 주도권을 장악하였다.

② **동성왕** : 결혼 동맹 체결(493), 중국 남조와 국교 재개, 금강 유역의 신진 세력 등용, 탐라 복속

└ 백제의 동성왕이 신라의 소지왕 때 이찬 비지의 딸을 왕비로 맞아 들여 맺은 동맹

③ **무령왕**

㉠ 중앙 집권의 강화 : 22담로에 왕족을 파견함으로써 지방에 대한 통제를 강화

└ 백제의 특수 행정 구역으로서 지방 지배의 거점이었다.

㉡ 남조 문화를 도입하여 백제 중흥의 발판을 마련 → 무령왕릉에서 나온 유물들을 통해 문화적 발전상 확인

④ **성왕** : 사비(현재의 부여) 천도(538), 국호를 남부여로 선포, 중앙(22개 관청 설치)과 지방 통치 조직 재정비(5부, 5방), 일본에 불교(노리사치계) 전파, 신라와 협공하여 한강 유역 일시적 회복 → 신라에 빼앗김(성왕은 관산성 전투에서 전사, 554), 나 · 제 동맹 결렬

Click !

● **무령왕릉을 통해서 본 중국과의 교류**

무령왕릉 내부

금제 관식

진묘수

오수전

➡ 무령왕릉은 중국 남조의 영향을 받아 만든 벽돌무덤이다. 이곳에서 나온 진묘수, 오수전, 청자 육이호 역시 중국과 교류한 사실을 입증해 준다. 무덤을 지키는 돌짐승인 진묘수는 중국 남조의 무덤에서 찾아볼 수 있다.

● **백제의 수도 변천**

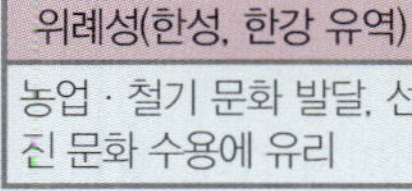

위례성(한성, 한강 유역)

농업 · 철기 문화 발달, 선진 문화 수용에 유리

↓

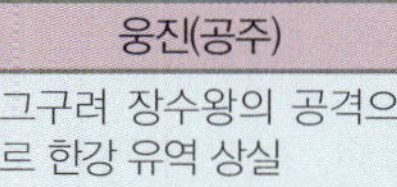

웅진(공주)

고구려 장수왕의 공격으로 한강 유역 상실

↓

사비(부여)

왕권 강화 및 백제의 중흥 도모

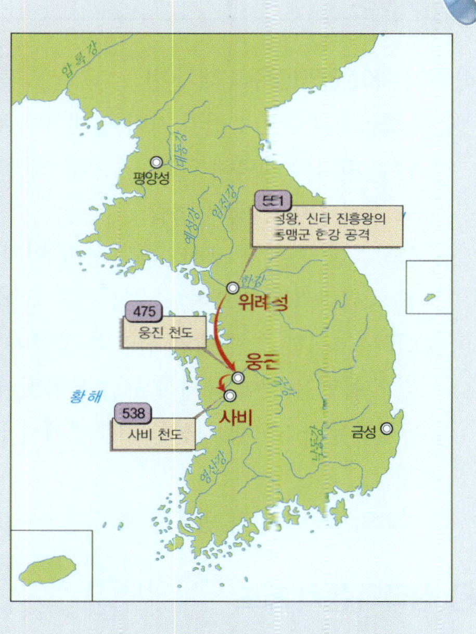

법흥왕 때 신라의 발전

울진 봉평 신라비

이차돈 순교비

봉평 신라비는 법흥왕 때 경북 울진 지역의 반란을 진압한 후 세운 비석으로 많은 관직 이름이 적혀 있어 정치 체제가 정비된 모습을 엿볼 수 있다. 이차돈 순교비는 불교 공인의 계기가 되었던 이차돈의 순교를 기념하기 위해 세운 비석이다.

(3) 신라의 발전

① **배경** : 나·제 동맹을 통해 고구려의 간섭에서 탈피, 6세기경 비약적 발전

② **지증왕** : 우경과 수리 시설 확충(농업 생산력 증가), 국호 '신라', 왕호 '왕'으로 변경(503), 주 · 군 제도 실시, 우산국(울릉도) 정복, 순장 금지, 동시전 설치

③ **법흥왕** : 불교 공인(이차돈의 순교, 527), 율령 반포(520), 병부와 상대등 설치, 관리의 공복 제정, '건원'이라는 연호 사용, 금관가야 정복

④ **진흥왕** : 화랑도를 국가 조직으로 정비(576), 한강 유역 확보(고구려와 백제의 연결 차단, 중국과 직접 교류 가능), 불교 정비(황룡사 건립, 교단 설치), 대가야 정복, 함경도 지역까지 영토 확대(단양 신라 적성비, 4개의 순수비 건립)

└ 진흥왕 때 세워진 신라 제일의 사찰로, 선덕여왕 때에는 거대한 9층 목탑을 지었는데, 여기에는 주변 국가들이 모두 신라를 섬기게 될 것이라는 믿음이 담겨있다.

Click ! ● 진흥왕의 영토 확장

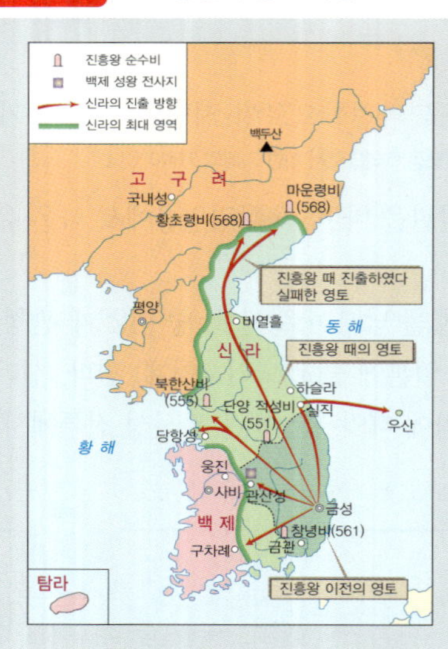

- 6세기 중반 진흥왕은 고구려가 왕위 계승 분쟁으로 혼란한 틈을 타 백제와 함께 한강 유역을 공격하여 한강 상류 지역을 차지하였다. 그 뒤, 신라는 동맹국인 백제를 공격하여 전략적 요충지인 한강 하류 지역마저 빼앗아 한강 유역을 모두 차지하였다.
- 진흥왕은 새로 차지한 영토를 기념하기 위해 단양 적성비와 4개의 진흥왕 순수비(북한산비, 창녕비, 마운령비, 황초령비)를 세웠다.

⇧ 북한산비　사진 속 비는 모조비이고, 원 안이 진짜 비이다.

(4) 후기 가야 연맹(맹주 : 대가야)

① 성립(5세기 후반) : 전기 가야 연맹이 해체되면서 김해, 창원을 중심으로 하는 동남부 지역의 세력이 약화 → 고령 지방의 대가야(이진아시왕이 건국)를 중심으로 후기 가야 연맹이 성립

② 성장 : 질 좋은 철 생산, 좋은 농업 입지 조건, 전쟁의 피해를 입지 않아 고구려를 공격하기도 했으며, 소백산맥을 넘어 전북 남원까지 세력을 확대

③ 쇠퇴 : 6세기 초 백제와 신라의 침입이 계속되면서 세력이 위축되었고, 신라와 결혼 동맹을 맺어 국제적 고립에서 벗어나려 노력

④ 유적과 문화 : 고령 지산동 고분군에서 금관이 출토, 가실왕 때 우륵이 가야금을 제작

⑤ 가야의 멸망 : 신라 법흥왕 때 금관가야(532), 진흥왕 때 대가야(562) 멸망

지산동 고분군: 전기 가야 연맹이 해체된 후 고령 지역의 대가야를 중심으로 가야 연맹이 다시 집결하였다. 후기 가야 연맹을 주도한 대가야 왕족의 무덤이 집중적으로 모여 있는 지산동 고분군을 통해 당시 대가야의 국력과 왕권의 크기를 짐작할 수 있다.

가야의 건국 설화
가야의 건국 설화는 두 종류의 것이 있는데 김해 가락국 수로왕 설화와 대가야국 이진아시왕 신화이다. 가야국의 시조가 각기 다르게 전해지는 것은 가야의 패권이 금관가야에서 대가야로 바뀐 것을 반영하는 것이다.

⇧ 가야 금관(고령 지산동 32호분에서 출토)

❸ 삼국의 통치 제도 ★★

국가	관등 조직	행정 구역	귀족 대표자 회의
고구려	• 10여 등급 • 수상 : 대대로	• 수도 : 5부 • 지방 : 5부	제가 회의
백제	• 16등급 • 수상 : 상좌평	• 수도 : 5부 • 지방 : 5방	정사암 회의
신라	• 17등급 • 수상 : 상대등 → 중시(시중)	• 수도 : 6부 • 지방 : 5주	화백 회의 : 국가의 중요한 일을 만장일치로 결정, 상대등이 주관

가야가 중앙 집권 국가로 성장하지 못한 이유
- 백제와 신라의 중간에 위치 → 백제와 신라의 압박으로 정치적으로 불안
- 각 소국의 독자적 정치 기반 유지 → 지배력 집중 실패

▶ 삼국의 중앙 집권 국가의 형성과 완성

구분	고대 국가 성립	고대 국가 완성기	율령 반포	한강 유역 차지	불교 수용
고구려	태조왕(2세기)	소수림왕(4세기)	소수림왕(4세기)	장수왕(5세기)	소수림왕(4세기)
백제	고이왕(3세기)	근초고왕(4세기)	고이왕(3세기)	고이왕(3세기)	침류왕(4세기)
신라	내물왕(4세기)	법흥왕(6세기)	법흥왕(6세기)	진흥왕(6세기)	법흥왕(6세기)

① 삼국과 가야의 성장

- [동천왕] 관구검의 공격으로 환도성이 함락되었다.
  - ↳ 관구검이 이끄는 위의 군대가 고구려를 침략하였다.
- 태조왕이 옥저를 정복하고 동해안으로 진출하였다.
  - ↳ 옥저를 정복하고 동해안으로 진출하였다.
  - ↳ 고구려가 옥저를 복속시켰다.
- 미천왕이 서안평을 공격하여 영토를 확장하였다.
  - ↳ 미천왕이 서안평을 점령하였다.
  - ↳ 미천왕이 낙랑군을 몰아내었다.
  - ↳ 고구려가 낙랑군을 축출하였다.
- [고이왕] 내신 좌평, 위사 좌평 등 6좌평의 관제를 마련하였다.
- [근초고왕] 평양성을 공격하여 고국원왕을 전사시켰다.
- 동성왕이 나제 동맹을 강화하였다.
- [무령왕] 지방에 설치된 22담로에 파견되는 왕족
  - ↳ 지방을 통제하기 위해 22담로를 설치하였다.
- [성왕] 국호를 남부여로 바꿨어요.
  - ↳ 성왕이 한강 하류 지역을 수복하였다.
  - ↳ 백제가 사비로 천도하였다.
  - ↳ 사비로 천도하고 국호를 남부여로 고쳤다.
- [신라] 시조 박혁거세의 설화가 삼국유사에 전해진다.
  - ↳ 박, 석, 김의 3성이 번갈아 왕위를 차지하였다.

② 삼국과 가야의 교류와 경쟁

- [광개토 대왕] 고구려가 후연을 공격하고 요동 땅을 차지하였다.
- 장수왕이 국내성에서 평양으로 천도하였다.
  - ↳ 장수왕이 평양으로 천도하고 남진 정책을 본격화하였다.
- [내물 마립간] 최고 지배자의 칭호가 마립간으로 변경되었다.
  - ↳ 최고 지배자의 칭호를 마립간이라 하였다.
- [지증왕] 이사부를 보내 우산국을 복속시켰다.
- [법흥왕] 병부와 상대등을 설치하고 관등을 정비하였다.
  - ↳ 병부 등을 설치하여 지배 체제를 정비하였다.
  - ↳ 건원이라는 독자적인 연호를 사용하였다.
- [진흥왕] 거칠부에게 국사를 편찬하도록 하였다.
  - ↳ 왕명으로 거칠부가 국사를 편찬하였다.
  - ↳ 관산성 전투에서 성왕을 전사시켰다.
  - ↳ 국가적인 조직으로 화랑도를 개편하였다.
  - ↳ 대가야를 병합하여 영토가 확장되었다.

실전 자료 **국사(國史)**

왕 6년 가을 7월에 이찬 이사부가 아뢰기를, "국사(國史)라는 것은 군주와 신하의 선악을 기록하여 만대에 포폄(褒貶)*을 보여 주는 것이니 편찬하지 않으면 후대에 무엇을 보이겠습니까?"라고 하였다. 이에 왕이 진실로 그렇다고 여겨서 대아찬 거칠부 등에게 명하여 널리 문사들을 모아서 [이를] 편찬하도록 하였다. －『삼국사기』－

*포폄(褒貶): 칭찬과 비판을 하거나 또는 시비와 선악을 판단하여 결정함

- [대가야] 후기 가야 연맹을 주도하였다.

③ 삼국의 통치 제도

- [고구려] 지방의 여러 성에 욕살, 처려근지 등을 두었습니다.
  - ↳ 지방 장관으로 욕살, 처려근지 등을 두었다.
- [백제] 정사암에 모여 재상을 선출하였다.

실전 자료 **천정대(天政臺)**

이곳 천정대는 백제의 귀족들이 모여 국가의 중대사를 논의하였던 정사암(政事岩)으로 추정되는 장소이다. 『삼국유사』에는 '재상(宰相)을 선출할 때 3~4명의 후보자 이름을 적어 상자에 넣어 밀봉한 뒤 정사암에 놓아두었다가 얼마 후에 상자를 열어 이름 위에 표시가 있는 사람을 재상으로 삼았다.'라고 기록되어 있다.

- [신라] 만장일치제로 운영된 화백 회의가 있었다.
  - ↳ 귀족 합의체인 화백 회의를 운영하였다.
  - ↳ 만장일치제인 화백 회의를 통해 국정을 운영하였다.

1 (가), (나) 사이의 시기에 있었던 사실로 옳은 것은? [3점]

(가) 백제왕이 병력 3만 명을 거느리고 평양성을 공격해 왔다. 왕이 출병하여 막다가 날아오는 화살에 맞아 서거하였다.

(나) 왕이 보병과 기병 5만 명을 보내 신라를 구원하게 하였다.(고구려군이) 남거성을 통해 신라성에 이르렀는데, 그곳에 왜적이 가득하였다. 고구려군이 도착하자 왜적이 퇴각하였다.

① 전진의 순도가 고구려에 불교를 전파하였다.
② 연개소문이 정변을 일으켜 권력을 장악하였다.
③ 이문진이 유기(留記)를 간추린 신집을 편찬하였다.
④ 관구검이 이끄는 위의 군대가 고구려를 공격하였다.
⑤ 장수왕이 평양으로 천도하고 남진 정책을 본격화하였다.

| 해설 | 삼국의 발전 과정

(가) 백제의 4세기 근초고왕은 고구려의 평양성을 공격(371)하여 고국원왕을 전사시켰다. (나) 4세기 말에 즉위한 고구려의 광개토 대왕은 신라에 5만 명의 군대를 파견하여 왜를 격퇴하면서 한반도 남부에까지 영향력을 확대하였다(400). (가)와 (나) 사이의 시기 고구려는 중국을 통해 불교를 받아들였는데 소수림왕 때 전진의 승려 순도가 불상과 불경을 가지고 왔다(372). 이후 고구려는 불교의 보편적 세계관에 의거하여 다양한 사상과 신앙을 통합해 나갔다.

| 오답 넘기 |

② 642년에 연개소문은 정변을 일으켜 영류왕과 여러 대신들을 제거하고 보장왕을 세웠다. 그리고, 스스로 대막리지가 되어 막강한 권력을 행사하며 당과 신라에 강경한 자세를 취하였다.
③ 고구려에는 역사서 『유기』 100권이 있었고, 영양왕 때인 600년에 이문진은 『신집』 5권을 편찬하였다.
④ 고구려는 동천왕(227~248) 때 압록강 입구인 서안평(西安平)을 공격하여 위나라 장수 관구검의 침입을 받아 한때 위축되었다.
⑤ 고구려 장수왕(413~491)은 국내성의 귀족 세력을 약화시키고 왕권을 강화하기 위해 국내성에서 평양성으로 수도를 옮기고, 남진 정책을 적극적으로 추진하였다.

정답 ①

2 다음 검색창에 들어갈 왕의 업적으로 옳은 것은? [2점]

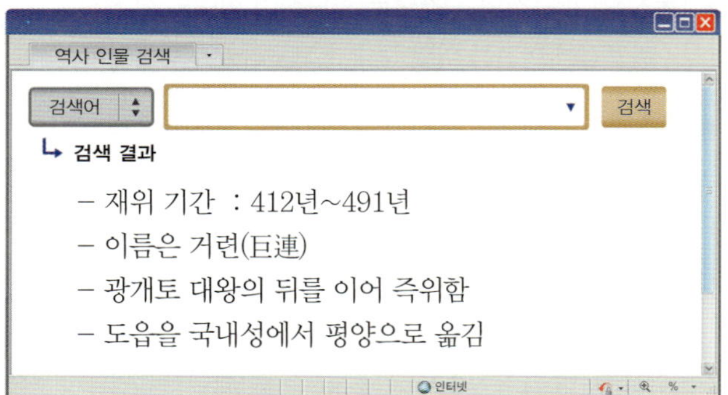

① 수의 군대를 살수에서 크게 물리쳤다.
② 서안평을 공격하여 영토를 확장하였다.
③ 전진의 순도를 통해 불교를 수용하였다.
④ 백제의 한성을 공격하여 개로왕을 전사시켰다.
⑤ 당의 침략에 대비하여 천리장성을 축조하였다.

| 해설 | 고구려의 발전 과정

평양은 옛 고조선과 고구려의 도읍지로 고구려는 5세기 장수왕 때에 국내성에서 평양으로 천도하였다(427). 광개토 대왕의 뒤를 이은 장수왕은 중국 남북조의 대립을 이용한 실리적 외교 정책을 구사하여 북위와 화친을 맺고 북방 유목 민족들과도 활발히 교류하였다. 또한 남하 정책을 추진하여 백제의 수도 위례성(한성)을 함락시켰는데 이 과정에서 백제 개로왕이 고구려 장수왕의 공격으로 사망하였다(475). 장수왕이 남한강 유역으로 진출하여 한반도 중부 지역까지 영토를 확장한 사실은 충주 고구려비를 통해 알 수 있다.

| 오답 넘기 |

① 고구려의 을지문덕은 살수 대첩에서 수의 군대를 크게 물리쳤다.(612)
② 고구려 미천왕 때에는 서안평을 공격하여 요동으로 영토를 확장하였다(311).
③ 고구려는 소수림왕 때 전진의 승려 순도가 불상과 불경을 가지고 왔다(372).
⑤ 고구려는 연개소문의 지휘 아래 천리장성 축조를 시작하여 당의 침입에 대비하였다(631~647).

정답 ④

3 밑줄 그은 '왕'의 업적으로 옳은 것은? [2점]

> 고구려가 군사를 동원하여 공격해 왔다. 왕이 이를 듣고 패하(浿河) 강가에 군사를 매복시키고 그들이 오기를 기다려 급히 치니 고구려 군사가 패하였다. 그 해 겨울, 왕이 태자와 함께 정병 3만 명을 거느리고 고구려에 침입하여 평양성을 공격하였다. 고구려왕 사유가 힘을 다해 싸우다가 화살에 맞아 사망하였다.
>
> -『삼국사기』-

① 익산에 미륵사를 창건하였다.
② 신라를 공격하여 대야성을 함락시켰다.
③ 동진으로부터 전래된 불교를 수용하였다.
④ 사비로 천도하고 국호를 남부여로 고쳤다.
⑤ 고흥으로 하여금 서기를 편찬하게 하였다.

| 해설 | 백제의 발전 과정

4세기 중엽, 백제는 근초고왕 때에 이르러 정치 안정과 대외 진출을 통하여 최대 전성기를 맞이하였다. 근초고왕은 왕위의 부자 상속제를 확립하여 왕권을 강화하였다. 대외 정복 활동에도 나서 백제의 영토를 최대로 넓혔다. 남쪽으로는 영산강 유역까지 진출하여 마한의 나머지 세력을 정복하고, 낙동강 유역의 가야를 영향력 아래에 두어 왜로 가는 교통로를 확보하였다. 그리고, 북쪽으로는 고구려의 평양성을 공격하여 고국원왕을 전사시키고 황해도 일부를 차지하였다. 한편, 중국의 동진, 왜의 규슈 지방과 우호적인 관계를 맺었으며, 중국의 요서 지방에 진출하는 등 활발한 대외 활동을 벌였다.

⑤ 백제 근초고왕 때 고흥에 의해서 역사서인『서기』가 편찬되었다(375).

| 오답 넘기 |

① 백제는 무왕 때 미륵사 등 대규모 사찰을 건립하며 금마저(전북 익산)으로의 천도 계획을 세웠으나 실패하고 말았다.
② 백제의 의자왕은 신라의 대야성을 점령하였다(642).
③ 백제는 4세기 침류왕 때 동진으로부터 불교를 수용하였다(384).
④ 백제 성왕은 웅진에서 사비로 천도하였으며 국호를 남부여로 바꾸었다(538).

정답 ⑤

4 밑줄 그은 '왕'의 업적으로 옳은 것은? [2점]

> ○ 왕의 이름은 명농이니 무령왕의 아들이다. 지혜와 식견이 뛰어나고 일을 처리함에 결단성이 있었다. 무령왕이 죽고 왕위에 올랐다.
>
> -『삼국사기』-
>
> ○ 왕이 신라군을 습격하고자 몸소 보병과 기병 모두 50명을 거느리고 밤에 구천(狗川)에 이르렀다. 신라의 복병이 나타나 그들과 싸우다가 혼전 중에 왕이 신라군에게 살해되었다.
>
> -『삼국사기』-

① 익산에 미륵사를 창건하였다.
② 동진으로부터 불교를 수용하였다.
③ 신라를 공격하여 대야성을 점령하였다.
④ 사비로 천도하고 국호를 남부여로 고쳤다.
⑤ 고흥으로 하여금 서기를 편찬하게 하였다.

| 해설 | 백제의 중흥 노력

무령왕의 뒤를 이어 왕위에 오른 백제 성왕은 신라와 손을 잡고 고구려를 공격하여 한강 유역을 되찾았으나 신라의 공격을 받아 다시 한강 유역을 빼앗겼다. 이에 성왕이 직접 군사를 이끌고 신라를 공격하였지만 관산성(충북 옥천)에서 크게 패하고 전사하면서 성왕의 중흥 노력은 좌절되었다. 백제 성왕은 웅진에서 사비로 천도하였으며 국호를 남부여로 바꾸었다. 또한, 중국 남조와 활발하게 교류하였고, 일본에 불교를 전하기도 하였다.

| 오답 넘기 |

① 백제는 무왕 때 미륵사 등 대규모 사찰을 창건하며 금마저(익산)으로의 천도 계획을 세웠으나 실패하고 말았다(7세기 전반).
② 백제는 4세기 침류왕 때 동진으로부터 불교를 수용하였다(384).
③ 고구려가 수 · 당과 전쟁을 치열하게 전개하는 동안 백제 의자왕은 신라를 공격하여 대야성(경남 합천)을 비롯한 40여 성을 빼앗고, 신라가 당으로 가는 교통로를 끊기 위해 당항성을 공격하였다.
⑤ 삼국은 자국의 전통을 이해하고 왕실의 권위를 높이며 백성의 충성심을 모으고자 역사서를 편찬하였는데 백제는 4세기 근초고왕 때에 고흥이『서기』를 편찬하였다(375).

정답 ④

5 다음 검색창에 들어갈 왕에 대한 설명으로 옳은 것은? [2점]

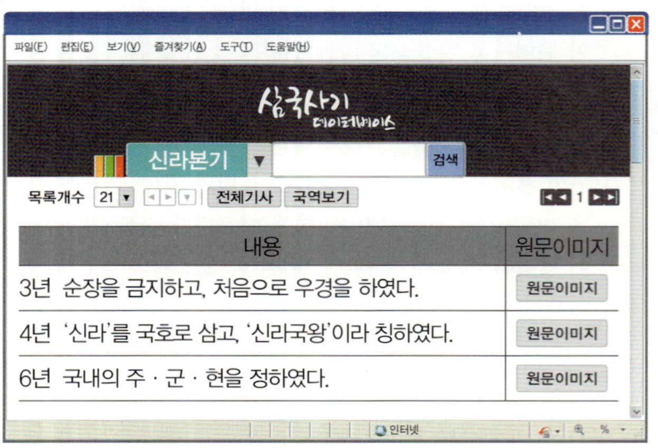

① 첨성대를 세워 천체를 관측하였다.
② 대가야를 정복하여 영토를 확장하였다.
③ 거칠부에게 국사를 편찬하도록 하였다.
④ 건원이라는 독자적인 연호를 사용하였다.
⑤ 시장을 감독하는 관청인 동시전을 설치하였다.

| 해설 | **신라의 발전 과정**

연보의 왕은 지증왕이다. 6세기 초 지증왕 때 국호를 신라로 바꾸고, 왕호를 마립간에서 왕으로 바꾸었다. 또 순장을 금지하였으며 철제 농기구와 우경을 장려하였다. 그리고 신라 지증왕은 이사부로 하여금 우산국(지금의 울릉도)을 정복하게 하였다(512). 또 지증왕 때에는 동시를 감독하는 동시전이 설치되었으며(509), 주 · 군 · 현의 지방 제도도 정비하여 복속 지역에 지방관을 파견하여 직접 다스렸다.

| 오답 넘기 |

① 천체를 관측하기 위한 신라의 첨성대는 선덕 여왕 즉위 직후 건립되었다(630년대).
② 6세기 신라 진흥왕은 고령의 대가야를 병합하여 낙동강 유역을 차지하였으며, 동해안을 따라 북쪽으로 함흥평야까지 진출하였다.
③ 신라는 진흥왕 때 거칠부가 역사서인 『국사』를 지었다(545).
④ 지증왕의 뒤를 이은 신라 법흥왕은 율령을 반포하고, 골품제를 정비하였다. 또한, 병부를 설치하여 군권을 장악하고, 김해 지역의 금관가야를 병합하였으며, '건원(建元)'이라는 독자적인 연호를 사용하였다.

정답 ⑤

6 밑줄 그은 '왕'에 대한 설명으로 옳은 것은? [2점]

> 왕 6년 가을 7월에 이찬 이사부가 아뢰기를, "국사(國史)라는 것은 군주와 신하의 선악을 기록하여 만대에 포폄(褒貶)*을 보여 주는 것이니 편찬하지 않으면 후대에 무엇을 보이겠습니까?"라고 하였다. 이에 왕이 진실로 그렇다고 여겨서 대아찬 거칠부 등에게 명하여 널리 문사들을 모아서 [이를] 편찬하도록 하였다.
>
> – 『삼국사기』 –
>
> *포폄(褒貶) : 칭찬과 비판을 하거나 또는 시비와 선악을 판단하여 결정함

① 백성에게 정전을 지급하였다.
② 국가적인 조직으로 화랑도를 개편하였다.
③ 국학을 설립하여 유학 교육을 실시하였다.
④ 최고 지배자의 칭호를 마립간이라 하였다.
⑤ 지방관 감찰을 위하여 외사정을 파견하였다.

| 해설 | **신라의 전성기**

자료의 밑줄 그은 왕은 신라의 진흥왕으로 이 시기에는 거칠부가 역사서인 『국사』를 지었다. 신라는 6세기 중반 진흥왕 때에 이르러 크게 팽창하였다. 진흥왕은 유능한 인재를 양성하기 위해 화랑도를 국가적 조직으로 개편하였다. 또한, 백제 성왕과 연합하여 한강 상류를 차지한 이후 다시 백제로부터 한강 하류 지역을 빼앗아 한강 유역을 모두 장악하였다(553). 이어 고령의 대가야를 병합하여 낙동강 유역을 차지하였으며, 동해안을 따라 북쪽으로 함흥평야까지 진출하였다. 진흥왕은 이러한 영토 팽창을 대내외에 널리 알리기 위해 단양 신라 적성비와 창녕 척경비, 북한산순수비, 황초령순수비, 마운령순수비 등의 비석을 세웠다.

| 오답 넘기 |

① 백성에게 정전(丁田)을 처음 지급한 시기는 성덕왕 때이다(722).
③ 신문왕은 유교 교육 기관으로 국학을 설립하였다(682).
④ 내물왕 때에 김씨에 의한 독점적인 왕위 세습권이 확립되면서 왕권 강화를 나타내기 위하여 대군장이라는 뜻을 갖고 있는 마립간이란 칭호가 사용되었다.
⑤ 통일 신라 문무왕(661~681)은 지방관을 감찰하기 위하여 외사정을 파견하였다(673).

정답 ②

7 밑줄 그은 '나라'에 대한 설명으로 옳은 것은? [1점]

> 김구해가 아내와 세 아들, 즉 큰 아들 노종, 둘째 아들 무덕, 셋째 아들 무력과 함께 <u>나라</u>의 창고에 있던 보물을 가지고 와서 항복하였다. [법흥]왕이 예로써 그들을 우대하여 높은 관등을 주고 본국을 식읍으로 삼도록 하였다.
> – 『삼국사기』 –

① 만장일치제로 운영된 화백 회의가 있었다.
② 빈민을 구제하기 위해 진대법을 실시하였다.
③ 박, 석, 김의 3성이 번갈아 왕위를 차지하였다.
④ 시조 김수로왕의 설화가 삼국유사에 전해진다.
⑤ 오경박사, 의박사, 역박사 등을 일본에 파견하였다.

| 해설 | 가야의 성립과 발전

철기 문화를 토대로 농업 생산력이 증대하자, 낙동강 하류의 변한 지역에서는 여러 정치 집단이 나타났다. 이들 사이에 통합이 이루어지면서 가야는 연맹 왕국으로 발전하였고, 3세기경부터 김수로에 의해 건국된 김해의 금관가야가 연맹을 주도하였다. 수로왕비 허황옥(許黃玉)은 멀리 인도의 아유타국(阿踰陀國)에서 왔다고 한다. 그러나, 신라 법흥왕 때 금관가야가 병합되면서 김구해 등 가야 왕손들은 진골로 편입되었다.

| 오답 넘기 |

① 신라는 초기 부족 사회의 전통이 오랫동안 유지되었는데 만장일치의 귀족 회의체인 화백 회의는 이러한 부족 사회의 특징을 보여 주는 것으로, 이곳에서 국왕을 폐위시키거나 새로운 국왕을 추대하기도 하여 왕권을 견제하는 역할을 하였다.
② 고구려 고국천왕 때 을파소의 건의로 시행한 진대법은 봄에 곡식을 빌려 주었다가 가을에 추수한 것으로 갚도록 한 제도였다(194).
③ 박, 석, 김의 3성이 교대로 왕위를 차지한 것은 내물왕 이전 신라의 일이다.
⑤ 백제는 오경박사(유교 경전)와 의박사(의료), 역박사(천문 · 역법) 등을 두어 유교 경전과 기술학을 가르쳤고 일본에 파견하기도 하였다.

정답 ④

8 (가) 나라에 대한 설명으로 옳은 것은? [1점]

경상북도 고령군 지산동 고분군에서 발굴 조사 중 그림이 새겨진 직경 5cm 가량의 토제 방울 1점을 비롯하여 곱은옥, 화살촉 등 다양한 유물이 출토되었습니다. 이번 발굴로 이진아시왕을 시조로 이 지역에서 발전한 (가) 에 대한 연구가 활발하게 이루어질 전망입니다.
고령 지산동 고분군에서 토제 방울 출토

① 후기 가야 연맹을 주도하였다.
② 중앙군으로 2군 6위를 설치하였다.
③ 9주 5소경의 지방 행정 제도를 두었다.
④ 귀족 합의체인 화백 회의를 운영하였다.
⑤ 왕족인 부여씨와 8성의 귀족이 지배층을 이루었다.

| 해설 | 가야의 변천 과정

이진아시왕은 고령 지방을 중심으로 대가야를 세운 인물이다. 가야의 건국 이야기에 의하면 금관가야 시조 수로왕의 형이다. 따라서 밑줄의 이 나라는 대가야이다. 고령 지산동 고분군(경북 고령)은 대가야 왕족의 무덤이 집중적으로 분포되어 있어 대가야의 국력과 왕권이 강성하였음을 알 수 있다. 지산동 고분군에서는 다양한 종류의 토기와 금동관, 철제 갑옷과 투구 등 많은 유물이 출토되었다.

① 대가야는 5세기 후반에 형성된 후기 가야 연맹의 맹주였으며, 금관가야는 3세기에 발전한 전기 가야 연맹의 맹주였다.

| 오답 넘기 |

② 중앙군으로 2군 6위를 설치한 나라는 고려이다.
③ 9주 5소경의 지방 행정 제도를 둔 나라는 통일 신라이다.
④ 귀족 합의제인 화백 회의를 운영한 나라는 신라이다.
⑤ 왕족인 부여씨와 8성의 귀족이 지배층을 이룬 나라는 백제이다.

정답 ①

04 삼국의 경제와 사회

공부한 날
월
일
일차

❶ 삼국 시대의 경제

(1) 삼국의 경제 생활

① **국왕** : ‘모든 국토는 왕의 것’이라는 ‘왕토 사상’을 명분으로 조세 수취, 관리(귀족)에게 토지 지급

② **귀족** : 식읍, 녹읍을 지급받음(그 지역 노동력도 징발), 토지와 노비, 고리대를 이용해 농민 약탈

③ **농민** : 자신의 토지를 경작하거나 귀족의 토지를 빌려 농사를 지음, 일부는 고리대를 갚지 못하는 경우 노비, 유랑민, 도적이 되기도 함

(2) 삼국의 수취 체제 : 중앙 집권 체제 정비 → 조세 제도 마련

① **조세** : 재산의 정도에 따라 호를 나누어 곡물과 포를 거두었음

㉠ 고구려 : 매 호(戶)마다 조(租)로 곡식을 징수하였고 개인별로는 인두세(人頭稅)로 베나 곡식을 징수, 경무법(밭이랑 기준)

㉡ 백제 : 조(租)로 쌀을 바치고, 세(稅)로 쌀 · 명주 · 베로 수취, 두락제(파종량 기준)

㉢ 신라 : 당의 조(租) · 용(庸) · 조(調)를 모방하여 실시, 결부법(수확량 기준)

② **공물** : 노동력의 크기로 호를 나누어 지역의 특산품을 현물로 징수

③ **역** : 왕궁, 성, 저수지 등을 만들기 위하여 국가에서 노동력이 필요한 경우 15세 이상의 남자를 동원

(3) 삼국의 산업

① **농업 생산력을 높이기 위한 정책** : 철제 농기구 보급, 우경 장려, 황무지 개척, 수리 시설 확충(보, 저수지)

② **수공업** : 관청을 설치하고 장인을 소속시켜 국가나 왕실에 필요한 물품 생산

③ **상업** : 농업 생산력의 수준이 낮아 도시에서만 시장 형성(신라에서는 5세기 말 경주에 시장 설치 → 509년 시장을 감독하는 관청인 동시전 설치)

④ **국제 무역** : 대체로 4세기 이후 크게 발달(주로 공무역 형태)

통일 전에는 경주에 시장이 동시 하나였으나, 통일 후에는 수요가 많아지면서 서시와 남시가 설치되었다.

식읍과 녹읍

- **식읍(食邑)** : 국가에서 왕족, 공신 등에게 공로에 따라 준 토지와 가호(농민)로서, 조세를 수취(수조권)하고 노동력을 징발할 권리를 부여
- **녹읍(祿邑)** : 국가에서 관료 귀족에게 관직에 따라 지급한 일정 지역의 토지로서, 조세를 수취(수조권)할 뿐만 아니라, 토지에 딸린 노동력을 징발할 수 있었음

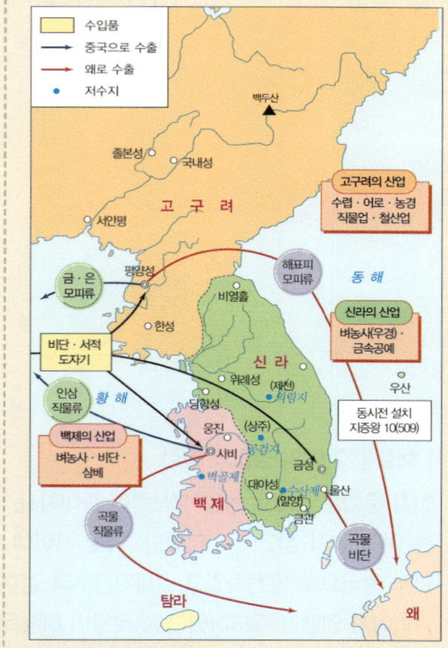

↑ 삼국의 경제 활동

삼국은 중앙 집권 체제를 정비하면서 조세 제도를 마련하였다. 먼저 고구려의 경우를 보면, 인두세로 포목과 곡식을 거두었는데, 이때 대체로 재산의 정도에 따라 상호 · 중호 · 하호의 3등급으로 나누어 각 집마다 조(租)를 차등 있게 부과하였다.

Click ! ● **삼국의 수취 제도**

- 세(인두세)는 포목 5필에 곡식 5섬이다. 조(租)는 상호가 1섬이고, 그 다음이 7말이며, 하호는 5말을 낸다. (고구려) -『수서』-
- 세는 포목, 명주 실과 삼, 쌀을 내었는데, 풍흉에 따라 차등을 두어 받았다. (백제) -『주서』-
- 2월 한수 북부 사람 가운데 15세 이상 된 자를 징발하여 위례성을 수리하였다. (백제) -『삼국사기』-

❷ 삼국 시대의 사회

(1) 신분제 사회의 성립

① 배경 : 족장, 호민, 하호, 노비 존재(부여, 초기 고구려, 삼한) → 중앙 집권적 고대 국가가 성립하는 과정에서 지배층 사이에 위계서열 마련할 필요에서 형성

(노비: 삼국 시대 최하층 신분으로 왕실과 귀족 또는 관청에 예속되어 평민과 같이 정상적인 가족 구성을 유지하기 어려웠다. 주로 주인집에서 시중을 들며 생활하거나 주인과 떨어져 주인의 땅을 경작하기도 하였다.)

② 특징 : 능력보다는 친족의 사회적 위치에 따라 신분 결정, 혈통에 따라 세습, 신분 차별 법제화(율령)

③ 지배층 : 고구려(왕족 고씨, 5부 출신 귀족), 백제(왕족 부여씨, 8성의 귀족), 신라(왕족 박씨 · 석씨 · 김씨 → 골품제 마련)

④ 피지배층 : 평민(대부분 농민, 조세와 특산물, 역 부담), 천민(대부분 노비)

삼국 시대 귀족들의 생활 고구려의 고분 벽화로, 신분의 차이에 따라 사람의 크기를 다르게 표현하였다. 또한, 비단옷을 입은 귀족의 모습을 볼 수 있다.

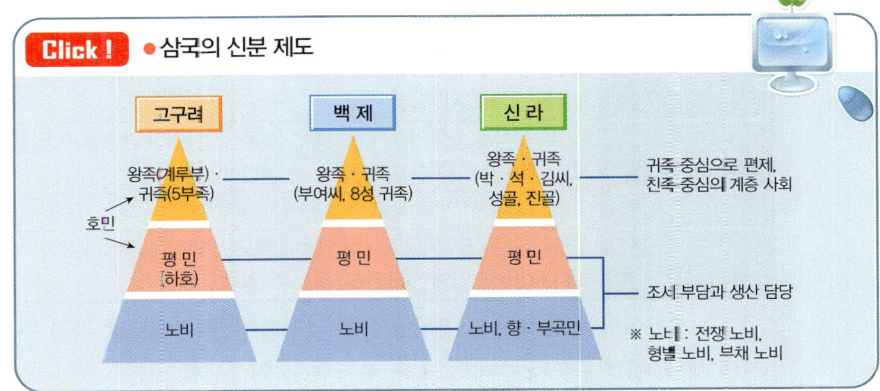

(2) 삼국 시대의 사회 모습

① 고구려의 사회 모습

㉠ 자연환경 : 산간 지역으로 식량이 부족하여 대외 정복 활동이 활발

㉡ 법률 : 형벌이 매우 엄격함, 도둑질한 자 12배 배상

㉢ 신분

ⓐ 지배층 : 왕족 고씨, 5부 출신의 귀족 → 스스로 무장하여 전쟁 참가

ⓑ 평민 : 대부분 자영 농민 → 조세 납부, 병역 의무, 토목 공사 동원

ⓒ 천민(노비) : 피정복민, 반역자의 가족, 몰락한 평민 등

㉣ 혼인 풍속 : 지배층은 형사취수제와 서옥제(데릴사위제)

㉤ 진대법의 실시(194) 빈민 구제와 함께 왕권을 강화하고 국가 기반을 유지하려는 목적도 있었다.

ⓐ 실시 : 고국천왕 때 을파소의 건의로 가난한 농민을 구제하기 위해 먹을거리가 모자란 봄에 곡식을 빌려주었다가 가을에 추수한 것으로 갚게 함

ⓑ 목적 : 가난한 농민을 구제하여 국가 재정과 국방력을 유지하고, 귀족 세력이 커지는 것을 막기 위한 정책이었음

고구려의 진대법

내외 관청에 명하여 홀아비, 과부, 고아, 그리고 늙고 병들었거나 가난하고 궁핍하여 스스로 살아가지 못하는 자들을 조사하여 구휼하도록 하였다. 또 소속 관리에게 명하여 매년 봄 3월부터 가을 7월까지 관청의 곡식을 내어 백성의 식구가 많고 적음에 따라 등급을 정하여 꾸어 주고 겨울 10월에 갚게 하는 상설 규정을 만드니 내외가 크게 기뻐하였다.

–『삼국사기』–

② 백제의 사회 모습

㉠ 특징 : 언어 · 풍속 · 의복이 고구려와 큰 차이 없음, 일찍부터 중국과 교류하여 선진 문화 수용

㉡ 지배층 : 왕족인 부여씨와 8성의 귀족

㉢ 법률 : 엄격한 형법 등이 고구려와 비슷 → 반역자나 전쟁에서 퇴각한 군사 및 살인자는 사형, 도둑질한 자는 귀양 보냄과 동시에 2배로 배상, 관리의 뇌물 수뢰나 횡령은 3배 배상과 종신 금고형

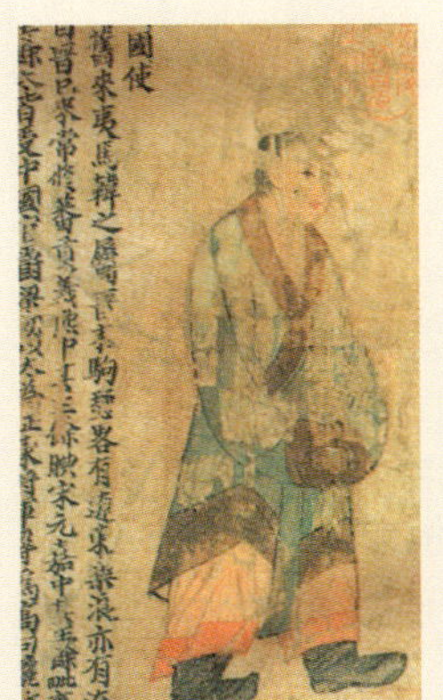

양직공도에 나타난 백제 사신의 모습

③ 신라의 사회 모습

㉠ 특징 : 중앙 집권 국가로의 발전이 늦었음

㉡ 화백 회의 : 만장일치의 귀족 회의체 기구로 왕권 견제, 국왕과 귀족 간의 권력 조절

㉢ 신라의 골품 제도

ⓐ 성립 : 부족장들을 중앙 귀족으로 편입하는 과정에서 발생

ⓑ 신분 구성

골제와 두품제	처음에는 왕족을 대상으로 하는 골제와 일반 귀족을 대상으로 하는 두품제로 편제되어 있었으나 법흥왕 때 하나의 체계로 통합
일상생활 규제	골품은 개인의 사회 · 정치 · 경제 생활을 엄격하게 제약
관등에 영향	관등 조직과 연관되어, 골품에 따라 승진의 상한선이 결정
중위제	골품제의 폐쇄성을 보완하기 위해 중위제를 두었으나 근본적인 한계를 극복하지 못함
진골의 특권	각 부의 장관인 령, 집사부의 시중, 장군은 진골만이 임명될 수 있었고 자색을 입을 수 있는 골품도 진골뿐이었음
6두품	아찬까지 승진 가능, 주로 종교 면에서 활동
족강일등(族降一等)	진골 중에는 6두품으로 강등되는 경우도 있었는데, 특히 김헌창의 난 이후 무열계 진골은 6두품으로 강등

ⓒ 성격 : 신라인의 사회 활동과 정치 활동을 결정하는 신분 제도로 관직 승진의 제한, 집의 규모나 수레의 크기, 옷차림 등 일상생활 제한

④ 화랑도(풍월도, 국선도) : 원시 사회의 청소년 집단에서 기원

구성	화랑(지도자 – 귀족 자제 중에서 선발) + 낭도(귀족은 물론 평민까지 포함)
특징	계층 간의 대립과 갈등을 조절, 완화하는 구실
활동	전통적 사회 규범과 사냥 · 전쟁에 관한 교육, 제천 의식을 행함 → 협동과 단결 정신 함양, 심신 연마
국가 조직화	진흥왕 때 국가 차원에서 조직 확대(576), 원광의 세속 5계 제시(601)

화랑도는 지도자인 화랑과 그 아래 낭도로 구성되었는데, 화랑은 보통 3~4명, 많으면 7~8명이 있었고, 한 명의 화랑이 많게는 수천 명의 낭도를 거느렸다. 삼국 통일 전쟁에서 활약한 장군과 병사가 여기서 많이 배출되었으며, 화랑도는 국가적인 인재 양성 기관으로 변모하여 신라의 삼국 통일 과정에 기여하였다.

Click ! ● 임신서기석과 화랑도

임신서기석

임신년(552 또는 612) 6월 16일, 두 사람이 맹세하여 쓴다. 충성의 도리를 지키고 잘못이 없기를 하늘에 맹세한다. 만약 이 약속을 어기면 하늘로부터 큰 벌을 받을 것을 맹세한다. 만약 나라가 불안하고, 세상이 크게 어지러워지면 충성을 행할 것을 맹세한다. 또 앞서 신미년 7월 22일에 크게 맹세하기를, 시, 상서, 예기, 춘추를 차례로 공부하여 익히기를 맹세하되, 3년을 기한으로 하였다.

화랑의 세속 5계(世俗五戒)

1. 임금을 충성으로 모신다(事君以忠).
2. 부모를 효로써 받든다(事親以孝).
3. 친구를 신의로써 사귄다(交友以信).
4. 전쟁에서 물러서지 않는다(臨戰無退).
5. 살아 있는 것을 가려서 죽인다(殺生有擇).

화랑들의 수련 장소로 추정되는 천전리 바위그림

신라의 골품과 관등표

'득난(得難)'이라고도 불리우는 6두품은 대아찬 이상의 관등에 올라갈 수 없었다.

등급	관등명	진골	6두품	5두품	4두품	복색
1	이벌찬					자색
2	이 찬					
3	잡 찬					
4	파진찬					
5	대아찬					
6	아 찬					비색
7	일길찬					
8	사 찬					
9	급벌찬					
10	대나마					청색
11	나 마					
12	대 사					황색
13	사 지					
14	길 사					
15	대 오					
16	소 오					
17	조 위					

중위제

골품 제도 아래에서 신분에 따른 상한제로 하급 신분층의 불만이 나오자 상한 관등에 몇 개의 관등을 더 세분해서 두는 일종의 타협안으로 아찬에 4등급, 대나마에 9등급, 나마에 7등급의 중위를 설치하여 관등상의 상한선에 오른 비진골 관료층에게 특진의 기회를 열어 주었다.

V체크체크

1 삼국 시대의 경제

■ [고구려] 빈민을 구제하기 위해 진대법을 실시하였다.
↳ 빈민을 구제하기 위한 진대법을 시행하였다.
↳ 진대법을 실시하여 빈민을 구제하였다.
↳ 진대법을 실시하여 빈민에게 곡식을 빌려주었다.
↳ 진대법을 실시하는 배경이 되었다.
↳ [고국천왕] 백성들에게 곡식을 빌려주는 진대법을 시행하였습니다.

실전 자료 **진대법**

사회 보장 제도란 빈곤, 질병 등 사회적 위험으로부터 국민을 보호하기 위한 국가의 조직적 행정을 말한다. 전통 사회의 구휼 정책도 그 범주에 넣을 수 있는데, 고구려에서도 유사한 사례를 찾을 수 있다. 삼국사기에 따르면, 사냥을 나갔던 고국천왕이 길에서 슬피 우는 사람을 만나 그 연유를 물었더니, "가난하여 품을 팔며 어머니를 간신히 모셨는데, 올해는 흉년이 극심해 품을 팔 곳도 찾을 수 없고 곡식을 구하기도 어려워 어찌 어머니를 봉양할까 걱정되어 울고 있습니다."라고 답하였다. 왕이 그를 불쌍히 여겨 위로하고, 재상 을파소와 논의하여 대책을 마련하였다.

■ 소를 이용한 깊이갈이가 일반화되었다.
↳ 우경이 시작되어 깊이갈이가 가능해졌다.

■ [지증왕] 시장을 감독하는 관청인 동시전을 설치하였다.
↳ 시장을 관리하는 관청인 동시전을 설치하였다.
↳ 시장을 관리하기 위하여 동시전이 설치되었다.
↳ 시장을 감독하는 관청인 동시전이 있었다.
↳ 수도에 동시전을 설치하였다.

2 삼국 시대의 사회

■ [고구려] 계루부 등 5부 출신 귀족이 지배층을 형성하였다.
↳ [평민] 어려서부터 경당에 들어가 유학과 활쏘기를 배웠다.

실전 자료 **고구려인의 의복**

평창 동계 올림픽에서 재현된 고분 벽화

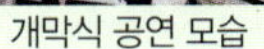

개막식 공연 모습

무용총 벽화의 춤장면

■ [고구려] 제가 회의에서 국가의 중대사를 결정하였다.
↳ 제가 회의에서 나라의 중요한 일을 결정하였습니다.

■ [백제] 왕족인 부여씨와 8성의 귀족이 지배층을 이루었다.
↳ 정사암에 모여 국가의 중대사를 결정하였다.

■ [신라] 골품에 따라 관리 승진의 제한이 있었다.
↳ 골품제라는 신분 제도를 마련하였다.
↳ 집과 수레의 크기 등 일상생활까지 규제하였다.

실전 자료 **골품제**

설계두는 신라 귀족 가문의 자손이다. 일찍이 가까운 친구 4명과 함께 모여 술을 마시면서 각자 자신의 뜻을 말하였다. 설계두가 이르기를, "신라에서는 사람을 등용하는 데 골품을 따져서 진실로 그 족속이 아니면 비록 큰 재주와 뛰어난 공이 있더라도 [그 한도를] 넘을 수가 없다. 나는 원컨대, 중국으로 가서 세상에서 보기 드문 지략을 펼쳐서 특별한 공을 세우고 싶다. 그리고 영광스러운 관직에 올라 고관대작의 옷을 갖추어 입고 천자의 곁에 출입하면 만족하겠다."라고 하였다.

■ [신라] 귀족 합의제인 화백 제도를 운영하였습니다.
↳ 귀족들로 구성되어 만장일치제로 운영되었다.

■ [신라] 세속 5계를 규범으로 삼는 화랑도를 운영하였다.
↳ [원광 법사] 화랑도의 규범으로 세속 5계를 제시하였다.
↳ 원광이 세속 5계를 제시하였다.
↳ 세속 5계를 제시하다.

실전 자료 **화랑도의 세속 5계**

(귀산 등이 이르자) 원광 법사가 말하기를 "지금 세속 5계가 있으니, 첫째는 임금을 충성으로 섬기는 것이요, 둘째는 부모를 효성으로 섬기는 것이요, 셋째는 벗을 신의로 사귀는 것이요, 넷째는 전쟁에 임하여 물러서지 않는 것이요, 다섯째는 살아있는 것을 죽일 때는 가려서 죽여야 한다는 것이니, 그대들은 이를 실행함에 소홀하지 말라."라고 하였다.

– 『삼국사기』 –

1 밑줄 그은 '대책'으로 옳은 것은? [1점]

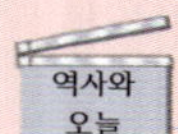

고구려에서 찾은 사회 보장 제도

사회 보장 제도란 빈곤, 질병 등 사회적 위험으로부터 국민을 보호하기 위한 국가의 조직적 행정을 말한다. 전통 사회의 구휼 정책도 그 범주에 넣을 수 있는데, 고구려에서도 유사한 사례를 찾을 수 있다. 삼국사기에 따르면, 사냥을 나갔던 고국천왕이 길에서 슬피 우는 사람을 만나 그 연유를 물었더니, "가난하여 품을 팔며 어머니를 간신히 모셨는데, 올해는 흉년이 극심해 품을 팔 곳도 찾을 수 없고 곡식을 구하기도 어려워 어찌 어머니를 봉양할까 걱정되어 울고 있습니다."라고 답하였다. 왕이 그를 불쌍히 여겨 위로하고, 재상 을파소와 논의하여 <u>대책</u>을 마련하였다.

① 진대법을 실시하여 빈민을 구제하였다.
② 상평창을 설치하여 물가를 조절하였다.
③ 구황촬요를 간행하여 기근에 대비하였다.
④ 구제도감을 설립하여 백성을 구호하였다.
⑤ 혜민국을 마련하여 병자에게 약을 지급하였다.

| 해설 | 고구려의 사회 제도

진대법은 고구려 고국천왕 때에 처음 실시된 제도로 을파소의 건의로 만들어졌다(194). 가난한 농민들에게 나라에서 거두어 놓은 곡식을 봄에 빌려주고 가을에 추수한 후 다시 거두어들이는 제도로 국가가 평민이 몰락하여 귀족이나 세력가의 노비로 전락하지 않도록 관리하려는 과정에서 만들어졌다.

| 오답 넘기 |

② 고려 시대와 조선 시대에는 상평창을 두어 물가의 안정을 꾀하여 백성들이 안심하고 생업에 종사할 수 있도록 하였다.
③ 구황촬요는 16세기에 간행된 흉년에 대비한 내용의 책이다(1554).
④ 고려 시대에는 각종 재해가 발생하였을 때 구제도감이나 구급도감을 임시 기관으로 설치하여 백성의 구제에 힘썼다.
⑤ 혜민국은 고려 시대 서민의 질병 치료를 위하여 설치한 의료기관이다.

정답 ①

2 (가) 제도에 대한 설명으로 옳은 것은? [2점]

설계두는 신라 귀족 가문의 자손이다. 일찍이 가까운 친구 4명과 함께 모여 술을 마시면서 각자 자신의 뜻을 말하였다. 설계두가 이르기를, "신라에서는 사람을 등용하는데 (가) 을/를 따져서 진실로 그 족속이 아니면 비록 큰 재주와 뛰어난 공이 있더라도 [그 한도를] 넘을 수가 없다. 나는 원컨대, 중국으로 가서 세상에서 보기 드문 지략을 떨쳐서 특별한 공을 세우고 싶다. 그리고 영광스러운 관직에 올라 고관대작의 옷을 갖추어 입고 천자의 곁에 출입하면 만족하겠다."라고 하였다.

① 진대법이 실시되는 배경이 되었다.
② 원성왕이 인재 등용 제도로 제정하였다.
③ 후주 출신인 쌍기의 건의로 실시되었다.
④ 권문세족에 대한 견제를 목적으로 시행되었다.
⑤ 집과 수레의 크기 등 일상생활까지 규제하였다.

| 해설 | 골품제

제시된 자료에서 설계두가 비판한 (가)의 제도는 골품제이다. 신라에는 골품제라는 고유한 신분 제도가 있었다. 지방의 군장 세력이 중앙 귀족이 되면서 그 세력에 따라 골품을 받았는데, 성골, 진골과 6두품 이하의 귀족으로 구분되었다. 이러한 골품 제도는 가옥의 규모와 장식물은 물론, 복색이나 수레 등 신라인의 일상생활까지 규제하는 기준이었다. 자료에서 당으로 건너가고자 한 신분은 6두품이다. 진골 귀족 세력에 눌려 정치적으로 성장할 수 없었던 6두품은 신라 중대에 왕권과 결탁하여 상대적으로 부각되었다.

| 오답 넘기 |

① 고구려 고국천왕 때에는 가난한 농민들에게 나라에서 거두어 놓은 곡식을 봄에 빌려주고 가을에 추수한 후 다시 거두어들여 빈민을 구제하는 진대법을 실시하였다(194).
② 통일 신라 원성왕은 독서삼품과를 실시하였다(788). 독서삼품과는 국학 학생들의 유교 경전 독해 능력을 시험하여 상 · 중 · 하로 등급을 나누었는데 관리 등용에 참고가 되었다.
③ 고려 광종은 후주에서 귀화한 '쌍기'의 건의를 받아들여 과거제를 시행하였다(958).
④ 공민왕은 전민변정도감을 설치하여 권문세족이 부당하게 빼앗은 토지와 노비를 본래의 소유주에게 돌려주거나 양민으로 해방시켰다(1366).

정답 ⑤

3 (가) 제도가 시행된 국가에 대한 설명으로 옳은 것은?

[2점]

자네, 이번에 정말 당으로 떠나려고 하는가?
우리나라에는 (가) 이/가 있어서, 나는 아무리 큰 공을 세워도 신분적인 한계 때문에 관등이 아찬까지밖에 오르지 못한다네. 이런 현실이 답답하네.

① 제가 회의에서 나라의 중요한 일을 결정하였다.
② 상수리 제도를 실시하여 지방 세력을 견제하였다.
③ 중국 남조의 영향을 받아 벽돌무덤을 축조하였다.
④ 왕족인 부여씨와 8성의 귀족이 지배층을 이루었다.
⑤ 경당을 설치하여 청소년에게 글과 활쏘기를 가르쳤다.

| 해설 | **신라의 정치 · 사회 제도**

(가)에 들어갈 제도는 신라의 골품제로 혈통에 따라 정치 활동뿐 아니라 사회 활동까지 여러 특권과 제약이 따랐다. 또한, 골품에 따라 관등 승진의 상한선이 정해져 있었다. 자료의 '나'는 6두품으로 골품제에서 성골, 진골 다음에 해당하는 신분이었다. 관등제 상으로는 17관등 중 제6관등인 아찬에까지 올라갈 수는 있었으나 제5관등 이상의 관직은 할 수 없었다. 이 때문에 6두품을 득난(得難)이라고 한다. 이러한 신분적인 한계로 인해 그들은 당에 유학하여 빈공과에 합격하였거나 주로 학문이나 종교 분야에서 뛰어난 업적을 이루었다.

② 상수리 제도는 신라의 지방 세력 통제 방법으로 지방 세력가의 자제 등을 중앙에 머물게 하는 제도이다.

| 오답 넘기 |

① 제가 회의는 국가의 중대사를 결정하던 고구려의 귀족 회의이다.
③ 백제의 무령왕릉은 중국 남조의 영향을 받아서 만들어진 벽돌무덤이다.
④ 백제의 지배층은 왕족인 부여씨와 8성(사, 연, 해, 진, 국, 목, 백, 협)의 귀족으로 이루어졌다.
⑤ 고구려 장수왕 때에는 각지에 경당을 설립하여 청소년에게 학문과 무예를 가르치기도 하였다.

정답 ②

4 (가)에 대한 설명으로 옳은 것은?

[2점]

(가) 에 대해 들어 보았나? 백제군과의 전투에서 이들이 큰 공을 세우고 있다고 하네.
들었네. 풍월도, 국선도라고도 하지. 김유신 장군을 비롯한 국가의 중요 인물들이 (가) 출신이라고 하네.

① 국학 내에 설치되었다.
② 경당에서 책을 읽고 활쏘기를 배웠다.
③ 진흥왕 때 국가적인 조직으로 정비되었다.
④ 귀족들로 구성되어 만장일치제로 운영되었다.
⑤ 유교 경전을 가르치기 위해 박사와 조교를 두었다.

| 해설 | **화랑도**

풍월도, 국선도라고도 하며 김유신 등의 내용으로 보아 (가)는 화랑도이다. 신라 화랑도는 원시 사회의 청소년 집단에서 기원한 조직으로 원광은 세속 5계를 지어 화랑도가 지켜야 할 행동의 규범을 제시하였다(600). 화랑도는 귀족 자제 중에서 선발된 화랑을 지도자로 삼고, 귀족은 물론 평민까지 망라한 많은 낭도가 그를 따랐다. 여러 계층이 같은 조직 속에서 일체감을 가지고 활동함으로써 계급 간의 대립과 갈등을 조절, 완화하는 기능도 하였다. 신라 청소년은 화랑도 활동을 통하여 전통적 사회 규범을 배웠으며, 이를 통해 많은 인물들이 배출되어 삼국 통일에 공헌하였다. 그리고, 신라 진흥왕은 화랑도를 국가 조직으로 개편하였다(576).

| 오답 넘기 |

① 신라의 국립 대학인 국학이 설치된 것은 신문왕 때이다(682).
② 경당은 고구려의 지방 사립 교육 기관으로 소수림왕 때(372) 태학이 설립된 이후 유행하였던 것으로 추정된다.
④ 귀족들로 구성되어 만장일치제로 운영된 것은 화백 회의이다.
⑤ 국학은 경덕왕 때 이름을 태학으로 고치고, 박사와 조교를 두어 논어와 효경 등의 유교 경전을 가르쳤다.

정답 ③

5 (가) 단체에 대한 설명으로 옳은 것은? [1점]

역사 용어 사전

(가)

국선도, 풍월도라고도 한다. 명산 대천을 돌아다니며 도의를 연마하였고, 무예를 수련하여 유사시 전투에 참여하였다. 원광이 제시한 '세속 5계'를 행동 규범으로 삼았으며, 신라가 삼국을 통일하는 데 크게 기여하였다.

① 경당에서 글과 활쏘기를 배웠다.
② 진흥왕 때 국가적인 조직으로 정비되었다.
③ 박사와 조교를 두어 유교 경전을 가르쳤다.
④ 정사암에 모여 국가의 중대사를 결정하였다.
⑤ 귀족들로 구성되어 만장일치제로 운영되었다.

| 해설 | 화랑도

신라 화랑도는 원시 사회의 청소년 집단에서 기원한 조직으로 원광은 세속 5계를 지어 화랑도가 지켜야 할 행동의 규범을 제시하였다(601). 화랑도는 귀족 자제 중에서 선발된 화랑을 지도자로 삼고, 귀족은 물론 평민까지 망라한 많은 낭도가 그를 따랐다. 여러 계층이 같은 조직 속에서 일체감을 가지고 활동함으로써 계급 간의 대립과 갈등을 조절, 완화하는 기능도 하였다. 신라 청소년은 화랑도 활동을 통하여 전통적 사회 규범을 배웠으며, 이를 통해 많은 인물들이 배출되어 삼국 통일에 공헌하였다. 그리고, 신라 진흥왕은 화랑도를 국가 조직으로 개편하였다.

| 오답 넘기 |

① 고구려는 평양 천도 이후 경당이라는 사립 교육 기관이 설립되었는데 평민층의 미혼 남자들에게 글과 활쏘기를 가르쳤다.
③ 통일 신라 국학에서는 박사와 조교를 두어 논어와 효경 등의 유교 경전을 가르쳤는데, 이는 충효 일치의 윤리를 강조한 것이었다.
④ 정사암 제도는 백제 때의 내용으로 최고 귀족 회의 의장인 내신좌평은 귀족들이 정사암에서 모여 선출하였다.
⑤ 화백은 신라에 있었던 귀족 회의로, 만장일치제로 운영되었다.

정답 ②

6 밑줄 그은 '세속 5계'를 행동 규범으로 삼았던 단체에 대한 설명으로 옳은 것은? [1점]

(귀산 등이 이르자) 원광 법사가 말하기를 "지금 세속 5계가 있으니, 첫째는 임금을 충성으로 섬기는 것이요, 둘째는 부모를 효성으로 섬기는 것이요, 셋째는 벗을 신의로 사귀는 것이요, 넷째는 전쟁에 임하여 물러서지 않는 것이요, 다섯째는 살아있는 것을 죽일 때는 가려서 죽여야 한다는 것이니, 그대들은 이를 실행함에 소홀하지 말라."라고 하였다.

-『삼국사기』-

① 박사와 조교를 두었다.
② 만장일치제로 운영되었다.
③ 경당에서 한학과 무술을 배웠다.
④ 진흥왕 때 국가적인 조직으로 정비되었다.
⑤ 귀족들로 구성되어 국가 중대사를 결정하였다.

| 해설 | 화랑도

제시된 자료는 신라에는 원시 사회의 청소년 집단에서 기원한 화랑도 조직으로 원광은 세속 5계를 지어 화랑도가 지켜야 할 행동의 규범을 제시하였다(601). 화랑도는 귀족 자제 중에서 선발된 화랑을 지도자로 삼고, 귀족은 물론 평민까지 망라한 많은 낭도가 그를 따랐다. 여러 계층이 같은 조직 속에서 일체감을 가지고 활동함으로써 계급 간의 대립과 갈등을 조절, 완화하는 기능도 하였다. 신라 청소년은 화랑도 활동을 통하여 전통적 사회 규범을 배웠으며 이를 통해 많은 인물들이 배출되어 삼국 통일에 공헌하였다. 그리고, 신라 진흥왕은 화랑도를 국가 조직으로 개편하였다(576).

| 오답 넘기 |

① 백제는 오경박사(유교 경전)와 의박사(의료), 역박사(천문 · 역법) 등을 두어 유교 경전과 기술학을 가르쳤다.
② 화백은 신라에 있었던 귀족 회의이다.
③ 고구려는 각지에 경당을 설립하여 청소년에게 학문과 무예를 가르치기도 하였다.
⑤ 삼국은 고구려 제가 회의, 백제 정사암 회의, 신라 화백 회의 등의 귀족 회의가 존재하였다.

정답 ④

7 (가)가 중심이 된 단체에 대한 설명으로 옳은 것은? [2점]

> 진흥왕 37년, 외모가 고운 남자를 뽑아 곱게 단장하게 하고 이름을 (가) (이)라 하여 받들게 하니, 따르는 무리들이 구름처럼 몰려들었다. 혹은 도의(道義)로써 서로 연마하고 혹은 노래와 음악으로 서로 즐겼는데, 산과 물을 찾아 노닐고 즐기니 멀리 이르지 않은 곳이 없었다.
>
> – 『삼국사기』 –

① 무예를 닦아 신라의 삼국 통일에 기여하였다.
② 정사암에 모여 국가의 중대사를 결정하였다.
③ 매향 활동을 하면서 각종 불교 행사를 주관하였다.
④ 국왕과 귀족 간의 권력을 조정하는 기능을 담당하였다.
⑤ 삼강오륜 중심의 유교 윤리를 바탕으로 풍속을 교정하였다.

| 해설 | 화랑도

자료는 화랑도로, 원시 사회의 청소년 집단에서 기원하였다. 화랑도는 신라의 청소년 수련 단체로, 진흥왕 때 국가적인 조직으로 발전하였다(576). 화랑도의 지도자인 화랑은 진골 귀족의 자제였으며, 그를 따르는 낭도는 귀족과 평민의 자제로 되어 함께 여러 지역을 다니며 심신을 연마하고 군사 훈련을 받았다. 진골 귀족부터 평민까지 여러 신분이 어릴 때부터 함께 어우러져 활동함으로써 화랑도는 신분 간의 대립과 갈등을 조절하고 완화하는 구실을 하였다. 그리고 이들은 원광의 세속 5계를 지키며 전쟁터에서 나라를 위해 목숨을 바쳐 싸움으로써 이후 신라의 삼국 통일에 크게 이바지하였다.

| 오답 넘기 |

② 귀족들이 모여 국가 중대사를 결정하였던 정사암 제도는 백제 때의 내용이다.
③ 고려 시대 향도는 불교 신앙을 위해 조직된 단체로 매향 활동을 하였는데, 이는 향나무를 바닷가에 묻어 향을 통해 부처를 만나 구원을 얻으려는 풍습이었다.
④ 신라의 귀족들은 화백 회의를 통해 단결하고 왕권을 견제하기도 하였으며, 중앙 관청의 장관직을 독점하고, 합의를 통하여 국가의 중대사를 결정하였다.
⑤ 향약은 중종 때 조광조가 처음 시행한 이후 전국적으로 확산되었는데, 전통적 공동 조직과 미풍양속을 계승하면서, 삼강오륜을 중심으로 한 유교 윤리를 가미하여 교화 및 질서 유지에 알맞게 구성하였다.

정답 ①

8 (가) 국가에 대한 설명으로 옳은 것은? [2점]

◒ 우리 고장의 유적 ◒

천정대(天政臺)

이곳 천정대는 (가) 의 귀족들이 모여 국가의 중대사를 논의하였던 정사암(政事岩)으로 추정되는 장소이다.

「삼국유사」에는 '재상(宰相)을 선출할 때 3~4명의 후보자 이름을 적어 상자에 넣어 밀봉한 뒤 정사암에 놓아두었다가 얼마 후에 상자를 열어 이름 위에 표시가 있는 사람을 재상으로 삼았다.'라고 기록되어 있다.

① 골품에 따라 관직 승진에 제한이 있었다.
② 진대법을 실시하여 빈민에게 곡식을 빌려주었다.
③ 세속 5계를 규범으로 삼는 화랑도를 운영하였다.
④ 왕족인 부여씨와 8성의 귀족이 지배층을 이루었다.
⑤ 경당을 설치하여 청소년에게 글과 활쏘기를 가르쳤다.

| 해설 | 백제의 사회상

삼국은 건국 당시 여러 부족 집단이 연합하여 연맹 왕국을 이루었다. 이 시기 왕의 권한은 강하지 못하였으며, 국가 중대사는 부족장 회의를 통해 결정되었다. 자료는 백제의 정사암 회의로 이 역시 국가 중대사를 의결하였는데, 특히 재상 선출 방식은 정사암 회의에 참여하는 최고 귀족들의 비밀 투표로 결정한 것으로 보인다.
④ 백제의 지배층은 왕족인 부여씨와 8성의 귀족으로 이루어졌다.

| 오답 넘기 |

① 신라는 골품제에 따라 여러 등급의 신분으로 나뉘었으며, 신분에 따라 관직의 직급, 옷의 색깔, 집의 크기, 장신구까지 차별을 받았다.
② 고구려 고국천왕 때에는 가난한 농민들에게 나라에서 거두어 놓은 곡식을 봄에 빌려주고 가을에 추수한 후 다시 거두어들여 빈민을 구제하는 진대법을 실시하였다(194).
③ 신라 화랑도는 원시 사회의 청소년 집단에서 기원한 조직으로 원광은 세속 5계를 지어 화랑도가 지켜야 할 행동의 규범을 제시하였다.
⑤ 고구려 장수왕 때에는 각지에 경당을 설립하여 청소년에게 학문과 무예를 가르치기도 하였다.

정답 ④

05 삼국의 문화와 교류

공부한 날 월 일

일차

❶ 삼국의 학문 · 과학 기술 · 종교

(1) 한자의 보급과 교육

① 유학 : 교육 기관을 설립하여 유교 교육

고구려	태학(유교 경전 · 역사서 교육), 경당(한학 · 무술 교육)
백제	5경 박사, 의박사, 역박사(유교 경전과 기술학 교육)
신라	임신서기석(청소년들이 유교 경전을 공부했음을 알 수 있음)

② 한자의 보급 : 철기 시대부터 한자 도입 · 사용, 한문의 토착화를 위해 이두와 향찰 사용

(2) 역사 편찬

① 역사서 편찬의 배경 : 삼국의 학문 발달, 중앙 집권적 체제 정비

② 역사서 : 고구려 – 『유기』, 『신집』 5권(영양왕 때 이문진), 백제 – 『서기』(근초고왕 때 고흥), 신라 – 『국사』(진흥왕 때 거칠부) → 현재 모두 전하고 있지 않음

(3) 과학 기술의 발달

① 고구려 : 고분 벽화의 별자리를 그린 천문도 → 조선 시대 천상열차분야지도에 영향, 일찍부터 제철 기술 발달

고분 벽화에 철을 단련하고 수레바퀴를 제작하는 기술자의 모습 묘사

② 백제 : 금속 기술 발달(칠지도, 백제 금동 대향로)

③ 신라 : 선덕여왕 때에 현존 최고(最古)의 천문 관측대인 첨성대를 세움, 금 세공 기술 발달(뛰어난 금관 제작 기법), 금속 주조 기술 발달(성덕대왕 신종), 고분과 탑 건축에 정밀한 수학적 지식 이용

(4) 불교의 수용

① 시기 : 주로 4세기, 중앙 집권 체제의 확립 과정에서 수용

② 역할 : 국가 정신 확립, 왕권 강화의 사상적 뒷받침, 선진 문화 수용에 기여

③ 삼국의 불교 수용

고구려	백제	신라
중국 전진으로부터 전래 → 소수림왕 때 공인(372)	중국 동진으로부터 전래(침류왕, 384) → 아신왕 때 공인(392)	눌지왕 때 고구려로부터 전래 → 토착 신앙이 강해 공인되지 못하였으나 법흥왕 때 이차돈의 순교를 계기로 공인(527)

신라는 귀족들의 반발로 법흥왕 때 이차돈의 순교 이후 불교를 공인할 수 있었다. 이후 불교는 '왕즉불'사상을 바탕으로 왕권을 뒷받침하는 역할을 하였다.

④ 불교의 발전

㉠ 고구려 : 6세기 중엽에 대승 불교인 삼론종을 들여와 발전시킴

㉡ 백제 : 성왕 때 겸익이 인도에서 율종 관련 불경을 번역하였으며, 노리사치계가 일본에 불교를 전함

㉢ 신라 : 불교식 왕명의 사용, 왕권과 밀착(왕즉불 사상), 원광의 세속 5계(호국 불교), 불교 행사 개최(백고좌회) → 업설과 미륵불 신앙

신라의 불교가 호국 불교의 성격을 띠고 있었으며, 불교가 왕권 안정과 국가가 나아갈 방향까지 제시하는 역할을 담당하였음을 알 수 있다.

이두
말의 순서를 우리말처럼 쓰면서 대부분 한자로 지어진 단어를 쓰는 것

향찰
한자의 뜻과 소리를 빌려 우리말을 적는 방식. 『삼국유사』와 『균여전』에 실린 향가는 모두 향찰로 쓰여짐

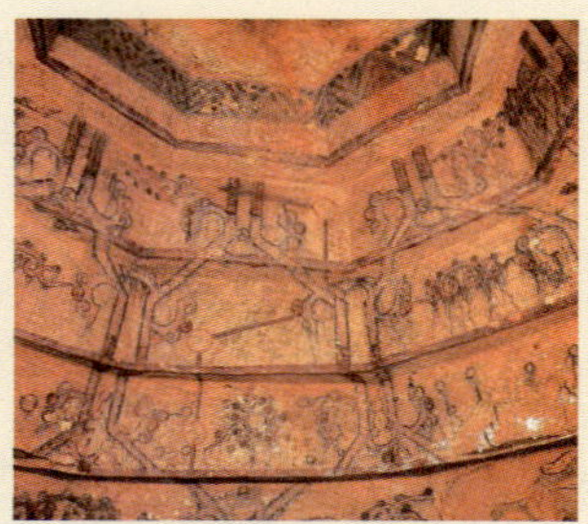
고구려의 별자리 벽화

신라 왕의 불교식 이름
- **법흥왕** : '불법을 일으킨 왕'이란 뜻이다.
- **진흥왕** : '진실로 불법을 일으킨 왕'이라는 뜻으로, 진흥왕은 자신을 고대 인도의 이상적인 왕인 전륜성왕에 비유하였다.
- **진평왕과 왕비** : 진평왕은 백정, 왕비는 마야 부인이라 하였는데, 이는 석가모니 부모의 이름에서 따온 것이다.

업설
왕과 귀족의 우월한 지위는 선한 공덕을 많이 쌓은 결과라는 해석을 통해 왕의 권위와 귀족의 특권을 정당화하였다.

미륵불 신앙
석가모니에 이어 중생을 구제할 미래의 부처인 미륵을 믿는 신앙이다.

사택지적비
백제 의자왕 때 활약했던 사택지적이 남긴 비로 인생의 무상함을 한탄하는 노장 사상을 나타내고 있다.

연개소문과 도교
보장왕 때 연개소문은 독재 정치를 강화하고 불교 세력을 억누르기 위해 적극적으로 도교를 장려하였다. 이러한 억압책은 불교계의 반발을 야기했고 승려 보덕은 백제로 망명하여 열반종을 개창하기도 하였다. 또한 연개소문은 도교 진흥 정책으로 불교 사찰을 빼앗아 도관(道館)을 만들기도 하였다.

고구려 사신도(주작도) 사신도는 신선 사상의 영향을 받아 청룡(동) – 백호(서) – 현무(북) – 주작(남)으로 대표되는 사방위신의 그림이다.

가야의 출토 유물

청동 세발솥(금관가야)

방패 꾸미개(금관가야)

(5) 도교의 전래 : 산천 숭배나 신선 사상과 결합하여 귀족 사회 중심으로 발달

① 도교의 수용
㉠ 고구려 : 연개소문이 불교 세력을 억압하기 위해 도교를 장려
㉡ 백제 : 신선(神仙) 사상이 지배층 사이에 상당히 퍼져 있었음(사택지적비)
㉢ 신라 : 화랑을 국선, 풍월도라 표현한 점에서 도교가 있었음을 알 수 있음

② 도교의 영향 : 백제(산수무늬 벽돌, 백제 금동 대향로), 고구려(사신도)

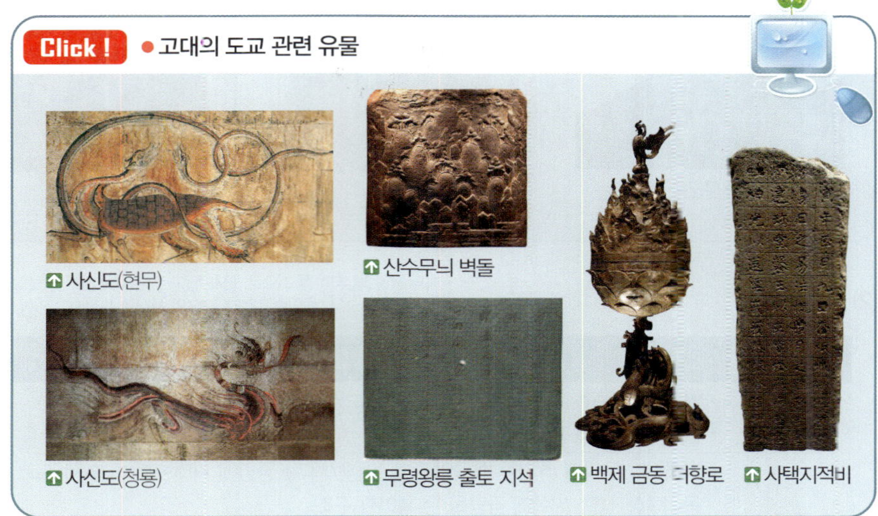

Click ! ● 고대의 도교 관련 유물

사신도(현무) / 산수무늬 벽돌 / 사신도(청룡) / 무령왕릉 출토 지석 / 백제 금동 대향로 / 사택지적비

❷ 삼국의 예술 ☆☆☆

(1) 고분과 고분 벽화

① 고구려의 고분 : 북한과 중국의 고구려 고분군은 2004년 유네스코 세계 문화유산으로 등재
㉠ 돌무지무덤 : 초기에 주로 제작, 만주 집안(지안) 일대에 다수 분포, 피라미드 형태로 돌을 정교하게 쌓아올린 것으로 장군총이 대표적임
㉡ 굴식 돌방무덤 : 돌로 널방을 짜고 그 위에 흙으로 덮어 봉분을 만든 것으로 널방의 벽과 천장에는 벽화를 그리기도 함, 만주 집안, 평안도 용강, 황해도 안악 등지 분포
㉢ 고분 벽화 : 무덤 주인의 생활 표현(초기) → 추상적인 사신도 같은 방위신 그림(후기)

② 백제의 고분
㉠ 한성 시대 : 계단식 돌무지무덤(서울 석촌동 고분) → 백제 건국 세력이 고구려 계통이라는 증거
㉡ 웅진 시대 : 굴식 돌방무덤(송산리 고분군), 벽돌무덤(무령왕릉)
㉢ 사비 시대 : 작지만 세련된 굴식 돌방무덤(부여 능산리 고분 – 사신도)

(벽돌무덤 – 중국 남조의 경향을 받은 것으로 널방을 벽돌로 쌓아 만든 양식이다.)

③ 신라의 고분
㉠ 돌무지덧널무덤(천마총) → 굴식 돌방무덤(삼국 통일 직전)
㉡ 천마총 : 돌무지덧널무덤으로 장니(障泥)에 그려진 천마도 등이 출토되었음

(돌무지덧널무덤 – 지상이나 지하에 시신과 부장품을 안치한 나무 덧널을 놓은 다음 그 위를 강돌을 쌓아 덮은 뒤 그 위를 다시 흙으로 덮어 다진 양식이다. 신라의 대표적인 무덤 양식으로 도굴이 어려운 구조여서 많은 부장품이 출토되고 있다.)

④ 가야의 고분 : 토광묘, 석곽(초기) → 석실분이나 일본 고분 형태에 영향을 준 전방후원분(前方後圓墳) 형태(후기)

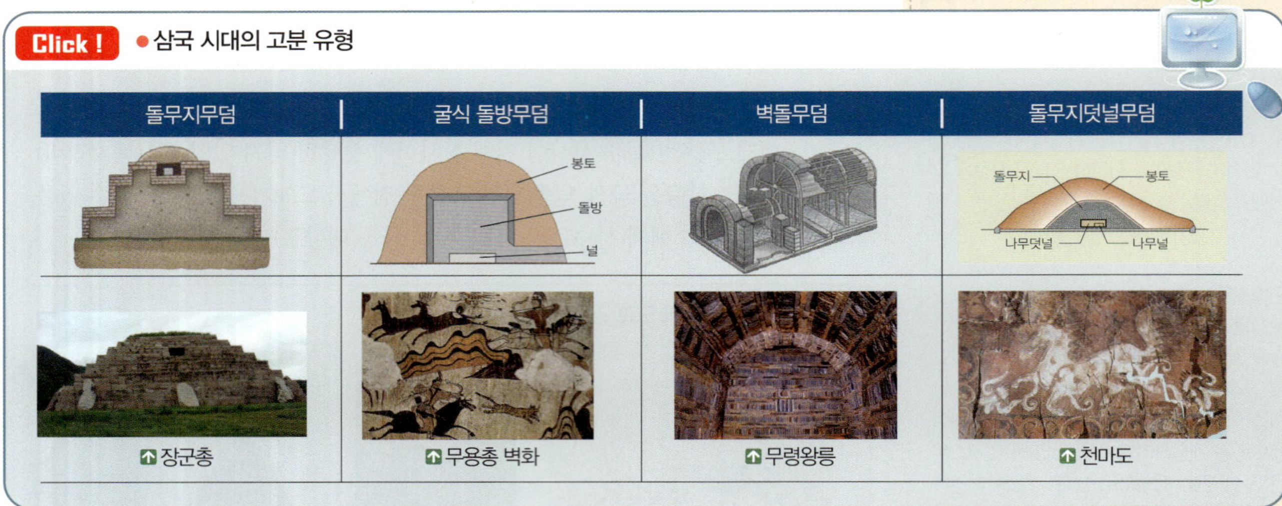

(2) 건축과 탑

백제 무왕 때 지어진 것으로, 현재 남아 있는 미륵사지 석탑과 당간지주 등으로 보아 한국 최대 규모의 사찰로 추정되고 있다.

구분	건축과 탑
고구려	• 안학궁(장수왕) : 남진 정책의 기상이 엿보임 • 탑 : 주로 목탑, 현존하는 것이 없음
백제	• 미륵사 : 무왕이 추진한 백제의 중흥 반영(7세기), 중앙에 거대한 목탑을 세우고 동서쪽에 석탑, 뒤쪽에 금당을 둔 특이한 구조 • 익산 미륵사지 석탑(현존 최고, 목탑 양식) → 부여 정림사지 5층 석탑(백제의 대표적 석탑, 미륵사지 석탑 계승)
신라	• 황룡사(6세기) : 진흥왕의 팽창 의지 반영 • 경주 분황사 모전 석탑(석재를 벽돌 모양으로 만들어 쌓은 탑), 황룡사 9층 목탑[자장의 건의로 건축, 몽골의 침입 과정에서 손실(1238)]

(3) 불상 조각

① 고구려 : 금동 연가 7년명 여래 입상(중국 북조 양식을 따르면서도 고구려의 독창성을 보여줌, 539)

② 백제 : 서산 용현리 마애 여래 입상('백제인의 미소'로도 불림)

③ 신라 : 경주 배동 석조 여래 삼존 입상(푸근한 자태와 온화한 미소의 신라 조각의 정수)

④ 미륵보살 반가 사유상 : 삼국에서 공통으로 금동 미륵보살 반가 사유상 유행

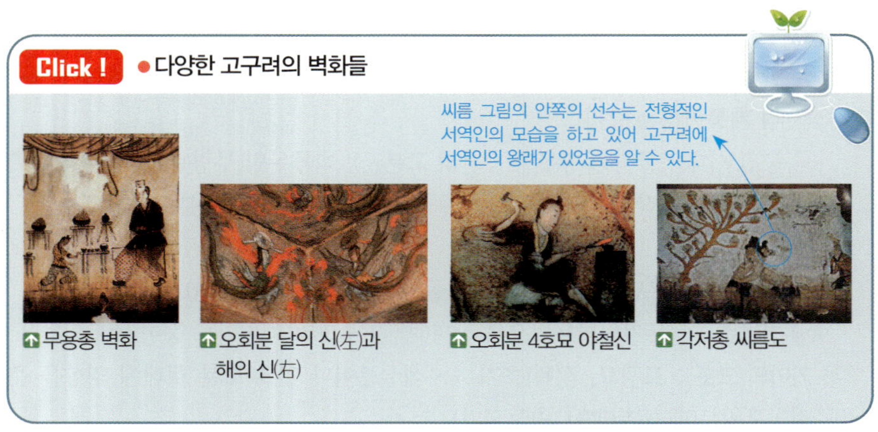

Click !
다양한 고구려의 벽화들
씨름 그림의 안쪽의 선수는 전형적인 서역인의 모습을 하고 있어 고구려에 서역인의 왕래가 있었음을 알 수 있다.
무용총 벽화
오회분 달의 신(左)과 해의 신(右)
오회분 4호묘 야철신
각저총 씨름도

삼국의 탑파

백제 미륵사지 석탑

정림사지 5층 석탑

미륵사지 출토 유물

신라 분황사 석탑

삼국의 불상

금동 연가 7년명 여래 입상(고구려)

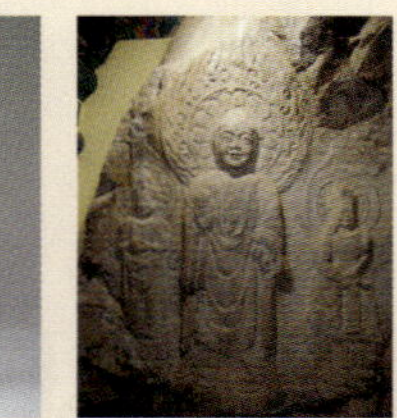
서산 용현리 마애 여래 입상(백제)

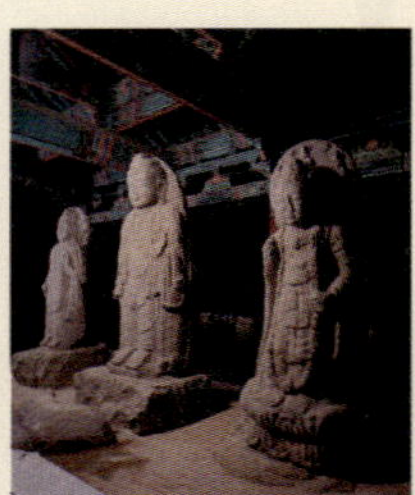
경주 배동 석조 여래 삼존 입상(신라)

③ 삼국 시대의 문화 교류

(1) 중국, 서역과의 대외 교류

구분	고구려	백제	신라
특징	중국의 북조, 북방 초원의 여러 민족과 교섭, 바다를 통해 남조와도 교류	동진을 비롯한 남조와 활발히 교류, 중국–가야–왜를 잇는 해상 교역 주도	초원길과 바다를 통해 서역과 활발히 교류
사례	• 고구려 고분 벽화 : 중국 신화에 등장하는 신이나 동물들이 많이 보임 • 우즈베키스탄의 아프라시압 궁전 벽화 : 깃털을 꽂은 모자(조우관)와 환두대도를 찬 고구려 사신의 모습이 보임	• 풍납토성 : 중국 동진의 토기가 발견됨 • 무령왕릉 : 중국 남조의 영향으로 중국의 동전 등이 출토 • 양직공도 : 백제 사신의 모습이 보임	• 황남대총 유리잔 : 페르시아 지역에서 수입된 것으로 추정 • 처용가, 경주 괘릉 무인석 : 아라비아 상인들과 교류가 이루어졌음을 짐작할 수 있음 • 금제 장식 보검 : 수준 높은 금 세공법을 보여 줌

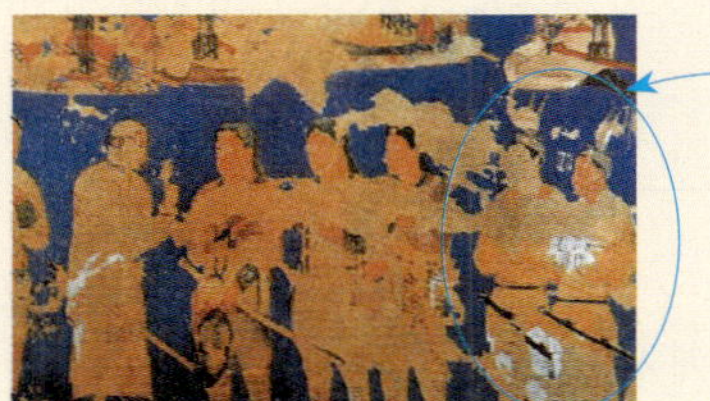
중앙아시아의 아프라시압 궁전 벽화
고구려 사신이 그려져 있어 서역과의 교류를 알 수 있다.

금제 장식 보검 서역에서 신라로 들어온 장식 보검으로 고대 그리스, 로마, 이집트, 서아시아에서 유행하였다.

삼국 문화의 일본 전파

(2) 삼국 시대 문화의 일본 전파

① 특징 : 아스카 문화 형성에 가장 큰 영향

② 고구려
- ㉠ 회화 전파 : 담징(종이와 먹의 제조법을 전함, 호류 사 금당 벽화 제작)
- ㉡ 불교 전파 : 혜자(쇼토쿠 태자의 스승), 혜관(일본 삼론종의 시조)
- ㉢ 고구려의 수산리 고분 벽화와 일본의 다카마쓰 고분 벽화가 유사

③ 백제 ├ 백제가 삼국 문화의 일본 전수에 가장 크게 기여하였다.
- ㉠ 유학 전파 : 아직기(한자), 왕인(천자문, 논어)
- ㉡ 불교 전파 : 성왕 때 노리사치계(불상, 불경) → 고류 사의 목조 미륵보살 반가 사유상, 호류 사의 백제 관음상 제작, 백제 가람 양식

④ 신라와 가야
- ㉠ 신라 : 배 만드는 기술과 제방 쌓는 기술 전수 → '한인의 연못'이라는 이름이 생김
- ㉡ 가야 : 일본의 철기 문화와 토기 만드는 기술을 전함(일본 스에키 토기의 원류)

Click ! ● 삼국 시대 일본과의 교류

고구려 수산리 고분 벽화
일본 다카마쓰 고분 벽화
삼국 시대 금동 미륵보살 반가 사유상
일본 고류 사 목조 미륵보살 반가 사유상
가야의 토기
일본의 스에키 토기

❶ 삼국의 학문 · 과학 기술 · 종교

- [고구려] 경당에서 책을 읽고 활쏘기를 배웠다.
  - ↳ 경당을 설립하여 학문을 가르쳤다.
  - ↳ 경당을 설치하여 (청소년에게) 학문(글)과 무예(활쏘기)를 가르쳤다.
- [신라] 임신서기석의 내용을 분석한다.
- [고구려] 이문진이 유기를 간추린 신집을 편찬하였다.
  - ↳ 이문진이 유기(留記)를 간추린 신집을 편찬하였다.
- [백제] 고흥이 역사서인 서기를 편찬하였다.
- [신라] (선덕 여왕) 첨성대를 세워 천체를 관측하였다.
- [고구려] 전진의 순도를 통해 불교를 수용하였다.
  - ↳ 전진의 순도가 고구려에 불교를 전파하였다.
- [백제] (침류왕이) 동진으로부터 전래된 불교를 수용하였다.
- [신라] 이차돈의 순교를 계기로 불교를 공인하였다.
  - ↳ 이차돈의 순교를 계기로 불교가 공인되었다.
  - ↳ 불교를 공인하여 왕권을 강화하였다.
- [도교] 불로장생과 현세의 구복을 추구하였다.
  - ↳ 하늘에 제사를 지내는 초제와 관련이 있습니다.
  - ↳ 연개소문이 반대 세력을 견제하고자 장려하였습니다.

❷ 삼국의 예술

- [장군총] 들여쌓기 방식이 활용된 돌무지무덤
- [강서대묘] 모줄임천장 구조로 되어 있습니다.
- [굴식 돌방무덤] 무덤의 둘레에 12지 신상을 조각하였습니다.
  - ↳ (내부의) 벽과 천장에 벽화를 그리기도 하였습니다.
- [석촌동 고분] 고구려 장군총과 유사한 돌무지무덤이다.
- [무령왕릉] 중국 남조의 영향을 받아 조성되었다.
  - ↳ 중국 남조의 영향을 받아 벽돌무덤을 축조하였다.
  - ↳ 무덤의 주인을 알 수 있는 묘지석이 출토되었다.
- [신라 돌무지덧널무덤] 도굴이 어려워 금관, 유리잔 등 많은 껴묻거리가 출토되었습니다.
  - ↳ 대표적인 무덤으로 황남대총이 있다.
- [김유신묘] 무덤 둘레돌에 12지 신상을 새긴 이유를 찾아본다.
- [천마총] 돌무지덧널무덤의 내부 구조와 특징을 검색한다.
- [무왕] (익산에) 대규모 사찰인 미륵사를 건립하였다.
  - ↳ 익산에 미륵사를 창건하였다.
  - ↳ [익산 미륵사지 석탑] 복원 과정에서 금제 사리 봉안기가 나왔다.

실전 자료 **익산 미륵사지 석탑**

어느 날 무왕이 부인과 함께 사자사(師子寺)에 가려고 용화산 밑의 큰 못가에 이르렀는데, 미륵 삼존이 연못 가운데서 나타나므로 수레를 멈추고 절을 올렸다. 부인이 왕에게 말하기를, "모름지기 이곳에 큰 절을 지어 주십시오. 그것이 제 소원입니다."라고 하였다. 왕이 이를 허락하여 …… 미륵이 세 번 법회를 연 것을 본 따 법당과 탑과 낭무(廊廡)를 각각 세 곳에 세우고, 절 이름을 미륵사라고 하였다. –『삼국유사』–

*낭무(廊廡): 건물 사이를 이어주는 복도

- [부여 정림사지 5층 석탑] 목탑이 석탑으로 변하는 과정을 보여 주고 있다.
- 자장의 건의로 황룡사 구층 목탑을 건립하였다.
  - ↳ 자장의 건의로 황룡사 구층 목탑이 건립되었다.
  - ↳ 황룡사 구층 목탑의 건립을 건의하였다.
  - ↳ [황룡사 9층 목탑] 자장의 건의로 만들어졌다.
- [경주 분황사 모전 석탑] 현존하는 신라 석탑 가운데 가장 오래되었다.
  - ↳ 모전 석탑의 제작 방식을 알아본다.

❸ 삼국 시대의 문화 교류

- [신라] 당항성과 중국을 연결하는 해상 교통로 탐색
- [고구려] 혜자는 쇼토쿠 태자의 스승이 되었다.
  - ↳ 쇼토쿠 태자의 스승인 혜자의 생애와 활동
- [백제] 오경박사, 의박사, 역박사 등을 일본에 파견하였다.
  - ↳ 왕인은 천자문과 논어를 가르쳤다.
  - ↳ 노리사치계는 불경과 불상을 전해 주었다.
- [가야] 스에키 토기의 제작에 영향을 주었다.

특강

삼국의 기념비

1 삼국 시대의 주요 영토 확장 기념비

고구려 광개토 대왕릉비

장수왕이 아버지인 광개토 대왕의 업적을 기리기 위해 세운 비로 고구려 건국 설화와 광개토 대왕의 업적, 광개토 대왕릉비의 관리에 대한 기록들이 남겨져 있음(414)

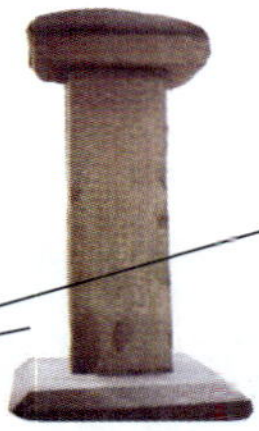

마운령비 / 황초령비

함흥평야 지역에 진출한 기념으로 세움(568)

중원(충주) 고구려비

5세기 장수왕의 남진 정책과 고구려의 영토가 남한강 일대까지 미쳤음을 알려 줌(449)

북한산비

한강 유역을 차지한 기념으로 세움(555)

단양 신라 적성비

신라가 한강 상류 지역에 진출한 것 입증, 당시의 관직명 · 율령 정비 내용 등이 기록(550)

창녕비 낙동강 유역을 차지한 기념으로 세움(561)

2 삼국 시대의 기타 기념비

기념비	특징
울진 봉평 신라비(524)	• 법흥왕 때에 만들어진 비로 죄인을 다스리는 형벌, 노비에 관한 법 등이 기록되어 있어 율령이 시행되었음을 알려 줌
영천 청제비(536)	• 제방 축조 사실 입증, 부역 동원에 관한 사실 기록
영일 냉수리비(503)	• 지증왕 때 건립된 것으로 추정되는 신라비로 영일 지방 재산 분쟁을 기록하고 있음 • 신라를 사로(斯盧)로 기록, 6부 유력자들이 왕으로 표기
남산 신성비(591)	• 신성 축조에 부역을 동원했다는 사실 기록
포항 중성리 신라비(501)	• 6세기 초에 만들어진 것으로 추정되는 신라에서 가장 오래된 비 • 신라에서는 본격적으로 한자가 도입되어 사용되었음을 알 수 있음
임신서기석(552 또는 612)	• 두 명의 화랑이 유교 경전을 공부하자고 맹세한 내용이 담겨 있음

1

다음 기획전에 전시될 문화유산으로 적절한 것을 〈보기〉에서 고른 것은? [1점]

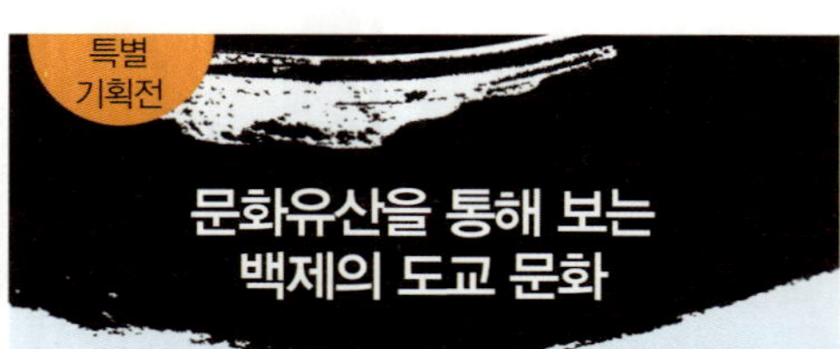

특별 기획전
문화유산을 통해 보는
백제의 도교 문화

도교는 삼국 시대에 전래되어 우리나라 문화에 많은 영향을 주었습니다. 우리 △△박물관에서는 백제의 도교 문화를 살펴볼 수 있는 특별 기획전을 마련하였습니다. 많은 관람 바랍니다.

■ 기간 : 20○○년 ○○월 ○○일~○○월 ○○일
■ 장소 : △△박물관 기획 전시실

보기

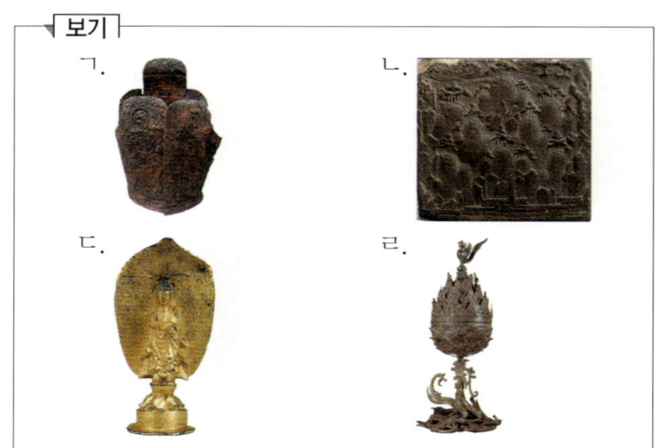

① ㄱ, ㄴ ② ㄱ, ㄷ ③ ㄴ, ㄷ
④ ㄴ, ㄹ ⑤ ㄷ, ㄹ

| 해설 | **백제의 도교 문화**

제시된 특별 기획전은 도교로 고구려 고분 벽화에는 죽은 자의 사후 세계를 지켜준다는 사신도가 그려져 있다. 또 도교의 유행을 알 수 있는 문화재로는 백제의 산수무늬 벽돌과 신선들이 사는 이상 세계를 형상으로 표현한 금동대향로 등이 있다. 그리고, 고구려 말의 연개소문은 당에 도사 파견을 요청하는 등 도교를 융성시키며 귀족 세력의 후원을 받던 불교를 탄압하기도 하였다. ㉡ 백제의 산수무늬 벽돌, ㉣ 백제의 금동 대향로이다.

| 오답 넘기 |

㉠ 가야의 철제 갑옷, ㉢ 고구려 금동 연가 7년명 여래 입상이다.

정답 ④

2

(가), (나) 무덤 양식에 대한 설명으로 옳은 것은? [2점]

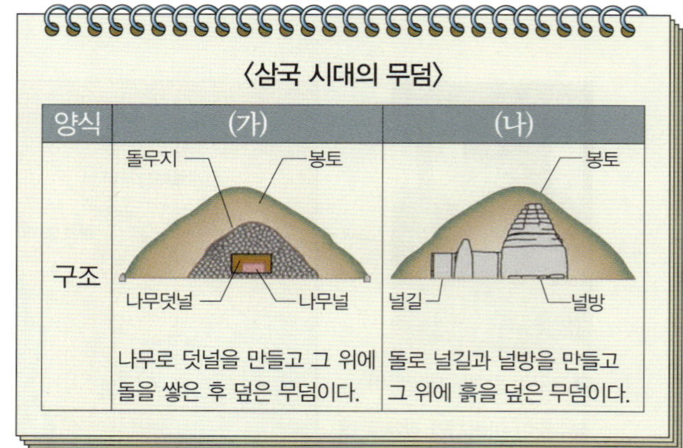

〈삼국 시대의 무덤〉
양식
(가)
(나)
구조
돌무지
봉토
나무덧널
나무널
봉토
널길
널방
나무로 덧널을 만들고 그 위에 돌을 쌓은 후 덮은 무덤이다.
돌로 널길과 널방을 만들고 그 위에 흙을 덮은 무덤이다.

① (가) – 모줄임 천장 구조로 되어 있다.
② (가) – 무덤의 둘레돌에 12지 신상을 새겼다.
③ (나) – 대표적인 무덤으로 황남대총이 있다.
④ (나) – 내부의 천장과 벽에 그림을 그리기도 하였다.
⑤ (가), (나) – 중국 남조의 영향을 받아 만들어졌다.

| 해설 | **삼국의 고분 양식**

자료의 (가) 고분은 '나무 덧널을 만들고 그 위에 돌을 쌓은 후 흙을 덮은 무덤'인 돌무지덧널무덤이며, (나) 고분은 '돌로 널길과 널방'을 만든 굴식 돌방무덤이다. (나) 굴식 돌방무덤은 돌로 방과 통로를 만들고 흙을 덮어서 만든 무덤이다. 굴식 돌방무덤의 돌방의 벽과 천장에는 사냥하는 모습, 춤추는 모습, 씨름하는 모습, 저택의 부엌 등을 그려 넣었는데 이 벽화들은 고구려의 사회 모습과 문화를 이해하는 중요한 자료가 된다.

| 오답 넘기 |

① 굴식 돌방무덤은 고구려의 양식을 계승한 모줄임 천장 구조로 되어 있다.
② 통일 후 신라에서는 김유신묘와 같이 봉토 주위를 둘레돌로 두르고 쥐, 소, 범 등 띠를 나타내는 동물의 얼굴과 사람의 몸을 결합시킨 12지 신상을 조각하는 독특한 양식이 나타났다.
③ 돌무지덧널무덤은 신라의 천마총, 황남대총 등이 대표적이다.
⑤ 백제의 무령왕릉은 중국 남조의 영향을 받아서 만들어진 벽돌무덤으로 당시 중국 남조(양)와 백제의 교류를 엿볼 수 있는 유적이다.

정답 ④

3 다음 특별전에 전시될 사진으로 적절하지 않은 것은? [1점]

특별전

고분 벽화를 통해 본 고구려인의 삶

우리 학교 역사 탐구 동아리에서 고구려의 고분 벽화 사진들을 모아 특별전을 마련하였습니다. 관심 있는 학생들의 많은 관람 바랍니다.

- 기간 : 20○○년 ○○월 ○○일~○○일
- 장소 : 본관 3층 역사 탐구 동아리방

① 

② 

③ 

④ 

⑤ 

| 해설 | 고분 벽화

고구려에서는 초기에 돌무지무덤이 유행하다가, 후기에는 굴식 돌방무덤이 주로 만들어졌는데 무덤의 내부에는 벽화가 많이 남아 있다. ① 개갑무사가 그려져 있는 통구 12호 고분 벽화, ② 서역과의 교류를 알려주는 각저총 씨름도, ③ 신분에 따라 신체의 크기가 달리 표현되고 있는 무용총의 접객도, ④ 일본 다카마쓰 고분 벽화와 유사한 수산리 고분 벽화로 모두 대표적인 고구려의 고분 벽화이다.

| 오답 넘기 |

⑤ 고려 말의 문신인 박익(1332~1398)의 묘에 있는 벽화의 일부이다(밀양 박익 벽화묘, 1420년에 축조). 고려 말과 조선 초 여성들의 의복과 장신구를 확인할 수 있다.

정답 ⑤

4 밑줄 그은 '탑'에 해당하는 사진 자료로 옳은 것은? [1점]

어느 날 무왕이 부인과 함께 사자사(師子寺)에 가려고 용화산 밑의 큰 못가에 이르렀는데, 미륵 삼존이 연못 가운데서 나타나므로 수레를 멈추고 절을 올렸다. 부인이 왕에게 말하기를, "모름지기 이곳에 큰 절을 지어 주십시오. 그것이 제 소원입니다."라고 하였다. 왕이 이를 허락하여 …… 미륵이 세 번 법회를 연 것을 본 따 법당과 탑과 낭무(廊廡)* 를 각각 세 곳에 세우고, 절 이름을 미륵사라고 하였다.

-『삼국유사』-

* 낭무(廊廡) : 건물 사이를 이어주는 복도

① 

② 

③ 

④ 

⑤ 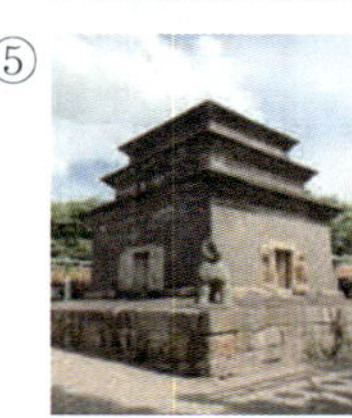

| 해설 | 삼국의 탑파

익산의 미륵사지 석탑은 현존하는 석탑 중에서 가장 오래 된 것으로서, 2009년 사리장엄(사리를 봉안하는 장치) 유물이 발견되기도 하였다. 7세기 무왕 때 세워진 미륵사는 중앙에 거대한 목탑과 동서에 석탑을 둔 형태의 웅장한 규모로 만들어져 무왕이 익산을 중심으로 중흥을 도모하려고 했음을 짐작하게 하며, 목탑 양식을 계승한 미륵사지 석탑은 9층이었을 것으로 추정되고 있다(639).

| 오답 넘기 |

② 통일 신라 시대 불국사 다보탑이다(8세기 중엽).

③ 발해의 영광탑은 벽돌로 쌓아올린 전탑이다.

④ 부여 정림사지 5층 석탑으로 백제 후기의 석탑이다(7세기).

⑤ 신라 선덕 여왕 때 지어진 분황사 모전 석탑은 돌을 벽돌 모양으로 만들어 쌓은 탑이다(634).

정답 ①

5 다음에서 설명하는 문화유산으로 옳은 것은? [1점]

문화유산 카드

- 종목 : 국보 제119호
- 소장 : 국립 중앙 박물관
- 소개 : 고구려 때 평양 동사(東寺)의 승려들이 만든 천불(千佛) 중 하나이다. 광배 뒷면에 연가(延嘉) 7년이라는 연대가 새겨져 있다. 얼굴은 갸름하고 두꺼운 법의를 입었으며, 옷자락이 좌우로 뻗쳐 있어 북위(北魏) 양식의 영향을 받은 것으로 보인다.

| 해설 | **삼국의 불상**

경남 의령에서 발견된 금동 연가 7년명 여래 입상은 고구려의 불상으로 부처는 긴 얼굴에 살짝 미소를 짓고 두꺼운 법의를 입고 있으며, 몸의 좌우와 밑에는 주름이 보인다. 광배 뒤에는 흔히 발견되는 불상과는 달리 4행 47자의 글자가 새겨져 있는데, 고구려의 연호인 연가 7년(延嘉七年)의 연대가 뚜렷하게 보인다(539). 새겨진 글에 따르면 평양 동사(東寺)라는 절의 승려들이 천불(千佛)을 세상에 널리 퍼뜨리고자 만들었던 불상 가운데 29번째 것이라고 한다.

| 오답 넘기 |

① 발해 이불병좌상, ② 부여 금동 정지원명 석가여래 삼존 입상, ④ 익산 왕궁리 5층 석탑 출토 금동여래입상, ⑤ 경주 구황리 금제 여래 좌상이다.

정답 ③

6 (가)에 들어갈 문화유산으로 옳은 것은? [2점]

문화유산 카드

(가)

- 종목 : 국보 제84호
- 소재지 : 충청남도 서산시
- 소개 : 이 석불은 6세기 말에서 7세기 초, 서산 일대에서 부여로 가는 길목에 조성된 것으로 '백제의 미소'로 널리 알려져 있다. 연꽃잎을 새긴 대좌 위의 여래상은 전체 얼굴 윤곽이 둥글고 풍만하여 백제 불상 특유의 자비로운 인상을 보여준다.

| 해설 | **삼국의 불상**

불상은 6세기경부터 제작되었다. 백제의 서산 용현리 마애 삼존불은 부드러운 자태와 온화한 미소로 자비와 포용의 태도를 나타내 보이고 있다. 화강암에 흐르는 섬세한 선각도 일품이어서 우리나라 최고 마애불로 평가받고 있다.

| 오답 넘기 |

② 고려 초에 조성된 논산 관촉사 석조 미륵보살 입상이다. 규모가 거대하고 인체 비례가 불균형한 모습으로 당시 지방 세력의 독특한 개성과 미의식을 보여주고 있다.
③ 서울 보타사 마애보살 좌상으로 고려 말 조선 초의 불상이다.
④ 고려 시대 파주 용미리 불상은 바위를 다듬어 만든 것이다.
⑤ 신라의 경주 배동 석불 입상은 푸근한 자태와 은은한 미소를 띠고 있는 불상으로 신라 조각의 정수를 보여 준다.

정답 ①

7 밑줄 그은 '이 유물'로 옳은 것은? [1점]

1993년 ○○월 ○○일

부여 능산리 절터에 대한 발굴 조사 중에 생각지도 못한 문화유산이 발굴되었다. 나성과 능산리 고분군 사이의 계단식 논에서 발견된 이 유물은 도교와 불교 사상이 함께 반영된 것으로, 아마도 왕실 의례에 사용된 것으로 추측된다. 비록 능산리 절은 백제의 멸망과 함께 사라졌지만 우리가 발굴한 유물들을 통해 찬란한 백제의 문화를 세상에 알릴 수 있을 것으로 생각하니 뿌듯하다.

① 
② 
③ 
④ 
⑤ 

| 해설 | **백제의 문화유산**

백제 금동 대향로는 충남 부여 능산리 무덤 근처의 절터에서 발견된 백제의 공예 기술을 보여 주는 향로이다. 용이 몸체를 받치고 몸체의 아랫부분은 불교적 이상 세계를 상징하는 연꽃무늬를, 몸체의 윗부분은 도교적 이상 세계를 상징하는 산봉우리 · 새 · 짐승 등의 신선 세계를, 맨 위에는 봉황이 여의주를 턱에 끼고 날개를 활짝 펼치는 모습을 표현하였다. 즉 불교적 이상 세계와 도교적 이상 세계를 함께 표현하여, 백제에서 여러 종교를 두루 포용하여 믿었음을 알려 주는 유물이다.

| 오답 넘기 |

① 고령 지산동 32호인 가야 금동관이다.
② 국보 91호인 신라 기마 인물형 토기이다.
③ 경주 호우총에서 발굴된 호우명 그릇이다.
⑤ 무령왕릉에서 나온 진묘수로 무덤을 지키는 돌짐승이다.

정답 ④

8 (가)~(마) 문화유산에 대한 설명으로 옳은 것은? [3점]

답사 계획서

(마) 장군총
(다) 각저총
(나) 무용총
(라) 광개토 대왕릉비
(가) 국내성

▣ 답사 기간 : 20○○년 ○○월 ○○일~○○일
▣ 주제 : 지안 지역의 고구려 유적
▣ 경로 : 국내성 → 무용총 → 각저총 → 광개토 대왕릉비 → 장군총
▣ 준비 사항 : 답사 장소와 유적에 대한 자료 조사

① (가) – 백제의 공격으로 고국원왕이 전사한 곳이다.
② (나) – 당시 생활상을 담은 수렵도 등의 벽화가 남아 있다.
③ (다) – 돌무지덧널무덤으로 다양한 껴묻거리가 출토되었다.
④ (라) – 김정희의 금석과안록에서 비의 설립 시기가 고증되었다.
⑤ (마) – 벽돌무덤으로 중국 양나라와의 문화적 교류를 보여 준다.

| 해설 | **고구려의 문화유산**

제시된 답사 계획서는 만주에 있는 고구려 문화유산에 대한 내용이다. (가) 국내성은 유리왕 때 옮긴 고구려의 두 번째 수도로 압록강가에 위치하고 있으며, (나) 무용총과 (다) 각저총은 고구려의 대표적인 고분 유적이다. (라) 장수왕이 아버지 광개토 대왕의 업적을 기리며 세운 비석인 광개토 대왕릉비는 중국 지린성 지안에 있다. (마) 장군총은 고구려의 대표적인 돌무지무덤이다.

② 고구려 무용총에는 당시 생활상을 담은 수렵도나 무용도와 같은 벽화가 남아 있다.

| 오답 넘기 |

① 백제의 근초고왕은 고구려의 평양성을 공격하여 고국원왕을 전사시켰다(371).
③ 각저총은 굴식 돌방무덤으로 씨름(각저)하는 모습이 그려져 있다.
④ 조선 후기 김정희는 『금석과안록』을 지어 북한산비가 진흥왕순수비임을 밝혔다(1852).
⑤ 백제의 무령왕릉은 벽돌무덤으로 당시 중국 남조(양)와 백제의 교류를 엿볼 수 있는 유적이다.

정답 ②

통일 신라와 발해

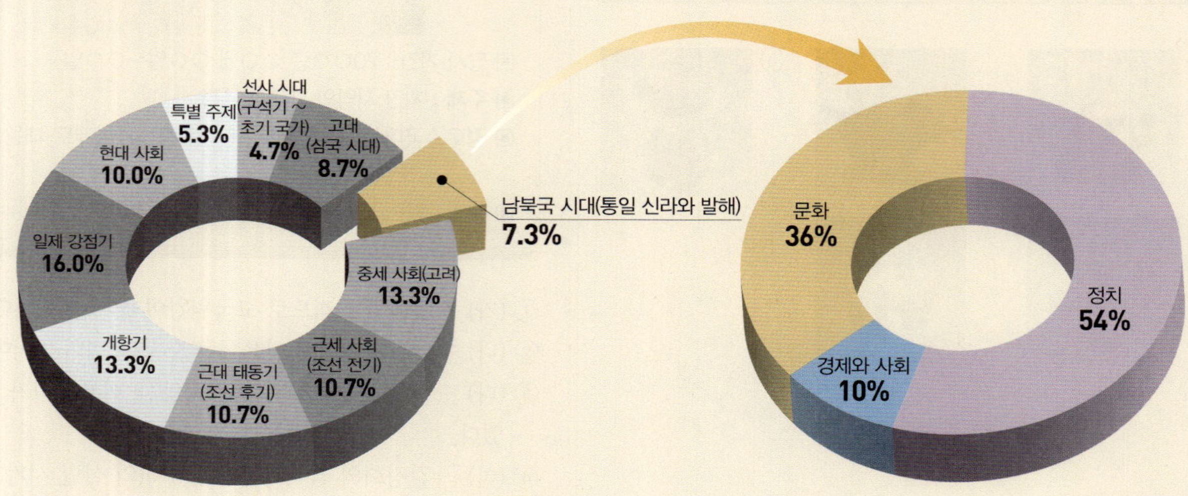

단원 들어가기

고구려, 백제, 신라의 삼국은 상호 협력하거나 견제하면서 국가 발전을 지속하였다. 그 과정에서 고구려는 만주 지역과 한반도 북부에 걸치는 강대한 국가로 성장하여, 수 · 당을 비롯한 외세의 침입을 막는 방파제 구실을 하였다. 백제는 요서 지방과 일본 지역으로 진출하는 등 활발한 대외 활동을 벌였고, 신라는 뒤늦게 성장하였지만, 삼국 간의 항쟁에서 마지막 주도권을 장악하였다. 신라는 당과 연합하여 백제, 고구려를 무너뜨린 다음, 다시 한반도에서 당의 세력을 무력으로 몰아냄으로써 삼국을 통일하는 데 성공하였다.

통일 신라는 영토의 확장과 함께 왕권의 전제화가 이루어지면서 전성기를 맞이하였다. 한편 만주의 동부 지역을 거점으로 건국한 발해는 고구려의 전통을 계승함으로써 통일 신라와 함께 남북국의 형세를 이루게 되었다. 통일 신라는 삼국 문화를 종합하는 한편, 당 및 인도나 이슬람과의 교류를 넓혀 감으로써 보다 넓은 기반 위에서 새로운 민족 문화의 꽃을 피웠다. 지방 행정 조직이 발달하였으며, 각처의 사원들이 지방 문화의 중심이 됨에 따라 지방 문화의 수준은 전반적으로 높아졌다. 그리고 이 시기 발해는 고구려 문화의 기반 위에 당 문화를 받아들여 그 문화가 발달하였다.

682 국학 설치

698 발해 건국

722 신라, 정전 지급

788 독서삼품과 설치

828 장보고, 청해진 설치

900 견훤, 후백제 건국

901 궁예, 후고구려 건국

918 왕건, 고려 건국

926 발해 멸망

935 신라 멸망

연표로 흐름잡기 I

06 통일 신라와 발해의 정치적 변화

공부한 날 월 일

일차

❶ 삼국 간의 항쟁과 삼국 통일 ★★★

(1) 동아시아 국제 정세의 변화

① 6세기 말 중국에 통일 왕조 수(당) 등장 → 고구려 압박(고구려는 돌궐과 연합)

② 남북 세력과 동서 세력의 다툼 : 고구려, 백제, 왜, 돌궐을 연결하는 남북 세력과 신라, 수(당)를 연결하는 동서 세력이 대립

(2) 고구려와 수(당)의 전쟁

① 수와의 전쟁 : 수의 야욕에 맞서 고구려가 요서 선제공격(598) → 수 문제와 양제의 침략 → 을지문덕이 살수 대첩에서 승리(612), 무리한 원정으로 수 멸망

② 당과의 전쟁 : 당 태종의 야욕 → 고구려는 천리장성 축조, 강경하게 대응(연개소문) → 안시성 싸움(645)에서 당군 격퇴

③ 수 · 당과의 전쟁에서 고구려가 승리한 원동력 : 성곽을 이용한 견고한 방어 체제, 요동 지방의 철광 지대 확보, 잘 훈련된 군대, 탁월한 전투 능력, 굳센 정신력, 청야수성(淸野守城) 전술 등

Click !

● 6세기 말 이후 동북아시아의 국제 정세

남북 세력과 동서 세력

신라가 한강을 차지하고 강성해지자, 고구려와 백제가 연합하여 신라에 대항하였다. 위기에 놓인 신라는 당과 손을 잡고 위기를 벗어나고자 하였다. 이리하여 6세기 후반 동아시아에는 신라와 당을 연결하는 동서 세력과, 고구려, 백제, 왜, 돌궐을 연결하는 남북 세력이 대립하게 되었다.

● 살수 대첩

을지문덕이 수의 적장 우중문에게 보내는 시

신묘한 계책은 천문을 꿰뚫어 볼 만하고
오묘한 전술은 땅의 이치를 모조리 알도다.
전쟁에 이겨서 공이 이미 높아졌으니
만족을 알거든 그만 돌아가시구려.

－『삼국사기』－

(3) 백제와 고구려의 멸망

① 나 · 당 동맹 결성(648) : 백제와 대결하던 신라가 고구려와의 동맹 시도 실패 → 나 · 당 연합군 결성

삼국 간의 관계

- 4세기 : 고구려+신라 ↔ 백제
- 5세기 : 신라+백제(나 · 제 동맹) ↔ 고구려
- 6세기 : 고구려+백제(여 · 제 동맹) ↔ 신라

청야수성(淸野守城) 전술

산악 지형을 이용하여 전쟁 시 들판의 곡식을 거두어들이고 벌판을 태운 뒤, 산성으로 들어가는 전술 → 고구려군은 장기전 대비, 적군은 보급품 공급에 어려움

고구려가 당의 침입에 대비하여 부여성에서 발해만의 비사성까지 국경 지역의 기존 성곽을 연결한 것으로, 631년부터 647년까지 16년에 걸쳐 완성하였다.

당군은 약 두 달 동안 안시성 옆에 토성을 쌓고 이를 발판으로 성을 함락시키려 하였으나, 고구려군의 기습으로 토성을 빼앗겼다. 이후 안시성민의 끈질긴 저항 속에 날씨가 추워지고 군량미가 떨어지자 실패하고 물러났다.

고구려의 보루

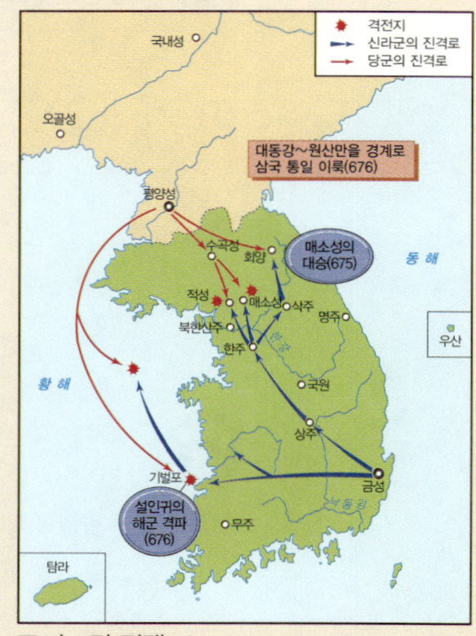

나 · 당 전쟁

- 매소성 전투(675) : 당의 20만 대군을 매소성에서 크게 물리침
- 기벌포 전투(676) : 당의 수군을 기벌포에서 격파

신라의 한강 유역 차지
↓
백제와 고구려의 신라 압박
↓
나 · 당 동맹(648)
↓
백제 멸망(660)
↓
고구려 멸망(668)
↓
나 · 당 전쟁(매소성, 기벌포 전투)
↓
신라의 삼국 통일(676)

⬆ 신라의 삼국 통일 과정

② 백제와 고구려의 멸망

백제와 고구려 멸망의 직접적인 원인은 나 · 당 연합군의 공격에 의한 것이지만 한편으로는 지배층 내부의 분열도 원인이 되었다.

구분	백제의 멸망	고구려의 멸망
원인	정치 질서 문란, 지배층의 향락으로 국가적 일체감 상실 → 황산벌 전투 패배, 당군의 금강 하구 침입 → 사비성 함락(660)	거듭된 전쟁으로 국력 소모, 연개소문 사후 지배층의 권력 쟁탈전 → 나 · 당 연합군의 공격으로 평양성 함락(663)
부흥 운동	• 복신, 도침, 왕자 풍(주류성), 흑치상지(임존성) • 백제 지원에 나선 일본군 패배(백강 전투)와 지도층 사이의 내분으로 실패	• 검모잠(한성), 안승(금마저), 고연무(오골성) • 당과 신라의 회유 정책과 지도층 사이의 내분으로 실패

백제 · 왜 연합군은 백강 어귀(금강 하구)에서 나 · 당 연합군과 격전을 벌였으나 실패하였다(663).

Click ! ● **백제 · 고구려의 부흥 운동**

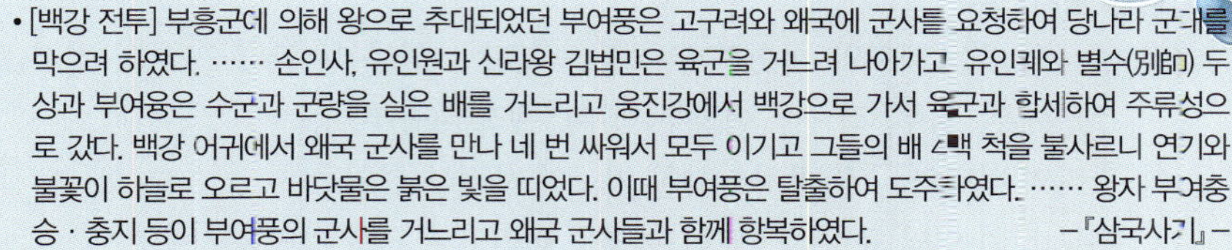

• [백강 전투] 부흥군에 의해 왕으로 추대되었던 부여풍은 고구려와 왜국에 군사를 요청하여 당나라 군대를 막으려 하였다. …… 손인사, 유인원과 신라왕 김법민은 육군을 거느려 나아가고, 유인궤와 별수(別帥) 두상과 부여융은 수군과 군량을 실은 배를 거느리고 웅진강에서 백강으로 가서 육군과 합세하여 주류성으로 갔다. 백강 어귀에서 왜국 군사를 만나 네 번 싸워서 모두 이기고 그들의 배 4백 척을 불사르니 연기와 불꽃이 하늘로 오르고 바닷물은 붉은 빛을 띠었다. 이때 부여풍은 탈출하여 도주하였다. …… 왕자 부여충승 · 충지 등이 부여풍의 군사를 거느리고 왜국 군사들과 함께 항복하였다. －『삼국사기』－

• 고구려의 대장 겸모잠(鉗牟岑 : 검모잠)이 무리를 거느리고 반란을 일으켜 보장왕의 외손 안순(安舜 : 안승)을 세워 왕으로 삼았다. 고간을 동주도행군총관으로, 이근행을 연산도행군총관으로 삼아 토벌케 하였다. 사평태상백 양방을 보내어 도망치고 남은 무리를 불러들이게 하였다. 안순이 겸모잠을 죽이고 신라로 달아났다. －『신당서』－

(4) 신라의 삼국 통일

① 당의 한반도 지배 야욕 : 웅진도독부(백제), 계림도독부(신라), 안동도호부(고구려) 설치

신라의 문무왕은 안승의 구원 요청에 따라 그를 고구려 왕으로 책봉하고(670), 부흥 운동을 후원하였다.

② 신라의 대응 : 왜와 외교 관계 회복 시도, 신라의 고구려 부흥 운동 세력 지원 → 나 · 당 전쟁 → 매소성 · 기벌포 전투에서 신라의 승리 → 삼국 통일(676)

③ 삼국 통일의 한계와 의의

㉠ 한계 : 영토가 대동강 이남에 한정된 점(불완전한 통일), 당 세력 개입

㉡ 의의 : 당 세력을 무력으로 축출(자주적 면모), 최초의 통일로 새로운 민족 문화 형성의 계기

⬆ 문무대왕릉　문무왕은 자신이 죽으면 거대한 왕릉을 조성하는 대신, 불교식으로 화장하라고 유언하였다. 이에 신하들은 화장한 문무왕의 유골을 동해의 큰 바위에 장사지냈다.

❷ 통일 신라의 발전

(1) 통일 신라 왕권의 전제화 ☆☆

① 통일 이후 변화 : 통일 전쟁 과정에서 왕권 강화, 영토 확대, 인구 증가, 민족 의식 형성

② 전제 왕권의 확립

㉠ 무열왕(김춘추) : 진골 출신으로 최초의 왕, 왕의 혈족 등에게 특권적 지위를 누리게 했던 갈문왕 제도 폐지, 삼국 통일 과정에서 대당 외교에 성공 → 왕권 강화의 기반 마련

㉡ 문무왕 : 삼국 통일 완성(문무대왕릉, 감은사), 부석사 창건(676)

감은사는 신라 문무왕이 삼국 통일 이후 짓기 시작한 절로, 신문왕 때 완공되었다.

⬆ 경주 감은사지 동 · 서 3층 석탑

㉢ 신문왕

ⓐ 왕권의 강화 : 김흠돌의 난 진압, 진골 귀족 숙청, 제도의 정비(지방 행정 제도－9주 5소경, 감찰 임무－외사정 파견, 군사 제도－9서당과 10정 설치), 만파식적 설화(왕권 안정에 대한 염원과 자신감을 표출)

ⓑ 경제 정책 : 관료전 지급(687), 녹읍 폐지(689)

ⓒ 국학 설립 : 국립 대학으로 유학을 정치 이념으로 수용하는 데 기여(682)

ⓓ 6두품의 중용 : 6두품 세력이 왕권과 결탁(국왕의 정치적 조언자, 행정 실무 담당)

(2) 통일 신라의 통치 체제 개편

① 중앙 관제의 정비

㉠ 집사부 중심의 정치 운영 : 왕권 집행 기관, 장관인 시중의 권한 강화

㉡ 화백 회의의 기능 축소 : 화백 회의 의장인 상대등의 권한 약화

② 중앙 통치 조직

㉠ 중국의 6전 제도와 비슷하게 행정을 분담 : 위화부(이부), 조부와 창부(호부), 예부, 병부, 좌·우 이방부(형부), 예작부(공부) 등

㉡ 관리의 비리와 부정 방지 : 감찰 기구인 사정부 설치

㉢ 유교 정치 이념 표방 : 불교식 왕명을 버리고 유교식 왕명을 사용

㉣ 관등 체계의 일원화 : 통일 전에는 왕경인에게 주는 경위(京位)와 지방민에게 주어지는 외위(外位)로 이원화되었으나, 통일 이후 지방민에게도 외위 대신 경위(京位)가 주어지면서 외위는 소멸

③ 지방 통치 제도 : 9주 5소경(685)

④ 군사 조직 : 9서당 10정(687)

㉠ 9서당(중앙군) : 서당을 편성할 때 신라인, 백제인, 고구려인, 말갈인, 보덕국인으로 편성 → 민족 융합 목적

㉡ 10정(지방군) : 지방 각 주에 1개의 정을 배치, 국경인 한주(한산주)에는 2개의 정을 배정

한주는 다른 주에 비해 면적이 넓고 군사적으로도 중요한 위치를 차지하고 있어 2개의 정을 배치하였다.

Click ! ● **통일 신라 제도의 정비**

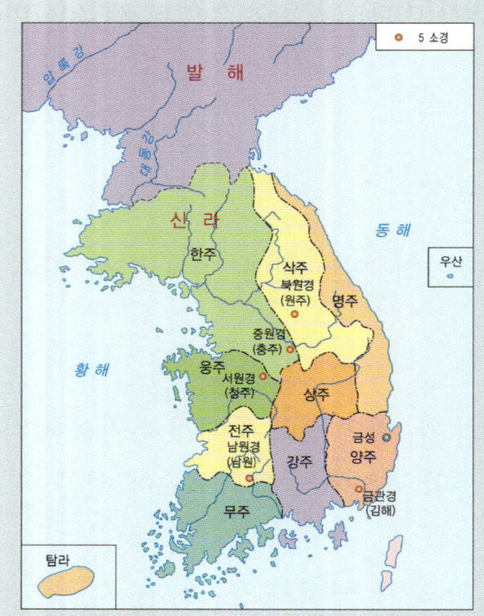

9주 5소경

● **통일 신라의 민족 통합 노력**

- 백제와 고구려 귀족에게도 벼슬과 토지를 주어 살도록 하였다.
- 지방을 9주로 나누었는데, 고구려 땅에 3주, 백제 땅에 3주, 신라 땅에 3주를 균등히 두었다.
- 군사 조직인 9서당은 신라인 3서당, 고구려인 3서당, 백제인 2서당, 말갈인 1서당으로 구성되었다.
- 김유신은 "삼한을 한 집안으로 만들었고, 백성들도 두 마음이 없도다."라고 하였다.

－『삼국사기』－

신비스러운 피리 '만파식적'

"이 피리를 불면, 적의 군사는 물러가고, 병은 낫고, 물결은 평온해진다."→ 이 피리는 모든 정치적 불안이 진정되고 평화가 오기를 소망하는 신라인들의 염원을 담고 있음

집사부

집사부는 국가의 기밀 사무를 맡아 왕의 명령을 직접 받들었다. 왕의 지배를 받는 집사부의 역할이 증대되면서 귀족 세력의 대표 기구인 화백 회의의 기능은 약화되었다. 집사부의 장관은 진골 출신의 중시(후에 시중)였다.

9주 5소경

구분	내용
9주	• 옛 고구려, 백제, 신라 땅에 각각 3주씩 편성 • 행정적 기능 강화 : 주의 장관을 군주에서 행정적 명칭인 총관으로 변경 • 주 밑에 군과 현 설치(673), 지방관 파견 • 말단 행정 구역인 촌은 촌장이 관리 • 지방 통제 : 외사정 설치, 상수리 제도
5소경	• 특수 행정 구역 : 금관경(김해), 중원경(충주, 통일 전부터 존속), 서원경(청주), 남원경(남원), 북원경(원주) 등 • 옛 고구려와 백제의 귀족을 이주 → 수도의 편재성 보완, 지방 세력 감시, 지방의 균형 있는 발전 도모

상수리 제도: 지방 세력을 통제하기 위해 이들을 일정 기간 서울(금성)에 와서 거주하게 한 것으로, 고려 시대의 기인 제도로 계승되었다.

3 발해의 건국과 발전

(1) 발해 건국

고구려가 멸망하자 당은 안동도호부를 두어 고구려를 직접 지배하고자 하였으나 고구려 유민이 당에 저항하였다. 7세기 말 당의 통제력이 약해지자 고구려 출신의 대조영은 고구려 유민과 말갈 집단을 이끌고 동모산에 발해를 세웠다.

① 배경 : 고구려 옛 땅에서 고구려 유민들의 대당 항쟁 → 당은 보장왕을 조선왕으로 봉하여 회유, 고구려 유민 요서 지방으로 강제 이주

② 건국 : 고구려 장군 출신인 대조영이 고구려 유민과 말갈인을 모아 길림성의 동모산 근처에 도읍을 정하고 발해 건국(698)

③ 특징

㉠ 남북국 시대의 시작 : 발해의 건국으로 남쪽의 신라와 북쪽의 발해가 공존하는 남북국의 형세를 이룸

㉡ 주민 구성 : 고구려인(지배층) + 말갈인(피지배층)

㉢ 고구려 계승

ⓐ 고구려 영역 확보 : 발해는 영역을 확대하여 옛 고구려의 영토를 대부분 차지

ⓑ 고구려 계승 의식 : 고구려 부흥 운동 과정에서 성립, 건국 주체 세력과 지배층은 고구려계인 고씨와 대씨 중심, 일본에 보낸 외교 문서에 고려(고구려), 발해왕을 고려국왕(고구려왕)으로 칭함

ⓒ 고구려 문화 계승 : 온돌 장치, 석등, 기와, 불상, 굴식 돌방무덤인 정혜공주 묘의 모줄임 구조 등

발해의 영토 　만주 동부 지역을 중심으로 확대되어 동쪽으로는 연해주, 서쪽으로는 만주 북부, 남쪽으로는 한반도 북부를 포괄하는 광대한 영토를 차지하였다.

(2) 발해의 발전

① 고왕(대조영, 8세기 초, 천통) : 국호를 진(震), 연호를 천통(天統)이라 하였으며 뒤에 국호를 다시 발해(渤海)라고 고침

② 무왕(대무예, 8세기 전반, 인안)

㉠ 영토 확장 : 요동 지역을 포함한 고구려의 옛 땅을 대부분 회복하고, 당과의 대결을 통한 국가 영역의 확보에 주력, 북만주 일대 장악

㉡ 산둥 지방 공격(732) : 영토 확장, 당이 신라와 흑수부 말갈을 이용해 발해를 압박하자 장문휴의 수군으로 당의 산둥 지방을 공격하는 한편, 요서 지역에서 당군과 격돌, 돌궐 · 일본 등과 연결하여 당 · 신라 견제

흑수부 말갈: 중국 헤이룽 강 유역에서 생활하던 말갈의 한 부족

③ 문왕(대흠무, 8세기 중 · 후반, 대흥)

㉠ 영토 확장 : 쑹화 강 유역, 연해주 지역 차지

㉡ 외교 관계 개선 : 당과 친선 관계 수립, 당의 발달한 문물 제도 수용, 신라와도 상설 교통로를 개설하여 대립 관계를 해소

㉢ 천도 : 수도를 중경 현덕부(길림성 화룡)로 옮기고, 다시 상경 용천부(흑룡강성 영안, 동경성)로 옮겼다가 또다시 동경 용원부(길림성 훈춘)로 재천도

㉣ 제도 정비 : 3성 6부의 중앙 관제를 정비

㉤ 독자적 연호 제정 : 중국과 대등한 지위에 있음을 대외적으로 과시하기 위하여 대흥, 보력 등의 독자적인 연호를 사용

㉥ 자주성 과시 : 불교 발전에 힘썼으며, 황상(皇上)이라는 칭호를 사용하여 황제 국가의 면모를 과시, 국립 대학인 주자감 설치

정효 공주 묘지명 　아버지인 문왕을 '황상(皇上)'으로 부른 표현이 나오는데, 발해가 대내적으로는 황제국 체제를 지향하였음을 알 수 있다.

상경 용천부
현재 중국 헤이룽장 성에 위치해 있는 상경은 도시 외부를 둘러싼 외성의 길이가 17km에 달하여 당시 동아시아에서 당나라의 수도 장안성 다음으로 큰 도시였다(755~785).

주자감
발해의 최고의 교육 기관. 유학 교육을 중심으로 하고 산학(算學) 등의 실무 교육도 가르쳤다.

④ 선왕(대인수, 9세기 전반, 건흥)

㉠ 영토 확장 : 대부분의 말갈족을 복속하고 고구려의 옛 영토 대부분 회복(랴오둥 진출)

발해의 지방 행정 구역은 5경 15부 62주로 정비되었으며, 전략적 요충지에 5경을 두었다. 15부 62주 아래에는 관료를 파견하거나 수령으로 불리는 토착 세력이 다스리게 하였다.

㉡ 제도 정비 : 5경(京), 15부(府), 62주(州)의 지방 제도를 완비

㉢ 문물 교류 : 당에 유학생을 보내어 당의 제도와 문화를 받아들임

㉣ 해동성국 : 학술을 진흥시키는 등 발해의 전성기를 이루어 당나라로부터 '해동성국(海東盛國)'이라는 칭호를 받음

발해와 신라의 교통로

발해의 상경을 출발하여 동경과 남경을 거쳐 동해안을 따라 신라에 이르던 교통로를 신라도라 한다. 8세기 전반에 개설된 것으로 추정되나 자주 이용된 것은 8세기 후반 이후 9세기 전반까지이다.

(3) 발해의 멸망

① 멸망 : 9세기 후반부터 귀족들 간의 내분으로 국력이 쇠퇴하면서 거란족에 의해 멸망(926)

② 부흥 운동 : 발해 유민들의 끈질긴 부흥 운동(후발해, 정안국, 대발해국) → 유민의 일부는 고려에 망명

(4) 발해의 대외 관계

① 당과의 관계

㉠ 대립 : 무왕 대에 발해가 영토를 확장하였고, 당이 이를 견제하기 위하여 흑수부 말갈을 이용하는 과정에서 발해와 당 사이에 전쟁이 발발(산둥 반도 공격)

㉡ 교류 : 문왕 이후에 당과의 관계는 친선 관계로 바뀌었고, 당의 제도와 문물을 수입, 발해관 설치, 당나라 빈공과에 발해 지식인들이 합격하기도 함

② 통일 신라와의 관계

당나라에서 재당 외국인을 위해 실시한 과거 시험. 신라인과 발해인이 다수 합격하여 당의 관리가 되기도 하였고, 두 나라 사람끼리 수석을 다투기도 하였다.

㉠ 대립 : 신라는 당의 요청으로 발해를 공격, 빈공과 합격자 서열을 둔 경쟁(등제 서열 사건)과 신라와 발해의 사신이 서로 상석에 앉으려는 다툼(쟁장 사건)은 양국의 대립 의식을 보여줌

Click! ● 발해와 신라의 '쟁장 사건'

왕자 대봉예가 (당 조정에) 문서를 올려, 발해가 신라보다 윗자리에 있기를 청하였다. 이에 대해 답하기를, "국명(國名)의 선후는 원래 강약에 따라 일컫는 것이 아니다. …… 마땅히 이전대로 할 것이다."라고 하였다.

㉡ 교류 : 상설 교통로로 신라도를 개설하였으며 사신 교환과 무역이 이루어짐, 발해가 거란의 공격을 받자 신라에 지원을 요청하기도 함

③ 돌궐과의 관계 : 당을 견제할 목적에서 친선 관계를 유지

④ 일본과의 관계 : 신라 견제 목적으로 끝까지 긴밀한 우호 관계를 유지, 무왕과 문왕 대에 사신을 12차례 보내기도 함

(5) 발해의 통치 체제

발해의 중앙 행정은 3성 6부로 당의 제도를 그대로 수용한 것처럼 보이나 여러 면에서 당과 다른 특징을 가지고 있다. 특히 6부의 명칭을 유교적 규범에 따라 붙인 것도 특징인데, 이는 유학을 지도 이념으로 삼아 국정을 운영하려는 발해의 의지를 보여 준다.

① 중앙 정치 제도 : 당의 제도를 수용하였지만, 그 명칭과 운영은 발해의 독자성을 유지

㉠ 3성 : 정당성, 선조성, 중대성 → 정당성 중심의 국정 운영

㉡ 6부 : 충 · 인 · 의 · 지 · 예 · 신부 → 행정 실무 담당, 유교의 덕목을 명칭으로 사용

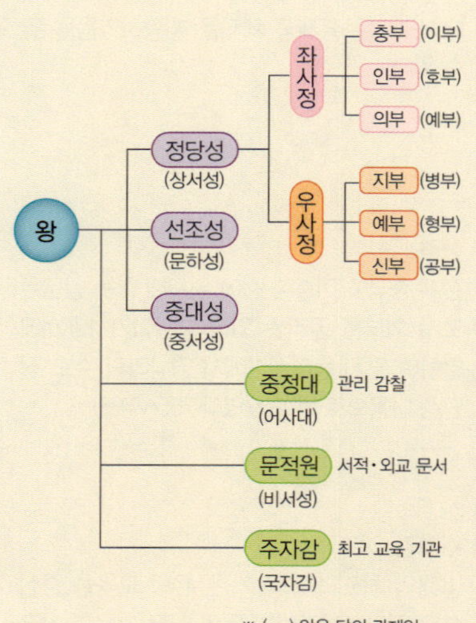

발해의 중앙 정치 기구

발해의 지방 통치 조직

발해는 토착 사회의 조직을 바탕으로 지방 통치 조직을 편제하였다. 15부는 인위적으로 구획된 행정 단위라기보다는 각 종족의 독자적인 생활과 세력 범위를 그대로 인정하면서 설치되었다.

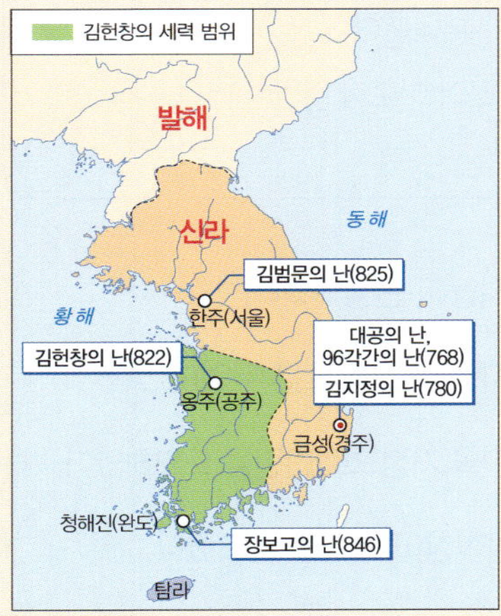

김헌창의 난과 장보고의 난

후삼국의 성립

ⓒ 정당성 : 귀족들이 모여 국가의 중요한 일 결정, 장관은 대내상

ⓔ 기타 : 중정대(관리들의 비리 감찰), 문적원(서적 관리), 주자감(국립 대학)

② 지방 행정 조직 : 5경 15부 62주

ⓐ 5경 : 상경을 중심으로 5도를 교통망으로 연결

ⓑ 말단 촌락 : 토착 세력가에 의해서 다스려짐 → 고구려 계통의 지배층이 말갈의 전통적인 사회 조직을 그대로 유지하면서 두 민족 사이의 조화를 꾀함

③ 군사 조직 : 중앙군(10위, 왕궁과 수도의 경비), 지방 행정 조직에 따라 지방군을 편성

❹ 신라 말기 호족 세력과 후삼국의 성립

(1) 신라 말기의 정치 변동

① 전제 왕권의 몰락 : 8세기 후반 이후 진골 귀족들의 왕위 쟁탈전[대공의 난, 96각간의 난 등] → 상대등의 권력 강화, 중앙 정부의 지방 통제력 약화[김헌창의 난(822), 장보고의 난(846)]

② 호족의 성장 : 반독립적 세력으로 지방의 행정권과 군사권 장악, 사병 보유, 성주나 장군이라 자칭

③ 농민 봉기 : 지나친 세금 독촉으로 농민의 몰락(노비·초적) → 신라 정부에 대항[원종과 애노의 난(889) 등 농민 봉기 발생]

④ 6두품 출신의 유학생과 선종 승려 : 반신라화, 골품제 사회 비판, 새로운 정치 이념 제시 → 지방의 호족 세력과 연계하여 사회 개혁 추구

(2) 후삼국의 성립

① 후백제의 건국(900) : 군인 출신인 견훤이 완산주(전주)에 도읍, 차령산맥 이남의 충청도와 전라도 지역의 우세한 경제력을 토대로 군사적 우위 확보 → 신라에 적대적, 지나친 조세 수취, 호족 포섭 실패

② 후고구려의 건국(901) : 신라 왕족의 후예인 궁예가 송악(개성)을 근거지로 건국, 철원으로 천도(국호–마진·태봉), 관제 개혁(광평성 등), 새로운 신분 제도 모색 → 지나친 조세 수취, 미륵 신앙을 이용한 전제 정치 → 신하들이 궁예 축출

신라 47대 헌안왕 또는 48대 경문왕의 아들로 전해진다. 어려서 세달사에서 출가하였다가 891년 죽주 호족 기훤의 부하가 되었으며, 892년에는 북원(원주) 호족 양길의 부하로 활약하였다.

Click! ● 궁예와 견훤에 대한 평가

- 궁예는 본래 신라의 왕자로서 도리어 제 나라를 원수로 삼아 심지어는 선조(先祖)의 화상(畵像)을 칼로 베었으니 그 행위가 매우 어질지 못하였다.
  견훤은 신라의 백성으로서 신라의 녹을 먹으면서 세력을 키우다가 화(禍)를 일으킬 마음을 품고 (신라의) 도읍을 침범하여 임금과 신하를 살해하니 (그 행위가) 마치 짐승과 같았다.
  참으로 천하의 으뜸가는 악인이로다. 그러므로 궁예는 그 신하로부터 버림을 당하였고, 견훤은 그 아들에게서 화가 생겨났으니 모두 스스로 불러들인 것인데 누구를 원망한단 말인가. –『삼국유사』–
- 궁예는 신라 사람으로 성은 김씨이고, 아버지는 제47대 헌안왕 의정이며 어머니는 헌안왕의 후궁이었는데, 그 성과 이름은 전하지 않는다. …… 일관(日官)이 아뢰기를, "이 아이는 중오일(重午日)에 출생하였고 나면서 이빨이 나고, 또한 이상한 빛이 있었으니 장차 국가에 이롭지 못할 것이므로 마땅히 이 아이를 키우지 마십시오."라고 하였다. 왕이 궁중의 사람을 시켜 그 집에 가서 죽이게 하였다. 그 사람이 포대기에서 아이를 꺼내 누각 아래로 던졌는데 유모가 몰래 받다가 실수하여 손가락으로 눈을 찔러 한쪽 눈이 멀었다. …… 머리를 깎고 중이 되어 스스로 선종(善宗)이라 불렀다. –『삼국사기』 신라본기–

① 삼국 간의 항쟁과 삼국 통일

- [고구려] 수와 외교 관계를 맺고 친선을 도모하였다.
  - ↳ 고구려가 당의 침입에 대비하여 천리장성을 완성하였다.
  - ↳ 연개소문이 정변을 일으켜 권력을 장악하였다.
  - ↳ 연개소문이 정권을 장악하고 신라를 압박하였다.
  - ↳ 부여성에서 비사성에 이르는 천리장성이 축조되었다.
- 백제가 대야성을 점령하였다.
  - ↳ 의자왕이 대야성을 함락하였다.
- [김춘추] 당으로 건너가 군사 동맹을 체결하였다.
- 진골 귀족인 김춘추가 왕위에 올랐다.
  - ↳ 김춘추가 진골 출신 최초로 왕위에 올랐다.
- [김유신] 황산벌에서 계백이 이끄는 군대를 물리쳤다.
  - ↳ 계백의 결사대를 보내 신라군에 맞서 싸웠다.
- 신라와 당의 연합군이 백강에서 왜군을 물리쳤다.
  - ↳ 백강 전투에 참전하는 왜의 수군
  - ↳ 백강에서 왜군과 함께 당군에 맞서 싸웠다.
- [흑치상지] 임존성에서 소정방이 지휘하는 당군을 격퇴하였다.
- 신라가 안승을 보덕국왕으로 임명하였다.
  - ↳ 고구려 안승이 신라에 의해 보덕국왕으로 임명되었다.
- 신라가 당의 군대에 맞서 매소성에서 승리하였다.
  - ↳ 매소성 전투를 승리로 이끌었다.
  - ↳ 신라가 매소성에서 당군을 물리쳤다.
  - ↳ 매소성에서 당의 군대를 격파하였다.
- 당이 평양에 안동도호부를 설치하였다.
  - ↳ 당이 안동도호부를 요동 지역으로 옮겼다.
- [문무왕] 지방관 감찰을 위하여 외사정을 파견하였다.
  - ↳ 지방관 감찰을 위하여 외사정이 파견되었다.

② 통일 신라의 발전과 변화

- [신문왕] 왕의 장인인 김흠돌이 반란을 도모하였다.
  - ↳ 김흠돌이 반란을 도모하였다.
  - ↳ 왕의 장인인 김흠돌이 반란을 일으켰다.
- [신문왕] 관료전을 지급하고 녹읍을 폐지하였다.
  - ↳ 관리들에게 관료전이 지급되고 녹읍이 폐지되었다.
  - ↳ 녹읍 폐지를 명하는 국왕

실전 자료 **신문왕의 토지 정책**

- 신문왕 7년(687) 5월에 관료전을 지급하되 차등을 두었다.
- 신문왕 9년(689) 1월에 내외관의 녹읍을 혁파하고 매년 조를 내리되 차등이 있게 하여 이로써 영원한 법식을 삼았다.

– 『삼국사기』 –

- [신문왕] 중앙군으로 9서당이 편성되었다.
- [신문왕] 9주 5소경의 지방 행정 제도를 두었다.
- [문성왕] 장보고가 청해진을 거점으로 반란을 도모하였다.
- [헌덕왕] 웅천주 도독 김헌창이 반란을 일으켰다.
- [진성 여왕] 원종과 애노가 사벌주에서 봉기하였다.

③ 발해의 건국과 발전

- [무왕] 장문휴를 보내 등주를 공격했어요.
  - ↳ 장문휴가 등주를 공격하였다.
- [문왕] 3성 6부의 중앙 관제를 정비했어요.
  - ↳ 대흥이라는 연호를 사용하였다.
  - ↳ 철리부 등 동북방 말갈을 복속시켰다.
- [선왕] 5경 15부 62주의 지방 행정 제도를 갖추었다.
  - ↳ 5경 15부 62주의 지방 행정 제도를 확립했어요.

④ 신라 말의 호족 세력과 후삼국의 성립

- [궁예] 양길의 휘하에서 세력을 키웠다.
- [후고구려] 광평성 등 각종 정치 기구를 마련하였다.
  - ↳ 국호를 마진으로 바꾸고 철원으로 천도하였다.
- [후백제] 후당, 오월에 사신을 파견하였다.

나당 동맹의 결성과 해체

신라가 6세기에 법흥왕, 진흥왕 대를 거치면서 비약적으로 성장하자 고구려와 백제가 이를 견제하기 시작하면서 국경 지대에서 크고 작은 군사적 충돌이 이어졌다. 결정적으로 642년을 전후해 고구려와 백제는 군사적 제휴를 맺었고('여제 동맹'), 백제 의자왕은 대야성을 포함한 신라 서쪽 변경의 40여 성을 함락시켰다.

❶ 나당 동맹의 결성

이에 신라는 주변 다른 나라들과의 협력을 모색하였는데, 특히 김춘추[604~661, 제29대 태종 무열왕(재위 654-661)]가 고구려, 왜(倭), 당(唐)을 차례로 오가며 적극적인 외교 활동에 나섰다. 먼저 고구려에 가서 양국 간의 화친을 제의하면서 군사적 지원을 요청하였지만 고구려[연개소문]는 받아들이지 않았다. 643년에 당에 사신을 보냈지만 역시 거절당하였다. 오히려 당은 645년에 고구려를 침공하면서 주변국의 동참을 요구하였는데, 신라는 이를 기회로 여기고 3만의 군대를 파견하여 고구려의 남부를 공격하였다.

이때 다이카 개신(大和改新)]으로 새로운 세력이 집권한 왜에서 신라로 사신을 보내오자, 신라에서도 김춘추가 왜로 건너갔다. 하지만 왜는 백제를 견제하고 국제적으로 고립시키려는 신라의 의도를 받아들이지 않았다.

진덕 여왕이 즉위한 후 신라는 더욱 적극적인 대당 외교를 추진하여, 김춘추는 당 태종(재위 626-649)과 직접 군사 동맹에 대한 협의를 진행하였다. 마침 당 태종도 고구려를 후방에서 견제하고 전쟁 물자를 지원해 줄 수 있는 신라의 중요성을 인식하여 적극적으로 대응하였다. 결국 논의 끝에 신라의 제안으로 백제를 먼저 멸망시키고, 이후 고구려를 공격한다는 전략적 합의가 이루어졌다. 648년에 이르러 신라와 당의 군사 동맹(나당 동맹)이 전격적으로 이루어진 셈이다.

❷ 나당 동맹의 결렬과 나당 전쟁의 발발

하지만 이듬해인 649년에 당 태종이 사망하고 당 조정이 분란에 휩싸여 당장의 대규모 출병은 이뤄지지 못했다. 이후 650년대 말에 이르러 당 고종(재위 649-683)의 결심으로 나당 동맹군이 동시 출병하기로 약속되었고 660년에 백제를, 668년에는 고구려까지 멸망시켰다. 그러나 당이 김춘추와 당 태종이 나당 동맹을 체결할 당시에 맺은 합의(671년 신라 문무왕과 당 설인귀가 주고받은 서신에서 확인)를 무시하고 백제와 고구려의 영토를 차지하려는 야심을 드러냄에 따라 신라와 당이 첨예하게 대립하기 시작하였다.

영토 처리를 둘러싼 양국의 갈등은 끝내 전쟁으로 이어졌다. 670년 3월 신라가 고구려 유민과 연합해 압록강 너머 오골성(중국 요령성 소재 봉황성)을 공격함으로써 나당 전쟁이 본격화되었다. 그리고 신라와 당의 전쟁은 676년에 당의 군사가 한반도에 철수하면서 종결되었다. 마침내 신라는 대동강과 원산만 이남의 고구려, 백제의 영토를 차지하고, '삼국 통일'의 대업을 이루었다.

❸ 나당 관계의 회복(당의 통일 신라 인정)

676년에 당의 군사가 한반도에서 철수하였다고 해서 신라에 대한 공격을 멈춘 것은 아니었다. 당이 서쪽 변경에서 토번과 일전을 벌이고 있는 사이에 만주에서는 698년 발해가 건국되었다. 732년 발해 무왕이 등주를 선제공격하자 신라가 당의 공격에 호응해 발해의 남쪽을 공격하였는데, 당은 이에 대한 보상으로 결국 패강(대동강 혹은 예성강) 이남에 대한 신라의 영유권을 인정하였다(735).

1 다음 상황이 나타난 시기를 연표에서 옳게 고른 것은? [3점]

흑치상지가 좌우의 10여 명과 함께 [적을] 피해 본부로 돌아가 흩어진 자들을 모아 임존산(任存山)을 지켰다. 목책을 쌓고 굳게 지키니 열흘 만에 귀부한 자가 3만여 명이었다. 소정방이 병사를 보내 공격하였는데, 흑치상지가 죽음을 두려워하지 않고 막아 싸우니 그 군대가 패하였다. 흑치상지가 본국의 2백여 성을 수복하니 소정방이 토벌할 수 없어서 돌아갔다.

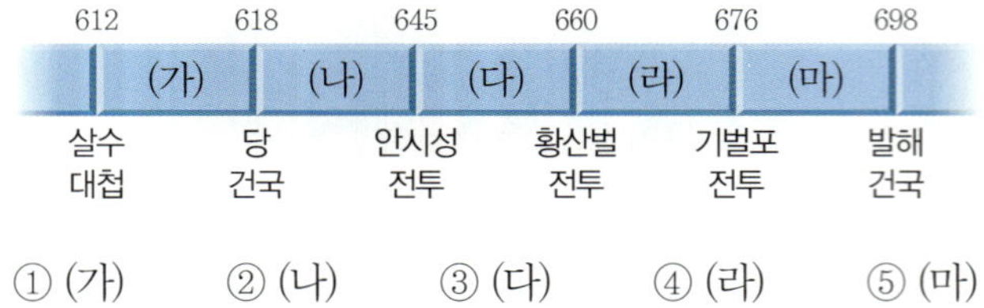

① (가) ② (나) ③ (다) ④ (라) ⑤ (마)

| 해설 | **백제의 부흥 운동**

백제가 멸망한 직후인 661년 1월, 복신과 흑치상지, 도침 등을 중심으로 백제 부흥 운동이 전개되었다. 이들은 의자왕의 아들이었던 왕자 풍을 왕으로 추대하고 주류성과 임존성을 거점으로 군사를 일으켰다.
흑치상지는 임존성을 중심으로 많은 병력을 모아 당의 군대를 격퇴하면서 많은 성을 회복하였다. 복신과 도침도 주류성을 중심으로 나 · 당 연합군이 머물고 있던 사비성을 공격하여 많은 성을 차지하였다. 662년에 5월에는 왕자 풍이 병력과 무기, 식량 등을 실은 왜의 구원군과 함께 도착하여 한때 백제 부흥군의 사기를 높이기도 하였으나, 663년 복신이 도침을 살해하고, 다시 왕자 풍이 복신을 살해하는 등 백제 부흥군의 내분이 일어났다.
이때 소정방 등 나 · 당 연합군이 백제 부흥군의 본거지인 주류성을 공격하자 왕자 풍이 고구려로 도망가고, 백제 부흥군을 지원하기 위해 온 왜군이 백강 입구에서 대패함으로써 백제 부흥 운동은 실패로 끝났다.
따라서 (라) 시기에 해당한다.

정답 ④

2 (가), (나) 시기의 사이에 있었던 사실로 옳은 것은? [3점]

(가) 김춘추가 무릎을 꿇고 아뢰기를, "…… 만약 폐하께서 당의 군사를 빌려주어 흉악한 무리를 잘라 없애지 않는다면 저희 백성은 모두 포로가 될 것이며, 산 넘고 바다 건너 행하는 조회도 다시는 바랄 수 없을 것입니다."라고 하였다. 태종이 매우 옳다고 여겨서 군사의 출동을 허락하였다.

–『삼국사기』–

(나) 계필하력이 먼저 군사를 이끌고 평양성 밖에 도착하였고, 이적의 군사가 뒤따라 와서 한 달이 넘도록 평양을 포위하였다. …… 남건은 성문을 닫고 항거하여 지켰다. …… 5일 뒤에 신성이 성문을 열었다. …… 남건은 스스로 칼을 들어 자신을 찔렀으나 죽지 못했다. [보장]왕과 남건 등을 붙잡았다.

–『삼국사기』–

① 당이 안동도호부를 요동 지역으로 옮겼다.
② 신라와 당의 연합군이 백강에서 왜군을 물리쳤다.
③ 신라가 당의 군대에 맞서 매소성에서 승리하였다.
④ 고구려 안승이 신라에 의해 보덕국왕으로 임명되었다.
⑤ 고구려가 당의 침입에 대비하여 천리장성을 완성하였다.

| 해설 | **신라의 삼국 통일**

제시된 자료는 삼국 통일 과정에서 백제와 고구려가 멸망한 사건을 기록한 것이다. (가) 백제와 고구려의 공격에 위기를 느낀 신라는 당에 김춘추를 파견하여 나 · 당 동맹을 체결하였다(648). 그 후 나 · 당 연합군은 먼저 백제를 공격하였다.
② 백제의 멸망 이후 부흥 운동은 왜의 수군이 합세한 백강 전투(663)를 마지막으로 모두 진압되었다. (나) 백제 멸망 이후 나 · 당 연합군은 평양을 공격하여 고구려를 멸망시켰다(668).

| 오답 넘기 |

① 고구려 멸망 후 당은 평양에 안동 도호부를 설치하였다가 신라에게 패배한 후 안동 도호부를 요동 지방으로 옮기고 물러갔다(676).
③ 신라는 당의 대군을 매소성에서 격파하여 나당 전쟁의 주도권을 장악하였다(675).
④ 고구려의 왕족 안승은 신라의 도움을 받아 674년에 금마저(익산)에 보덕국을 세웠다.
⑤ 고구려는 연개소문의 지휘 아래 랴오허 강 주변의 국경선에 천리장성을 쌓아 당의 침입에 대비하였다(647).

정답 ②

3 밑줄 그은 '왕'의 정책으로 옳은 것은? [2점]

설화 속에 담긴 역사

○ 왕이 한여름날 설총에게 이야기를 청하였다. 설총이 아첨하는 미인 장미와 충언하는 백두옹(白頭翁 : 할미꽃)을 두고 누구를 택할까 망설이는 화왕(花王) 백두옹이 간언한 이야기를 해 주었다. 이에 왕이 정색하고 낯빛을 바꾸며 "그대의 우화 속에는 실로 깊은 뜻이 있구나. 이를 기록하여 임금된 자의 교훈으로 삼도록 하라."고 하고, 드디어 설총을 높은 벼슬에 발탁하였다.

○ 동해 가운데 홀연히 한 작은 산이 나타났는데, 형상이 거북 머리와 같았다. 그 위에 한 줄기의 대나무가 있어, 낮에는 갈라져 둘이 되고 밤에는 합하여 하나가 되었다. 왕이 사람을 시켜 베어다가 피리를 만들어 이름을 만파식적(萬波息笛)이라고 하였다.

① 관료전을 지급하고 녹읍을 폐지하였다.
② 관리 채용을 위해 독서삼품과를 시행하였다.
③ 병부와 상대등을 설치하고 관등을 정비하였다.
④ 자장의 건의로 황룡사 구층 목탑을 건립하였다.
⑤ 위홍과 대구화상에게 삼대목을 편찬하도록 하였다.

| 해설 | **통일 신라의 전제 왕권 강화책**

삼국 통일 이후 이두를 체계적으로 정리한 설총은 신문왕에게 『화왕계(花王戒)』를 지어 바쳤다. 또 신문왕은 문무왕의 무덤인 대왕암이 잘 보이는 해변에 감은사를 짓고, 수시로 이곳에 와서 삼국 통일을 완성한 아버지를 그리워하였다고 한다. 하루는 동해의 용이 신문왕에게 나타나 '만파식적'이라는 피리를 주었다고 하는데, 이는 왕권의 전제화를 상징한다. 이외에도 통일 신라 신문왕은 왕권 강화를 위해 관료전을 지급(687)하고, 녹읍을 폐지(689)하였다.

| 오답 넘기 |

② 통일 신라 원성왕은 유교 경전의 이해 수준에 따라 관리를 채용하는 독서삼품과를 실시하였다(788).
③ 신라 법흥왕은 상대등과 병부 설치, 율령 반포, 공복 제정 등을 통하여 통치 체제를 정비하였다.
④ 황룡사 구층 목탑은 선덕 여왕 대에 자장의 건의로 건립되었다(643).
⑤ 신라말 진성여왕 때 각간 위홍이 승려 대구 화상과 함께 향가를 모아 『삼대목』이라는 향가집을 엮었다고 하나 지금 전하지 않는다(888).

정답 ①

4 교사의 질문에 대한 학생의 답변으로 옳은 것은? [2점]

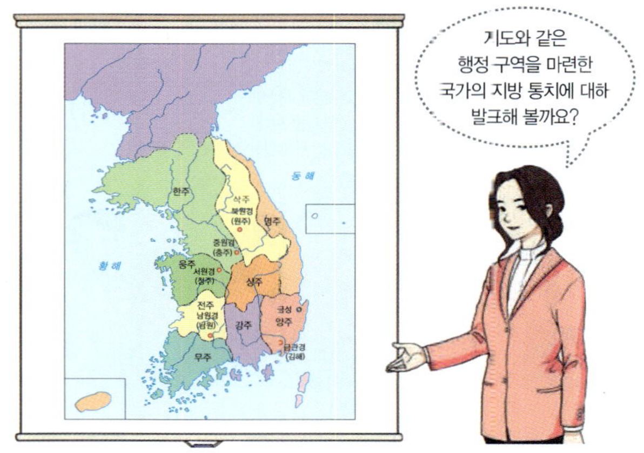

① 경재소를 두어 유향소를 통제하였어요.
② 지방의 22담로에 왕족을 파견하였어요.
③ 전국의 주요 지역에 12목을 설치하였어요.
④ 지방관을 감찰하기 위해 외사정을 두었어요.
⑤ 관찰사를 보내어 관할 고을의 수령을 감독하였어요.

| 해설 | **통일 신라의 지방 통치 제도**

제시된 지도의 지방 행정 조직은 통일 신라 시기 넓어진 영토를 효율적으로 통치하기 위해 9주 5소경 체제로 정비하였다. 전국을 9개 주로 나누고, 그 아래 군과 현을 두어 지방관을 파견하였다. 또한, 수도가 동쪽에 치우쳐 있는 문제를 보완하고, 고구려 · 백제 · 가야 등 피정복민의 불만을 무마하기 위해 군사상 · 행정상의 요충지 5곳에 소경을 두었다. 그밖에 향 · 부곡 등의 행정 구역이 있었다. 통일 신라 시기에는 지방 세력을 견제하기 위해 신라 정부는 상수리 제도를 실시하였으며, 지방관을 감찰하고자 외사정을 파견(673)하였다.

| 오답 넘기 |

① 조선 전기에는 경재소를 마련하여 중앙 정부가 현직 관료로 하여금 연고지의 유향소를 통제하도록 하였다.
② 백제 무령왕은 22담로에 왕족을 파견하여 지방 통제를 강화하였다.
③ 고려 성종은 지방에 12목을 설치하여 목사를 파견하였다(983).
⑤ 조선 시대에는 수령을 지휘, 감독하고 백성들의 생활을 살피기 위해 전국 8도에 관찰사를 파견하였다.

정답 ④

5 (가)에 들어갈 내용으로 옳은 것은? [2점]

인안이라는 연호를 내세워 당과 대등하다는 의식을 표방한 발해의 제2대 왕에 대해 말해 볼까요?
일본에 사신과 국서를 보내 교류를 시작했어요.
(가)

① 낙랑군을 몰아냈어요.
② 국호를 남부여로 바꿨어요.
③ 장문휴를 보내 등주를 공격했어요.
④ 3성 6부의 중앙 관제를 정비했어요.
⑤ 5경 15부 62주의 지방 행정 제도를 확립했어요.

| 해설 | 발해의 발전 과정

발해 제2대 무왕에 대한 내용으로 그는 영토 확장에 힘을 기울여 동북방의 여러 세력을 복속하고, 북만주 일대를 장악하였다. 이에 흑수부 말갈이 당과 연결하려 하였는데, 발해는 먼저 장문휴의 수군으로 하여금 당나라 산동 지방의 국제 무역항인 등주을 공격하게 하는 한편, 요서 지방에서도 당군과 격돌하였다(732). 또 돌궐, 일본 등과 연결하면서 당과 신라를 견제하였다. 또 중경을 도읍지로 했던 무왕은 인안이라는 독자적 연호를 사용하였다.

| 오답 넘기 |

① 미천왕 때에는 낙랑군과 대방군을 한반도에서 완전히 축출함으로써 대동강 일대를 확보하였다(313 · 314).
② 백제 성왕은 웅진에서 사비로 천도하였으며 국호를 남부여로 바꾸었다.
④ 문왕은 당나라와 적대 관계를 유지했던 이전의 고왕이나 무왕과는 달리 3성 6부제 등 당나라 문물을 적극적으로 수용하였다.
⑤ 발해 선왕 대에 이르러 5경 15부 62주의 지방 제도가 정비되었다(9세기 전반).

정답 ③

6 다음 검색창에 들어갈 왕에 대한 설명으로 옳은 것은? [1점]

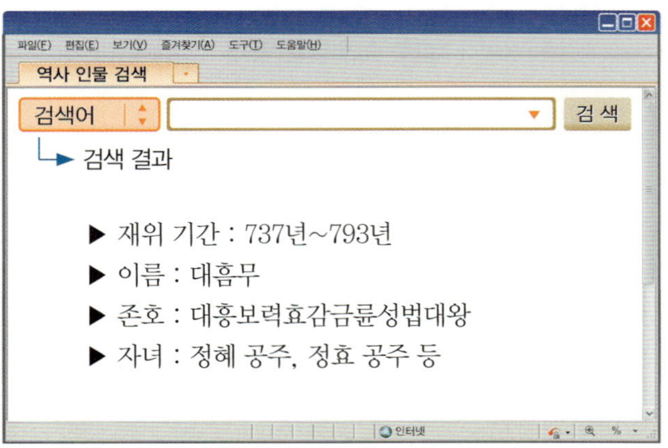

파일(F) 편집(E) 보기(V) 즐겨찾기(A) 도구(T) 도움말(H)
역사 인물 검색
검색어
검 색
검색 결과
▶ 재위 기간 : 737년~793년
▶ 이름 : 대흠무
▶ 존호 : 대흥보력효감금륜성법대왕
▶ 자녀 : 정혜 공주, 정효 공주 등
인터넷

① 인안이라는 독자적 연호를 사용하였다.
② 장문휴를 보내 당의 등주를 공격하였다.
③ 수도를 중경 현덕부에서 상경 용천부로 옮겼다.
④ 대문예로 하여금 흑수 말갈을 정벌하게 하였다.
⑤ 고구려 유민을 이끌고 동모산에서 나라를 세웠다.

| 해설 | 발해의 발전 과정

자료의 '대흥'이라는 연호를 보아 검색어에 들어갈 왕은 정효 공주와 정혜 공주의 아버지인 발해의 문왕(대흠무)이다. 발해의 왕들이 독자적인 연호를 사용한 것은 대내적으로는 왕권의 강대함을 나타내고, 대외적으로는 중국과 대등한 위치에 있음을 과시하려 한 것이다. 또, 문왕 때 수도를 중경 현덕부에서 상경 용천부로 옮긴 것은 지배 체제의 정비를 반영한 것이다(755). 그리고, 문왕은 당나라와 적대 관계를 유지했던 이전의 고왕이나 무왕과는 달리 당의 문물을 적극적으로 수용하였으며, 일본과의 교류도 꾸준히 추진하였다.

| 오답 넘기 |

① 발해의 무왕은 인안이라는 독자적 연호를 사용하였다.
②, ④ 발해 무왕 시기로 장문휴의 수군으로 당의 산동 지방을 공격하는 한편, 대문예로 하여금 흑수 말갈을 정벌하게 하였다(732).
⑤ 만주의 동모산에 발해를 세운 것은 고왕(대조영)이다(698).

정답 ③

7 다음 상황 이후에 전개된 사실로 옳은 것은? [2점]

> 혜공왕 말년에 반신(叛臣)들이 제멋대로 날뛰자 선덕[김양상]이 상대등으로 있으면서 임금 측근의 나쁜 무리를 제거하자고 부르짖었다. 김경신이 이에 참여하여 난을 평정한 공이 있었으므로 선덕이 왕으로 즉위하면서 김경신은 곧 상대등이 되었다. …… 이후 여러 사람의 의논이 일치하여 김경신을 세워 왕위를 계승하게 하니 국인이 모두 만세를 불렀다.

① 진골 귀족인 김춘추가 왕위에 올랐다.
② 왕의 장인인 김흠돌이 반란을 도모하였다.
③ 이차돈의 순교를 계기로 불교가 공인되었다.
④ 자장의 건의로 황룡사 구층 목탑이 건립되었다.
⑤ 최치원이 국왕에게 시무 10여 조를 건의하였다.

| 해설 | **신라 말의 정치 변동**

신라 하대에는 경덕왕이 죽고 나이 어린 혜공왕이 즉위하자 진골 귀족들 사이의 권력 다툼은 더욱 심해져 전국 각지에서 반란이 일어났다. 왕권은 더욱 약화되어 진골 귀족들이 왕의 자리까지 노리기에 이르렀다. 이 과정에서 혜공왕이 죽음을 당하고 내물왕계인 김양상이 선덕왕으로 즉위하였다. 이후 왕위를 차지하려는 귀족들의 반란이 이어져 국가 기강은 무너지고 사회는 혼란에 빠져들었다.

⑤ 최치원은 당에서 빈공과에 급제하고 문장가로 이름을 떨친 후 귀국하여 개혁안 10여 조를 건의하였으나 받아들여지지 않았다(894).

| 오답 넘기 |

① 진골 출신의 최초의 왕은 무열왕(김춘추)이다.
② 신문왕은 김흠돌의 반란 사건을 계기로 귀족 세력을 숙청하고 왕권을 강화하였다(681).
③ 신라는 6세기 법흥왕 때 이차돈의 순교를 계기로 불교가 공인되었다(527).
④ 황룡사 9층탑은 자장 율사의 건의로 신라 선덕 여왕 때에 조성된 목탑이다(643).

정답 ⑤

8 (가) 인물에 대한 설명으로 옳은 것은? [3점]

남북이 공동 발굴을 추진하고 있는 비무장지대 내 역사 유적으로, 강원도 철원의 태봉 옛 도성이 유력하다는 소식입니다. 이 도성은 태봉 왕의 이름을 따서 흔히 (가) 도성으로 불리기도 합니다.
남북 공동 발굴 비무장지대 내 유적, (가) 도성 유력

① 후당, 오월에 사신을 파견하였다.
② 광평성 등 각종 정치 기구를 마련하였다.
③ 일리천 전투에서 왕건의 고려군에게 패배하였다.
④ 정계와 계백료서를 지어 관리의 규범을 제시하였다.
⑤ 완도에 청해진을 설치하여 해상 무역을 전개하였다.

| 해설 | **신라 말의 정치 변동**

궁예는 신라 왕족의 후예로, 북원(원주)의 양길 세력 아래에 있었다. 점차 세력을 키운 궁예는 송악(개성)에 도읍을 정하고 후고구려를 세웠다(901). 이후 도읍을 철원으로 옮기고 국호를 마진이라 하였다가 다시 태봉으로 고치고 새로운 정치를 추구해 나갔다. 또 궁예는 국정을 총괄하는 광평성을 비롯한 여러 관서를 설치하고 9관등제를 실시하였다.

| 오답 넘기 |

① 후백제를 건국한 견훤은 중국의 오월과 후당에 외교 사절을 파견하는 등 국제적 감각도 갖추었다.
③ 고려는 일리천 전투에서 견훤의 아들 신검의 항복을 받아 마침내 후삼국 시대 최후의 승자가 되었다(936).
④ 「정계」와 「계백료서」를 지은 사람은 고려 태조이다(936).
⑤ 신라의 장보고는 9세기 전반 청해진(전남 완도)을 거점으로 해상권을 장악하고 당, 신라, 일본, 동남아시아의 물품을 중계 무역하였다(828).

정답 ②

07 통일 신라, 발해의 경제와 사회

공부한 날
월 일
일차

❶ 통일 신라의 경제

(1) 통일 신라의 수취 체제 정비

① 수취 제도의 정비 : 조세(통일 이전보다 완화하여 생산량의 10분의 1 수취), 공물(촌락 단위로 그 지역의 특산물 징수), 역(군역과 요역, 16~60세의 남자를 대상으로 부과)

② 민정 문서(촌락 문서)

발견 장소	일본 도다이사 정창원에서 발견(1933)
작성 시기	8~9세기경에 작성된 것으로 추정됨
조사 지역	서원경(청주) 지역의 4개 촌락
기록 방식	촌주가 매년 조사하여 3년마다 문서를 다시 작성
조사 대상	• 호(가구) : 노동력의 많고 적음에 따라 상상호(上上戶)에서 하하호(下下戶)까지 9등급으로 나누어 파악 • 인구 : 남녀별로 구분, 16세에서 60세 남자의 연령을 기준으로 나이에 따라 6등급으로 구분, 3년 동안의 변동 내용도 기록 • 기타 : 수목(뽕나무 · 잣나무 · 호두나무)의 종류와 수, 가축(소 · 말 등)의 종류와 수, 특산물 등도 조사
토지 종류	촌주위답(촌주에게 지급), 연수유답(농민에게 지급된 토지), 관모답(관청의 경비), 마전(공동 경작지) 등
작성 목적	조세와 공물을 수취하고 노동력을 동원하기 위해 만든 공적인 문서로 국가의 주된 목적이 토지보다 주민들에게 있었음을 알 수 있음

민정 문서

민정 문서의 내용

토지는 논, 밭, 촌주위답, 내시령답 등 토지의 종류와 면적을 기록하고, 사람들은 인구, 가호, 노비의 수와 3년 동안의 사망, 이동 등 변동 내용을 기록하였다. 그 밖에, 소와 말의 수, 뽕나무, 잣나무, 호두나무의 수까지 기록하였다. 특히, 사람은 남녀별로 구분하고, 16세에서 60세의 남자의 연령을 기준으로 나이에 따라 6등급으로 구분하여 기록하였다. 호(가구)는 사람의 많고 적음에 따라 상상호(上上戶)에서 하하호(下下戶)까지 9등급으로 나누어 파악하였다. 기록된 4개 촌은 호구 43개에 총인구는 노비 25명을 포함하여 442명(남 194, 여 248)이며, 소 53마리, 말 61마리, 뽕나무 4,249그루 등의 재산을 소유하고 있었다.

(2) 통일 신라의 토지 제도

① 신문왕 이전 : 신라의 귀족들은 식읍과 녹읍을 국가로부터 받았음

㉠ 식읍(食邑) : 국가에서 왕족, 공신 등에게 공로에 따라 준 토지와 가호(농민)로서, 조세를 수취(수조권)하고 노동력을 징발할 권리를 부여

㉡ 녹읍(祿邑) : 국가에서 관료 귀족에게 관직에 따라 지급한 일정 지역의 토지로서, 조세를 수취(수조권)할 뿐만 아니라, 토지에 딸린 노동력을 징발할 수 있었음

② 신문왕 : 삼국 통일 이후 전제 왕권이 강화되면서 노동력 수취가 가능한 녹읍이 폐지(689)되고 수조권만 인정하는 관료전이 지급됨(687), 식읍도 점차 감소

③ 성덕왕 : 백성이 국가에 조세 · 역역 · 공물을 바치는 공민(公民)으로 편제된 것을 의미하는 정전을 지급(722)

신문왕 때 관료에게 지급한 토지로 조세만 수취할 수 있었으며, 관직을 그만두는 경우 국가에 해당 토지를 반납해야만 했다.

Click !

- 신문왕 7년(687) 5월에 문무 관료전을 지급하되, 차등을 두었다.
- 신문왕 9년(689) 1월에 내외관의 녹읍을 혁파하고 매년 조(租)를 내리되, 차등이 있게 하여 이로써 영원한 법식을 삼았다.
- 성덕왕 21년(722) 8월에 처음으로 백성에게 정전을 지급하였다.
- 경덕왕 16년(757) 3월에 여러 내외관의 월봉을 없애고, 다시 녹읍을 나누어 주었다.

–『삼국사기』–

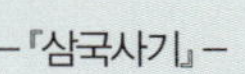

④ 경덕왕 : 귀족들의 반발로 녹읍이 부활(757)되어 농민에 대한 귀족의 자의적 수탈이 강화됨

(3) 통일 신라의 산업

① 농업 : 밭농사 중심, 휴경법, 차 재배, 영천청제비(수문 시설 설치 기록)

② 상업 : 시장 증가, 상품 생산이 늘어나 통일 이전의 동시 외에 서시와 남시 설치

③ 관청 수공업 : 국가 체제가 정비되면서 무기, 비단 등 수공업 제품을 생산하는 관청(공장부)을 두고 여기에 수공업자를 배정하여 필요한 물품을 생산

(4) 통일 신라의 대외 무역

① 당과의 무역 : 8세기 이후 당과의 관계가 긴밀해지면서 무역이 번성, 공무역뿐 아니라 사무역도 발달

㉠ 무역로 : 주로 바닷길을 통해 전남 영암에서 상하이 방면으로 가는 길과 경기도 남양만(당항성)에서 산둥 반도로 가는 길을 이용

㉡ 국제 무역항 : 경주와 근접한 울산항은 이슬람 상인까지 내왕하여 당의 산물뿐 아니라 서역의 상품(로만 글라스 등)들도 거래되는 등 국제 무역항으로 번성

㉢ 신라인의 대당 진출 : 당과의 무역 확대로 산둥 반도와 양쯔강 하류 일대를 중심으로 신라인들의 거주지인 신라방이 생기게 되었고, 신라소(자치 행정 기관), 신라관(사신 유숙소), 신라원(사원)이 만들어짐

② 일본과의 무역

㉠ 초기 : 일본이 신라를 견제하고, 신라도 일본에 있는 고구려와 백제계 유민을 경계하여 경제 교류가 활발하지 못함

㉡ 8세기 이후 : 일본과의 교류 증가, 신라는 사절을 파견하여 일본 유학생과 입당 승려들을 본국으로 송환하거나, 당의 사신들이 신라를 통해 일본에 갈 수 있도록 도움을 주기도 함(엔닌의 『입당구법순례행기』, 838~847)

③ 장보고의 활약 : 전남 완도에 청해진을 설치(828)하여, 서·남해의 해상 교통을 장악하고 당·일본과의 무역을 독점

Click ! ● 남북국 시대의 무역

장보고가 당나라 산둥 반도에 설치한 신라인의 불교 사찰

귀하를 뵌 적은 없으나 높으신 이름을 오래전에 들었기에 흠모하는 마음이 더욱 깊어만 갑니다. …… 부족한 이 사람은 다행히도 대사께서 세우신 이곳 법화원에 머무를 수 있었던 것을 말로 다할 수 없이 감사하게 생각합니다. 저는 은혜를 입고 있으면서도 멀리 떨어져 찾아뵙지 못하였습니다.

– 엔닌, 『입당구법순례행기』 –

일본 승려로 당나라에 머무르는 동안의 행적을 기록한 『입당구법순례행기』를 남겼다.

휴경법
땅에 비료를 주는 시비법이 발달하지 못해 1년 동안 농사를 지은 후 그 땅의 비옥도를 회복시키기 위해 1년 또는 2년씩 쉬게 하는 농사법이다.

신라방
중국 동해안 일대에 설치되었던 신라인의 집단 거주 지역으로 산둥 반도 일대를 중심으로 형성되었다. 이곳에는 주로 교역 상인과 사신단, 유학생, 구법승 그 밖에도 정치·경제적 난민이 머물고 있었다.

통일 신라의 해상 세력 성장
장보고는 신라로 돌아와 흥덕왕을 만나서 말하기를, "중국에서는 널리 우리 사람들을 노비로 삼으니, 청해진을 만들어 적으로 하여금 사람들을 약탈하지 못하도록 하기를 원하나이다."라고 하였다. 청해는 신라의 요충으로 지금의 완도를 말하는데, 대왕은 그 말을 따라 장보고에게 군사 만 명을 거느리고 해상을 방비하게 하니, 그 후로 해상으로 나간 사람들이 잡혀가는 일이 없었다. –『삼국사기』–

② 발해의 경제

(1) 수취 체제 : 조세(조 · 콩 · 보리), 공물(베 · 명주 · 가죽 등 특산물), 부역 동원

(2) 귀족의 생활 : 대토지 소유, 당의 비단 · 서적 등 수입 → 화려한 생활

(3) 발해의 산업

① **농업 :** 밭농사 중심, 철제 농기구 사용, 일부 지역에서 벼농사 지음
② **수렵 및 목축 :** 모피(담비가죽) · 녹용 · 사향 등이나 솔빈부의 말은 주요한 수출품
③ **수공업 :** 금속 가공업 · 직물업 · 도자기업 등 다양한 분야 발달
④ **상업 :** 수도인 상경 용천부 등 도시와 교통 요충지에서 상업이 발달

(4) 발해의 대외 무역

① 당과의 무역
㉠ 발해관의 설치 : 당과는 해로와 육로를 이용하여 무역을 하였는데, 당은 산둥 반도의 덩저우에 발해관을 설치하고 발해 사람들이 이용하게 함

당에 있던 발해 사신이 머무는 여관을 말하는데, 당으로 향하는 교통로로 해로와 육로가 만나는 등주 부근에 신라관과 함께 있었다.

㉡ 수출품과 수입품 : 발해의 수출품은 주로 모피, 인삼 등 토산물과 불상, 자기 등 수공업품이었고, 수입품은 귀족의 수요품인 비단, 책 등이었음
② **일본과의 무역 :** 신라 견제책, 한 번에 수백 명이 오갈 정도로 활발
③ **신라와의 무역 :** 신라도를 통해 경제적 · 문화적 교류

③ 통일 신라와 발해의 사회상

(1) 통일 후 신라 사회의 변화

① **삼국 통일 의의 :** 혈연적 동질성, 문화적 공통성을 바탕으로 민족 문화 발전 계기
② **민족 융합 노력 :** 백제 · 고구려의 옛 지배층에게 신라의 관등을 주어 포용, 백제 · 고구려의 유민을 9서당에 편성
③ **왕권 강화 :** 최고 군사령관으로서 국왕 역할 강화, 신문왕 때 진골 귀족 일부 숙청
④ **진골 귀족 중심 :** 중앙 관청과 지방의 장관직 독점, 합의를 통하여 국가의 중대사를 결정하는 전통 유지
⑤ **6두품 성장 :** 학문적 식견과 실무 능력을 바탕으로 국왕을 보좌, 정치적 진출
⑥ **골품 제도의 변화 :** 하급 신분층의 의미 약화 → 3~1두품은 점차 평민화되어 감

(2) 통일 신라인의 생활

귀족들의 대저택을 가리키는데, 저택을 금 · 은으로 화려하게 치장한 데서 유래한 말이다. 신라 말기에 수도 금성에 39개의 금입택이 있었다고 한다.

① **귀족의 생활 :** 금입택에서 많은 노비와 사병을 거느리고 거주, 불교 후원
② **평민의 생활 :** 자신의 토지를 경작하며 근근이 생활하였으며, 가난한 농민들은 귀족의 토지를 빌려서 경작하며 생계를 잇거나 귀족에게 빌린 돈을 갚지 못하여 결국 노비가 되는 경우도 적지 않았음

(3) 발해의 사회 구조

① **지배층 :** 왕족인 대씨와 귀족인 고씨 등 고구려계 사람 → 중앙과 지방의 주요 관직 차지, 노비와 예속민 소유
② **피지배층 :** 주로 말갈인, 촌락의 우두머리로 국가 행정 보조
③ **사회 모습 :** 당의 제도와 문화를 수용(빈공과 응시), 고구려와 말갈 사회의 전통적인 생활 모습 유지, 상무적 기풍, 여성의 지위가 비교적 높음

발해와 일본과의 관계
두 나라는 여러 차례 서로 사신을 보내면서 활발하게 교류하였다. 발해의 물품 중에서 담비가죽이 가장 인기가 많았는데, 일본에서는 발해의 담비가죽으로 만든 옷을 입으면 높은 신분의 사람으로 여기기도 하였다.

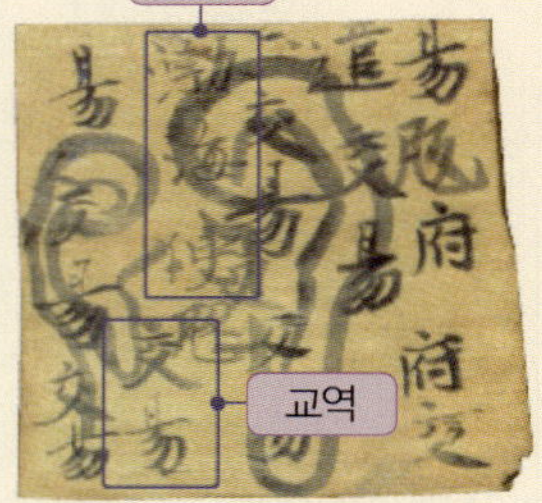

'발해사' 목간(일본 나라) '발해사'와 '교역'이라는 글자가 보이는 연습용 목간으로 727년 고제덕 일행의 발해 사신이 일본에 갔을 때 일본 왕족이 쓴 것으로 추정하고 있다. 당시 사신들은 외교뿐만 아니라 교역까지 행하였음을 짐작할 수 있다.

안압지 출토 주사위 경주 안압지를 발굴하다가 발견된 것으로 각 면마다 주사위 놀이를 하면서 받는 벌칙이 새겨져 있는데, 통일 신라 시대 귀족들의 술좌석 등에서 사용되었으리라 추측된다. 농면공과(弄面孔過 : 얼굴 간지러움을 태워도 꼼짝 않기), 자창자음(自唱自飮 : 혼자 노래 부르고 술 마시기) 등의 벌칙이 새겨져 있다.

1 통일 신라의 경제

- [신라 촌락 문서] 1933년 일본 도다이 사(東大寺) 쇼소인(正倉院)에서 발견된 통일 신라 때의 문서입니다.
  - ↳ 호구를 남녀별 · 연령별로 구분하여 파악하였다.
  - ↳ 가축 및 유실수의 현황도 기재하였다.

실전 자료 **신라 촌락 문서**

신라 촌락 문서는 1933년 일본 도다이 사(東大寺) 쇼소인(正倉院)에서 발견되었다. 이 문서에는 촌락마다 호(戶)의 등급과 변동 상황, 성별 · 연령별 인구의 규모가 파악되어 있으며, 논 · 밭의 면적 등이 기록되어 있다.

- 고대 사회의 재산 소유와 상속에 관한 내용을 조사한다.
- [식읍] 군공을 포상하기 위하여 지급되었다.
- [녹읍] 조세 수취와 노동력 징발의 권리가 주어졌다.
- [관료전] 왕권 강화 정책의 일환으로 지급되었다.
- [성덕왕] 백성에게 정전을 지급하였다.
  - ↳ 농민에게 토지를 지급하였다.

실전 자료 **신라의 토지 제도**

- 교서를 내려 문무 관료전을 지급하되 차등을 두었다.
- 내외(內外) 관료의 녹읍을 폐지하고, 해마다 조(租)를 차등 있게 하사하고 이를 항식(恒式)*으로 삼았다.
- 처음으로 백성들에게 정전을 나누어 주었다.
- 내외(內外) 관료에게 매달 지급하던 녹봉을 없애고 다시 녹읍을 주었다.

– 『삼국사기』 –

*항식(恒式): 항상 따라야 하는 형식이나 정해진 법식

- 청해진을 중심으로 해상 무역이 전개되었다.
  - ↳ [장보고] 완도에 청해진을 설치하여 해상 무역을 전개하였다.
  - ↳ 청해진을 설치하여 해상 무역을 전개하였다.
  - ↳ 청해진을 설치하여 동아시아 해상 무역을 장악하였다.
  - ↳ 청해진에서 교역 물품을 점검하는 군졸
  - ↳ 청해진이 국제 무역 거점으로 번성하였다.
  - ↳ [당] 등주에 발해관이 설치되었다.

2 발해의 경제

- 솔빈부의 특산물인 말을 판매하는 상인
  - ↳ 솔빈부의 말이 특산물로 유명하였다.
  - ↳ 담비 가죽과 인삼, 자기 등을 수출하였다.
  - ↳ 말, 모피, 인삼 등이 주요 수출품이었다.
- 발해에서 신라로 이어지는 교통로가 있었다.

실전 자료 **발해의 경제 상황**

발해는 영주(營州)*에서 동쪽으로 2천 리 밖에 위치하며 …… 동쪽은 멀리 바다에 닿았고, 서쪽으로는 거란(契丹)이 있었다. …… 귀중히 여기는 것은 태백산의 토끼, 남해의 다시마, 책성의 된장, …… 막힐의 돼지, 솔빈의 말, 현주의 베, 옥주의 면, 용주의 명주, 위성의 철, 노성의 벼, 미타호의 붕어이다. …… 이 밖의 풍속은 고구려, 거란과 대가 같다.

– 『신당서』 –

*영주(營州): 지금의 랴오닝성 차오양

실전 자료 **발해의 대외 교류**

러시아 연해주 크라스키노에 있는 염주성 터에서 청동 낙타상이 나왔다. 쌍봉낙타를 표현한 높이 1.9㎝의 이 유물은 2012년 출토된 낙타 뼈와 더불어 발해가 외국과 활발히 교류했음을 보여준다. 염주성은 발해의 62개 주 가운데 하나인 염주의 치소로 일본 등 대외 교류의 거점이었다.

3 통일 신라와 발해의 사회상

- 호족들이 반독립적인 세력으로 성장하였다.
- 6두품 세력이 골품제를 비판하며 새로운 정치 이념을 제시하였다.
- 몰락한 농민들이 유랑하거나 초적이 되었다.
  - ↳ 원종과 애노의 난 등 농민 봉기가 일어났다.
  - ↳ 가혹한 조세 수탈에 대해 저항하였다.

실전 자료 **원종과 애노의 봉기**

진성왕 3년, 나라 안의 모든 주 · 군에서 공물과 부세를 보내지 않아 창고가 비고 재정이 궁핍해졌다. 왕이 관리를 보내 독촉하니 곳곳에서 도적이 벌떼처럼 일어났다. 이때 원종, 애노 등이 사벌주를 근거지로 반란을 일으켰다. – 『삼국사기』 –

1 (가)~(라)를 시행한 순서대로 옳게 나열한 것은? [2점]

삼국사기로 보는 통일 신라의 토지 제도

(가) 교서를 내려 문무 관료전을 지급하되 차등을 두었다.
(나) 내외(內外) 관료의 녹읍을 폐지하고, 해마다 조(租)를 차등있게 하사하고 이를 항식(恒式)*으로 삼았다.
(다) 처음으로 백성에게 정전을 나누어 주었다.
(라) 내외(內外) 관료에게 매달 지급하던 녹봉을 없애고 다시 녹읍을 주었다.

* 항식(恒式) : 항상 따라야 하는 형식이나 정해진 법식

① (가) – (나) – (다) – (라)
② (가) – (다) – (라) – (나)
③ (나) – (라) – (가) – (다)
④ (다) – (나) – (가) – (라)
⑤ (라) – (가) – (나) – (다)

| 해설 | 고대의 토지 제도

(가) 관료전(官僚田) 지급(신문왕, 687) : 관리들에게 관료전을 지급하여 국가의 토지 지배권을 강화하였다.
(나) 녹읍 폐지 · 식읍 제한(신문왕, 689) : 조세의 수조권뿐만 아니라 토지에 딸린 노동력을 징발할 수 있었던 녹읍을 폐지하고 식읍을 제한하여 귀족의 경제 기반을 약화시켰다.
(다) 정전(丁田) 지급(성덕왕, 722) : 민생을 안정시키고 백성에 대한 토지 지배권을 강화하기 위하여 일반 백성이 경작할 수 있는 토지인 정전(丁田)을 지급하고 농민들로 하여금 직접 국가에 조를 바치게 하였다.
(라) 녹읍제 부활(경덕왕, 757) : 귀족들의 반발로 녹읍제가 부활하면서 귀족권이 다시 강화되었다. 이로써 국가 경제가 다시 문란해지게 되었다.

따라서 (가) – (나) – (다) – (라) 순이다.

정답 ①

2 (가) 국가의 경제에 대한 설명으로 옳은 것은? [2점]

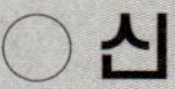
신문

제△△호 ○○○○년 ○○월 ○○일

쇼소인 소장 유물로 보는 고대 한 · 일 교류

쇼소인 소장 사하리 그릇과 청동 가위

일본 도다이 사 쇼소인의 유물 중에는 일본어로 '사하리'라고 통칭되는 금속제 그릇이 수백여 점 있다. 그중에는 뾰족한 침으로 바닥에 '위수내말(爲水乃末)'이라고 새긴 것도 있는데, '위수'는 사람 이름이고 '내말'은 (가) 의 관등인 '나마'를 의미한다. 또한 청동 가위는 월지(안압지)에서 출토된 것과 매우 유사하여 (가) /가 일본과 활발한 문화 교류를 하였음을 알 수 있다.

① 솔빈부의 말이 특산물로 유명하였다.
② 벽란도를 통해 송 상인과 교역하였다.
③ 청해진이 국제 무역 거점으로 번성하였다.
④ 빈민을 구제하기 위한 진대법을 시행하였다.
⑤ 토지의 비옥도를 6등급으로 나누어 전세를 부과하였다.

| 해설 | 통일 신라의 경제 활동

일본 도다이 사[東大寺] 쇼소인[正倉院]에서는 통일 신라의 민정 문서가 발견되었다. 통일 신라의 귀족들은 금동 등으로 가위를 만들어 사용하였는데 일본에서도 비슷한 초의 심지를 자르는 가위가 있었다. 또 자료의 '나마'는 골품제와 관련된 관등이다.

③ 신라의 장보고는 9세기 전반에 청해진(전남 완도)을 거점으로 해상권을 장악하고 당, 신라, 일본, 동남아시아의 물품을 중계 무역하였다.

| 오답 넘기 |

① 솔빈부는 발해의 행정 구역인 15부 중 하나이다.
② 고려 시대 벽란도는 국제 무역항으로 크게 번성하였다.
④ 고구려는 빈민을 구제하는 진대법을 실시하였다(194).
⑤ 조선 전기 세종은 조세를 토지의 비옥도에 따라 6등급, 풍흉에 따라 9등급으로 나누어 거두었다(1444).

정답 ③

3 (가) 국가의 경제에 대한 설명으로 옳은 것은? [2점]

이 석상은 원성왕릉 앞에 세워진 무인상이다. 부리부리한 눈이나 이국적인 얼굴 윤곽과 복식은 흥덕왕릉 앞에 있는 무인상과 더불어 서역인의 모습을 하고 있다. 이는 당시 (가) 이/가 아라비아 등 서역과 활발하게 교류하였다는 주장을 뒷받침해 준다.

① 의창을 두어 빈민을 구제하였다.
② 솔빈부의 말이 특산물로 유명하였다.
③ 왜관을 설치하여 일본과 교역하였다.
④ 경시서를 통해 수도의 시전을 감독하였다.
⑤ 청해진을 중심으로 해상 무역이 전개되었다.

| 해설 | 통일 신라의 무역

통일 신라 시대에는 무역이 활발해짐에 따라 울산항이 국제적인 무역항으로 번성하였다. 특히 서역인들이 당을 통해 이곳까지 왕래하면서 보석, 향료 등이 들어오고, 멀리 서역에까지 신라가 알려지게 되었다. 자료는 통일 신라 원성왕의 무덤으로 추정되는 경주 괘릉을 지키는 무인석으로 우뚝 솟은 코, 귀 밑에서 턱으로 흐르는 텁수룩한 턱수염 등 우리 민족과 그 생김새가 매우 다른 서역인의 모습을 하고 있다.

⑤ 장보고는 통일 신라 말의 해상 세력으로 청해진을 설치하고 해외 무역에 종사하여 이름을 떨쳤다.

| 오답 넘기 |

① 의창은 고려 시대 평상시에 곡물을 모아 두었다가 흉년에 가난한 사람들을 도와주었던 빈민 구제 기관이다.
② 솔빈부는 발해의 지방 행정 구역인 15부 중 하나로 말이 특산물로 유명하였다.
③ 조선은 일본과 기유약조를 맺어 부산포에 다시 왜관을 설치하고, 제한된 범위 내에서의 교섭을 허용하였다(1609).
④ 시전을 감독하기 위한 경시서는 고려~조선 시대에 설치되었다.

정답 ⑤

4 (가), (나) 국가에 대한 설명으로 옳지 않은 것은? [2점]

① (가) – 담비 가죽과 인삼, 자기 등을 수출하였다.
② (가) – 벽란도를 통해 아라비아 상인과 무역하였다.
③ (나) – 청해진을 설치하여 해상 무역을 전개하였다.
④ (나) – 당에 신라방을 형성하여 활발히 교역하였다.
⑤ (가), (나) – 양국 사이에 교통로를 두어 왕래하기도 하였다.

| 해설 | 남북국 시대의 대외 무역

(가) 국가는 발해, (나) 국가는 통일 신라이다. 발해에서는 목축과 사냥도 큰 비중을 차지하여 말과 담비 가죽은 중요한 수출품이었다. 통일 신라의 장보고는 완도에 청해진을 설치하여 신라 · 당 · 일본을 연결하는 해상 거점을 완성하였다. 무역의 확대로 산둥 반도와 창장강 하류에 신라인의 거주지인 신라방과 신라촌, 관청인 신라소와 여관인 신라관 그리고 사찰인 신라원이 만들어졌다.

⑤ 신라와 발해 사이에는 신라도라고 불리는 교통로가 만들어지고 사신을 파견하는 등 교류가 이루어지기도 하였다.

| 오답 넘기 |

② 고려 시대 예성강 하구의 벽란도는 국제 무역항으로 크게 번성하였다.

정답 ②

5 다음 문서를 제작한 국가의 경제 상황에 대한 설명으로 옳은 것은? [3점]

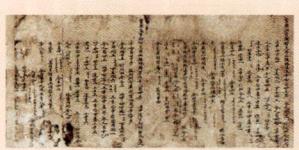

이 문서는 1933년 일본 도다이사(東大寺) 쇼소인(正倉院)에서 발견되었다. 이 문서에는 촌락마다 호(戶)의 등급과 변동 상황, 성별 · 연령별 인구의 규모가 파악되어 있으며, 논 · 밭의 면적 등이 기록되어 있다.

① 모내기법이 전국적으로 확산되었다.
② 빈민 구제를 위한 진대법이 실시되었다.
③ 시장을 감독하는 관청인 동시전이 있었다.
④ 감자, 고구마 등의 구황 작물이 재배되었다.
⑤ 우리 풍토에 맞는 농법을 기록한 농사직설이 편찬되었다.

6 다음 자료에 대한 설명으로 옳은 것은? [2점]

이것은 1933년
일본 도다이 사(東大寺)
쇼소인(正倉院)에서
발견된 통일 신라 때의
문서입니다.

① 지방관의 근무 성적을 평가한 문서이다.
② 국가 물품을 생산하는 수공업자 명부이다.
③ 이름을 적는 곳이 비어 있는 관직 임명장이다.
④ 재산 상속과 분배에 대한 내용이 기록되어 있다.
⑤ 호구를 남녀별 · 연령별로 구분하여 파악하였다.

| 해설 | **통일 신라의 경제 생활**

제시된 자료의 '문서'는 1933년 일본 도다이 사(東大寺) 쇼소인(正倉院)에서 발견된 통일 신라 때의 민정 문서로, 당시 촌락의 경제 상황과 국가의 세무 행정을 알 수 있는 자료이다. 당시 신라는 촌락의 토지 크기, 인구수, 소와 말의 수, 특산물 등을 파악하는 문서를 만들고, 조세, 공물, 부역 등을 거두었으며, 매년 변동 사항을 조사하여 3년마다 문서를 다시 작성하였다. 통일 신라가 이런 민정 문서를 작성한 것은 이 문서에 기록된 내용을 기준으로 조세와 공물을 징수하고 부역을 부과하기 위한 것이었다.

③ 지증왕은 6세기 초에 시장을 감독하는 관청인 동시전을 설치하였다(509).

| 오답 넘기 |

① 조선 후기에는 모내기법(이앙법)이 전국적으로 보급되었다.
② 고구려 고국천왕 때 을파소의 건의로 시행한 진대법은 봄에 곡식을 빌려 주었다가 가을에 추수한 것으로 갚도록 한 제도이다(194).
④ 조선 후기에는 기근에 대비한 구황 작물의 필요성이 높아져서 고구마, 감자 등 새로운 작물이 널리 재배되었다.
⑤ 우리나라 풍토에 맞는 씨앗의 저장법, 토질의 개량법, 모내기법 등 농민의 실제 경험을 종합한 책이 조선 시대에 간행된 『농사직설』이다(1429).

정답 ③

| 해설 | **통일 신라의 경제 생활**

제시된 자료는 통일 신라의 촌락 문서로 이 문서의 기록 중에서 3년 간에 태어난 자를 합해 인구수를 계산한 것에서 문서가 3년마다 작성되었음을 알 수 있다(755년경 작성 추정). 또한 호를 구분하는 표현이 중하, 하상, 하하호 등으로 구분되고 있는 것에서 각 호(가구)의 사람이 많고 적음에 따라 상상호부터 하하호까지 9등급으로 나누어 파악하고 있음을 알 수 있다. 인구수는 정, 조자 등의 구분이 있는 것에서 남녀별, 연령별로 구분해 조사했음을 알 수 있다.

| 오답 넘기 |

① 조선 시대 관찰사는 관할 도 아래의 모든 군현의 수령에 대해 매년 상 · 중 · 하의 등급을 매기고 간략하게 논평(의견)을 붙여 왕에게 보고하도록 하였다.
② 국가 물품을 생산하는 수공업자 명부는 공장안으로 이를 통해 전문 기술자인 장인을 부역으로 동원하였다.
③ 조선 후기 국가에서는 부유한 백성들에게 돈, 곡식을 받고 공명첩(벼슬의 내용은 적혀 있지만 벼슬받는 사람의 이름은 비워져 있음)이라는 명예직 관리 임명장을 만들어 팔았다.
④ 전통 시대 재산의 상속과 분배에 관한 문서는 분재기이다.

정답 ⑤

7 (가) 신분에 대한 설명으로 옳은 것은? [2점]

이것은 무열왕의 8대손인 낭혜화상의 탑비입니다. 이 탑비에는 그의 아버지 범청이 진골에서 한 등급 떨어져 '득난(得難)'이 되었다는 기록이 있습니다. 득난은 (가) 을/를 달리 부르는 말로, 이 신분은 재능과 학식이 뛰어나도 17관등 중 제6관등인 아찬까지만 오를 수 있었습니다.
보령 성주사지 낭혜화상 탑비

① 지방의 주요 지역인 담로에 파견되었다.
② 성리학을 바탕으로 불교의 폐단을 비판하였다.
③ 화백 회의에 참여하여 국가의 중대사를 결정하였다.
④ 어려서부터 경당에 들어가 유학과 활쏘기를 배웠다.
⑤ 신라 말기 호족과 연계하여 사회 개혁을 추구하기도 하였다.

| 해설 | **통일 신라의 사회**

자료의 (가)는 6두품으로 골품제에서 성골, 진골 다음에 해당하는 신분이었다. 관등제 상으로는 17관등 중 제6관등인 아찬까지 올라갈 수 있었으나 제5관등 이상의 관직은 할 수 없었다. 이 때문에 6두품을 득난(得難)이라고 한다. 이러한 신분적인 한계로 인해 그들은 주로 학문이나 종교 분야에서 뛰어난 업적을 이루었다. 신라 하대의 6두품은 신라 사회의 모순을 개혁하는 데 앞장섰다. 이들 가운데 일부는 지방의 호족 세력과 뜻을 함께하여 신라 사회를 개혁하고자 하였다.

| 오답 넘기 |

① 백제 무령왕은 22담로에 왕족을 파견하여 지방 통제를 강화하였다.
② 고려 말 신진 사대부들은 성리학을 바탕으로 불교를 비판하였다.
③ 신라는 화백 회의에서 국가의 중요한 일을 만장일치로 결정하였다.
④ 고구려는 각지에 경당을 설립하여 청소년에게 학문과 무예를 가르치기도 하였다.

정답 ⑤

8 (가) 국가의 경제 상황에 대한 설명으로 옳은 것은? [2점]

○○ 신문

제△△호 ○○○○년 ○○월 ○○일

대외 교류를 보여주는 청동 낙타상 출토

러시아 연해주 크라스키노에 있는 염주성 터에서 청동 낙타상이 나왔다. 쌍봉낙타를 표현한 높이 1.9cm의 이 유물은 2012년 출토된 낙타 뼈와 더불어 (가) 이/가 외국과 활발히 교류했음을 보여준다. 염주성은 (가) 의 62개 주 가운데 하나인 염주의 치소로 일본 등 대외 교류의 거점이었다.

① 울산항이 국제 무역항으로 번성하였다.
② 특산품으로 솔빈부의 말이 유명하였다.
③ 청해진을 설치하여 해상 무역을 전개하였다.
④ 건원중보를 발행하여 화폐 유통을 추진하였다.
⑤ 시장을 관리하는 관청인 동시전을 설치하였다.

| 해설 | **발해의 경제**

러시아의 연해주에서 발견된 청동낙타상은 쌍봉낙타를 표현한 것으로 발해와 서역의 직접적 교류를 입증하는 유물이다. 발해는 9세기에 이르러 사회가 안정되면서 농업, 수공업, 상업이 발달하였다. 농업에서는 기후 조건의 한계로 콩, 조, 보리, 기장 등을 재배하는 밭농사가 중심이었다. 철제 농기구가 널리 사용되고 수리 시설이 확충되면서 일부 지역에서는 벼농사도 지었다. 특히, 목축이나 수렵도 발달하여 돼지, 말, 소, 양 등을 길렀는데 솔빈부의 말은 주요한 수출품이 되었다. 모피, 녹용, 사향 등도 많이 생산되어 수출되었다.

| 오답 넘기 |

① 통일 신라 시대에는 무역이 활발해짐에 따라 울산항이 국제적인 무역항으로 번성하였다.
③ 장보고는 통일 신라 말의 해상 세력으로 청해진을 설치하고 해외 무역에 종사하여 이름을 떨쳤다(828).
④ 고려 시대에는 상업 활동이 활발해지자 고려 성종 때에는 처음으로 철전인 건원중보를 만들었다(996).
⑤ 신라 지증왕은 6세기 초에 시장을 감독하는 관청인 동시전을 설치하였다(509).

정답 ②

08 통일 신라와 발해의 문화

공부한 날 월 일

일차

❶ 통일 신라의 사상

(1) 유학의 발달

① 국학 : 신문왕 때 설립, 귀족의 자제들을 입학시켜 유학 교육 → 태학으로 명칭 변경(경덕왕), 박사와 조교 배치

② 독서삼품과 실시(원성왕) : 유교 경전의 이해에 따라 관리를 선발하는 시험(788), 골품제 때문에 큰 효과를 보지 못했으나 유학 보급에 기여

③ 대표적인 유학자

㉠ 김대문 : 『화랑세기』, 『고승전』, 『한산기』 → 신라의 문화를 주체적으로 인식하려는 경향을 보여줌

㉡ 6두품 출신 유학자 : 강수(외교 문서의 작성, 「답설인귀서」), 설총(이두를 정리, 「화왕계」 저술)

㉢ 도당 유학생 : 최치원(당의 빈공과에 급제, 귀국 후 진성 여왕에게 개혁안 10여 조 건의, 894)

(2) 불교 사상의 발달

① 원효

㉠ 불교 이해의 기준 확립 : 『금강삼매경론』 · 『대승기신론소』 · 『십문화쟁론』 저술

㉡ 화쟁 사상 : 원효는 모든 것이 한마음에서 나온다는 일심 사상을 바탕으로 화쟁 사상을 주장하여 여러 불교 종파를 융합하려 함

㉢ 불교의 대중화 : 극락에 가고자 하는 아미타 신앙(정토종)을 보급, 스스로 승복을 벗고 '소성거사'라 칭하며 광대 옷차림으로 '무애가'를 지어 부르면서 대중들을 교화

아미타 부처는 서방 정토의 극락 세계에 있는 부처이다. 원효는 누구나 부지런히 '나무아미타불'을 외우면 내세에는 서방 정토에 태어날 수 있다고 설법하여 불교의 대중화에 이바지하였다.

② 의상

㉠ 부석사 건립 : 경북 영주에 부석사를 건립하였고(676) 그곳을 기반으로 화엄 사상을 발전시켜 화엄종을 창시함

㉡ 화엄 사상 : 의상은 『화엄일승법계도』를 저술하여 모든 존재는 상호 의존적인 관계에 있으면서 서로 조화를 이루고 있다는 화엄 사상을 정립

㉢ 원융(조화) 사상 강조 : 우주의 다양한 현상은 결국 하나로 귀결된다는 주장

㉣ 아미타 신앙과 관음 신앙 : 현실의 고뇌에서 벗어나게 해 준다는 자비의 보살인 관음(관세음) 보살을 믿는 아미타 신앙과 함께 '관세음보살'만 염불하면 구원을 얻을 수 있다는 현세적인 신앙인 관음 신앙을 전도

㉤ 전제 왕권의 옹호 : 화엄 사상은 업설에 바탕을 둔 왕즉불 사상과 관련되어 신라 중대 전제 왕권 강화에 기여

③ 혜초 : 당 · 인도 순례, 『왕오천축국전』 저술 → 인도와 중앙아시아의 풍물 기록

④ 원측 : 당의 불교계에 영향(유식론)

독서삼품과
788년 원성왕 때 관리 선발과 국학의 기능 강화를 목적으로 설치된 관리 등용 제도이다. 국학에서 배운 학과에 대해 시험을 보는 것이기에 국학의 졸업 시험과 같은 성격도 있었다.

답설인귀서
강수가 지은 글로 당의 총관 설인귀가 문무왕에게 나 · 당 전쟁을 일으킨 책임을 물은 글에 대한 회답서

화엄 사상과 지배층
화엄 사상은 일심(一心)에 의해 우주 만상을 통제하려 함. 즉, 중앙 집권적 통치를 뒷받침하는 교리로 지배층의 환영을 받았다.

왕오천축국전 천축국으로 불린 인도의 다섯 나라와 서역 여러 지역의 종교, 풍속, 문화 등이 기록되어 있다(727).

교종과 선종의 비교

구분	교종	선종
성립 시기	통일 신라 안정기	신라 말 혼란기
성격	경전 연구 중심	참선, 수양 중심
후원	왕실과 귀족들의 후원	지방 호족들의 후원
종파	5교 성립	9산 성립

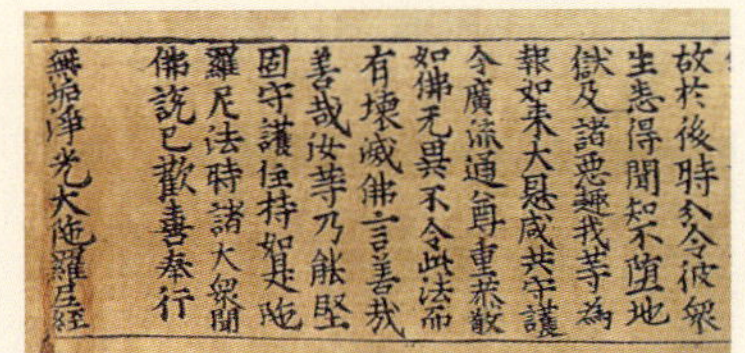
故於後時令彼衆
生悉得聞知不墮地
獄及諸惡趣我等爲
報如來大恩咸共守護
令廣流通尊重恭敬
如佛无異不令此法而
有壞滅佛言善哉
善哉汝等乃能堅
固守護住持如是陁
羅尼法時諸大衆聞
佛說已歡喜奉行
無垢淨光大陁羅尼經

무구정광대다라니경

안압지(월지) 나라에 경사가 있을 때나 귀한 손님을 맞을 때 이곳에서 연회를 베풀었다.

(3) 선종과 풍수지리설

① 선종 : 통일 전후 전래, 신라 말기 유행

㉠ 선종의 특징 : 참선 수행을 통한 깨달음 중시, 개인적 정신 세계를 추구, 실천적 경향 → 문자를 떠나서 곧장 마음을 터득할 수 있다는 불립문자(不立文字), 인간의 본성을 바라보면 곧 진리를 깨친다는 견성오도(見性悟道) 표방

㉡ 발전 : 지방 호족 세력과 결탁 → 각 지방에 근거지 마련(9산 선문 성립)

㉢ 영향 : 지방 문화 역량의 증대, 고려 사회 건설의 사상적 바탕 마련

② 풍수지리설

㉠ 전래 : 신라 말기 도선 등 선종 승려들에 의해 전래

㉡ 내용 : 산세와 수세를 살펴 도읍, 주택, 묘지 등을 선정하는 인문 지리적 학설 → 경주 중심의 지리 개념에서 탈피하여 지방 중심의 국토 재편성을 주장

❷ 통일 신라의 과학 기술과 예술 ☆☆☆

(1) 과학 기술의 발달

① 목판 인쇄술과 제지술의 발달

㉠ 무구정광대다라니경 : 불국사 3층 석탑(석가탑)에서 발견된 두루마리 불경(751년 이전 제작) → 현존하는 세계 최고(最古)의 목판 인쇄물

㉡ 제지술의 발달 : 닥나무를 재료로 하여 종이 제작, 통일 신라 기록 문화에 큰 기여

② 천문학의 발달 : 선덕 여왕 때 첨성대를 세워 천체를 관측

(2) 통일 신라 예술의 발달

① 건축 : 불국사(불국토의 이상을 조화와 균형 감각으로 표현한 사원, 청운교와 백운교는 직선과 곡선을 조화시킴), 석굴암(화강암으로 만든 인조 석굴), 안압지 등

② 석탑

㉠ 형태 : 초기 이중 기단 위의 3층탑 형태[경주 불국사 3층 석탑(석가탑), 다보탑, 감은사지 3층 동 · 서 석탑]에서 신라 말기에는 탑신에 부조로 불상을 새긴 형태(양양 진전사지 3층 석탑) 등 다양한 양식 등장

㉡ 신라 말기 : 선종의 발달에 따라 팔각원당형을 기본 형태로 한 승탑(쌍봉사 철감선사 승탑 등)과 탑비 유행

동과 서에 동일한 모양의 탑이 마주보고 있으며, 13.4m의 거대한 석탑이 기하학적 비율로 조화와 균형을 이루고 있다.

Click ! ● 통일 신라의 불교 미술

불국사 3층 석탑

다보탑

화엄사 4사자 3층 석탑

진전사지 3층 석탑

쌍봉사 철감선사 승탑

석굴암 본존불상

③ 범종과 석조물 : 상원사 동종(가장 오래된 종), 성덕 대왕 신종의 비천상, 법주사 쌍사자 석등(단아함, 균형 잡힌 걸작)

④ 고분 : 굴식 돌방무덤, 불교의 영향으로 화장 유행, 둘레돌에 12지 신상 조각(김유신 묘)

③ 발해의 문화

(1) 발해의 유학과 한문학

① 유학 : 주자감 설립, 당에 유학생 파견(빈공과 다수 합격), 유교 명칭으로 6부의 명칭을 정함

② 한문학 : 정혜 공주 · 정효 공주 묘지문, 양태사의 시 등을 통해 높은 수준 짐작

(2) 발해의 불교 : 고구려 불교 계승, 귀족 중심, 문왕(불교적 성왕, 전륜성왕으로 자처), 상경에서 절터와 불상 발굴

(3) 발해의 고분

① 정혜 공주 묘 : 굴식 돌방무덤, 모줄임 천장 구조 → 고구려 고분의 영향, 돌사자상 출토

② 정효 공주 묘 : 벽돌무덤으로 묘지석과 벽화 발굴 → 발해의 높은 문화 수준을 나타냄

(4) 발해의 예술

① 건축과 탑 : 상경성의 주작대로(당의 장안성 모방), 궁궐의 온돌 장치(고구려 문화 계승), 영광탑(벽돌로 쌓은 전탑, 당 문화의 영향)

② 불상 : 이불병좌상(부처 둘이 나란히 앉아 있는 불상, 고구려 양식 계승)

③ 공예 : 발해 자기와 석등(고구려 양식 계승)

발해의 이불병좌상

발해 돌사자상

발해 석등

발해의 영광탑

발해의 기와

정효 공주 고분 벽화

성덕 대왕 신종

법주사 쌍사자 석등

발해의 온돌터

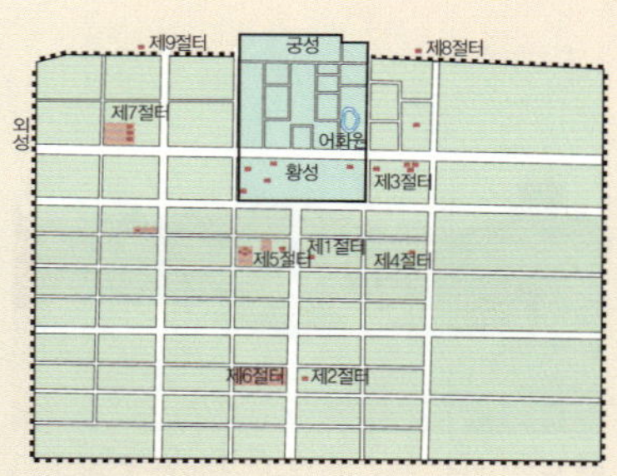

발해 상경 용천부 평면도

❶ 통일 신라의 사상

- 국학을 설립하여 유학 교육을 실시하였다.
  ↳ 유학 교육을 위하여 국학을 설립하였다.
  ↳ 박사와 조교를 두고 유교 경전을 가르쳤다.
- [독서삼품과] 원성왕이 인재 등용 제도로 제정하였다.
  ↳ 인재를 등용하기 위하여 독서삼품과를 실시하였다.
  ↳ 독서삼품과를 실시하여 인재를 등용하였다.
  ↳ 관리 채용을 위해 독서삼품과를 시행하였다.
  ↳ 독서삼품과를 시행하였다.
- [강수] 외교 문서 작성에 능하여 청방인문표를 집필하였다.
- [설총] 한자의 음과 훈을 차용한 이두를 체계적으로 정리하였다.
  ↳ 화왕계를 지어 왕에게 조언하였다.

실전 자료 설총

자(字)는 총지(聰智)이며, 아버지는 원효, 어머니는 요석 공주이다. 신문왕 때 화왕계(花王戒)를 지었고, 성덕왕 때에는 감산사 아미타여래조상기를 지었다. 특히, 화왕계는 장미를 간신에 비유하고, 할미꽃을 충신에 비유하면서 왕에게 충신을 가까이할 것을 일깨워 준 글로 유명하다.

- [김대문] 진골 귀족 출신으로 화랑세기 등을 저술하였다.
- [진성 여왕] 최치원이 국왕에게 시무 10여 조를 건의하였다.

실전 자료 고운, 최치원

계원필경은 대학자이자 문장가인 고운, 최치원의 문집이다. 저자가 일찍이 당(唐)에 있을 때 저술한 작품을 선별하여 모은 것으로, 총 20권으로 구성되어 있다. 특히, 권 11에 수록된 '격황소서(檄黃巢書)'는 '토황소격문'으로 널리 알려져 있는데, 난을 일으킨 황소가 이것을 읽다가 놀라서 자신도 모르게 평상에서 떨어졌다는 일화로 유명하다.

- [진성 여왕] 위홍과 대구화상에게 삼대목을 편찬하도록 하였다.
- [원효] 무애가를 지어 불교 대중화에 힘썼어.
  ↳ 무애가를 지어 불교 대중화에 노력하였다.
  ↳ 종파 간의 사상적 대립을 해소하기 위해 십문화쟁론을 저술하였다.
  ↳ 대승기신론소를 저술하다.
  ↳ 대승기신론소, 십문화쟁론을 저술하였다.

실전 자료 원효

- 생몰: 617년~686년
- 가계: 부(父) 담날, 자(子) 설총
- 주요 활동
  - 무애가를 지어 불교 대중화에 기여함.
  - 모든 진리는 한마음에서 나온다는 일심 사상을 주장함.

- [의상] 화엄일승법계도를 지어 화엄 사상을 정리했어.
  ↳ 현세의 고난에서 구제받고자 하는 관음 신앙을 강조하였다.
  ↳ 화엄 사상을 바탕으로 교단을 형성하였다

실전 자료 의상

의상은 열 곳의 절에서 교(敎)를 전하게 하니 태백산의 부석사, …… 남악의 화엄사 등이 그것이다. 또한 법계도서인(法界圖書印)을 짓고 아울러 간략한 주석을 붙여 일승(一乘)의 요점을 모두 기록하였다. …… 법계도는 총장(總章) 원년 무진(戊辰)에 완성되었다. -『삼국유사』-

- [혜초] 인도와 중앙아시아를 여행하고 왕오천축국전을 남겼어.
  ↳ 인도와 중앙아시아를 다녀와서 왕오천축국전을 남겼다.
- 9산 선문 중 하나인 실상산문이 개창되었다.
- [도선] 풍수지리설을 들여오다.
- [도교] 신선 사상과 결합하여 불로장생을 추구하였다.

❷ 통일 신라의 과학 기술과 예술

- [무구정광대다라니경] 불국사 3층 석탑을 보수하는 과정에서 발견되었다.
  ↳ [불국사 3층 석탑] 무구정광대다라니경의 발견 경위를 조사한다.
- [의상] 영주에 부석사를 창건하다.

❸ 발해의 문화

- 주자감을 설치하여 유교 경전을 교육하였다.

1 (가) 인물에 대한 설명으로 옳은 것은? [2점]

불교 인물 카드

(가)

- 생몰 : 617년~686년
- 가계 : 부(父) 담날, 자(子) 설총
- 주요 활동
  - 무애가를 지어 불교 대중화에 기여함.
  - 모든 진리는 한마음에서 나온다는 일심 사상을 주장함.

① 대승기신론소, 십문화쟁론을 저술하였다.
② 화랑도의 규범으로 세속 5계를 제시하였다.
③ 화엄일승법계도를 지어 화엄종을 정리하였다.
④ 인도와 중앙아시아를 여행하고 왕오천축국전을 지었다.
⑤ 당에서 귀국하여 황룡사 구층 목탑의 건립을 건의하였다.

| 해설 | **통일 신라의 승려**

자료의 (가) 인물은 설총의 아버지 원효로 무애가(無碍歌)를 만들어 부르고, 나무아미타불을 외우는 것을 강조하는 등 불교의 대중화에 힘썼다. 또 모든 것은 한마음에서 나온다고 생각하는 원효의 '일심(一心)' 사상은 『대승기신론소(大乘起信論疏)』에 의해 철학적 토대가 구축되었고, 『금강삼매경론(金剛三昧經論)』을 통해 그 실천성을 부여받았으며 『화엄경소(華嚴經疏)』에 의해 완성되었다. 원효는 불교의 철학적 이해 기준을 확립하는 데 기여하였고, 종파 사이의 사상적 대립을 조화시키고 분파 의식을 극복하기 위해 화쟁 사상을 주장하여 『십문화쟁론(十門和諍論)』을 썼다.

| 오답 넘기 |

② 신라 화랑도는 원시 사회의 청소년 집단에서 기원한 조직으로 원광은 세속 5계를 지어 화랑도가 지켜야 할 행동의 규범을 제시하였다(601).
③ 당에 유학하였던 의상은 『화엄일승법계도』를 저술하여 화엄 사상을 정립하였다.
④ 혜초는 인도를 다녀온 후 『왕오천축국전』을 지어 인도와 중앙아시아 등지의 풍물을 기록하였다(727).
⑤ 신라의 자장은 황룡사 구층 목탑 건립을 선덕 여왕에게 건의했다(643).

정답 ①

2 (가) 인물에 대한 설명으로 옳은 것은? [3점]

우리나라 화엄종의 개조(開祖), (가)

19세 때 경주 황복사로 출가하였으며, 당에 유학하여 지엄의 문하에서 화엄 사상을 공부하였다. 귀국한 후에는 낙산사와 부석사 등을 창건하였다. 화엄 사상을 바탕으로 조화를 강조하였으며, 지통과 표훈 등 많은 제자를 양성하였다.

① 화왕계를 지어 왕에게 조언하였다.
② 황룡사 구층 목탑의 건립을 왕에게 건의하였다.
③ 승려들의 전기를 기록한 해동고승전을 남겼다.
④ 현세에서 고난을 구제받고자 하는 관음 신앙을 강조하였다.
⑤ 종파 간의 사상적 대립을 해소하기 위해 십문화쟁론을 저술하였다.

| 해설 | **통일 신라의 승려**

자료의 (가)에 들어갈 인물은 의상이다. 통일 신라 시대 당에 유학하였던 의상은 「화엄일승법계도」를 저술하여 화엄 사상을 정립하였다. 그는 모든 존재는 상호 의존적 관계에 있으면서 조화를 이루고 있음을 강조하였는데, 삼국 통일에 따른 다양한 갈등을 치유할 사상을 제시한 것이다. 의상은 화엄 사상을 바탕으로 교단을 형성하여 많은 제자를 양성하고 부석사나 낙산사를 비롯한 여러 사원을 건립하여 불교 문화의 폭을 확대하였다. 그는 아미타 신앙과 함께 현세에서 고난을 구제받고자 하는 관음 신앙을 이끌어 불교가 일반인들에게 널리 알려지게 하였다.

| 오답 넘기 |

① 화왕계를 저술한 인물은 설총으로 이두를 정리한 인물이기도 하다.
② 신라의 자장은 황룡사 구층 목탑 건립을 선덕 여왕에게 건의했다(643).
③ 각훈은 무신 집권기였던 13세기 초 삼국 시대의 승려 30여 명의 전기를 수록한 『해동고승전』을 편찬하였다.
⑤ 원효는 일심 사상으로 다른 종파 간의 분파 의식을 극복하려는 『십문화쟁론』(화쟁 사상)을 지었다.

정답 ④

3 밑줄 그은 '이 종파'에 대한 설명으로 옳은 것은? [2점]

이것은 전라남도 화순군 쌍봉사에 있는 국보 제57호 철감 선사 승탑입니다. 승려의 사리를 봉안하는 승탑은 이 종파가 수용된 이후 9세기부터 유행하였습니다. 이 종파는 도의 선사가 가지산문을 개창한 이래 9산 선문을 형성하였습니다.

① 동경대전을 경전으로 삼았다.
② 단군을 숭배의 대상으로 하였다.
③ 대성전을 세워 옛 성현에 제사를 지냈다.
④ 참선과 수행을 통해 깨달음을 얻고자 하였다.
⑤ 마음속에 한울님을 모시는 시천주를 강조하였다.

| 해설 | **신라 말 선종의 유행**

제시된 유물은 승려의 사리를 보관한 승탑으로 제작된 쌍봉사 철감선사 승탑이다(868). 신라 하대에는 선종이 널리 퍼지면서 승탑과 탑비가 많이 제작되었다. 선종은 참선을 통한 개인의 깨달음을 중시하고, 전통적인 권위를 부정하여 호족과 백성의 호응을 얻었다. 선종 승려들은 지방 호족과 결합하여 각 지방에 근거지를 마련하였는데, 그 중에서 대표적인 9개의 선종 사원이 9산 선문이다.

| 오답 넘기 |

① 『동경대전』과 『용담유사』를 경전으로 삼은 동학은 민간 신앙, 유교, 불교 등의 장점을 통합하였다.
② 대종교는 나철, 오기호 등이 창시하였는데 단군 신앙을 발전시켜 단군을 숭배의 대상으로 하였다(1909).
③ 조선 시대 공공 교육 기관인 성균관과 향교에는 공자의 위패를 모시고 제사를 지내는 대성전이 설치되었다.
⑤ 동학은 모든 사람이 평등하다는 시천주와 인내천 사상을 강조하였다.

정답 ④

4 (가)에 들어갈 문화유산으로 옳은 것은? [1점]

(가)

- 종목 : 국보 제57호
- 장소 : 전라남도 화순군 쌍봉사
- 소개 : 철감선사 도윤의 사리를 모신 팔각 원당형의 승탑으로 뛰어난 조형미를 갖추고 있다. 신라 하대 선종의 유행과 깊은 관련이 있는 문화유산이다.

① 
② 
③ 
④ 
⑤ 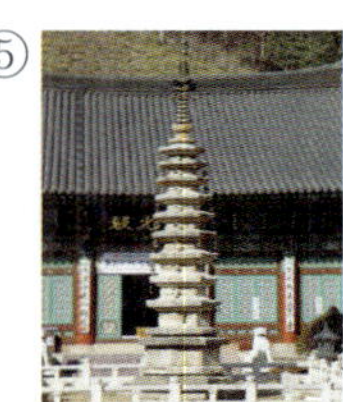

| 해설 | **신라 말 선종의 유행**

신라 하대에는 선종이 널리 퍼지면서 승탑과 탑비 또한 많이 제작되었다. 선종은 참선을 통한 개인의 깨달음을 중시하고, 전통적인 권위를 부정하여 호족과 백성의 호응을 얻었다.

① 신라 말 승려의 사리를 보관한 승탑으로 제작된 쌍봉사 철감선사 승탑이다. 팔각원당형 승탑은 전체 평면이 팔각을 이루는 승탑을 통틀어 이르는 말이다. 기단부는 물론이고 그 위에 놓이는 탑신부, 옥개석, 상륜부까지 모두 팔각으로 조성되었다.

| 오답 넘기 |

② 불국사 다보탑은 통일 신라 시대에 만들어진 석탑이다.
③ 발해의 절터에서 발견된 6m가 넘는 거대한 현무암 석등으로 발해 목조 건축 양식을 엿볼 수 있다.
④ 통일 신라 시기의 (구례) 화엄사 각황전 앞 석등이다.
⑤ (평창) 월정사 팔각 9층 석탑은 고려 전기의 대표적인 다각 다층탑이다.

정답 ①

5 (가)~(다)의 문화유산을 제작된 순서대로 옳게 나열한 것은? [2점]

(가) 

(나) 

(다) 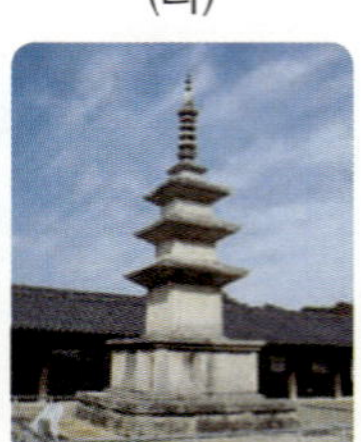

① (가) – (나) – (다)
② (가) – (다) – (나)
③ (나) – (가) – (다)
④ (나) – (다) – (가)
⑤ (다) – (나) – (가)

| 해설 | 고대의 탑파 제작 순서

(가) 분황사 모전 석탑으로 신라 선덕여왕 때 만들어졌으며 전탑(벽돌탑) 양식을 갖고 있는 석탑으로 현재는 3층까지만 남아있다.

(다) 불국사는 가장 이상적인 부처의 나라를 현실 세계에서 구현하고자 한 사원이다(751). 이곳에 세워진 불국사 3층 석탑(석가탑)은 조화와 안정감을 살린 통일 신라 시대의 가장 전형적인 탑이다. 석탑 안에서는 8세기 초에 만들어진 '무구정광대다라니경'이 나와 목판 인쇄술과 제지술이 발달하였음을 보여 준다.

(나) 신라 말 선종이 널리 퍼지면서 승려의 사리를 보관한 승탑으로 제작된 쌍봉사 철감선사 승탑(868)이다.

따라서 (가)–(다)–(나) 순이다.

정답 ②

6 (가)에 들어갈 문화유산으로 옳은 것은? [3점]

> **사진으로 보는 우리나라의 탑** ◈ 신라 편
>
> (가)
>
> 이 탑은 신문왕 2년에 세워진 것으로, 국보 제112호로 지정된 쌍탑 중 동탑이다. 이 탑은 삼국 통일 이후 조성된 석탑 양식의 전형을 보여주는 것으로 지붕돌, 몸돌 등 각 부분이 여러 개의 석재로 조립되었다는 점이 특징이다. 이 탑이 있는 절은 삼국을 통일한 문무왕의 유업을 이어받아 아들인 신문왕이 완공하였다.

① 

② 

③ 

④ 

⑤ 

| 해설 | 통일 신라의 탑파

경주 감은사는 통일을 이룩한 문무왕이 건립하기 시작한 호국 사찰로서 아들 신문왕이 문무왕을 위하여 완성하였다(682). 동·서 쌍탑 형식의 감은사지 3층 석탑은 통일된 새로운 국가의 힘찬 건설이라는 장중한 의지의 표현이 담겨 있다. 신라 중대에는 통일 이전의 단탑 양식이 통일 이후에 이중기단 위에 3층으로 쌓는 형태의 쌍탑 양식으로 발전하였다.

① 지붕돌·몸돌 등 각 부분이 여러 개의 석재로 조립된 경주 감은사지 동·서 3층 석탑이다.

| 오답 넘기 |

② 불국사 대웅전 앞 동쪽에 있는 다보탑이다.
③ 신라 선덕 여왕 때 지어진 경주 분황사 모전 석탑이다(634).
④ 평창 월정사 팔각 9층 석탑으로 고려 전기의 대표적인 다각 다층탑이다.
⑤ 현존하는 백제의 가장 오래된 탑인 익산 미륵사지 석탑이다.

정답 ①

7 (가) 국가의 문화유산으로 옳은 것은? [2점]

□□ 신문

제△△호 ○○○○년 ○○월 ○○일

(가) 의 황후 묘지 발굴

순목황후묘 실측도

중국 지린성 허룽시 룽하이촌 룽터우산 고분군에서 (가) 이/가 황제국이었음을 보여주는 제3대 문왕의 부인 효의황후와 제9대 간왕의 부인 순목황후의 묘지(墓誌)가 발굴되었다. 이와 함께 고구려 양식을 계승한 것으로 보이는 금제 관식도 출토되었다.

①

②

③

④

⑤

| 해설 | 발해의 문화 유산

효의 황후는 발해 문왕의 황후이며, 순목 황후는 발해 9대 간왕의 황후이다. 발해에서는 왕비를 황후로 부르고 왕을 황제와 같은 뜻인 황상이라는 칭호를 사용하여 황제 국가라는 것을 내세웠다.

③ 발해의 영광탑으로 벽돌로 쌓아올린 전탑이다.

| 오답 넘기 |

① 부여 정림사지 5층 석탑으로 백제 후기의 석탑이다.

② 경주 불국사 다보탑은 통일 신라 시대에 만들어진 석탑이다.

④ 고려 후기 개경 경천사지 10층 석탑은 원의 영향을 받았는데 조선 세조 때 제작된 (서울) 원각사지 10층 석탑의 제작(1467)에 영향을 주었다.

⑤ 조선 세조 때 대리석으로 만든 서울 원각사지 10층 석탑은 이 시기 석탑의 대표작이다(1467).

정답 ③

8 (가) 국가의 문화유산으로 옳은 것은? [2점]

○○신문

제△△호 ○○○○년 ○○월 ○○일

러시아 연해주의 크라스키노 성 유적에 대해 한·러 공동 발굴을 실시한 결과 37, 40, 41구역에서 고구려의 영향을 받은 연화문 와당 등이 출토되었고, 온돌이 확인되었다. 이번 발굴로 (가) 이/가 고구려의 문화를 계승하였음을 다시 한번 알 수 있게 되었다.

연화문 와당

①

②

③

④

⑤

| 해설 | 발해의 문화 유산

자료의 (가) 국가는 발해이다. 발해는 역사뿐만 아니라 문화적 측면에서도 발해는 고구려를 계승하였다. 먼저 온돌은 고구려인들의 대표적인 주거 양식이며, 석등, 돌사자상, 연꽃무늬 기와 문양(연화문 와당)이나 이불병좌상 같은 불상도 고구려 문화를 계승하였다. 또 정혜 공주의 무덤 양식도 고구려 양식인 굴식 돌방무덤이며, 모줄임 천장 구조를 갖추었다.

③ 발해의 석등이다. 6m가 넘는 거대한 현무암 석등으로, 발해 목조 건축 양식을 엿볼 수 있다.

| 오답 넘기 |

① 고구려의 금동 연가 7년명 여래 입상이다(539).

② 백제 문화재인 금동 대향로이다(6세기 후반).

④ 신라 말 선종이 널리 퍼지면서 승려의 사리를 보관한 승탑으로 제작된 쌍봉사 철감선사 승탑이다.

⑤ 장군총은 고구려의 대표적인 돌무지무덤이다.

정답 ③

IV

고려의 성립과 발전

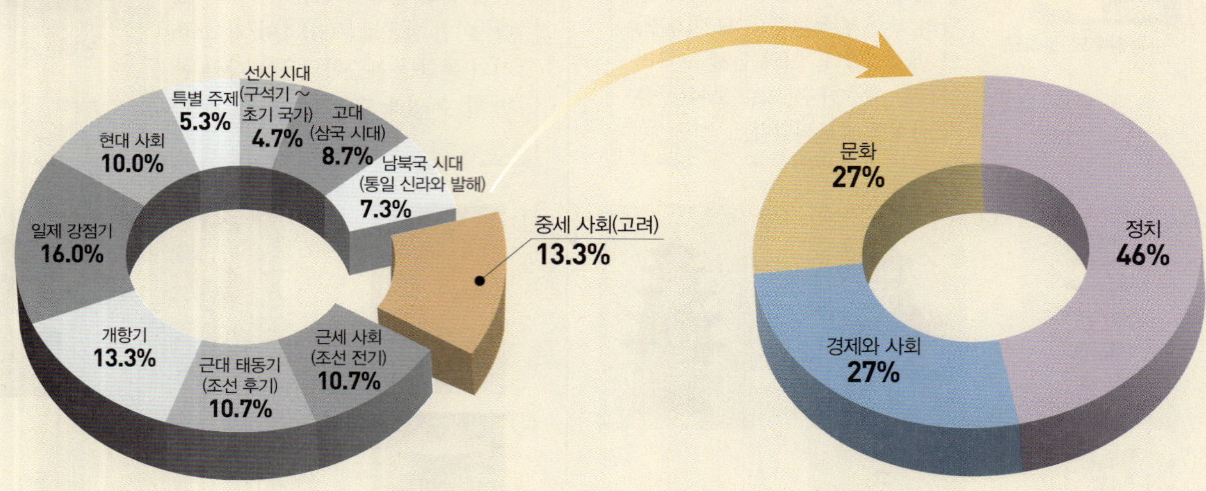

단원 들어가기

고려는 10세기 후반 유교 정치 사상에 의한 중앙 집권화 정책을 추진한 결과 지방 세력들이 중앙 정치에 참여하여 관료화하는 동시에 문벌 중심의 귀족 사회를 형성하게 되었다. 그 뒤 안으로는 점차 보수적인 소수의 문벌 귀족이 정권을 독점하고, 밖으로는 북방 민족들의 침략과 압력을 받음으로써 집권층 내부의 분열과 사회의 혼란이 나타났다.

특히 외척 이자겸은 인종의 왕권을 위협할 정도였으며, 개경 귀족의 정치에 불만을 가진 묘청이 서경 천도 운동을 일으켜 정국이 크게 동요하였다. 이후 무신 정변이 일어나 문벌 귀족 사회는 붕괴되었다.

그러나 사회의 동요가 미처 수습되기도 전에 고려는 몽골의 침략을 받음으로써 40여 년의 끈질긴 투쟁에도 불구하고 몽골의 간섭을 받게 되었다. 이로부터 친원파를 중심으로 한 권문세족이 새로운 지배 세력으로 등장하였다. 고려 말에는 이들 권문세족에 대항하는 신진 사대부 세력이 대두하여 현실의 모순을 극복하고자 노력하였다.

9
고려의 성립과 통치 체제의 정비

10
문벌 귀족 사회와 무신 정권

11
고려의 대외 관계와 고려 후기의 정치 변화

12
고려의 경제와 사회

13
고려의 문화

09 고려의 성립과 통치 체제의 정비

공부한 날
월
일
일차

❶ 고려의 건국과 후삼국의 통일

고려는 후삼국을 통일하고 발해의 유민을 받아들여 북방에 거주하게 하였으며, 또한 북방 영토를 방어할 때 발해 유민을 동원하기도 하였다.

(1) 고려의 후삼국 통일

① 왕건의 성장 : 궁예의 신하로 후백제의 배후 지역인 금성(나주)을 점령하는 등 큰 공을 세워 시중의 지위에 오름

② 궁예의 실정 : 미륵불 자칭, 거듭되는 실정 → 민심을 잃음

③ 고려 건국(918) : 신하들이 궁예를 내쫓고 왕건을 국왕으로 추대 → 고려 건국, 송악(개성)으로 도읍을 옮김

(2) 후삼국의 통일

935년 아들 신검이 견훤을 금산사에 유폐함

① 후삼국의 통일 과정 : 신라 투항(935) → 견훤의 귀순 → 후백제 멸망(936) → 후삼국 통일

② 통일의 의의 : 발해의 고구려계 유민 포용, 민족 재통합, 새로운 민족 문화의 형성, 정치 참여 세력의 확대, 자주 통일

차전놀이(동채싸움) 경북 안동에서 정월 대보름을 전후하여 행해지던 차전놀이는 일명 동채싸움이라고도 한다. 통일 신라 말 후백제의 견훤이 고려 태조 왕건과 자웅을 겨루고자 안동으로 진격해왔을 때 이곳 사람들은 견훤을 낙동강 물속에 밀어 넣었는데, 이로 말미암아 팔짱을 낀 채 어깨로만 상대편을 밀어내는 차전놀이가 생겼다고 한다.

Click !

● 고려의 후삼국 통일

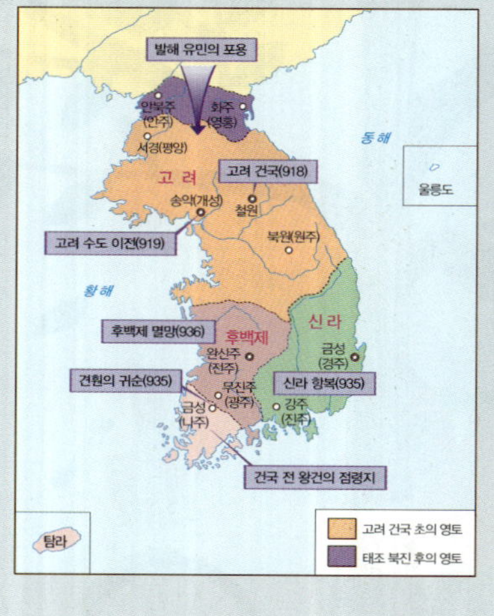

900	견훤, 후백제 건국
901	궁예, 후고구려 건국
918	궁예를 몰아내고 왕건이 고려를 세움
919	고려의 도읍을 송악으로 옮김
927	공산 전투에서 후백제가 승리함
930	고창 전투에서 고려가 승리함
935	견훤, 고려로 귀순
936	고려, 후삼국 통일

● 궁예의 실정

신덕왕 4년(915), 궁예의 부인 강씨가 왕이 법을 지키지 않는 일을 많이 행하므로 얼굴색을 바르게 하고 이야기하니, 궁예가 미워하여 "네가 다른 사람들과 간통하니 무슨 일이냐?"하니, 강씨가 "어찌 그러한 일이 있으리요." 하였다. 왕이 "내가 신통력으로 보아 안다."하고 무쇠 방망이를 불에 달구어 강씨를 쳐 죽이고 두 아들까지도 죽였다. 이후 의심이 많고 화를 잘 내니, 여러 보좌관과 장수, 관리로부터 평민에 이르기까지 죄 없이 죽음을 당하는 일이 자주 있었고, 부양(평강) · 철원 일대의 사람들이 그 피해와 독을 견디지 못하였다. -『삼국사기』-

❷ 고려 초기의 정책

(1) 태조의 정책

① 농민 안정책 : 호족들의 지나친 세금 수취 금지, 조세 수취 완화(세율을 1/10로 낮춤), 빈민 구제 기구인 흑창 설치

② 북진 정책

㉠ 고구려 계승 표방 : 고구려를 계승한다는 의미로 국호를 '고려'라 함 → 고구려의 영토 회복 노력(청천강~영흥만), 서경(평양)을 전진 기지로 개발

흑창
고구려의 진대법을 계승하여 춘궁기에 곡식을 나눠 주고, 추수 후에 갚게 했던 빈민 구제 기구로, 986년(성종 5)에 의창으로 바뀌었다.

㉡ 거란과의 관계 : 거란이 보내 온 낙타를 개경의 만부교 다리 아래에서 굶어 죽게 함(만부교 사건)

㉢ 발해 유민 포섭 : 고구려의 옛 영토를 회복하고자 하는 목적에서 발해의 유민을 포섭 (발해 세자 대광현의 망명 수용)

③ 호족 통합 정책

㉠ 회유책 : 정략 결혼, 관직과 토지(역분전) 지급, 왕씨 성(姓) 하사(사성 정책)

㉡ 강경책

ⓐ 기인 제도 : 향리의 자제를 수도에 데려다가 지방 행정 자문에 응하게 하는 일종의 인질 제도, 지방에 대한 연락 사무와 공늠과 연료를 조달하는 업무를 담당

ⓑ 사심관 제도 : 개경에 거주하는 호족들로 하여금 출신 지역을 관장하게 하여 간접적인 지방 통제를 위해 실시한 것으로, 사심관으로 임명된 자는 부호장 이하의 관직 등에 관한 사무를 관장 (신라의 마지막 왕인 경순왕(김부)을 경주의 사심관으로 삼음)

④ 숭불 정책 : 불교 장려, 연등회와 팔관회 개최

⑤ 정책 방향 : 「정계」, 「계백료서」(관리의 규범 제시)(936), 「훈요 10조」(정책 방향 제시)(943)

「정계」와 「계백료서」
태조가 신하들에게 임금에 대한 도리를 강조하기 위하여 지은 책으로 현재 전하지 않는다.

Click ! ● 태조의 「훈요 10조」

제1조 불교의 힘으로 나라를 세웠으므로, 사찰을 세우고 주지를 파견하여 불도를 닦도록 할 것 ➡ 불교 중시

제2조 도선의 풍수 사상에 따라 사찰을 세우고, 함부로 짓지 말 것 ➡ 풍수지리설 중시

제3조 왕위는 맏아들이 잇는 것을 원칙으로 하되, 맏아들이 어질지 못하면 그다음 아들에게 전해주고, 그 아들이 어질지 못하면 형제 중에서 여러 사람의 추대를 받은 자에게 전해 줄 것 ➡ 왕권 강화

제4조 우리나라와 중국은 지역과 사람의 인성이 다르므로 중국 문화를 반드시 따를 필요가 없으며, 거란은 짐승과 같은 나라이므로 그들의 의관 제도는 따르지 말 것 ➡ 주체적 문화 수용, 거란 배척

제5조 서경(평양)에 1백 일 이상 머물러 왕실의 안녕을 도모할 것 ➡ 북진 정책

제6조 연등회, 팔관회 등의 불교 행사를 성실하게 지낼 것 ➡ 불교 중시

제9조 관리들의 녹봉을 함부로 가감하지 말고, 농민들의 부담을 가볍게 할 것 ➡ 민생 안정 정책

제10조 왕은 경전과 역사서를 널리 읽어 옛일을 교훈 삼아 반성하는 자세로 정사에 임할 것 ➡ 유교 정치 이념

(2) 국가 기반의 확립

① 외척 세력 간의 갈등

㉠ 혜종 : 외척인 왕규의 난(왕위 계승 싸움)

㉡ 정종 : 서경 천도 계획(실패), 서경의 입지를 강화하고 거란의 침입에 대비하기 위해 광군사 설치

② 광종의 왕권 강화

㉠ 노비안검법(956) : 후삼국 시대에 불법으로 노비가 된 자를 조사해 양인으로 해방 → 호족의 경제적 기반 약화, 국가 수입 기반 확대

㉡ 과거제의 실시와 공복 제정 : 쌍기의 건의로 과거제 실시(958), 유학을 익힌 신진 인사 등용, 신구 세력의 교체 도모, 지배층의 위계질서 확립

㉢ 왕권 강화 : 공신과 호족 세력 제거, 스스로를 황제라 칭하고 광덕 · 준풍 등 독자적 연호 사용, 각 주현 단위로 조세 · 공물의 액수를 정하는 주현공부법(州縣貢賦法) 실시(949)

왕규의 난(945)
광주의 대호족으로 두 딸을 태조의 왕비로 들였던 왕규가 혜종의 왕위를 빼앗기 위해 일으킨 난. 자신의 딸이 낳은 아들을 왕으로 세우기 위해 혜종을 살해하려 했고, 혜종이 죽자 난을 일으켰다. 하지만 이를 이용하여 정종이 왕위에 올랐다.

노비안검법
광종 7년(956)에 노비를 조사해서 옳고 그름을 분명히 밝히도록 명령하였다. 이 때문에 주인을 배반하는 노비들을 도저히 억누를 수 없었으므로, 주인을 업신여기는 풍속이 크게 유행하였다. -『고려사절요』-

㉣ 불교의 장려 : 국사 · 왕사 제도를 시행하고 승과를 실시, 귀법사 창건

③ 성종의 유교 정치

㉠ 최승로의 시무 28조 채택(982) : 유교를 통치 이념으로 채택

㉡ 중앙 관제 마련 : 2성 6부제(당의 관제), 중추원 · 삼사(송의 관제), 식목도감 · 도병마사(독자적 관제) → 공신과 호족을 중앙 관료로 편입

㉢ 지방 제도 정비 : 지방관 파견(12목 설치, 983), 향리 제도 마련(중소 호족을 향리로 편입), 서경에 개경의 관아를 모방한 분사(分司)를 설치

㉣ 유교 교육 진흥 : 국자감과 도서관(비서성, 수서원) 설치(992), 지방에 경학박사와 의학박사 파견, 과거제 정비와 문신월과법(문신들에게 과제 부여) 시행, 연등회와 팔관회 폐지

㉤ 노비환천법(奴婢還賤法) 실시(987) : 노비안검법을 통해 해방된 노비가 원주인을 모독하거나 언행이 불량한 경우, 다시 천민으로 환원

Click ! ● 시무 28조

제7조 수령을 파견하여 백성들을 돌보게 하십시오. ➡ 지방관 파견 건의

제13조 우리나라에서는 봄에 연등회를 개최하고 겨울에는 팔관회를 열어서 사람들을 동원하여 힘든 일을 많이 시키니, 원컨대 이를 줄여서 백성들이 힘을 펴게 하십시오. ➡ 불교 폐단 개선

제20조 불교를 믿는 것은 자신을 수양하는 근본이며, 유교를 행하는 것은 나라를 다스리는 근원입니다. 자신을 수양하는 것은 내세에 복을 구하는 일이며, 나라를 다스리는 것은 오늘의 급한 일입니다. 오늘은 아주 가까운 것이요, 내세는 지극히 먼 것입니다.
➡ 유교 정치 이념의 채택

–『고려사』–

최승로
신라 6두품 출신의 유학자로 성종 때 왕이 5품 이상의 경관에게 시정 득실을 논하는 글을 올리게 했을 때, 유교 사상에 입각한 28조의 개혁안을 성종에게 건의하였는데, 그중에서 22개조가 전해진다.

문신월과법
고려 성종 때 문신들에게 매월 시를 지어 바치게 한 제도로 유학 진흥책의 하나이다. 한림원에서 문신들에게 매월 시 3편, 부 1편, 지방관들에게는 1년에 글 1편을 지어 바치게 하였다.

(3) 국가의 안정

① 현종 : 주현공거법(향리 자제의 과거 응시를 허용)과 면군급고법(노부모를 모신 정남의 군역을 면제) 시행, 초조대장경 조판, 7대 실록 편찬, 의창 확대

② 문종 : 사형수에 대한 3심제 실시, 경정 전시과(전시과 제도의 완비), 동서 대비원 설치, 최충의 문헌공도 등 사학 12도 발달

고려 숙종의 업적
- 활구(은병)와 해동통보 주조
- 윤관으로 하여금 동북 9성 축조

❸ 통치 체제의 정비 ★★

(1) 중앙 정치 제도

당의 3성 6부와 송의 삼사와 중추원 제도 등을 모방했으나, 2성 6부제 실시, 도병마사 · 식목도감 등 합의제 기구 설치 등 고려의 실정에 맞게 운영되었다.

① 2성 6부제 : 당의 3성 6부제 도입

㉠ 중서문하성 : 국가 주요 정책을 심의, 결정(재신+낭사)

ⓐ 재신 : 2품 이상의 고관, 백관을 통솔하고 국가의 정책을 심의 · 결정하는 기능, 재신 중 종1품 문하시중은 중서문하성의 장관으로 국정을 총괄

ⓑ 낭사 : 3품 이하의 간관, 간쟁과 봉박, 서경의 기능을 맡아 보며, 정치의 잘못을 비판하는 중서문하성의 하층 구성원

㉡ 상서성 : 6부를 하위 기관으로 두고 정책을 집행, 중서문하성에서 결정된 정책을 집행하는 실무 기관

고려의 2성 6부
당의 3성 6부를 고려 실정에 맞게 재조정한 것이다. 당의 3성은 조칙을 작성하는 중서성, 조칙을 심의하는 문하성, 집행하는 상서성이다.

도병마사의 변천
- **성종** : 양계 병마사 통솔
- **현종** : 임시 회의 기구, 국방 및 군사 담당
- **고종** : 재추 합좌, 국정 전반 관장
- **충렬왕** : 도평의사사 개편, 상설화

고려와 조선의 삼사(三司)의 차이점
고려의 삼사는 전곡의 출납과 회계를 담당하는 기관이었으나, 조선의 삼사는 사간원 · 사헌부 · 홍문관으로 언론과 감찰 · 간쟁을 담당하는 기관이었다는 점에서 성격이 아주 다르다.

서경(署經) 제도
문무관 임명에 대한 왕의 명이 있으면, 이부(吏部)에서 관리 후보자의 문벌, 이력, 후보자의 4조(組) 및 처의 4조(祖)를 기록하여 중서문하성과 어사대에 제출하였다. 이때 중서문하성과 어사대의 대간(臺諫)들이 동의하는 절차로 관리 임명이나 법률 개시 등 이를 인준하는 서경을 행하였다.

대간의 기능
관원은 중서문하성의 낭사와 함께 대간으로 불리면서, 왕의 잘못을 논하는 간쟁과 잘못된 왕명을 시행하지 않고 되돌려보내는 봉박, 관리의 임명과 법령의 개정이나 폐지 등에 동의하는 서경권을 가지고 있었다.

시대별 감찰 기관
신라 – 사정부
발해 – 중정대
고려 – 어사대
조선 – 사헌부
현대 – 감사원

ⓒ 6부 : 이부 · 병부 · 호부 · 형부 · 예부 · 공부로 상서성에 소속되어 실제적인 행정 업무를 분담, 각 부의 장관은 정3품의 상서, 차관은 정4품의 시랑이나 실제로는 재신들이 6부의 판사를 겸임하고 상서 위에서 각 부를 관할(판사제)

② 주요 기관
㉠ 중추원 : 송의 제도 모방, 군사 기밀(추밀)과 왕명 출납(승선) 담당
㉡ 어사대 : 관리 비리 감찰과 풍기 문란 행위 단속 → 사정 기관
㉢ 삼사 : 송의 제도 수입 → 회계와 출납 담당(재정 담당)
㉣ 한림원 : 왕명 전달, 외교 문서 작성, 지공거(과거 시험관)의 기능을 담당

③ 고려의 독자적 정치 기구 : 재추 회의
㉠ 도병마사 : 재신과 추밀이 모여 변경 지역의 군사 문제 등 대외 문제를 다루던 임시 기구로, 고려 후기에 기능이 더욱 확대되면서 도평의사사(도당)로 개편
㉡ 식목도감 : 재신과 추밀이 모여 국내 정치에 관한 법의 제정이나 각종 시행 규정 등 대내 문제를 다루던 임시 기구

④ 대간(대성) 제도 : 어사대의 관원은 중서문하성의 낭사(간관)와 함께 대간(대성)이라 하였으며, 간쟁 · 봉박의 업무를 담당하였고, 서경권을 행사

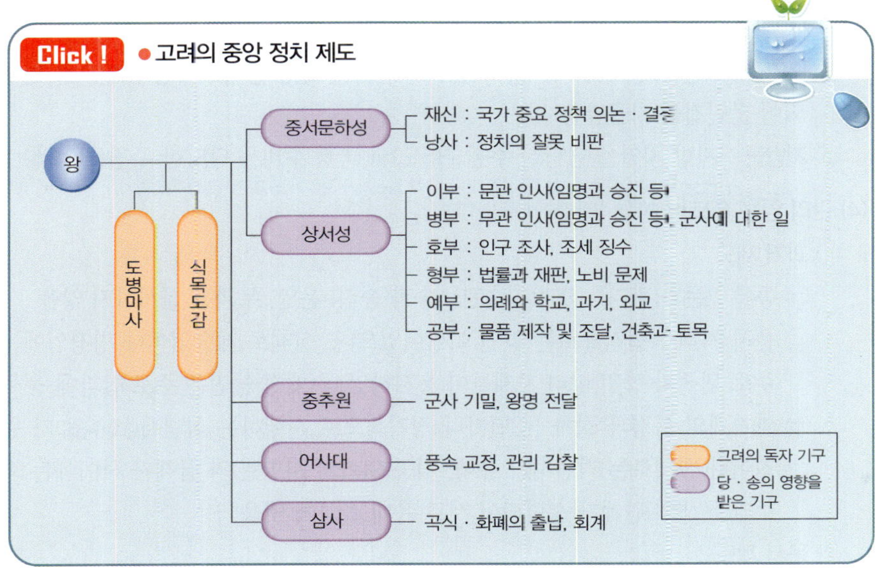

(2) 지방 행정 조직의 정비

① 경기 : 수도 개경과 그 주변
② 5도 양계 — 고려는 5도에 안찰사를 파견하여 지방을 순찰, 관리하였으나, 국경 지대인 양계에는 병마사를 두어 군권과 민정을 맡겼다.
㉠ 5도 : 일반 행정 구역, 중앙 관직인 안찰사가 파견되어 도내의 지방을 순찰하며 지방관의 감찰 업무 실시
㉡ 양계 : 국경 지대인 북계와 동계에 설치한 군사적 특수 지역으로 병마사를 파견
③ 12목 : 성종 시대 지방 주요 지역에 설치(983)

④ 3경

㉠ 기능 : 옛 삼국의 수도 지역을 우대, 국가의 균형적 발전을 도모하는 동시에 지방 세력을 무마하기 위해 설치 → 개경, 서경(평양), 동경(경주) (후에 남경(서울)으로 교체)

㉡ 분사 제도 실시 : 개경에 설치한 관아를 3경에도 나누어 설치하는 것

⑤ 속현과 특수 행정 구역

㉠ 향 · 부곡(농업 담당) · 소(도자기, 종이, 먹, 철 등 수공업과 광업 담당) : 전쟁 포로, 반역자의 친척 등으로 구성된 특수 집단으로 거주 이전의 자유가 없었고, 일반 군현보다 더 많은 세금 부담을 지고 있었으나 일반 양민임

㉡ 주현 · 속현 : 모든 군현에 지방관이 파견되지 않고 지방관이 파견된 주현보다 지방관이 파견되지 않은 속현이 더 많았음 → 속현은 주현을 통하여 중앙 정부의 통제를 받음

⑥ 고려 시대의 향리

㉠ 역할 : 신라 말기의 중소 호족 출신으로 노역 징발, 조세 징수와 같은 지방 행정 실무를 담당, 지방에서 영향력을 행사하는 실질적인 지배층

㉡ 특징 : 신분이 세습되었으며 향역의 대가로 외역전이 지급, 상층 향리는 과거 응시가 가능

㉢ 향리에 대한 제약 : 기인 제도를 실시하여 중앙에서 통제

(3) 군사 제도

① 중앙군 : 2군(국왕 친위 부대), 6위(수도 경비와 국경 방어), 직업 군인으로 편성되어 군인전을 지급받음

② 지방군 : 지방 치안을 담당한 주현군(5도)과 국경 수비를 담당한 주진군(양계)

(4) 관리 임용 제도

(과거가 음서보다 중시되었으나, 음서 출신자가 문벌이 좋고 인사권을 독점했기 때문에 고관 진출에 유리하였다.)

① 과거 제도

㉠ 종류 : 문과(관리), 잡과(기술관), 승과(승려) 운영, 무과는 실시하지 않음

㉡ 응시 자격 : 법적으로는 양인 이상이었으나, 실제로 제술업이나 명경업에는 주로 귀족과 상위 향리 자제들이 응시하였고, 백정 농민은 주로 잡과에 응시

㉢ 과거제의 특징과 절차 : 3년마다 정기적으로 시행하는 식년시(式年試)가 원칙이나 실제로는 격년시가 유행, 지공거(과거 시험관)와 급제자 사이에는 좌주와 문생의 관계가 성립되어 서로 유대를 굳게 맺음

② 음서 제도

㉠ 의미 : 공신과 종실의 자손, 5품 이상의 고위 관료의 자손(아들, 손자, 동생, 사위, 조카 등)에게 부여된 특권으로, 과거를 거치지 않고도 관료가 될 수 있는 제도

㉡ 특징 : 문벌 귀족 사회가 형성되는 과정에서 과거보다 중시되었으며, 조선 시대와 달리 음서 출신도 승진에 특별한 한계가 없었음

㉢ 의의 : 음서 제도는 공음전과 함께 고려 관료 체제의 귀족적 특성을 보여 줌

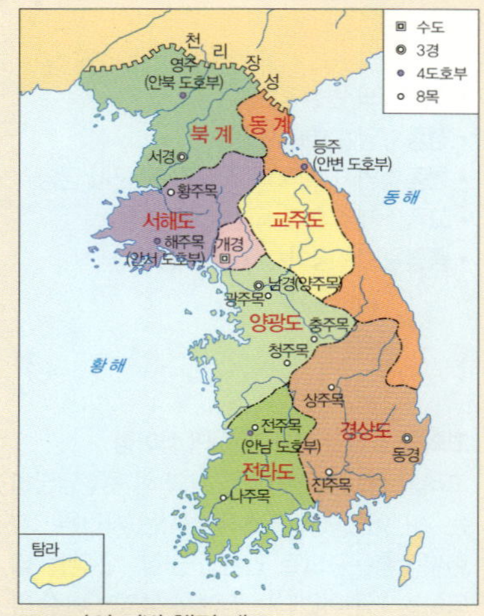

고려의 지방 행정 제도

성종의 지방 제도 정비
성종은 전국의 주요 지역에 12목을 설치하고 목사를 파견하였으며, 지방의 중소 호족을 향리로 편입하여 통제하였다.

향 · 부곡 · 소
향 · 부곡은 인구가 적은 곳 또는 전쟁 포로를 집단으로 수용하였거나, 반란 등으로 범죄를 저지른 곳에 두었다. 소는 나라에서 필요한 금, 은, 동, 철, 종이, 먹 등을 만들어 내는 곳에 두었다.

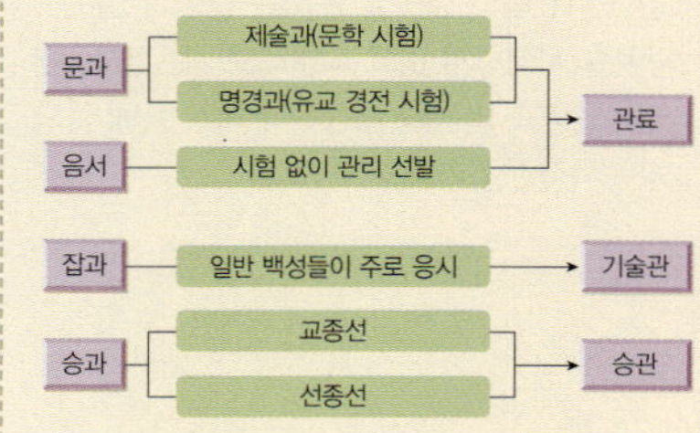

고려의 관리 임용 제도

문과의 종류
- **제술과(製述科)** : 한문학 시험으로 문학적 재능과 정책 등을 평가하였고, 과거 중 가장 중요시됨
- **명경과(明經科)** : 유교 경전에 대한 이해 능력을 시험하여 문관을 등용

1 고려의 건국과 후삼국의 통일

- 왕건이 신하들의 추대로 왕위에 올랐다.
- 신숭겸이 공산 전투에서 전사하였다.
- 궁예가 정변으로 왕위에서 축출되었다.
- 견훤이 경주를 습격하여 경애왕을 죽게 하였다.
  - ↳ 신라의 금성을 습격하여 경애왕을 죽게 하였다.

실전 자료 **궁예와 견훤에 대한 평가**

궁예는 본래 신라의 왕자로서 도리어 제 나라를 원수로 삼아 심지어는 선조(先祖)의 화상(畫像)을 칼로 베었으니 그 행위가 매우 어질지 못하였다.
견훤은 신라의 백성으로서 신라의 녹을 먹으면서 세력을 키우다가 화(禍)를 일으킬 마음을 품고 (신라의) 도읍을 침범하여 임금과 신하를 살해하니 (그 행위가) 마치 짐승과 같았다.
참으로 천하의 으뜸가는 악인이로다. 그러므로 궁예는 그 신하로부터 버림을 당하였고, 견훤은 그 아들에게서 화가 생겨났으니 모두 스스로 불러들인 것인데 누구를 원망한단 말인가.

– 『삼국유사』 –

- 왕건이 고창 전투에서 후백제군을 상대로 승리하였다.
- [후백제] 신검이 일리천 전투에서 고려군에 패배하였다.
  - ↳ 일리천 전투에서 왕건의 고려군에게 패배하였다.
  - ↳ 일리천 전투에서 신검의 군대를 격퇴하였다.
  - ↳ [후백제] 일리천 전투에서 고려군에게 패배하였다.
- [고려] 신라에 적극적인 우호 정책을 펼쳤다.
  - ↳ 발해 유민이 대규모로 이주해왔다.
  - ↳ 경순왕 김부를 경주의 사심관으로 삼았다.

2 고려 초기의 정책

- [태조] 평양을 서경으로 삼아 중시하였다.
  - ↳ 정계와 계백료서를 지어 관리의 규범을 제시하였다.
  - ↳ 정계와 계백료서를 지어 관리가 지켜야 할 규범을 제시하였다.
  - ↳ 계백료서를 지어 관리의 규범을 제시하였다.
- [정종] 광군을 조직하여 (거란의) 침입에 대비하였다.
  - ↳ (거란의) 침입에 대비하여 광군을 창설하였다.
- [정종] 외침에 대비하여 위하여 광군을 창설하였다.
- [광종] 광덕, 준풍 등의 독자적인 연호를 사용하였다.
  - ↳ 노비안검법을 실시하여 왕권을 강화하였다.
  - ↳ [과거] 후주 출신인 쌍기의 건의로 실시되었다.
  - ↳ 후주 출신인 쌍기의 건의로 시작되었다.
  - ↳ 쌍기의 건의로 과거제가 도입되었다.
  - ↳ 쌍기의 건의를 받아들여 과거 제도가 도입되었다.
- [성종] 최승로가 시무 28조를 올렸다.
  - ↳ (성종이) 최승로의 시무 28조를 받아들여 통치 체제를 정비하였다.
  - ↳ 전국에 12목을 처음으로 설치하고 지방관을 파견하였다.
  - ↳ 12목을 설치하고 지방관을 파견하였다.

3 통치 체제의 정비

- [중서문하성] 국정을 총괄하는 최고 중앙 관서였다.
- [중추원] 왕명 출납과 군사 기밀을 담당하였다.
- [현종] 도병마사를 설치하여 주요 문제를 논의하였다.
  - ↳ [도병마사] 원 간섭기에 도평의사사로 개편되었다.
  - ↳ 고려 말에 도평의사사로 명칭이 바뀌었다.
- [식목도감] 재신과 추밀 등으로 구성되어 법제와 격식을 논의하였다.
- [대간] 어사대의 관원과 중서문하성의 낭사로 구성되었다.
  - ↳ [어사대] 관리 임명에 대한 서경권을 행사하였다.
- [삼사] 화폐, 곡식의 출납과 회계를 맡았다.
  - ↳ 화폐와 곡식의 출납과 회계를 맡았다.
- 중앙군으로 2군 6위를 설치하였다.
  - ↳ 소속 군인에게 군인전이 지급되었다.
  - ↳ 응양군과 용호군으로 구성된 친위 부대였다.
- [주진군] 국경 지역인 북계와 동계에 배치되었다.
  - ↳ 국경 지역인 양계에 배치되었다.
- [과거] 향리의 자제가 중앙 관직으로 진출하는 통로가 되었다.
- [음서] 사위, 조카, 외손자에게 적용되기도 하였다.

1 (가) 왕이 시행한 정책으로 옳지 않은 것은? [2점]

발해가 거란의 군사에게 격파되자 그 나라 세자인 대광현 등이 우리나라가 의(義)로써 흥기하였으므로 남은 무리 수만 호를 거느리고 밤낮으로 길을 재촉하여 달려왔습니다. (가) 께서는 이들을 더욱 가엾게 여기시어 영접과 대우가 매우 두터웠고, 성과 이름을 하사하시기까지 이르렀습니다. 또한 그들을 종실의 족보에 붙이고, 본국 조상들의 제사를 받들도록 하셨습니다.

－『고려사』－

① 평양을 서경으로 삼아 중시하였다.
② 민생 안정을 위해 흑창을 설치하였다.
③ 경순왕 김부를 경주의 사심관으로 삼았다.
④ 국자감에 7재라는 전문 강좌를 개설하였다.
⑤ 계백료서를 지어 관리의 규범을 제시하였다.

| 해설 | **고려 태조의 업적**

제시된 자료에서 대광현은 발해의 왕족으로 발해 멸망 후 고려로 귀화하였다(934). 고려 태조는 민족 통합 정책의 일환으로 그에게 성씨를 부여하고 우대하였다. 사심관(事審官)은 고려 태조 때 중앙의 고위 관직으로 올라온 지방 세력을 그 출신 지역의 사심관으로 임명하여 지방을 통제하도록 한 제도이다. 이는 935년 고려 태조가 고려에 항복한 신라의 마지막 왕인 경순왕(김부)을 경주 사심관으로 삼아 부호장 이하의 향직을 다스리게 한 데에서 비롯되었다. 고려 태조는 아울러 빈민을 구제하기 위한 기구로 흑창을 설치하기도 하였다(918).

한편, 태조는 고구려의 옛 땅을 되찾고자 하는 열망으로 강력한 북진 정책을 추진하여 평양을 서경으로 삼고, 북진 정책의 전진 기지로 적극 개발하였다. 또 정계와 계백료서를 지어 관리들이 지켜야 할 규범을 제시하였다(936).

| 오답 넘기 |

④ 고려 예종은 관학 부흥을 위하여 국학에 최충의 9재 학당과 비슷하게 전문 강좌 7재를 설치하였다(1109).

정답 ④

2 밑줄 그은 '폐하'에 대한 설명으로 옳은 것은? [2점]

폐하께서 실시한 노비안검법에 대해 말씀해 주십시오.
원래는 노비가 아니었는데 전쟁에서 포로가 되었거나 빚 때문에 강제로 권세가의 노비가 된 자들을 양인으로 해방시킨 정책입니다.

① 12목을 설치하고 지방관을 파견하였다.
② 신돈을 등용하고 전민변정도감을 두었다.
③ 민생 안정을 위해 흑창을 처음 설치하였다.
④ 주전도감을 설치하여 해동통보를 발행하였다.
⑤ 광덕, 준풍 등의 독자적인 연호를 사용하였다.

| 해설 | **광종의 왕권 강화 정책**

제시된 자료에서 '노비안검법을 실시'했다는 내용으로 보아 밑줄의 '폐하'는 고려 광종임을 알 수 있다(956). 고려 광종은 노비안검법을 실시하여 호족의 세력을 약화시키고 국가의 수입 기반을 확대하였다. 이어 쌍기가 제안한 과거 제도를 시행하여(958), 유학을 익힌 신진 인사를 등용하고 신구 세력의 교체를 도모하였으며, 지배층의 위계 질서를 확립하기 위하여 백관의 공복을 제정하였다(960). 또 공신과 호족 세력을 제거하여 왕권을 강화하였다. 그리고 국왕의 권위를 높이기 위하여 황제를 칭하고, 광덕 · 준풍 등 독자적인 연호를 사용하기도 하였다.

| 오답 넘기 |

① 고려 성종은 지방에 12목을 설치하여 지방관을 파견하였다(983).
② 공민왕은 신돈을 등용하여 전민변정도감을 설치하고 권문 세족들이 부당하게 빼앗은 토지와 노비를 본래의 소유주에게 되돌려주었다(1336).
③ 고려 태조는 민생 안정을 위해 빈민 구제 기관인 흑창을 설치하였다(918).
④ 대각국사 의천의 건의에 따라 주전도감을 설치(1097)하여 해동통보를 발행한 왕은 고려 숙종이다(1102).

정답 ⑤

3 밑줄 그은 '왕'의 업적으로 옳은 것은? [2점]

> 왕이 명령하기를, "…… 경관(京官) 5품 이상은 각기 봉사를 올려 시정(時政)의 잘잘못을 논하라."라고 하였다. …… 최승로가 올린 글의 대략은 다음과 같다. "…… 이제 앞선 5대 조정(朝廷)의 정치와 교화에 대해서 본받을 만한 좋은 행적과 경계할 만한 나쁜 행적을 삼가 기록하여 조목별로 아뢰겠습니다. ……"
>
> –『고려사절요』–

① 12목을 설치하고 지방관을 파견하였다.
② 관학 진흥을 위해 양현고를 설치하였다.
③ 왕권 강화를 위해 노비안검법을 실시하였다.
④ 신돈을 등용하고 전민변정도감을 설치하였다.
⑤ 빈민을 구제하기 위해 흑창을 처음 설치하였다.

| 해설 | 고려 성종의 유교 통치

고려 성종은 유학자 최승로의 시무 28조를 받아들여 전국의 주요 지역에 12목을 설치해 지방관을 파견하고 향리 제도를 마련하여 지방 세력을 견제하였다(983). 또, 국자감을 정비하고, 지방에 경학 박사와 의학 박사를 파견하여 유학 교육의 진흥에 노력하였다(992).

| 오답 넘기 |

② 고려 예종 때에는 국자감을 재정비하여 7재라는 전문 강좌를 설치하고(1109), 양현고라는 장학 재단을 두어 관학의 경제 기반을 강화하였다(1119).
③ 광종은 노비안검법을 실시하여 호족들이 불법으로 차지하고 있던 노비들을 양인으로 해방시켜 호족 세력의 경제 기반 약화와 왕권 강화를 추구하였다(956).
④ 공민왕은 신돈을 등용하여 전민변정도감을 설치하고 권문세족들이 부당하게 빼앗은 토지와 노비를 본래의 소유주에게 되돌려주었다(1366).
⑤ 고려 태조는 민생 안정을 위해 빈민 구제 기관인 흑창을 설치하였다(918).

정답 ①

4 (가), (나) 왕이 실시한 정책으로 옳은 것은? [3점]

> 백제의 견훤은 흉포하고 무도하며, 난을 일으키기를 좋아하여 임금을 죽이고 백성들에게 가혹하게 하였습니다. (가) 께서 이를 듣고 잠을 자고 식사를 할 겨를도 없이 군사들을 이끌고 가서 토벌하여 마침내 위태로운 나라를 구하였으니, 그 옛 임금을 잊지 않고 기울어지고 위태로웠던 신라를 바로잡고 도우심이 또한 이르하였습니다. …… (가) 께서는 정종의 고명(顧命)을 받으셨는데 …… 쌍기가 투탁하여 온 이후로는 문사(文士)를 존숭하고 중히 여겨 은혜를 베풀고 예우함이 과도하게 후하였습니다.

① (가) – 흑창을 설치하여 민생을 안정시켰다.
② (가) – 광덕, 준풍 등의 독자적인 연호를 사용하였다.
③ (나) – 12목을 설치하고 지방관을 파견하였다.
④ (나) – 상수리 제도를 실시하여 지방 세력을 통제하였다.
⑤ (가), (나) – 현직 관리에게 전지와 시지를 지급하였다.

| 해설 | 고려 초기의 체제 정비

(가)는 태조 왕건으로 궁예나 견훤과는 달리 친신라 정책을 취했으며 취민유도를 내세워 호족들이 지나치게 세금을 거두지 못하도록 하고, 조세 제도를 합리적으로 조정하여 세율을 10분의 1로 낮추었다. 아울러 빈민을 구제하기 위한 기구로 흑창을 설치하기도 하였다. (나)는 고려 광종으로 호족 세력을 제거하고 왕권 강화에 필요한 여러 조치를 하였다. 956년에는 노비안검법, 958년에는 과거제를 처음으로 시행하였으며, 960년에는 백관의 공복 제정으로 관료 내부의 서열을 정비하였다. 이러한 배경에는 중국 후주(後周)로부터 귀화한 쌍기의 등용과 밀접한 관련이 있는데, 쌍기는 후주에서의 경험을 고려 사회에 적용시켜 광종에게 왕권 강화의 구체적 방안을 제시하면서 보좌하였을 것으로 추정된다.

| 오답 넘기 |

② 광덕 · 준풍 등의 독자적인 연호를 사용한 것은 고려 광종이다.
③ 고려 성종은 지방에 12목을 설치하여 목사를 파견하였다(983).
④ 상수리 제도는 신라의 지방 세력 통제 방법으로 지방 세력가의 자제 등을 중앙에 머물게 하는 제도이다.
⑤ 고려 문종 때 경정 전시과는 현직 관리 중심으로 전지와 시지를 지급한 것이다(1076).

정답 ①

5 (가), (나) 기구에 대한 설명으로 옳은 것을 〈보기〉에서 고른 것은? [2점]

이번에 (가) 의 수장인 문하시중의 자리에 오르셨다고 들었습니다. 영전을 축하드립니다.

고맙네. 자네가 (나) 에서 맡고 있는 어사대부 직책도 중요하니 열심히 하시게.

보기

ㄱ. (가) – 화폐, 곡식의 출납과 회계를 맡았다.
ㄴ. (가) – 국정을 총괄하는 최고 중앙 관서였다.
ㄷ. (나) – 원 간섭기에 도평의사사로 개편되었다.
ㄹ. (나) – 관리 임명에 대한 서경권을 행사하였다.

① ㄱ, ㄴ ② ㄱ, ㄷ ③ ㄴ, ㄷ
④ ㄴ, ㄹ ⑤ ㄷ, ㄹ

| 해설 | 고려 중앙 통치 제도

고려에서는 (가) 중서문하성이 국정을 총괄하는 최고 관청으로 그 장관인 문하시중이 국정을 총괄하였다. (나) 어사대는 정치의 잘잘못을 논하고 관리의 비리를 감찰하는 임무를 맡았다. 어사대의 관원은 중서문하성의 낭사와 함께 대간으로 불렸는데 관리의 임명과 법령의 개폐 등에 동의하는 서경권을 행사하였다.

| 오답 넘기 |

ㄱ. 고려 시대 삼사는 화폐와 곡식 출납에 대한 회계를 담당하였다. 참고로 조선 시대의 삼사는 언론 기관이다.
ㄷ. 도병마사는 고려 초기에는 임시 회의 기구였으나, 후기에 도평의사사로 개편되면서 구성원이 확대되고, 국정 전반에 걸친 중요 사항을 담당하는 최고 정무 기구로 발전하였다.

정답 ④

6 다음 제도를 운영한 국가의 지방 통치에 대한 설명으로 옳은 것은? [2점]

> 6위를 설치하였다. …… 6위에 직원(職員)과 장수를 배치하였다. 그 후에 응양군과 용호군 2군을 설치하였는데 2군은 6위보다 지위가 높았다.

① 전국을 5경 15부 62주로 나누었다.
② 특수 행정 구역으로 향, 부곡, 소가 있었다.
③ 지방 장관으로 욕살, 처려근지 등을 두었다.
④ 상수리 제도를 실시하여 지방 세력을 견제하였다.
⑤ 수도의 위치가 치우친 것을 보완하기 위해 5소경을 설치하였다.

| 해설 | 고려의 지방 통치 제도

고려 시대 중앙군 중 2군은 국왕의 친위군으로서 응양군, 용호군으로 구성되었으며, 6위보다 한 단계 우위의 부대이다.

② 고려 시대에는 양민이면서 군 · 현민과 구별되는 특수 행정 구역인 향, 부곡, 소에 거주한 주민이 더 많은 세금 부담을 지고 있었다. 거주하는 곳도 소속 집단 내로 제한되어 다른 지역으로 이주하는 것이 원칙적으로 금지되었다. 향이나 부곡에 거주하는 사람은 농업을, 소에 거주하는 사람은 수공업이나 광업품의 생산을 주된 생업으로 하였다.

| 오답 넘기 |

① 발해는 넓은 영토를 다스리기 위해 5경 15부 62주의 지방 행정 조직을 갖추었다(발해 선왕 때).
③ 고구려는 지방에 5부를 두었고, 장관으로 욕살을 파견하였다. 그 아래 성(城)은 처려근지 또는 도사가 다스렸다.
④ 상수리 제도는 신라의 지방 세력 통제 방법으로 지방 세력가의 자제 등을 중앙에 머물게 하는 제도이다.
⑤ 5소경의 설치는 통일 신라의 수도가 한 쪽에 치우쳐 있어 이에 대한 보완책이었다(685, 신문왕 5).

정답 ②

7 (가), (나) 제도에 대한 설명으로 옳은 것은? [2점]

(가) 신라왕 김부가 와서 항복하자 신라국을 없애 경주라 하고, 김부를 경주의 사심(事審)으로 임명하여 부호장 이하 관직 등을 주관토록 하였다.
-『고려사』-

(나) 국초에 향리의 자제를 뽑아 개경에서 볼모로 삼고 또한 출신지의 일에 대한 자문에 대비하도록 하였는데, 이를 기인(其人)이라 하였다.
-『고려사』-

① (가) – 후주 출신 쌍기의 건의로 도입되었다.
② (가) – 젊고 유능한 관리를 재교육하기 위해 시행되었다.
③ (나) – 5품 이상 문무 관리를 대상으로 마련되었다.
④ (나) – 좌수와 별감이라는 향임직을 두어 운영되었다.
⑤ (가), (나) – 지방 세력에 대한 통제를 목적으로 실시되었다.

| 해설 | 고려의 지방 세력 견제책

(가)는 사심관 제도, (나)는 기인 제도이다. 사심관은 고관에게 자신의 출신 지역으로 토착 세력을 관장하도록 한 제도이며, 기인 제도는 지방의 토착 세력의 자제를 수도에 머물게 하면서 해당 지역의 자문 역할을 담당하게 한 제도로 일정 기간이 지나면 관직을 수여하였다.

| 오답 넘기 |

① 고려 광종은 쌍기의 건의를 받아들여 과거제를 시행하였는데 유학을 공부한 인재를 관리로 선발함으로써 자신의 정책을 뒷받침하는 세력으로 삼고자 하였다(958).
② 조선 정조는 스스로 초월적 군주로 군림하면서 스승의 입장에서 신하들을 양성하고 재교육하는 초계문신제를 시행하였다(1781).
③ 고려에서는 왕실과 공신의 후손 및 5품 이상 고위 관리의 자손에게 시험 없이 관직을 주는 음서제를 실시하였는데 이들은 가문의 배경에 힘입어 고위 관료로 승진할 수 있었다.
④ 향임이 좌수와 별감인 경우는 조선 시대 유향소(향청)이다.

정답 ⑤

8 (가), (나) 제도에 대한 설명으로 옳은 것을 〈보기〉에서 고른 것은? [2점]

(가) 제술업 · 명경업의 두 업(業)과 의업 · 복업(卜業) · 지리업 · 율업 · 서업 · 산업(算業) …… 등의 잡업이 있었는데, 각각 그 업으로 시험을 쳐서 벼슬길에 나아가게 하였다.
-『고려사』-

(나) 무릇 조상의 공로[蔭]로 벼슬길에 나아가는 자는 모두 나이 18세 이상으로 제한하였다.
-『고려사』-

보기

ㄱ. (가) – 재가한 여자의 자손은 응시에 제한을 받았다.
ㄴ. (가) – 향리의 자제가 중앙 관직으로 진출하는 통로가 되었다.
ㄷ. (나) – 후주 출신 쌍기의 건의로 시작되었다.
ㄹ. (나) – 사위, 조카, 외손자에게 적용되기도 하였다.

① ㄱ, ㄴ ② ㄱ, ㄷ ③ ㄴ, ㄷ
④ ㄴ, ㄹ ⑤ ㄷ, ㄹ

| 해설 | 고려의 관리 등용 제도

(가)는 고려 시대 과거제에 대한 자료이다. 과거제는 공신이나 호족의 세력을 누르고 신진 관료를 등용하려는 의도에서 시작되었으며 제술과, 명경과, 잡과, 승과로 나누어졌다. 제술업은 시, 부, 송, 책 같은 문학적 재능을 시험하였고, 명경업은 유교 경전에 대한 지식을 시험하였다. (나) 고려는 과거 이외에 음서를 통해서도 관리가 될 수 있었다. 공신과 종실의 자손, 5품 이상의 관료의 자손 등은 과거를 거치지 않고도 관료가 될 수 있는 음서의 혜택을 누려 관료로서의 지위를 세습하기도 하였다.

ㄴ. 고려 시대의 향리 중 상층 향리인 호장의 자손에게는 지방 교육의 기회와 더불어 과거 응시 자격이 주어졌고, 이를 통한 중앙 관료 진출에 아무런 제약이 없었다.
ㄹ. 고려 시대에는 결혼 후 처가에서 생활하는 경우가 적지 않았으며, 사위와 외손자에게까지 음서의 혜택이 있었다.

| 오답 넘기 |

ㄱ. 고려 시대에는 여성의 재혼이 금지되지 않았을 뿐만 아니라 떳떳하고 자연스러운 것으로 받아들여졌으며, 재가녀 소생의 자식도 사회적 진출에 차별을 두지 않았다. ㄷ. 고려 광종은 후주의 귀화인 쌍기의 건의를 받아들여 과거제를 시행하였다.

정답 ④

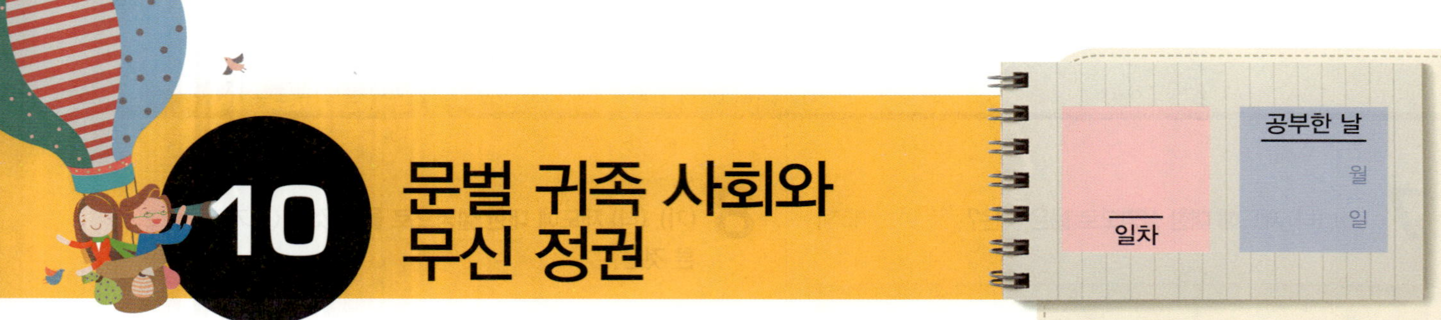

10 문벌 귀족 사회와 무신 정권

❶ 문벌 귀족 사회의 성립과 동요

(1) 문벌 귀족 사회의 성립

① 새로운 지배층의 등장 : 지방 호족 출신 중앙 관료와 신라 6두품 계통의 유학자 출신으로 여러 대에 걸쳐 중앙 고위 관직 차지

② 특징

㉠ 정치 권력 독점 : 과거와 음서를 통해 관직 독점

㉡ 경제력의 독점 : 과전과 공음전의 혜택, 권력을 이용한 불법적인 토지 소유

㉢ 사회적 특권의 독점 : 가문과 문벌을 중시하였으며, 왕실과의 혼인 관계를 통하여 특권을 유지하면서 점차 폐쇄화, 보수화되어 감

③ 문벌 귀족 사회의 모순 : 왕과 밀착된 지방 출신 측근 세력과 문벌 귀족의 대립 → 이자겸의 난, 묘청의 서경 천도 운동 등

(2) 이자겸의 난(인종, 1126)

① 경원 이씨의 권력 독점 : 경원 이씨 세력은 문종 대부터 인종 대까지 왕의 외척 세력으로 80여 년간 집권

② 이자겸의 성장 : 예종과 인종의 외척이 되면서 스스로 정치 권력을 강화시켜 나갔으며, 예종의 측근 세력을 몰아낸 후 인종이 즉위하면서 그 세력이 더욱 막강해짐 → 왕권 위협

③ 이자겸의 난 : 이자겸을 제거하려는 인종의 계획이 사전에 발각되자 이자겸은 척준경과 함께 난을 일으켜 인종을 가두고 정권을 장악 → 인종이 척준경을 이용하여 이자겸을 제거 → 경원 이씨 몰락

척준경은 이자겸의 아들 이지원의 장인으로 이자겸 · 척준경 양가의 유대는 매우 깊었다.

④ 이자겸의 정책 : 문벌 중심의 폐쇄적 정치 질서를 유지하고자 하였으며, 자신의 특권을 유지하기 위해 사회 안정을 명분으로 금의 사대 요구를 수용

⑤ 결과 : 중앙 집권층 사이의 분열을 드러냄으로써 문벌 귀족 세력의 동요, 왕실 권위 추락

(3) 묘청의 서경 천도 운동(인종, 1135)

① 배경 : 이자겸의 난 이후 왕실의 권위 추락, 특정 가문의 정치 독점에 대한 반성, 금과 사대의 예를 맺은 것에 대한 불만, 풍수지리설의 유행

② 원인 : 개경 세력과 서경 세력의 대립

구분	서경파 (지방 출신의 개혁적 관리)	개경파 (보수적 귀족 세력)
중심 인물	묘청, 정지상 등	김부식 등
성격	개혁적	보수적
대외 정책	북진주의 표방 (금국 정벌, 칭제 건원, 서경 천도)	사대주의 강조 (금과 외교)
사상	전통적 풍수지리 사상	보수적 유교 정치 사상
계승 의식	고구려 계승 의식	신라 계승 의식

대표적인 문벌 귀족
- 안산 김씨(김은부)
- 인주(경원) 이씨(이자겸)
- 해주 최씨(최충)
- 파평 윤씨(윤관)
- 경주 김씨(김부식)

공음전
5품 이상의 관료에게 지급한 토지로 자손에게 세습할 수 있었다. 이는 음서제와 함께 귀족의 지위를 유지할 수 있는 기반이 되었다.

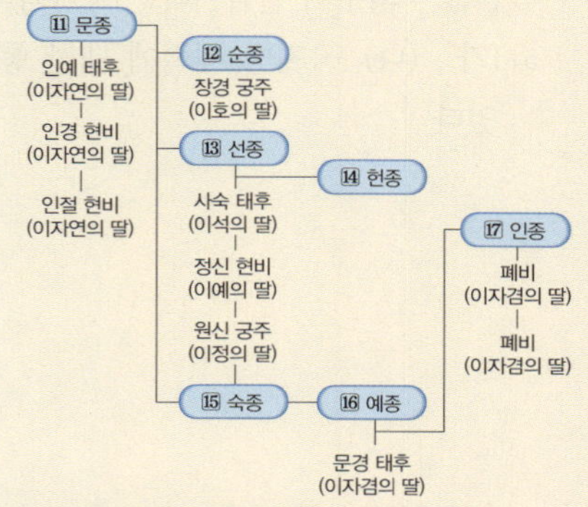

경원 이씨와 왕실의 혼인 관계

십팔자위왕설
이(李)자를 파자(破字)하여 십팔자(十八子), 혹은 목자(木子)로 표현한 것으로 이자겸은 십팔자위왕설을 믿고 왕위를 찬탈하기 위해 반란을 일으켰으며 인종을 억류한 상태에서 독살을 꾀하였다.

풍수지리설
산세나 지형이 인간의 길흉화복에 영향을 끼친다는 사상. 신라 말에 중국에서 전래되어 고려 때 크게 유행하였다.

대화궁 터 묘청 등 서경 세력의 주장에 따라 1129년 세워진 대화궁은 현재 터만 남아 있다.

③ 경과 : 묘청의 서경 천도 추진 → 개경 세력의 반대로 서경 천도 좌절 → 묘청 세력이 서경에서 반란(국호 '대위', 연호 '천개') → 김부식의 관군에 의해 약 1년 만에 진압

④ 결과 : 개경파 문벌 귀족의 세력 강화, 북진 정책 좌절, 성종 때 설치되었던 분사 제도와 3경 제도가 폐지, 문신 위주의 관료 체제 강화

⑤ 의의 : 문벌 귀족 사회 내부의 분열, 자주적 전통 사상과 사대적 유교 정치 사상의 충돌, 고려인의 자주 의식 확인

⑥ 평가 : 단재 신채호 선생은 「조선사연구초」에서 묘청의 난을 '조선 역사상 일천년래 제일대 사건'으로 묘청의 자주성을 높이 평가

Click ! ● 묘청의 서경 천도 운동

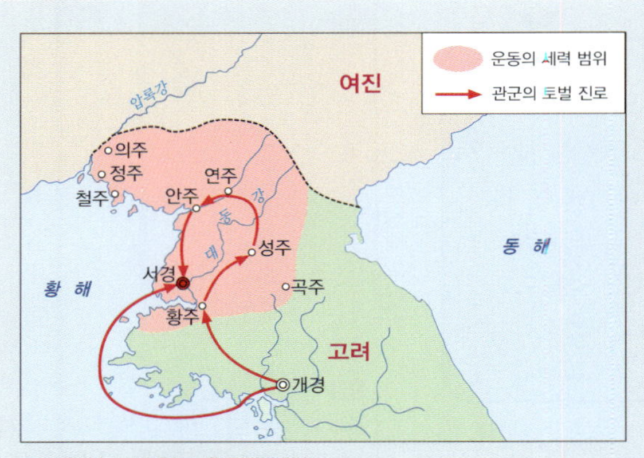

묘청의 서경 천도 운동과 진압

이 싸움은 불교 대 유교의 싸움이며, 국풍파 대 한학파의 싸움이며, 독립당 대 사대당의 싸움이며, 진취 사상 대 보수 사상의 대결이다. 묘청은 전자의 대표요, 김부식은 후자의 대표였다. 묘청의 서경 천도 운동에서 묘청이 패하고 김부식이 이겼으므로 조선사가 사대적, 보수적, 속박적 사상인 유교 사상에 정복되고 말았다. 만약 김부식이 패하고 묘청이 이겼더라면, 조선사가 독립적, 진취적으로 발전하였을 것이니 이것이 어찌 일천년 이래 가장 큰 사건이라 하지 않으랴.

– 신채호, 『조선사연구초』 –

❷ 무신 정권의 성립

(1) 무신 정변(1170)

의종이 보현원 행차 때 수박 경기를 열었는데, 대장군 이소응이 젊은 문신 한뢰에게 뺨을 맞는 모욕을 당하였다.

① 배경 : 문벌 귀족 지배 체제의 모순 심화, 의종의 사치와 향락, 문신 우대와 무신 차별 대우, 군인전을 지급받지 못한 하급 군인들의 불만

② 과정 : 수박(手搏) 경연 과정에서 무신 차별에 불만을 가진 정중부, 이의방 등이 무신 정변 주도 → 다수의 문신 제거, 의종 폐위 → 명종을 세워 정권 장악

③ 무신 정권 초기의 상황

㉠ 무신 정권에 대한 반발 : 조위총의 난, 김보당의 난, 개경 승도의 난

㉡ 중방의 최고 권력 기구화 : 원래 2군 6위의 상장군과 대장군이 모여 군사 문제를 의논하던 회의 기구인 중방(重房)을 중심으로 일종의 집단 지도 체제를 이루며 정치 활동을 주도

㉢ 사회 혼란 가중 : 전시과 제도가 붕괴되고 농장이 확대, 지방 통제력 약화, 하극상의 풍조

㉣ 무신 집권자와 권력 기구의 변천 : 정중부(중방) → 경대승(도방) → 이의민(중방) → 최충헌(도방, 교정도감) → 최우(정방)

무신에 대한 차별 대우
무신은 정3품 상장군까지만 올라갈 수 있었으며, 군대의 총사령관도 무신이 아닌 문신이 맡았다. 거란의 침략을 물리친 강감찬이나 서경 천도 운동을 진압한 김부식 등은 모두 문신이었다.

수박희 손을 써서 상대를 공격하거나 수련하는 우리나라 전통 무예

(2) 최씨 무신 정권 : 최충헌 집권 이후 4대 지속

① 최충헌의 집권

㉠ 도방의 부활(1200) : 사병 집단으로 경대승 때 권력 강화 기구로 설치되었던 도방을 다시 설치하여 신변을 경호하고 무단 정치를 강화, 도방은 최우 때 설치된 삼별초와 함께 최씨 정권을 유지하는 군사적 기반이 됨

㉡ 교정도감 설치(1209) : 최충헌이 반대 세력을 제거할 목적으로 설립한 기구로 점차 관리에 대한 감찰, 인사 행정 및 재정권까지 담당하게 되면서 국정을 총괄하는 최고 정치 기구로 발전, 교정도감의 최고 책임자인 교정별감은 최씨 가문에서 세습

최충헌은 봉사 10조라는 개혁안을 올려 무신 정권 초기의 혼란을 수습하려고 하였으나, 제대로 시행되지 못하였다.

㉢ 사회 개혁안(봉사 10조) 제시(1196) : 귀족들에 의한 불법적 토지 겸병과 승려의 고리대업 금지, 조세 제도의 개혁 등의 요구가 반영되어 있었으나 최씨 정권 역시 대농장을 경영하고 사병을 양성하여 실효를 거두지 못함

Click ! ● 최충헌의 봉사 10조

그가 동생과 함께 봉사(封事)를 올리기를 "살펴보건대 적신 이의민은 성품이 사납고 잔인하여 윗사람을 업신여기고 아랫사람을 능멸하여 임금의 자리를 흔들고자 하였습니다. 재앙의 불길이 성하여 백성이 편히 살 수 없었습니다. 신 등이 폐하의 위엄과 정신에 힘입어 일거에 소탕하여 제거하였습니다. 원컨대 폐하께서는 옛 것을 개혁하고 새로운 것을 도모하셔서 태조의 바른 법을 한결같이 따라 이를 행하여 빛나게 중흥하소서."라고 하였다.

-『고려사』-

② 최우의 집권

㉠ 정방(政房) 설치(1225) : 최우 역시 교정도감을 통하여 정치를 장악하였고, 자기 집에 정방을 설치하여 모든 관직에 대한 인사권을 행사

㉡ 서방(書房) 설치(1227) : 문인들의 숙위 기관인 서방을 설치하여 문사의 전문적 지식으로 고문 역할을 담당하게 함

㉢ 삼별초의 조직(1232) : 좌별초 · 우별초 · 신의군으로 구성된 최씨 정권의 사병이었으나 몽골과의 항쟁 과정에서 고려 무신의 자주성을 보여 줌

㉣ 대몽 항쟁 : 몽골과의 항쟁을 위하여 강화도로 천도하고 몽골의 침입을 불교의 힘으로 격퇴하고자 팔만대장경을 조판

Click ! ● 정방

- 문정공 유경이 김준과 함께 최의를 죽이고 권력을 왕실에 돌려준 후에도 이 기구가 없어지지 않았다. 권세가들이 사사롭게 부르던 이름을 그대로 계속 사용한 것은 탄식할 만한 일이다. -『역옹패설』-
- 공민왕 5년 6월 왕이 교서를 내리기를, "이 기구는 권신에 의해 설치된 것으로, 조정에서 사람들에게 관직을 주는 본의와 어긋난다. 이제 이를 영구히 폐지할 것이다."라고 하였다. -『고려사』-

③ 무신 정권기의 사회 동요

(1) 배경 : 무신 정변으로 신분제 동요, 국가 통제력 약화, 무신들의 농장 확대로 수탈 강화

중방
무신의 고관인 상장군과 대장군이 모여 군사 문제를 의논하던 기구이다. 무신 집권 초기에 통치 기구의 핵심으로 군사, 형벌을 비롯하여 관리의 인사 문제까지 처리하였다.

도방
무신 집권자들은 자신의 권력을 지키고 신변을 보호하기 위해 사병을 두었는데, 처음에는 노비 등의 가속(家屬)을 무장시켜 조직하였다. 도방은 이를 보다 조직화한 것으로 경대승이 신변 호위를 위해 만든 것에서 시작되었다. 이후 도방은 최충헌 때 최씨 정권을 지키는 권력 기구로 재건되었으며, 최우 때 확대 개편되었다.

정방
본래 인사 행정은 이부와 병부에서 맡았으나, 최충헌 때부터 교정도감에서 인사 행정에 깊이 관여하였다. 최우는 이를 한층 강화하고 제도화하여 정방을 만들었으며, 정방에서 인사 행정을 전담하게 함으로써 관료와 그 후보군들에게 충성심을 유도하였다. 최우는 정방을 통해 유학 지식과 행정 실무 능력을 갖춘 문인을 등용하기도 하였다.

(2) 기득권층의 반발

① 김보당의 난(계사의 난) : 무신들이 정권을 독점하자 명종 때 동북면 병마사 김보당이 의종의 복위를 꾀하며 일으킨 난(1173)

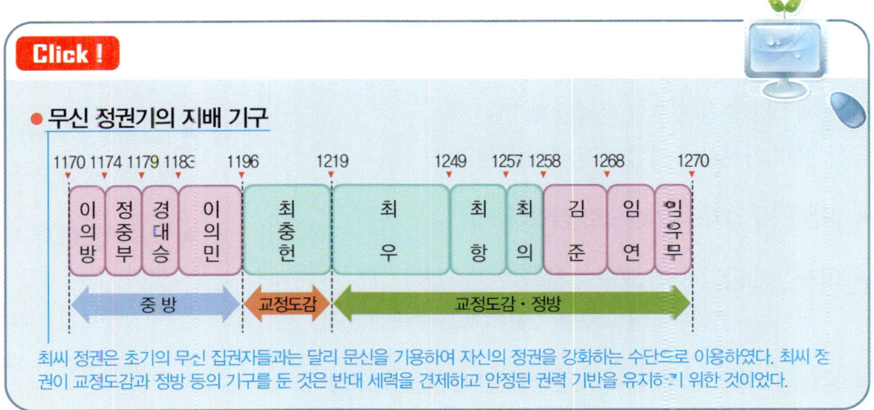

조위총의 난은 개경 무신 집권자들의 탐학과 수탈에 대한 반발로 일어난 사건이다. 이 난은 당시 사회 · 경제적 혼란에 대한 서북면 민중의 봉기였다는 측면에서 민란의 성격도 가진다.

② 조위총의 난 : 서경 유수 조위총이 지방군과 농민군을 이끌고 중앙 무신들에게 항거했으나 실패(1174~1176)

③ 개경 승도의 난 : 귀법사 등의 문신 귀족과 연결되었던 교종 계통의 승려들이 무신 정권에 반발하여 일으킨 반란(귀법사의 난, 1174)

(3) 농민 봉기

무신 정변 이후 일어난 여러 봉기 중에서도 특수 행정 구역인 소에서 일어났다는 점이 특징이다. 이들의 항쟁은 이후 특수 행정 구역이 소멸되는 데 큰 영향을 끼쳤다.

① 망이 · 망소이의 봉기 : 공주 명학소의 주민들이 무거운 조세 부담에 반발(공주 명학소의 난, 1176) → 한때 충청도 일대 점령 → 개경까지 공격 시도

② 김사미와 효심의 봉기 : 경상도의 운문(청도)과 초전(울산)을 중심으로 봉기
1193

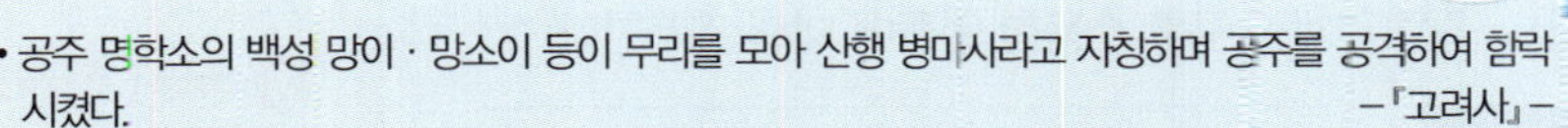

• 공주 명학소의 백성 망이 · 망소이 등이 무리를 모아 산행 병마사라고 자칭하며 공주를 공격하여 함락시켰다. – 『고려사』 –

• 남쪽 지방에서 적도들이 벌떼처럼 일어났다. 그중 심한 것은 운문(지금의 경상북도 청도군 일대)에 웅거한 김사미와 초전에 자리 잡은 효심인데, 이들은 유랑하는 무리들을 불러 모아 주·고을을 노략질하였다. 왕이 이를 근심하여 대장군 전존걸에게 장군 이지순 등을 이끌고 가서 남적을 토벌하도록 하였다. – 『고려사』 –

(4) 천민 봉기 : 신분 해방 운동의 성격

① 전주 관노의 봉기 : 지방관의 가혹한 수탈에 반발(죽동의 난, 1182)

② 만적의 봉기 : 최충헌의 사노비인 만적이 '천민을 없애자'라는 구호 아래 신분 해방 운동 주도(1198) → 사전에 발각되어 실패

(5) 삼국 부흥 운동 : 신라 부흥 운동(이비 · 패좌), 고구려 부흥 운동(최광수), 백제 부흥 운동(이연년 형제)이 일어나 왕조 자체를 부정하는 급진성을 보여줌

■ 무신 집권기의 주요 민란 봉기지

묘청의 서경 천도 운동(1135), 최광수, 서경, 개경, 만적, 이자겸의 난(1126), 무신정변(1170), 노 군, 충주, 금 단, 울진, 공주(대전), 이비 · 패좌, 망이 · 망소이, 전주, 경주, 운문, 효 심, 전주 관노, 담양, 진주, 초전, 김사미, 이연년 형제, 정방의, 황 해, 동 해

⇧ 무신 집권기 하층민의 봉기

만적의 봉기

"국가에서 경계년(무신 정변) 이래로 천한 무리에서 높은 관직에 오르는 경우가 많이 일어났으니, 장군과 재상이 어찌 종자가 따로 있으랴? 때가 오면 누구나 할 수 있을 것이다. 어찌 우리는 고달프게 일하면서 채찍 아래 곤욕을 당할 수 있느냐?" 하니 모든 노비가 그렇게 여겼다. – 『고려사』 –

❶ 문벌 귀족 사회의 성립과 동요

- 이자겸이 왕실의 외척이 되어 권력을 독점하였다.
  - ↳ 왕실의 외척인 이자겸이 권력을 독점하였다.
  - ↳ 왕실과 중첩된 혼인 관계를 맺었다.
  - ↳ 유력 가문과 중첩된 혼인 관계를 맺었다.
- 공음전을 경제적 기반으로 삼았다.
- 이자겸이 금의 사대 요구 수용을 주장하였다.
  - ↳ 이자겸이 금의 사대 요구를 수용하자고 주장하였다.
- 왕실의 외척인 이자겸이 척준경과 함께 난을 일으켰다.
  - ↳ 왕실의 외척인 이자겸이 난을 일으켰다.
  - ↳ [척준경] 이자겸과 함께 난을 일으켰다.
- [서경 천도 운동] 묘청 등이 중심이 되어 서경 천도를 주장하였다.
  - ↳ 묘청이 서경에서 난을 일으켰다.
  - ↳ 고구려 부흥을 기치로 내세웠다.
  - ↳ 칭제 건원과 금국 정벌을 주장하였다.
  - ↳ 풍수지리설에 근거하여 천도를 주장하였다.
  - ↳ 개경파와 서경파의 대립으로 일어났다.
  - ↳ 김부식이 서경의 반란군을 진압하기 위해 출정하였다.
  - ↳ 묘청 일파가 김부식이 이끄는 관군에 의해 토벌되었다.
  - ↳ [김부식] 서경에서 묘청이 일으킨 난을 진압하였다.
- 금의 군신 관계 요구를 수용한 인물에 대해 조사한다.

실전 자료 **김부식의 서경 천도 운동 진압**

중군(中軍) 김부식이 아뢰기를, "윤언이는 정지상과 결탁하여 생사를 함께 하기로 맹세한 당(黨)이 되어 크고 작은 일마다 실제로 함께 의논하였습니다. 또한 임자년에 왕께서 서경으로 행차하실 때, 글을 올려 연호를 세우고 황제로 칭하기를 청하였습니다. …… 이는 모두 금나라를 격노하게 하여 이때를 틈타 방자하게도 자기 당이 아닌 사람을 처치하고 반역을 도모한 것이니 신하의 마음이 아니었습니다."라고 하였다.

– 『고려사』 –

❷ 무신 정권의 성립

- 정중부 등이 (보현원에서) 정변을 일으켜 권력을 장악하였다.
- 중방을 중심으로 권력을 장악하였다.
- 의종이 왕위에서 쫓겨나 거제도로 추방되었다.
- [도방] 경대승에 의해 설치된 숙위 기관이었다.
  - ↳ 경대승이 신변 보호를 위해 만든 사병 조직이다.
- [김보당, 조위총] 무신 정권을 타도하려고 하였다.
  - ↳ 조위총이 군사를 일으켜 정중부 등의 제거를 도모하였다.
- [최충헌] 봉사 10조를 국왕에게 올려 시정 개혁을 제안하였다.
  - ↳ 교정도감을 통하여 정치권력을 행사하였다.
  - ↳ 교정별감이 되어 국정 전반을 장악하였다.
- [교정도감] 최씨 무신 정권의 권력 기반 강화를 위해 조직되었다.
  - ↳ 최씨 무신 정권에서 국정을 총괄한 최고 권력 기구
  - ↳ 최씨 무신 정권의 최고 권력 기구로 활용되었다.
- [최우] 정방을 설치하여 인사권을 행사하였다.
  - ↳ [정방] 최우에 의해 설치되어 인사 행정을 처리하였다.
  - ↳ [서방] 국정 자문을 위한 문신들의 숙위(宿衛) 기구
- [삼별초] 최씨 무신 정권의 군사적 기반이었다.
  - ↳ 치안 유지 및 전투의 임무를 수행한 군사 기구
  - ↳ 야별초를 확대하여 삼별초를 조직하였다.
  - ↳ 좌별초, 우별초, 신의군의 삼별초가 조직되었다.
  - ↳ 좌 · 우별초와 신의군으로 삼별초를 조직하였다.

❸ 무신 정권기의 사회 동요

- (공주 명학소에서) 망이 · 망소이가 가혹한 수탈에 저항하여 봉기하였다.
- 만적이 개경에서 신분 해방을 도모하였다.
  - ↳ 최충헌의 사노 만적 등이 난을 도모하였다.
  - ↳ 만적이 개경에서 반란을 모의하였다.

실전 자료 **김사미 · 효심의 봉기**

남쪽 지방에서 적도들이 벌떼처럼 일어났다. 그중 심한 것은 운문(지금의 경상북도 청도군 일대)에 웅거한 김사미와 초전에 자리 잡은 효심인데, 이들은 유랑하는 무리들을 불러 모아 각 고을을 노략질하였다. 왕이 이를 근심하여 대장군 전존걸에게 장군 이지순 등을 이끌고 가서 남적을 토벌하도록 하였다.

– 『고려사』 –

특강

무신 정권을 이끈 집권자들

❶ 정중부(1106~1179)

무신 정변 후 이의방, 이고와 함께 정권을 장악하였다. 1173년 동북면 병마사 겸 간의대부인 김보당이 의종의 복위와 무신 집권 타도를 빌미로 난을 일으키자 이를 토벌하고 의종을 살해하는 데 동참하였다. 이듬해 서경유수 조위총의 난을 토벌하고, 문하시중이 되었다. 아들 균과 승려 종참(宗昆) 등을 이용해 이의방(?~1174)을 죽이고 그 도당을 숙청하였다(이고는 이의방이 1171년에 숙청). 재물을 탐해 남의 토지를 빼앗아 광대한 농장(農莊)을 소유하였다. 또한, 집에서 부리던 종들과 문객(門客)들도 주인의 권세를 믿고 횡포를 일삼았다. 1179년에 같은 무신인 경대승에게 일가족이 몰살되었다.

❷ 경대승(1154~1183)

1179년 정중부와 그 도당의 횡포와 비리에 분개하여 정중부와 그의 아들 균, 사위인 송유인 등을 죽이고 실권을 장악하였다. 이후 중방을 무력화시키고, 문관과 무관을 고루 등용하였다. 신변 보호를 위해 도방을 설치하였다. 나름대로 청렴한 생활을 하였고, 공을 세운 부하라 할지라도 비리를 저지르면 처벌하여 조정의 질서를 회복하려 하였다. 하지만 1183년 30살의 젊은 나이로 병사(病死)하고 말았다.

❸ 이의민(?~1196)

아버지는 소금과 채소를 팔았고, 어머니는 연일현 옥령사의 노비로 천민 출신이었다. 기골이 장대하여 경군(京軍)에 편입되었다가 무예인 수박(手搏)을 잘하여 별장(別將)이 되었다. 1173년 김보당의 난을 평정한 공으로 대장군으로 승진하였다. 당시 의종을 직접 살해한 당사자이기도 하다. 1179년 경대승이 정중부를 죽이자 그를 두려워하여 그향 경주에 은거해 있다가 경대승 사후 명종의 명으로 다시 개경으로 올라와 정권을 잡았다. 벼슬을 팔고 백성의 재물을 착취하였는데, 아들 이지영이 최충헌의 동생 최충수의 비둘기를 빼앗은 것이 계기가 되어 미타산 별장에서 최충헌에게 살해되고 말았다.

❹ 최충헌(1149~1219)

1196년 동생 충수와 함께 권신 이의민을 죽이고 정권을 장악하였다. 폐정 개혁을 위한 봉사10조(封事十條)를 명종에게 올렸다. 하지만 명종이 봉사 10조를 이행하지 않자 신종을 왕위에 앉힌 후 스스로 정국공신이 되어 최씨 무단 정권을 세웠다. 같은 해 딸을 태자(희종)의 비로 만들려는 동생 충수까지 죽이고 독재 권력을 더욱 강화하였다. 1198년 사노 만적의 난을, 1199년에는 김준거의 난을 토벌하였다. 1209년 이규보(1168~1241)를 발탁하였으며, 교정도감을 설치하여 국정 전반을 감독하게 하였다. 1211년에 강종을, 1213년에는 고종을 즉위시켰다. 내시와 승려들의 암살 음모를 모면하였으며, 사후 아들 우(?~1249)가 권력을 승계하였다.

1 밑줄 그은 '왕'의 재위 기간에 있었던 사실로 옳은 것은? [2점]

중군(中軍) 김부식이 아뢰기를, "윤언이는 정지상과 결탁하여 생사를 함께하기로 맹세한 당(黨)이 되어 크고 작은 일마다 실제로 함께 의논하였습니다. 또한 임자년에 왕께서 서경으로 행차하실 때, 글을 올려 연호를 세우고 황제로 칭하기를 청하였습니다. …… 이는 모두 금나라를 격노하게 하여 이때를 틈타 방자하게도 자기 당이 아닌 사람을 처치하고 반역을 도모한 것이니 신하의 마음이 아니었습니다."라고 하였다.

-『고려사』-

① 원종과 애노가 사벌주에서 봉기하였다.
② 경순왕 김부가 경주의 사심관이 되었다.
③ 웅천주 도독 김헌창이 반란을 일으켰다.
④ 강조가 정변을 일으켜 김치양을 제거하였다.
⑤ 왕실의 외척인 이자겸이 권력을 독점하였다.

| 해설 | 이자겸의 난

제시된 자료는 정지상 등의 서경 세력에 대해 김부식이 비판하고 있는 내용이므로, 고려 인종 대에 해당한다. 고려 전기 외척으로서 기반을 다진 경원 이씨 세력은 이자겸에 이르러 왕권을 위협할 정도가 되었다. 이자겸은 스스로 국왕이 되려고까지 하였으나 실패하였다(이자겸의 난, 1126). 이자겸의 난 이후 서경 출신의 정지상과 묘청 등이 정치 혁신을 내세우며, 서경 천도, 칭제 건원, 금국 정벌 등을 주장하였다.

| 오답 넘기 |

① 신라 말에는 원종과 애노의 난을 시작으로 농민의 항쟁이 전국적으로 확산되었다(889).
② 사심관 제도는 신라가 고려에 항복하는 과정에서 경순왕(김부)이 경주 지역의 사심관이 되었다.
③ 김헌창의 반란은 헌덕왕 때 일어난 진골 귀족들의 왕위 다툼 과정을 보여 주는 사건이다(822).
④ 강조의 정변이란 목종의 어머니 천추 태후와 김치양이 불륜을 저지르고 왕위를 엿보자, 서북면도순검사 강조가 군사를 일으켜 김치양 일파를 죽이고 목종을 물러나게 한 다음 현종을 보위에 올린 사건을 말한다(1009).

정답 ⑤

2 밑줄 그은 '이 사건'에 대한 설명으로 옳은 것은? [1점]

한국사 대담 단재 신채호의 역사 인식
단재 신채호 선생은 이 사건을 조선 역사상 일천년래 제일 대사건으로 평가하였습니다. 그 이유가 무엇인가요?
선생은 이 사건을 진취 사상 대 보수 사상의 싸움으로 보아, 전자가 패하고 후자가 승리하면서 우리 역사가 사대적, 보수적으로 전개되었다고 이해하였기 때문입니다.

① 이성계가 위화도에서 회군하여 최영을 제거하였다.
② 왕실의 외척인 이자겸이 척준경과 함께 난을 일으켰다.
③ 묘청 일파가 김부식이 이끄는 관군에 의해 토벌되었다.
④ 조위총이 군사를 일으켜 정중부 등의 제거를 도모하였다.
⑤ 강조가 정변을 일으켜 김치양을 제거하고 목종을 폐위하였다.

| 해설 | 묘청의 서경 천도 운동

밑줄 그은 '이 사건'은 묘청의 서경 천도 운동이다(1135). 신채호는 묘청의 서경 천도 운동을 진취적 · 독립적인 성격을 가진 것으로 높이 평가하여 조선 역사상 일천년래의 제일사건이라고 평가하였다. 서경 천도, 칭제 건원, 금국 정벌 등을 주장한 묘청의 서경 천도 운동은 김부식이 이끄는 정부군에 의해 1년 만에 진압되었다.

| 오답 넘기 |

① 이성계는 위화도에서 회군하여 최영을 제거하고, 우왕과 창왕을 잇달아 폐위한 뒤 공양왕을 세웠다(1388).
② 문벌 귀족인 이자겸은 왕이 될 야심을 품고 척준경과 함께 난을 일으켰다(1126).
④ 서경 유수 조위총은 무신 정권을 몰아내고자 군사를 일으켜 한때 서북 지역을 장악하고 개경 부근까지 진격하였으나 결국 진압되었다(1174~1176).
⑤ 강조의 정변이란 목종의 어머니 천추 태후와 김치양이 불륜을 저지르고 왕위를 엿보자, 서북면도순검사 강조가 군사를 일으켜 김치양 일파를 죽이고 목종을 물러나게 한 다음 현종을 보위에 올린 사건을 말한다(1009).

정답 ③

3 (가) 인물에 대한 설명으로 옳은 것은? [2점]

> **역사신문**
>
> 제△△호 ○○○○년 ○○월 ○○일
>
> **서경 천도를 주장하던 세력의 반란, 진압되다**
>
> '서경 임원역 지세가 궁궐을 짓기에 매우 좋은 땅'이라며 천도를 주장해 오던 (가) 이/가 서경에서 반란을 일으켰다. 그는 국호를 대위, 연호를 천개라고 칭하며 1년여간 중앙 정부와 대치하였다. 그러나 반란 세력은 김부식이 이끄는 정부군에 의해 진압되었다.

① 불씨잡변을 저술하였다.
② 봉사 10조를 국왕에게 올렸다.
③ 무신 정권을 타도하고자 하였다.
④ 칭제 건원과 금국 정벌을 주장하였다.
⑤ 반정 공신의 위훈 삭제를 시도하였다.

| 해설 | 서경 세력의 특징

고려 인종은 정지상 등 소수의 개혁 세력을 등용하여 약화된 왕권을 회복하고자 하였다. 한편, 이자겸의 몰락 이후 금을 배격하는 여론이 강화되자 인종은 서경 출신의 승려 묘청을 등용하여 문벌 귀족에 대항하게 하였다. 묘청은 대외적으로 황제를 칭하고 독자적인 연호를 사용하며, 서경으로 천도하고, 금을 정벌할 것을 주장하였다. 인종은 묘청의 주장을 받아들여 서경에 궁궐을 짓고 자주 행차하였다. 그러나 김부식을 중심으로 한 개경의 정치 세력은 서경 천도에 크게 반대하였다. 이에 묘청 등은 나라 이름을 대위, 연호를 천개라고 하면서 서경에서 반란을 일으켰으나(1135), 김부식이 이끄는 관군에게 약 1년 만에 진압되었다.

| 오답 넘기 |

① 삼봉 정도전은 『불씨잡변』을 저술하고 재상 중심의 정치를 주장하였다.
② 봉사 10조는 최충헌과 관련된 내용이다(1196).
③ 무신 정권 초기 동북면 병마사 김보당은 의종의 복위를 위해 군사를 일으켰지만 실패하였다(1173).
⑤ 조선 시대 정암 조광조는 천거제의 일종인 현량과를 통해 사림을 대거 등용시키면서 공신들의 위훈 삭제 등 급진적인 개혁을 추진하였다(1519).

정답 ④

4 (가) 인물에 대한 설명으로 옳은 것은? [3점]

> • 고종 12년, …… 이때부터 (가) 은/는 정방을 자기 집에 설치하고 문사를 선발하여 여기에 소속시켰으니, 이를 비칙치라고 불렀다. -『고려사』-
>
> • 고종 14년, (가) 의 문객들은 당대에 이름난 학자들이 많았는데, 이들을 3번(番)으로 나누어 돌아가면서 서방에서 숙직하도록 하였다. -『고려사』-

① 칭제 건원과 금국 정벌을 주장하였다.
② 봉사 10조를 올려 시정 개혁을 제안하였다.
③ 보현원에서 정변을 일으켜 정권을 장악하였다.
④ 강화도로 도읍을 옮겨 몽골의 침략에 대비하였다.
⑤ 전민변정도감의 판사가 되어 권문세족을 견제하였다.

| 해설 | 무신 권력 기구

최충헌을 이은 최우는 자신의 집에 정방을 설치하여 관리의 인사 행정을 담당하게 하였다. 정방은 1225년(고종 12) 최고 집권자인 최우가 자신의 집에 설치한 기구로 주로 관리 임명을 맡았다. 정방은 무신 정권 몰락 이후에도 지인방 또는 차자방, 창왕 때에는 상서사로 이름이 바뀌면서 고려 말까지 중요한 정치적 역할을 맡았다. 또 최우는 서방을 설치하여 문학과 행정 능력을 갖춘 문신들이 정책을 자문하도록 하였으며 이들 중 일부를 관료로 추천하였다.

④ 몽골이 침입하자 당시 집권자인 최우는 몽골의 무리한 조공 요구와 간섭에 반발하여 강화도로 도읍을 옮기고, 장기 항전을 위한 방비를 강화하였다(1232).

| 오답 넘기 |

① 고려 시대 묘청 등은 칭제 건원과 금국 정벌을 주장하였다.
② 봉사 10조는 최충헌과 관련된 내용이다(1196).
③ 이의방과 정중부 등 무신들은 의종의 보현원 행차를 기회로 다수의 문신을 제거하고 의종을 폐하는 무신정변을 단행하였다(1170).
⑤ 전민변정도감은 공민왕이 토지와 노비 문제를 개혁하기 위해 설치하였다(1366).

정답 ④

5 밑줄 그은 '그대'의 활동으로 옳은 것은? [2점]

역적 이의민이 선왕인 의종을 시해하고 백성을 괴롭히며 왕위를 엿보기까지 하였으므로 신이 제거하였습니다. 폐하께서는 낡은 것을 개혁하고 새로운 정치를 도모하시기 바랍니다.
그대가 올린 봉사 10조를 잘 읽어 보았소. 올린 대로 행하도록 하시오.

① 정방을 설치하여 인사권을 행사하였다.
② 교정별감이 되어 국정 전반을 장악하였다.
③ 처인성에서 몽골 장수 살리타를 사살하였다.
④ 전민변정도감의 책임자로서 개혁을 이끌었다.
⑤ 거란의 침입에 대비하여 개경에 나성을 축조하였다.

| 해설 | **최씨 무신 정권**

고려 명종 26년(1196)에 최충헌은 동생 최충수와 함께 이의민을 제거하고 집권하였다. 이어 무신 집권 당시의 여러 가지 모순을 해결하자는 개혁안인 봉사 10조를 제시하여 자신의 집권을 합리화하였다. 또 그는 교정도감을 설치하여 교정별감의 자리에 오른 뒤 반대파를 철저히 제거하여 4대 60여 년에 걸친 최씨 무신 정권의 기반을 마련하였다(1209). 또 자신의 집권 중에 명종과 희종을 폐하는 등 마음대로 왕을 교체하고 옹립하였는데, 이는 그의 권력이 왕권을 능가하였음을 보여주는 것이다.

| 오답 넘기 |

① 최충헌을 이은 최우는 자신의 집에 정방을 설치하여 관리의 인사 행정을 담당하게 하였다(1225).
③ 몽골이 침입하자 김윤후는 처인성에서 몽골 장수 살리타를 사살하였다(1232).
④ 고려 후기 공민왕 때 전민변정도감의 책임자로 신돈이 임명되었다(1366).
⑤ 강감찬은 개경에 나성을 쌓아 도성 수비를 강화하였고(1029), 북쪽 국경 일대에 장성을 쌓아 거란은 물론 여진의 침입까지 방어하려 하였다(1033~1044).

정답 ②

6 다음 사건이 일어난 시기를 연표에서 옳게 고른 것은? [2점]

○ 남쪽으로 적(賊)들이 봉기하였다. 가장 심한 자들은 운문을 거점으로 한 김사미와 초전을 거점으로 한 효심이었다. 이들은 유랑민을 불러 모아 주현(州縣)을 습격하여 노략질하였다.

－『고려사절요』－

○ 최광수가 마침내 서경에 웅거해 반란을 일으켜 고구려흥복병마사(高句麗興復兵馬使) 금오위섭상장군(金吾衛攝上將軍)이라 자칭하고 막료들을 임명하여 배치한 후 정예군을 모았다.

－『고려사』－

945		1009		1126		1170		1270		1388
왕규의 난	(가)	강조의 정변	(나)	이자겸의 난	(다)	무신 정변	(라)	개경 환도	(마)	위화도 회군

① (가) ② (나) ③ (다) ④ (라) ⑤ (마)

| 해설 | **무신 집권기의 사회상**

무신 정변(1170) 이후 시작된 하층민의 저항 운동은 대몽 항쟁이 끝난 1270년대까지 대략 1세기 동안 지속되었다. 이는 9세기 신라 말 농민 봉기, 19세기 세도 정치 시기의 농민 봉기와 더불어 우리 역사상 가장 대표적인 하층민의 저항 운동이었다.

서경에서 일어난 조위총의 봉기는 수년간 서북 지역을 뒤흔들었다. 최광수 등도 고구려 부흥을 주장하며 서경에서 봉기하였다. 개경에서는 노비 만적이 노비 해방을 꾀하다가 실패하였다. 충청도 일대에서는 공주 명학소에서 망이·망소이가 봉기하여 한때 이 지역을 거의 장악하였다. 경상도에서는 운문사를 거점으로 김사미와 효심이 봉기하였고, 얼마 후에는 경주와 강원도 일대에서 신라 부흥을 주장하는 농민 봉기가 일어났다. 전라도에서는 전주에서 관노들이 봉기하였고, 담양에서 이연년 형제가 백제 부흥을 외치며 세력을 떨쳤다.

따라서 (라) 시기에 해당한다.

정답 ④

7 다음 두 사건이 일어난 시기를 연표에서 옳게 고른 것은?

[2점]

> ○ 동북면 병마사 간의대부 김보당이 동계(東界)에서 군사를 일으켜 …… 전왕(前王)을 복위시키고자 하였다. …… (김보당은) 장순석 등을 거제로 보내 전왕을 받들어 계림에 모시게 하였다.
>
> ○ 서경 유수 조위총이 군사를 일으켜 …… 동북 양계(兩界)의 여러 성들에 격문을 보내어 사람을 모았다. 겨울 10월 기미일에 중서시랑평장사 윤인첨을 보내 삼군(三軍)을 거느리고 조위총을 공격하게 하였다.
>
> -『고려사』-

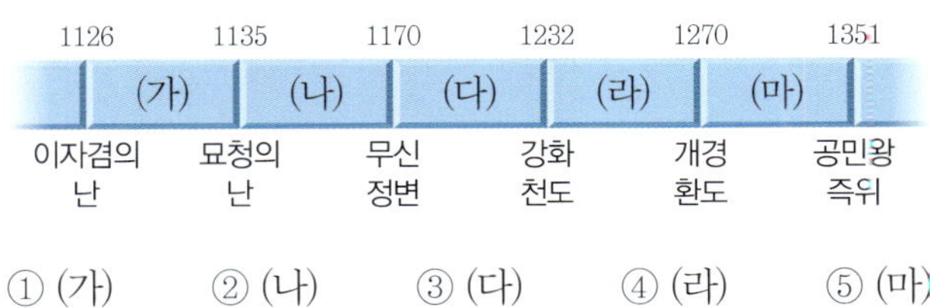

① (가) ② (나) ③ (다) ④ (라) ⑤ (마)

| 해설 | 고려 시대의 연대기

무신 정권 초기에는 무신 정권에 대한 반발과 무신 간의 권력 다툼으로 집권자가 자주 바뀌고 사회가 혼란하였다. 김보당의 난(계사의 난, 1173)은 문신이었던 동북면 병마사 김보당이 의종의 복위를 꾀하여 군사를 일으킨 사건이다. 이로 인해 문신들이 대거 살해되면서 무신의 지배가 더욱 강화되는 계기가 되었다.

또 서경 유수 조위총은 무신 정권을 몰아내고자 군사를 일으켜 한때 서북 지역을 장악하고 개경 부근까지 진격하였으나 결국 진압되었다(1174). 조위총의 난은 권력 쟁탈전의 성격을 갖는 난이었으나, 가혹한 수탈을 견디지 못한 농민들이 대거 가세하였기 때문에 농민 전쟁적 성격도 띠고 있었다. 따라서 연표의 (다) 시기에 해당한다.

정답 ③

8 다음 자료에 나타난 상황 이후의 사실로 옳은 것은?

[3점]

> 정중부 등이 왕을 모시던 신하 20여 명을 살해하였다. 왕은 수문전(修文殿)에 앉아서 술을 마시며 영관(伶官)* 들에게 음악을 연주하게 하였으며 밤중에야 잠이 들었다. 이고와 채원이 왕을 시해하려고 했으나 양숙이 막았다. …… 정중부가 왕을 협박하여 군기감으로 옮기고, 태자는 영은관으로 옮겼다.
>
> * 영관(伶官) : 음악을 맡아보던 벼슬아치

① 왕실의 외척인 이자겸이 난을 일으켰다.
② 윤관이 여진을 정벌하고 동북 9성을 쌓았다.
③ 공주 명학소에서 망이·망소이가 봉기하였다.
④ 김부식 등이 왕명으로 삼국사기를 편찬하였다.
⑤ 최충이 9재 학당을 세워 유학 교육을 실시하였다.

| 해설 | 무신 집권기 하층민의 봉기

고려 중기 이의방과 정중부 등 무신들은 의종의 보현원 행차를 기회로 다수의 문신을 제거하고 의종을 폐하는 무신 정변을 단행하였다(1170).

③ 무신 집권기인 1176년 공주 명학소에서 일어난 망이·망소이의 봉기는 일반 군현에 비해 더 많은 세금을 내야 했던 '소(所)'의 주민들이 봉기한 것이었다.

| 오답 넘기 |

① 고려 전기 외척으로서 기반을 다진 경원 이씨 세력은 이자겸에 이르러 왕권을 위협할 정도가 되었다. 이자겸은 스스로 국왕이 되려고까지 하였으나 실패하였다(1126).
② 고려는 윤관은 신기군(기병), 신보군(보병), 항마군(승려)의 별무반을 편성하여 1107년 여진 정벌을 단행하였고, 동북 9성을 축조하였다.
④ 고려 인종의 명을 받아 김부식이 편찬한 『삼국사기』는 현존하는 우리나라 최고(最古)의 역사책으로 본기, 열전, 지, 연표 등을 갖춘 기전체 역사서이다(1145).
⑤ 고려 문종(1046~1083) 때 최충은 개경에 9재 학당을 세워 교육에 힘썼으며, 훈고학적 유학에 철학적 경향을 더하여 유교 이해의 차원을 높였다.

정답 ③

11 고려의 대외 관계와 고려 후기의 정치 변화

공부한 날 월 일

일차

❶ 고려 전기의 대외 관계

(1) 동북아시아의 정세

① 10세기 : 송, 거란, 고려 등이 각 지역의 통일 왕조로 등장 → 다원적 국제 질서 형성

② 고려의 대외 정책

㉠ 친송 정책 : 송은 정치적 · 군사적 목적으로 고려와 제휴하여 거란을 견제, 고려는 송의 발전된 문물 수입 및 경제적 실리 도모

㉡ 북진 정책 : 태조는 거란의 친교 제의를 거절(만부교 사건)하고 발해 유민을 포섭

㉢ 국방 강화 : 광군 조직(거란 대비), 국경 지대에 성 구축

③ 정안국의 성립과 멸망 : 발해 유민이 압록강 중류에 세운 정안국은 송과 연합하여 거란을 자극하다가 거란의 침공에 의해 멸망

(2) 거란의 침입과 격퇴

① 거란의 침입 : 송과의 전투를 치루기에 앞서, 후방의 고려를 제압할 필요

시기	1차 침입(성종, 993)	2차 침입(현종, 1010)	3차 침입(현종, 1018)
원인	송 공격에 앞서 송과 친한 고려 공격 필요	강조의 정변, 고려와 송의 관계 차단	고려의 강화 약속 위반(강동 6주 반환 거부)
과정	거란의 정안국 정벌 → 소손녕의 고려 침략 → 서희의 외교적 타협	40만 대군 침략 → 개경 함락 → 양규의 항전 → 강화	소배압의 침입 → 강감찬의 귀주 대첩 승리(1019)
결과	강동 6주 획득, 송과 외교 관계 단절(비공식적 교류는 지속)	고려왕의 거란 방문 약속, 강동 6주 반환 약속 → 모두 지켜지지 않음	전쟁 중단, 화친 성립(고려의 실질적 승리)

6주는 흥화진(의주), 용주(용천), 통주(선주), 철주(철산), 귀주(구성), 곽주(곽산)이다.

만부교 사건(942)
거란이 화친의 뜻으로 낙타 50마리와 사신을 보내오자, 야만의 나라라고 하여, 사신을 섬으로 귀양보내고, 낙타를 개경의 만부교 다리 아래에서 굶어 죽게 하였다.

광군(光軍)
정종 2년(947) 거란의 침입을 막기 위하여 설치한 농민으로 구성된 예비군이다.

강조의 정변(1009)
목종의 모후인 천추태후와 김치양이 불륜 관계를 맺고 왕위를 빼앗으려 하자 강조가 군사를 일으켜 김치양 일파를 제거한 후 목종을 폐위하고 현종을 옹립한 사건

Click !

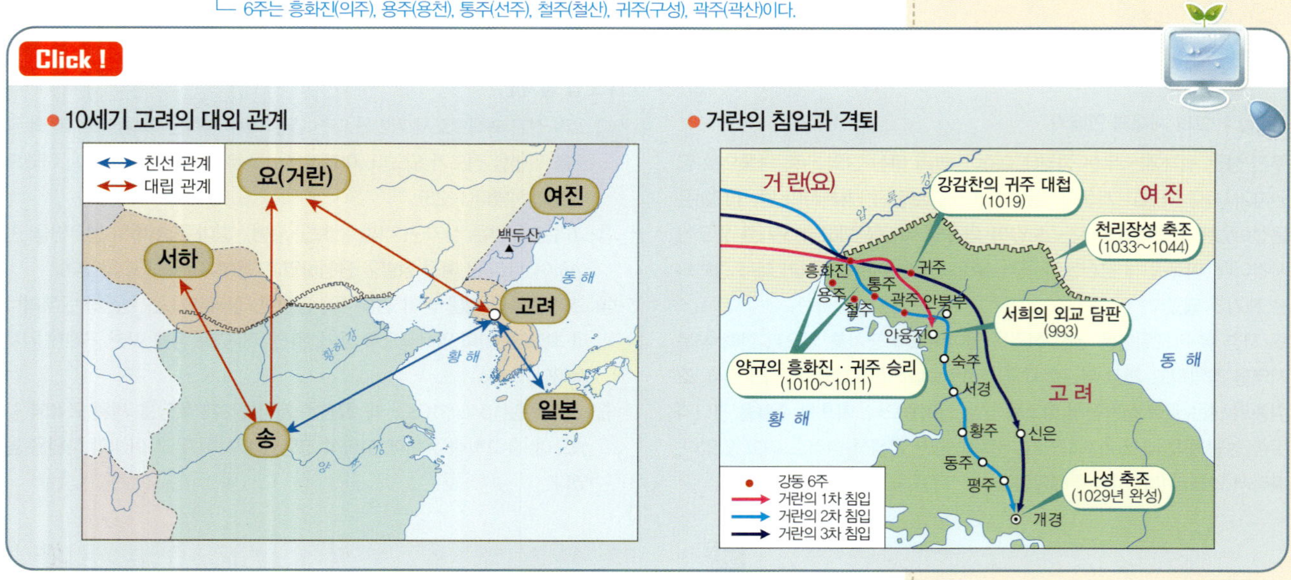

② 영향 : 고려-송-거란(요) 사이에 세력 균형 유지, 강감찬의 건의로 개경 주위에 나성 축조, 천리장성 축조(압록강 ~ 도련포), 초조대장경 조판

나성
안팎 2중으로 구성된 성곽에서 안쪽의 작은 성과 그 바깥의 도시까지 감싼 바깥쪽의 긴 성벽

(3) 여진과의 관계(12세기)

① 여진의 성장

㉠ 초기 : 여진족은 고려를 부모국으로 섬김

㉡ 12세기 초 : 완옌부의 여진족 통일 → 여진족이 정주도 천리장성 부근까지 남하하여 고려와 충돌

② 윤관의 여진 정벌

㉠ 별무반 조직(1104) : 숙종 때 윤관이 만든 특수 부대로 신기군(기병), 신보군(보병), 항마군(승병)으로 구성

㉡ 윤관의 여진 정벌(1107) : 예종 때 여진족을 정벌하여 동북 지역을 점령

㉢ 동북 9성 축조(1107) : 동북 9성을 쌓아 군대를 주둔 → 방비의 어려움과 여진족의 요청으로 반환(1109)

동북 9성
지금의 함경도 지역으로 추정된다. 고려는 이 지역을 획득했으나, 북방의 국경 지대인 까닭에 방어가 어렵고, 농사가 제대로 되지 않아 결국 여진에 반환했다.

③ 여진의 강성

㉠ 금의 건국(1115) : 여진은 거란을 멸망시키고, 고려에 사대 관계 요구

㉡ 북진 정책의 중단 : 당시 집권층이었던 이자겸과 문벌 귀족들은 정권 유지 목적으로 금의 사대 요구 수용(1126) → 묘청 등의 금국 정벌론 배경이 됨

금의 사대 요구에 신하 대부분은 반대하였으나, 권력을 장악하고 있던 이자겸이 정권을 유지하고 전쟁을 막기 위해 독단적으로 사신을 보내 사대 관계를 수립하였다.

Click! ● 윤관과 동북 9성

고려는 동북 지방을 차지함으로써 여진족을 견제하고, 농토를 확보하는 효과도 얻었다. 그러나 여진족이 완강하게 저항하였고, 전쟁 물자를 조달하기도 어려워 1년 만에 9성을 되돌려 주었다. (1109, 예종 4) 그 규모와 위치에 대해서는 논란이 있다.

척경입비도 윤관이 9성을 개척하고 비석을 세우는 장면을 조선 후기에 그린 것이다.

❷ 고려 후기의 대외 관계 ★★★

(1) 13세기 동북아시아의 정세

① 국제 정세의 변화 : 칭기즈칸의 몽골 제국 건설, 몽골 제국이 금을 공격하자 거란족의 일부가 요하 근처에 세운 대요수국이 등장

② 강동의 역(여·몽 협약) : 대요수국의 거란족 일부가 몽골에 쫓겨 고려 영토로 들어오자 고려는 몽골군과 연합하여 거란족 격퇴(강동성 전투, 1219) → 몽골과의 외교 관계 수립

(2) 몽골과의 전쟁

① 1차 침입(1231)

㉠ 원인 : 몽골이 고려에 무리한 공물 요구, 국경 근처에서 몽골 사신 저고여의 피살

㉡ 전개 : 몽골 장수 살리타가 침입하자 귀주성에서 서북면 병마사 박서가 저항 → 고려의 요청으로 강화가 성립하여 몽골은 다루가치를 두고 철수

> 다루가치 : 몽골이 점령지에 두었던 관리로, 1차 침입 이후 72명의 다루가치를 두어 고려의 내정에 간섭하였다.

② 2차 침입(1232)

㉠ 원인 : 최씨 정권(최우)의 장기 항전을 위한 강화도 천도

㉡ 김윤후의 승리 : 김윤후와 처인 부곡(경기도 용인)의 백성들이 몽골군 사령관 살리타 사살 → 몽골의 일시적 후퇴, 처인 부곡은 처인현으로 승격

㉢ 초조대장경 소실 : 경상도까지 침략한 몽골군에 의해 대구 부인사에 보관되어 있던 초조대장경이 불태워짐

③ 3차 침입(1235) : 황룡사와 황룡사 9층 목탑 소실, 부처의 힘으로 몽골군 격퇴하기 위해 재조대장경(팔만대장경)을 강화도에서 조판

④ 5차 침입(1253) : 김윤후와 충주성 전투(노비들이 끝까지 항전)

⑤ 최씨 정권의 붕괴 : 주화파가 득세하면서 엄청난 희생을 치르면서도 항전을 고집하던 최씨 정권이 무너지고, 몽골과의 강화 성립, 개경 환도(1270)

⑥ 삼별초의 항쟁(1270~1273)

㉠ 강화도 : 무신 정권의 몰락과 개경 환도에 반대하며 배중손의 지휘 아래 왕족 승화후 온을 왕으로 삼고 독자적인 정부를 수립

㉡ 진도로 이동 : 장기 항전을 계획하고 용장성을 쌓고 저항하며 남해안 일대 장악, 해상 왕국 건설 → 여 · 몽 연합군의 공격으로 진도 함락(1271.5)

㉢ 제주도 : 김통정의 지휘 아래 항쟁을 계속 하였으나 결국 평정됨(제주도 항파두리 유적지와 항몽 순의비, 1273.2)

대몽 항쟁기의 강화도

고려 궁궐터(강화)

용장성(전남 진도 군내면) 삼별초의 대몽 항전지로 1270년 이후 축성

항몽 순의비(제주)

Click !

● 몽골의 침략과 항쟁

● 김윤후의 충주성 전투

몽골군이 오자 우종주와 유홍익과 양반 별초 등은 모두 성을 버리고 달아나고 오직 노비군과 잡류 별초가 힘을 합하여 이를 물리쳤다. 몽골군이 물러가자 우종주 등이 고을에 돌아와 관가와 개인 집에서 사용하던 은그릇을 검사하였다. 노비군이 몽골군이 빼앗아 갔다고 말하자 호장 광립 등이 비밀리에 노비군의 우두머리를 죽이려고 하였다.

-『고려사』-

❸ 고려 후기의 정치 변동 ☆☆☆

(1) 원 간섭기의 변화

사위의 나라, 고려 왕은 원의 사위가 되어 왕위에 오른 뒤에도 자주 원의 수도인 연경에 드나들었고, 고려 왕의 임명 또한 철저히 원의 뜻에 따라 결정되었다. 심지어 고려 왕의 폐위와 복위도 원이 멋대로 결정하였다.

① 원의 간섭과 기본 정책 : 고려 국왕을 통한 간접 지배, 왕자는 원에서 교육을 받고 원의 공주와 결혼(부마국 체제 성립), 원의 간섭으로 왕위가 자주 바뀜에 따라 정치 세력의 교체가 빈번, 원의 세력을 등에 업은 군인 · 통역관 · 환관 출신 인물이나 그 친족들이 새로운 지배 세력으로 등장

② 원 간섭기의 특징

㉠ 일본 정벌 시도 : 몽골은 국호를 원(元)으로 바꾸고 두 차례에 걸친 일본 원정을 단행, 정동행성 설치(일본 원정 담당 → 내정 간섭 기구로 유지)

㉡ 영토 상실 : 쌍성총관부(철령 이북), 동녕부(자비령 이북), 탐라총관부(제주도) 설치 등

㉢ 관제 개편 · 격하

ⓐ 행정 조직 개편 : 중서문하성과 상서성을 합쳐 첨의부로, 6부를 4사로 통합, 국정 전반을 담당하는 도평의사사(도당)의 설치, 중추원은 밀직사로 격하

ⓑ 왕실 용어 격하 : 황제의 묘호로 쓰이는 조(祖) · 종(宗) 대신에 제후의 묘호인 왕(王)으로 낮아지고 충성을 뜻하는 충(忠)자를 붙이게 함

㉣ 공물 수탈 : 인삼, 매(응방에서 담당), 호랑이 가죽 등의 특산물 수탈, 공녀 강요에 따라 결혼도감 · 과부도감 등을 설치(조혼의 풍습 유행)

㉤ 정치적 간섭

ⓐ 내정 간섭 기구 설치 : 정동행성(1280), 만호부(고려의 군사 조직에 영향력 행사) 설치, 다루가치(감찰관) 파견

ⓑ 심양왕의 임명 : 원이 남만주 심양 일대에 포로나 유민으로 온 고려 백성들을 통치하기 위하여 설치한 것으로 고려 왕의 견제 수단으로 활용

ⓒ 독로화 제도 : 독로화란 '인질'의 뜻으로 고려의 왕족이나 귀족의 자제를 인질로 삼음

ⓓ 중조(重祚) 사건 : 고려의 국왕이 왕위를 물러났다가 다시 왕위에 오르는 것으로 원의 조처에 따라 충렬왕과 충선왕, 그리고 충숙왕과 충혜왕 때 발생

㉥ 몽골풍 : 변발, 몽골식 의복, 연지 · 곤지, 몽골어, 몽골 음식 등 유행 → 쌍화점에 나타남

일본 원정
쿠빌라이가 일본에 6차례 사신을 파견하여 항복을 요구하였으나, 일본이 이에 불응하자 대규모의 원정군을 2차례 파견하였다(1274 · 1281).

정동행성
고려 충렬왕 때 원의 쿠빌라이가 일본을 정벌하려고 개경에 설치하였다가 정벌 계획을 그만둔 뒤로 원의 관리를 두어 고려의 내정을 간섭하였다.

Click ! ● 몽골풍

복장	변발, 몽골식 복장인 호복(철릭), 족두리, 연지 · 곤지 등
음식	소주, 고기만두 등
언어	• 궁중 용어 : 마마(궁중 어른에게 붙이는 존칭), 수라(왕의 음식), 무수리(궁중에서 일하는 궁녀) • 사람을 가리킬 때 '치'라는 말을 붙임 : 벼슬아치, 장사치

소줏고리

연지 · 곤지와 족두리

변발(몽골족의 머리 모양)

(2) 원 간섭기의 개혁 정치

① 배경 : 권문세족의 횡포(높은 관직 차지, 권력을 이용하여 백성들의 토지를 빼앗아 넓은 농장을 경영) → 국가의 조세 수입 감소

② 충선왕의 개혁 정치 : 소금 전매제 실시, 정방의 폐지 시도(사림원 설치), 원나라에 학문 연구소인 만권당 설치(1314) 등

③ 충목왕의 개혁 정치 : 정치도감 설치(친원파 제거 시도, 1347), 농장 혁파를 위한 양전 사업 실시 등

(3) 공민왕의 개혁 정치

① 배경 : 원 · 명의 교체기(14세기 중반), 충선왕 · 충목왕의 개혁 시도

② 개혁의 내용

기철은 누이동생이 원 순제의 황후가 되어 태자를 낳자, 기 황후와 원을 등에 업고 친원파 세력을 결집하여 남의 토지를 빼앗는 등의 권세를 부렸다.

㉠ 반원 자주 정책 : 기철 등 친원 세력 숙청, 정동행성 이문소 폐지, 원 간섭기 이전의 관제 복구, 몽골 풍속 금지, 쌍성총관부 공격(철령 이북 영토 수복, 1356), 고구려의 옛 땅을 되찾기 위해 요동 지방 공략

㉡ 왕권 강화 정책

ⓐ 정방 폐지(왕의 인사권 회복), 성균관 정비, 유학 교육 강화 → 신진 사대부 진출 촉진

ⓑ 전민변정도감 설치(1366) : 신돈 등용 → 불법적인 농장을 폐지하고 농장의 노비들을 양인으로 해방시킴

③ 개혁의 의의와 한계

㉠ 의의 : 자주성 회복, 신진 사대부의 성장 기반 마련, 국가 재정의 기반 강화

㉡ 한계 : 권문세족의 반발, 홍건적과 왜구의 침입으로 인한 정세 불안, 미약한 개혁 추진 세력 → 실패(신돈이 제거되고 공민왕도 시해됨)

(4) 고려 후기의 대외 관계

원(元)의 쇠퇴를 틈타 중국 각지에서 일어난 농민 반란군

① 홍건적의 침입

㉠ 제1차 침입(1359) : 이승경, 이방실 등이 격퇴

㉡ 제2차 침입(1361) : 개경이 함락되고 공민왕은 복주(안동)로 가기도 하였으나, 정세운 · 이방실 · 최영 · 이성계 등이 격퇴(안동 놋다리밟기의 유래)

② 왜구의 침입

주로 쓰시마 섬에 근거를 둔 일본의 해적

㉠ 약탈 내용 : 해안 지방을 노략질하며 강화도까지 약탈, 개경 위협 → 조세 운반 곤란, 국가 재정 궁핍

㉡ 왜구의 격퇴

홍산 대첩	우왕	최영이 홍산(부여)에서 왜구 격퇴
진포 대첩	우왕	최무선이 화통도감을 설치하고 화포를 만들어 진포에서 격퇴
황산 대첩	우왕	이성계가 운봉 황산에서 남해안 일대의 왜구를 섬멸
관음포 대첩	우왕	정지가 왜구 토벌
쓰시마 섬 정벌	창왕	박위가 전함 100척을 이끌고 쓰시마 섬 정벌

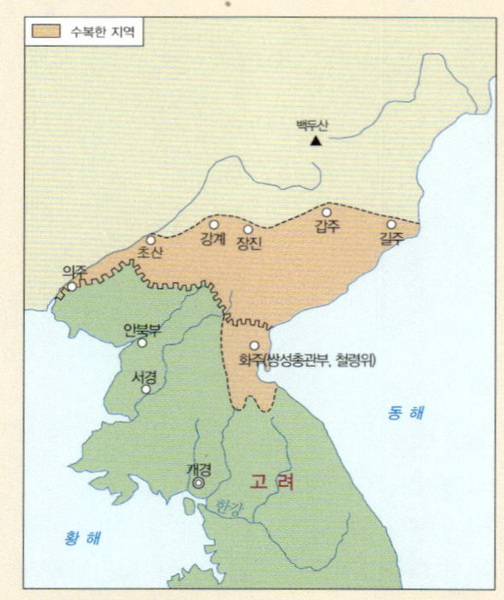

공민왕의 영토 수복

전민변정도감(1366)
고려 후기에 권문세족들이 토지와 노비를 늘려 국가 기반이 크게 약화되자, 이를 시정하기 위하여 설치한 특별 기구

놋다리밟기 고려 공민왕이 공주와 함께 청주를 거쳐 안동 지방에 파천(播遷)하였을 때, 개울을 건너게 되었는데 마을의 소녀들이 나와 등을 굽히고 그 위로 공주를 건너게 한 데서부터 시작됨

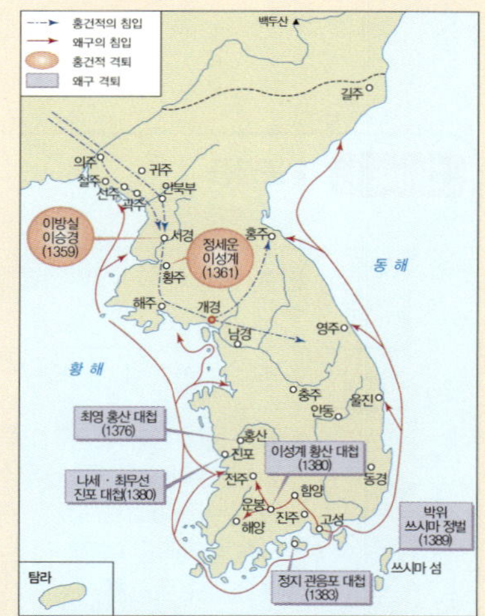

고려 말 이민족의 침입과 격퇴

① 고려 전기의 대외 관계

- [태조] 거란을 배척하여 만부교 사건이 일어났다.
- [거란 1차] 서희가 외교 담판을 벌여 강동 6주를 획득하였다.
  - ↳ 외교 담판으로 강동 6주를 획득하였다.
  - ↳ 서희의 활약으로 강동 6주를 획득하였다.
  - ↳ [강동 6주] 서희의 외교 교섭 결과에 대해 조사한다.
- [거란 2차] 강조가 정변을 일으켜 김치양을 제거하고 목종을 폐위하였다.
  - ↳ 강조가 정변을 일으켜 왕을 폐위하였다.
  - ↳ 강조의 정변이 원인이 되어 발생하였다.
  - ↳ [현종] 거란의 침략을 피해 왕이 나주로 피난하였다.
- [거란 3차] 강감찬이 귀주에서 외적을 격퇴하였다.
  - ↳ 강감찬이 귀주에서 거란을 크게 물리쳤다.
  - ↳ 강동 6주의 반환 등을 요구한 거란의 침략을 격퇴했어요.
- 압록강에서 도련포까지 천리장성을 축조하였다.
  - ↳ 거란의 침입에 대비하는 과정에서 설치되었다.
  - ↳ 국경 지대인 양계에 설치되었다.
  - ↳ [강감찬] 거란의 침입에 대비하여 개경에 나성을 축조하였다.
  - ↳ 강감찬이 나성 축조를 건의한 의도를 분석한다.
  - ↳ 나성을 쌓고 천리장성을 축조하였습니다.
- [여진] 윤관의 건의를 받아들여 별무반을 편성하였습니다.
  - ↳ 별무반을 창설하여 군사력을 강화하였다.
  - ↳ 신기군, 신보군, 항마군으로 구성되었다.
  - ↳ 승려 출신으로 구성된 항마군이 있었다.
- 윤관이 여진을 정벌하고 동북 9성을 쌓았다.
  - ↳ 여진을 정벌하여 동국 9성 일대를 확보하였다.
  - ↳ 여진 정벌에 나서는 별무반의 군인
  - ↳ 별무반을 편성하고 동북 9성을 축조하였다.
  - ↳ 윤관의 여진 정벌과 관련된 척경입비도를 검색한다.

② 고려 후기의 대외 관계

- [최우] 강화도로 도읍을 옮겨 항전하였다.
  - ↳ 도읍을 강화도로 옮겨 장기 항쟁을 준비하였다.
  - ↳ 강화도로 천도하게 된 배경을 살펴본다.
- 사신 저고여 피살 사건의 경과를 조사한다.
- 최씨 무신 정권의 대몽 정책을 살펴본다.
- 몽골군의 침략을 처인성에서 물리쳤어요.
  - ↳ 김윤후가 처인성에서 살리타를 사살하였다.
  - ↳ 김윤후가 처인성 전투에서 활약하였다.
  - ↳ 처인성에서 몽골 장수 살리타를 사살하였다.
  - ↳ 김윤후의 활약으로 처인성에서 승리하였다.
  - ↳ 김윤후가 몽골 장수 살리타를 사살한 지역을 확인한다.
- 다인철소 주민들이 충주 지역에서 저항하였다.
- 삼별초가 강화도에서 항전하였다.
  - ↳ 진도와 제주도로 근거지를 옮기면서 항쟁하였다.
  - ↳ 진도에서 제주도로 근거지를 옮겨 활동하였다.
  - ↳ 여 · 몽 연합군에 의해 진압되었다.
- [배중손] 삼별초를 이끌고 진도로 이동하여 대몽 항쟁을 펼쳤다.
- 대몽 항쟁을 펼친 삼별초의 근거지를 파악한다.
- 결혼도감을 통해 공녀가 징발되었다.
- 변발과 호복이 지배층을 중심으로 유행하였다.
  - ↳ 남자들은 변발을 하고 호복을 입었다.

③ 고려 후기의 정치 변동

- 일본 원정을 위해 정동행성이 설치되었다.
- [중서문하성, 상서성] 원 간섭기(충렬왕)에 첨의부로 격하되었다.
- [충선왕] 사림원을 설치하여 개혁을 실시하였다.
- [공민왕] 유인우, 이자춘 등이 쌍성총관부를 수복하였다.
  - ↳ 신돈을 등용하고 전민변정도감을 두었다.
  - ↳ 권문세족을 견제하기 위해 전민변정도감을 설치하였다.
  - ↳ [전민변정도감] 권문세족에 대한 견제를 목적으로 시행되었다.
  - ↳ 인사권을 장악하기 위하여 정방을 폐지하였다.
- [진포 대첩] 나세, 심덕부 등이 진포에서 왜구를 격퇴하였다.
  - ↳ [최무선] 화포를 이용하여 진포에서 대승을 거두었다.
  - ↳ 화통도감을 설치하여 화포를 제작하였다.

1 (가) 지역에 대한 탐구 활동으로 가장 적절한 것은? [2점]

① 서희의 외교 교섭 결과에 대해 조사한다.
② 공민왕이 수복한 쌍성총관부의 위치를 파악한다.
③ 윤관의 여진 정벌과 관련된 척경입비도를 검색한다.
④ 궁예가 국호를 바꾸고 도읍을 옮긴 지역을 살펴본다.
⑤ 김윤후가 몽골 장수 살리타를 사살한 지역을 확인한다.

| 해설 | **거란과의 관계**

지도에 표시된 (가) 지역은 강동 6주이다. 소손녕이 이끄는 거란군이 쳐들어오자 당시 고려에서는 서경 이북 지방을 내주고 화의를 맺자는 주장이 나왔다. 이때 서희가 외교 협상에 나서 고려가 고구려를 계승하였음을 주장하고, 여진이 차지한 압록강 동쪽의 땅을 돌려준다면 송과의 관계를 끊기로 약속하였다. 그 결과 거란이 물러났고, 고려는 여진족을 몰아내고 압록강 동쪽의 강동 6주를 차지하였다(993).

| 오답 넘기 |

② 고려 공민왕은 쌍성총관부를 공격하여 동북쪽의 영토를 되찾았다(1356).
③ 윤관은 별무반을 이끌고 별무반을 만들어 여진을 정벌한 후 동북 9성을 만들었다(1107).
④ 궁예가 국호를 바꾸고 도읍을 옮긴 지역은 철원이다.
⑤ 김윤후는 처인성에서 몽골 장수 살리타를 사살하였다(1232).

정답 ①

2 다음 상황이 나타난 시기를 연표에서 옳게 고른 것은? [2점]

> 거란군이 귀주를 지날 때, 강감찬 등이 동쪽 교외에서 맞아 싸웠다. …… 고려군이 용기백배하여 맹렬하게 공격하니, 거란군이 북으로 도망치기 시작하였다. …… 거란군의 시신이 들판에 널렸고, 사로잡은 포로와 획득한 말, 낙타, 갑옷, 무기는 헤아릴 수 없이 많았다. 살아서 돌아간 자가 겨우 수천 명이었으니, 거란의 패배가 이토록 심한 적이 없었다.
>
> – 『고려사』 –

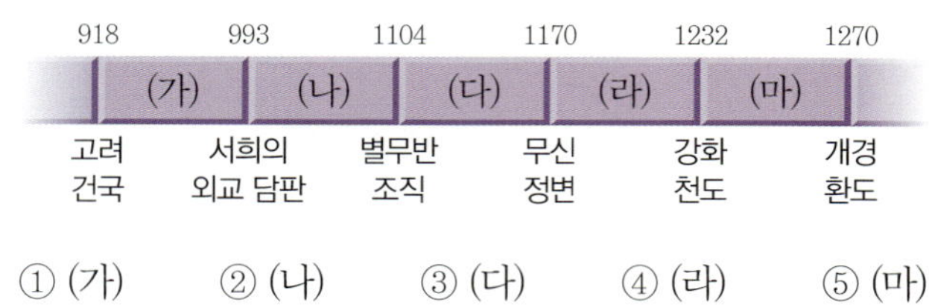

① (가) ② (나) ③ (다) ④ (라) ⑤ (마)

| 해설 | **고려와 거란과의 관계**

거란의 1차 침입(993) 이후에도 고려는 송과 친선 관계를 계속 유지하였다. 이 때문에 다시 거란의 침입을 받아 개경이 함락되기도 하였으나, 양규 등의 활약으로 이를 물리쳤다(거란의 2차 침입, 1010).
그 후에도 거란은 강동 6주의 반환 등을 요구하며 소배압을 앞세워 10만의 군대로 침입해 왔다(3차 침입, 1018). 이에 강감찬은 상원수가 되어 곳곳에서 거란군을 격파했다. 흥화진(興化鎭)의 삼교천(三橋川)에서 거란군을 격퇴하였고, 이에 자신감을 잃은 거란군은 강동 6주를 우회하여 개경을 공격하려 했다. 강감찬은 이를 추격하여 자주(慈州, 지금의 평안남도 자산)에서 다시 거란군을 섬멸하였고, 승산이 없다고 판단한 거란이 패퇴하자 이를 다시 추격하여 귀주(龜州)에서 거란군을 거의 섬멸시켰다(귀주 대첩, 1019). 따라서 연표의 (나) 시기에 해당한다.

정답 ②

3 다음 상황 이후에 전개된 사실로 옳은 것은? [3점]

> 여진이 이미 그 소굴을 잃자 보복하고자 맹세하며, 땅을 돌려달라는 것을 빌미로 여러 추장들이 해마다 와서 다투었다. …… 또 개척한 땅이 크고 넓어서 9성 사이의 거리가 아득히 멀고, 골짜기가 험하고 깊어서 적들이 여러 차례 매복하여 오고가는 사람들을 노략질하였다. …… 이때에 이르러 왕이 여러 신하들을 모아 의논하여 끝내 9성을 여진에게 돌려주었으며, 전쟁에 쓰이는 도구와 군량을 내지(內地)로 옮기고 그 성에서 철수하였다.
>
> －『고려사』－

① 강감찬이 귀주에서 외적을 격퇴하였다.
② 강조가 정변을 일으켜 왕을 폐위하였다.
③ 이자겸이 금의 사대 요구 수용을 주장하였다.
④ 서희가 외교 담판을 벌여 강동 6주를 획득하였다.
⑤ 부여성에서 비사성에 이르는 천리장성이 축조되었다.

| 해설 | 고려의 대외 관계

제시된 자료는 윤관이 여진족을 정벌하고 '동북 9성'을 쌓으나, 유지가 어려워 다시 반환했던 시기에 대한 내용이다. 윤관은 별무반을 이끌고 천리장성을 넘어 여진족을 북방으로 쫓아 버리고, 동북 지방 일대에 9성을 쌓아 방어하였다(1107). 그러나 생활 터전을 잃은 여진족의 계속된 침입으로 9성 수비에 어려움을 겪던 고려는 다시는 침략하지 않고 해마다 조공을 바치겠다는 여진족의 조건을 수락하고 1년 만에 9성을 돌려주었다(1109). 그 후 여진족은 더욱 강성해져 만주 일대를 장악하면서 국호를 금이라 하고(1115), 거란을 멸한 뒤 고려에 군신 관계를 맺자고 압력을 가해 왔다.

③ 인종 때 이자겸은 정권 유지를 위하여 금의 사대 요구를 수용하였다(1126).

| 오답 넘기 |

① 거란의 3차 침입 때 강감찬이 귀주 대첩에서 큰 승리를 거둔 뒤 거란과 고려는 평화 조약을 맺었다(1019).
② 강조의 정변이란 강조가 군사를 일으켜 목종을 폐하고 현종을 즉위시킨 사건이다(1009).
④ 고려 성종 때 서희는 거란의 장수 소손녕과 담판을 벌여 강동 6주를 확보하였다(993).
⑤ 고구려 영류왕(618~642) 때 당나라의 공격에 대비하기 위하여 부여성부터 비사성에 이르는 천리장성을 축조하였다(631~647).

정답 ③

4 (가) 군사 조직에 대한 설명으로 옳은 것은? [3점]

오늘은 개경 환도 결정에 반발하여 봉기한 (가) 을/를 소개하는 시간입니다. 화면 속 자료에 대한 설명 부탁드립니다.
이 자료는 승화후 왕온을 왕으로 추대한 (가) 이/가 일본에 보낸 외교 문서를 일본 측에서 그 이전의 고려 국서와 비교하여 정리한 것입니다.
고려첩장불심조조

① 승려 출신으로 구성된 항마군이 있었다.
② 여진을 정벌하여 동북 9성 일대를 확보하였다.
③ 거란의 침입에 대비하는 과정에서 설치되었다.
④ 경대승이 신변 보호를 위해 만든 사병 조직이다.
⑤ 진도와 제주도로 근거지를 옮기면서 항쟁하였다.

| 해설 | 몽골과의 항쟁

자료의 (가)는 고려의 삼별초이다. 「고려첩장불심조조」는 삼별초의 진도 정부가 1271년 일본에 보낸 외교문서이다. 최씨 무신 정권의 군사적 기반이었던 삼별초는 개경 환도를 반대하였다. 개경 환도 이후에 혹시 있을지도 모르는 몽골의 보복에 대한 두려움과 몽골의 약탈적 만행에 대한 분노 등이 그 이유였다. 이들은 배중손을 중심으로 강화도에서 멀리 진도로 내려가 고려와 몽골의 연합군과 싸웠다. 진도가 함락되자 김통정의 지휘하에 삼별초는 다시 제주도로 근거지를 옮겨 항쟁을 계속하였으나 결국 진압되었다.

| 오답 넘기 |

① 고려 숙종 시기에는 윤관의 건의에 따라 신기군(기병), 신보군(보병), 항마군(승려)의 별무반을 편성하였다(1104).
② 고려 예종은 별무반을 파견하여 여진을 정벌한 후 동북쪽 국경 밖에 9개의 성을 쌓아 고려의 영토로 삼았다(1107~1108).
③ 광군은 고려 정종 때 거란의 침입을 대비하기 위한 군대로 거란의 공격을 대비하기 위해 모집한 군대로 이를 관할하기 위해 광군사를 설치하였다(947).
④ 도방은 집권자의 신변 경호를 위해 설치된 사병 기관으로 경대승에 의해 설치되었다.

정답 ⑤

5 (가)~(라)를 일어난 순서대로 옳게 나열한 것은? [3점]

(가) 강감찬이 수도에 성곽이 없다 하여 나성을 쌓을 것을 요청하니, 왕이 그 건의를 따라 왕가도에게 명령하여 축조하게 하였다.

(나) 양규가 흥화진으로부터 군사 7백여 명을 이끌고 통주까지 와서 군사 1천여 명을 수습하였다. 밤중에 곽주로 들어가서 지키고 있던 거란군을 급습하여 모조리 죽인 후 성안에 있던 남녀 7천여 명을 통주로 옮겼다.

(다) 묘청 등이 왕에게 말하기를, "신들이 보건대 서경의 임원역은 음양가들이 말하는 대화세(大華勢)이니 만약 이곳에 궁궐을 세우고 옮기시면 천하를 병합할 수 있을 것이요, 금이 공물을 바치고 스스로 항복할 것입니다."라고 하였다.

(라) 윤관이 여진을 평정하고 6성을 새로 쌓았다 하여 하례하는 표를 올렸고, 임언에게 공적을 칭송하는 글을 짓게 하여 영주(英州) 남청(南廳)에 걸었다. 또 공험진에 비를 세워 경계로 삼았다.

① (가) – (나) – (다) – (라)
② (가) – (나) – (라) – (다)
③ (나) – (가) – (라) – (다)
④ (나) – (다) – (가) – (라)
⑤ (다) – (라) – (나) – (가)

| 해설 | 고려의 대외 관계 변화

(나) 1차 침입 이후 거란은 강동 6주의 반환을 요구하였지만 고려가 거부하자 강조의 정변을 구실로 1010년에 2차 침입을 강행하였다. 이때 개경이 함락되고 현종은 나주까지 피난하였는데, 양규가 이끄는 고려 군사들이 화의를 맺고 돌아가는 거란군에 큰 피해를 입히기도 하였다.

(가) 거란의 3차 침입(1018) 이후 강감찬은 개경에 나성을 쌓아 도성 수비를 강화하였고(1029), 북쪽 국경 일대에 장성을 쌓아 거란은 물론 여진의 침입까지 방어하려 하였다(1033~1044).

(라) 별무반은 여진족을 정벌하기 위해 만든 부대로서 윤관은 이를 이끌고 여진족을 정벌한 후 동북 지방에 9성을 쌓았다(1107~1108).

(다) 이자겸의 난 이후 고려 인종 때(1122~1146) 서경 출신의 정지상과 묘청 등이 정치 혁신을 내세우며, 서경 천도, 칭제 건원, 금국 정벌 등을 주장하였다(1035).

따라서 (나)–(가)–(라)–(다) 순이다.

정답 ③

6 다음 자료에 나타난 시기의 사회 모습으로 옳은 것은? [2점]

공주의 겁령구* 등에게 성과 이름을 하사하였는데 홀랄대는 인후로, 삼가는 장순룡으로, 차홀대는 차신으로 하고 관직을 모두 장군으로 하였다. …… 첨의부에서 아뢰기를, "제국 대장 공주의 겁령구와 관료들이 좋은 땅을 많이 차지하여 산천으로 경계를 정하고 사패(賜牌)를 받아 조세를 납입하지 않으니, 청컨대 사패를 도로 거두소서."라고 하였다.

*겁령구 : 시종인

① 서얼이 통청 운동을 전개하였다.
② 웅천주 도독 김헌창이 반란을 일으켰다.
③ 만적이 개경에서 신분 해방을 도모하였다.
④ 변발과 호복이 지배층을 중심으로 유행하였다.
⑤ 망이 · 망소이가 가혹한 수탈에 저항하여 봉기하였다.

| 해설 | 원 간섭기의 사회상

'겁령구', '첨의부', '제국 대장 공주' 등의 내용을 통하여 제시된 자료의 시기가 원 간섭기임을 알 수 있다. 고려가 원에 항복한 후 고려의 자주성은 크게 손상되었다. 고려의 왕은 대대로 '제국 대장 공주'의 사례와 같은 몽골의 공주들과 혼인하여 원의 부마국이 되었고, 몽골의 공주들은 자신들을 따라온 시종인 '겁령구'를 데려와 그들을 우대하며 생활하였다. 또한 관제도 부마국의 지위에 따라 낮아졌다. 이에 중서문하성과 상서성을 합쳐 첨의부로, 중추원은 밀직사로, 어사대는 감찰사로 바뀌었고 6부도 4사로 통폐합되었다.

④ 원 간섭기에는 족두리와 같은 몽골식 머리 모양이나 옷차림, 소줏고리나 변발(호복) 같은 풍습이 고려 사회에 유행 하였다.

| 오답 넘기 |

① 조선 후기 서얼은 통청 운동을 전개하여 철종 때 청요직 진출이 가능해졌다.
② 김헌창의 반란은 신라 헌덕왕 때 일어난 진골 귀족들의 왕위 다툼 과정을 보여 주는 사건이다(822).
③ 무신 정권 시기 최충헌의 사노비였던 만적 등은 노비라는 신분에서 벗어나기 위해 봉기를 시도하였다(1198).
⑤ 무신 집권기에 공주의 명학소에서는 망이 · 망소이 형제가 중심이 되어 봉기를 일으켰다(1176).

정답 ④

7 (가) 기구에 대한 설명으로 옳은 것은? [1점]

역사 용어 해설

(가)

1. 개요

토지와 노비 문제를 해결하기 위해 설치된 임시 기구로, 불법적으로 빼앗긴 토지를 원래의 주인에게 돌려주거나 억울하게 노비가 된 자들을 본래 신분으로 되돌리기 위해 만들어졌다. 1269년(원종 10)에 처음 설치되었고, 이후 폐지와 설치를 거듭하였다.

2. 관련 사료

신돈이 (가) 을/를 설치할 것을 청하고 스스로 판사(判事)가 되었다. …… 권세가와 부호 중에 빼앗았던 토지와 노비를 그 주인에게 돌려주는 자가 많아, 온 나라 사람들이 기뻐하였다.

① 원 간섭기에 첨의부로 격하되었다.
② 고려 말에 도평의사사로 명칭이 바뀌었다.
③ 소속 관원이 낭사와 함께 대간으로 불렸다.
④ 공민왕 때 내정 개혁의 일환으로 운영되었다.
⑤ 최씨 무신 정권의 최고 권력 기구로 활용되었다.

| 해설 | 공민왕의 개혁 정치

공민왕은 14세기 중반 원이 쇠퇴하던 시기를 이용하여 자주성을 회복하고 권문세족을 억압하는 정책을 추진하였다. 공민왕은 신돈을 등용하여 전민변정도감을 설치하고 권문세족이 빼앗은 토지와 노비를 본래의 주인에게 돌려주거나 양민으로 해방시켰다(1366). 그러나 권문세족의 반발로 신돈이 제거되고, 공민왕이 시해되면서 개혁은 중단되었다.

| 오답 넘기 |

① 원 간섭기에 첨의부로 격하된 기구는 2성(중서문하성, 상서성)이다.
② 고려 말에 도평의사사로 명칭이 바뀐 기구는 도병마사이다.
③ 소속 관원이 중서문하성의 낭사와 함께 대간으로 불린 기구는 어사대이다.
⑤ 최씨 무신 정권의 최고 권력 기구로 활용된 기구는 교정도감이다(1209).

정답 ④

8 (가), (나) 사이의 시기에 있었던 사실로 옳은 것은? [3점]

(가) 최영이 백관(百官)과 함께 철령 이북의 땅을 떼어 줄지 여부를 논의하자 관리들이 모두 반대하였다. 우왕은 홀로 최영과 비밀리에 요동을 공격할 것을 의논하였는데, 최영이 이를 권하였다.

(나) 배극렴 등이 왕위에 오르기를 권고하자 태조는 "예로부터 제왕의 흥기(興起)는 천명이 있지 않으면 불가하다. 나는 실로 부덕한 사람인데 어찌 감히 왕위를 감당하겠는가?"라며 결국 불응하였다. 신하들이 왕위에 오르기를 거듭 권하니 마침내 태조가 즉위하였다.

① 조준 등의 건의로 과전법이 제정되었다.
② 대표적 친원 세력인 기철이 숙청되었다.
③ 공주 명학소에서 망이·망소이가 봉기하였다.
④ 쌍성총관부를 공격하여 철령 이북의 땅을 수복하였다.
⑤ 백성의 억울함을 풀어 주기 위해 신문고가 설치되었다.

| 해설 | 고려 말의 정치 변동

(가) 1387년 명이 철령 이북의 땅을 자신들이 지배하겠다고 통보하자 우왕과 최영은 이성계를 시켜 1388년 요동 정벌을 단행하였다. 그러나, (나) 이성계는 위화도에서 회군하여 최영을 제거하고, 우왕과 창왕을 잇달아 폐위한 뒤 공양왕을 세웠다. 이후 조준 등의 급진파 사대부와 이성계는 1391년 전제 개혁(과전법)을 단행하여 권문세족과 온건파 신진 사대부의 경제 기반을 약화시켰다. 마침내 급진파 신진 사대부 세력은 이성계를 국왕으로 추대하면서 고려 왕조를 무너뜨리고 조선을 건국하였다(1392).

| 오답 넘기 |

② 기철은 고려 말의 대표적인 권문세족으로 공민왕 때 숙청되어 (가) 시기 이전의 상황이다(1356).
③ 무신 집권기에 공주의 명학소에서는 망이·망소이 형제가 중심이 되어 봉기를 일으켰다(1276).
④ 고려 후기 공민왕은 쌍성총관부를 공격하여 철령 이북의 땅을 수복하였다(1356).
⑤ 신문고는 조선 태종 때에 처음 설치되었다(1401).

정답 ①

12 고려의 경제와 사회

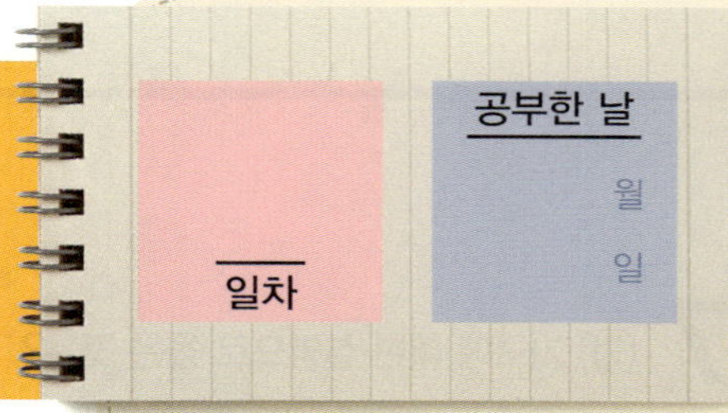

❶ 고려의 경제 정책과 경제 구조

(1) 수취 체제의 확립

① 국가 재정의 운영 : 신라 말의 문란한 수취 체제를 정비할 목적으로 재정 운영에 필요한 관청을 설치

㉠ 호부 : 호적과 양안을 만들어 이를 바탕으로 조세, 공물, 부역을 부과

㉡ 삼사 : 호부가 파악한 재정 수입에 대한 회계 업무를 담당

㉢ 창 : 쌀이나 베를 저장하고 지급하는 업무 담당, 좌창(관리 녹봉), 우창(일반 비용), 용문창(군량), 상평창(물가 조절), 의창(빈민 구제)

② 호적과 양안 작성

㉠ 호적 : 부부를 중심으로 이루어진 가족을 등재하되, 때에 따라서는 여러 세대의 가족이 한 호적에 기록

㉡ 양안 : 토지의 소유자와 크기를 적은 일종의 토지 장부로서 양안에 기재된 토지 소유자는 전세(田稅)를 부담

③ 부세의 종류 : 전세(수확량의 1/10 징수), 공납(호를 기준으로 특산물 징수), 역(16~59세의 정남에게 부역 징발)

④ 세금 수취와 운반

㉠ 담당 : 세금 거두는 일은 수령의 책임, 실무는 향리들이 담당

㉡ 조운 : 거둔 조세는 각 군현의 농민을 동원하여 조창까지 옮긴 다음, 조운을 통해 개경으로 운반하여 보관, 양계는 세곡을 군량으로 충당하기 위해 조운을 하지 않고 현지에 보관

조창: 조운할 곡식을 모아 보관하는 창고

> **Click !** ● 고려의 수취 제도
>
> 대사헌 조준 등이 상소를 올리기를 "태조가 즉위한 지 34일 만에 여러 신하들을 맞이하면서 한탄하여 가로되, '최근 백성들에 대한 수탈이 가혹해 1경(1결)의 조(租)가 6석에 이르러 백성의 삶이 극히 어려우니 나는 이를 매우 가련하게 생각한다. 지금부터 마땅히 10분의 1세로 하여 밭 1부(1결=100부)에 조를 3되로 하라.' ……"라고 하였다. －『고려사』－

(2) 전시과 제도와 토지 소유

① 전시과 제도의 특징

㉠ 전지와 시지의 지급 : 농사를 짓는 전지와 땔감을 구하는 시지를 각각 지급

㉡ 수조권(收租權)의 지급 : 토지 그 자체를 준 것이 아니라, 토지에서 조를 거둘 수 있는 권리만을 지급

㉢ 직역에 대한 반대 급부 : 국가에 봉사하는 대가로 관료를 18등급으로 나누어 지급

㉣ 세습 불가 : 토지를 받은 자가 죽거나 관직에서 물러날 때에는 국가에 토지를 반납

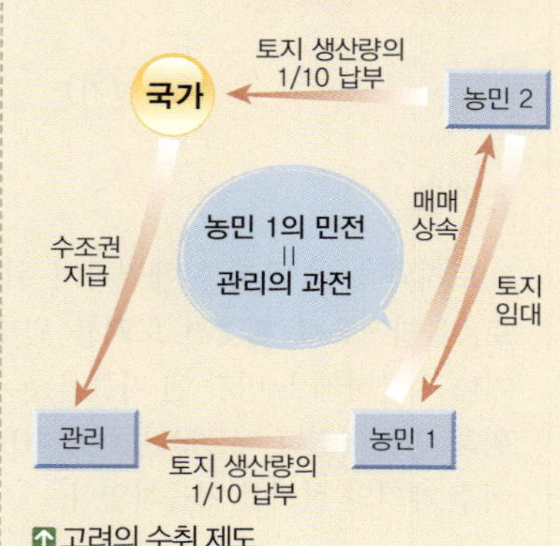

🅰 고려의 수취 제도

🅰 고려의 조운 제도 각 지방에서 조세로 징수한 현물은 해상 운송을 통해 개경으로 운반되었다. 도로망이 갖추어져 있지 않고 도로 폭이 좁아서 육로 운송은 어려움이 많았기 때문이다. 고려는 전국에 13개의 조창을 설치했는데, 경상도에 2개, 전라도에 6개, 충청도에 3개, 강원도에 1개, 서해도에 1개를 두었다.

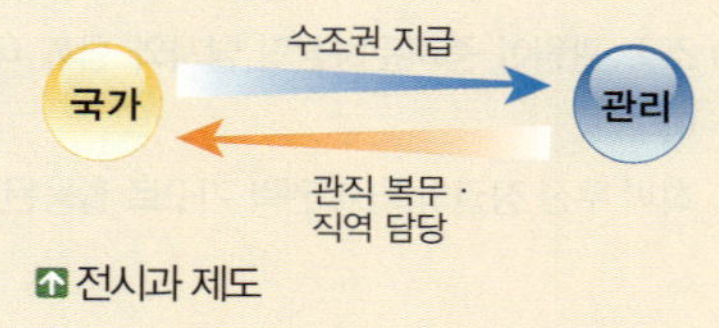

🅰 전시과 제도

Click ! ● 전시과

• 경종 원년, 처음으로 직관(職官)과 산관(散官) 각 품의 전시과(田柴科)를 제정하였다. 자삼(紫衫) 이상은 18품으로 나누었다.

• 목종 원년, 문무 양반 및 군인의 전시과를 개정하였다.

• 문종 30년, 양반 전시과를 다시 고쳐 정하였다. 제1과는 중서령, 상서령, 문하시중으로 전지 100결과 시지 50결을 주며, 제2과는 문하시랑, 중서시랑으로 전지 90결과 시지 45결을 주고, …… 제18과는 한인(閑人), 잡류(雜類)로 전지 17결을 주었다.
– 『고려사』 –

(단위: 결)

시기		등급	1	2	3	4	5	6	7	8	9	10	11	12	13	14	15	16	17	18
경종 (976)	시정 전시과	전지	110	105	100	95	90	85	80	75	70	65	60	55	50	45	42	39	36	33
		시지	110	105	100	95	90	85	80	75	70	65	60	55	50	45	40	35	30	25
목종 (998)	개정 전시과	전지	100	95	90	85	80	75	70	65	60	55	50	45	40	35	30	27	23	20
		시지	70	65	60	55	50	45	40	35	33	30	25	22	20	15	10			
문종 (1076)	경정 전시과	전지	100	90	85	80	75	70	65	60	55	50	45	40	35	30	25	22	20	17
		시지	50	45	40	35	30	27	24	21	18	15	12	10	8	5				

전시과의 토지 지급 액수

• 고려의 토지 제도는 대개 당의 제도를 모방하여 거간된 토지의 넓이를 총괄해서 그 기름지고 메마른 것을 나누어 문무 백관에서부터 부병(府兵), 한인(閑人)에 이르기까지 과(科)에 따라 전지(田地)와 시지(柴地)를 주었는데, 이를 전시과라 한다. 죽은 후에는 모든 토지를 반납하는 것을 원칙으로 하였다. …… 그러나 부병은 나이 20세가 되면 비로소 땅을 받고 60세가 되면 반환하는데, 자손이나 친척이 있으면 전지를 물려받게 하고 없으면 감문위(監門衛)에 소속시켰다가 70세 이후에는 구분전을 지급하고, 그 나머지 땅을 환수하였으며, 죽은 다음에 후계자가 없는 자와 전사한 자의 아내에게 모두 구분전을 지급하였다. 또한, 공음전시과가 있어 과에 따라 지급하여 자손들에게 전하게 하였다.
– 『고려사』 식화지 –

② 토지 제도의 정비 과정

역분전(태조, 940)	후삼국 통일 과정에서 공을 세운 자에게 토지 지급(공로와 인품, 논공행상적)
시정 전시과(경종, 976)	전 · 현직 관리 토지 지급, 관직(공복 제도)과 인품 반영
개정 전시과(목종, 998)	전 · 현직 관리 토지 지급, 관직만 고려하여 토지 지급
경정 전시과(문종, 1076)	현직 관리에게만 토지 지급, 무인에 대한 차별 폐지, 군인에 대한 대우 개선

전시과의 운영
전시과 제도는 경종 때 처음 만들어졌다. 관료에게 줄 토지가 부족해지면서 지급량을 줄이고, 문종 때에는 지급 대상을 현직 관료로 제한하였다.

③ 토지의 종류와 내용

과전		문 · 무반 관료에게 지급한 토지로서 세습이 불가능함
영업전 (세습 가능 토지)	공음전	고려 문종 때 5품 이상의 귀족들에게 지급되던 신분적 성격의 토지. 세습 가능(영업전으로 불리기도 함) → 귀족의 경제적 특권
	군인전	군역의 대가로 지급된 토지인데, 직역이 세습됨으로써 자손에게 세습됨
	외역전	향리에게 지급하던 토지로 향직이 세습되었기 때문에 사실상 세습됨
	내장전	왕실의 비용 충당을 위한 토지
	공신전	공신에게 지급한 토지로서 대대로 세습됨
한인전		6품 이하의 하위 관리의 자제로서 관직이 없는 자들에게 주던 토지 → 관리로서의 신분을 세습하기 위해 지급한 토지
구분전		관리나 군인의 유가족에게 지급하던 토지
공해전		관청의 비용 충당을 위한 토지
사원전		사찰에 지급하던 토지
민전		농민의 사유지, 소유권이 보장되어 매매 · 상속 · 임대 등이 가능, 국가에 일정한 세금을 납부

④ **전시과의 붕괴** : 귀족들의 토지 세습, 농장 확대 → 무신 집권기, 원 간섭기에 가속화 → 신진 관료의 생계 유지를 위해 녹과전 지급(1271) → 위화도 회군 이후 과전법 마련(1391)

❷ 경제 활동의 진전

(1) 경제 생활

① 귀족의 경제 생활

㉠ 기반 : 상속받은 토지, 과전, 녹봉(곡식 · 베 · 비단 등), 고리대 · 개간 등으로 농장 경영

㉡ 경제 생활 : 큰 누각, 별장, 중국에서 수입된 차 · 비단 등 화려하고 사치스러운 생활 영위

② 농민의 경제 생활

㉠ 생계의 유지 : 본인 소유의 민전이나 다른 사람의 토지 경작, 황무지를 개간하거나 새로운 농업 기술을 도입하여 소득을 올리려고 노력

㉡ 개간 활동 : 진전 · 황무지 개간(일정 기간 조세나 소작료 감면, 주인이 없을 때는 토지 소유 인정), 12세기 이후 저습지 · 간척지 개간

(2) 농업

① **농업 기술의 변화** : 수리 시설 확충, 호미 · 보습 등의 농기구와 종자 개량, 소를 이용한 깊이갈이(심경법)의 일반화, 시비법 발달(녹비 · 퇴비 사용), 2년 3작의 윤작법 보급, 고려 말 남부 일부 지방에 이앙법(모내기) 보급

② **농업 기술의 연구 진척** : 원 간섭기에 중국 농서인 『농상집요』(1286) 소개(이암)

③ 생산 작물

㉠ 목화 : 고려 말 원에서 목화씨를 가져와 재배 성공(문익점, 정천익, 1367)

㉡ 인삼 : 수출품으로 크게 부각된 인삼의 고갈이 염려되어 인공 재배가 14세기 말에 개경(개성)에서 본격화

(3) 수공업

① 전기 : 관청 수공업, 소(所) 수공업 중심

소(所): 국가에서 필요한 물품 생산에 동원할 수 있는 기술자를 조사하여 기록한 장부

㉠ 관청 수공업 : 공장안에 기록된 수공업자가 수공업품 생산

㉡ 소(所) 수공업 : 금, 은, 철, 구리, 실, 종이, 먹, 차 등 생산 → 상공, 별공의 형태로 국가에 납부(전라도를 중심으로 널리 분포되어 있었으나 부담 증가로 인한 저항이 일어나 점차 소멸)

② 후기 : 사원 수공업, 민간 수공업 발달

㉠ 사원 수공업 : 승려와 노비를 이용하여 베, 모시, 기와, 술, 소금 생산

㉡ 민간 수공업 : 농촌 가내 수공업 중심, 삼베, 모시, 명주 등 생산

사원 수공업: 사원에서 생산된 수공업품의 품질이 향상되자 수요도 증가하였다. 특히 베, 모시와 술, 기와, 유리 등의 분야가 뛰어나 왕실과 귀족의 사치품으로 많이 애용되었다. 그러나 종교적 권위를 이용하여 농민에게 강제로 물건을 판매하는 문제점도 있었다.

(4) 상업과 금융

① 도시의 상업

㉠ 시전의 설치 : 개경에 설치하여 도시민들의 생활품의 판매 및 관수품을 조달하고 국고의 잉여품을 처분하는 기능을 가진 상설 어용 상점

㉡ 경시서의 설치(문종 대) : 매점매석과 같은 상행위를 감독하고 물가 조절 등의 업무를 담당

경시서: 시전의 상업 행위를 관리 · 감독하는 기관으로 조선 세조 때 평시서로 개칭

고려 시대 토지의 구분

고려 시대의 토지는 소유권이 누구에게 있느냐에 따라 공전(公田)과 민전(民田)으로 구분되었으며, 수조권을 누가 갖느냐에 따라 공전(公田)과 사전(私田)으로 구분되었다.

불공을 드리는 고려의 귀족(수월관음도 부분)

고려 후기 강화도의 간척지

시비법 발달

가축이나 사람의 배설물을 거름으로 활용하거나 초목을 태워 그 재를 비료로 사용하였다. 또한, 초분(풀을 농경지에 깔거나 잡초를 갈아엎음)이나 녹비법(콩과 작물을 재배하여 갈아엎어 질소 비료를 공급하는 방법) 등의 방법도 시행되었다.

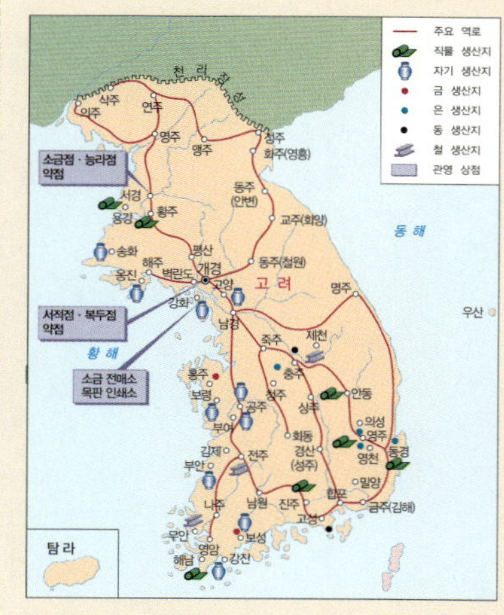

㉢ 관영 상점의 설치 : 개경, 서경(평양), 동경(경주) 등의 대도시에 설치하여 서적, 약, 술, 차 등을 판매

② 지방의 상업 : 관아 근처에서 시장 형성, 행상의 활동, 조운로를 따라 교역 활발, 여관인 원(院)이 상업 활동의 중심지가 됨, 사원에서 곡식이나 수공업품을 만들어 민간에 판매

③ 화폐 유통

㉠ 물품 화폐 : 자급자족적 경제 활동으로 화폐 유통 실패, 일반 거래에서는 곡식이나 삼베 사용, 그 외에 쇄은(무게를 달아 사용하는 은)도 사용

㉡ 주조 화폐 : 성종 때 건원중보(최초의 철전) → 숙종 때 의천의 주전론에 의해 주전도감이 설치(1097)되어 삼한통보 · 해동통보 · 해동중보 · 활구(은병) 제작

활구(은병)
귀족들의 대규모 거래, 뇌물로 사용된 은병은 우리나라의 지형을 본떠서 은 1근으로 만든 고가 화폐로서, 단순히 화폐의 기능만을 가진 것이 아니라, 고려의 국위를 과시하려는 뜻이 포함되어 있었다. 은병 하나의 값은 포 100여 필이나 되었다.

고려 시대 고리대의 폐해
왕이 명을 내리기를 '민간에서 사채를 빌려 주고 이자를 받는 자는, 원금과 이자가 서로 같으면 이자는 다시 받지 말라.'고 하였다.
–『고려사절요』–

Click !

건원중보 (996) · 삼한통보 (1097~1105) · 해동통보 (1102) · 활구(은병) (1101)

• [고려 숙종의 해동통보 주조] 왕이 명령하기를, "백성들을 부유하게 하고 나라에 이익을 가져 오게 하는 데 돈보다 중요한 것은 없다. …… 이제 금속을 녹여 돈을 주조하는 법을 제정하였으니, 주조한 돈 1만 5천 관(貫)을 여러 관리와 군인들에게 나누어 주어 이를 통용의 시초로 삼고 돈의 명칭을 해동통보라 하여라."라고 하였다.

• [은병(활구)] 조서를 내려 이르기를, "금과 은은 국가의 보물인데, 근래에 간악한 백성들이 구리를 섞어 몰래 주조하고 있다. 지금부터 은구에 모두 표식을 새겨 이로써 영구한 법식으로 삼도록 하라. 어기는 자는 엄중히 논죄하겠다."라고 하였다. 이것은 은 1근으로 만들어졌는데, 모양은 우리나라의 지형을 본뜨도록 하였다.

④ 보의 발달

㉠ 보의 출현 : 일정한 기금을 만들어 그 이자를 공적인 사업의 경비로 충당

㉡ 보의 종류 : 학보, 경보, 팔관보, 제위보 등

(5) 대외 무역

① 대외 무역의 발달

㉠ 공무역 발달 : 통일 신라 시대부터 서해안을 중심으로 발달했던 사무역이 고려에 와서는 국가의 통제를 받으면서 쇠퇴함

㉡ 국제 무역항 : 벽란도(개경에 이르는 예성강 하구, 아라비아 상인도 왕래)

외국으로 나가거나 개경으로 들어오기 위하여 반드시 거쳐야 하는 고려의 관문 역할을 하였기 때문에, 외교적으로도 중요한 곳이었다.

② 송과의 무역

㉠ 교역품 : 서적 · 약재 등 왕실과 귀족의 사치품 수입, 나전 칠기 · 종이 · 인삼 · 먹 등 토산품 수출

㉡ 범선 주조 : 송과의 해상 무역이 활발해짐에 따라 배를 만드는 기술도 발달하여 대형 범선이 제작됨, 대형 범선은 조운 체계가 확립되면서 조운선으로 이용되기도 함

송과의 무역(황비창천명 항해도무늬 동경)
'황비창천(煌丕昌天)'이라는 글자를 새기고 항해하는 모습을 담은 구리 거울. 북송 시대부터 금에 이르기까지 많이 제작되어 고려에 수입되었다.

③ 기타 여러 나라와의 무역

㉠ 거란과 여진 무역 : 은 · 모피 · 말 등 수입, 농기구 · 식량 등 수출 → 북방의 안전 도모

㉡ 일본 무역 : 정식 국교가 맺어지지 않아 민간 상인들이 내항하며 무역 활동 전개(수은 · 황 등 수입, 식량 · 인삼 · 서적 등 수출)

㉢ 대식국(아라비아) : 수은, 향료, 산호 등 수입 → 고려 이름이 서양에 '코리아'로 알려짐

㉣ 원과의 무역 : 사무역 · 밀무역의 성행, 충렬왕비인 제국대장 공주가 직접 교역에 참여하는 등 왕실에서도 상업 활동에 참여

Click ! ● **고려의 무역 활동**

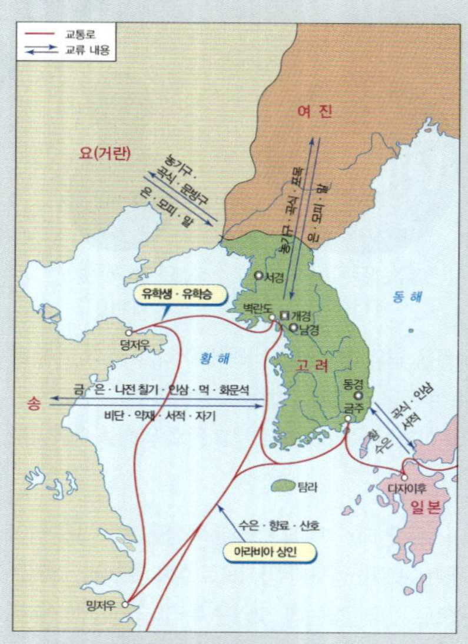

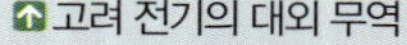
고려 전기의 대외 무역

고려 시대 무역항

조수(潮水)가 들고나매, 오고가는 뱃머리가 서로 잇대어 있다.
아침에 이 누각 밑을 떠나면 한낮이 채 못 되어 돛대는 남만에 이르른다.
사람들은 배를 가리켜 물 위의 역마(驛馬)라 하지만, 바람처럼 달리는 준마도 이만 못하다.
만약 돛단배 바람 속에 달리듯 한다면 순식간에 봉래의 신선 사는 지경에 이르르니 ……
배를 타면 어딘들 가지 못하리.

– 『동국이상국집』에 실린 이규보의 시 –

❸ 고려의 사회 구조와 지배 세력

(1) 사회 구조의 개편

① **문벌 귀족 사회** : 가문과 문벌을 중시하여 개인의 능력보다는 가문과 친족의 사회적 위치가 중시되었고, 소수 문벌 귀족이 권력을 독점

② **지방 호족의 중앙 귀족화** : 진골 중심 체제에서 벗어나 지방 호족이나 유교적 지식인들이 새로운 지배층으로 등장하여 전 시대보다 개방적인 사회로 발전

③ **대가족 단위의 편제** : 대가족장의 권위를 인정하고 조세, 역, 공물의 의무를 가족 단위로 부과하며, 친족 공동체는 몇 개의 대가족 단위로 편성

④ **본관제 실시** : 각기 성과 본관을 갖는 새로운 친족 공동체 사회를 형성

(2) 고려 사회의 신분 구조

① 귀족

㉠ 특징 : 왕족을 비롯한 5품 이상의 고위 관료로 개경에 거주하며 음서나 공음전의 혜택을 받는 특권층

아라비아와의 무역

정종 6년(1040) 11월 대식국(아라비아) 상인 보나합 등이 와서 수은, 용치(매머드 이빨 화석) 등의 약재와 향료, 몰약, 대소목(염료로 사용하는 나무) 등의 물건을 바치니, 담당관에게 명하여 대우를 후히 하고 돌아갈 때 금과 비단을 내렸다. –『고려사』–

신안선 복원 모형 1975년 발굴된 신안선은 송에서 고려를 거쳐 일본으로 향하던 무역선으로 추정된다. 배에서 많은 도자기와 중국 동전이 발견되어 당시 국제 교역의 규모를 짐작하게 해 준다.

본관제

본관은 신라 말 고려 초기 국가적인 차원에서 시행된 제도로 초기의 본관제는 지역 사회 내부의 자체적인 질서를 이용하여 향촌 사회를 안정시키기 위해 시행되었다. 그래서 고려 전기의 본관을 벗어나는 거주지 이동은 관직 진출 등을 통한 신분 이동이나 역의 유배 등 기타 공식적으로 허용받은 경우에만 가능했다.

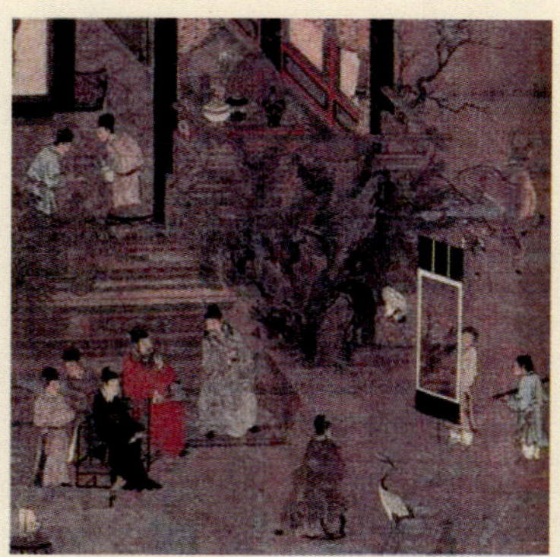
아집도대련 고려 귀족들이 정원에 모여 시를 짓고 그림을 감상하며 한가롭게 여가를 즐기는 모습을 그린 그림

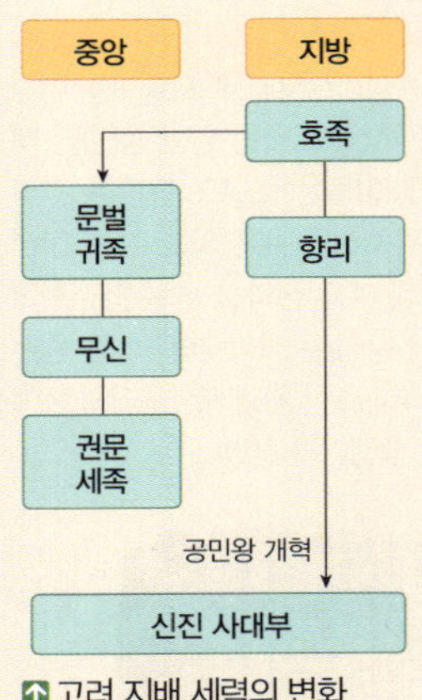

고려 지배 세력의 변화

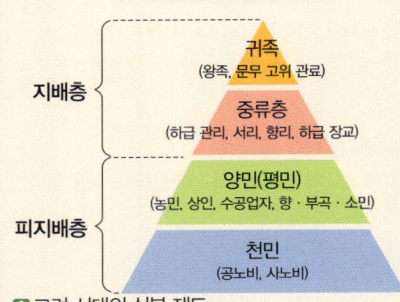

지배층: 귀족(왕족, 문무 고위 관료) / 중류층(하급 관리, 서리, 향리, 하급 장교)
피지배층: 양민(평민)(농민, 상인, 수공업자, 향·부곡·소민) / 천민(공노비, 사노비)

고려 시대의 신분 제도

㉡ 문반의 우대 : 문반의 지위가 무반보다 높았는데 무신 정변의 원인이 됨

㉢ 지배층의 변천 : 호족, 6두품 → 문벌 귀족 → 무신 → 권문세족 → 신진 사대부

ⓐ 문벌 귀족 : 중앙 관직 진출, 토지 소유 확대, 유력 가문과 중첩된 혼인 관계 형성, 지방 향리의 자제도 과거를 통하여 귀족이 될 수 있음

ⓑ 무신 : 무신 정변을 계기로 권력 장악

ⓒ 권문세족 : 고려 후기의 지배층 → 정계 요직 장악, 음서로 신분 세습, 대규모 농장 소유, 몰락 농민을 노비로 부림

ⓓ 신진 사대부 : 대부분 지방 향리 자제들로 무신 집권기 이래 과거를 통해 중앙 관리로 진출

Click ! ● **고려 시대의 귀족 세력 비교**

구분	문벌 귀족(전기)	권문세족(후기)	신진 사대부
대두	성종 이후	무신 정권의 붕괴 이후	공민왕 시기
출신	• 호족 계열 • 개국 공신 계열 • 6두품 계열	• 문벌 귀족 가문 • 무신 집권기에 대두한 가문 • 친원 세도 가문	• 하급 관리 출신 ⇨ 행정 실무에 밝음 • 향리(중소지주층)
정치 성향	관직의 독점 (과거, 음서)	• 고위 관직 독점 • 도평의사사 장악(음서) ⇨ 귀족 연합 정치 추구	• 왕도 정치 • 민본 정치의 추구 • 왕권 강화의 추진
경제 기반	• 공음전 • 과전(전시과)	• 개경 거주 지주 • 대농장 소유	• 지방 중소 지주 • 소규모의 농장
정계 진출	대부분 음서	대부분 음서	과거 ⇨ 학자적 관료(士大夫)
학문	훈고학	훈고학(유학 미비)	성리학

② 중류층

군역과 같은 신역 또는 어떠한 직업이나 담당 업무 영역

㉠ 특징 : 지배층과 피지배층 사이에서 지배 기구의 말단 행정직으로 존재, 대개 직역 세습, 직역의 대가로 국가에서 토지 지급

㉡ 유형 : 잡류(중앙 관청의 말단 서리), 남반(궁중 실무 관리), 향리(지방 행정의 실무를 담당), 군반(직업 군인인 하급 장교), 역리[지방의 역(驛)을 관리]

Click ! ● **고려의 향리**

이들의 첫 벼슬은 후단사이며, 두 번째 오르면 병사 · 창사가 되고, 세 번째 오르면 주 · 부 · 군 · 현의 사가 되며, 네 번째 오르면 부병정 · 부창정이 되며, 다섯 번째 오르면 부호정이 되고, 여섯 번째 오르면 호정이 되며, 일곱 번째 오르면 병정 · 창정이 되고, 여덟 번째 오르면 부호장이 되고, 아홉 번째 오르면 호장이 된다. -『고려사』-

③ 양민

㉠ 구성 : 농민, 상민, 수공업자와 향 · 부곡 · 소의 주민 → 대부분 농민인 백정(白丁)으로 법제적으로는 과거 응시에 제약이 없었으며 전지를 받는 군인으로 선발될 수도 있었음

㉡ 특수 행정 구역민 : 향 · 부곡(농업), 소(수공업, 광업) → 양민(평민)이지만 천민처럼 차별받음(백정보다 많은 세금 부담)

④ 천민

㉠ 구성 : 대부분 노비, 고된 직업 종사자[화척(도살업자), 재인(광대), 진척(뱃사공) 등] (국가에 아무런 부담을 지지 않았으며, 호적에도 등록되지 않음)

㉡ 노비 : 매매 · 증여 · 상속 가능, 노비끼리 통혼, 일천즉천(一賤則賤) (부모 중 한 명이 노비이면 자식도 노비)

㉢ 노비의 구분

구분	공노비	사노비	
		솔거 노비	외거 노비
소속	관청	개인	
임무	관청 토지 경작, 관청 잡일 담당	주인과 함께 거주, 주인집의 각종 잡일 담당, 외거 노비보다 열악한 대우	주인과 떨어져 거주, 주인의 토지를 경작하고 수확물 상납(1/2)

(3) 고려 시대 신분의 변화 : 향리의 자제가 과거를 통해 중앙 관료로 진출, 군인이 전쟁에서 큰 공을 세워 출세, 노비가 재산을 모아 양민으로 신분 상승 등

④ 고려 시대의 사회 시설과 생활 모습

(1) 사회 시책

① **농민 보호책 :** 농번기에 잡역 면제, 자연재해 시 조세 · 부역 감면, 고리대의 이자율 제한

② **권농 정책 :** 적전(국왕이 친히 갈아 농사의 모범을 보임), 황무지의 개간을 장려

③ **사회 제도 :** 의창(빈민 구제) (986(성종 5)), 상평창(물가 조절), 동 · 서 대비원(환자 진료, 빈민 구휼), 혜민국(의약 전담), 제위보(기금 마련 뒤 이자로 빈민 구제), 구제도감 · 구급도감(재해 시 임시 기관으로 설치) 등

Click ! ● 성종의 의창 설치

내가 듣건대, 덕이란 오직 정치를 잘 하는 것일 뿐이고, 정치의 요체는 백성을 잘 기르는 데에 있으며, 나라는 사람을 근본으로 삼고 사람은 먹는 것을 하늘로 삼는다고 하였다. 이어 우리 태조께서는 흑창(黑倉)을 설치하셨다. …… 쌀 1만 석을 더 보태고, 그 이름을 의창으로 바꾸도록 하라.

(2) 법률과 풍속

① **법률 :** 중국의 당률을 참고한 법률 시행, 대부분 관습법 따름, 중요 사건 이외에는 지방관이 재량권 행사, 반역죄 · 불효죄는 중죄, 태 · 장 · 도 · 유 · 사의 형벌

Click ! ● 원 간섭기 제주 민의 호소

제주 만호 임숙(林淑)이 몹시 탐욕스러워 우리 백성들은 그 고통을 견딜 수가 없었습니다. 죄를 지어 정동행성에 갇혀 있던 그를 제주로 복귀시키려 하다니 도대체 우리가 무슨 죄가 있습니까? 이는 정동행성의 관리들이 임숙으로부터 뇌물을 받고 풀어 주었기 때문입니다. 그를 심문하여 처벌하지 않는다면 원의 조정에 고소할 것입니다.

고려 시대와 조선 시대 백정(白丁)의 차이점

고려 시대에는 국가로부터 토지를 분급받지 못한 일반 농민(직역이 없는 일반 농민)을 백정이라 하였다. 이들은 소규모의 땅을 경작하여 생계를 유지하였는데, 이 토지를 민전(民田)이라 하며, 이 민전의 조세 수입(수확의 1/10을 국가에 바침)은 국가 재정의 큰 원천이 되었다. 그러나 조선 시대에는 도살업 등에 종사한 천민을 백정이라 하였다.

송광사 노비 문서 아버지에게 받은 노비를 수선사(송광사)에 기증한다는 내용이 적혀 있다.

구제도감

고려 시대에 병자의 치료와 빈민의 구제를 목적으로 설치한 임시 기관

구급도감

고려 시대 구휼 사업을 위해 실시한 임시 관청

고려 형벌의 종류

태	볼기를 치는 매질
장	곤장형
도	징역형
유	멀리 유배 보내는 형
사	사형(교수형, 참수형)

격구

무예 이십사반의 하나로, 말을 타고 달리며 작대기로 공을 치던 무예이다.

사천 매향비 1387년 향나무를 묻고 세운 것으로, 내세의 행운과 국태민안(國泰民安)을 기원하는 내용을 담고 있다.

남귀여가혼(男歸女家婚)
남자가 신부될 여자 집으로 가서 혼례를 치른 뒤 처가에서 살다가, 자녀를 낳아 장성하면 본가로 돌아오는 혼인 형태를 말한다.

고려 시대의 '딸 선호' 풍조
고려 시대에는 딸들이 부모를 봉양하였다. 그래서 딸이 혼인한 뒤에도 매우 필요한 존재하는 인식을 하였다. 딸은 시집가면 다른 집안의 사람이 되고, 부모에 대해 이바지하기 어려운 부계 사회와는 달리, 고려 시대의 딸들은 혼인 후에도 사위와 함께 부모를 모시며 살았고, 딸이 낳은 자손인 외손자녀들까지 모두 후손으로 간주되어 굳이 아들과 딸을 차별할 이유가 없었다. 오히려 봉양을 받는 부모의 입장에서 볼 때 며느리보다는 자신의 피를 나눈 딸에게 의지함으로써 훨씬 편한 점이 많았다. 그래서 고려 말의 문신인 이곡(李穀)은 원에서 공녀(貢女)를 보내라는 요구를 재고해줄 것을 청하는 글에서 고려에서는 "차라리 아들을 내보낼지언정 딸과 함께 살기를 바란다"고 표현하였다.

② **장례** : 화장(불교 영향, 지배층 중심), 매장(풍수지리설 영향) 등

③ **결혼 제도** : 여자는 18세, 남자는 20세 전후에 혼인, 왕실에서 근친혼 성행, 일부일처제가 일반적, 솔서혼(남자가 여자 집에 들어가 생활하는 혼인 형태)

④ **국가 제전**

㉠ 연등회 : 전국에서 개최한 축제로, 부처의 공덕에 대한 공양의 덕을 쌓는 행사

㉡ 팔관회 : 토속 신앙(제천 행사)과 불교가 융합된 행사로 개경(11월)과 서경(10월)에서 개최, 송 · 여진 · 아라비아 상인들이 진상품을 바치며 국제 무역이 이루어짐, 훈요 10조에서 강조

㉢ 백고좌회 : 반드시 왕이 열게 되어 있는 것으로서 다분히 국가적인 의의가 깊은 법회

⑤ **명절** : 정월 초하루(설날), 삼짇날(음력 3월 3일, 화전놀이), 단오(음력 5월 5일, 격구 · 그네뛰기 · 씨름), 유두(음력 6월 15일, 동쪽으로 흐르는 물에 머리를 감음), 추석(음력 8월 15일) 등

(3) 향도 : 농민의 공동 조직

① **기원** : 불교의 신앙 조직(위기가 닥쳤을 때 미륵을 만나 구원받고자 하는 염원에서 향나무를 땅에 묻는 매향 활동을 하는 무리들)

② **발전** : 불상, 석탑, 절을 지을 때 주도적 역할 → 신앙적 조직에서 공동의 이익을 위한 농민 조직으로 변화(노역, 혼례와 상장례)

(4) 여성의 지위 : 경제 · 가정생활에서 여성은 남성과 거의 동등

① **재산 상속** : 부모의 유산은 자녀에게 골고루 분배되는 자녀 균분 상속

② **호적 기재** : 여성이 호주가 될 수 있었고, 호적에서 남녀 간에 차별을 두지 않고 태어난 차례대로 기록

③ **제사** : 아들이 없는 경우 양자를 들이지 않고 딸이 제사를 고심, 상복 제도에서도 친가와 외가의 차이가 크지 않았음

④ **재가 허용** : 여성의 재가는 비교적 자유롭게 이루어졌고 그 소생 자식의 사회적 진출에도 차별이 없었음

⑤ **기타** : 사위가 처가에 입적하여 처가 생활을 하기도 함(남귀여가혼), 사위와 외손자까지 음서 혜택 부여, 공을 세운 사람은 부모와 함께 장인, 장모도 상을 받음

Click! ● **고려 시대 여성의 지위**

• 재상 박유가 충렬왕에게 우리나라는 본래 남자가 적고 여자가 많으니 부인 외에 첩을 두게 하는 것을 청하였다. 연등회 날 저녁에 박유가 왕을 따라 거리를 지나가자 한 노파가 길에서 그를 가리키며 "첩을 두자고 청한 사람이 저 늙은이다."라고 하니 듣는 사람이 서로 전하여 가리키며 거리마다 여자들이 손가락질하였다. 당시 재상 중에 부인을 무서워하는 자들이 있었기 때문에 그 건의를 정지하고 결국 실행하지 못하였다. – 『고려사』 –

• 어머니가 큰아들에게 노비 40구를 별도로 상속하려 하자, "한 아들이 다섯 딸 사이에 끼어 있는데, 어떻게 차마 재산을 더 받아서 여러 자식에게 고르게 나누어 주려는 어머니의 사랑에 누를 끼치게 하겠습니까?"라고 말하였다. – 『고려사』 –

• 지금은 처를 취함에 남자가 여자 집으로 가니 무릇 자기의 필요한 것을 다 처가에 의지하여 장인 · 장모의 은혜가 부모의 은혜와 같다. – 이규보, 『동국이상국집』 –

❶ 고려 경제 정책과 경제 구조

- [양안] 20년마다 작성하는 것이 원칙이었다.
  - ↳ 조세 부과의 근거 자료로 활용되었다.
- [전시과] 관등에 따라 관리에게 전지와 시지를 차등 지급하였다.
  - ↳ 전지와 시지를 지급하여 수취의 권리를 행사하게 하였다.
- 개국 공신에게 인품, 공로를 기준으로 역분전을 지급하였다.
- [시정 전시과] 관리의 인품과 공복을 기준으로 하여 토지를 지급하였다.
- [개정 전시과] 관직을 기준으로 토지를 지급하였다.
- [경정 전시과] 현직 관리를 중심으로 토지[전지와 시지]를 지급하였다.
- [녹과전] 전란으로 국가 재정이 약화되자 관리의 녹봉을 대신하여 지급하였다.

❷ 경제 활동의 진전

- 소를 이용한 깊이갈이가 일반화되었다.
- 목화가 중국에서 들어와 재배되기 시작하였습니다.
- 중국 화북 지방의 농법을 정리한 농상집요가 소개되었다.
- 경시서가 수도의 시전을 감독하였다.
  - ↳ (수도에) 시전을 감독하기 위해 경시서가 설치되었다.
- 서적점, 다점 등의 관영 상점이 운영되었다.
- [성종] 금속 화폐인 건원중보가 주조되었다.
  - ↳ 건원중보가 발행되어 금속 화폐의 통용이 추진되었다.
  - ↳ (국가 주도로) 건원중보를 발행하여 화폐 유통을 추진하였다.
- [숙종] 주전도감을 설치하여 해동통보를 발행하였다.
  - ↳ 국가 주도로 해동통보가 발행되었다.
  - ↳ 해동통보가 주조되어 유통되었다.
  - ↳ 삼한통보, 해동통보가 발행되었다.
- 벽란도에서 국제 무역이 이루어졌다.
  - ↳ 벽란도에서 이루어진 고려와 송의 국제 무역
  - ↳ 벽란도를 통해 송 상인과 교역하였다.
  - ↳ 벽란도를 통해 아라비아 상인과 무역하였다.

실전 자료 **벽란도**

이것은 대동여지도의 일부로, 고려 시대의 국제 무역항이었던 벽란도가 표시되어 있습니다. 고려 시대에 벽란도에서는 송의 상인은 물론 아라비아 상인과도 교역이 이루어졌습니다.

❸ 고려의 사회 구조와 지배 세력

- [태조] 민생 안정을 위해 흑창을 (처음) 설치하였다.
- [광종] 기금을 모아 그 이자로 빈민을 구제하는 제위보를 운영하였어요.
  - ↳ 기금을 모아 그 이자로 빈민을 구제하는 제위보를 마련했어.
- [성종] 봄에 곡식을 빌려주고 가을에 갚도록 하는 의창을 설치했어.
  - ↳ 의창을 두어 빈민을 구제하였다.
  - ↳ [의창] 흉년에 빈민에게 양식이나 종자 등을 빌려주었다.
- [성종] 물가 조절을 위해 상평창을 설치하였어요.
  - ↳ 상평창을 설치하여 물가를 조절하였다..
- [문종] 환자 치료와 빈민 구제를 위해 개경에 동 · 서 대비원을 두었어요.
  - ↳ [대비원] 개경의 동쪽과 서쪽에 두어 환자를 치료하였다.
- [예종] 병자에게 의약품을 제공하는 혜민국이 있었어요.
  - ↳ 병자에게 약을 지급하는 혜민국을 설치하였습니다.
  - ↳ 혜민국을 마련하여 병자에게 약을 지급하였다.
- [구제도감] 재해가 발생하였을 때 설치한 임시 기구였다.
  - ↳ 구제도감을 설립하여 백성을 구호하였다.

❹ 고려 시대의 사회 시설과 생활 모습

- 아들 딸 구별없이 태어난 순서대로 족보에 기록하게 되었다.
- 자녀들이 돌아가면서 부모의 제사를 지내게 되었다.
- 사위와 외손자에게도 음서의 혜택이 주어졌다.
- 재가한 여자의 자손이라도 과거 응시에 제한을 받지 않았다.

고려의 국제 무역항, 벽란도

❶ 벽란도, 국제 무역항으로 발전

개경에서 30리 떨어진 황해안에 위치한 벽란도는 원래 예성항으로 불렸으나 그 곳에 있던 벽란정(碧瀾亭)의 이름을 따서 벽란도라고 이름하였다. 고려 전기의 대외 무역은 송을 비롯하여 요·금·일본 등 주변 나라와 행해지고 있었으며 멀리 아라비아의 대식국(大食國)과도 교역할 만큼 그 대상이 광범위하였다. 각국의 해상 선단이 개경의 문호인 예성강 하구의 벽란도를 중심으로 몰려옴으로써, 벽란도는 명실공히 국제 무역항으로 번창하였다.

❷ '코리아'라는 이름 해외 전파

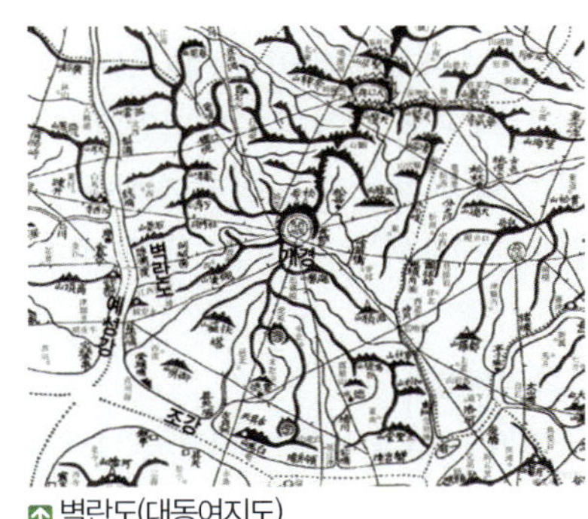
벽란도(대동여지도)

특히 송과의 무역은 매우 중요했는데 이때 주된 통로로 남북 항로가 이용되었다. 북선 항로는 산동 등주(登州) 방면에서 동북 직선로에 의해 대동강 어구를 거쳐 옹진항 또는 예성강에 이르는 항로였고, 남선 항로는 명주(明州)에서 동북으로 흑산도에 이르고 다시 동북행하여 서해안 도서를 거쳐 예성강에 이르는 항로였는데, 문종 대까지는 주로 북선 항로가, 이후에는 주로 남선 항로가 발달하였다. 상행위 뿐 아니라 중국의 사신이 올 때에도 우벽란정에 조서(詔書)를 안치하고, 좌벽란정에서 사신을 대접하였으며, 이곳에서 개경까지는 동서로 도로를 만들어 놓는 등 외교에서도 아주 중요한 역할을 하였다. '코리아(Korea)'라는 이름이 국제적으로 알려진 것도 벽란도를 통해서였다.

❸ 국제적 행사로 치러진 팔관회

팔관회는 551년(진흥왕 12)에 처음 행해졌는데, 이때 행해진 팔관회는 호국적이고 복을 비는 성격이 짙었다(『삼국사기』). 고려 시대에 들어와 팔관회는 국가적 정기 행사로 자리잡게 되었는데, 개경에서는 11월 15일 즉 중동(仲冬)에, 서경에서는 10월 15일에 팔관회가 베풀어졌다. 이때 송 상인이나 여진 및 탐라 등의 사절이 벽란도를 통해 입국하여 축하 선물을 바치고 무역을 크게 행하는 등 국제적 행사로 치러졌다.

오늘날의 벽란도(오른쪽)

『고려사』에 따르면 팔관회 예식에는 소회일(小會日)과 대회일(大會日)이 있었는데, 대회 전날인 소회일에는 왕이 법왕사(法王寺)에 가는 것이 통례였으며 궁중 등에서는 군신의 헌수(獻壽), 지방관의 선물 봉정 및 가무백희(歌舞百戲)가 행해졌다. 팔관회 의식이 이뤄지는 곳은 사방에 향등을 달고 2개의 채붕(綵棚)을 세워 장엄하게 장식하였다(불교와 민속적 요소가 합치).

1 (가)~(다)에 대한 설명으로 옳지 않은 것은? [3점]

사료로 보는 ○○ 시대 토지 제도의 변천

(가) 경종 원년, 처음으로 직관(職官)과 산관(散官) 각 품의 전시과(田柴科)를 제정하였다.
(나) 목종 원년, 문무 양반 및 군인의 전시과를 개정하였다.
(다) 문종 30년, 양반전시과를 다시 고쳐 정하였다.

① (가) – 인품과 공복을 기준으로 하였다.
② (나) – 관직을 기준으로 토지를 지급하였다.
③ (다) – 현직 관리를 중심으로 토지를 지급하였다.
④ (가), (나) – 경기 지역으로 한정하여 토지를 지급하였다.
⑤ (가), (나), (다) – 지급된 토지에 대한 수조권을 인정하였다.

| 해설 | 전시과의 변천 과정

(가) 경종 때 처음 실시된 전시과는 고려 시대에 국가에 봉사하는 대가로 관료에게 나누어 준 토지로, 국가는 문무 관리로부터 군인, 한인에 이르기까지 18등급으로 나누어 곡물을 수취할 수 있는 전지와 땔감을 얻을 수 있는 시지를 주었다. 이때, 지급된 토지는 수조권만 가지는 토지로, 관직 복무와 직역에 대한 대가로 지급되었으므로 토지를 받은 자가 죽거나 관직에서 물러날 때에는 토지를 국가에 반납하도록 하였다.
(나) 개정 전시과(목종 원년, 998)는 인품이 배제되고 18품을 기준으로 관품만을 고려하여 수조지가 분급되었는데 직관(職官, 현직 관리)뿐 아니라 산관(散官, 전직 관리)에게도 토지가 분급되었다.
(다) 경정 전시과(문종 30년, 1076)는 귀족이나 관료들의 토지 독점과 세습이 심화되면서, 관리에게 지급할 수조지가 부족해지게 되면서 시행되었다. 공음전(5품 이상)과 한인전, 구분전(6품 이하)을 제외하고, 현직 관리에게만 수조권을 지급하였다.

| 오답 넘기 |

④ 전시과는 전국 단위의 토지 분급 제도이다. 녹과전은 관리에게 지급할 토지가 부족해지면서 경기 지역을 대상으로 토지를 지급하였다(1271).

 정답 ④

2 다음 정책이 추진된 시기의 경제 상황으로 옳은 것은? [1점]

○ 왕 2년 교서를 내리기를, "…… 짐은 선왕의 업적을 계승하여 장차 민간에 큰 이익을 일으키고자 주전(鑄錢)하는 관청을 세우고 백성들에게 두루 유통시키려 한다."라고 하였다.
○ 왕 6년 주전도감(鑄錢都監)에서 아뢰기를, "백성들이 비로소 동전 사용의 이로움을 알아 편리하게 여기고 있으니 종묘에 고하소서."라고 하였다. 또한 이 해에 은병(銀瓶)을 사용하여 화폐로 삼았다.

① 집집마다 부경이라는 창고가 있었다.
② 청해진을 중심으로 해상 무역이 전개되었다.
③ 서적점, 다점 등의 관영 상점이 운영되었다.
④ 감자, 고구마 등의 구황 작물을 널리 재배하였다.
⑤ 일본과의 무역을 허용하고 계해약조를 체결하였다.

| 해설 | 고려 시대의 경제 생활

고려 시대에는 성종 때에 처음으로 화폐가 주조되었으나 오래 유통되지는 못하였다. 이후 화폐의 필요성에 따라 화폐를 주조하자는 주전론이 대두되었다. 특히 대각국사 의천은 자신의 형인 숙종에게 화폐의 유통을 강력히 주장하였다. 이에 숙종은 1097년 '주전도감'을 설치하였다. 그 뒤 1101년에는 은으로 된 화폐인 '은병'을 주조하였다. 은병은 은 1근으로 고려의 지형을 본떠서 병 모양으로 만든 것으로 일반에서는 대개 활구라고도 하였는데, 이는 보통 병의 구멍은 작았으나 은병은 위가 넓었기 때문에 그렇게 불렀던 것 같다.
③ 고려는 개경에 시전을 설치하여 관청과 귀족들이 주로 이용하게 하였고, 개경, 서경(평양), 동경(경주) 등의 대도시에는 관청의 수공업장에서 생산한 물품을 판매하는 서적점 · 약점과 술 · 차 등을 파는 주점, 다점 등 관영 상점을 두기도 하였다.

| 오답 넘기 |

① 부경은 고구려 때 집집마다 있었다는 작은 창고이다. ② 장보고는 신라 말의 해상 세력으로 청해진을 설치하고 해외 무역에 종사하여 이름을 떨쳤다.
④ 조선 후기에는 감자, 고구마 등의 구황 작물이 재배되었다.
⑤ 대마도 정벌 이후 일본이 다시 교역을 요청하자 조선은 세종 시기에 부산포(부산 동래), 제포(창원 진해), 염포(울산)의 3포를 개방하고, 대마도주와 계해약조를 맺어 제한된 범위 내에서만 교역을 허락하였다(1443).

정답 ③

3 다음 가상 대화가 이루어진 시기에 볼 수 있는 모습으로 적절한 것은? [1점]

문익점이 중국에서 목화씨를 들여온 공로로 이번에 왕의 부름을 받아 벼슬을 받게 되었다네.

그가 준 목화씨를 장인인 정천익이 심어 재배에 성공하였다는군.

① 녹읍 폐지를 명하는 국왕
② 농상집요를 소개하는 관리
③ 당백전을 주조하는 관청 소속 장인
④ 공가를 받고 관청에 물품을 납부하는 공인
⑤ 고추, 담배 등을 상품 작물로 재배하는 농민

| 해설 | **고려 시대의 경제 생활**

고려 공민왕 때 원에 사신으로 갔던 문익점은 목화씨를 가져와 재배에 성공하였다(1367). 목화에는 섬유질이 있는데, 이 섬유질을 채취하여 솜을 만들고 물레를 이용하여 실을 만들 수 있다.

② 고려 시대에는 농법 개선을 위한 노력도 활발하여 가축이나 사람의 분뇨, 퇴비 등 거름을 주어 지력을 회복시키는 시비법을 개선하여 휴경하지 않고 매년 경작할 수 있는 농토를 늘려 갔다. 원의 『농상집요』가 이암에 의해 소개되어 선진 농법이 보급되고, 새 품종이 개발되기도 하였다.

| 오답 넘기 |

① 신라 중대 신문왕 때 귀족의 경제 기반이었던 녹읍을 폐지하였다(689).
③ 흥선 대원군은 경복궁 중건을 위한 비용을 확충하기 위해 당백전을 발행하고 원납전을 거두었다(1866).
④ 대동법이 실시되면서 공인이란 어용 상인들이 나타났다. 이들은 관청에서 공가를 미리 받아 필요한 물품을 사서 납부하였다.
⑤ 조선 후기 일부 농민은 인삼, 고추, 담배, 목화, 약초, 마늘, 채소 등 상품 작물을 재배하여 높은 수익을 올렸다.

정답 ②

4 (가) 시대의 경제 상황으로 옳은 것은? [1점]

이것은 대동여지도의 일부로 (가) 시대의 국제 무역항이었던 벽란도가 표시되어 있습니다. (가) 시대에 벽란도에서는 송의 상인은 물론 아라비아 상인과도 교역이 이루어졌습니다.

① 내상과 만상이 국제 무역을 통해 부를 축적하였다.
② 담배와 면화 등이 상품 작물로 활발하게 재배되었다.
③ 모내기법의 확대로 벼와 보리의 이모작이 성행하였다.
④ 건원중보가 발행되어 금속 화폐의 통용이 추진되었다.
⑤ 설점수세제의 시행으로 민간의 광산 개발이 허용되었다.

| 해설 | **고려 시대의 무역**

제시된 말풍선에서 '국제 무역항이었던 벽란도', '아라비아 상인과 교역'을 토대로 (가) 시대는 고려 시대임을 알 수 있다. 벽란도는 예성강 어귀에 위치하여 대외 무역의 발전과 함께 국제 무역항으로 번성하였다. 고려는 사무역을 통제하고 공무역을 중심으로 무역을 하였다. 주요 무역 상대국은 송, 요(거란), 여진 등이었고, 아라비아 상인들도 자주 왕래하였다.

④ 고려 성종 때에는 처음으로 철전인 건원중보를 만들었고 숙종 때에는 삼한통보, 해동통보, 해동중보 등의 동전과 활구라는 은병을 만들어 유통하려 하였다.

| 오답 넘기 |

① 조선 후기에는 동래의 내상이 대일 무역을, 의주의 만상이 대청 무역을 주도하였다.
② 조선 후기에는 쌀, 목화, 채소, 담배, 약초, 인삼 등의 상품 작물이 널리 재배되었다.
③ 조선 후기에는 모내기법이 확산되어 이모작이 가능해졌고, 노동력이 절감되어 광작이 성행하였다.
⑤ 조선 후기 정부는 양난 이후 파탄된 국가 재정을 보충하고 필요한 광물을 확보하기 위한 목적에서 민간인에게 광산 채굴을 허용하고 세금을 받는 설점수세제를 실시하였다(1651).

정답 ④

5 (가) 화폐가 발행된 시기의 경제 상황으로 옳은 것은? [2점]

> 왕이 이르기를, "금과 은은 천지(天地)의 정수(精髓)이자 국가의 보물인데, 근래에 간악한 백성들이 구리를 섞어 몰래 주조하고 있다. 지금부터 (가) 에 모두 표지를 새겨 이로써 영구한 법식으로 삼도록 하라. 어기는 자는 엄중히 논하겠다."라고 하였다.
>
> 이때에 비로소 (가) 을/를 화폐로 쓰기 시작하였다. 그 제도는 은 1근으로 만들어 본국의 지형을 본뜨도록 하였으니, 속칭 활구라고 하였다.

① 왜관이 설치되어 일본과 무역하였다.
② 경시서가 수도의 시전을 감독하였다.
③ 보부상이 장시를 돌아다니며 활동하였다.
④ 광산을 전문적으로 경영하는 덕대가 나타났다.
⑤ 중강 개시와 중강 후시를 통한 중국과의 교역이 활발하였다.

| 해설 | 고려 시대의 화폐

고려 시대에는 성종 때에 처음으로 화폐(건원중보)가 주조되었으나 오래 유통되지는 못하였다(996). 이후 화폐의 필요성에 따라 화폐를 주조하자는 주전론이 대두되었다. 특히 대각국사 의천은 자신의 형인 숙종에게 화폐의 유통을 강력히 주장하였다. 이에 숙종은 1097년 주전도감을 설치하였다. 그 뒤 1101년에는 은으로 된 화폐인 은병을 주조하였다. 은병은 은 1근으로 고려의 지형을 본떠서 병 모양으로 만든 것으로 일반에서는 대개 활구라고도 하였는데, 이는 보통 병의 구멍은 작았으나 은병은 위가 넓었기 때문에 그렇게 불렀던 것 같다. 이외에도 고려 시대에는 매점매석과 같은 상행위를 감독하는 경시서도 두었다.

| 오답 넘기 |

① 조선 시대에는 일본인이 조선에서 통상을 하던 무역처인 왜관을 설치하여 일본과 교역하였다.
③ 조선 후기 장시는 전국적으로 확대되었으며 봇짐장수인 보상과 등짐장수인 부상을 합친 보부상은 장날의 차이를 이용하여 활동하였다.
④ 조선 후기 광산 경영에 있어서는 경영 전문가인 덕대가 물주에게 자본을 조달 받아 채굴업자와 제련 노동자 등을 고용하여 광물을 채굴하고 제련하였다.
⑤ 조선 후기에는 청과 개시(공무역)와 후시(사무역)를 통한 무역이 성행하였다.

정답 ②

6 (가)에 대한 설명으로 옳은 것은? [1점]

> **역사 용어 해설**
>
> (가)
>
> 고려 시대의 재인(才人)과 화척(禾尺)을 조선 초기에 하나로 합쳐서 부른 이름이다. 고려 시대의 재인과 화척은 유랑 생활을 하던 존재로 천인 취급을 받았다. 세종 때에는 천하게 여겨지던 재인이나 화척 대신 고려 시대 일반 백성을 일컬었던 (가) (이)라는 이름을 붙였다.

① 매매, 상속, 증여의 대상이 되었다.
② 장례원을 통해 국가의 관리를 받았다.
③ 사신을 수행하면서 통역을 담당하였다.
④ 일제 강점기에 형평 운동을 전개하였다.
⑤ 청요직 진출을 요구하는 상소를 집단으로 올렸다.

| 해설 | 고려의 신분 제도

본래 고려 시대 양민의 대다수를 차지한 농민은 국가로부터 일정한 직역을 부여받지 않았다는 의미에서 백정으로 불렸다. 백정 농민들은 조세와 공납 및 역을 부담하였는데, 이들 중에는 새로운 농법을 도입하거나 개간 등을 통해 경제력을 축적하는 경우도 있었다. 그리고, 고려 시대에는 화척(禾尺, 도살업), 재인(才人, 광대) 등이 천민으로 대우받았다. 따라서 조선 시대의 백정은 그 이전의 재인과 화척을 합해 통칭한 신분이라 생각할 수 있어 고려 시대의 백정과 조선 시대의 백정은 서로 다른 의미를 지니고 있다.

④ 일제 강점기 백정들은 진주에서 조선 형평사를 조직하였다(1923). 이를 통해 백정에 대한 사회적 차별과 백정 자녀의 교육 문제, 각종 사회 운동에 대한 대책을 토의하고 전국 회원의 단결을 꾀하는 형평 운동을 전개하였다.

| 오답 넘기 |

① 노비는 재산으로 취급되었으므로 매매, 상속, 증여의 대상이었다.
② 장례원은 노비와 관련된 소송을 전담하는 곳으로 노비에 대한 설명이다.
③ 사신을 수행하면서 통역을 담당했던 이들은 역관(기술직 중인)이다.
⑤ 서얼은 통청 운동을 전개하여 조선 철종 때 청요직 진출이 가능해졌다.

정답 ④

7 (가)에 들어갈 내용으로 옳지 않은 것은? [2점]

고려 시대에 민생 안정을 위해 시행된 다양한 사회 시책에 대해 말해 볼까요?
봄에 곡식을 빌려주고 가을에 갚게 한 의창을 두었어요.
(가)

① 물가 조절을 위해 상평창을 설치하였어요.
② 병자에게 의약품을 제공하는 혜민국이 있었어요.
③ 기근에 대비하기 위해 구황촬요를 간행하여 보급하였어요.
④ 환자 치료와 빈민 구제를 위해 개경에 동 · 서 대비원을 두었어요.
⑤ 기금을 모아 그 이자로 빈민을 구제하는 제위보를 운영하였어요.

| 해설 | **고려 시대의 사회 제도**

고려의 사회 시설로는 평시에 곡물을 비치하였다가 흉년에 빈민을 구제하는 기관인 의창이 있었다(986). 또 개경과 서경 및 각 12목에는 상평창을 두어 물가의 안정을 꾀하여 백성들이 안심하고 생업에 종사할 수 있도록 하였다(993). 가난한 백성이 의료 혜택을 받도록 개경에 동 · 서 대비원을 설치하여 환자 진료 및 빈민 구휼을 담당하게 하였으며, 혜민국을 두어 의약을 전담케 하였다. 각종 재해가 발생하였을 때 구제도감이나 구급도감을 임시 기관으로 설치하여 백성의 구제에 힘썼다. 그리고 기금을 마련한 뒤 이자로 빈민을 구제하는 제위보를 설치하였다.

| 오답 넘기 |

③ 조선 전기 정부는 농민 생활의 안정을 위해 구황촬요를 보급하고 구제도감을 설치하는 등의 노력을 기울이기도 하였으나 이것만으로는 농민의 어려운 삶을 개선하기에는 역부족이었다(1554, 명종 9).

정답 ③

8 (가)에 대한 설명으로 옳은 것은? [1점]

> 내가 듣건대, 덕이란 오직 정치를 잘 하는 것일 뿐이고, 정치의 요체는 백성을 잘 기르는 데에 있으며, 나라는 사람을 근본으로 삼고 사람은 먹는 것을 하늘로 삼는다고 하였다. 이에 우리 태조께서는 흑창(黑倉)을 설치하셨다. …… 쌀 1만 석을 더 보태고, 그 이름을 (가) (으)로 바꾸도록 하라.

① 재해가 발생하였을 때 설치한 임시 기구였다.
② 개경의 동쪽과 서쪽에 두어 환자를 치료하였다.
③ 흉년에 빈민에게 양식이나 종자 등을 빌려주었다.
④ 국학에 설치되어 관학 진흥을 위한 재정을 뒷받침하였다.
⑤ 전염병이 퍼지는 것을 막고 백성에게 약을 무료로 나눠 주었다.

| 해설 | **고려 시대의 사회 제도**

고려 시대의 농민 구휼책은 농민 생활을 안정시킴으로써 농민의 유망을 방지하고 국가 재정을 확립하는 것을 목적으로 하였다. 흑창(태조)은 평시에 곡물을 비축하여 흉년에 빈민을 구제하기 위한 기관이었다(918). (가)에 들어갈 의창은 고려 성종 때 흑창을 개칭한 것으로 평시에 곡물을 비축하였다가, 흉년에 빈민을 구제하는 기관이었다. 의창은 고구려의 진대법(194)을 계승, 발전시킨 것으로 춘대추납의 무이자를 원칙으로 하였다.

| 오답 넘기 |

① 구제도감 · 구급도감은 각종 재해가 발생하였을 때, 임시 기관으로 설치하여 백성의 구제에 힘썼다.
② 동 · 서 대비원(개경)은 가난한 백성이 의료 혜택을 받도록 개경에 설치한 것이다.
④ 고려 시대에는 양현고라는 장학 재단을 두어 관학의 경제 기반을 강화하였다(1119).
⑤ 병이 든 빈민을 치료해 주고 약을 나누어 주는 곳은 혜민국이다.

정답 ③

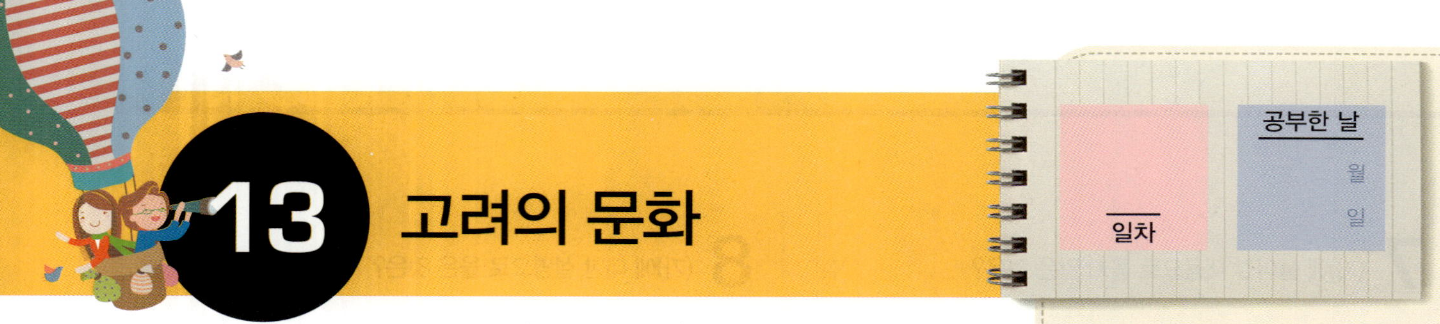

① 유학의 발달과 역사서의 편찬

(1) 유학의 발달

① 특징 : '유교는 치국(治國)의 도(道), 불교는 수신(修身)의 도(道)' → 유교와 불교가 함께 발전

② 유학의 발달

구분	성격	특징
초기	자주적, 주체적	• 태조 : 신라 6두품 계열의 학자들 활약(최언위, 최응, 최지몽) • 광종 : 과거 제도 실시 → 유학에 능숙한 신진 관료 등용 • 성종 : 유교 사상과 유교 교육 기관 정착 → 최승로의 활약(주체적 유학 정착)
중기	보수적, 사대적	• 최충 : 해동공자, 문헌공도 설립 → 훈고학적 고려 유학에 철학적 성격 가미 • 김부식 : 보수적 · 현실적 성격의 유학 대표, 「삼국사기」 집필
원 간섭기	전통 의식 강조	• 문벌 귀족의 몰락으로 유학 위축
고려 말	성리학적 가치관 중시	• 신진 사대부가 현실 사회의 모순을 개혁할 사상으로 성리학 수용

문헌공도(文憲公徒)
문종 때 최충이 세운 9재 학당으로, 사학 12도 중에서 가장 번성하여 명성이 높았으며, 최충이 사망한 후 그의 시호인 문헌을 이름으로 붙임

(2) 유학 교육 기관의 발달

① 개경 : 국자감 설치(성종, 992) → 유학부와 기술학부로 구분

㉠ 유학부(유학) : 문무관 7품 이상 관리의 자제, 국자학, 태학, 사문학(신분 중시)

㉡ 기술학부(율학, 서학, 산학) : 8품 이하 관리 자제와 서민 자제

② 지방 : 12목에 경학박사와 의학박사 파견(성종, 987), 향교 설치(인종)

③ 사학 12도 융성 : 최충이 9재 학당(문헌공도) 설립 이후 사학 융성 → 관학 위축

지공거(과거 시험관) 출신의 대학자들이 설립

④ 관학 진흥책 : 숙종 때 국자감에 서적포 설치(1101), 예종 때 7재 설치(1109), 양현고(장학 재단) 마련(1116) 및 청연각 · 보문각 설치, 인종 때 경사 6학 정비

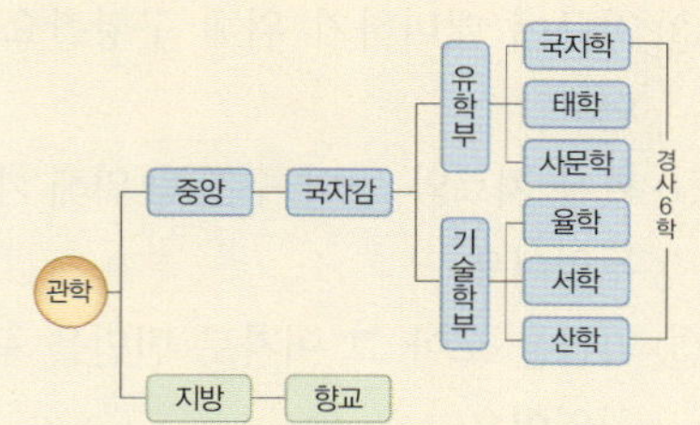

고려 시대의 교육 기관

(3) 성리학의 전래

① 의미 : 인간의 심성과 우주의 원리 문제를 철학적으로 탐구하는 새로운 유학

② 특징 : 실천적 기능 강조, 『소학』과 『주자가례』 중시, 권문세족과 불교 폐단 비판 → 성리학이 새로운 국가 이념으로 대두

사대부 자제에게 일상생활의 예절을 학습시키기 위한 초보 교재

명나라 때 구준이 관혼상제 등에 관한 주자의 학설을 모아서 만든 책

③ 발전

㉠ 안향 : 충렬왕 때 성리학을 처음 소개, 인재 교육 강조, 섬학전 설치(1304)

양현고의 부실을 보충하기 위하여 설립된 교육 재단

㉡ 이제현 : 충선왕 때 원의 만권당(1314)에서 학자들과 교류, 귀국 후 이곡 · 이색 등에게 전수

㉢ 공민왕 : 성균관을 순수 유교 교육 기관으로 개편(1362)

㉣ 이색 : 성균관에서 정몽주, 정도전, 권근 등을 가르치면서 성리학 확산에 기여

이제현(1287~1367) 이제현은 충선왕이 원에 설치한 만권당에서 조맹부 등 한족 출신 문인들과 교류하며 학문과 식견을 넓혔다. 그의 제자 이곡 · 이색에 이르러 성리학은 한층 발전하였다.

(4) 역사서의 편찬

고려는 유교적인 역사 서술 체계를 바탕으로 초기부터 실록을 편찬하였으나, 거란의 침략으로 모두 불타 버렸다.

① 초기 : 고려왕조실록, 7대 실록(편년체, 태조 ~ 목종) 편찬 → 전하지 않음

삼국사기를 올리는 글

성상 폐하께서 …… "또한 그에 관한 옛 기록은 표현이 거칠고 졸렬하며, 사건의 기록이 빠진 것이 있으므로, 이로써 군주와 왕비의 착하고 악함, 신하의 충성됨과 사특함, 나랏일의 안전함과 위태로움, 백성의 다스려짐과 어지러움을 모두 펴서 드러내어 권하거나 징계할 수 없다. 그러므로 마땅히 재능과 학문과 식견을 겸비한 인재를 찾아 권위 있는 역사서를 완성하여 만대에 전하여 빛내기를 해와 별처럼 하고자 한다."라고 하였습니다.

-『삼국사기』-

삼국사기와 삼국유사

삼국사기	• 김부식이 저술(인종 때) • 유학(유교 사관의 합리성) • 관찬의 정사 • 기전체 사서 • 신라 역사 의식 계승
삼국유사	• 일연이 저술(충렬왕 때) • 불교, 풍수지리설 • 사찬의 야사(우리 고유 문화와 전통을 중시) • 기사본말체(야사체) 사서 • 고조선 역사 의식 계승 (단군 신화 기록)

연등회와 팔관회

고려 시대에는 현실 생활의 번영을 기원하는 각종 행사가 열렸는데, 그 가운데 가장 성대하게 거행된 것은 등을 밝혀 공양하는 연등회와 불교와 토속 신앙이 아우러진 팔관회였다. 연등회는 부처의 덕을 기리고 태조를 숭상하는 정치적 의미를 지녔는데, 연등회가 열리면 왕과 신하는 함께 음악과 춤을 즐기면서 부처와 천지신명을 즐겁게 하며 국가와 왕실의 태평을 기원하였다. 팔관회는 본래 만 하루 동안 8가지 계율을 지키는 불교 의식의 하나였으나, 고려에서는 불교와 직접 관련이 없는 토속신에게 제사 지내며, 나라의 평안과 왕실의 안녕을 기원하였다.

② 중기 : 『삼국사기』 편찬(1145)

㉠ 고려 인종 때 김부식이 편찬 → 현존하는 우리나라 최고(最古)의 역사책

㉡ '구삼국사'를 바탕으로 하여 유교적 합리주의 역사관에 의해 기전체(본기 · 열전 · 지 · 표)로 서술

㉢ 신라를 중심으로 서술 → 신라 계승 의식

③ 후기 : 몽골 침입의 위기에 따라 자주 의식과 전통 문화 이해 강조

㉠ 각훈의 『해동고승전』 : 삼국 시대 승려들의 일대기 → 일부만 전해옴(1215)

㉡ 이규보의 『동명왕편』 : 고구려 건국의 영웅인 동명왕의 업적을 칭송한 일종의 영웅 서사시 → 고구려 계승 의식 표현(1193)

㉢ 일연의 『삼국유사』(충렬왕) : 불교사를 중심으로 고대의 민간 설화나 전래 기록을 수록하여 우리의 고유 문화와 전통을 중시하였으며, 단군을 우리 민족의 시조로 여겨 단군의 건국 이야기를 수록(1281)

㉣ 이승휴의 『제왕운기』 : 중국과 우리나라가 대등하다는 역사 의식이 나타남
└ 단군~고려 충렬왕 대의 역사를 기록, 단군 조선을 우리 민족 최초의 국가로 기록(1287) → 자주 의식 표현

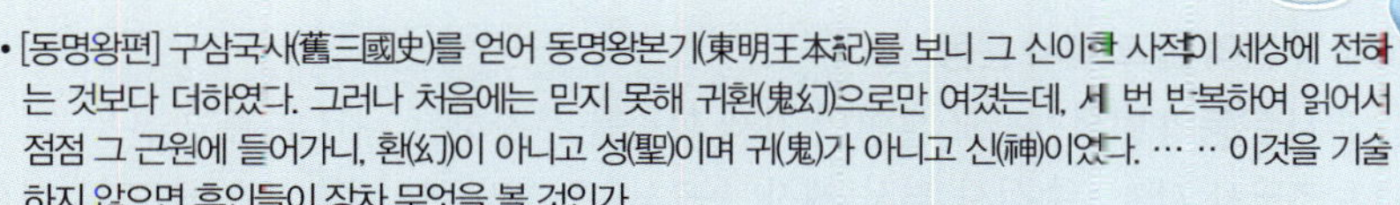

Click! ● 동명왕편, 삼국유사, 제왕운기

• [동명왕편] 구삼국사(舊三國史)를 얻어 동명왕본기(東明王本紀)를 보니 그 신이한 사적이 세상에 전하는 것보다 더하였다. 그러나 처음에는 믿지 못해 귀환(鬼幻)으로만 여겼는데, 세 번 반복하여 읽어서 점점 그 근원에 들어가니, 환(幻)이 아니고 성(聖)이며 귀(鬼)가 아니고 신(神)이었다. …… 이것을 기술하지 않으면 후인들이 장차 무엇을 볼 것인가.

• [삼국유사] 임금이 장차 일어날 때는 부명(符命)을 받고 도록(圖籙)을 얻어 반드시 보통 사람과는 다른 점이 있으니, 그런 뒤에야 큰 변화를 타서 기회를 잡아 대업을 이루었다. …… 삼국의 시조들이 모두 신이(神異)한 일로 탄생했음이 어찌 괴이하겠는가. 이것이 기이(紀異)편을 책 첫머리에 실은 까닭이며, 그 뜻도 여기에 있다.

• [제왕운기] 요동에 별개의 천지가 있으니
뚜렷이 중국과 구분되어 나누어져 있도다.
……
처음 누가 나라를 열고 풍운을 일으켰던가.
하느님[釋帝]의 손자 그 이름하여 단군이라.

④ 말기 : 성리학적 유교 사관에 입각하여 정통 의식과 대의 명분 강조

㉠ 배경 : 신진 사대부의 성장 및 성리학의 수용

㉡ 이제현의 『사략』 : 성리학적 유교 사관에 의한 서술, 현재는 사론만 전함
(1357)

❷ 불교 사상과 신앙 생활 ★★★

(1) 불교 정책

① 태조 : 「훈요 10조」에서 불교를 숭상할 것 당부, 연등회와 팔관회가 국가 행사로 치러짐

② 광종 : 승과 제도 실시, 국사 · 왕사 제도 실시, 사원에 토지 지급, 승려에게 면역 혜택, 귀법사 창건(963), 화엄종 중심으로 교종 정리, 법안종 중심으로 선종 정리

③ 사원의 특권 : 토지 지급(면세), 승려는 면역, 고리대 · 상업 활동 등에 참여

(2) 천태종의 성립

① 고려 초기 : 호족의 지원으로 선종 번창(초기) → 문벌 귀족의 지원으로 교종(화엄종, 법상종) 유행

Click ! ● 의천의 교관겸수(敎觀兼修)

의천 — 문종의 넷째 아들로, 승려가 된 후 송에 유학하여 불교를 연구하였다.

교(敎)를 배우는 자가 내(內 : 마음)를 버리고 외(外 : 대상)를 구하며, 선(禪)을 익히는 사람들이 인연 이론(因緣理論)을 잊어버리고 내조(內照)만 좋아하니, 이 모두가 치우친 것이다. "관(觀)을 배우지 않고 경(經)만 배우면 비록 오주(五周)의 인과(因果)를 들었더라도 삼중(三重)의 성덕(性德)에는 통하지 못하며, 경을 배우지 않고 관만 배우면 비록 삼중의 성덕을 깨쳤으나 오주의 인과를 분별하지 못한다. 그런즉 관도 배우지 않을 수 없고 경도 배우지 않을 수 없다."고 하였다. 내가 교관에 마음을 쓰는 까닭은 다 이 말에 깊이 감복하였기 때문이다.

– 『대각국사 문집』 –

② 고려 중기 : 대각국사 의천의 불교 통합 운동
- ㉠ 원효의 화쟁 사상을 계승하여 화엄종의 입장에서 교종 통합 → 선종 통합을 위해 국청사를 창건하여 천태종 창시
- ㉡ 교리 : 교관겸수 제창(이론과 함께 실천 강조) → 교종 중심의 선종 통합 운동
- ㉢ 한계 : 불교의 폐단에 대한 시정 대책 미흡 → 의천 사후 교단 분열, 귀족 중심의 불교 지속

(3) 고려 후기의 불교 결사 운동

① **결사 운동의 발생** : 불교 본연의 자세 확립을 주창하는 새로운 종교 운동

② **보조국사 지눌** : 수선사 결사 제창(송광사, 독경과 선 수행, 노동에 고루 힘쓰자는 개혁 운동), 정혜쌍수(定慧雙修)와 돈오점수(頓悟漸修) 주장 → 선교 일치 사상의 완성, 조계종 창시

(정혜쌍수: 마음을 한곳에 집중하는 선정(禪定)과 사물을 있는 그대로 보고 판단하여 일체의 분별 작용을 없애는 지혜를 함께 닦아야 한다는 주장이다.)

(돈오점수: 마음이 곧 부처임을 단번에 깨우치되[돈오], 깨달은 후에도 꾸준히 수행[점수]해야 온전한 경지에 이를 수 있다는 주장이다.)

③ **혜심** : 유불 일치설 주장, 심성의 도야 강조 → 성리학 수용의 사상적 토대 마련

④ **요세** : 백련 결사 조직, 법화 신앙을 내세우며 불교의 혁신과 민중 교화에 노력, 수선사와 양립(고려 후기 불교계 선도)

⑤ **후기 불교** : 권문세족과 연결되어 부패 심화 → 보우의 교단 정비 노력 실패, 신진 사대부의 불교 비판

결사 운동
불교계 혁신 운동

법화 신앙
석가모니 부처님을 모시며 「법화경」을 독송하는 신앙이다. 「법화경」은 누구나 성불할 수 있다는 불성관이 담겨 있는 불경이다.

천태종과 조계종

구분	천태종(의천)	조계종(지눌)
융성 시기	고려 전기	고려 후기
중심 사찰	국청사	송광사
후원 세력	문벌 귀족	무신 정권, 지방민
중심 사상	교관겸수, 지관 중시	정혜쌍수, 돈오점수
특징	교종 위주로 선종의 교단 통합	선종 위주로 교종의 교리 통합
결사 운동	백련 결사(요세)	수선 결사(지눌)

Click !

● **지눌의 정혜결사문**

지금의 불교계를 보면, 아침저녁으로 행하는 일들이 비록 부처의 법에 의지하였다고 하나, 자신을 내세우고 이익을 구하는 데 열중하며, 세속의 일에 골몰한다. 도덕을 닦지 않고 옷과 밥만 허비하니, 비록 출가하였다고 하나 무슨 덕이 있겠는가? …… 하루는 같이 공부하는 사람 10여 인과 약속하였다. 마땅히 명예와 이익을 버리고 산림에 은둔하여 같은 모임을 맺자. 항상 선을 익히고 지혜를 고르는 데 힘쓰고, 예불하고 경전을 읽으며 힘들여 일하는 것에 이르기까지 각자 맡은 바 임무에 따라 경영한다. 인연에 따라 성품을 수양하고 평생을 호방하게 고귀한 이들의 드높은 행동을 좇아 따른다면 어찌 통쾌하지 않겠는가?

– 『권수정혜결사문』 –

● **혜심의 유불 일치설**

나는 옛날 공(公)의 문하에 있었고, 공은 지금 우리 사중(社中)에 들어 왔으니, 공은 불교의 유생이요, 나는 유교의 불자입니다. 그 이름만을 생각한다면 불교와 유교가 아주 다르지만, 그 실지를 알면 유교와 불교가 다르지 않습니다.

– 『진각국사어록』 –

● **지눌의 수심결(修心訣)**

마음 밖에서 부처를 찾아 물결치듯이 흘러 다니다가 …… 자기의 본성을 보면, 이 성품에는 본래 번뇌가 없다. 번뇌가 없는 지혜의 성품은 본래 스스로 갖추어져 있어서 모든 부처와 털끝만큼도 다르지 않다. 이를 돈오(頓悟)라고 한다. …… 비록 본래의 성품이 부처와 다르지 않음을 깨달았지만 오랜 세월의 습기(習氣)는 갑자기 제거하기 어렵다. 따라서 그 깨달음에 의지해 닦고 점차 익혀 공(功)을 이루고, 오랫동안 성태(聖胎)를 기르면 성(聖)을 이루게 된다. 이를 점수(漸修)라고 한다.

(4) 대장경의 간행

① 고려 불교의 특징 : 호국 불교 · 현세구복 불교의 성격, 대장경(경 · 율 · 논 삼장의 불교 경전 등 불교 관련 저술을 모아 체계적으로 정리한 것)의 간행

② 초조대장경 : 부처의 힘으로 거란의 침략을 물리치고자 간행 → 몽골 침략 때 소실, 인쇄본 일부만 전해짐

③ 교장 : 의천이 흥왕사에 교장도감을 설치하여 간행

④ 재조대장경(팔만대장경) : 불력(佛力)으로 몽골의 침략을 격퇴할 것 염원, 대장도감 설치 및 판각(1236~1251), 세계 기록 유산(합천 해인사 보관)

팔만대장경을 보관하고 있는 해인사 장경판전 내부

(5) 도교와 풍수지리설

① 도교

㉠ 성립 : 민간 신앙 + 신선 사상 + 도가, 음양오행의 이론, 교단은 미성립

㉡ 풍습 : 불로장생과 현세구복 추구 → 초제 거행(나라의 안녕과 왕실의 번영 기원), 복원궁(도교 사원) 건립, 팔관회(도교와 민간 신앙, 불교가 어우러짐) 등

② 풍수지리설 : 신라 말 도선 소개, 미래의 길흉화복을 예측하는 도참 사상과 결합

㉠ 서경 길지설 : 북진 정책 추진, 묘청의 서경 천도 운동의 이론적 근거

㉡ 한양 명당설 : 한양을 남경으로 승격, 조선 수도 선정의 사상적 배경

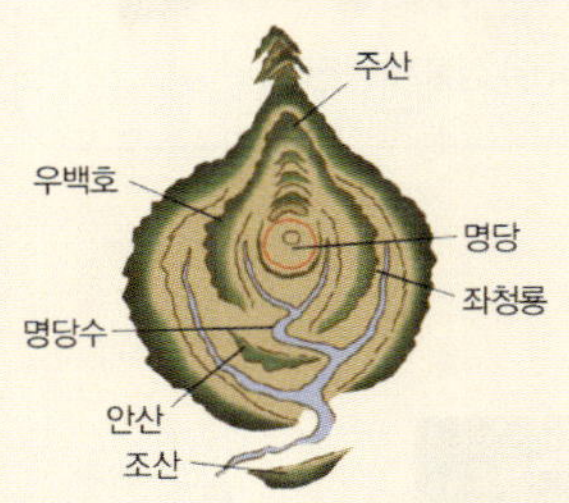

명당도

3 과학 기술의 발달 ☆☆

고려 인종 때 최윤의 등 17명이 왕명으로 고금의 예의를 수집하고 이를 고증하여 50권으로 엮은 책으로 현존하지 않는다.

분야	내용
천문학과 역법	사천대 설치(천체와 기상 관측), 천문 관측(일식 · 혜성 · 태양 흑점 등 기록), 첨성대 설치, 역법 수용[당의 선명력(초기) → 원의 수시력, 명의 대통력(후기)]
의학	향약구급방 : 현존하는 가장 오래된 의학 서적, 각종 질병에 대한 처방과 국산 약재 소개(1236~1251)
인쇄술	• 목판 인쇄술 : 한 종류의 책을 다량으로 인쇄하는 데 적합 → 대장경 조판 • 상정고금예문(1234) : 금속 활자를 이용한 최초의 책으로 강화도에서 인쇄 • 직지심체요절(1377) : 프랑스 파리에서 발견되어 현존하는 세계에서 가장 오래된 금속 활자본, 청주 흥덕사에서 간행, 세계 기록 유산
제지술 발달	닥나무 재배 장려, 종이 제조 전담 관서 설치 → 중국에 종이 수출
기술 개발	화통도감에서 화약과 화포를 개량(최무선, 1380년 진포 싸움에서 이용), 조선술 발달(대형 범선, 조운선 등장)

고려 시대에 화약 및 화기의 제조를 맡아 보던 임시 관청으로 1377년(우왕 3)에 최무선의 건의에 따라 설치

개성 첨성대

고려 말의 승려 경한이 편찬한 것으로 정식 이름은 "백운화상초록불조직지심체요절"이다. 상하 2권 중 전해지고 있는 것은 하권 1책뿐이며, 현재 프랑스 국립도서관에 소장되어 있다.

Click ! ● 상정고금예문과 직지심체요절

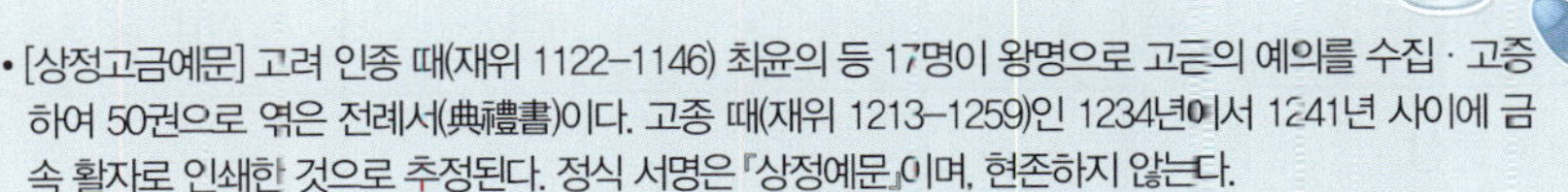

• [상정고금예문] 고려 인종 때(재위 1122-1146) 최윤의 등 17명이 왕명으로 고금의 예의를 수집 · 고증하여 50권으로 엮은 전례서(典禮書)이다. 고종 때(재위 1213-1259)인 1234년에서 1241년 사이에 금속 활자로 인쇄한 것으로 추정된다. 정식 서명은『상정예문』이며, 현존하지 않는다.

• [직지심체요절] 이 책의 원래 이름은 백운화상초록불조직지심체요절인데, 직지심체요절 또는 직지라고도 한다. 승려 백운 화상이 석가모니의 가르침에서 중요한 내용을 뽑아 해설한 책이다. 직지심체는 사람의 마음을 직관하여 부처의 깨달음에 도달한다는 의미이다.

4 귀족 문화의 발달 ☆☆☆

(1) 건축과 조각

① 궁궐 건축 : 경사면에 계단식으로 건물을 배치하여 웅장한 느낌을 줌(만월대의 궁궐 터)

주심포 양식

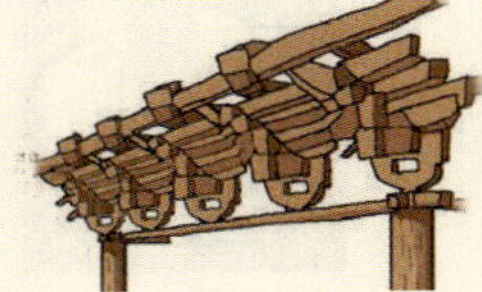
다포 양식

② 목조 건축 : 주심포 양식에서 다포 양식으로 발전

㉠ 주심포 양식 : 기둥 위에만 공포(栱包)를 짜 올리는 방식, 안동 봉정사 극락전(현존 최고), 영주 부석사 무량수전(배흘림 기둥), 예산 수덕사 대웅전

㉡ 다포 양식 : 기둥 위뿐 아니라 기둥 사이에도 공포를 짜 올리는 방식, 사리원 성불사 응진전, 심원사 보광전 등 → 조선 시대의 건축에 영향을 줌

Click ! ● 고려의 목조 건축물

안동 봉정사 극락전

예산 수덕사 대웅전

영주 부석사 무량수전

(사리원) 성불사 응진전

③ 석탑 : 다각 다층탑이 많음, 안정감은 부족하나 자연스러움

㉠ 고려 전기 석탑 : 불일사 5층 석탑(고구려 석탑의 영향을 받은 고려 초기의 석탑), 월정사 팔각 9층 석탑(다각 다층탑), 무량사 5층 석탑(부여) 등

㉡ 고려 후기 석탑 : (개성) 경천사 10층 석탑(원의 영향, 조선 시대의 원각사지 10층 석탑으로 계승, 일본으로 불법 반출되었다가 반환되어 현재는 국립 중앙 박물관에 배치)

④ 승탑(탑비) : 고달사지 승탑(신라의 팔각원당형 계승), 법천사 지광국사 현묘탑(특이한 형태, 조형미가 뛰어남)

고달사지 승탑

법천사 지광국사 현묘탑

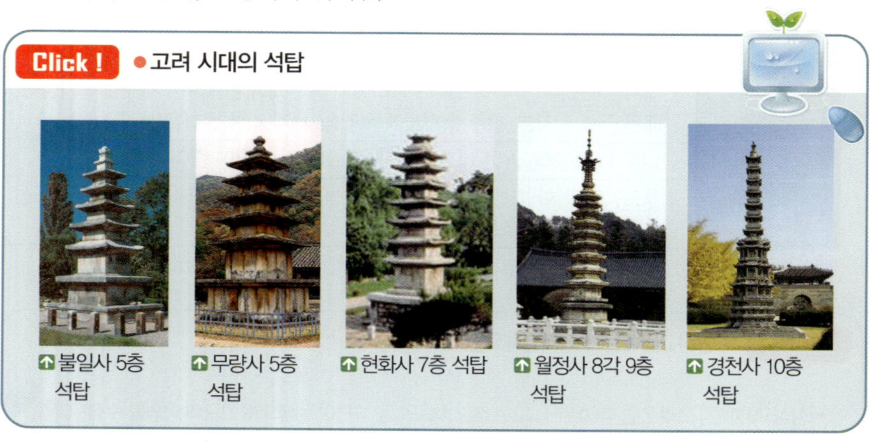
Click ! ● 고려 시대의 석탑

불일사 5층 석탑

무량사 5층 석탑

현화사 7층 석탑

월정사 8각 9층 석탑

경천사 10층 석탑

⑤ 불상

㉠ 특징 : 시기와 지역에 따라 독특한 모습, 초기에는 대형 철불 다수 조성, 사람들이 자주 다니는 길목에 건립, 인체 비례가 균형을 이루지 못하였고 조형미도 신라에 비해 퇴화

㉡ 종류 : 하남 하사창동 철조 석가여래 좌상(대형 철불), 논산 관촉사 석조 미륵보살 입상(자유분방하고 향토적 특색), 안동 이천동 마애여래 입상(지역 특색이 잘 드러남), 부석사 소조 여래 좌상(신라 시대 양식 계승), 파주 용미리 마애이불 입상 등

하남 하사창동 철조 석가여래 좌상

부석사 소조 아미타여래 좌상

관촉사 석조 미륵보살 입상

파주 용미리 마애이불 입상

Click! ● 영주 부석사 소조 아미타여래 좌상

경상북도 영주에 있는 부석사는 의상이 창건한 사찰이다. 이 사찰의 무량수전에는 흙으로 빚은 대형 소조상이 있는데, 서방 극락 세계를 주관하는 부처를 항마촉지인의 자세로 구현하였다. 이 불상은 통일 신라의 불상 양식을 계승한 것으로 국보 제45호로 지정되었다.

안동 이천동 마애여래 입상

청동제 은입사 포류수금무늬 정병

청자 상감 운학무늬 매병

수월관음도

혜허의 양류관음도

(2) 청자와 공예

① 고려 자기 : 고려 문화의 귀족적 성격을 대표

㉠ 발달 배경 : 신라와 발해의 전통을 바탕으로 송의 기술을 수용

㉡ 발달 과정 : 순수 청자(11세기) → 상감 청자(12세기 중엽) → 14세기 무신 정변 이후 쇠퇴

ⓐ 순수 청자 : 주로 선을 강조하며 유약에 섞인 산화철이 높은 열을 받아 비취색이 나는 청자, 송나라 사람 서긍이 「고려도경」에서 천하의 명품이라고 극찬

ⓑ 상감 청자 : 그릇 표면을 파낸 자리에 백토 · 흑토를 메워 무늬를 내는 방법인 상감법을 자기에 활용, 12세기 중엽~13세기 중엽까지 주류 형성 → 원 간섭기 이후 퇴조, 전라도 강진과 부안에서 널리 제작

② 공예

㉠ 은입사 기술의 발달 : 상감기법의 발달에 따라 청동기 표면을 파내고 실처럼 만든 은을 채워 넣어 무늬를 장식하는 은입사 기술이 크게 발달

㉡ 나전 칠기 : 옻칠한 바탕에 자개를 붙여 무늬를 나타내는 것으로 불경을 넣는 경함, 화장품갑, 문방구 등이 남아 있음, 조선 시대를 거쳐 현재까지 전승

(3) 글씨, 그림과 음악

① 글씨 : 전기에는 유신, 탄연 등의 명필(구양순체 유행) → 후기에는 이암 등(송설체 유행)

② 그림

㉠ 문인화 : 고려 후기에는 사군자 중심의 문인화가 유행하였으나 공민왕의 천산대렵도(원대 북화의 영향)만 전해짐

㉡ 불화 : 고려 후기에는 왕실과 권문세족의 구복적 요구에 따라 불화가 많이 그려짐, 극락왕생을 기원하는 '아미타불도'와 '지장보살도' 및 '관음보살도'가 많았는데 혜허의 '관음보살도'가 대표적임

㉢ 사경화 : 불교 경전을 필사하거나 인쇄할 때, 맨 앞장에 그 경전의 내용을 알기 쉽게 그림으로 설명한 사경화가 유행

③ 음악 : 향악(전통 음악)과 아악(송에서 수입된 대성악이 궁중 음악으로 발전한 것)의 발전

사경화: 불교 경전을 베껴 쓰는 것을 말하는데, 이는 당시 불경을 널리 보급시키는 수단이었다. 고려 시대 사경은 신앙적인 면이 강조된 장식경이 많으며, 왕실과 귀족의 후원을 받아 많은 사경이 제작되었다.

1 유학의 발달과 역사서의 편찬

- [국자감] 유학을 비롯하여 율학, 서학, 산학을 교육하였다.
- 최충이 9재 학당을 설립하여 유학 교육을 실시하였다.
  - ↳ 9재 학당을 세워 유학에 힘썼다.
- [예종] 국자감에 7재라는 전문 강좌를 개설하였다.
  - ↳ 국자감에 전문 강좌인 7재를 개설하였다.
  - ↳ 전문 강좌인 7재를 개설하였다.
- [예종] 관학 진흥을 위해 양현고를 설치하였다.
  - ↳ 양현고를 설치하여 장학 기금을 마련하였다.
  - ↳ 관학 진흥을 위해 (국자감에) 전문 강좌 7재가 개설되었다.
  - ↳ 청연각과 보문각을 설치하여 학문 연구를 장려하였다.
- [안향] 고려에 성리학을 최초로 소개하였다.
- [충선왕] 학문 교류를 위해 만권당을 설립하였다.
  - ↳ 이제현이 만권당에서 유학자들과 교류하였다.
- [삼국사기] 기전체 형식으로 서술되었다.
  - ↳ 유교 사관에 입각하여 기전체 형식으로 서술하였다.
  - ↳ 김부식 등이 왕명으로 편찬한 기전체 사서이다.
  - ↳ 현존하는 우리나라 최고(最古)의 역사서이다.
- [삼국유사] 단군왕검과 건국 이야기가 기록되어 있다.
  - ↳ 고조선의 건국 이야기가 수록되어 있다.
  - ↳ 불교사를 중심으로 고대의 민간 설화 등이 수록되었다.
  - ↳ [일연] 삼국유사를 저술하여 불교 중심의 민간 설화를 정리하였다.
  - ↳ 일연이 삼국유사를 집필하여 불교 중심의 설화, 여사 등을 정리하였습니다.
- [동명왕편] 고구려 건국 시조의 일대기를 서사시 형태로 서술하였다.

2 불교 사상과 신앙 생활

- [균여] 보현십원가를 지어 불교 교리를 (대중에게) 전파하였다.
  - ↳ 귀법사를 중심으로 활동하며 성상융회를 주장하였다.
- 의천이 불교 (교단) 통합을 위해 천태종을 개창하였다.
  - ↳ 불교 교단 통합을 위해 해동 천태종을 개창했어.
  - ↳ 국청사를 중심으로 해동 천태종을 창시하였다.
  - ↳ 이론 연마와 수행(실천)을 함께 강조하는 교관겸수를 제창하였다.
  - ↳ 교관겸수를 내세워 교선 통합의 이론 체계를 정립하였다.
  - ↳ 교종을 중심으로 선종을 통합하려 하였다.
  - ↳ 불교 경전에 대한 주석서를 모아 교장(敎藏)을 편찬하였다.
- [지눌] 돈오점수를 주장하며 수행 방법으로 정혜쌍수를 내세웠어.
  - ↳ 정혜사를 결성하여 불교계를 개혁하고자 하였다.
  - ↳ 지눌이 정혜사를 결성하고 불교 개혁 운동을 전개하였습니다.
  - ↳ 권수정혜결사문을 작성하여 정혜쌍수를 강조하였다.
- [혜심] 유불 일치설을 주장하여 심성의 도야를 강조하였다.
  - ↳ 심성 도야를 강조한 유불 일치설을 주장하였다.
- [요세] 법화 신앙에 중점을 둔 백련 결사를 주도하였다.
  - ↳ 법화 신앙을 중심으로 백련사 결사를 주도하였다.
  - ↳ 요세가 법화 신앙을 바탕으로 신앙 결사를 이끌었습니다.
  - ↳ 법화 신앙을 중심으로 강력한 항몽 투쟁을 표방하였다.
- [각훈] 승려들의 전기를 정리하여 해동고승전을 편찬하였다.
  - ↳ 각훈이 해동고승전을 저술하여 승려들의 전기를 기록하였습니다.
- 초조대장경을 만들어 적을 물리치기를 기원하였다.
- 대장도감을 설치하여 팔만대장경판을 만들었다.
- [도교] 하늘에 제사 지내는 초제를 거행하였다.

3 과학 기술의 발달

- [직지심체요절] 청주 흥덕사에서 금속 활자본으로 간행되었다.
  - ↳ 현존하는 세계 최고(最古)의 금속 활자본이다.
- 화통도감을 설치하여 화약과 화포를 제작했어요.
  - ↳ 최무선의 건의로 화통도감이 설치되었다.
- 우리의 약재를 소개한 향약구급방을 편찬했어요.
  - ↳ 국산 약재를 소개한 향약구급방이 편찬되었다.

팔만대장경판 조성의 역사적 의미

❶ 몽골군에 의해 불타버린 초조대장경판

고려 고종 19년(1232), 고려에 침입한 몽골군에 의해 대구 부인사에 보관되어 있던 초조대장경판이 불태워졌다. 이에 당시의 집권자인 최우가 중심이 되어 대장경을 다시 목판(木板)에 새기는 사업이 거국적으로 벌어졌다. 고종 23년(1236) 병신년에 본격적으로 시작되었고 고종 38년(1251) 신해년에 마무리되었다. 실로 16년에 걸친 대장정이었다.

❷ 전 고려인의 염원이 담긴 팔만대장경판 조성 사업

대장경판을 새로 조성하기로 한 결정한 것은 집권자인 최우의 '강요' 때문이 아니었다. 국왕(고종)을 포함한 문무 관료, 나아가 불교를 사실상의 국교로 믿고 있던 전 고려인의 염원이 결집된 결과였다. 이를 위해 우선 고려 조정은 강화에 대장도감(大藏都監) 본사(本司)를 설치하여 업무를 주관하고 진주(晉州) 관내인 남해현에 분사(分司)를 두었다(1236). 그리고 기왕의 고려본과 송본(宋本), 거란본(契丹本) 등을 면밀하게 비교하여 내용상의 정확성을 기하였다.

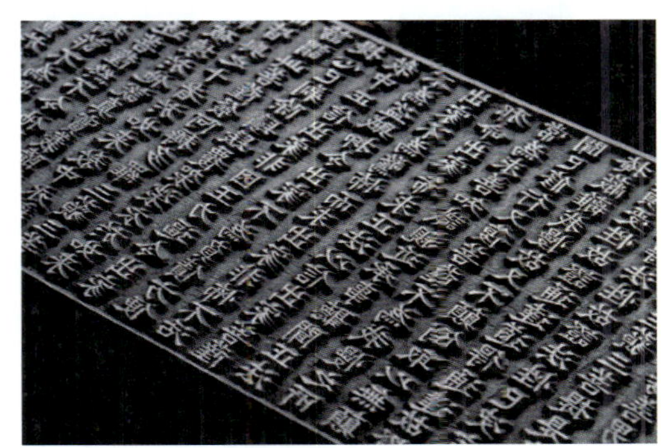
인류의 보고, 팔만대장경판

❸ 팔만대장경판 조성 규모와 우수성

팔만대장경판 조성 사업은 세계적 대제국인 몽골의 침입을 겪고 있던 당시 고려로서는 국운(國運)을 건 절체절명의 국가 사업이었다. 사업 규모도 방대하였다. 경판 수는 모두 8만 1258장에 달하였다. 경판을 쌓아 올린 높이가 백두산이나 63빌딩의 높이보다도 높을 정도이다. 새겨진 글자 수도 무려 5천 2백만 자로, 어마어마한 수를 자랑한다. 한자에 능한 사람이 하루 8시간씩 읽어도 30년이나 걸릴 만큼의 양이다. 이 수많은 글자 중 오탈자는 딱 158자로, 비율로 따지면 딱 0.0003%에 불과하다. 게다가 여러 사람들이 함께 작업했음에도 불구하고 한 사람이 새긴 것처럼 판각 수준이 일정하고 글씨체도 수려하다.

❹ 불심(佛心)으로 뭉친 고려인들

해인사 장경판전에 보관 중인 팔만대장경판

몽골군의 침입을 군사력으로 물리치기 힘들었던 당시의 고려인들에게 대장경은 어쩌면 마지막 희망이었다. 극심한 불안과 고통을 이겨낼 수 있는 유일한 행위이기도 했다. 그래서 나무판에 대장경을 조성하는 사업에 승려 외 수많은 고려인들이 나이와 신분에 상관없이 자발적으로 나서서 글자를 새겼다. 이른바 전 계층의 고려인이 대장경판 조성에 각수(刻手, 목판에 글자나 그림을 새기는 장인, 각자장이라고도 함)로 참여한 것이다. 8만 4천 번뇌에 해당하는 8만 4천 법문을 한자 한 자 새기면서 그들은 부처의 힘으로 몽골군을 격퇴하고 다시 고려에 평화가 오기를 진심으로 염원하였다.

1 밑줄 그은 '정책'의 내용으로 옳은 것은? [2점]

최근 최충의 9재 학당을 비롯한 사학 12도로 학생들이 모여들어 관학이 많이 위축되었다는군.

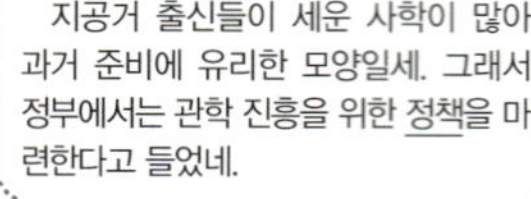

지공거 출신들이 세운 사학이 많아 과거 준비에 유리한 모양일세. 그래서 정부에서는 관학 진흥을 위한 정책을 마련한다고 들었네.

① 독서삼품과를 시행하였다.
② 초계문신제를 실시하였다.
③ 수도에 4부 학당을 두었다.
④ 전문 강좌인 7재를 개설하였다.
⑤ 경당을 설립하여 학문을 가르쳤다.

| 해설 | 고려의 관학 진흥책

고려 중기에는 최충의 문헌공도를 비롯한 사학 12도가 융성하였다. 사학에서 교육을 받은 학생들이 과거에서 좋은 성적을 거두게 되자 국자감의 관학 교육은 위축되었다. 이에 정부에서는 관학 진흥을 위한 여러 시책을 추진하였다. 숙종 때에는 국자감에 서적포를 두어 서적 간행을 활성화하였다. 예종 때에는 국자감을 재정비하여 7재라는 전문 강좌를 설치하고, 양현고라는 장학 재단을 두어 관학의 경제 기반을 강화하였으며, 궁중에 학문연구소인 청연각 · 보문각을 두어 유학을 진흥시켰다. 이어서 인종 때에는 경사 6학을 정비하고 유학 교육을 강화하였다.

| 오답 넘기 |

① 통일 신라 원성왕은 유교 경전의 이해 수준에 따라 관리를 채용하는 독서삼품과를 실시하였다(788).
② 정조는 규장각을 자신의 권력과 정책을 뒷받침하는 정치 기구로 육성하였으며, 초계문신제를 통해 신하들을 재교육하려 하였다(1781).
③ 4부 학당은 조선 시대 중앙의 4부(部)에 설치된 관립 교육기관이다.
⑤ 고구려는 각지에 경당을 설립하여 청소년에게 학문과 무예를 가르치기도 하였다.

정답 ④

2 교사의 질문에 대한 학생의 답변으로 옳은 것은? [2점]

신라, 고구려, 백제가 기틀을 잡고 세 세력이 서로 대립하면서 …… 삼가, 본기 28권, 연표 3권, 지(志) 9권, 열전 10권을 찬술하였습니다. 여기에 표문(表文)을 붙여 성상께 올립니다.

－「진삼국사표(進三國史表)」－

이 글은 왕명을 받들어 역사서 편찬을 주도한 인물이 왕에게 올린 진삼국사표입니다. 이 글과 함께 올린 역사서에 대해 발표해 볼까요?

① 기전체 형식으로 서술하였습니다.
② 조선 건국의 정통성을 강조하였습니다.
③ 남북국이라는 용어를 처음 사용하였습니다.
④ 단군 조선에서 고려까지의 역사를 정리하였습니다.
⑤ 불교사를 중심으로 고대의 민간 설화 등을 수록하였습니다.

| 해설 | 고려의 역사 서술

고대 삼국부터 통일 신라까지의 시기의 내용을 담고 있는 김부식의 『삼국사기』는 현존하는 우리나라 최고(最古)의 역사서이다(1145). 고려 초에 쓰여진 '구삼국사'를 기본으로 유교적 합리주의 사관에 기초하여 기전체로 서술되었다. 당시에는 신라 계승 의식이 강화되어 『삼국사기』에는 이런 신라 계승 의식이 많이 반영되었으며, 유교 정치의 이념을 실현하고 국가 의식을 구현하는 데 편찬 의의를 두었다.

| 오답 넘기 |

② 조선 태조 때 정도전은 『고려국사』를 편찬하여 조선 건국의 정당성을 밝히려 하였다(1395).
③ 조선 후기 유득공은 『발해고』에서 '남북국 시대'라는 용어를 처음으로 사용하였다(1784).
④ 조선 초기에는 고조선부터 고려 말까지의 역사를 정리한 『동국통감』을 편찬하였다(1485).
⑤ 고려 시대 일연이 쓴 『삼국유사』는 불교사를 중심으로 고대의 민간 설화나 전래 기록을 수록하는 등 우리의 고유문화와 전통을 중시하였다(1281).

정답 ①

3 밑줄 그은 '이 책'에 대한 설명으로 옳은 것은? [2점]

승려 일연이 편찬한 이 책에 대해 말씀해 주십시오.
이 책은 왕력편, 기이편, 흥법편 등 5권 9편으로 구성되어 있으며, 불교 중심의 역사적 사실과 함께 민간 설화 등이 수록되어 있습니다.

① 기전체 형식으로 서술되었다.
② 남북국이라는 용어를 처음 사용하였다.
③ 사초, 시정기 등을 바탕으로 편찬되었다.
④ 단군왕검의 건국 이야기가 기록되어 있다.
⑤ 현존하는 우리나라 최고(最古)의 역사서이다.

| 해설 | **고려의 역사 서술**

제시된 말풍선에서 '승려 일연이 편찬', '왕력 · 기이 · 흥법편', '불교 중심의 역사적 사실과 민간 설화 수록' 등의 내용으로 보아 밑줄 그은 '이 책'은 『삼국유사』이다. 『삼국유사』는 고려가 몽골과 장기간에 걸쳐 전쟁을 하고 그들의 간섭을 받아 민족적 위기를 겪었을 때 일연(1206~1289)이 완성한 삼국에 관한 역사서이다(1281). 『삼국유사』는 불교 사상, 불교 설화, 고승들의 일화, 일반인들의 불교 신앙 사례 등을 중심으로 서술하였다. 특히, 이 책은 현존하는 역사책 중 단군의 건국 이야기를 최초로 기록하여, 우리 역사를 고조선까지 소급하여 서술하였다.

| 오답 넘기 |

① 김부식의 『삼국사기』는 유교적 합리주의를 바탕으로 기전체 형식으로 서술되었다(1145).
② 유득공은 『발해고』에서 신라의 통일은 불완전한 것이고, 북쪽에 발해가 있었으므로 이를 남북국이라 불러야 한다고 주장하였다(1784).
③ 시정기나 사초 등을 토대로 편찬된 것은 『조선왕조실록』이다.
⑤ 현존하는 우리나라 최고(最古)의 역사서는 김부식의 『삼국사기』이다.

정답 ④

4 (가)에 들어갈 내용으로 옳은 것은? [1점]

'불일보조국사'라는 시호를 받은 인물에 대해 말해 보자.
수선사 결사를 제창하여 불교계를 개혁하려고 했어.

① 무애가를 지어 불교 대중화에 힘썼어.
② 화엄일승법계도를 지어 화엄 사상을 정리했어.
③ 불교 교단 통합을 위해 해동 천태종을 개창했어.
④ 인도와 중앙아시아를 여행하고 왕오천축국전을 남겼어.
⑤ 돈오점수를 주장하며 수행 방법으로 정혜쌍수를 내세웠어.

| 해설 | **고려 시대의 불교**

자료의 인물은 고려 시대 지눌이다. 무신 집권기에는 오래전부터 세속화의 길을 걷고 있었던 불교계에서 자기반성과 더불어 승려 본연의 자세로 돌아가자는 결사 운동이 나타났다. 지눌은 수선사(송광사)를 중심으로 결사 운동을 전개하였다. 또한 선종의 입장에서 교종과의 조화를 꾀하였으며 이를 바탕으로 조계종을 개창하였다. 지눌은 선과 교학을 나란히 수행하되 선을 중심으로 교학을 포용하자는 정혜쌍수와 '내가 곧 부처'라는 깨달음을 얻은 뒤 꾸준히 수행할 것을 강조하는 돈오점수를 주장하였다. 이는 선종을 중심으로 교종까지 포용하려는 이론 체계를 수립한 것이었다.

| 오답 넘기 |

① 원효는 무애가를 지어 불교 대중화에 노력하였다.
② 당에 유학하였던 의상은 『화엄일승법계도』를 저술하여 화엄 사상을 정립하였다.
③ 고려 시대에는 의천이 교종을 중심으로 선종을 받아들여 해동 천태종을 창시하였다(1097).
④ 혜초는 인도를 다녀온 후 『왕오천축국전』을 지어 인도와 중앙아시아 등지의 풍물을 기록하였다(727).

정답 ⑤

5 (가)에 들어갈 내용으로 옳은 것을 〈보기〉에서 고른 것은? [2점]

〈주제 : ○○ 시대 과학 기술의 발달〉

사천대에서 천체와 기상을 관찰했어요.

보기

ㄱ. 기기도설을 참고하여 거중기를 제작했어요.
ㄴ. 화통도감을 설치하여 화약과 화포를 제작했어요.
ㄷ. 우리의 약재를 소개한 향약구급방을 편찬했어요.
ㄹ. 농업 기술 혁신 방안을 제시한 임원경제지가 저술됐어요.

① ㄱ, ㄴ ② ㄱ, ㄷ ③ ㄴ, ㄷ
④ ㄴ, ㄹ ⑤ ㄷ, ㄹ

| 해설 | **고려의 과학 기술**

지금 남아 있는 세계에서 가장 오래된 금속 활자 인쇄본은 청주 흥덕사에서 간행된 고려 시대 『직지심체요절』이다(1377). 또 고려 시대에는 천문과 역법을 맡은 관청으로 사천대(서운관)가 설치되었고, 이곳의 관리들은 첨성대에서 관측 업무를 수행하였다.

ㄴ. 고려 말 최무선은 나라에 건의하여 화약 무기를 개발하는 화통도감을 설치(1377)하고 우수한 무기들을 개발하여 진포에서 왜구를 물리치는 데 큰 공을 세웠다(1380). ㄷ. 고려 후기에는 우리 실정에 맞는 『향약구급방』이란 의서가 편찬되었다(1236).

| 오답 넘기 |

ㄱ. 조선 후기 정약용은 서양 선교사가 펴낸 『기기도설』을 참고하여 거중기를 만들었다(1789).

ㄹ. 조선 후기 서유구는 농업과 농촌 생활에 필요한 것을 종합하여 농촌 생활 백과사전인 『임원경제지』를 편찬하였다(1827).

정답 ③

6 (가)에 해당하는 문화유산으로 옳은 것은? [1점]

우리 고장의 문화유산에 대해 말해 보자.
국보 제323호이자 고려 시대 최대 규모의 불상인 (가) 이/가 있어.
은진 미륵이라고도 불리는데, 거대하고 투박하면서도 지역적 특색을 담고 있지.

① 
② 
③ 
④ 
⑤ 

| 해설 | **고려 시대의 불상**

답사 보고서의 (가) 문화유산은 논산 관촉사 석조 미륵보살 입상으로 고려 불상의 여러 특징들을 보여 준다. 관촉사 석조 미륵 보살 입상과 같은 거대한 불상은 사람들이 많이 다니는 길목에 조성한 것이다. 이 불상들은 선종이 유행하던 시기에 지방 호족의 재정적 지원을 받아 조성되어 토착적이고 지역적 특색이 반영되었다.

② 고려 초의 논산 관촉사 석조 미륵보살 입상이다.

| 오답 넘기 |

① 백제의 서산 마애 삼존불은 흔히 '백제의 미소'라고도 불린다.
③ 합천 치인리 마애여래 입상으로 통일 신라의 불상이다.
④ 파주 용미리 석불 입상이다.
⑤ 삼국 시대 신라의 경주 배동 석조여래 삼존 입상(보물 제63호)은 푸근한 자태와 은은한 미소를 띠고 있는 것으로 신라 조각의 정수를 보여 주고 있다.

정답 ②

7 (가)에 들어갈 문화유산으로 옳은 것은? [1점]

문화유산 카드

(가)

- 종목 : 국보 제48-1호
- 소재지 : 강원도 평창군
- 소개 : 고려 전기의 석탑으로 당시 불교문화 특유의 화려하고 귀족적인 면모를 잘 보여 준다. 전체적인 비례와 조각 수법이 착실하여 다각 다층 석탑을 대표하는 문화유산으로 손꼽힌다.

①

②

③

④

⑤

| 해설 | 고려 시대의 탑파

고려 전기의 석탑은 다각다층탑이 유행하였는데 강원도 평창에 소재하고 있는 월정사 8각 9층 석탑이 대표적이다. 평창 월정사 8각 9층 석탑은 송의 영향을 받았다.

| 오답 넘기 |

② 원의 영향을 받은 개성 경천사 10층 석탑이다.
③ 통일 신라 때 제작된 다보탑은 특수형 탑을 대표한다고 할 수 있다.
④ 부여 정림사지 5층 석탑으로 백제 후기의 석탑이다.
⑤ 통일 신라 시대 안동 신세동 칠층 전탑이다.

정답 ①

8 (가)에 들어갈 문화유산으로 옳은 것은? [2점]

문화유산 카드

(가)

- 종목 : 국보 제15호
- 소재지 : 경상북도 안동시
- 소개 : 단층 맞배 지붕의 주심포계 건물로 초석 위에는 배흘림기둥을 세웠다. 이 건물은 우리나라에 남아있는 목조 건축물 중 가장 오래된 것으로 인정받고 있어 그 가치가 높다.

①

봉정사 극락전

②

수덕사 대웅전

③

쌍계사 대웅전

④

화엄사 각황전

⑤
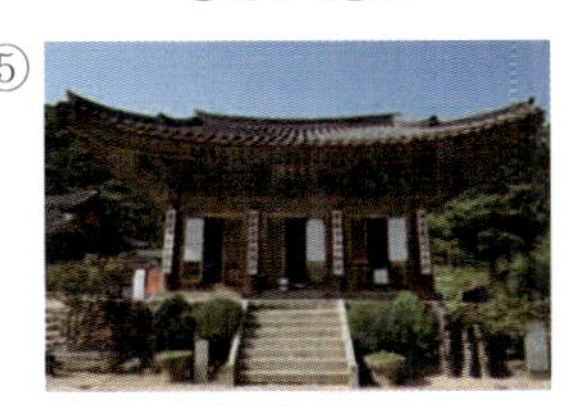
전등사 대웅전

| 해설 | 고려 시대의 건축

고려 시대의 건축은 궁궐과 사원이 중심이었는데, 남아 있는 것이 거의 없다. 현재 남아 있는 고려 시대의 건축물은 대개 사원이다. 사원의 목조 건축에는 간결한 주심포 양식이 유행하였다. 안동 봉정사 극락전은 가장 오래된 건축물로 알려져 있는데 건물의 모서리에 추녀가 없고 용마루까지 측면 벽이 삼각형으로 된 맞배지붕이다. 이외에도 영주 부석사 무량수전과 예산 수덕사 대웅전은 단아하면서도 세련된 아름다움을 보여 준다.

정답 ①

V

조선의 성립과 발전

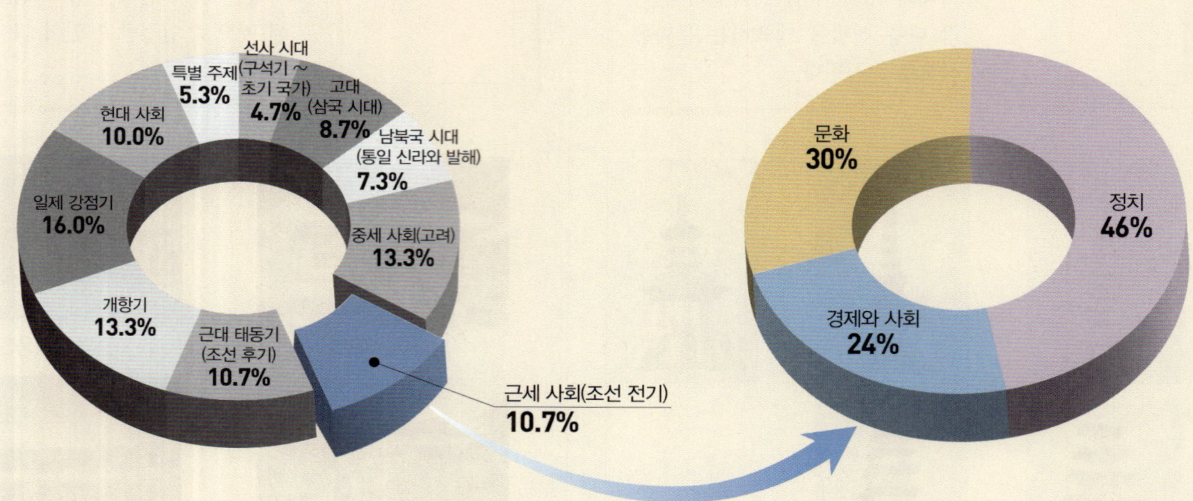

단원 들어가기

신진 사대부와 신흥 무인 세력은 위화도 회군으로 고려의 실권을 장악한 후 과전법을 공포하여 토지 제도의 모순을 시정하였으며, 이에 그치지 않고 고려 왕조를 멸망시키고 새 왕조인 조선을 개창하였다. 새 왕조는 국호를 조선으로 고치고, 수도를 한양으로 옮기면서 고려 왕조의 구질서를 일신하려 하였다. 중앙 집권적으로 제도를 개혁하여 농민에 대한 지방 토호들의 횡포를 제거하였으며, 과거 제도를 정비하여 관료 체제의 기반을 갖추었다. 국제적으로는 명과 일본에 대해서 실리 추구의 능동적 외교 관계를 설정하였다. 그것은 당시 국제 사회에 대한 정치적 안목과 명분론에서 비롯된 것이었다.

조선 왕조는 표면상으로는 고려와 유사한 왕조인 듯하지만 다음과 같은 큰 차이점이 있다.

첫째, 정치적으로는 중앙 집권적으로 제도를 개편하여 관료 체제의 기틀을 마련한 뒤 왕권과 신권의 조화에 노력하면서 모범적인 유교 정치를 추구하였다. 둘째, 사회 · 경제적으로는 양인의 권익이 보다 신장되었을 뿐 아니라, 농민의 경작권이 보장되었다. 그리고 과거 제도가 정비되면서 능력이 보다 존중되었다. 셋째, 문화적으로는 교육의 기회가 확대되고, 기술 문화를 크게 진작시켜 민족 문화의 확고한 기반을 마련하였다.

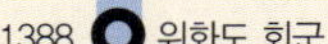

1388 위화도 회군
1389 박위, 쓰시마 섬 정벌
1391 과전법 실시
1392 조선 건국
1394 한양 천도
1412 시전 설치
1413 호패법 실시
1419 이종무, 쓰시마 섬 정벌
1441 측우기 발명
1446 훈민정음 반포
1466 직전법 실시
1485 경국대전 완성
1498 무오사화
1504 갑자사화
1506 중종반정
1519 기묘사화
1543 백운동 서원 건립
1545 을사사화
1592 임진왜란
1597 정유재란
1623 인조반정
1624 이괄의 난
1627 정묘호란
1636 병자호란

| 연표로 흐름잡기 |

14 조선의 건국과 발전

공부한 날 월 일

일차

① 조선의 건국과 유교 정치 ★★★

(1) 고려의 멸망과 조선의 건국

① 고려 말 정세 변화 : 명의 건국과 원 축출, 신진 사대부 성장, 신흥 무인 세력 성장

② 신진 사대부의 분화

왕이 부덕해 민심을 잃으면, 덕이 있는 다른 사람이 천명을 받아 새로운 왕조를 세워도 좋다는 유교 정치 사상에서 나온 말이다.

구분	혁명파 사대부	온건파 사대부
인물	정도전, 권근, 조준(소수파)	정몽주, 이색, 길재(다수파)
성향	급진적, 개혁적	점진적, 온건적
주장	• 역성혁명(易姓革命) 추진 • 권문세족의 대농장 비판 ⇨ 전면적 토지 개혁 주장(과전법)	• 고려 유지의 틀 속에서 점진적 개혁 • 권문세족의 대농장 비판 ⇨ 전면적 토지 개혁 비판
권력	경제력 열세, 이성계와 협력	경제력 우세, 군사력 미비
계승	훈구파	사림파

③ 조선 건국 과정 : 명의 철령위 요구 → 요동 정벌 → 위화도 회군 → 과전법 시행 → 온건 개혁파 제거 → 조선 건국

㉠ 위화도 회군(1388) : 이성계의 위화도 회군(4불가론 주장) → 정치적 · 군사적 실권 장악

㉡ 과전법 제정(1391) : 권문세족의 경제력 약화 → 국가 재정 확보, 신진 사대부의 경제적 기반 마련

㉢ 조선 건국(1392.8) : 정몽주 등 온건 개혁파 제거 후 조선 건국 → 한양 천도(1394.10)

위화도 회군

이성계의 4불가론

- 소국이 대국을 거역함은 불가하다.
- 여름에 군사를 일으킴은 불가하다.
- 거국적으로 원정할 경우 왜구의 침입 우려가 있다.
- 지금은 장마철이라 활이 녹고 대군이 병에 걸릴 가능성이 있어 불가하다.

Click ! ● 이성계의 즉위

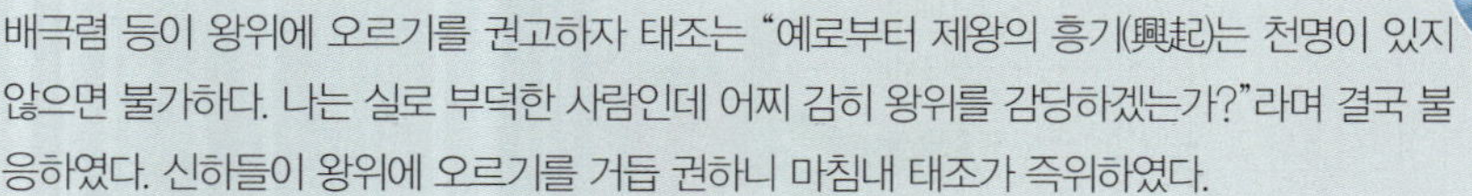

배극렴 등이 왕위에 오르기를 권고하자 태조는 "예로부터 제왕의 흥기(興起)는 천명이 있지 않으면 불가하다. 나는 실로 부덕한 사람인데 어찌 감히 왕위를 감당하겠는가?"라며 결국 불응하였다. 신하들이 왕위에 오르기를 거듭 권하니 마침내 태조가 즉위하였다.

④ 조선 건국의 의의 : 양반 중심의 관료제 사회, 성리학의 이념과 이론에 따른 덕치주의, 유교적 이상 정치 실현, 민족 문화 발전

(2) 유교 정치의 실현

① 태조

㉠ 조선 건국 : 고조선의 후계자를 자처

㉡ 제도와 기구 정비 : 군사 기능을 의흥삼군부가 관장, 법제 정비(「조선경국전」), 도첩제 실시

승려가 출가할 때 국가가 일종의 공인 문서인 도첩을 통해 그 신분을 공인해 주던 제도

㉢ 한양 천도와 도시 계획

ⓐ 한양 천도의 의미 : 한반도의 중앙에 위치, 수로 교통 편리, 방어 유리

ⓑ 건물 : 정궁으로 경복궁을 짓고, 경복궁의 왼쪽과 오른쪽에 각각 제사를 위한 종묘와 토지신과 곡식신에게 제사 지내는 사직단을 세움

태조 이성계 어진

불씨잡변
조선 건국 직후 정도전의 저술로 불교의 존재론 · 도덕론을 성리학의 입장에서 논리적으로 철저히 배척하고 있는데 조선 전기 배불론의 이론적 근거가 되었다.

ⓒ 성문 : 도성 출입을 위해 4대문, 그 사이에 4소문을 둠, 4대문의 이름은 유교의 덕목에서 따옴 (흥인지문(동대문), 돈의문(서대문), 숭례문(남대문), 숙정문(북대문))

ⓓ 거리 : 경복궁 앞에 관청들을 배치하여 '육조 거리'라 불리는 관청가 형성, 북쪽의 북촌에는 권세 있는 양반, 남산 밑의 남촌에는 가난한 양반이 살았으며, 청계천 양쪽에는 주로 서리들이 주거

ⓔ 성곽 : 낙산(동), 인왕산(서), 목멱산(남), 북악산(북)을 이어 축조

ⓕ 행정 : 한성부가 수도의 치안을 담당하며, 토지와 가옥에 관한 소송을 처리

㉣ 정도전의 활약

ⓐ 통치 규범 마련 : 『조선경국전』, 『경제문감』 저술, 재상 중심의 정치 주장

ⓑ 성리학적 통치 질서 확립 : 억불 정책 주장(『불씨잡변』)

ⓒ 외교 정책 : 요동 정벌 추진(진도 제작)

Click !

● 조선의 수도 '한양'

● 조선 건국의 주역, 삼봉 정도전

• 고려 말에서 조선 초까지 활동했던 문신 겸 학자로 호는 삼봉이다. 이성계를 도와 조선 건국을 주도하였으며, 도성의 축조 계획을 세우는 등 국가의 기틀을 다지는 데 핵심적인 역할을 하였다. 왕자의 난 때 이방원에게 죽임을 당하였다.

정도전은 훌륭한 재상을 선택하여 재상에게 정치의 실권을 부여하여 위로는 임금을 받들어 올바르게 인도하고, 아래로는 백관을 통괄하고 만민을 다스리는 중책을 부여하자고 주장하였다.

● 정도전의 사상

• 어찌하여 우리 유가의 음양오행을 버리고 불씨의 인과응보설을 가지고서 사람의 화복을 정하고 사람의 질병을 진료하는 사람이 한 사람도 없느냐. 불씨의 설이 황당하고 오류에 가득 차 족히 믿을 수 없다.

• 재상에 그 훌륭한 사람을 얻으면 6전(六典)이 잘 거행되고 모든 직책이 잘 수행된다. 그러므로 '임금의 직책은 한 사람의 재상을 논하여 정하는 데 있다.' 하였다.

● 한양의 명칭 변화

위례성(한성)	남경	한양	경성부
백제	고려	조선	일제 강점기

② 태종

㉠ 1 · 2차 왕자의 난(1398 · 1400) 이후 집권 : 재상 중심의 통치를 주장하는 정도전과 세자 제거

㉡ 국왕 중심의 통치 체제 정비 : 의정부 설치, 왕이 직접 6조를 관할하는 6조 직계제 시행(1414), 사간원 독립(1401), 사병 철폐(군사권 장악)

㉢ 사회 정책 : 신문고 설치, 사원 소유의 토지 몰수, 억울한 노비 해방

㉣ 국가 재정 확보 : 양전 사업, 호패법 실시, 시전 설치

왕자의 난
태조의 아들인 방원(芳遠)과 방간(芳幹)이 왕위 계승권을 둘러싸고 일으킨 난

③ 세종

㉠ 유교 정치 문화의 확립 : 집현전(고려 이래 조선 초기에 걸쳐 궁중에 설치한 학문 연구 기관)을 육성, 국가 행사를 오례에 따라 거행, 사대부에게도 주자가례 시행 장려

㉡ 왕권과 신권의 조화 추구 : 6조에서 올라오는 일들을 의정부의 합의를 거쳐 왕에게 보고하는 의정부 서사제 실시, 청백리 재상 등용

ⓒ 민족 문화의 성장 : 훈민정음 창제, 측우기, 자격루, 앙부일구 제작(장영실)
ⓔ 경제 정책 : 풍흉과 토지의 비옥도에 따라 조세를 부과하는 세법 정비(공법)
ⓜ 국방 강화 : 여진족을 몰아내고 4군 6진 설치(오늘날 국경선 확정), 쓰시마 섬 정벌(이종무)

④ 세조

㉠ 계유정난(癸酉靖難, 1453) : 조카인 단종을 몰아내고 왕이 된 세조는 성삼문 등 사육신을 제거

단종의 복위를 꾀하다가 발각되어 세조에게 죽임을 당한 여섯 명의 신하를 이르는 말로 성삼문, 하위지, 이개, 유응부, 유성원, 박팽년을 일컫는다.

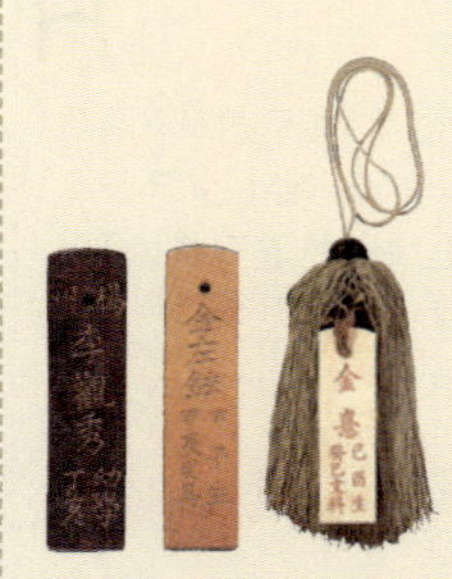

호패 오늘날의 주민등록증과 같은 것으로 16세 이상의 모든 남자(노비도 착용)가 지녀야 했다.

Click ! ● **6조 직계제와 의정부 서사제**

● **6조 직계제**

의정부의 서사를 나누어 6조에 귀속시켰다. …… 처음에 왕(태종)은 의정부의 권한이 막중함을 염려하여 이를 혁파할 생각이 있었지만, 신중하게 여겨 서두르지 않다가 이때에 이르러 단행하였다. 의정부가 관장한 것은 사대문서와 중죄수의 심의뿐이었다. -『태종실록』-

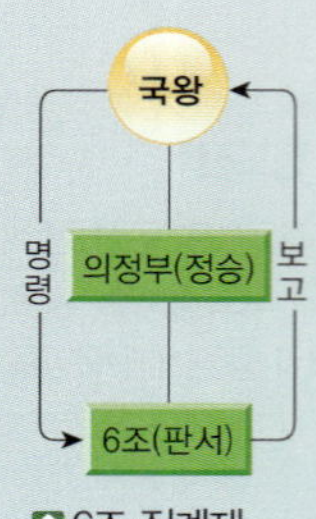

6조 직계제

● **의정부 서사제**

6조는 각기 모든 직무를 먼저 의정부에 품의하고, 의정부는 가부를 헤아린 뒤에 왕에게 아뢰어 (왕의) 전지를 받아 6조에 내려 보내어 시행한다. 다만, 이조 · 병조의 제수, 병조의 군사 업무, 형조의 사형수를 제외한 판결 등은 종래와 같이 각 조에서 직접 아뢰어 시행하고 곧바로 의정부에 보고한다. 만약 타당하지 않으면, 의정부가 말아 심의, 논박하고 다시 아뢰어 시행토록 한다. -『세종실록』-

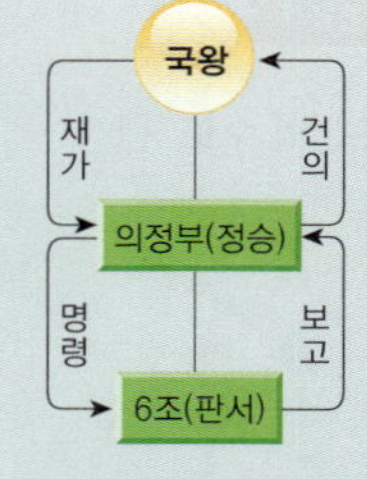

의정부 서사제

㉡ 제도 정비와 국왕 중심의 체제 강화 : 의정부 기능 축소, 6조 직계제 부활, 경연 폐지, 직전법 실시, 유향소 폐지, 『경국대전』 편찬 시작
ⓒ 군제 개편 : 진관 체제 실시, 양인을 정군(정병)과 보인으로 묶는 보법 시행

⑤ 성종

㉠ 유교적 집권 체제의 완성 : 『경국대전』(조선 시대의 기본 법전) 반포(1485), 홍문관(옥당) 설치(1470), 경연 부활, 유향소 부활, 도첩제 폐지
㉡ 경제 정책 : 녹봉을 현물로 지급하는 관수관급제 실시

경연
국왕에게 유교의 경서(經書)를 강독, 논평, 사고하고 역사를 가르치고 교육하던 제도로, 세종 때 가장 적극적으로 운영되었다. 강의를 2개월 전에 미리 준비하도록 하였고, 참여 인원이 14명 정도 되었다. 이는 단지 국왕 교육만을 위한 제도가 아니었음을 보여 준다.

Click ! ● **조선의 경연 제도와 홍문관**

● **경연 제도**

간관이 상소하기를 "군주의 학문은 한갓 외우고 설명하는 것만이 아닙니다. 날마다 선비를 맞이하여 강론을 듣는 까닭은 첫째, 어진 사대부를 만나는 시간을 늘려 그 덕성을 배우려는 것이고, 둘째, 환관 및 궁첩과 친하게 지내는 시간을 줄여 게으름에서 떨쳐 일어나려는 것입니다. …… 삼가 원하옵건대, 전하께서는 날마다 경연을 여시어 『대학』을 가져와 강론하게 하소서." 하니, 임금이 이를 윤허하였다. -『태조실록』-

● **홍문관**

세종 때의 집현전을 계승하여 성종 때 설립되었다. 옥당, 옥서, 영각으로 불리기도 하였다. 관원으로는 대제학, 제학, 부제학 등이 있었으며 사헌부, 사간원과 함께 3사로 불렸다.

경복궁 수정전

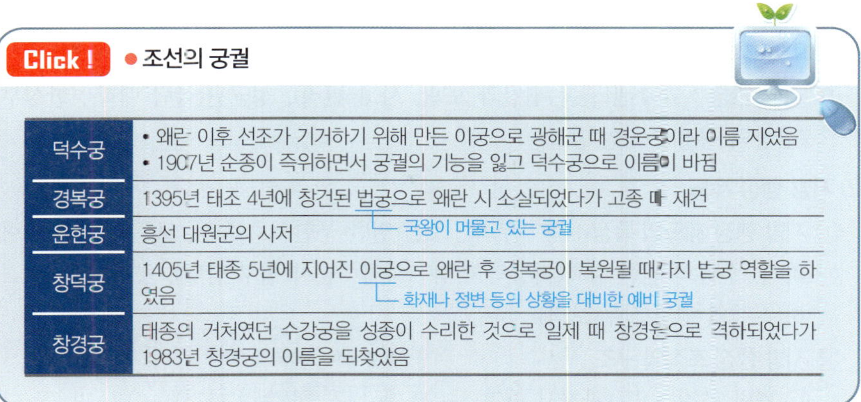

Click ! ● 조선의 궁궐

궁궐	내용
덕수궁	• 왜란 이후 선조가 기거하기 위해 만든 이궁으로 광해군 때 경운궁이라 이름 지었음 • 1907년 순종이 즉위하면서 궁궐의 기능을 잃고 덕수궁으로 이름이 바뀜
경복궁	1395년 태조 4년에 창건된 법궁으로 왜란 시 소실되었다가 고종 때 재건 (법궁: 국왕이 머물고 있는 궁궐)
운현궁	흥선 대원군의 사저
창덕궁	1405년 태종 5년에 지어진 이궁으로 왜란 후 경복궁이 복원될 때까지 법궁 역할을 하였음 (이궁: 화재나 정변 등의 상황을 대비한 예비 궁궐)
창경궁	태종이 거처였던 수강궁을 성종이 수리한 것으로 일제 때 창경원으로 격하되었다가 1983년 창경궁의 이름을 되찾았음

❷ 조선 전기 통치 체제의 확립 ★★★

조선 시대의 관리는 문반과 무반의 양반으로 구성되었고, 관리의 등급은 1품에서 9품까지 모두 9등급으로 나뉘었으며, 각 품마다 정(正)과 종(從)으로 나뉘어 실제 18등급으로 구분되었다.

(1) 중앙 정치 체제 : 「경국대전」으로 법제화(1485)

① 관직 체계
- 관리 : 양반(문반 + 무반)으로 구성, 30등급(18품 30계)
- 관직 : 경관직(중앙 관직) + 외관직(지방 관직)

② 의정부와 6조

㉠ 의정부 : 최고 관부, 영의정 · 좌의정 · 우의정으로 구성

㉡ 6조(판서) : 이 · 호 · 예 · 병 · 형 · 공조 → 업무의 분업화와 전문화 추구

③ 3사 : 정사 비판, 문필 활동, 언론 기능 담당 → 권력 독점과 부정부패 견제를 위한 제도

㉠ 사간원 : 간쟁과 봉박 담당

㉡ 사헌부 : 풍기 문란 행위와 감찰 담당

㉢ 홍문관 : 정책 자료 제시, 학문 연구 기관, 경연 담당

㉣ 양사 : 사헌부 + 사간원 → 서경권 행사

㉤ 3사의 언관(청요직) : 특별한 일이 없으면 판서나 정승까지 승진

3사의 언관

벼슬 등급은 높지 않았으나, 학문과 덕망이 높은 사람이 주로 임명되었다. 이들은 특별한 일이 없는 한 이후 판서나 정승 등 고위 관직에 오를 수 있었다.

서경(署經)

사간원과 사헌부를 양사 또는 대간이라 불렀는데, 대간(臺諫)은 서경이라 하여 임명된 관리의 신분 · 경력 등을 조사하여 그 가부를 승인하는 역할을 맡았다.

삼법사(三法司)

감찰 기관인 사헌부, 사법 감독 기관인 형조, 수도 치안을 담당한 한성부가 업무 · 직역에 제한이 없는 사법권을 행사해 삼법사라 한다.

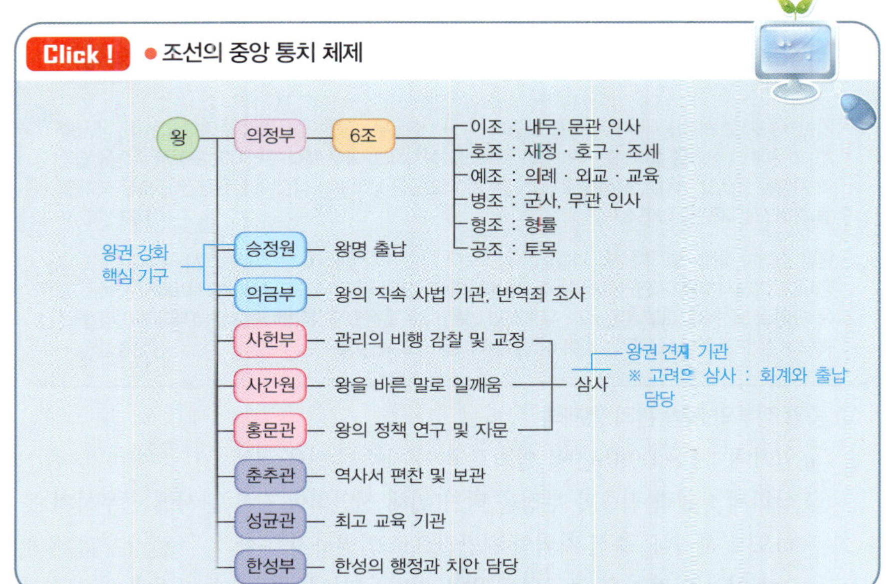

④ **승정원** : 왕명 출납, 왕명 전달, 기밀 관리, 궁궐 숙위 담당, 승정원 일기 기록

⑤ **의금부** : 반란죄, 왕족 관련 죄 담당(왕 직속의 사법 기관)

⑥ **기타 관청** : 춘추관(실록 편찬과 보관, 사고 관리), 성균관(국립 대학), 한성부(한양의 행정과 치안 담당)

(2) 지방 행정 제도

① **지방 행정 제도의 특징** : 향 · 부곡 · 소를 일반 군현으로 승격, 모든 군현에 수령 파견, 수령의 권한 강화(지방의 행정 · 사법 · 군사 업무 담당), 향리의 지위 격하(수령의 행정 실무 보좌)

② **지방 행정 조직의 구조**

고을의 인구와 토지의 크기에 따라 부 · 목 · 군 · 현으로 구획, 그에 따라 수령의 품계에도 차등이 있었다.

㉠ 지방 조직 : 8도(관찰사 파견) → 부, 목, 군, 현(수령 파견) → 면, 리, 통(다섯 집을 하나의 통으로 편성)

㉡ 관찰사(방백) : 전국 8도에 파견, 감찰권 · 행정권 · 사법권 · 군사권 행사, 수령 지휘 · 감독

㉢ 유수관 : 개성 · 강화 · 수원 · 광주 등 수도를 방어하는 행정 · 군사 요충지에 파견한 경관직

㉣ 수령 : 부 · 목 · 군 · 현의 행정(조세 징수, 농업 · 교육 장려, 호구 조사, 재판 등), 사법, 군사 업무 등 수령 7사 수행, 상피제 적용

㉤ 향리 : 수령 보좌, 지방 행정의 실무 담당(세습), 6방(이 · 호 · 예 · 병 · 형 · 공방)으로 구성, 무보수 · 과거 응시 제한

조선 시대 양반 사대부들은 기득권을 유지하고 양반의 수가 늘어나는 것을 막기 위하여 향리의 문과 응시를 제한하였다.

㉥ 향촌 자치와 중앙 집권의 조화

ⓐ 유향소(향청) : 양반들의 자치 조직(좌수, 별감을 선출), 향회를 통해 여론 수렴, 백성 교화, 수령 보좌 및 향리 감찰(오늘날의 지방 의회와 비슷한 역할)

ⓑ 경재소 : 현직 관료로 하여금 연고지의 유향소를 통제하게 하는 제도, 유향소와 정부 사이 연락 담당

양반들의 자치 조직으로 마을 기강을 바로잡고, 수령의 통치를 도와주는 역할을 하였으나, 때로는 수령의 권한을 넘어서기도 하였다.

Click ! ● **유향소(향청)의 설치**

• 사헌부 대사헌 허응 등이 시무 7조를 올렸다. "…… 주 · 부 · 군 · 현에 각각 수령이 있는데, 향원(鄕愿) 가운데 일 삼기를 좋아하는 무리들이 유향소를 설치하고, 아무 때나 무리지어 모여서 수령을 헐뜯고 사람을 올리고 내치고, 백성들을 핍박하는 것이 교활한 향리보다 심합니다. 원하건대, 모두 혁거(革去)하여 오랜 폐단을 없애소서." – 『태종실록』 –

• 헌납 김대가 아뢰기를, "백성을 괴롭힘은 향리보다 더한 자가 없는데, 수령도 반드시 다 어질 수는 없습니다. 그래서 백성이 편안하게 살 수 없는데, 비록 경재소가 있더라도 귀와 눈이 미치지 못하는 곳은 규명해 낼 수가 없습니다. …… 유향소의 법은 매우 훌륭했습니다만 중간에 폐지하여 이러한 큰 폐단이 생겼으니, 다시 세우는 것이 어떻겠습니까?"라고 하였다. – 『성종실록』 –

③ **중앙 정부의 지방 관리 통제책**

㉠ 임기제 : 1,800일(5년)을 임기로 하여 자주 수령을 교체

㉡ 상피제 : 권력 집중과 부정을 막기 위해 친인척이 같은 관서에 근무하지 못하도록 하거나, 출신 지역의 지방관으로 임명하지 못함

㉢ 암행어사 파견 : 왕 측근의 관원을 지방 군현에 비밀리에 파견해 위장된 복장으로 암행하게 한 왕의 특명 사신

승정원일기

승정원에서 날마다 취급한 문서와 사건을 기록한 일기이다. 조선 초기부터 있었으나 임진왜란 · 병자호란 때 소실되어 현재 전하는 것은 인조 때부터 고종 때까지 것으로, 2001년 세계 기록 유산으로 지정되었다.

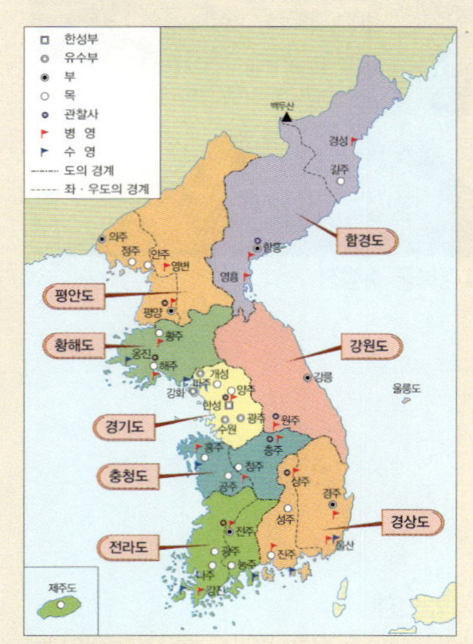

조선의 8도

수령 7사(수령이 수행해야 할 7가지 임무)

1. 농업, 양잠의 장려
2. 교육의 진흥
3. 간교한 것을 없앰
4. 호구를 증가시킴
5. 부역의 균등 실현
6. 소송의 신속 처리
7. 군사 훈련 실시

사림과 유향소

김종직을 비롯한 사림들은 세조 때 폐지된 유향소를 부활시키기 위해 유향소 복립 운동을 벌였다. 이에 성종 때 유향소가 부활하게 되는데 이때는 사림들의 의도와는 달리 훈구 세력의 지방 지배 도구로 기능하게 된다. 따라서 사림들은 경재소와 유향소 철폐 운동을 벌였으며, 그 대안으로 향약의 실시를 주장하였다.

한국사 感 높이기

고려와 조선의 지방 행정 비교

고려	조선
안찰사 : 임시직	관찰사 : 상설직
향리에게 외역전 지급	향리에게 보수를 지급하지 않음
향리가 지방의 실력자임	향리는 수령의 행정 실무 보좌
지방관이 파견되지 않은 속현이 있음	모든 군현에 수령 파견
향·부곡·소 존재	향·부곡·소 소멸

군역의 변화

정군과 보인은 임진왜란 이후 모병제가 시행되면서 모두 국가에 포를 내는 수포군으로 변하였다.

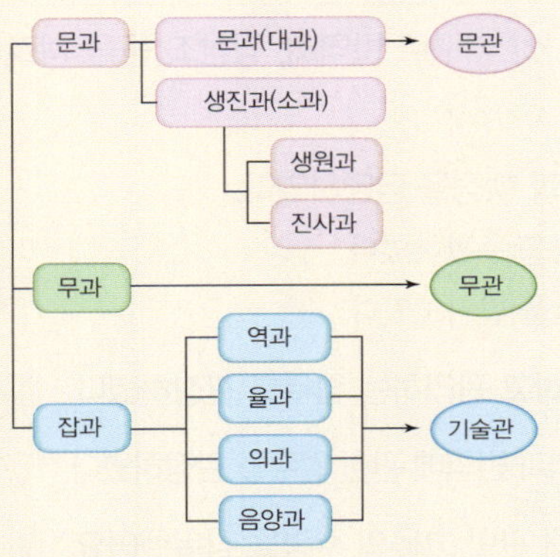

조선 시대의 과거 제도

봉수대

(3) 군역 제도와 군사 조직

① 군역 제도

㉠ 원칙 : 16세에서 60세의 양인 남자만 군역의 의무(양인 개병의 원칙), 현직 관리·학생·향리 면제

㉡ 보법 : 정군(정병, 현역 복무병, 품계를 받음)+보인(봉족, 정군 보조) → 정군 1명당 보인 2명 배정

② 군사 조직

㉠ 중앙군 : 5위(궁궐·수도 방어) → 정군, 갑사, 특수병 구성

(갑사: 간단한 시험을 거쳐 선발된 일종의 직업 군인(군무 기간에 따라 품계와 녹봉을 받음))

㉡ 지방군 : 병농일치의 농민병, 육군(병마절도사 파견), 수군(수군절도사 파견) 부대 편성 → 지방의 중요한 읍에는 읍성을 축조

㉢ 잡색군 : 일종의 예비군, 평소 생업에 종사, 유사시 전쟁에 동원

③ 방어 체제

㉠ 진관 체제(세조) : 전국 군현을 지역 단위인 방위 체제로 편성

㉡ 제승방략 체제(중종) : 유사시에 필요한 방어처에 각 지역의 병력을 동원하여 중앙에서 파견되는 장수가 지휘하게 하는 방어 체제. 왜란 때 충주 전투에서 한계가 노출되어 휴전 기간 중에 진관 체제 복구

(4) 관리 등용 제도 : 과거·음서·천거

(과거: 갑오개혁 때 폐지)

(생원·진사시: 생원과에서는 경전에 대한 지식을 시험 보았으며, 진사과에서는 시나 부 등의 문학을 시험 보았다.)

구분		내용
과거 제도	문과	• 문관을 선발하던 시험, 예조에서 담당 • 문과에 응시하기 위해서는 소과(문과의 예비 시험인 생원·진사시)에 합격하여 생원이나 진사가 되어야 했으나, 후에는 큰 제한이 없었음, 양인 이상 응시 가능, 탐관오리와 재가한 여자의 자손·서얼은 응시 제한 • 예비 시험인 소과 합격자는 성균관에 입학하거나 문과에 응시할 수 있었으며, 하급 관리가 되기도 함
	무과	무관 선발 시험, 병조에서 담당, 문과와 같은 절차, 3년마다 실시
	잡과	3년마다 하급 기술관 선발(해당 관청이 담당), 역과(사역원)·율과(형조)·의과(전의감)·음양과(관상감) → 분야별도 정원이 정해져 있었음
기타 관리 채용 제도		천거(고관의 추천, 기존 관리 대상), 음서(고려 시대에 비해 2품 이상으로 축소, 고관 승진 제한), 취재(서리·하급 관리 선발 시험)

(5) 교통과 통신 제도 : 국방 강화와 중앙 집권적 행정 운영을 위해 필요

① 봉수 제도 : 봉화를 올려 국경 지역의 위급 사태 연락 목적

② 역원 제도 : 육로로 여행하는 사람들을 위한 교통·숙박 시설

㉠ 역 : 마패를 소지한 공무 여행자에게 역마 제공, 30리 간격으로 설치

㉡ 원 : 교통의 요지나 한적한 곳에 설치, 여행자들을 위한 숙박 시설

③ 파발제 : 임진왜란을 전후하여 역원제가 무너지자 공문서 전달을 위해 만든 통신 제도(말을 이용한 기발과 사람이 전달하는 보발로 구성)

(과거 제도: 과거는 3년마다 정기적으로 시행되었으며, 문과는 33명, 무과는 28명을 선발하여 관직에 등용하였다. 정기 시험인 식년시와 부정기 시험인 증광시, 알성시, 별시 등이 시행되었다.)

1 조선의 건국과 유교 정치

■ 명의 철령위 설치에 반발하여 요동 정벌이 추진되었다.

■ 이성계가 위화도에서 회군하여 최영을 제거하였다.

↳ 위화도 회군의 결과를 알아본다.

■ [정도전] 재상 중심의 정치를 강조한 조선경국전을 편찬하였다.

↳ 불씨잡변을 지어 불교를 비판하였다.

실전 자료 **조선경국전**

조선경국전은 정도전이 태조 이성계에게 지어 바친 법전으로, 경제육전과 경국대전의 모체가 되었다고 평가받는다. 이 책에서 재상 중심의 정치를 강조한 정도전은 도성의 축조 계획을 세우고, 새 궁궐의 이름을 경복궁이라고 짓는 등 국가의 기틀을 다지는 데 주도적인 역할을 하였다.

■ 왕위 계승을 둘러싸고 왕자의 난이 발생하였다.

↳ 왕자의 난으로 정도전 등이 피살되었다.

2 조선 전기 통치 체제의 확립

■ [태조] 국호를 조선으로 바꾸고 수도를 한양으로 옮겼다.

■ [태종] 문하부 낭사를 분리하여 사간원으로 독립시켰다.

■ [세종] 전제상정소를 설립하고 전분6등법을 제정하였다.

■ [세종] 학문 연구 기관으로 집현전을 설치하였다.

↳ 학문 연구 기관인 집현전이 설치되었다.

■ [세조] 이시애의 난을 진압하고 유향소를 폐지하였다.

■ [단종 복위 운동] 성삼문 등이 상왕의 복위를 꾀하다 처형되었다.

■ [성종] 경국대전을 완성하여 국가의 통치 규범을 마련하였다.

↳ 경국대전을 반포하여 국가 통치 규범을 마련하였다.

↳ 조선의 기본 법전인 경국대전을 반포하였다.

■ [의정부] 6조 직계제의 실시로 권한이 약화되었다.

■ [승정원] 왕의 비서 기관으로 왕명 출납을 담당하였다.

↳ 왕명 출납을 맡은 왕의 비서 기관이었다.

■ [사헌부, 사간원] 5품 이하 관리의 임명 과정에서 서경권을 행사하였다.

↳ 5품 이하의 관원에 대한 서경권을 가졌다.

실전 자료 **사헌부**

정치를 논하여 바르게 이끌고, 백관을 규찰하고, 풍속을 바로잡고, 원통하고 억울한 것을 풀어주고, 외람되고 거짓된 것을 금하는 등의 일을 관장한다. …… 집의 1명, 장령 2명, 지평 2명, 감찰 24명을 둔다.

■ [홍문관] 왕에게 경서와 사서를 강론하는 경연을 주관하였다.

실전 자료 **홍문관**

세종 때의 집현전을 계승하여 성종 때 설립되었다. 옥당, 옥서, 영각으로 불리기도 하였다. 관원으로는 대제학, 제학, 부제학 등이 있었으며 사헌부, 사간원과 함께 3사로 불렸다.

■ [의금부] 국왕 직속 사법 기구로 반역죄, 강상죄 등을 처결하였다.

■ [한성부] 수도의 치안과 행정을 담당하였다.

↳ 수도의 치안과 행정을 주관하였다.

↳ 수도의 행정과 치안을 맡아보았다.

■ [춘추관] 실록을 보관하고 관리하는 업무를 관장하였다.

■ [사역원] 외국어의 통역과 번역에 관한 업무를 관장하였다.

■ 각 도에 관찰사를 보내 관할 고을의 수령을 감독했어요.

↳ 관찰사를 파견하여 병마절도사, 수군절도사를 겸임하게 하였다.

↳ [관찰사] 감사, 도백으로도 불렸다.

■ [수령] (국왕의 대리인으로) 지방의 행정 · 사법 · 군사권을 행사하였다.

↳ 지방의 행정 · 사법 · 군사권을 행사하였다.

■ [향리] 단안(壇案)이라는 명부에 등재되었다.

↳ 호장, 기관, 장교, 통인 등으로 분류되었다.

■ 경재소를 설치하여 유향소를 통제했어요.

■ [유향소] 좌수와 별감(이상 향임직)을 중심으로 운영되었다.

↳ 좌수와 별감을 선발하여 운영하였다.

■ [잡색군] 유사시에 향토 방위를 담당하는 예비군이었다.

■ 진관 체제를 실시하여 국방을 강화하였다.

역성혁명을 명분으로 한 조선 왕조의 개창

1 이성계, 정치적 라이벌 조민수 제거

위화도 회군으로 이성계(1335~1408)와 조민수(?~ 1390)를 비롯한 '회군 9공신'이 탄생하였다. 그중 최대 라이벌은 우군도통사였던 이성계와 좌군도통사였던 조민수였다. 두 사람은 정권을 장악한 후 우왕을 폐위시키고 요동 정벌의 총사령관인 팔도도통사 최영(1316~1388)을 귀향 보내는 것까지는 뜻을 같이 하였다. 하지만 조민수가 목은 이색(1328~1396)과 함께 창왕을 추대하면서 조정의 주도권을 둘러싸고 이성계와 대립하기 시작하였다.

하지만 막강한 군사력과 정치적 기반을 갖고 있던 이성계는 이듬해인 1389년 사전(私田) 개혁을 빌미로 그에 반대하던 조민수를 탄핵(조준 등 친이성계 상소)하여 유배시켰다. 그리고 우왕 · 창왕의 혈통을 에워싼 논쟁에서 폐가입진*에 대항한다는 이유로 조민수를 서인(庶人)으로 강등시키고, 이듬해인 1990년 다시 유배를 보낸 후 처형하였다.

* 폐가입진이란 '가왕(假王)을 몰아내고 진왕(眞王)을 세운다'는 말로 우왕과 창왕이 (공민왕이 아니라) 신돈의 후손이므로 폐위시키고 진짜 혈통을 왕으로 세우자는 주장이다. 그 결과 창왕이 폐우되고, 공양왕(恭讓王)이 새로 왕으로 추대되었다.

2 과전법 실시(1391)

위화도 회군으로 권력을 장악한 이성계와 개혁파 사대부들은 국가 재정을 확충하고, 대토지를 소유하고 농민에 대한 무질서한 수탈을 자행하던 권문세족들의 기반을 약화시키는 동시에 신진 관료들의 경제적 기반을 확충하기 위해 토지 제도를 개혁하였다. 그래서 1388년에 남부의 6도에서 양전 사업을 벌이고, 이를 기반으로 1390년에는 공 · 사의 전적(田籍)을 소각하였으며, 1391년 음력 5월에 이르러 과전법을 실시하였다.

하지만 과전법도 토지 소유의 불균형 자체를 개혁한 것이 아니라 수조권 분급 제도를 정비한 것이었다. 전시과와 마찬가지로 전국의 토지를 국가 수조지로 파악하고 국가기구와 직역자 등에게 수조권을 분급한 것이다(사전의 지급을 경기도로 한정). 따라서 농민의 부담이 줄어들기도 했지만, 사전(私田)의 폐단을 근본적으로 해결할 수는 없었다. 그럼에도 불구하고 이성계는 과전법을 통해 광범위한 민(民)의 지지와 신진 관료들의 지지를 확보하여 새로운 왕조 개창을 위한 지배 세력을 구축할 수 있었다.

3 온건 개혁파의 핵심, 정몽주 제거

포은 정몽주(1337~1392)는 위화도 회군까지만 하더라도 이성계를 지지하였다. 나아가 1389년 창왕을 폐위하고 공양왕을 왕위에 세우는 것에도 정견을 같이 하였다. 하지만 이성계와 급진 개혁파가 새로운 왕조를 여는 길, 즉 역성혁명의 길로 나아가려 하자 돌아서기 시작하였다. 이후 정몽주는 공양왕 · 이색 · 우현보 등과 힘을 합쳐 이성계 일파를 거세게 공격하였다.

그러던 중 공양왕 4년인 1392년 3월 이성계가 중국 남경에서 돌아오는 세자를 맞이하러 황해도로 갔다가 말에서 낙상하여 부상을 입는 사건이 일어나자 정몽주는 이를 하늘이 돕는 기회로 여겨 간관(諫官)들을 동원, 조준 · 정도전 등의 이성계 일파를 제거하려 하였다. 이런 상황에서 이성계의 아들 이방원[태종]이 이성계를 개경으로 급히 귀경시키고, 이성계의 몸 상태를 확인하러 방문한 정몽주를 선죽교(개경)에서 격살하였다(이방원의 '하여가'와 정몽주의 '단심가'). 이로써 정몽주를 중심으로 움직이던 고려 왕조 수호 세력의 기세가 꺾이고 4개월 뒤 이성계는 공양왕에게 선위를 받는 형식으로 왕위에 올랐다.

1 (가) 인물에 대한 설명으로 옳은 것은? [1점]

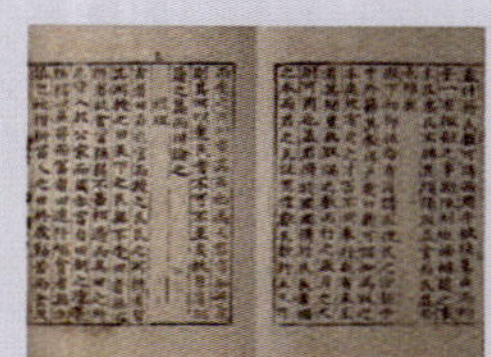

이 책은 (가) 이/가 태조 이성계에게 지어 바친 법전으로, 경제육전과 경국대전의 모체가 되었다고 평가받는다. 이 책에서 재상 중심의 정치를 강조한 (가) 은/는 도성의 축조 계획을 세우고, 새 궁궐의 이름을 경복궁이라고 짓는 등 국가의 기틀을 다지는 데 주도적인 역할을 하였다.

① 불씨잡변을 지어 불교를 비판하였다.
② 계유정난을 통해 정권을 장악하였다.
③ 일본에 다녀와서 해동제국기를 편찬하였다.
④ 기축봉사를 올려 명에 대한 의리를 내세웠다.
⑤ 성학십도에서 군주의 도를 도식으로 설명하였다.

| 해설 | 삼봉 정도전의 정치 사상

(가) 인물은 삼봉 정도전으로 조선 초창기의 문물 제도를 갖추는 데 크게 공헌한 사람이다. 그는 민본적 통치 규범을 마련하고, 『불씨잡변』을 통해 불교를 비판하였으며, 성리학을 통치 이념으로 확립시켰다. 또 『조선경국전』을 통해 군주는 상징적으로 군림하고, 실제 정치는 재상에게 맡기는 것이 이상적이라는 재상 중심의 정치를 강조하였다. 그리고, 『고려국사』를 편찬하여 고려 시대의 역사를 정리하고 조선 건국의 정당성을 밝히려 하였다.

정도전은 관학파에 속하는데, 이들은 성리학에만 국한하지 않고 한 · 당 유학, 불교, 도교, 풍수지리 사상, 민간 신앙 등을 포용하여 시대적 과제를 해결하려고 하였다. 조선 태조 때 정도전은 요동 정벌을 준비하였으나 왕자의 난으로 실패하였다.

| 오답 넘기 |

② 수양 대군(세조)이 일으킨 정변이 계유정난이다(1453).
③ 『해동제국기』는 성종 때 신숙주가 일본의 정치 · 외교 · 사회 · 풍속 · 지리 등을 종합적으로 정리하여 기록한 책이다(1471).
④ 효종 때 송시열은 기축봉사에서 북벌을 주장하였고, 송준길, 이완 등이 어영청을 중심으로 북벌을 준비하였지만 효종의 죽음으로 실패하였다.
⑤ 이황은 『성학십도』를 저술하여 군주 스스로 성학을 따를 것을 제시하였다(1568).

정답 ①

2 다음 왕에 대한 설명으로 옳은 것은? [2점]

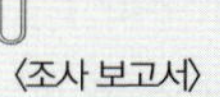

〈조사 보고서〉

국왕 중심의 통치 체제를 정비한 ○○

1. 즉위 과정 : 왕자의 난을 통해 개국 공신인 정도전 등을 몰아내고 왕위에 오름
2. 정책
   - 사원의 토지와 노비를 몰수함
   - 신문고를 설치하고 호패법을 시행함

① 어영청을 중심으로 북벌을 추진하였다.
② 경국대전을 완성하여 법령을 정비하였다.
③ 청과의 국경을 정하는 백두산정계비를 세웠다.
④ 초계문신을 선발하여 학문 연구에 힘쓰도록 하였다.
⑤ 의정부의 권한을 약화시키고 6조 직계제를 실시하였다.

| 해설 | 조선 태종의 업적

제시된 자료는 훗날 조선 태종에 오른 이방원에 대한 내용이다. 태종은 두 차례에 걸친 왕자의 난(1398 · 1400)을 통하여 개국 공신 세력을 몰아내고 왕위에 올랐다. 태종은 의정부의 권한을 약화시키고 6조 직계제를 채택하였으며, 언론 기관인 사간원을 독립시켜 대신들을 견제하였다. 또 양전 사업과 호구 파악에 노력을 기울였으며, 호패법을 실시하였고, 사원의 토지를 몰수하고, 억울한 노비를 조사하여 해방시켰다. 아울러 사병을 없애 왕이 군사 지휘권을 장악하면서 친위 군사를 늘렸다. 또 태종 때에는 신문고를 설치하고 구리로 계미자를 주조하였다.

| 오답 넘기 |

① 어영청은 후금(청)의 침략에 대비하여 만든 중앙군으로 효종의 북벌 운동과 관련이 있다(1623).
② 『경국대전』은 세조 때 편찬을 시작하고 성종 때 완성되어 반포된 조선의 기본 법전이다(1485).
③ 숙종 때 조선은 청과의 국경 분쟁 문제를 해결하기 위하여 백두산에 정계비를 설치하였다(1712).
④ 정조는 초계문신제를 통해 신하들을 재교육하려 하였다(1781).

정답 ⑤

3 밑줄 그은 '이 왕'의 재위 기간에 있었던 사실로 옳은 것은? [1점]

이 서사시는 조선의 건국 시조들을 찬양하고 왕조의 창업을 합리화한 것으로, 이 왕이 정인지, 권제 등에게 명하여 훈민정음으로 편찬하도록 하였습니다.
제1장
해동의 여섯 용이 나시어서
그 행동하신 일마다 모두 하늘이 내리신 복이시니
그러므로 옛날의 성인의 하신 일들과 부절을 합친
것처럼 꼭 맞으시니.
제2장
뿌리가 깊은 나무는 아무리 센 바람에도 움직이지
아니하므로, 꽃이 좋고 열매도 많으니
……

① 훈련 교범인 무예도보통지가 편찬되었다.
② 전통 한의학을 정리한 동의보감이 간행되었다.
③ 최초로 100리 척을 사용한 동국지도가 제작되었다.
④ 우리 풍토에 맞는 농법을 소개한 농사직설이 간행되었다.
⑤ 각 도의 지리, 풍속 등이 수록된 동국여지승람이 편찬되었다.

| 해설 | 조선 세종의 정책

밑줄의 '이 왕'은 세종으로 조선 조정은 훈민정음(한글)을 보급시키기 위하여 왕실 조상의 덕을 찬양하는 용비어천가, 부처님의 덕을 기리는 월인천강지곡 등을 지어 한글로 간행하였다.

④ 조선 세종 때 정초, 변효문 등에게 명하여 우리나라 풍토에 맞는 씨앗의 저장법, 토질의 개량법, 모내기법 등 농민의 실제 경험을 종합한 책이 『농사직설』이다(1429).

| 오답 넘기 |

① 정조 때 편찬된 도서로 무술 내용이 기록된 책이 『무예도보통지』이다(1790).
② 광해군 때 허준은 전통 한의학을 정리한 『동의보감』을 저술하여 의학 발전에 큰 공헌을 하였다(1610).
③ 조선 영조 때 정상기는 동국지도에서 100리 척을 처음 사용하였다(1740년대).
⑤ 각 도의 지리적 특성, 연혁, 풍속들을 정리한 관찬 지리서인 『동국여지승람』을 편찬한 것은 성종 때이다(1486).

정답 ④

4 (가) 인물에 대한 설명으로 옳은 것은? [2점]

> 세종 이래 정치와 교화가 나날이 새로워지고 예악(禮樂)이 제정되어 태평스런 시대를 빛나게 되자, 글 잘하고 절의를 지닌 선비들이 조정으로 모여들었다. …… 그때에 여러 왕자들이 다투어 빈객들을 갖아들였는데, 문인(文人)과 재사(才士)들이 모두 안평 대군에게 의탁하여 (가) 에게는 이들보다 나은 인재들이 없었다. 한명회가 (가) 을/를 찾아가 신임을 얻게 되자 은밀하게 계책을 올리기를, "세도(世道)에 변고가 있을 때에는 문인들이 쓸모가 없으니 모름지기 두사과 결탁하소서."라고 하였다.
>
> – 『연려실기술』 단종조 고사본말 –

① 계유정난을 통해 정권을 장악하였다.
② 불씨잡변을 지어 불교를 비판하였다.
③ 금위영을 설치하여 5군영 체제를 완성하였다.
④ 두 차례 왕자의 난을 통해 반대파를 제거하였다.
⑤ 삼군부를 부활시켜 군국 기무를 전담하게 하였다.

| 해설 | 조선 세조 시기의 정치

세종 이후 문종이 일찍 세상을 떠나고 나이 어린 단종이 즉위하면서 정치의 실권은 김종서, 황보인 등 재상에게 넘어갔다. 이에 수양 대군은 계유정난을 일으켜 김종서 등을 몰아내고(1453) 왕위를 차지하였다(1455). 한명회는 조선 전기 계유정난의 설계자로서, 성공에 결정적인 기여를 한 인물이다. 유교 정치의 법도에 어긋나는 세조의 왕위 찬탈은 많은 신하들의 반발을 받았다. 세조는 강력한 왕권을 행사하기 위해 통치 체제를 6조 직계제로 고치고 의정부의 권한을 축소하였다. 그리고 언관들의 활동을 견제하기 위해 집현전을 없애고 경연도 열지 않았으며, 그동안 정치 참여가 제한되었던 종친들을 등용하기도 하였다. 한편, 세조는 역대의 법전과 각종 명령 등을 종합하여 『경국대전』을 편찬하기 시작하였다.

| 오답 넘기 |

② 정도전은 민본적 통치 규범을 마련하고, 『불씨잡변』을 통해 불교를 비판하였다(1398).
③ 숙종 8년(1682)에는 도성 수비를 목적으로 정병(기병)과 훈련도감의 일부를 주축으로 금위영을 설치하였다(1682).
④ 태종은 두 차례에 걸친 왕자의 난을 통하여 개국 공신 세력을 몰아내고 왕위에 올랐다(1398 · 1400).
⑤ 흥선 대원군은 집권 초 비변사의 기능을 줄이고 의정부와 삼군부의 기능을 부활시켜 통치 체제를 재정비하였다.

정답 ①

5 (가) 왕이 실시한 정책으로 옳은 것은? [2점]

이 책은 (가) 때 신숙주, 정척 등이 국가와 왕실의 각종 행사를 유교의 예법에 맞게 정리하여 완성한 국조오례의입니다. 국가의 기본 예식인 오례, 즉 제사 의식인 길례, 관례와 혼례 등의 가례, 사신 접대 의례인 빈례, 군사 의식에 해당하는 군례, 상례 의식인 흉례에 대한 규정을 정리해 놓았습니다.

① 경기도에 한하여 대동법을 실시하였다.
② 학문 연구 기관으로 집현전을 설치하였다.
③ 조선의 기본 법전인 경국대전을 반포하였다.
④ 문하부 낭사를 분리하여 사간원으로 독립시켰다.
⑤ 현량과를 실시하여 신진 사림을 등용하고자 하였다.

| 해설 | **조선 성종의 업적**

『국조오례의』는 성종 때 간행된 의례서로 국가의 여러 행사에 필요한 의례를 정비한 책이다(1474). 오례는 제사 의식인 길례, 관례와 혼례 등의 가례, 사신 접대 의례인 빈례, 군사 의식에 해당하는 군례, 상례 의식인 흉례를 가리킨다.

③ 『경국대전』은 세조 때부터 성종에 걸쳐 완성된 조선의 기본 법전으로 통치 기구의 구성과 기능, 관리의 등용과 행정법에 대한 내용으로 구성되어 있다(1485).

| 오답 넘기 |

① 대동법은 광해군 때 경기도에 처음 시행된 이후 단계적으로 시행 지역이 확대되다가 숙종 때에 이르러 전국적으로 시행되었다(1608~1708).
② 집현전은 세종 때 설치된 학문과 정책의 연구 기관이다(1420).
④ 태종은 사간원을 독립시켜 대신들을 견제하였으며, 사병 제도를 없애고 자신의 군사권을 강화시켰다.
⑤ 중종 때 등용된 정암 조광조는 현량과를 실시하여 지방의 유능한 인물을 과거 시험 없이 관리를 등용시켰다(1519).

정답 ③

6 다음 자료에 해당하는 정치 기구에 대한 설명으로 옳은 것은? [2점]

> 정치를 논하여 바르게 이끌고, 백관을 규찰하고, 풍속을 바로잡고, 원통하고 억울한 것을 풀어주고, 외람되고 거짓된 것을 금하는 등의 일을 관장한다. …… 집의 1명, 장령 2명, 지평 2명, 감찰 24명을 둔다.

① 수도의 치안과 행정을 주관하였다.
② 고려의 삼사와 같은 역할을 하였다.
③ 조광조를 비롯한 사림의 건의로 혁파하였다.
④ 임진왜란을 거치면서 국정 최고 기구로 성장하였다.
⑤ 5품 이하 관리의 임명 과정에서 서경권을 행사하였다.

| 해설 | **조선의 중앙 통치 제도**

제시된 자료에서 '백관을 규찰', '풍속을 바로잡고' 등의 내용으로 보아 해당 정치 기구는 사헌부이다. 사헌부는 풍속을 교정하고 관리들의 비리를 감찰하는 기관으로 고려 시대의 어사대와 같은 기능을 갖고 있었다. 대사헌은 조선 시대 사헌부의 장관으로 대헌(大憲)이라고도 한다. 사헌부는 사간원과 더불어 양사, 대간을 형성하여 5품 이하 관리 임명 동의권과 법률 제정을 거부하는 서경권을 행사하였다.

| 오답 넘기 |

① 한성부는 한양의 행정과 치안을 담당하였다.
② 고려 시대 삼사는 화폐와 곡식 출납에 대한 회계를 담당하였지만 조선 시대의 삼사는 언론 기관이다.
③ 정암 조광조를 비롯한 사림의 건의로 혁파된 기구는 도교 의식을 주관하던 소격서이다.
④ 비변사는 임진왜란을 거치면서 국가의 국정 최고 회의 기구로 성장하였다.

정답 ⑤

7 (가), (나)에 대한 설명으로 옳은 것은? [2점]

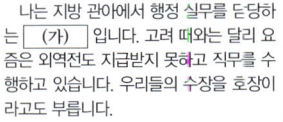

나는 8도의 부 · 목 · 군 · 현에 파견되는 (가) 입니다. 경국대전에 의하면 임기는 1,800일이고, 원칙적으로 상피제의 적용을 받고 있습니다.

나는 지방 관아에서 행정 실무를 담당하는 (나) 입니다. 고려 때와는 달리 요즘은 외역전도 지급받지 못하고 직무를 수행하고 있습니다. 우리들의 수장을 호장이라고도 부릅니다.

① (가) – 단안(壇案)이라는 명부에 등재되었다.
② (가) – 지방의 행정 · 사법 · 군사권을 행사하였다.
③ (나) – 감사, 도백으로도 불렸다.
④ (나) – 장례원(掌隷院)을 통해 국가의 관리를 받았다.
⑤ (가), (나) – 잡과를 통해 선발되었다.

| 해설 | **조선의 지방 통치 제도**

(가)에 들어갈 지방관 수령은 임금의 분신으로서 향촌의 행정, 사법, 군사권을 가지고, 농업 발전 · 교육 진흥 · 공평한 부세 수취 · 치안 확보 · 공정한 재판 · 인구 증식 · 군대 정비 등의 임무를 수행하였다. 수령의 지방 통치는 지방민의 생활을 안정시켰으며, 수령은 상피제의 적용에 따라 자기 출신지에는 부임하지 못하였으며, 관찰사에 의하여 근무 평가를 받았다. 수령의 임기는 원칙적으로 1,800일이었다. 조선 시대에는 (나) 향리를 수령의 행정 실무를 담당하는 세습적인 아전으로 격하시키는 등 고려에 비해 중앙 집권 체제를 강화하였다.

| 오답 넘기 |

① 단안(壇案)은 지방 각 관에 비치된 전임 향리의 이름 · 생년월일 · 본적 · 업무 등을 기록한 책이다.
③ 감사, 도백으로도 불린 관찰사는 감영에 머물며 관할 도 아래의 모든 군현의 수령에 대한 고과를 평하였다.
④ 장례원은 노비와 관련된 소송을 전담하는 곳으로 노비에 대한 설명이다.
⑤ 조선 시대 수령은 문과를 통해 선발하였으며, 향리는 직역을 세습하고 같은 신분 안에서 혼인하였다.

정답 ②

8 (가)에 대한 설명으로 옳은 것은? [2점]

- 사헌부 대사헌 허응 등이 시무 7조를 올렸다. "… 주 · 부 · 군 · 현에 각각 수령이 있는데, 향원(鄕愿) 가운데 일 삼기를 좋아하는 무리들이 (가) 을/를 설치하고, 아무 때나 무리지어 모여서 수령을 헐뜯고 사람을 올리고 내치고, 백성들을 핍박하는 것이 교활한 향리보다 심합니다. 원하건대, 모두 혁거(革去)하여 오랜 폐단을 없애소서."
  – 『태종실록』 –
- 헌납 김대가 아뢰기를, "백성을 괴롭힘은 향리보다 더한 자가 없는데, 수령도 반드시 다 어질 수는 없습니다. 그래서 백성이 편안하게 살 수 없는데, 비록 경재소가 있더라고 귀와 눈이 미치지 못하는 곳은 규명해 낼 수가 없습니다. …… (가) 의 법은 매우 훌륭했습니다. 다만 중간에 폐지하여 이러한 큰 폐단이 생겼으니, 다시 세우는 것이 어떻겠습니까?"라고 하였다.
  – 『성종실록』 –

① 좌수와 별감을 선발하여 운영되었다.
② 대성전을 세워 선현에 제사를 지냈다.
③ 옥당이라고 불리며 경연을 담당하였다.
④ 농민들로 구성된 공동 노동의 작업 공동체였다.
⑤ 매향(埋香) 활동 등 각종 불교 행사를 주관하였다.

| 해설 | **조선의 지방 통치 제도**

(가)에 들어갈 기구는 유향소이다. 유향소는 향촌 자치를 위하여 설치되었으며, 수령을 보좌하고 향리를 규찰하며 향촌 사회의 풍속을 바로잡는 역할을 담당하였다.

① 지방 양반들로 구성된 유향소의 좌수와 별감 등은 중인 신분인 향리(아전)를 규찰하였다.

| 오답 넘기 |

② 조선 시대 공공 교육 기관인 성균관과 향교에는 공자의 위패를 모시고 제사를 지내는 대성전과 유생들이 모여서 공부하는 명륜당이 설치되었다.
③ 조선 시대 홍문관은 국왕의 자문에 응하는 일을 본다고 하여 일명 옥당(玉堂)이라고도 하였다.
④ 두레는 삼한 시대부터 이어진 농민들의 작업 공동체이다.
⑤ 매향은 미륵을 만나 구원받고자 향나무를 바닷가에 묻는 활동으로, 고려 시대의 향도에 대한 내용이다.

정답 ①

15 조선 전기의 정치 변화와 양 난

공부한 날 월 일

일차

❶ 훈구파와 사림파

(1) 훈구파

① 훈구 세력의 형성 : 고려 말 정도전, 권근 등과 더불어 역성 역명을 주장하며 고려 왕실을 멸망시키고 태조 이성계의 조선 건국에 참여한 건국 공신과 수양대군의 계유정난과 즉위에 공을 세운 공신, 중종반정에 공을 세운 공신 세력이 융합되어 훈구 세력으로 성장

② 특징 : 대지주층, 성리학 이외의 사상에도 관대, 관학파 계승, 중앙 집권을 강화하고자 부국강병 추구

(2) 사림 세력의 대두

① 사림의 형성

㉠ 연원 : 조선 건국에 반대하였던 정몽주, 길재 등 고려 말 온건 개혁파의 학풍을 계승

㉡ 특징 : 중소 지주층, 성리학 중심, 사학을 통해 성장, 향촌 자치와 왕도 정치 추구

㉢ 중앙 진출 : 15세기 말 성종이 훈구 세력을 견제하기 위해 김종직과 그의 제자들 등용

② 훈구 세력과 대립 : 삼사에 배치되어 훈구 세력의 비리와 문제점 비판, 공론 정치 유도, 유향소를 자치 기구로 운영할 것, 사창제를 도입하여 빈민을 구제할 것, 향사례 · 향음주례 등을 실시하여 계급 질서를 안정시키는 도덕 규범을 세울 것을 주요 정책 과제로 제시

Click ! ● 훈구 세력과 사림 세력의 비교

구분	훈구파(관학파)	사림파(사학파)
기원	혁명파 신진 사대부 (정도전, 조준, 권근)	온건파 신진 사대부 (정몽주, 이색, 길재)
정치	역성 혁명 찬성(적극적 개혁)	역성 혁명 반대(소극적 개혁)
집권기	15세기	16세기
출신	성균관, 집현전을 통해 성장	사학을 통해 성장
성향	사장(詞章) 중시	경학(經學) 중시
사상 정책	성리학 이외 불교, 도교도 수용	성리학 이외 다른 사상 배격
성격	자주적	존화주의적
계승 의식	단군 중시	기자 중시
정치 모형	중앙 집권	향촌 자치
지향	부국강병 중시	의리와 명분 중시
정치 이상	왕도 정치를 바탕으로 패도 인정	패도를 거부하고 왕도 정치 지향
성과	기술학 중시를 통해 조선 초기 문물 제도 정비에 기여	이기론과 심성론을 통한 16세기 성리학 발전에 기여

경학: 성인이 지은 책을 연구하는 철학 중심의 학문

중종반정(1506)
연산군은 폭압적인 정치를 하다 결국 쫓겨나고 반정을 통해 종중이 즉위하였다.

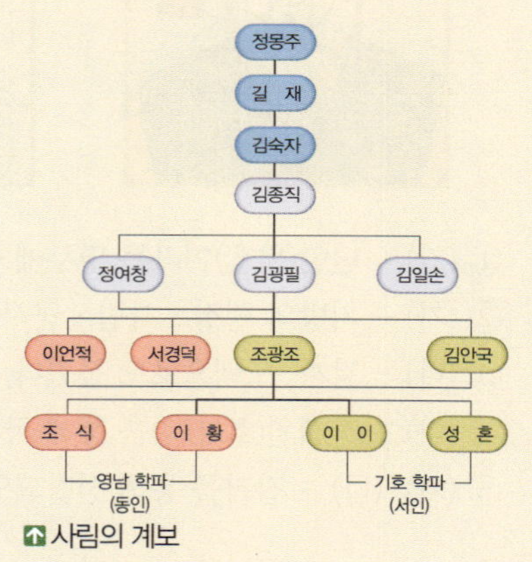

사림의 계보

향사례
지방 수령이 어질고 재능 있는 사람을 초청하여 술과 음식을 베풀던 연회를 말한다.

향음주례
향촌에 있는 선비, 유생들이 노인을 봉양하고 학덕 높은 이를 존경하는 뜻으로 연회를 베풀며 행하는 의례를 말한다.

조의제문(弔義帝文)
김종직의 제자인 김일손이 사관으로 있으면서 김종직의 '조의제문'을 사초에 올렸는데, 이 '조의제문'은 김종직이 단종을, 항우에게 죽임을 당한 의제에 비기어 그 죽음을 슬퍼하고 세조의 찬탈을 비난한 내용의 글이다. 연산군 초 「성종실록」의 편찬을 위해 실록청을 구성하고 사국(史局)을 열었을 때 이 사초가 발견되었다.

삭훈 문제(위훈 삭제)
중종반정 때 공신 중 실제 공이 없는데도 공신으로 책봉된 76명의 공을 깎은 사실

(3) 사화의 발생

① 원인 : 성종 사후 사림 세력에 대한 훈구 세력의 반격

② 전개 과정 : 무오사화 → 갑자사화 → 기묘사화 → 을사사화

무오사화 (1498)	김종직이 쓴 세조를 비방한 '조의제문'을 구실 삼음, 유자광 등의 훈구파가 김일손 등 사림파 제거
갑자사화 (1504)	사림 세력뿐만 아니라 한명회 등 훈구 세력까지 화를 입었다. 연산군의 어머니 윤씨(尹氏)의 복위 문제를 둘러싸고 사림 세력 제거
기묘사화 (1519)	• 조광조 등의 급진적인 개혁에 왕과 훈구 세력 반발 • 조광조의 혁신 정치 : 현량과(사림과 성균관의 유생들을 정치에 참여시키기 위한 추천제), 위훈 삭제(공신들의 토지, 노비의 삭감), 소격서(도교 행사 기관) 폐지, 균전론 주장, 공납제의 폐단을 시정, 향약 실시, 소학 교육 및 주자가례 장려, 경연 강화
을사사화 (1545)	명종이 즉위하는 과정에서 왕실 외척 간의 권력 다툼에 휩쓸린 사림 세력 제거 초야에 묻혀 있는 학자나 성균관에서 재질이 뛰어나나 과거에 떨어진 자를 구제한다는 명목에서 실시되었는데 사림의 확대에 이용되었다.

③ 결과 : 사림이 큰 피해를 입음 → 지방으로 낙향 → 서원과 향약을 바탕으로 향촌에서 꾸준히 성장 → 16세기에 사림이 정국 주도

Click!

● 사림의 계보와 등장

고려 말	신진 사대부 — 조선 건국 반대: 온건파 사대부	신진 사대부 — 찬성: 급진파 사대부
조선 초기	사림파	훈구파 (정권 장악)
성종	정계 진출 ↔ 대립 (무오사화, 갑자사화, 기묘사화, 을사사화)	
선조	정권 장악	세력 약화
붕당 형성	동인, 서인 (이조 전랑의 임명 문제와 공론 문제로 분열)	

● 무오사화
유자광이 하루는 소매 속에서 한 권의 책자를 내놓았는데, 바로 김종직의 문집이었다. 그 중에서 조의제문(弔義帝文)과 술주시(述酒詩)의 내용을 지적하면서 여러 추관들에게 "이는 다 세조를 지목한 것이다. 김일손의 악은 모두가 김종직이 가르쳐서 이루어진 것이다."라고 하였다.
— 『연산군일기』 —

● 기묘사화
지난번 조광조가 아뢴바 천거로 인재를 뽑는 일은 여럿이 의논한 일입니다. 각별히 천거하는 것은 한의 현량과와 효렴과를 따르는 것이 가합니다. …… 혹 뒤에 폐단이 있을까 염려되고, 혹 공정하지 못할까 염려되기는 하나, 대체로 좋은 일이니 비록 한두 사람이 천거에 빠진다 하더라도 주저할 것 없이 시행해야 합니다. …… 어찌 한두 사람에게 잘못이 있을 것을 염려하여 좋은 일을 폐지하겠습니까? — 『중종실록』 —

❷ 붕당 정치의 성립

(1) 붕당 형성의 배경

① 사림의 정치 주도권 장악 : 16세기 후반 선조 때

② 양반의 증가와 관직과 경제적 특권의 한정 : 정치에 참여하려는 양반이 더욱 증가하였으나 관직의 제한으로 양반 상호 간의 대립과 반목이 높아져 감

③ 양반 신분의 모순 : 양반들은 생업에는 종사하지 않고 지주로서 평생을 관직 획득을 위한 학업에만 정진

이조 전랑
조선 시대 이조의 정랑과 좌랑을 일컫는 것으로, 5품의 낮은 관직이었지만, 삼사의 관리에 대한 인사권을 장악하였으며 스스로 자기 후임자를 추천할 수 있었다.

(2) 붕당 정치의 전개

① 붕당의 출현 : 선조 즉위 이후 정국을 주도한 사림들이 명종 때 척신 정치의 잔재 청산과 이조 전랑을 둘러싸고 동인과 서인으로 분열(1575)

구분	출신	척신 정치 청산	성향	대표자
동인	신진 사림 (김효원 등)	개혁에 적극적	자기 수양 중심, 지배자의 도덕적 절제 강조	이황, 조식, 서경덕
서인	기성 사림 (심의겸 등)	개혁에 소극적	백성 통치 중심, 제도 개혁을 통한 부국안민	이이, 성혼

② **붕당의 성격** : 정파적 성격과 학파적 성격 가짐, 상호 견제와 비판

Click ! ● **붕당의 성립**

김효원이 알성 과거에 장원으로 합격하여 (이조) 전랑의 물망에 올랐으나, 그가 윤원형의 문객이었다 하여 심의겸이 반대하였다. 그 후에 (심의겸의 동생) 심충겸이 장원 급제하여 전랑으로 천거되었으나, 외척이라 하여 효원이 반대하였다. 이때, 양편 친지들이 각기 다른 주장을 내세우면서 서로 배척하여 동인, 서인의 말이 여기서 비롯하였다. 효원의 집이 동쪽 건천동에 있고 의겸의 집이 서쪽 정동에 있기 때문이었다. – 『연려실기술』 –

③ 조선 초기의 대외 관계

(1) 명과의 관계 : 사대 관계

① **초기** : 정도전의 요동 수복 계획 추진 문제 등으로 대립, 명에서는 조선 국왕의 승인을 지연시키기도 함

② **태종 이후** : 친선 관계 유지(경제적 · 문화적 실리 추구), 조공 바침(사대 외교) → 왕권 안정과 국제적 지위 확보를 위한 자주적 실리 외교

③ **16세기 이후** : 지나친 친명 정책(존화주의)의 경향 대두

조선 초기의 대외 관계

사대교린(事大交隣) 정책
조공 관계로 맺어진 중국 중심의 동아시아 국제 질서 속에서 나타난 외교 정책이다. 그러나 이것은 서로의 독립성 인정이라는 전제 아래 이루어진 것으로 예속 관계는 아니었다.

(2) 여진, 일본과의 관계 : 교린 관계

구분	강경책	회유책
여진	• 4군과 6진 설치(최윤덕, 김종서) • 사민 정책(삼남 지방의 일부 주민을 북방으로 이주) 실시	• 여진족 귀순 장려, 토관 제도 실시 • 무역 허용[사절 왕래, 국경에 무역소 설치, 조공 무역(북평관)]
일본	화약 무기 개발로 왜구 격퇴, 쓰시마 섬 토벌(이종무, 1419)	부산포 · 제포(진해) · 염포(울산) 등 3포 개항, 계해약조(제한적 무역 관계)

1433 · 1434 (4군과 6진)

세종 8년(1426)에 3포를 개방하여 왜관에서만 무역을 허용하였고, 세종 25년(1443)에 일본에 사신으로 파견되었던 변효문이 귀국길에 대마도 도주 소사다모리와 계해약조를 체결해 세견선 50척, 세사미두 200석 등으로 무역 규모를 제한하였다.

(3) 동남아시아와의 관계 : 류큐, 시암, 자와(자바) 등과 교역

④ 일본의 침략과 극복

(1) 임진왜란의 발발(1592.4)

① **조선과의 마찰** : 16세기 정부의 무역 통제 강화 → 3포 왜란(1510, 중종), 을묘왜변(1555, 명종) → 비변사 설치, 일본에 사신 파견(정세 시찰)

② **왜군의 침입** : 전국 시대 혼란을 수습한 일본이 조총으로 무장한 20만 대군으로 침략, 명을 정벌하러 가는 길을 빌려달라는 구실(정명가도)

③ **왜군의 북상** : 부산진과 동래성 함락 → 충주 방어선 붕괴(신립의 충주 전투 패배) → 한양 점령 → 선조 피란(의주) → 평양과 함경도까지 북상

왜란에 대한 서적
- **징비록** : 유성룡이 지은 책으로 임진왜란 당시 일본과의 관계와 이순신의 활약 등 전쟁 상황을 기록한 책이다.
- **난중일기** : 왜란 중에 이순신이 쓴 7년간의 일기로, 개인사뿐만 아니라 전쟁 상황까지 상세하게 적어 왜란 연구에 귀중한 자료로 평가받고 있다.

임진왜란 당시 관군과 의병의 활동

이순신의 활약

옥포(첫 승리) → 사천(거북선 처음 사용) → 당포, 당항포 → 한산도 대첩(의의 : 전라도 곡창 지대 수호, 남해의 해상권 장악)

학익진 전법

도조 이삼평 비

일본에 끌려간 조선의 도공으로 일본의 아리타에서 백자의 원료가 되는 흙을 발견하여 도자기를 만들었다.

(2) 전란의 극복과 전개 과정

① 조선의 방어

수군의 활약	• 이순신의 활약 : 옥포, 사천, 당포, 한산도(최대의 승리, 학익진법), 부산 등지에서 승리 • 서남 해안의 제해권 장악 : 전라도와 충청도의 곡창 지대 보존, 왜군의 물자 보급선 차단
의병의 활약	• 구성 : 전직 관리와 양반 계층이 주도, 일반 백성과 승려 등이 자발적으로 참여 • 활약 : 향토 지리를 이용한 전술과 전략 개발로 적에게 큰 피해를 입힘 • 대표적 의병장 : 곽재우(의령, 최초로 기병), 조헌(금산), 고경명(담양), 정문부(길주, 업적을 기려 북관대첩비 건립), 휴정(서산대사, 묘향산), 유정(사명대사, 금강산)
명의 원군	대륙으로 진출하려는 일본을 조선에서 막으려 함 → 조 - 명 연합군 평양 탈환(평양성 전투, 1593.1)

② 휴전 협상 : 행주 대첩(권율, 신기전 활용), 진주 대첩(김시민) 등 조선의 거센 반격에 일본이 휴전 제의 → 3년간의 휴전 협상 결렬

1593.2

③ 정유재란(1597.1) : 일본의 재침(정유재란) → 조 · 명 연합군의 왜군 격퇴, 이순신의 명량 해전 승리 → 도요토미 히데요시의 사망 → 왜군의 철수 → 노량 해전에서 왜군 격멸(이순신 전사) → 전쟁 종결(1598.12)

1598.11

1592년 10월 5일 왜군 약 2만 명이 진주성을 공격하였다. 진주목사 김시민이 지휘한 3,800명의 조선군은 6일간 왜군과 치열한 공방전을 벌였으며, 왜군은 막대한 피해를 입고 패주하였다.

임진왜란 해전도

이순신이 사용한 판옥선

판옥선은 갑판 위에 2층의 판옥을 올린 것으로, 노 젓는 공간과 전투 공간이 분리되어 있었기 때문에 넓은 전투 공간을 확보할 수 있었다. 또한 판옥선의 뛰어난 좌우 선회력은 섬과 암초가 많은 조선의 연안에 적합하였다.

(3) 왜란의 결과

① 조선

㉠ 정치 · 군사 : 비변사의 기능 강화(최고 권력 기구화), 훈련도감과 속오군의 창설

㉡ 경제 : 토지 황폐화(토지의 2/3가 황무지가 됨), 백성 생활 궁핍, 국가 재정 악화(토지 대장과 호적 상실)

㉢ 사회 : 노비 문서 소실, 양반의 위신 추락, 납속책 실시, 공명첩 발행 등으로 신분제의 동요, 이몽학의 난 등

㉣ 문화 : 경복궁 · 불국사 · 사고(史庫) 등 문화재 소실, 활자 · 서적 · 도자기 등을 약탈당함

전주 사고를 제외한 나머지 사고들이 불타 실록 등이 소실되었다.

② 일본 : 정권 교체(도쿠가와 이에야스의 에도 막부 수립), 성리학과 도자기 등 조선의 선진 문물 전래 → 문화 발전

③ 중국 : 명의 쇠퇴, 만주에서 여진족의 성장(후금 건국)

5 광해군의 중립 외교와 인조반정

(1) 광해군의 전후 복구 사업

① 국가 재정 확보 : 북인 정권은 토지 대장과 호적을 새로 작성, 대동법 실시(공납 개혁)

② 국방 강화 : 성곽과 무기 수리, 군사 훈련 실시

③ 의학 정리 : 허준에게 「동의보감」을 편찬하게 하여 질병으로 고통받는 백성 구제

동의보감
허준이 쓴 의학 서적. 동아시아의 대표적인 의학서로 평가하는데, 2009년 유네스코 세계 기록유산으로 지정되었다.

(2) 광해군의 외교 정책과 정권 교체

① 동아시아의 정세

㉠ 후금 건국(1616) : 누르하치가 만주 일대의 여진 통합

㉡ 명의 쇠퇴 : 후금의 성장을 견제하기 위해 조선에 원군 요청

② 광해군의 중립 외교

㉠ 내용 : 후금과 명 사이에서 한쪽에 치우치지 않아 후금과의 전쟁을 피하였던 실리적인 외교 정책

㉡ 대응 : 명의 요청에 의해 군대를 파견하면서도 상황을 보고 유연하게 대처하도록 지시(강홍립 사건)

㉢ 결과 : 광해군 반대 세력에 비판의 원인 제공 → 인조반정의 구실이 됨

③ 서인의 인조반정(1623)

㉠ 배경 : 광해군의 중립 외교 정책과 인목 대비 폐위, 영창 대군 살해에 대한 반발

㉡ 결과 : 광해군이 물러나고 인조가 즉위 → 서인의 정권 장악, 친명 배금 정책 추진(명에 대한 의리와 명분 강조)

강홍립의 투항

조선군의 투항

6 청의 침략과 극복

(1) 정묘호란(1627)

① 배경 : 인조반정 이후 서인 정권의 친명 배금 정책, 이괄의 난에 참여했던 일부 세력이 후금에 들어가 인조 즉위의 부당함을 호소

이괄의 난: 인조반정에 적극 참여한 이괄이 2등 공신에 책정된 데 불만을 가지고 일으킨 반란이다.

② 경과 : 후금의 침입 → 인조는 강화도로 피란, 의병 활약(정봉수, 이립)

③ 결과 : 조선과 화의(형제 맹약)를 맺음

정묘호란과 병자호란

(2) 병자호란(1636)

① 원인 : 후금이 국호를 '청'으로 고친 후 군신 관계 요구

② 주전파(척화파)와 주화파의 대립

㉠ 주전파(척화파) : 여진족에 대한 문화적 우위를 강조하는 화이론 입장(명분론), 윤집 등

㉡ 주화파 : 명분보다 국제 정세의 현실과 국가 이익 중시(내정 개혁론), 최명길 등

㉢ 척화 주전론의 득세 : 조선 정부의 군신 관계 요구 거절

③ 전개 : 청 태종의 침입 → 인조는 남한산성으로 피란하여 45일간 항전

④ 결과 : 청의 요구를 받아들여 삼전도에서 굴욕적인 강화 체결(삼전도의 굴욕), 두 왕자(소현 세자와 봉림 대군)와 대신들이 청에 인질로 끌려감, 서북 지역에 큰 피해를 입음

삼전도의 굴욕: 인조는 삼전도(오늘날의 서울 송파)에서 청 태종에게 나아가 세 번 절하고, 절할 때마다 3번씩 모두 9번 땅바닥에 머리를 조아리는 굴욕적인 항복 의식을 행하였다.

남한산성

남한산성: 병자호란 당시 청군에 포위된 인조가 직접 군사를 지휘하며 청 태종의 군대와 45일간 대항하여 싸웠던 곳으로, 2014년 세계 문화유산으로 등재되었다.

삼전도의 비

❶ 훈구파와 사림파

■ 김종직 등 사림이 중앙 정계에 진출하기 시작하였다.

■ [사화] 사림과 훈구의 갈등이 원인이 되었다.

■ [무오사화] 조의제문이 발단이 되어 김일손 등이 처형되었다.
↳ (김종직의) 조의제문이 발단이 되어 사림 세력이 피해를 입었다.

■ [기묘사화] 위훈 삭제를 주장한 조광조가 제거되었다.

■ [을사사화] 외척 세력인 대윤과 소윤의 대립으로 일어났다.
↳ 외척 사이의 권력 다툼으로 을사사화가 발생하였다.
↳ 외척 간의 갈등으로 을사사화가 일어났다.

■ 임꺽정이 이끄는 도적떼에 가담하는 백성

❷ 붕당 정치의 성립

■ 이조 전랑 임명을 둘러싸고 사림이 동인과 서인으로 나누었다.
↳ 이조 전랑 임명을 둘러싸고 김효원과 심의겸이 대립하였다.

■ [북인] 광해군 시기에 국정을 이끌었다.

■ [남인] 이언적과 이황의 제자들이 주류를 이끌었다.

■ [서인] 정여립 모반 사건을 내세워 기축옥사를 주도하였다.
↳ 정여립 모반 사건으로 서인이 정국을 주도하였다.
↳ 정여립 모반 사건을 계기로 기축옥사가 발생하였다.
↳ 동인이 남인과 북인으로 분열되는 결과를 가져왔다.

■ [조광조] 현량과를 실시하여 신진 사림을 등용하고자 하였다.

■ [소격서] 조광조를 비롯한 사림의 건의로 혁파되었다.
↳ 사림의 건의로 중종 때 폐지되었다.

❸ 조선 초기의 대외 관계

■ 4군과 6진을 설치하여 북방 영토를 개척하였다.

■ 이종무가 왜구의 근거지인 쓰시마섬을 정벌하였다.

■ [명] (조선이) 하정사, 성절사, 천추사 등을 파견하였다.
↳ 하정사, 성절사, 천추사 등이 있었다.

■ [여진] 사절 왕래를 위해 한성에 북평관을 거설하였다.
↳ 사절 왕래를 위하여 북평관을 개설하였다.

■ 일본과의 무역을 허용하고 계해약조를 체결하였다.
↳ 계해약조의 체결 과정을 조사한다.
↳ 계해약조가 체결되어 세견선의 입항이 허가되었다.

■ 왜관이 설치되어 일본과 무역하였다.

■ 조선 정부의 통제에 반발하여 3포 왜란이 일어났다.

❹ 일본의 침략과 극복

■ [임진왜란] 신립이 탄금대에서 배수의 진을 치고 항전하였다.
↳ 이순신이 명량에서 왜의 수군을 대파하였다.

■ 기유약조를 체결하여 일본과의 무역을 재개하였다.
↳ 기유약조를 체결하여 무역을 재개하였다.

❺ 광해군의 중립 외교와 인조반정

■ 북인이 서인과 남인을 배제한 채 정국을 독점하였다.

■ 명의 요청으로 강홍립의 부대가 파견되었다
↳ 명의 요청에 따라 강홍립이 이끄는 부대가 파병되었다.

■ 전통 한의학을 정리한 동의보감이 간행되었다.
↳ 전통 한의학을 정리한 동의보감을 간행되었다.
↳ 전통 한의학을 집대성한 동의보감이 완성되었다.

■ [인조반정] 서인이 반정을 일으켜 정권을 장악하였다.

■ 후금의 침입에 대비하여 이괄이 평안도에 주둔하였다.
↳ 이괄의 난이 일어나 반란군이 도성을 장악하였다.
↳ [이괄의 난] 왕[인조]이 도성을 떠나 공산성으로 피란하였다.

❻ 청의 침략과 극복

■ [정묘호란] 용골산성에서 정봉수와 이립이 의병을 이끌고 항전하였다.

■ [병자호란] 삼전도비의 건립 배경을 파악한다.

1 (가), (나) 사이의 시기에 있었던 사실로 옳은 것은? [2점]

(가) 왕이 어머니 윤씨가 폐위되고 죽은 것이 엄씨와 정씨의 참소 때문이라 여기고, 밤에 엄씨와 정씨를 대궐 뜰에 결박하여 놓고 손수 마구 치고 짓밟았다. …… 왕이 장검을 들고 자순왕대비 침전 밖에 서서 …… 말하기를 "대비는 어찌하여 내 어머니를 죽였습니까?"라고 하며 불손한 말을 많이 하였다.

(나) 정유년 이후부터 조정 신하들 사이에는 대윤이니 소윤이니 하는 말들이 있었다. …… 인종이 승하한 뒤에 윤원형이 기회를 얻었음을 기뻐하여 비밀리에 보복할 생각을 품었다. …… 자전(慈殿)*은 밀지를 윤원형에게 내렸다. 이에 이기 · 임백령 · 정순봉 · 허자가 고변하여 큰 화를 만들어 냈다.

*자전(慈殿) : 임금의 어머니

① 왕자의 난으로 정도전 등이 피살되었다.
② 위훈 삭제를 주장한 조광조가 제거되었다.
③ 서인이 반정을 일으켜 정권을 장악하였다.
④ 성삼문 등이 상왕의 복위를 꾀하다 처형되었다.
⑤ 이조 전랑 임명을 둘러싸고 사림이 동인과 서인으로 나뉘었다.

| 해설 | 조선 시대의 사화

(가) 궁중 세력이 연산군의 생모 윤씨의 폐비 사사 사건을 들추어 김굉필 등 사림을 대거 숙청한 사건이 갑자사화이다(1504). (나) 1545년 을사사화는 명종의 외척인 윤원형을 비롯한 소윤이 인종의 외척인 대윤에게 타격을 가한 사건으로 사림들이 피해를 입었다.

② 중종반정 당시 공신으로 허위 기재된 사람들을 공신 명단에서 삭제하는 '위훈 삭제' 사건을 계기로 조광조 세력이 숙청되는 기묘사화가 발생하였다(1519).

| 오답 넘기 |

① 조선 초기 왕위 계승 문제로 두 차례에 걸친 왕자의 난이 일어나 정도전 등이 피살되었다(1398 · 1400).
③ 광해군과 북인은 서인이 주도한 인조반정으로 몰락하였다(1623).
④ 성삼문, 박팽년 등은 단종의 복위를 꾀하다 처형되었다(1456).
⑤ 조선 선조 때 사림이 이조 전랑직의 천거 문제로 동인과 서인으로 분화된 것이 붕당의 시작이다(1575).

정답 ②

2 (가)에 대한 설명으로 옳은 것은? [3점]

이곳은 도동 서원으로 김굉필의 위패를 모시고 있습니다. 김굉필은 조의제문이 빌미가 되어 일어난 사건 때 김종직의 제자라는 이유로 유배에 처해졌습니다. 이후 연산군 10년에 일어난 (가) (으)로 인해 많은 사림들이 피해를 입었을 때 그도 참형을 당했습니다.

① 폐비 윤씨 사사 사건이 원인이 되었다.
② 윤임 일파가 제거되는 결과를 가져왔다.
③ 이조 전랑을 둘러싼 동인과 서인의 갈등이 배경이 되었다.
④ 대비의 복상 문제가 붕당의 대립으로 확대되어 일어났다.
⑤ 희빈 장씨 소생의 원자 명호(名號) 문제로 인해 발생하였다.

| 해설 | 조선 시대의 사화

도동 서원은 김굉필(金宏弼)을 배향한 곳이다. 김굉필은 조의제문으로 유명한 김종직의 수제자이며 실천적 개혁주의자인 조광조의 스승이기도 하다. 제시한 자료의 (가) 사건은 궁중 세력이 연산군의 생모 윤씨의 폐비 사사 사건을 들추어 사림을 대거 숙청한 사건이 갑자사화이다(1504).

| 오답 넘기 |

② 을사사화는 명종의 외척인 윤원형을 비롯한 소윤이 인종의 외척인 대윤(윤임 일파)에게 타격을 가한 사건으로 사림들이 피해를 입었다(1545).
③ 선조 때 사림이 이조 전랑직의 천거 문제로 동인과 서인으로 분화된 것이 붕당의 시작이다.
④ 현종 때의 예송은 효종의 왕위 계승에 대한 정통성과 관련하여 두 차례에 걸쳐 일어났는데, 효종과 효종비의 국장과 관련하여 효종의 어머니인 자의 대비의 상복 입는 기간을 두고 서인과 남인이 논쟁을 벌였다.
⑤ 희빈 장씨는 숙종의 후궁으로, 희빈 장씨의 아들을 원자 삼는 내용으로 붕당의 대립이 벌어진 것이 기사환국이다(1689).

정답 ①

3 밑줄 그은 '그'에 대한 설명으로 옳은 것은? [2점]

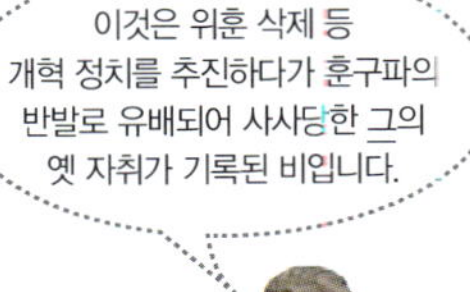

이것은 위훈 삭제 등
개혁 정치를 추진하다가 훈구파의
반발로 유배되어 사사당한 그의
옛 자취가 기록된 비입니다.

① 사화의 발단이 된 조의제문을 작성하였다.
② 소학의 보급과 공납의 개선을 주장하였다.
③ 기축봉사를 올려 명에 대한 의리를 강조하였다.
④ 예안 향약을 시행하여 향촌 교화를 위해 노력하였다.
⑤ 사변록에서 유교 경전에 대한 독자적 해석을 시도하였다.

| 해설 | 정암 조광조의 개혁 정치

자료의 비는 정암 조광조(1482~1519) 선생이 사사당한 것을 기념하기 위하여 세운 '정암 조광조 선생 적려유허비'이다. 조광조는 왕도 정치의 실현을 강조하며 공납 제도의 개선, 소격서 폐지, 소학 보급, 지방의 유능한 인물을 과거 시험 없이 등용하는 현량과 실시, 위훈 삭제 등의 개혁을 주도하였다. 그러나 이에 대한 공신들의 반발로 기묘사화가 일어나 조광조 등 사림 세력 대부분은 제거되었다.

| 오답 넘기 |

① 훈구파가 김일손이 김종직의 '조의제문(弔義帝文)'을 사초에 삽입한 것에 대해 세조를 비방한 일이라 트집 잡아 사림파를 제거한 것이 무오사화이다(1498).
③ 효종 때 송시열은 기축봉사에서 북벌을 주장하였고, 송준길, 이완 등이 어영청을 중심으로 북벌을 준비하였지만 효종의 죽음으로 실패하였다.
④ 예안 향약은 1556년(명종 11)에 이황이 고향인 안동 예안에 낙향한 후 향촌 교화를 위해 만든 향약이다.
⑤ 조선 후기 박세당은 『사변록』에서 유교 경전에 대한 주자의 해석을 맹목적 · 교조적으로 따르는 당시 조선 성리학의 풍토를 비판하고 독자적인 해석을 시도하였다.

정답 ②

4 (가) 붕당에 대한 설명으로 옳지 않은 것은? [3점]

김효원이 이조 전랑의 물망에 올랐을 때, 심의겸이 이전의 잘못을 지적하였다. 그 후에 심의겸의 동생 심충겸이 이조 전랑으로 천거되자, 이번에는 김효원이 나서 외척이라 하여 반대하였다. 이로 인해 양쪽으로 편이 갈라져 서로 배척하였는데, 김효원을 지지하는 사람들을 동인, 심의겸을 지지하는 사람들을 (가) (으)로 부르기 시작했다.

① 광해군을 축출한 인조반정으로 집권하였다.
② 이이와 성혼의 문인을 중심으로 형성되었다.
③ 정여립 모반 사건을 빌미로 기축옥사를 주도하였다.
④ 선조 때 왕세자 책봉 문제로 정치적 입지가 약화되었다.
⑤ 효종비의 사망 이후 전개된 예송의 결과 정국을 주도하였다.

| 해설 | 붕당 정치의 전개 과정

사림 세력은 척신 정치의 잔재를 어떻게 청산할 것인지를 둘러싸고 갈등을 겪게 되었다. 명종 때 이후 정권에 참여해 온 기성 사림들은 척신 정치의 과감한 개혁에 소극적이었다. 반면에 명종 때의 정권에 참여하지 않았다가 새롭게 정계에 등장한 신진 사림들은 원칙에 더욱 철저하여 사림 정치의 실현을 강력하게 내세웠다.
두 세력 간의 갈등이 심화되자 왕실의 외척이면서 기성 사림의 신망을 받던 심의겸과 당시 명망이 높고 신진 사림의 지지를 받던 김효원 사이의 대립으로 붕당이 이루어졌다. 김효원을 지지하는 세력은 동인이라 불렸고, 심의겸을 지지하는 세력은 서인이라 불렸다.
동인은 이황과 조식, 서경덕의 학문을 계승한 사람들을 중심으로 다수의 신진 세력들이 참여하여 먼저 붕당의 형세를 이루었다. 반면에 서인은 이이와 성혼의 문인들이 가담함으로써 비로소 붕당의 모습을 갖추었다.

| 오답 넘기 |

⑤ 남인은 이후 서인 정권에 참여하면서 현종 때에 서인과 두 차례에 걸친 예송을 벌였고 갑인예송(1674)을 통해 정국을 주도할 수 있었다.

 ⑤

5 밑줄 그은 ㉠에 대한 조선의 대외 정책으로 옳은 것을 〈보기〉에서 고른 것은? [2점]

이 작품은 야연사준도로 김종서가 ㉠ 두만강 일대에 흩어져 살던 야인들을 몰아내고 동북면의 6진을 개척한 뒤의 일화를 그린 것이다. 그림 속에는 연회 중 갑자기 화살이 날아와 큰 술병에 꽂히자, 다른 장수들은 겁을 먹었지만 김종서는 침착하게 연회를 진행하였다는 이야기가 묘사되어 있다.

보기

ㄱ. 강경책의 일환으로 대마도를 정벌하였다.
ㄴ. 경성과 경원에 무역소를 설치하여 회유하였다.
ㄷ. 초량에 왜관을 설치하고 개시 무역을 실시하였다.
ㄹ. 한양에 북평관을 개설하여 조공 무역을 허용하였다.

① ㄱ, ㄴ ② ㄱ, ㄷ ③ ㄴ, ㄷ
④ ㄴ, ㄹ ⑤ ㄷ, ㄹ

| 해설 | 조선 초기의 대외 관계

제시된 자료는 김종서가 동북면의 6진을 개척하고 함경도에 있을 때의 고사를 그린 '야연사준도'이다. 조선은 영토의 확보와 국경 지방의 안정을 위하여 여진에 대하여 적극적인 외교 정책을 펴 나갔다. 세종 때에 이르러 4군과 6진을 설치하여 압록강과 두만강을 경계로 하는, 오늘날과 같은 국경선을 확정하였다.
이후 여진에 대하여 조선은 회유와 토벌의 양면 정책을 취하였다. 조선은 여진족의 귀순을 장려하기 위하여 관직을 주거나 정착을 위한 토지와 주택을 주어 우리 주민으로 동화시켰다. 또 사절의 왕래를 통한 무역을 허용하였고, 국경 지방인 경성과 경원에 무역소를 두고 국경 무역을 허락하였다. 북평관은 조선 시대 한성부에 여진족의 사신을 접대하기 위해 만든 국영의 객관으로 세종 때 설치하였다.

| 오답 넘기 |

ㄱ. 세종 때 이종무가 군사를 이끌고 왜구의 근거지인 대마도를 정벌하였다(1419).
ㄷ. 조선 시대에는 일본인이 조선에서 통상을 하던 무역처인 왜관을 설치하여 일본과 교역하였다(15세기 초).

정답 ④

6 (가), (나) 사이의 시기에 있었던 사실로 옳은 것은? [2점]

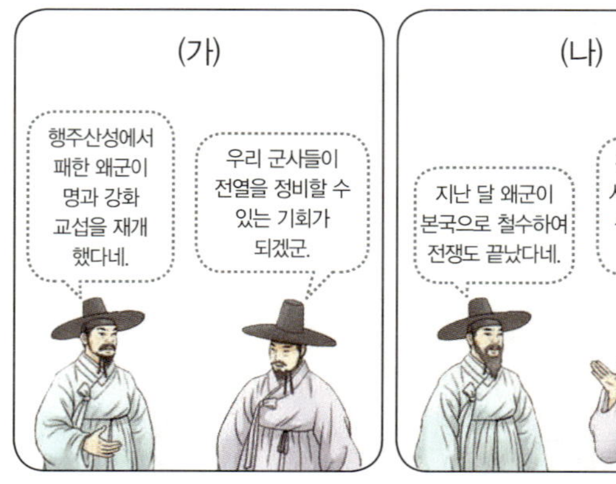

① 조·명 연합군이 평양성을 탈환하였다.
② 이괄의 반란 세력이 도성을 점령하였다.
③ 신립이 탄금대에 배수진을 치고 항전하였다.
④ 이순신이 명량에서 왜의 수군을 대파하였다.
⑤ 정봉수와 이립이 의병을 이끌고 활약하였다.

| 해설 | 임진왜란의 전개 과정

(가) 시기 행주 대첩(1593)은 평양 탈환 이후 한양 수복 작전을 위해 행주산성에 주둔한 권율의 조선군이 적은 병력으로 성을 잘 지켜 큰 승리를 거둔 전투이다. 그 뒤 일본은 명에게 휴전을 제의하였다.
(나) 3년에 걸친 휴전 회담이 결렬되자 왜군은 다시 침입하였다(정유재란, 1597). 그러나, 수군의 활약으로 전세가 불리해진 왜군은 결국 도요토미 히데요시가 병사하자 본국으로 철수하였다.
(가)와 (나) 시기 사이의 명량 해전은 이순신 장군이 지금의 진도 앞바다 명량(울돌목)에서 왜군 함선 133척을 맞아 해류의 변화를 이용하여 왜군은 남해안 일대로 퇴각하게 만든 전투이다(1597.9).

| 오답 넘기 |

① 임진왜란 당시 조·명 연합군은 1593년 1월 평양성을 탈환하였다.
② 이괄은 인조반정 때의 공신이었으나 적절한 대우를 받지 못한 것에 불만을 품고 반란을 일으켰다(1624).
③ 충주 탄금대 전투는 충주로 내려간 신립 장군이 탄금대에 배수진을 치고 왜군을 맞아 싸운 전투이다(1592.4).
⑤ 정묘호란 당시에 용골산성에서 정봉수가 활약하였다(1627).

정답 ④

7 다음 상황이 전개된 이후의 사실로 옳은 것은? [1점]

> 고금천하의 법 중에 군율보다 엄격한 것은 없습니다. 그런데 강홍립, 김경서 등은 중국 군대와 함께 적지에 깊숙이 들어가서 힘껏 싸우다 죽지 않고 도리어 투항을 청하여 적의 뜰에 무릎을 꿇었으니, 신하의 대의가 땅을 쓸듯이 완전히 없어졌습니다. …… 청컨대 강홍립 · 김경서의 가족들을 모조리 잡아서 구금하라고 명하심으로써 군율을 변경할 수 없다는 것을 분명히 보이소서.

① 김종서가 여진을 몰아내고 6진을 개척하였다.
② 조 · 명 연합군이 평양성 전투에서 승리하였다.
③ 정여립 모반 사건을 계기로 기축옥사가 일어났다.
④ 인조반정으로 서인이 정국의 주도권을 장악하였다.
⑤ 제한된 범위의 무역을 허용한 계해약조가 체결되었다.

| 해설 | 광해군의 중립 외교

임진왜란 뒤 광해군은 대내적으로 전쟁의 뒷수습을 위한 정책을 실시하면서 대외적으로는 명과 후금 사이에서 신중한 중립 외교 정책으로 대처하였다. 이에 광해군은 강홍립으로 하여금 명을 지원하게 하되, 적극적으로 나서지 말고 상황에 따라 대처하도록 명령하였다. 제시된 자료에서 오랑캐에게 항복한 것을 비난하고 있는 것을 보아 이는 서인의 주장이라고 볼 수 있다. 서인은 인조반정으로 광해군을 몰아내고 집권하였다(1623).

| 오답 넘기 |

① 세종은 최윤덕과 김종서를 각각 압록강과 두만강 유역에 보내 여진을 몰아내고 4군 6진을 개척하여 오늘날의 국경을 확정지었다(1433 · 1434).
② 평양은 임진왜란 당시 평양성 전투가 일어난 곳으로 명의 지원군이 도착하면서 관군도 본격적인 반격을 시작해 평양성에서 조 · 명 연합군이 크게 승리한 곳이다.
③ 기축옥사는 조선 선조 때인 1589년에 정여립을 비롯한 동인의 인물들이 모반의 혐의로 박해를 받은 사건이다.
⑤ 대마도 정벌 이후 일본이 다시 교역을 요청하자 조선은 세종 시기에 부산포(부산 동래), 제포(창원 진해), 염포(울산)의 3포를 개방하고, 대마도주와 계해약조(1443)를 맺어 제한된 범위 내에서만 교역을 허락하였다.

정답 ④

8 다음 자료를 활용한 탐구 활동으로 가장 적절한 것은? [2점]

> 최명길이 아뢰기를, "종묘사직의 존망이 호흡하는 사이에 달려있어 해볼 만한 일이 없으니, 청컨대 혼자 말을 타고 달려가서 적장을 보고 까닭 없이 군사를 발동하여 몰래 깊이 쳐들어온 뜻을 묻겠습니다. 오랑캐가 만일 다시 신의 말을 듣지 않고 신을 죽인다면 신은 마땅히 말발굽 아래에서 죽을 것이요, 다행히 서로 이야기가 되면 잠시라도 그들의 칼날을 멈추게 할 것이니, 청컨대 전하께서는 [도성의] 수구문을 통해 나가신 후 서둘러 산성으로 옮기시어 일의 추이를 보소서."라고 하였다.
>
> – 『연려실기술』 –

① 삼별초의 이동 경로를 찾아본다.
② 통신사의 활동 내용을 살펴본다.
③ 위화도 회군의 결과를 알아본다.
④ 계해약조의 체결 과정을 조사한다.
⑤ 삼전도비의 건립 배경을 파악한다.

| 해설 | 병자호란

세력을 더욱 확장한 후금이 군신 관계를 요구하면서 국호를 청이라 고친 다음 대군을 이끌고 침입해 왔다(1636). 이를 병자호란이라 한다. 이때를 전후하여 조정에서는 후금과의 전쟁을 주장하는 윤집의 주전론과 현실을 고려해 강화를 맺자는 최명길의 주화론이 대립하였다. 인조는 남한산성으로 피난하여 청군에 저항하였으나, 결국 주화론을 받아들여 삼전도에서 청 태종을 향해 '삼배구고두례'를 하는 굴욕적인 강화를 맺었다.

| 오답 넘기 |

① 삼별초는 강화도에서 진도, 제주도로 거점을 옮기면서 대몽 항쟁을 벌였다(1270~1273).
② 조선 통신사는 외교 사절로서뿐만 아니라 조선의 선진 문화를 일본에 전파하는 역할도 하였다.
③ 이성계는 최영과 우왕이 요동 정벌을 단행하자 위화도에서 회군하여 최영을 제거한 뒤, 군사적 실권을 장악하여 개혁을 실시하여 고려를 멸망시키고 조선을 건국하였다.
④ 계해약조는 세종 25년(1443)에 대마도주와 맺은 조약으로, 무역량을 제한하기 위해 세견선(무역선)이나 체류 기간 등을 명시하였다.

정답 ⑤

16 조선 전기의 경제와 사회

일차	공부한 날 월 일

❶ 경제 정책과 경제 구조

(1) 경제 정책

① 중농 정책 : 농경지 확대(토지 개간 장려, 양전 사업 실시), 농업 생산력 향상(새로운 농업 기술과 농기구 개발 · 보급), 농민 생활 안정(농민의 조세 부담 경감)

② 상공업 정책 : 국가가 엄격하게 통제

㉠ 위정자의 인식 : 상공업의 자유는 사치와 낭비를 조장한다는 유교적 경제관에 따른 상공업 통제

㉡ 상공업 부진의 원인 : 유교적 검약 생활 강조, 도로와 교통 수단 미비, 화폐 유통의 부진, 자급자족적 농업 중심 경제

㉢ 16세기 이후의 변화 : 농업의 발전을 비롯한 사회 · 경제적 변화와 함께 상공업에 대한 국가의 통제책도 이완 → 상공업과 무역의 활발한 전개

(2) 조선의 토지 제도 변화

구분	과전법	직전법	관수 관급제	녹봉제
시기	공양왕(1391)	세조(1466)	성종(1470)	명종(1556)
배경	권문세족의 불법적 토지 겸병으로 인한 재정 악화	수신전, 휼양전의 이름으로 토지 세습 → 지급할 토지 부족	과전 경작 농민에 대한 과도한 수취(수조권 남용)	과전법 체제 붕괴
목적	신진 사대부의 경제적 기반 마련	토지 부족의 보완 → 국가 재정 안정	국가의 토지 지배권 강화	관리들의 생활 수단 마련
원칙	현 · 전직 관리에게 수조권 지급, 전지 지급(경기도에 국한)	현직 관리에게만 지급	국가에서 수조권 행사(지방 관청에서 수조권 대행)	현물 녹봉만 지급
영향	농민 경작권 인정	훈구파 농장 확대	농장 확대 가속화와 지주 전호제의 확대	

Click ! ● 과전법의 시행

공양왕 3년 5월, 도평의사사가 글을 올려 과전(科田)을 지급하는 법을 정할 것을 요청하니 왕이 따랐다. 경기는 사방의 근본이니 마땅히 과전을 설치하여 사대부를 우대한다. 무릇 경성에 거주하여 왕실을 시위하는 자는 직위의 고하에 따라 과전을 받는다(18등급으로 나누어 150~10결까지 지급). …… 토지를 받은 자가 죽은 후, 그의 자식이 있고 수신하는 자는 남편의 과전을 모두 물려받고, 자식이 없이 수신하는 자의 경우는 반을 물려받는다. 부모가 모두 사망하고 그 자손이 유약한 자는 휼양전으로 아버지의 과전을 전부 물려받고, 20세가 되면 본인의 과에 따라 받는다.

– 『고려사』 식화지 –

성리학적 경제관

우리나라에는 이전에 공상(工商)에 관한 제도가 없어, 백성들 중 게으르고 놀기 좋아하는 자들이 수공업과 상업에 종사하였기 때문에 농사를 짓는 백성이 줄어들었으며, 말작(상업)이 발달하고 본실(농업)이 피폐하게 되었다. 이것을 염려하지 않을 수 없다.

– 『조선경국전』 –

수신전 · 휼양전

수신전은 관리가 죽으면 그 부인에게 생활 대책으로 준 토지이며, 휼양전은 관리가 죽어서 고아가 된 후손에게 생활 대책으로 지급한 토지이다.

지주 전호제: 지주가 소작인에게 토지를 나누어 주고 소작료를 수취하는 토지 경영 방식이다.

과전법에서 토지의 종류

과전	관리에게 분급, 반환 원칙
공신전	공신에게 분급, 세습 가능
공해전	중앙 관부 예산 지급
늠전	지방 관아 경비 지급
학전	성균관, 4부 학당, 향교 소속
사원전	사원 소속 토지

(3) 수취 체제의 확립과 문란

① 전세 : 토지를 경작하는 대가로 납부

㉠ 조선 초기 : 토지를 경작하여 수확량의 1/10을 납부, 매년 전주(수조권자)가 직접 풍흉을 조사하여 그 수확량에 따라 납부액을 조정하는 답험손실법을 활용

㉡ 공법의 제정(세종, 1444) : 조세 제도를 좀 더 체계적으로 운영하기 위해 토지 생산성을 조세에 반영

ⓐ 전분6등법 : 토지의 비옥도에 따라 토지를 6등급으로 나누어 1결의 면적을 확정(수등이척법)

ⓑ 연분9등법 : 풍흉의 정도에 따라 상상(上上)년에서 하하(下下)년까지 9등급으로 나누어 최대 20두에서 최소 4두까지 차등을 주어 조세를 징수

㉢ 실제 : 수확량의 1/2을 징수하는 병작반수제가 일반적임

② 공납

㉠ 원칙 : 각 지역의 토산물을 중앙 관청에서 각 가호에 할당하여 납부(전세보다 더 큰 부담)

㉡ 실제 : 수납 과정에 따른 까다로운 절차(방납의 폐단), 지방관이 국왕에게 바치는 진상도 농민이 부담

③ 역 : 16~60세의 호적에 등재된 정남에게 부과

㉠ 군역 : 정군(일정 기간 교대 복무)과 보인(정군 복무 비용 보조)으로 편성

㉡ 요역 : 토지 8결을 기준으로 장정 1명 → 가호 기준 연간 6일 이내(각종 토목 공사에 동원)

④ 16세기 이후 수취 제도의 문란

㉠ 공납 : 방납의 폐단 발생 → 이이, 유성룡이 공물을 쌀로 걷자는 수미법 제안

㉡ 군역 : 농민 생활의 악화로 농민들의 요역 동원 기피 현상 → 군인을 각종 토목 공사에 동원 → 방군수포와 대립제 성행 → 군포 징수제 확산

㉢ 환곡의 문란 : 수령과 향리가 고리대 수단으로 이용

㉣ 영향 : 농민 생활 악화로 유민 증가, 유민의 일부가 도적화(임꺽정)

명종 때 의적으로 알려진 백정 출신의 인물로, 경기도와 황해도 일대에서 관아를 습격하고 창고를 털어 백성들에게 나누어주었다고 한다.

수등이척법
수등이척은 토지 등급에 따라 토지를 측량하는 자를 달리하는 방법으로 생산량을 기준으로 1결을 정했기 때문에 1결의 토지 면적은 모두 달랐다.

방납(防納)
중앙의 서리나 상인이 공물을 대신 내주고, 해당 군현의 백성들에게서 그 대가로 이익을 붙여 받는 것으로 방납업자가 이익을 내는 만큼 농민의 부담은 컸다.

대립제와 방군수포제
대립제는 정군이 군역의 고됨을 피하고 생업을 유지하기 위해 보인에게 받은 면포로 타인을 고용하여 군역을 대신 하게 한 제도이다. 방군수포제는 지방의 영·진에서 복무하는 군사들을 집으로 돌려보내고 그 대가로 면포를 거두어들인 제도이다.

Click !

● 조선 시대의 수취 제도

각 도의 수전(水田), 한전(旱田)의 소출 다소를 자세히 알 수가 없으니, 공법(貢法)에서의 수세액을 규정하기가 어렵습니다. 지금부터는 전척(田尺)으로 측량한 매 1결에 대하여, 상상(上上)의 수전에는 몇 석을 파종하고 한전에서는 무슨 곡종 몇 두를 파종하여, 상상년에는 수전은 몇 석, 한전은 몇 두를 수확하며, 하하년에는 수전은 몇 석, 한전은 몇 석을 수확하는지, 하하(下下)의 수전에서는 역시 몇 두를 파종하고 한전에서는 무슨 곡종을 몇 두를 파종하여, 상상년에는 수·한전 각기의 수확이 얼마며, 하하년에는 수·한전 각기의 수확이 얼마인지를, …… 각 관의 관둔전에 대해서도 과거 5년간의 파종 및 수확의 다소를 위와 같이 조사하여 보고토록 합니다. －『세종실록』－

● 16세기 농민들의 처지

• 백성으로 농지를 가진 자가 없고, 농지를 가진 자는 오직 부유한 상인과 사족(士族)의 집뿐입니다. －『중종실록』－

• 근래 도적이 벌 떼처럼 일어나 공공연하게 노략질을 하며 양민을 죽이고 방자한 행동을 거리낌없이 하여도 주현에서 막지 못하고 병사(兵使)도 잡지 못하니, 그 형세가 점점 커져서 여러 곳으로 퍼지고 있습니다. 심지어 서울에서도 떼로 일어나 빈 집에 진을 치고 밤이면 모였다가 새벽이면 흩어지고 칼로 사람을 다치게 합니다. －『명종실록』－

• 지방에서 토산물을 공물로 바칠 때, (중앙 관청의 서리가) 공납을 일체 막고 본래 값의 백 배가 되지 않으면 받지도 않습니다. 백성이 견디지 못하여 세금을 못 내고 도망하는 자가 줄을 이었습니다. －『선조실록』－

(4) 국가 재정의 운영

① 세입과 세출

㉠ 세입 : 조세, 공물, 역, 잡세(염전, 광산, 산림, 어장, 상인, 수공업자의 세금)

㉡ 세출 : 군량미 · 구휼미로 비축 → 나머지는 왕실 경비, 공공 행사비, 관리의 녹봉, 군량미, 빈민 구제비, 의료비 등으로 지출

㉢ 공안(貢案)과 횡간(橫看) : 조선 시대 국가 재정은 공안(세입표)과 횡간(세출표)에 의해 이루어짐

Click ! ● 조선 시대의 각종 장부

구분	내용
공안	공물의 품목 · 수량 등을 기록한 예산표
횡간	국가 재정의 세출표로 실제 소비하는 총경상비를 산출
양안	국가 재정을 확보하기 위해 20년마다 작성
청금록	서원의 학생 장부
공장안	수공업자의 장부, 관영 수공업과 관련
호적	4조(부, 조, 증조, 외조) 성명, 본관, 자녀, 노비 등 기록 ⇨ 3년마다 작성
향안	지방 양반의 장부

② 양전 사업

㉠ 목적 : 전국의 결수를 정확하게 파악하고, 양안에 누락된 토지를 적발해 탈세 방지, 토지 경작 상황의 변동 조사

㉡ 의미 : 토지의 실제 경작 상황을 파악하기 위해 실시한 토지 측량 제도

㉢ 운영 : 20년마다 실시하여 그 결과를 양안에 기록

㉣ 양안 : 양전에 의해 작성된 토지 대장, 양전 사업 후 3부의 양안을 작성하여 호조, 본도, 본읍에 각각 보관(전답의 소유주, 위치, 면적, 등급 등을 기록)

③ 조운 제도

㉠ 의미 : 군현에서 현물 조세를 징수하여 조창으로 운반 → 경창으로 운송

㉡ 운송 경로 : 전라도 · 충청도 · 황해도는 바닷길로, 강원도는 한강, 경상도는 낙동강과 남한강을 통하여 이동

㉢ 잉류 지역 : 평안도 · 함경도(세곡을 한양으로 운반하지 않고 해당 지역에서 군사비나 사신 접대비로 사용), 제주도(운반의 어려움으로 목장 경비로 사용)

❷ 조선 전기의 경제 활동

(1) 농업의 진흥

① 권농 정책 : 개간을 장려하고 수리 시설을 확충, 종자 개량

② 농업 기술의 혁신

㉠ 밭농사 : 조 · 보리 · 콩의 2년 3작이 널리 행해짐, 목화 재배 확대(의생활의 개선), 약초와 과수 재배 등의 확대

㉡ 논농사 : 일부 지역에 모내기법 보급(수리 문제 때문에 남부 일부 지역으로 제한)

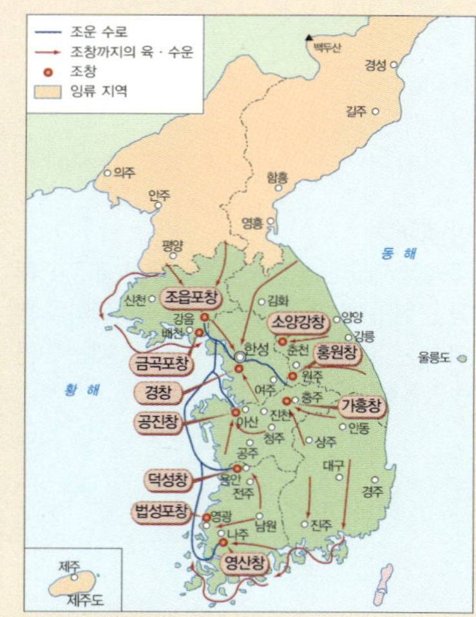

조선 시대의 조운 제도

조선 8도와 조운 · 조창

우리나라는 산지와 하천이 많을 뿐 아니라 육상 운송 수단도 발달하지 못하여 조선 시대에는 세곡을 운반하는 데 주로 조운을 이용하였다. 조창은 세곡의 출발지와 도착지에 설치한 창고 및 기관이다. 조선은 영산강과 한강 등의 강가에는 수운창, 해변에는 해운창을 설치하여 세곡을 모으고 중앙의 경창으로 수송하였다.

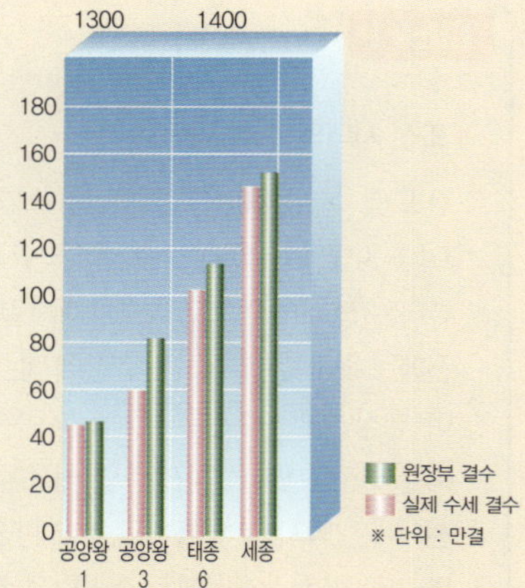

농경지의 확대 조선 건국 초에 약 100만 결에 지나지 않던 농토가 세종 때에는 약 160만 결로 늘어났다.

농사직설
세종 때 정초가 우리나라 풍토에 알맞은 씨앗의 저장법, 토지 개량법, 모내기법 등 농민의 실제 경험을 토대로 편찬한 농서이다.

금양잡록
성종 때 강희맹이 금양(시흥)에 은퇴해 있을 당시 자신의 경험과 견문을 토대로 저술한 농서이다.

관영 수공업자
책임량을 초과한 생산품이나 부역 기간 이외에 만든 물품은 세금을 내고 사적으로 판매하였다.

조선 전기의 상업
- 장사꾼이 의복 등속을 판매하며, 심지어 신 · 갓끈 · 빗 · 바늘 · 분(粉) 같은 물품을 가지고 백성에게 교묘하게 말하여 미리 그 값을 정하고 주었다가 가을이 되면 그 값을 독촉해서 받는다.
  –『세종실록』–
- 경인년(성종 원년, 1470) 흉년 때 전라도 백성들이 서로 모여들어 점포를 만들어 장문(시장)이라 칭하고, 사람들이 이에 의지하여 목숨을 유지하였다.
  –『성종실록』–
- 임진왜란 이후 백성들은 정해진 곳이 없어 교역으로 생활하는 것이 마침내 풍속이 되었다. …… 한 고을에 열리는 시장은 적어도 3~4곳이 되어 …… 한 달 30일 이내에 시장이 열리지 않는 날이 없었다.
  –『선조실록』–

㉢ 시비법 발달 : 밑거름과 덧거름을 주게 되면서 휴경지가 소멸되고 연작상경이 가능해짐

③ 농서의 간행 : 농업 생산력을 높이기 위하여 「농사직설」, 「금양잡록」 등 농서를 간행 · 보급

(2) 양반 지주의 생활

① 경제 기반 : 과전, 녹봉 그리고 자신 소유의 토지와 노비 등 양반 소유의 토지는 비옥한 토지가 많았던 경상도 · 전라도 · 충청도 지역에 집중되어 있었음

② 토지 경영 : 주로 노비를 이용한 직접 경작이거나 소작을 주고 병작반수의 소작료를 수취

농민이 남의 땅을 경작하고 수확량을 지주와 반씩 나누는 소작 방법

(3) 농민의 생활

① 농민의 몰락 : 자연재해와 지주제의 확대, 고리대, 세금 부담 등으로 자영농 몰락, 소작농 증가 → 토지에서 유리되는 농민도 발생

② 농민 유망 방지책 : 호패법, 오가작통법, 구황 방법 제시(『구황촬요』), 향약 등을 통하여 농민의 유망을 막고 농촌 사회를 안정시키려 함

다섯 민호를 한 통으로 하는 호적 제도로 통주가 있어서 농민의 동태를 파악하였다.

(4) 수공업 생산 활동

관영 수공업	• 부역제 : 전문적인 기술자를 공장안에 등록시켜 관청이 소속 → 관청의 필요 물품을 생산시킴 • 16세기 이후 : 부역제의 해이와 상업 발전으로 관영 수공업 쇠퇴
민영 수공업	장인세를 납부하고 농기구나 양반의 사치품 등을 만들어 판매
가내 수공업	농가에서 자급자족의 형태로 생활 필수품 생산 → 무명, 명주, 모시, 삼베 등 의류 생산

(5) 상업 활동

시전은 정부에 전세(점포세)를 납부하고, 물품 조달은 물론 대궐이나 관청의 수리 등의 요역을 부담하는 대가로 자신이 취급하는 물건에 대한 특정 판매권을 가졌다. 이는 시전 외의 상인, 즉 난전의 활동을 금지하는 권리였기 때문에 금난전권이라 한다.

① 시전 상업

㉠ 시전 설치 : 한양으로 천도하면서 종로 거리에 상점가 건설 → 점포세와 상세 납부

㉡ 육의전 : 시전 중에 명주 · 종이 · 어물 · 모시 · 삼베 · 무명을 파는 점포로 가장 번성

㉢ 시전의 권리와 의무 : 왕실이나 관청에 필요한 물품을 국역의 형태로 공급할 의무가 있었으며, 특정 상품에 대한 독점 판매권을 부여받음(금난전권)

㉣ 경시서(평시서) : 시전 상인의 불법적인 상행위를 통제하기 위해 설치, 물가의 조정, 상인들의 감독, 국역의 부과 등을 맡아봄

② 장시의 등장

㉠ 장시의 발생 : 15세기 후반부터 등장, 정부는 농업 보호를 위해 장시 억제, 일부 장시는 정기 시장으로 발전, 16세기 중엽에 전국적으로 확대

㉡ 보부상 : 관허 상인으로 장시에서 농산물, 수공업품, 수산물, 약재 등을 판매 · 유통

③ 화폐 보급 : 조선 초기에 저화 · 조선통보 등을 만들어 보급했으나 유통 부진, 화폐 대신 쌀 · 무명 사용

④ **무역 활동** : 기본적으로 주변 국가와의 무역 통제
㉠ 명과의 무역 : 사신들이 왕래할 때 공무역과 사무역 허용
㉡ 여진과의 무역 : 국경 지역에 무역소(함경도의 경성, 경원) 설치
㉢ 일본과의 무역 : 동래의 왜관을 중심으로 교역

3 사회 구조와 향촌 사회

(1) 양천 제도와 반상 제도

① **양천 제도(법제적 신분 제도)** : 양인(과거에 응시할 수 있는 자유민)과 천인(비자유민, 천역 담당)으로 구분
② **반상 제도(실제적 신분 제도)** : 양반과 중인이 신분층으로 굳어짐 → 양인 내에서 양반과 상민 간 차별 → 양반, 중인, 상민, 천민의 신분 제도가 정착
③ **신분 이동 가능** : 엄격한 신분제 사회였으나, 신분 이동 가능(양인은 과거를 통해 관직 진출 가능, 양반이 죄를 지으면 노비가 되거나 경제적 몰락으로 인해 중인 · 상민이 되기도 함)

(2) 신분 제도

각각의 신분이 부담해야 할 국역으로, 신역이라고도 한다.

과거 응시 자체가 금지된 것은 아니며, 간혹 무반직에 등용되기도 하였다.

양반	• **의미** : 본래 문반과 무반을 함께 부르던 명칭이었으나 문 · 무반 관리의 가족이나 가문까지로 확대 • **특징** : 경제적 지주층(많은 토지와 노비 소유), 고위 관직 독점(과거 · 음서 · 천거), 정치적 관료층, 생산 활동에 종사하지 않음, 유학자로서의 소양과 자질 함양 • **특권** : 각종 법률과 제도를 통해 양반의 신분적 특권 제도화 → 각종 국역 면제
중인	• **의미** : 양반과 상민의 중간 신분 계층(넓은 의미), 기술관(좁은 의미) • **구성** : 서리 · 향리 · 역관 · 기술관(직역 세습, 같은 신분끼리 혼인, 관청과 가까운 곳에 거주), 서얼(양반 첩에게서 출생, 중인과 같은 신분적 처우, 문과 응시 금지) • **사회적 지위** : 양반에게 멸시와 하대를 받음, 대개 전문 기술이나 행정 실무 담당
상민 (평민, 양인)	• **의미** : 평민, 양인으로 불리는 상민은 백성의 대부분을 차지하는 농민, 수공업자, 상인을 지칭 • **사회적 지위** : 법적으로 과거 응시 가능(현실적으로는 어려움), 군공으로 신분 상승 가능 • **구분** : 농민(조세 · 공납 · 부역의 의무), 수공업자(공장, 관영 · 민영 수공업에 종사), 상인(시전 상인 · 행상, 국가의 통제 아래 상거래에 종사, 농민보다 아래에 위치, 상인세 납부) • **신량역천(身良役賤)** : 신분은 양인이나 천역을 담당한 계층으로 수군, 조례(관청의 잡역 담당), 나장(형사 업무 담당), 일수(지방 고을 잡역), 봉수군(봉수 업무), 역졸(역에 근무), 조졸(조운 업무) 등 힘든 일에 종사한 일곱 가지 부류
천민	• **노비의 처지** : 재산으로 취급(매매 · 상속 · 증여의 대상), 부모 중 한쪽이 노비이면 그 자녀도 노비(일천즉천)가 일반적임 • **노비의 종류** : 국가에 속한 공노비, 개인에게 속한 사노비(솔거 노비, 외거 노비) • **노비의 의무** : 외거 노비(주인에게 노동력을 제공하는 대신 신공 납부), 공노비(국가에 신공을 바치거나 관청에 노동력 제공) • **기타 천민** : 백정, 무당, 창기, 광대 등

노는 사내종을, 비는 계집종을 뜻하며 천민의 대표적 존재였다. 조선 시대에 전체 인구의 1/3에 이르렀던 것으로 추정되는데, 대다수는 사노비였으며, 그 중에도 외거 노비가 대부분이었다.

양인과 천인
• **양인** : 과거에 응시하고 벼슬길에 오를 수 있는 자유민으로서 국역의 의무를 졌음
• **천인** : 비자유민으로서 개인과 국가에 소속되어 천역을 담당

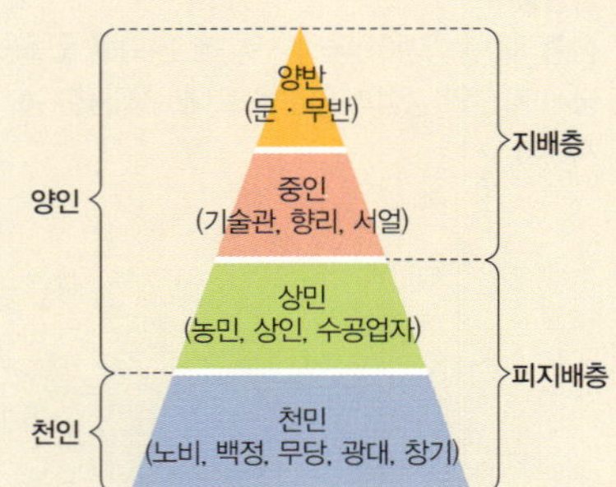

조선 시대의 신분 구성

양반의 생활(김득신의 '노상알현도')
말을 타고 가는 양반에게 상민이 허리를 숙여 인사를 하고 있다.

중인의 생활(역관의 모습)
역관은 사신을 수행하면서 무역에 관여하여 이득을 취하였다.

고려 시대와 조선 시대의 백정 비교
• **고려** : 직역을 부담하지 않는 일반 백성
• **조선** : 소나 돼지를 잡던 일을 담당하던 천민

(3) 향촌 사회의 조직과 운영

① 향촌 사회의 운영 : 유향소(향촌 자치 기구, 수령 보좌, 향리 감찰, 향촌 사회의 풍속 교정), 경재소(유향소 통제, 중앙과 지방의 연락 업무 담당)

② 사족의 향촌 지배 : 향안 작성, 향규 제정, 향회를 통한 결속 및 지방민 통제 → 성리학적 사회 질서 유지 노력

③ 향약의 보급 (향규, 향헌, 동약 등으로 불렸다. 유교 예속을 보급하며, 농민의 토지 이탈을 막고 공동체로 결속시키려는 목적으로 실시되었으며, 이를 주도한 사림의 향촌 자치와 영향력 확대를 위한 것이기도 하였다.)

㉠ 의미 : 상부상조의 전통과 유교 윤리가 결합된 향촌의 자치 규약

㉡ 보급 : 중종 때 조광조가 처음 시행(여씨 향약) → 16세기 후반 전국적으로 보급(이황의 예안 향약, 이이의 해주 향약 전파)

㉢ 내용 : 전통적 공동 조직과 미풍양속 계승, 삼강오륜 중심의 유교 윤리 가미

㉣ 기능 : 풍속 교화, 향촌 사회의 질서 유지, 치안 담당 → 향촌의 자치 기능 수행

㉤ 영향 : 유교 윤리 정착, 지방 사림의 지위 강화

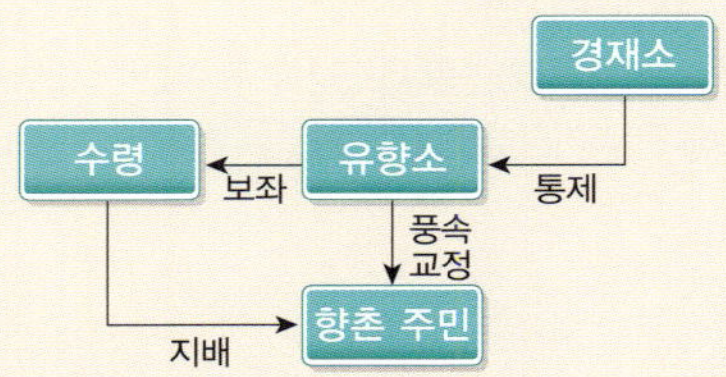

향촌 사회의 구조

향약의 4대 덕목

- 덕업상권(德業相勸) : 착한 일은 서로 권한다.
- 과실상규(過失相規) : 잘못된 것은 서로 규제한다.
- 예속상교(禮俗相交) : 좋은 풍속은 서로 나눈다.
- 환난상휼(患難相恤) : 어려울 때는 서로 돕는다.

Click ! 향약과 향촌 지배 질서의 강화

무릇, 뒤에 향약에 가입하기를 원하는 자에게는 반드시 먼저 규약문을 보여 몇 달 동안 실행할 수 있는가를 스스로 헤아려 본 뒤에 가입하기를 청하게 한다. 가입을 청하는 자는 반드시 단자에 참가하기를 원하는 뜻을 자세히 적어서 모임이 있을 때에 진술하고, 사람을 시켜 약정(約正)에게 바치면 약정은 여러 사람에게 물어서 좋다고 한 다음에야 글로 답하고, 다음 모임에 참여하게 한다. – 『율곡전서』 –

양반의 지위 강화 요소

유향소	수령 보좌, 향리 감찰, 향촌의 풍속 교정
향안	향촌 사회의 지배층인 지방 사족의 명단
향규	향회의 운영 규칙
향약	향촌 사회의 질서 유지와 치안 담당
향회	지방 사족들의 총회로 자신들의 결속을 다지고 지방민 통제를 위한 향규를 만듦

④ 촌락의 구성과 운영

㉠ 촌락의 구성

ⓐ 반촌 : 양반들이 거주하는 촌락 → 친족, 처족, 외족의 동족으로 구성되어 다양한 성씨가 거주하다가 18세기 이후 동성 촌락으로 변화

ⓑ 민촌 : 평민과 천민으로 구성되어 있으며 다른 촌락에 거주하는 지주의 소작농으로 생활 → 18세기 이후에는 구성원 가운데 상당수가 평민에서 양반 등으로 신분 상승

㉡ 촌락의 운영 : 촌락의 행정 조직 면리제와 오가작통제를 활용

ⓐ 면리제 : 자연촌 단위의 몇 개의 이(里)를 면으로 묶음

ⓑ 오가작통제 : 서로 이웃하고 있는 다섯 집을 하나의 통으로 묶음

(4) 사회 정책과 사회 시설

① 사회 정책 : 농본 정책을 실시하여 농민 생활의 안정 추구(양반 지주들의 토지 겸병 억제, 농번기에 잡역 동원 금지, 재해 시 조세 경감)

② 사회 시설

㉠ 빈민 구제 : 환곡제(의창과 상평창에서 운영), 사창제(양반 중심의 향촌 질서 유지 목적)

㉡ 의료 시설 : 혜민국과 동·서 대비원(수도권 서민 환자의 구제와 약재 판매), 제생원(지방민의 구호 및 진료), 동·서 활인서(유랑자의 수용과 구휼)

사창 제도

사창은 환곡과는 달리 향촌 단위에서 자치적으로 실시한 곡물 대여 기관으로, 양반 중심의 향촌 질서를 유지하기 위해 실시된 것이다. 그러나 고리대로 변질되어 성종 때 폐지되었다가 흥선 대원군이 환곡제를 사창제로 바꾸면서 부활하였다.

(5) 법률

① 운영 : 경국대전과 대명률로 대표되는 법전에 근거 → 형벌과 민사에 관한 사항 규율

② 형벌 : 대부분 대명률 적용

㉠ 반역죄와 강상죄를 중범죄로 규정 → 연좌제 적용, 범죄가 발생한 고을의 호칭 강등, 해당 고을 수령의 낮은 근무 평가 · 파면

㉡ 형벌의 종류 : 태 · 장 · 도 · 유 · 사의 5종이 기본으로 시행

③ 민사 : 관찰사와 수령 등 지방관이 처리, 초기에는 노비와 관련된 소송이 많았으나 나중에는 산송이 주류를 이룸

④ 사법 기관 : 행정 기관과 명확하게 구분되지 않음, 재판에 불만 시 소송 제기 가능

㉠ 중앙 : 의금부(국왕 직속 사법 기구로 반역죄 등 중대 사건 처리), 사헌부(관리에 대한 비리 감찰), 형조(사법 행정의 감독 기관인 동시에 복심 재판 기관), 한성부(수도의 치안과 토지 · 가옥에 관한 소송 담당), 장례원(노비 소송 등 노비에 관련된 문제 처리)

㉡ 지방 : 관찰사와 수령이 각각 관할 구역 내의 사법권 행사

(6) 민속과 여가 생활

① 마을 제사와 민속

㉠ 마을 제사 : 주로 정월 초하루에서 정월 대보름 사이에 마을신에게 제사를 지내는 경건한 의식으로 사람들이 배불리 먹을 수 있는 잔치

㉡ 복을 빌었던 자연물 : 장승(전염병이나 귀신을 쫓아내며, 이정표 역할), 솟대(마을의 안전과 풍요로운 수확을 기원), 당산나무(마을을 지키는 나무)

㉢ 민속놀이 : 줄다리기, 고싸움놀이, 연날리기, 강강술래, 씨름, 석전 등을 즐겼음

㉣ 더불어 함께한 생활

ⓐ 농요 : 힘든 농사일을 즐겁게 하기 위해 불렀음

ⓑ 두레 : 농사일이 바쁠 때 서로 협력하여 함께 작업하기 위해 만든 조직

ⓒ 품앗이 : 서로의 일을 번갈아 하며 같이 농사를 지었음

ⓓ 향도 : 불교와 민간 신앙 등의 신앙적 기반+공동체 조직의 성격 → 점차 장례를 도와주는 기능으로 전환, 상여를 매는 사람인 상두꾼이 향도에서 유래

② 조선 시대 사람들의 여가 생활

㉠ 양반의 여가 생활

ⓐ 남자 : 시 짓기, 활쏘기, 바둑, 장기 등을 즐김, 관리로 나가고 싶은 바람을 담은 승경도놀이도 있었음

ⓑ 여자 : 수를 놓거나 책을 읽으면서 여가를 보냄

㉡ 상민의 여가 생활

ⓐ 남자 : 씨름, 윷놀이, 고누놀이 등의 놀이를 즐겼음

ⓑ 여자 : 옷감으로 쓰기 위해 베를 짜며 시간을 보냈음

대명률(大明律)
명의 홍무제가 당률을 근거로 하여 만든 형벌에 관한 기본 법전

강상죄(綱常罪)
삼강오륜과 같은 유교 윤리를 어긴 죄로 부모 또는 남편을 죽이는 죄나 노비로서 주인을 죽이는 죄 등이 이에 해당한다.

신문고 제도 운영
- **내용** : 백성을 위해 억울한 일을 고발하는 제도로 대궐 밖에 설치한 북, 조선에서 민의를 알릴 수 있는 대표적인 방법
- **담당** : 국왕의 직속 기관인 의금부에서 주관
- **한계** : 복잡한 절차, 하극상 금지 등으로 널리 활용되지는 못함

석전(돌팔매놀이)

고누놀이(김홍도)

❶ 경제 정책과 경제 구조

- 조준 등의 건의로 과전법이 제정되었다.
  - ↳ 경기 지역에 한하여 과전법이 실시되었다.
  - ↳ 지급 대상 토지를 원칙적으로 경기 지역에 한정하였다.
  - ↳ 과전법에 의해 토지의 수조권을 지급받는 관리
  - ↳ 관리의 사망 시 유가족에게 수신전과 휼양전을 지급하였다.
  - ↳ 수조권이 세습되는 수신전, 휼양전이 있었다.
- [세조] 직전법을 제정하여 현직 관리에게만 수조지를 지급하였다.
  - ↳ 직전법을 실시하여 현직 관리에게만 수조지를 지급하였다.
  - ↳ 수신전, 휼양전 등의 명목으로 세습되는 토지를 폐지하였다.
  - ↳ 직전법에 의해 토지의 수조권을 지급받는 관리
- [전세] 생산량의 10분의 1을 조세로 거두었다.
- [공법] 토지의 비옥도를 6등급으로 나누어 전세를 부과하였다.
  - ↳ 풍흉과 토지의 비옥도에 따라 차등 부과하였다.
  - ↳ [세종] 연분9등법을 시행하여 수취 체제를 정비하였다.
  - ↳ [연분9등법] 풍흉에 따라 전세를 9등급으로 (차등) 부과하였다.
- [이이, 유성룡] 방납의 폐단을 줄이고자 수미법을 주장하였다.

❷ 조선 전기의 경제 활동

- [상업] 시전이 한양의 종로 거리에 처음 조성되었다.
- [15세기 후반] 장시가 나타나기 시작하였다.
- [시전 상인] 시전을 운영하며 관청의 수요품을 조달하였다.
  - ↳ 금난전권이라는 특권을 부여받았다.
- [창원] 제포의 왜관에서 교역을 하는 상인
- [세종, 인조] 조선통보를 주조하는 관청 소속 장인

❸ 사회 구조와 향촌 사회

- [태종] 호구를 정확하게 파악하기 위한 호패법을 시행하였습니다.
  - ↳ 백성의 유망을 막기 위하여 호패법이 실시되었다.
  - ↳ 16세 이상의 남자들에게 호패를 발급하였다.
- [중인] 직역이 대대로 세습되었다.
  - ↳ [기술직 중인] 잡과를 통해 선발되었다.
  - ↳ [역관] 사신을 수행하면서 통역을 담당하였다.
- [수공업자] 공장안에 등록되어 생산을 담당하였다.
  - ↳ 공장안에 등록되어 수공업 제품 생산을 담당하였다.
- [조례 · 나장 · 역졸 · 염간 · 해척 등] 신량역천으로 분류되었다.
  - ↳ 양인이지만 천역을 담당하는 신량역천으로 분류되었다.
- [노비] 매매, 증여, 상속의 대상이 되었다.
  - ↳ 장례원을 통해 국가의 관리를 받았다.
- [백정] 화척, 양수척 등으로 불렸다.
  - ↳ 고려 시대에는 화척이라 불렸다.

실전 자료 — **서원**

선현제향(先賢祭享)과 학문 연구를 위하여 설립된 조선 시대의 사설 교육 기관이다. 향촌 사림의 모임 장소로, 시정을 비판하고 공론을 형성하는 역할도 하였다. 주요 건물로는 선현의 위패를 봉안하고 제향하는 사당, 강연과 회의가 열리는 강당, 일종의 기숙사인 재(齋)가 있다.

- [향약] 풍속 교화와 향촌 자치의 역할을 하였다.
  - ↳ 4대 덕목을 바탕으로 규약을 제정하였다.
  - ↳ 지방 사족이 주요 직임을 맡았다.
  - ↳ [이황] 예안 향약을 시행하여 향촌 교화를 위해 노력하였다.

실전 자료 — **향약**

올바른 것을 어기고 예의를 해침으로써 우리 그을 풍속을 무너뜨리는 자는 바로 하늘의 뜻을 거역하는 백성이다. 벌을 주지 않으려 해도 주지 않을 수 있겠는가? 이것이 바로 향약을 세우는 까닭이다. – 『퇴계집』 –

- [명종] 기근에 대비하기 위해 구황촬요를 간행하여 보급하였어요.
- [두레] 농민들로 구성된 공동 노동의 작업 공동체였다.
- [향도] 매향 활동을 하면서 각종 불교 행사를 주관하였다.

1 (가), (나)에 해당하는 토지 제도에 대한 설명으로 옳은 것을 〈보기〉에서 고른 것은? [2점]

(가) 경종 원년(976) 11월, 처음으로 직관(職官)과 산관(散官) 각 품의 전시과를 제정하였다.

(나) 공양왕 3년(1391) 5월, 도평의사사가 글을 올려 과전을 주는 법을 정하자고 요청하니 왕이 따랐다.

보기

ㄱ. (가) – 전지와 시지를 지급하여 수취의 권리를 행사하게 하였다.
ㄴ. (가) – 관리의 사망 시 유가족에게 수신전과 휼양전을 지급하였다.
ㄷ. (나) – 지급 대상 토지를 원칙적으로 경기 지역에 한정하였다.
ㄹ. (나) – 관리의 인품과 공복을 기준으로 하여 토지를 지급하였다.

① ㄱ, ㄴ ② ㄱ, ㄷ ③ ㄴ, ㄷ
④ ㄴ, ㄹ ⑤ ㄷ, ㄹ

| 해설 | 토지 제도의 변천 과정

(가) 시정 전시과(976, 경종 원년)에 대한 내용으로 직관(職官)과 산관(散官) 각 관직의 높고 낮음 뿐 아니라 인품을 반영하여 전지(곡물 채취가 가능한 논이나 밭)와 시지(땔감을 채취할 수 있는 토지)를 지급하였다. 광종 때 제정된 4색의 공복 제도를 기준으로 하고, 다시 문반, 무반, 잡업 등으로 나누어 토지를 분급하였는데 최초의 전국적 토지 분급 제도로 이로써 전국 호족에 대한 통제가 가능하게 되었다.

(나) 공양왕 때 시행된 과전법(1391, 공양왕 3)으로 원칙적으로 관리들의 무제한적 사전 확대를 방지하기 위해 경기 지방의 토지에 한정하여 관리들에게 수조권을 지급하였고, 원칙상 세습이 불가하여 과전은 수조권자가 죽거나 반역을 하면 국가에 반환하도록 정해져 있었다.

| 오답 넘기 |

ㄴ. (가)가 아닌 (나)에 대한 설명이다. 과전법에서는 죽은 관료의 가족들이 생계를 유지할 수 있도록 하기 위하여 받았던 토지 중 일부를 수신전, 휼양전 등으로 다시 지급하여 세습이 가능했다.
ㄹ. (나)가 아닌 (가)에 대한 설명이다.

정답 ②

2 (가), (나) 사이의 시기에 있었던 사실로 옳은 것은? [3점]

(가) 도평의사사가 글을 올려 과전을 주는 법을 정하자고 요청하니 왕이 따랐다. …… 경기는 사방의 근원이니 마땅히 과전을 설치하여 사대부를 우대하였다. 무릇 경성에 살며 왕실을 보위하는 자는 현직 여부에 상관없이 직위에 따라 과전을 받게 하였다.

(나) 한명회 등이 아뢰기를, "직전(職田)의 세(稅)는 관(官)에서 거두어 관에서 주면 이런 폐단이 없을 것입니다."라고 하였다. [대왕대비가] 전지하기를, "직전의 세는 소재지의 지방관으로 하여금 감독하여 거두어 주도록 하라."라고 하였다.

① 백성에게 정전을 지급하였다.
② 양전 사업을 실시하여 지계를 발급하였다.
③ 관등에 따라 관리에게 전지와 시지를 차등 지급하였다.
④ 개국 공신에게 인품, 공로를 기준으로 역분전을 지급하였다.
⑤ 수신전, 휼양전 등의 명목으로 세습되는 토지를 폐지하였다.

| 해설 | 조선의 토지 제도

(가) 제도는 고려 공양왕 때 실시된 과전법(1391)이며, (나) 제도는 조선 성종 때 실시된 관수 관급제(1470)이다. (가)와 (나) 시기 사이 조선 초기 토지를 세습하여 신진 관료에게 지급할 토지가 부족해지자 15세기 후반 세조 때에 현직 관리에게만 수조권을 지급하는 직전법으로 바꾸었다. 그러나 과전을 받은 관리들이 수조권을 남용하여 과다하게 수취하는 일이 빈번해졌다. 이에 지방 관청에서 그해의 생산량을 조사하여 거두고 이를 관리에게 나누어 주는 관수 관급제의 방식으로 바꾸었다. 그 결과 관리가 수조권을 통해 토지를 지배하는 방식은 사라졌다. 이후 직전법이 폐지되면서 관리들에게는 녹봉만 지급하게 되었다.

| 오답 넘기 |

① 백성에게 정전을 처음 지급한 시기는 신라 성덕왕 때이다(722).
② 대한 제국은 조세 수입을 늘리고 근대적인 토지 소유권을 확립하기 위해 양전 사업과 지계 발급 사업을 실시하였다(1899~1904).
③ 고려의 전시과는 관등에 따라 곡물을 수취할 수 있는 전지와 땔감을 얻을 수 있는 시지를 주는 제도였다.
④ 고려 태조는 후삼국 통일 과정에서 공을 세운 사람들에게 인품과 공로를 기준으로 토지(역분전)를 나누어주었다(940).

정답 ⑤

3 밑줄 그은 '왕'이 실시한 정책으로 옳은 것은? [2점]

이번에 정초와 변효문이
새로운 농서를 편찬했다는군.

농법을 보급하기 위한 서적을
편찬하라는 왕의 명을
받들었다고 하네.

① 결작을 징수하여 재정 부족 문제에 대처하였다.
② 연분 9등법을 시행하여 수취 체제를 정비하였다.
③ 기유약조를 체결하여 일본과의 무역을 재개하였다.
④ 설점수세제를 시행하여 민간의 광산 개발을 허용하였다.
⑤ 직전법을 실시하여 현직 관리에게만 수조권을 지급하였다.

| 해설 | **조선 전기의 경제**

문제의 대화 내용은 조선 세종 때 정초 등이 편찬한 『농사직설』이다(1429). 『농사직설』은 현존하는 우리나라 최초의 농서로 중국의 농업 기술을 수용하면서도 우리 실정에 맞는 독자적인 농법을 정리하였는데 경험 많은 농부들의 실제 경험을 바탕으로 우리나라의 농토와 현실에 맞는 농사짓는 법을 소개한 것이다. 세종 때에는 조세 제도를 좀 더 체계적으로 운영하기 위하여 공법을 정하였는데 토지 비옥도와 풍흉의 정도에 따라 전분6등법, 연분 9등법으로 바꾸고, 조세 액수를 1결당 최고 20두에서 최하 4두를 내도록 하였다.

| 오답 넘기 |

① 조선 후기 정부는 균역법의 실시로 인해 감소한 만큼의 군포 수입을 보충하기 위해 결작이라고 하여 토지 소유자에게 1결당 미곡 2두를 거두어 들였다(1750).
③ 조선은 일본과 기유약조를 맺어 부산포에 다시 왜관을 설치하고, 제한된 범위 내에서의 교섭을 허용하였다(1609).
④ 조선 후기 정부는 양난 이후 파탄된 국가 재정을 보충하고 필요한 광물을 확보하기 위한 목적에서 민간인에게 광산 채굴을 허용하고 세금을 받는 설점수세제를 실시하였다(1651).
⑤ 조선 세조는 직전법을 실시하여 현직 관리에게만 토지를 지급하였다(1466).

정답 ②

4 (가) 상인에 대한 설명으로 옳은 것은? [1점]

이곳은 조선 시대의 상점 터가 확인된 종로 피맛골 발굴 현장입니다. 조선 정부는 이 일대에 행랑을 지어 상가를 조성하고 (가) 에게 빌려주었습니다. (가) 중에는 육의전 상인이 대표적이었습니다.

① 혜상공국을 통해 보호받았다.
② 금난전권이라는 특권을 부여받았다.
③ 전국에 송방이라는 지점을 설치하였다.
④ 책문 후시를 통해 대청 무역을 주도하였다.
⑤ 포구에서 중개 · 금융 · 숙박업 등에 주력하였다.

| 해설 | **조선 시대의 상인**

제시된 자료는 '육의전 상인' 등의 내용으로 보아 종로의 시전 상인에 대한 것이다. 조선은 종로 거리에 상점가를 만들고 개경에 있던 시전 상인을 한양으로 이주시켜 장사하게 하는 대신 점포세와 상세를 거두었다. 시전 상인은 왕실이나 관청에 물품을 공급하는 대신 특정 상품에 대한 독점 판매권을 부여받았는데, 대표적으로는 육의전이 있다. 조선은 이들의 불법적인 상행위를 억제하기 위해 경시서를 두었다.
한편 이들은 조 · 청 상민 수륙 무역 장정 체결 이후 외국 상인들이 서울에 들어와 상업 활동을 하자 황국 중앙 총상회를 조직하여 상권 수호 운동을 전개하기도 하였다(1898).

| 오답 넘기 |

① 혜상공국은 개항 후 정부가 보부상들의 이익을 보호하기 위해 만든 기관이다.
③ 조선 후기 송상은 전국에 송방이라는 지점을 설치하였다.
④ 책문 후시는 사신을 따라간 사상(만상)들이 전개한 사무역이었다.
⑤ 조선 후기 객주나 여각은 운송, 보관, 숙박, 금융 등의 영업도 하였다.

정답 ②

5 밑줄 그은 '피고인'에 대한 설명으로 옳은 것은? [2점]

모의 재판 기소문

기소 이유

피고인은 호방으로 본래 임무를 망각하고 백성에게 해를 끼친 자로서 죄목은 다음과 같다.

1. 백성으로부터 세금을 거둘 때 법보다 더 거두어 남용하였다.
2. 양민을 불법으로 끌어다 남몰래 일을 시켰다.

이에 경국대전 형전에 의거하여 기소한다.

① 잡과를 통해 선발되었다.
② 관청에 신공(身貢)을 바쳤다.
③ 공음전을 경제적 기반으로 삼았다.
④ 사신을 수행하면서 통역을 담당하였다.
⑤ 토착 세력으로 지방에서 행정 실무를 맡았다.

| 해설 | **조선 시대의 신분 제도**

조선 시대 중인은 역관, 의관 등 기술직에 종사하던 사람들과 각 관청의 하급 관리인 서리, 지방 수령의 행정 실무를 돕는 향리(아전) 등을 말한다. 이들은 신분을 세습하였으며, 기술 교육을 받아 잡과에 응시할 수 있었다. 중인은 처음에 신분 차별을 크게 받지 않았으나, 양반 중심 사회가 정착되면서 중앙의 고위직에 오를 수 없게 되었다. 특히 향리는 고려에서 활발하게 관직에 진출하던 계층이었으나, 조선에 와서는 중앙 정부로부터 신분적 제약을 받아 지방 관청에 소속되어 수령을 보좌하는 지위에 머물렀다.

| 오답 넘기 |

① 고려 시대와 조선 시대에는 기술관을 선발하기 위한 잡과가 시행되었다.
② 납공 노비는 대체로 농사를 지으면서 수확량의 일부와 무명, 저화 등을 신공으로 바쳤다.
③ 음서제와 공음전은 고려 문벌 귀족 사회를 유지하는 정치적 · 경제적 중요한 장치였다.
④ 조선 시대 역관의 업무는 통역을 맡아보는 것이었다.

정답 ⑤

6 밑줄 그은 '이들'에 대한 설명으로 옳은 것을 〈보기〉에서 고른 것은? [2점]

이 책은 1858년 유림 단체인 달서정사에서 펴낸 것입니다. 책 이름의 '규(葵)'자는 해바라기를 뜻합니다. '해바라기가 해를 향하는 데는 본가지나 곁가지가 다름이 없듯이 이들의 충성심도 적자(嫡子)와 다를 바 없다.'는 선조(宣祖)의 말에서 따온 것이라고 합니다.
규사

보기

ㄱ. 신량역천으로 분류되었다.
ㄴ. 통청 운동을 전개하였다.
ㄷ. 장례원을 통해 국가의 관리를 받았다.
ㄹ. 규장각 검서관에 등용되기도 하였다.

① ㄱ, ㄴ ② ㄱ, ㄷ ③ ㄴ, ㄷ ④ ㄴ, ㄹ ⑤ ㄷ, ㄹ

| 해설 | **조선의 신분 제도**

밑줄 그은 이들은 '서얼'이다. 서얼은 중인과 같은 신분적 처우를 받았으므로 중서라고도 불렸으며 서얼의 역사를 다룬 책이 『규사』이다(1858). 서얼 출신인 유득공, 박제가 등은 정조 때 규장각 검서관으로 등용되기도 하였다. 서얼에 대한 차별은 임진왜란 이후 완화되기 시작하였는데, 재력을 가지고 있는 서얼은 납속과 공명첩을 이용해 관직에 나아갈 수 있게 되었다. 또 꾸준히 통청 운동을 전개하여 철종 때 청요직 진출이 가능해졌다(신해허통, 1851).

| 오답 넘기 |

ㄱ. 신량역천이란 조선 시대 상민의 최하층으로, 양인이면서도 천역에 종사한 신분이다.
ㄷ. 장례원은 노비와 관련된 소송을 전담하는 곳으로 노비에 대한 설명이다.

정답 ④

7 (가)에 대한 설명으로 옳은 것은? [2점]

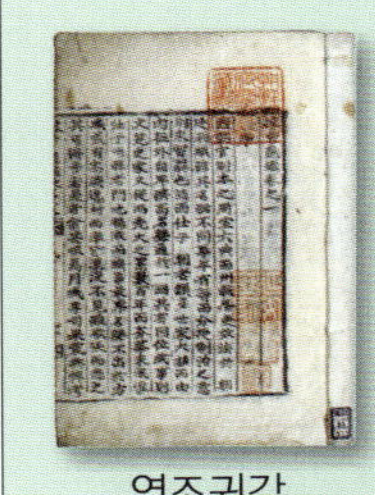
연조귀감

이 책은 1777년(정조 1)에 이진흥이 (가) 의 사적(事蹟)을 모아 정리한 것이다. 이 책에는 지방 이서(吏胥)층인 (가) 의 기원과 형성 과정, 그리고 행적을 밝히고 처우 개선을 요구하는 상소 등이 수록되었다.

① 신량역천으로 분류되었다.
② 매매, 상속, 증여의 대상이었다.
③ 고려 시대에는 화척이라 불렸다.
④ 수령을 보좌하며 행정 실무를 담당하였다.
⑤ 시전을 운영하며 관청의 수요품을 조달하였다.

| 해설 | 조선의 신분 제도

『연조귀감』은 조선 후기 이진흥이 향리에 관계된 기록 및 그들 중 뛰어난 인물의 전기를 모아 엮은 책이다(1777). 따라서 (가)에 들어갈 계층은 향리이다. 조선 시대 수령에게는 행정 · 사법 · 군사권을 부여하여 권한을 강화한 반면, 향리는 수령의 행정 실무를 담당하는 세습적인 아전으로 격하시키는 등 고려에 비해 중앙 집권 체제를 강화하였다.

| 오답 넘기 |

① 신량역천(身良役賤)이란 양인 중 천역을 담당한 계층을 말하는데 수군, 조례, 나장, 일수, 봉수군, 역졸, 조졸 등 힘든 일에 종사한 일곱 가지 부류가 대표적이다. 향리는 신량역천에 포함되지 않았다.
② 노비는 신분이 세습되어 주인의 재산으로 취급되었으며, 상속, 양도, 매매가 가능하였다.
③ 고려 시대 화척은 도살업 등의 천한 직업에 종사하던 신분이다.
⑤ 조선 조정은 시전 상인에게 관청에서 필요한 물품을 공급하게 한 대가로 특정 상품에 대한 독점 판매권을 주었다.

정답 ④

8 (가)에 대한 설명으로 옳은 것을 〈보기〉에서 고른 것은? [2점]

하나, 나이가 많고 덕망과 학술을 지닌 1인을 여러 사람들이 도약정(都約正)으로 추대하고, 학문과 덕행을 지닌 2인을 부약정으로 삼는다. (가) 의 구성원 중에서 교대로 직월(直月)과 사화(司貨)를 맡는다. ……

하나, 세 가지 장부를 두어 (가) 에 가입하기를 원하는 자들, 덕업(德業)이 볼 만한 자들, 과실(過失)이 있는 자들을 각각의 장부에 기록한다. 이를 직월이 맡았다가 매번 모임이 있을 때 약정에게 알려서 각각 그 순위를 매긴다.

–『율곡전서』–

보기

ㄱ. 흥선 대원군에 의해 철폐되었다.
ㄴ. 지방 사족이 주요 직임을 맡았다.
ㄷ. 대성전을 세워 선현에 제사를 지냈다.
ㄹ. 풍속 교화와 향촌 자치의 역할을 하였다.

① ㄱ, ㄴ ② ㄱ, ㄷ ③ ㄴ, ㄷ
④ ㄴ, ㄹ ⑤ ㄷ, ㄹ

| 해설 | 조선 시대의 향약

(가)에 들어갈 내용은 조선 시대 향약으로 시행 시기나 지역에 따라 다양한 내용을 담고 있으나, 기본적으로 풍속 교화와 향촌 자치의 역할을 하였다. 한편, 향약의 임원인 약정, 부약정 등은 양반 조직인 향청의 좌수, 별감 등 지방 사족이 겸임하는 것이 일반적이었다. 향촌의 자치 규약이라고는 하지만 본질적으로 엄격한 봉건 질서를 적용하여 향촌의 농민들을 억압한 조직이었으며, 경제적으로는 향촌 사족들에 의해 농민 착취의 수단으로 이용되기도 하였다.

| 오답 넘기 |

ㄱ. 흥선 대원군은 47개소만 남기고 전국의 서원을 철폐하였는데, 이는 많은 양반 유생들의 반발을 가져왔다(1864).
ㄷ. 조선 시대 공공 교육 기관인 성균관과 향교에는 공자의 위패를 모시고 제사를 지내는 대성전과 유생들이 모여서 공부하는 명륜당이 설치되었다.

정답 ④

17 조선 전기의 문화

공부한 날 월 일

일차

❶ 조선 전기 민족 문화의 발달

(1) 민족 문화 발달의 배경 : 당시 집권층이 과학 기술과 실용적 학문 중시(민생 안정과 부국강병 목적), 성리학 이외의 학문과 사상도 수용 → 민족적 · 자주적 성격의 민족 문화 발달

(2) 훈민정음

① 훈민정음 창제(1443, 세종 25) : 우리 문자의 필요성, 피지배층의 도덕적 교화에 필요

② 훈민정음 반포(1446, 세종 28) : 세종이 사실상 독창적으로 창제, 반포 → 「용비어천가」, 『삼강행실도』, 「월인천강지곡」 등 편찬, 서리 채용의 시험 과목으로 채택(행정 실무에 이용)

③ 의의 : 백성들도 문자 생활 가능, 민족 문화 발전의 기반 마련

Click ! ● 훈민정음 창제 의도

> 설총이 이두를 제작한 본뜻은 백성을 편리하게 하려 함이 아니겠느냐. 만일 그것이 백성을 편리하게 한 것이라면 지금의 언문(諺文)도 백성을 편리하게 하려는 것이다. 너희들이 설총은 옳다 하면서 왕이 하는 일은 그르다 하니 어찌된 것이냐. …… 내가 만일 언문으로 삼강행실(三綱行實)을 번역하여 민간에 반포하면 어리석은 백성이 모두 쉽게 깨달아서 충신 · 효자 · 열녀가 반드시 많이 나올 것이다.

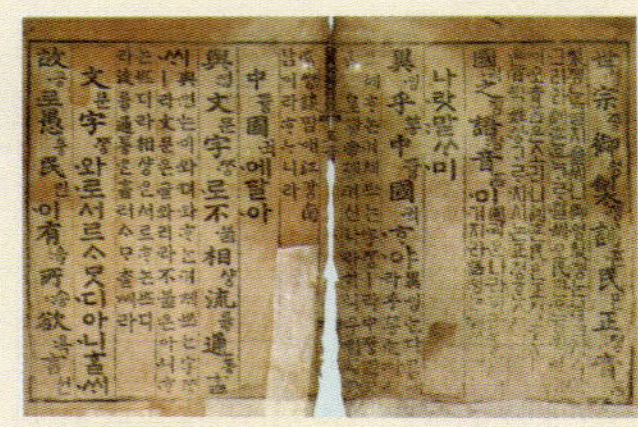

훈민정음 한자가 표의 문자인 것에 반하여 훈민정음은 한 음절을 초성, 중성, 종성으로 나누는 음소 문자이면서, 음절 단위로 적는 음절 문자의 성격을 함께 지닌 표음 문자라는 점이 독창적이다. 훈민정음 창제 당시의 문자 체계는 자음 17자, 모음 11자로 모두 28자였으나, 현재 24자만 쓰인다.

(3) 역사서의 편찬

① 건국 초기

㉠ 편찬 방향 : 조선 왕조의 정통성 확보와 성리학적 통치 규범 정착 목적

㉡ 대표적 역사서 : 정도전의 『고려국사』(1395), 권근의 『동국사략』(1403)(편년체 통사)

- 편년체: 연대순으로 역사를 서술하는 형식

② 15세기 중엽 이후

㉠ 편찬 방향 : 민족적 자각을 일깨우고 문화를 향상시키는 자주적 사관이 대두, 고려의 역사를 자주적인 입장에서 재정리

㉡ 대표적 역사서

ⓐ 『고려사』 : 김종서와 정인지가 세종의 명을 받아 기전체로 편찬, 고려 말기 우왕과 창왕을 신돈의 자식이라 간주하고 신우, 신창이라 하여 '세가'에 기록하지 않고 '열전'에 기록, 종(宗), 폐하(陛下), 태후(太后) 등의 칭호를 그대로 사용해 자주적 입장이 나타남(1449~1451)

- 기전체: 역사를 본기, 세가, 연표, 지, 열전 등으로 나누어 서술하는 방식

ⓑ 『고려사절요』 : 편년체로 고려사를 정리(1452)

ⓒ 『동국통감』 : 서거정이 편찬한 편년체 통사로 단군 조선부터 고려 말까지 서술하였으며, 단군을 민족의 시조로 인식(1485)

고려사와 고려사절요
편찬자가 거의 일치하기 때문에 『고려사』와 『고려사절요』에서 보이는 역사관은 거의 일치한다. 그러나 『고려사』가 군주의 절대적 영향력 아래 고려 역사를 정리한 것에 비해, 『고려사절요』는 대신의 역할과 관료 제도의 정비를 역사 발전의 핵심으로 설정하고 있다는 점에서 차이가 있다.

동국통감의 내용
신라의 박혁거세에서 고려 말 공양왕까지의 국가의 성쇠, 명교(名敎), 절의(節義), 난적(亂賊) 등을 쓰고 따로 책머리에는 단군, 기자, 위만 조선 및 삼한 등을 실었다.

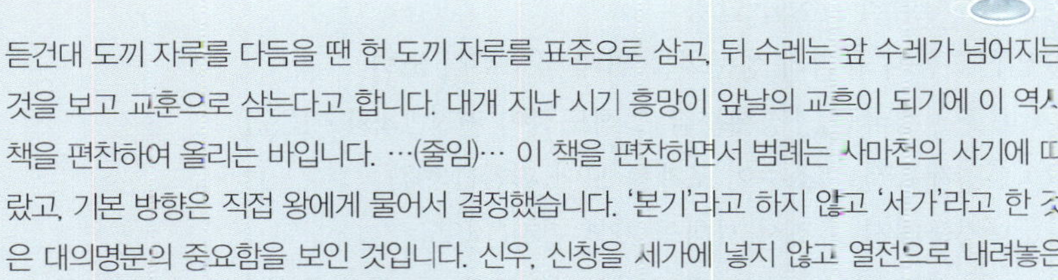

Click! ● 고려사 서문

듣건대 도끼 자루를 다듬을 땐 헌 도끼 자루를 표준으로 삼고, 뒤 수레는 앞 수레가 넘어지는 것을 보고 교훈으로 삼는다고 합니다. 대개 지난 시기 흥망이 앞날의 교훈이 되기에 이 역사책을 편찬하여 올리는 바입니다. …(줄임)… 이 책을 편찬하면서 범례는 사마천의 사기에 따랐고, 기본 방향은 직접 왕에게 물어서 결정했습니다. '본기'라고 하지 않고 '세가'라고 한 것은 대의명분의 중요함을 보인 것입니다. 신우, 신창을 세가에 넣지 않고 열전으로 내려놓은 것은 왕위를 도적질한 사실을 엄히 밝히려 한 것입니다. 충신과 간신, 부정한 자와 공정한 자를 다 열전을 달리해 서술했습니다. 제도 문물은 종류에 따라 나눠 놓았습니다.

조선왕조실록

③ 『조선왕조실록』 편찬
- ㉠ 편찬 과정 : 한 국왕이 죽으면 다음 국왕 때 춘추관을 중심으로 실록청을 설치하고 사관이 국왕 앞에서 기록한 사초, 각 관청의 문서를 모아 만든 시정기 등을 종합, 정리하여 편찬
  - 사초: 사관이 직무상 개별적으로 비밀리에 작성한 국정 기록
- ㉡ 체제 : 조선 태조에서 철종에 이르는 왕별 통치 기간의 기록을 정리하여 간행(편년체)
- ㉢ 보관 : 4부를 찍어 전쟁의 피해를 입지 않을 만한 지역에 세워진 사고에 나누어 보관
- ㉣ 역사적 가치 : 『승정원일기』와 더불어 유네스코에서 세계 기록유산으로 지정

④ 16세기의 역사 편찬
- ㉠ 편찬 방향 : 사림의 존화주의적, 왕도주의적 정치 의식과 문화 의식을 반영하는 사서들이 편찬, 기자가 숭상되면서 단군 조선은 부정되고 기자 조선이 더욱 중요하게 다루어짐
  - 존화주의: 중국을 세계의 중심으로 생각하는 중국 존중 의식
  - 기자 조선: 중국 은나라 말기에 기자가 조선에 와서 단군 조선에 이어 건국하였다고 전하는 나라
- ㉡ 대표적 역사서 : 이이의 『기자실기』, 박상의 『동국사략』 등

혼일강리역대국도지도
- 제작 시기 : 조선 초기(태종)
- 내용 : 조선, 중국, 일본의 지도를 편집하여 만든 세계 지도
- 중국과 우리나라를 크게 표시 : 중화 사상, 소중화 사상

(4) 지리서 · 법전 · 윤리서

① 지도 · 지리서
- ㉠ 편찬 목적 : 전국의 지리를 파악하여 중앙 집권적 통치를 강화
- ㉡ 지도의 편찬
  - ⓐ 혼일강리역대국도지도(태종) : 현존하는 지도 중 아시아의 것으로는 가장 오래된 세계 지도(1402)
  - ⓑ 팔도도 : 태종 때 북방 영토를 실측하여 만든 전국 지도, 과학 기구(규형)를 이용하여 제작(1402)
  - ⓒ 조선방역지도 : 행정과 국방의 필요에서 제작되었으며, 주현의 명칭을 8도별로 색깔을 달리하여 표시하고 만주와 대마도를 표기(1557~1558)
- ㉢ 지리서의 편찬
  - 지리서: 당시의 지리책은 단순히 지리적인 부분만이 아니라 경제, 국방 등 전반적인 내용을 담고 있었다.
  - ⓐ 『세종실록』 지리지 : 『세종실록』에 실려 있는 지리책으로 특히, 단군 신화가 수록되어 있으며 『동국여지승람』의 원본이 됨(1454)
  - ⓑ 『동국여지승람』 : 노사신 등이 성종의 명에 따라 편찬하였는데 군현의 연혁, 지세, 인물, 풍속, 산물, 교통 등이 자세히 수록, 『팔도지리지』에 『동문선』의 내용을 추가한 인문 지리의 완성본(1486)

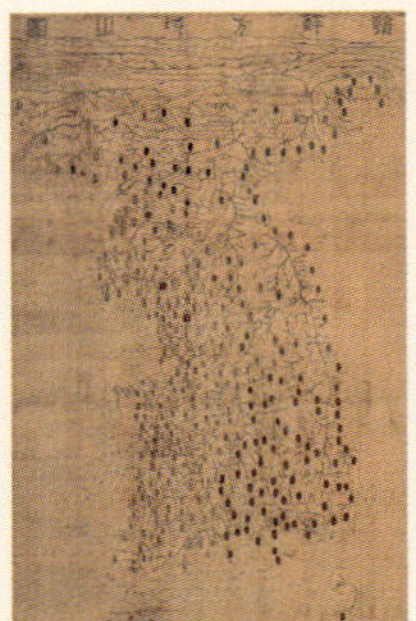
조선방역지도

ⓒ『신증동국여지승람』:『동국여지승람』의 내용을 증보 · 수정(1530)

ⓓ『읍지』: 16세기에는 일부 군현에서 편찬 → 향토의 문화적 유산에 대한 사림의 관심을 반영

② **법전** : 통치 규범의 성문화를 위해 국초부터 노력

㉠『조선경국전』,『경제문감』: 정도전이 편찬(1394 · 1395)

㉡『경제육전』: 조준이 조례를 모아 편찬(1397)

㉢『경국대전』: 조선 시대의 기본 법전(1485)

ⓐ 편찬 과정 : 세조 때 육전상정소를 설치, 편찬에 착수하여 성종 때 완성

ⓑ 구성 : 이전 · 호전 · 예전 · 병전 · 형전 · 공전의 6전으로 구성된 종합 법전

ⓒ 내용 : 왕실과 관리의 업무 지침, 세금에 관한 것, 의례에 관한 것, 흉년 시 관리가 해야 할 일, 백성의 일상생활에 관한 것, 군사 · 형벌 · 집이나 도로 공사에 대한 내용 등이 담겨 있음

③ **윤리 · 의례서**

㉠『삼강행실도』(세종) : 설순이 편찬, 중국과 우리의 역사 중에서 삼강오륜의 모범이 되는 충신 · 효자 · 열녀들의 행실을 그림으로 그리고 해설(1434)

㉡『국조오례의』(성종) : 국가의 여러 행사에 필요한 의례를 정비하여 편찬한 의례서(1474)

㉢ 기타 :『이륜행실도』(1518),『동몽수지』(1517)

Click ! ● **삼강행실도**

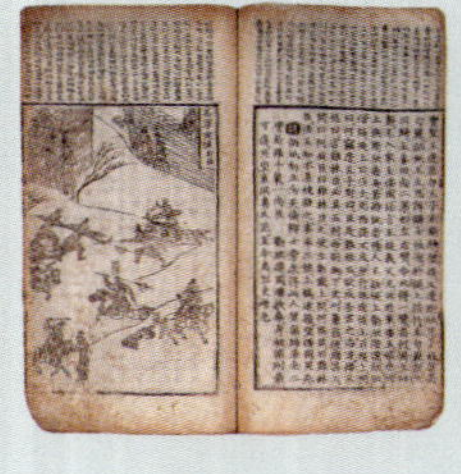

- 『삼강행실도』: 세종 때 모범이 될 만한 효자, 충신, 열녀를 각각 35명씩 모두 105명을 뽑아 그 행적을 그림과 글로 칭송한 도덕서
- 성종 12년에 한글로 번역되어 간행됨
- 편찬 목적 : 유교 윤리를 일반 백성들에게 보급하여 성리학적 통치 기반을 확립하고자 함

(5) 교육 제도

① **조선 시대 교육 제도의 특징** : 양반 자제를 주된 대상으로 한 관리 양성 목적

② **인문 교육**

㉠ 4부 학당과 향교(관학, 중등 교육 기관)

ⓐ 4부 학당 : 중학 · 동학 · 남학 · 서학이 있었으며 중앙의 중등 교육 기관

ⓑ 향교 : 지방의 중등 교육 기관으로 성현에 대한 제사와 유생들의 교육, 지방민의 교화를 위해 부 · 목 · 군 · 현에 각각 하나씩 설립, 중앙에서 교관인 교수 또는 훈도 파견, 각 군현의 인구에 비례하여 정원을 책정, 양인 이상 입학 가능, 성균관의 구조와 유사하게 공간을 배치

㉡ 성균관(관학, 최고 학부)

ⓐ 내용 : 입학 자격은 생원 · 진사를 원칙으로 함, 성적이 우수한 자는 문과의 초시를 거치지 않고 바로 복시에 응시

ⓑ 특징 : 성균관의 학생들은 유학자의 입장에서 국가 정책을 비판하고 견제

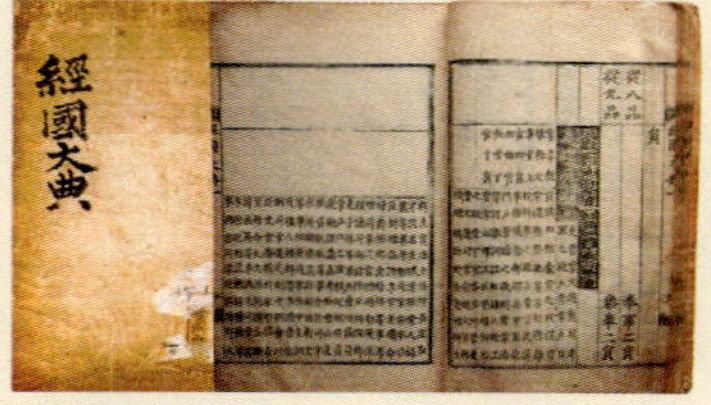

경국대전

국조오례의
국가의 제사 의식, 사대 예법을 비롯한 국왕과 왕실의 혼례 의식, 사신 접대 의식, 군사 의식, 장례 의식에 관련된 다섯 가지 의례를 정리한 책이다.

이륜행실도
연장자와 연소자, 친구 사이에 지켜야 할 윤리에 관한 사실을 모아 그림으로 그리고, 한문과 한글로 설명한 책

동몽수지
어린이가 지켜야 할 예절을 기록한 윤리서

하는 기능도 수행 → 권당(단식 투쟁, 시험 거부), 공관(동맹 휴학), 공자(철야 농성), 유소(상소문) 등의 실력 행사

㉢ 서당(사학, 초등 교육 기관)

ⓐ 운영 : 4학이나 향교에 입학하지 못한 선비와 평민의 자제가 교육을 받았음

ⓑ 교육 내용 : 천자문, 동몽선습, 통감, 4서, 3경(시경 · 서경 · 역경)이 중심

㉣ 서원(사학, 중등 교육 기관)

ⓐ 기능 : 선현에 대한 제사, 학문 연구, 제자 양성(양반 자제 교육), 봄 · 가을로 향음주례를 지냄

ⓑ 기원 : 중종 때 주세붕이 영주에 세운 백운동 서원(1542)

ⓒ 사액 서원 : 이황의 건의로 백운동 서원이 '소수 서원'으로 사액됨 → 국가에서 토지 · 노비 · 서적 등을 지급하였으며, 면세의 특권을 부여함(이후 사림의 학문적 기반)

ⓓ 영향 : 성리학과 지방 문화 발전, 붕당의 근거지가 됨

③ 기술 교육 : 해당 관청에서 담당, 대개 중인을 대상으로 함, 전의감(의학), 사역원(외국어), 관상감(천문 · 지리), 호조(산학), 형조(율학), 도화서(화원) 등

소수 서원

노걸대언해 조선 시대의 외국어 교과서

(6) 조선 전기의 과학 기술

① 천문학과 과학 기구의 발명

㉠ 배경 : 훈구파의 기술학 중시(부국강병), 농업 진흥과 유교적 이상 사회 구현

㉡ 천체 관측 기구 : 천체의 위치를 측정하는 혼천의와 이를 간소화한 간의를 제작

㉢ 시간 측정 기구 : 물시계인 자격루(노비 출신의 과학 기술자인 장영실이 제작)와 해시계인 앙부일구, 일성정시의(낮과 밤의 시간을 재는 데 사용) 등

㉣ 강우량 및 풍량 측정 기구 : 최초의 강우량 측정기인 측우기, 한강과 청계천의 수위를 측정하기 위해 제작한 수표, 바람의 세기를 측정하던 풍기대

㉤ 토지 측량 기구 : 규형(토지의 고저를 측량)과 인지의(토지의 원근을 측량) 등

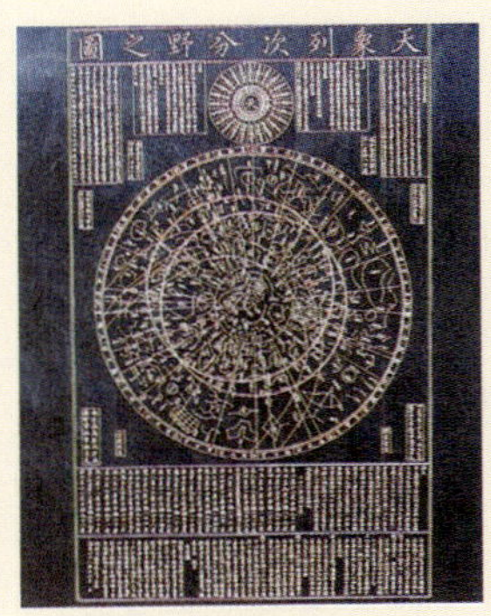
천상열차분야지도

② 천문도와 역법

㉠ 천문도 : 태조 때 고구려의 천문도를 바탕으로 '천상열차분야지도' 제작 (1395)

㉡ 역법 : 세종 때 중국(원)과 아라비아의 달력을 참고하여 우리 실정에 맞는 『칠정산』 편찬(1444)

한양을 표준으로 천체의 움직임을 측정하여 달을 기준으로 하는 음력과 해를 기준으로 하는 24절기를 정확히 계산해 낼 수 있게 되었다.

③ 농업 기술 및 의술의 발달

㉠ 농서 : 『농사직설』(씨앗 저장법, 모내기법 등 농부들의 영농 경험을 수록하여 우리의 실정에 맞는 독자적인 농법을 정리, 1429), 『금양잡록』(시흥 지방의 농업 기술 기록, 1492)

㉡ 의학 : 『향약집성방』(우리 풍토에 맞는 약재와 치료 방법 개발, 1433), 『의방유취』(의학 백과사전) 편찬(1445) → 민족 의학 발전

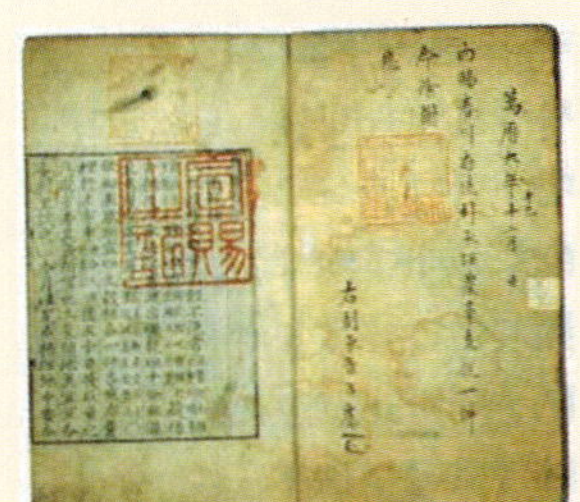
농사직설

Click ! ● 향약집성방

이 책은 세종의 명에 의해 우리나라 약재와 중국 약재의 비교 연구, 각 지역에서 생산되는 약재에 대한 실태 조사, 향약채취월령 등을 바탕으로 편찬되었다. 또한 각 질병의 증상에 따른 치료 방법까지 수록되어 있어 우리 풍토에 알맞은 약재와 치료 방법을 종합적으로 정리한 의약서로 평가받고 있다.

④ 인쇄술 : 고려의 금속 활자를 개량하여 계미자(태종), 갑인자(세종) 주조
1403 1434

Click ! ● 세종 시기의 과학 발명품

①  ②  ③  ④  ⑤ 

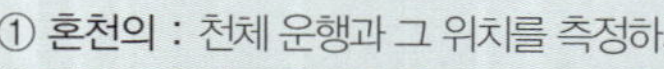
① 혼천의 : 천체 운행과 그 위치를 측정하기 위해 만든 관측 기구
② 간의 : 천체의 위치를 측정하는 동양의 전통적인 천문 기구. 혼천의를 간소화함
③ 자격루 : 종, 북, 징을 쳐서 자동으로 시간을 알려 주는 물시계
④ 앙부일구 : 해의 그림자를 이용하여 시간을 측정한 해시계. 시간뿐만 아니라 절기까지도 정확하게 측정
⑤ 측우기 : 빗물을 그릇에 받아 강우량을 측정하는 기구. 세계 최초의 우량계

⑤ 병서 · 무기
㉠ 병서 : 『총통등록』, 『동국병감』, 『병장도설』
㉡ 무기 : 거북선, 비거도선, 신기전, 바퀴가 달린 화차 등 신무기와 병선 제조 기술 발달, 화약 제조

❷ 성리학적 사회 질서의 확산 

(1) 성리학의 철학적 분화

조선 사회가 점차 안정되고 사림이 성장하면서 통치 이념으로서의 성리학이 학문적으로 더욱 발전하였으며, 이후 각종 의례서의 편찬과 향약의 보급 등을 통해 일상생활의 윤리로 점차 정착해 갔다.

① 이기론의 선구자
㉠ 서경덕 : 이보다 기를 중심으로 세계를 이해(주기론), 외부 세계에 대한 탐구와 실천 중시, 불교와 노장 사상에 대해 개방적 태도
㉡ 이언적 : 기보다 이를 중심으로 자신의 이론을 전개(주리론), 주자 성리학 강조 → 이황에게 계승
㉢ 조식 : 철학적 토론보다 학문의 실천을 강조, 임진왜란 때 그의 문하에서 김효원, 곽재우, 정인홍 등 다수의 의병장 출현

② 주기론과 주리론의 비교

구분	주기론	주리론
학풍	• 기(氣) 중심 세계 이해 • 경험적 현실 세계(개혁 사상)	• 이(理)를 중심으로 이론 전개 • 도덕적 원리 문제(사회 질서 유지)
학파	서경덕, 조식 → 이이 → 기호학파(서인)	이언적 → 이황 → 영남학파(동인)
영향	중상주의 실학 사상, 개화 사상에 영향	위정척사 사상, 일본에 영향

(2) 성리학의 융성 : 이황과 이이는 성리학의 독자적 체계를 세움

구분	퇴계 이황	율곡 이이
학풍	이기이원론	일원적 이기이원론
저서	『주자서절요』, 『성학십도』 등	『동호문답』, 『성학집요』 등
특징	인간의 심성 중시(주리론), 근본적 · 이상주의적 성격 → 일본 성리학 발전에 영향	이황에 비해 기를 강조(주기론), 현실적 · 개혁적 성격 → 수취 제도 개혁 등 주장
계승	김성일, 유성룡 → 영남학파	조헌, 김장생 → 기호학파

신기전과 화차

이(理)와 기(氣)
성리학에 따르면 기(氣)는 우주 만물을 구성하는 요소이며 기의 모임과 흩어짐에 따라 만물이 생성하고 소멸한다고 한다. 이(理)는 만물 생성의 근원이 되는 정신적 실재로서 기의 존재 근거이며 만물에 내재하는 원리로서 기의 운동 법칙이 되기도 한다.

성학십도와 성학집요의 차이
성학(聖學)이란 모든 사람을 성인이 되도록 하는 학문, 왕이 배우는 학문이란 뜻이다. 『성학십도』(1568)에서는 군주 스스로가 성학을 따를 것을 제시한 반면, 『성학집요』(1575)에서는 현명한 신하가 군주에게 성학을 가르쳐 그 기질을 변화시켜야 한다고 주장하였다.

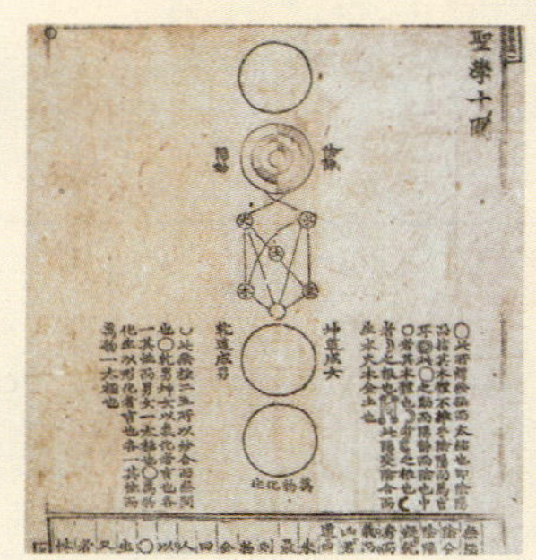
성학십도(이황)

한국사 感 높이기

정여립 모반 사건
정여립은 천하는 공물(公物)이니 임금의 아들이 아니라 누구든 유자격자가 왕위를 계승해야 한다고 주장했다. 그는 조선 왕조의 근본 이념인 불사이군의 절의론을 부정하고 역성 혁명을 꿈꾸며 대동계라는 사병 조직을 양성하였다. 그의 이단성과 혁명성은 조선조의 광주 사태로 일컬어지는 정치 보복극 기축옥사(己丑獄事)의 꼬투리가 되었는데, 이 사건은 동인 세력이 남인과 북인으로 나뉘는 계기가 되었다(1589).

예치(禮治)
개인 · 사회 · 국가를 예로 다스리는 것으로 예를 가르치는 예교와 예를 배우는 예학을 통해서 실현된다.

도첩제
승려의 출가를 제한하기 위해 포를 납부한 사람에게 발행한 허가증 발급 제도

원각사지 10층 석탑

보우
문정왕후는 신앙심이 돈독하여 각종 불교 행사를 시행하였고, 보우를 봉은사 주지로 명하여 선종과 교종을 다시 세우게 하였다.

서거정의 자주 의식
「동문선」 서문에서 서거정은 "우리나라의 글은 송이나 원의 글이 아니고 한이나 당의 글도 아니다. 바로 우리나라의 글일 따름이다."라고 하였다.

분청사기
회색이나 회흑색의 태토(胎土) 위에 맑게 거른 백토로 표면을 분장한 뒤 유약을 씌워 구운 도자기이다. 백토 분장은 그 자체가 무늬를 나타내는 기법이기도 하며, 그 외의 기법으로는 백토로 분장한 후 선을 새겨 무늬를 나타내거나, 배경이 되는 부분의 백토를 긁어내어 하얗게 무늬만을 남기는 방법 등도 있다.

군주관	군주 스스로가 성학을 따를 것을 제시	현명한 신하가 성학을 군주에게 가르쳐 그 기질을 변화시켜야 한다고 주장
기타	도산 서원, 예안 향약	서원 향약, 해주 향약

(3) 학파의 형성과 대립
16세기 중반부터 성리학에 대한 이해가 심화되면서 학설과 지역적 차이에 따라 서원을 중심으로 학파가 형성되기 시작하였다.

① 동인 : 정여립 모반 사건(1589)을 계기로 북인, 남인으로 분당
  ㉠ 북인(서경덕 · 조식 학파) : 광해군 때 집권, 중립 외교 정책
  ㉡ 남인(이황 학파) : 서인과 함께 인조반정 일으킴
② 서인 : 이이 학파와 성혼 학파 → 인조반정(1623)으로 정극 주도, 서경덕과 조식 사상 · 양명학 · 노장 사상 배척 → 남인과 함께 의리 명분론 강화, 반청 정책 추진 → 병자호란 초래

(4) 예학과 보학의 발달
① 예학 : 17세기 이후 양 난으로 흐트러진 유교적 질서의 회복 강조, 예치 강조 예학을 통해 양반 사대부의 우월성을 강조하고 가족과 친족 공동체의 유대를 통하여 문벌 형성, 예학 연구의 심화(전례 논쟁 → 예송 발생)
② 보학 : 종족의 종적인 내력과 횡적인 종족 관계를 기록하고 암기하는 학문, 안으로는 종족 내부의 결속을 다지고 밖으로는 다른 종족이나 하급 신분에 대하여 우월 의식을 확립

3 종교와 민간 신앙

(1) 불교의 정비
① 불교 정비책 : 도첩제, 종파 통합, 사원 건립 억제 → 불교의 약화
② 목적 : 국가 재정 확보(경제적), 유교적 국가의 기초 마련(사회적)
③ 정비 과정
  ㉠ 태조 : 도첩제를 실시(승려의 증가를 제한), 사원 건립을 억제
  ㉡ 태종 : 전국 242개 사원을 제외한 사원의 토지와 노비를 몰수
  ㉢ 세종 : 교단 정리(선종 · 교종 합쳐 36개 절만 인정)
  ㉣ 성종 : 도첩제 폐지 → 일체의 출가 금지
④ 불교 신앙의 유지와 일시적 중흥 : 세조(원각사지 10층 석탑 건립, 간경도감 설치), 명종 때 문정왕후 지원(승과 부활, 보우 중용), 임진왜란 때 승병들의 활약

1461~1471

경천사지 10층 석탑을 모방하여 만들어졌으며, 현재 서울 종로구 탑골 공원에 있다(1467).

(2) 도교와 민간 신앙
① 도교 : 소격서 설치, 마니산 참성단에서 초제 시행(단군 신앙과 연결)
② 풍수지리설과 도참 사상 : 한양 천도, 양반 사대부의 묘지 선정에 작용(명당 선호)

4 조선 전기의 문학과 예술

(1) 문학 : 서거정(동문선), 김시습(금오신화), 허난설헌, 황진이 등

(2) 자기
전국의 자기소와 도기소에서 만들어져 관수용이나 민간용으로 제작되었다.

① 분청사기(15세기) : 청자에 백토의 분을 칠한 것으로 고려 자기의 기법을 계승한 회청색 자기
② 백자(16세기) : 청자보다 깨끗하고 담백하며 순백의 고상함을 풍겨 선비들의 취향과 어울렸기 때문에 널리 이용

(3) 회화

구분	15세기	16세기
특징	중국 역대 화풍을 선택적으로 수용 → 독자적 화풍 개발 → 일본의 무로마치 시대의 미술에 영향	다양한 화풍, 선비들의 정신 세계를 사군자로 표현
사례	• 안견의 몽유도원도(화원 소속) : 현실 세계와 이상 세계 표현 • 강희안의 고사관수도(문인 화가) : 무념 무상의 모습, 대담하게 세부 묘사 생략, 과감한 필치, 인물의 내면 세계 표현	• 이상좌 : 노비 출신으로 화원 발탁, '송하보월도'로 유명 • 신사임당 : 풀과 벌레를 소박하고 섬세하게 표현한 '초충도' • 황집중(포도), 이정(대나무), 어몽룡(매화) → 고매한 정신 세계를 생동감 있게 표현

└ 세종의 아들인 안평 대군이 꿈속에서 본 무릉도원을 전문 화가인 안견에게 설명하여 그리게 한 그림이다.

Click ! ●조선 전기의 예술

고사관수도(강희안)

분청사기 철화 어문병

분청사기 조화 어문 편병

순백자병

송하보월도(이상좌)

묵죽도(이정)

초충도(신사임당)

몽유도원도(안견)

(4) 건축

구분	15세기	16세기
특징	• 궁궐, 관아, 성문, 학교 중심 • 건축 중심(건물주의 신분에 따라 크기와 장식 제한)	사림 집권 → 서원 건축 중심 (소박함, 자연미와 조화)
사례	• 경복궁, 창덕궁, 숭례문, 돈화문 건립 → 왕조의 위엄 과시 • 불교 건축 : 무위사 극락전, 해인사 장경판전, 원각사지 10층 석탑 등	• 서원 : 산과 하천의 근처의 한적한 곳에 위치, 강당, 사당과 기숙 시설인 동재와 서재로 구성 • 사례 : 옥산 서원, 도산 서원 등

(5) 음악 : 세종 때 아악 정리, 종묘제례악 완성(유네스코 인류 무형 문화유산으로 등재, 2001), 성종 때 『악학궤범』 편찬(1493)

└ 조선의 역대 왕과 왕비의 신주를 모신 종묘에서 제사를 지낼 때 쓰인 음악이다. 종묘제례는 유교 정치를 추구한 왕실의 권위를 내세울 수 있는 중요한 행사였다.

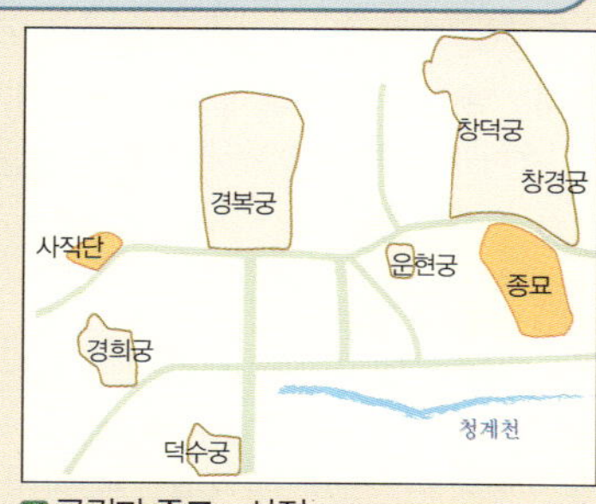

궁궐과 종묘 · 사직

서원의 구조

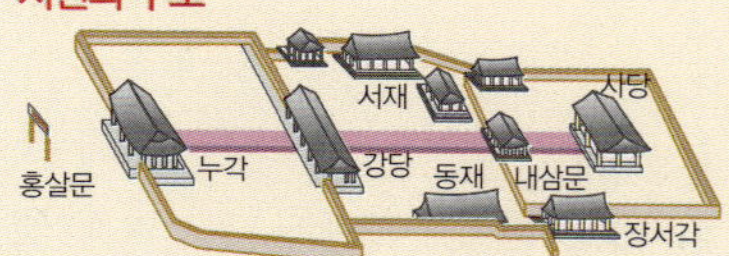

조선 시대에는 사림이 성장하면서 전국적으로 서원이 세워졌다. 서원은 검소한 선비 정신에 따라 간소한 양식으로 화려하지 않게 꾸민 것이 보통이며, 주위의 자연환경과 조화를 이루었다. 제사 공간인 사당과 교육 공간인 강당을 중심으로 여러 시설을 갖추었다.

1 조선 전기 민족 문화의 발달

- [동국통감] 고조선부터 고려까지의 역사를 정리하였다.
- [조선왕조실록] 사초, 시정기 등을 바탕으로 (실록청에서) 편찬되었다.
- 세계 지도인 혼일강리역대국도지도가 제작되었습니다.
- [신숙주] 보고 들은 내용을 해동제국기로 남겼다.
  - ↳ 일본에 다녀와서 해동제국기를 편찬하였다.
- [성종] 각 도의 지리, 풍속 등이 수록된 동국여지승람이 편찬되었다.
  - ↳ 국가의 의례를 정비한 국조오례의가 완성되었다.
- 수도에 4부 학당을 두었다.
  - ↳ 수도에 4부 학당을 두어 유학 경전을 교육하였다.
  - ↳ 중등 교육 기관으로 4부 학당을 설립하였다.
- [향교] 전국의 부 · 목 · 군 · 현에 하나씩 설립되었다.
  - ↳ 중앙에서 (교관인) 교수와 훈도가 파견되었다.
- [성균관] 최고의 관립 교육 기관으로 성현의 제사도 지냈다.
- [서원] 지방의 사림 세력이 주로 설립하였다.

실전 자료 서원

선현제향(先賢祭享)과 학문 연구를 위하여 설립된 조선 시대의 사설 교육 기관이다. 향촌 사림의 모임 장소로, 시정을 비판하고 공론을 형성하는 역할도 하였다. 주요 건물로는 선현의 위패를 봉안하고 제향하는 사당, 강연과 회의가 열리는 강당, 일종의 기숙사인 재(齋)가 있다.

- [세종] 한양을 기준으로 한 역법서인 칠정산을 만들었다.
  - ↳ 한양을 기준으로 한 역법서인 칠정산 내편을 편찬하였다.
  - ↳ 한양을 기준으로 천체 운동을 계산한 역법서를 저술하였다.
- [태종] 주자소가 설치되어 계미자가 주조되었다.
  - ↳ [세종] 개량된 금속 활자인 갑인자가 주조되었어요.
- [세종] 우리 풍토에 맞는 농법을 기록한 농사직설이 편찬되었다.
  - ↳ 우리 풍토에 맞는 농법을 소개한 농사직설이 간행되었다.
- [세종] 국산 약재와 치료 방법을 정리한 향약집성방이 간행되었어요.
- [성종] 강희맹이 (자신의 경험을 바탕으로 한) 농서인 금양잡록을 저술하였다.
- 신무기인 신기전과 화차가 개발되었어요.

2 성리학적 사회 질서의 확산

- [김종직] 무오사화의 발단이 된 조의제문을 작성하였다.
  - ↳ 사화의 발단이 된 조의제문을 작성하였다.

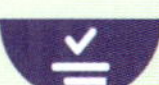
실전 자료 점필재 김종직

조선 시대에 활동했던 문신 겸 학자로 영남 학파의 종조(宗祖)로 불린다. 호는 점필재이며, 성종의 신임을 받아 홍문관 부제학, 승정원 도승지, 이조 참판 등 요직을 두루 거쳤다. 그의 학통을 이은 사람으로는 정여창, 김굉필, 김일손 등이 있다.

- [이이] 동호문답을 통해 다양한 개혁 방안을 제시하였다.
- [이황] 성학십도를 지어 군주의 도를 도식으로 설명하였다.

실전 자료 퇴계 이황

○ 생몰: 1501년~1570년
○ 호: 퇴계(退溪), 퇴도(退陶) 등
○ 생애
- 단양 군수, 풍기 군수, 성균관 대사성 등을 역임함
- 백운동 서원의 사액을 조정에 건의함
- 기대승과 사단칠정 논쟁을 전개함
- 예안 향약을 시행함

3 조선 전기의 문학과 예술

- 서거정이 역대 문학 작품을 선별하여 동문선을 편찬하였다.
- 서예에서 조맹부의 송설체가 새로 드입되었다.
- 안견이 몽유도원도를 그렸다.
- 성현 등이 음악의 역사를 정리하여 악학궤범을 편찬하였다.
  - ↳ 음악 이론 등을 집대성한 악학궤범이 간행되었다.

1 밑줄 그은 '이 자료'에 대한 설명으로 옳지 않은 것은?

[1점]

이 자료는 조선 역대 왕들의 역사를 후대에 남기기 위해 실록청에서 편찬되었습니다.

① 기전체 형식으로 서술되었다.
② 태조 왕대부터의 기록이 남아 있다.
③ 사초와 시정기 등을 근거로 편찬되었다.
④ 춘추관 관원들이 편찬 업무에 참여하였다.
⑤ 임진왜란 이전에는 4대 사고에 보관되었다.

| 해설 | 조선의 역사 서술

우리나라는 일찍부터 역사 기록을 중요시하였다. 특히 고려와 조선은 국가 차원에서 실록을 편찬하였다. 『조선왕조실록』은 한 국왕이 죽으면 다음 국왕 때 춘추관을 중심으로 실록청을 설치하고 태조 때부터 철종 때까지의 25대 472년간의 역사를 연월일 순서에 따라 편년체로 편찬하였다. 실록은 사관이 국왕 앞에서 기록한 사초, 각 관청의 문서를 모아 만든 시정기 등을 종합, 정리하여 편찬하였는데 사건을 사실대로 바르게 쓸 수 있도록 하기 위해 왕이라 해도 그 내용을 함부로 볼 수 없었다.

사고(史庫)는 실록을 보관하는 창고로 임진왜란 이전에는 춘추관, 전주, 성주, 충주에 있었고, 임진왜란 이후에는 춘추관, 오대산, 강화도의 정족산, 묘향산, 태백산에 설치되었다. 오늘날까지 전해 오는 『조선왕조실록』은 유네스코 세계 기록 유산에 등록되어 그 가치를 인정받고 있다.

| 오답 넘기 |

① 실록은 편년체 사서이다.

정답 ①

2 (가)에 대한 설명으로 옳은 것은?

[1점]

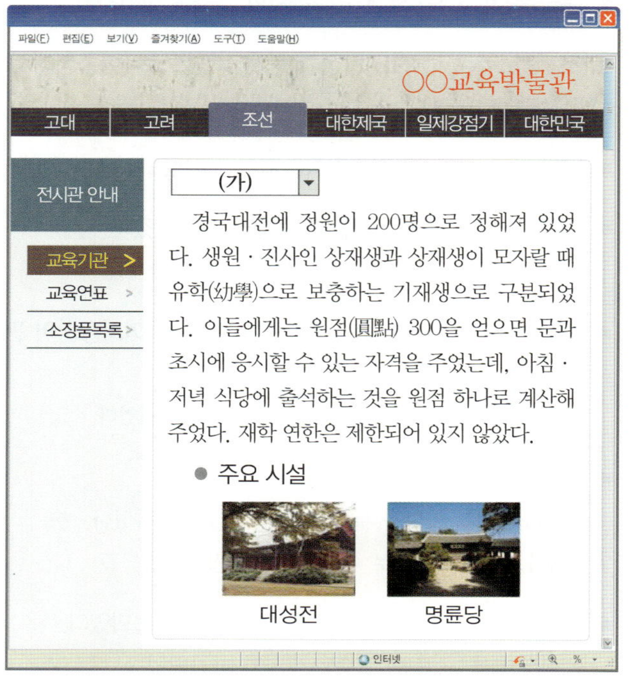

① 좌수와 별감을 선발하여 운영하였다.
② 지방의 사림 세력이 주로 설립하였다.
③ 전국의 부 · 목 · 군 · 현에 하나씩 설립되었다.
④ 최고의 관립 교육 기관으로 성현의 제사도 지냈다.
⑤ 흥선 대원군에 의해 47개소를 제외하고 철폐되었다.

| 해설 | 조선의 교육 제도

성균관은 조선 최고의 교육 기관으로, 성현과 문묘에 대한 제사를 주관하였다. 교육과 학문의 연구를 통해 유교적 지식을 갖춘 관료를 양성하는 곳이었던 성균관은 일반적으로 소과, 즉 생원 · 진사과에 합격해야만 입학 자격을 주었다. 성균관의 시설은 공자를 모시는 사당인 대성전과 강의가 이루어지는 명륜당, 그리고 유생들의 기숙사 등으로 이루어졌다.

| 오답 넘기 |

① 좌수와 별감과 관련 있는 지방 제도는 조선 시대의 유향소(향청)이다.
② 조선 시대 지방의 사림들은 향촌 사회에서의 영향력을 강화하기 위하여 향약을 주관하고, 서원을 설립하였다.
③ 향교는 지방민의 교화를 위해 부 · 목 · 군 · 현에 각각 하나씩 설립되었다.
⑤ 흥선 대원군은 47개소만 남기고 전국의 서원을 철폐하였다.

정답 ④

3 (가)에 들어갈 내용으로 옳은 것은? [2점]

① 기기도설을 참고하여 거중기를 설계하였다.
② 최초로 100리 척 축척법을 사용하여 지도를 만들었다.
③ 홍역에 관한 국내외 자료를 종합하여 의서를 편찬하였다.
④ 한양을 기준으로 천체 운동을 계산한 역법서를 저술하였다.
⑤ 체질에 따라 처방을 달리해야 한다는 사상 의학을 확립하였다.

| 해설 | 조선 초기의 과학 기술과 인물

조선 세종은 장영실 · 이천 등에게 측우기 · 자격루 · 앙부일구 · 일성정시의 등을 만들게 하고, 이순지로 하여금 『칠정산』(내 · 외편)을 만들게 하여 기술 문화가 크게 진작되었다(1444). 특히 세종 시기에는 새로운 역법이 마련되었다. 중국의 수시력과 아라비아의 회회력을 참고하여 「칠정산」을 만들었는데 우리나라 역사상 최초로 한양(서울)을 기준으로 천체 운동을 정확하게 계산한 것이다.

| 오답 넘기 |

① 정조 때 정약용은 서양 선교사가 중국에서 펴낸 『기기도설』을 참고하여 거중기를 만들었다.
② 조선 후기 정상기는 동국지도에서 100리 척을 처음 사용하였다.
③ 『마과회통』은 정약용이 편찬한 홍역 분야의 의서이다(1798).
⑤ 19세기에는 이제마가 사람의 체질을 넷으로 나누어 각각의 치료 방법을 제시한 사상 의학을 확립하였다(『동의수세보원』, 1894).

정답 ④

4 (가) 왕의 재위 기간에 있었던 사실로 옳은 것은? [1점]

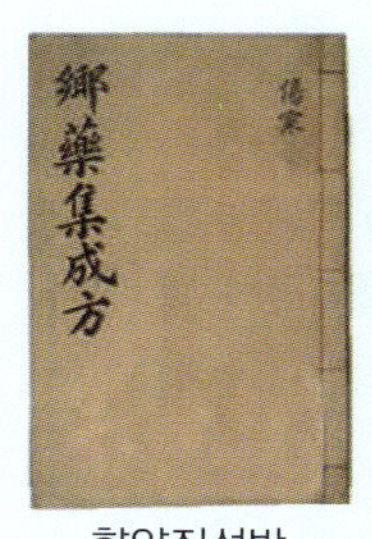

향약집성방

이 책은 (가) 의 명에 의해 우리나라 약재와 중국 약재의 비교 연구, 각 지역에서 생산되는 약재에 대한 실태 조사, 향약채취월령 등을 바탕으로 편찬되었다. 또한 각 질병의 증상에 따른 치료 방법까지 수록되어 있어 우리 풍토에 알맞은 약재와 치료 방법을 종합적으로 정리한 의약서로 평가받고 있다.

① 세계 지도인 곤여만국전도가 전해졌다.
② 우리말 음운 연구서인 언문지가 저술되었다.
③ 홍길동전, 춘향전 등의 한글 소설이 등장하였다.
④ 최초로 100리 척을 사용한 동국지도가 제작되었다.
⑤ 한양을 기준으로 천체 운동을 계산한 칠정산이 편찬되었다.

| 해설 | 조선 초기의 과학 기술

조선 세종 때에는 천문학, 농업과 관련된 각종 기구가 발명 · 제작되었는데 천체 관측 기구로 혼천의를 제작하고, 시간 측정 기구로 물시계인 자격루와 해시계인 앙부일구 등을 만들었다. 측우기를 만들어 전국 각지의 강우량을 측정하였으며, 토지 측량 기구인 인지의와 규형을 만들어 토지 측량과 지도 제작에 활용하였다. 또 갑인자를 주조하였으며(1434), 천문 관측을 위한 천문도와 새로운 역법서인 『칠정산』이 편찬되었다(1444). 그리고, 화살 100개를 잇달아 발사할 수 있는 신기전이 제작되었으며(1448), 우리 풍토에 맞는 의서인 『향약집성방(1433)』과 우리 실정에 맞는 농서인 『농사직설』도 간행되었다(1429).

| 오답 넘기 |

① 곤여만국전도는 청나라에 선교사로 온 마테오 리치가 제작한 세계 지도이다.
② 조선 후기에는 우리의 언어에 대한 연구도 진전되어 신경준의 『훈민정음운해』와 유희의 『언문지』 등이 편찬되었다.
③ 조선 후기에는 서당 교육을 통해 글자를 읽고 쓸 줄 아는 서민들이 늘어나면서 『홍길동전』을 비롯하여 『흥부전』, 『춘향전』, 『심청전』 등의 한글 소설이 널리 읽혔다.
④ 영조 때 정상기는 동국지도에서 100리 척을 처음 사용하였다(1740년대).

정답 ⑤

5 다음 설명에 해당하는 지도로 옳은 것은? [2점]

현재 남아 있는 동양 최고(最古)의 세계 지도로 1402년 김사형, 이무가 발의하고 이회가 실무를 맡아 제작하였다. 원의 세계 지도를 참고하였지만, 한반도와 일본 부분이 지나치게 소략해 한반도 지도와 일본 지도를 보강하여 제작하였다. 이 지도에는 아시아 · 유럽 · 아프리카 대륙과 주요 도시가 표시되어 있다.

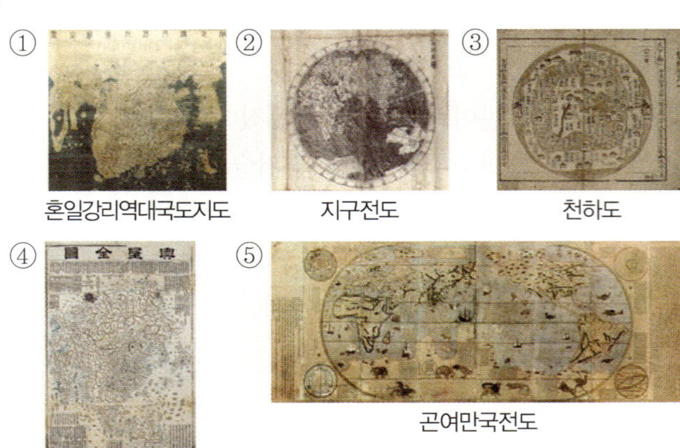
① 혼일강리역대국도지도 ② 지구전도 ③ 천하도 ④ 여지전도 ⑤ 곤여만국전도

|해설| 조선 초기의 지도

혼일강리역대국도지도는 태종 때에 만들어진 세계 지도이다(1402). 이 지도의 필사본이 일본에 현존하고 있는데, 지금 남아 있는 세계 지도 중 동양에서 가장 오래된 것이다. 중국과 일본의 지도를 바탕으로 태종 때에 김사형, 이무, 이회가 제작하였는데 당시 중국 외에 다른 세계가 존재함을 인식하고 있었고, 부정확하나마 세계라는 개념이 존재했음을 알 수 있다. 지도에는 중국이 중앙에 가장 크게 그려져 있고, 우리나라가 다음으로 크게 그려져 있다. 또한 아프리카, 유럽은 매우 빈약하게 그려져 있다.

|오답 넘기|

② 지구전후도(지구전도)는 김정호가 중국의 지구도를 모방하여 만든 목판 인쇄본 세계 지도이다(1834).

③ 천하도는 조선 중기 이후에 민간에서 주로 제작한 지도로 상상의 세계가 그려져 있다.

④ 여지전도는 19세기 초에 제작된 세계 지도이다.

⑤ 곤여만국전도는 청에 선교사로 온 마테오 리치가 제작한 세계 지도이다(1602). 1708년(숙종 34)에 조선에서 모사하였다.

정답 ①

6 다음 검색창에 들어갈 인물의 활동으로 옳은 것은? [2점]

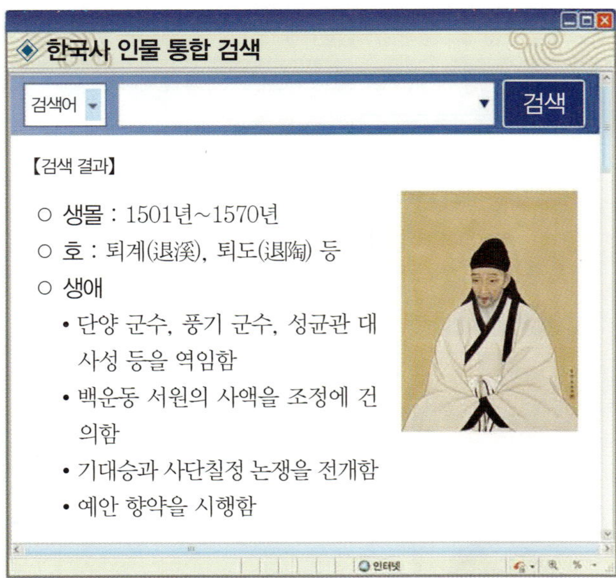

◈ 한국사 인물 통합 검색
검색어
검색
【검색 결과】
○ 생몰 : 1501년~1570년
○ 호 : 퇴계(退溪), 퇴도(退陶) 등
○ 생애
• 단양 군수, 풍기 군수, 성균관 대사성 등을 역임함
• 백운동 서원의 사액을 조정에 건의함
• 기대승과 사단칠정 논쟁을 전개함
• 예안 향약을 시행함

① 양명학을 연구하여 강화 학파를 형성하였다.
② 명에 대한 의리를 내세워 기축봉사를 올렸다.
③ 군주의 도를 도식으로 설명한 성학십도를 지었다.
④ 다양한 개혁 방안을 제시한 동호문답을 저술하였다.
⑤ 재상 중심의 정치를 강조한 조선경국전을 편찬하였다.

|해설| 조선의 성리학자

'퇴계'는 조선의 성리학자 이황의 호로 예안 향약과 파주 향약을 주도하였다. 이황은 『주자서절요』, 『성학십도』 등을 저술하였으며 기대승과 사단 칠정에 대한 논쟁을 벌여 주자의 이론에 조선의 현실을 반영시켜 나름대로의 체계를 세우려고 하였다. 그의 사상은 도덕적 행위의 근거로서 인간의 심성을 중시하고 근본적이며 이상주의적인 성격이 강하였다. 특히 이황은 선조가 성군이 되기를 바라는 마음으로 경연에 임하면서 성리학의 핵심을 골라 『성학십도』를 엮었는데, 이 책에서 그는 군주 스스로가 성학을 따를 것을 제시하였다(1568).

|오답 넘기|

① 하곡 정제두, ② 우암 송시열, ④ 율곡 이이, ⑤ 삼봉 정도전에 대한 내용이다.

정답 ③

7 다음 전시회에 전시될 그림으로 적절한 것은? [1점]

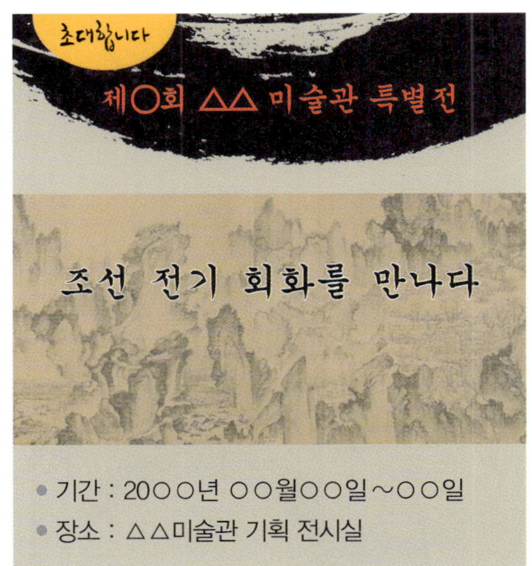

초대합니다
제○회 △△ 미술관 특별전
조선 전기 회화를 만나다
• 기간 : 20○○년 ○○월○○일~○○일
• 장소 : △△미술관 기획 전시실

① ② ③ ④ ⑤

| 해설 | 조선 전기의 회화

15세기 그림은 도화서에 소속된 화원들의 그림과 관료이자 문인이었던 선비들의 그림으로 나눌 수 있다. 이들은 중국 역대 화풍을 선택적으로 수용하고 소화하여 우리의 독자적인 화풍을 개발하였다. 특히 문인화가인 강희안은 시적 정서가 흐르는 낭만적인 그림을 많이 그렸다. 강희안의 대표작인 '고사관수도'는 선비가 수면을 바라보며 무념무상에 빠진 모습을 담고 있는데, 세부 묘사는 대담하게 생략하고 간결하고 과감한 필치로 인물의 내면 세계를 느낄 수 있게 표현하였다.

| 오답 넘기 |

② 조선 후기 진경 산수화를 개척한 겸재 정선의 '금강전도'이다.
③ 조선 후기 강세황의 '영통골입구도'이다.
④ 조선 후기 풍속화가인 신윤복의 '단오풍정'이다.
⑤ 조선 후기의 대표적 문인화인 추사 김정희의 '세한도'이다.

정답 ①

8 (가)에 들어갈 수 있는 문화유산으로 적절한 것을 〈보기〉에서 고른 것은? [2점]

15세기에는 궁궐과 관아, 성곽 등이 건축의 중심을 이루었습니다. 또한 이 시기에는 불교 건축물 중에서도 (가) 와/과 같이 뛰어난 문화유산이 만들어졌습니다.
(가)

〈보기〉

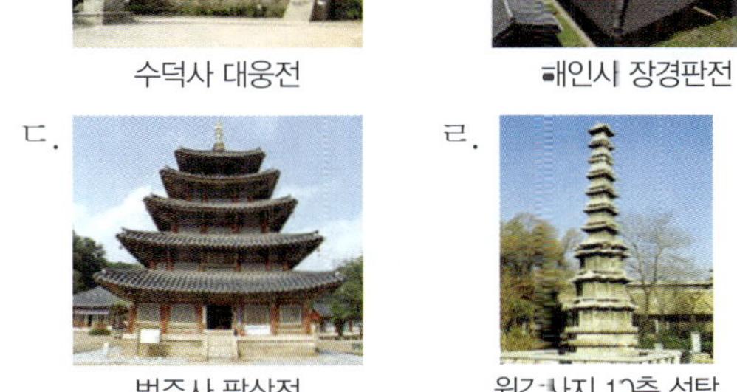
ㄱ. 수덕사 대웅전
ㄴ. 해인사 장경판전
ㄷ. 법주사 팔상전
ㄹ. 원각사지 10층 석탑

① ㄱ, ㄴ ② ㄱ, ㄷ ③ ㄴ, ㄷ
④ ㄴ, ㄹ ⑤ ㄷ, ㄹ

| 해설 | 조선 전기의 문화 유산

조선 초기에는 사원 위주의 고려 건축과는 달리 궁궐, 관아, 성문, 학교 등이 건축의 중심이 되었다. 이러한 건물은 건물주의 신분에 따라 크기와 장식에 일정한 제한을 두었는데, 그 목적은 국왕의 권위를 높이고 신분 질서를 유지하기 위해서였다. 또 왕실의 비호를 받은 불교와 관련된 건축 중에서 뛰어난 것이 적지 않았다.

ㄴ. 조선 전기에 만들어진 합천 해인사 장경판전은 팔만대장경판을 보관하고자 지어진 목판 건축물로 현재 세계 문화유산으로 지정되어 있다.
ㄹ. 서울 원각사지 10층 석탑은 세조 때 대리석으로 만들어졌다(1467).

| 오답 넘기 |

ㄱ. 수덕사 대웅전은 고려 후기, ㄷ. 법주사 팔상전은 조선 후기의 건축물이다.

정답 ④

VI

조선 사회의 변동

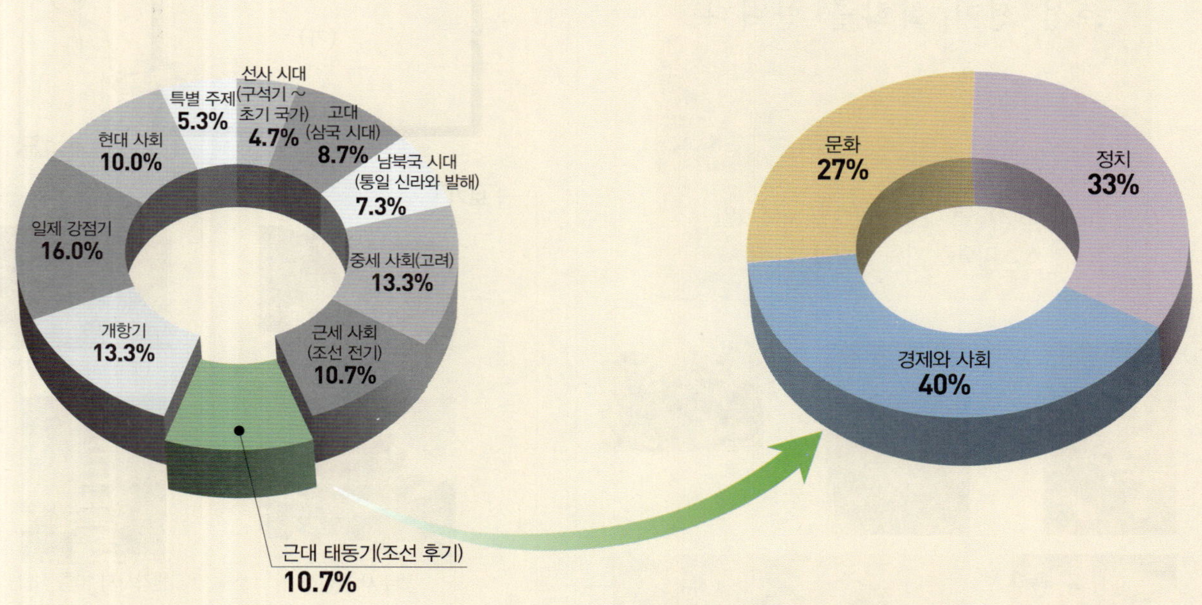

단원 들어가기

조선은 양 난을 겪은 뒤 붕당 정치가 변질되면서 붕당 간의 대립이 심화되자, 영조와 정조는 탕평 정치를 실시하고 여러 가지 개혁을 추진하였다. 또 사회 모순이 심화되고 농민의 삶이 위태로워지자, 실학자들은 사회 개혁을 위해 다양한 방안을 제시하였으나 실효를 거두지는 못하였다. 조선 후기에는 생산력이 증가하고 신분 제도가 동요하면서 향촌 사회가 변하고 서민 문화가 발달하였다. 그리고 차별적인 신분 제도의 모순에서 벗어나고자 하는 소망이 커지면서 서학과 동학 등 새로운 종교가 유행하였다. 탕평 정치의 실패로 외척 세력이 강화되면서 세도 정치가 전개되어 사회 모순이 심화되었다. 수취 제도가 문란해지고 부정부패가 만연하면서 민심이 흉흉해졌고, 농민들은 봉기를 일으켜 지배층에 저항하였다.

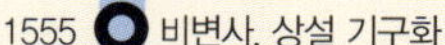

1555 비변사, 상설 기구화
1608 경기도에 대동법 시행
1609 기유약조 체결
1623 인조반정
1627 정묘호란
1636 병자호란
1653 시헌력 채택
1708 대동법 전국 시행
1712 백두산 정계비 건립
1763 고구마의 전래
1776 정조, 규장각 설치
1785 대전통편 완성
1801 신유박해
1811 홍경래의 난
1831 천주교 조선 교구 설치
1839 기해박해
1860 동학 창시
1862 임술 농민 봉기

| 연표로 흐름잡기 |

18 조선 후기의 정치 변동

공부한 날 월 일

일차

❶ 통치 체제의 개편★★★

(1) 통치 기구의 변화

① 비변사의 기능 강화

㉠ 비변사의 설치

ⓐ 시기 : 여진족과 왜구의 침입에 대비하기 위해 1517년 중종 때 설치

ⓑ 기능 : 국방 문제에 정통한 지변사재상을 중심으로 운영되던 임시 회의 기구

㉡ 비변사의 기능 강화

ⓐ 상설 기구화 : 16세기 중엽 국방의 중요성이 강조되면서 명종 때 을묘왜변을 계기로 상설 기구로 운영

을묘왜변은 조선의 통제 강화에 반발해 1555년 일본인이 제주와 전라도 지역 등을 침탈한 사건이다.

ⓑ 최고 기구화 : 임진왜란을 거치면서 구성원이 3정승을 비롯한 고위 관원으로 확대되었고, 그 기능도 군사 문제뿐 아니라 외교 · 재정 · 사회 · 인사 등 거의 모든 국정을 총괄하는 최고 정치 기구가 됨

ⓒ 구성원 : 임진왜란과 병자호란을 거치면서 전 · 현직 정승을 비롯하여 공조를 제외한 6조의 판서, 각 군영 대장, 대제학, 강화 유수 등 국가의 중요 관원들로 확대

ⓓ 결과 : 왕권 약화, 의정부와 6조의 유명무실화

② 군사 제도 변화

㉠ 중앙군의 변화 : 5군영 체제

ⓐ 훈련도감 : 임진왜란 중 설치(선조, 1593), 일정한 급료를 받는 직업적 상비군으로 삼수병(포수 · 사수 · 살수)으로 편성

ⓑ 어영청 : 인조반정 후 이괄의 난을 계기로 설치, 북벌 추진 과정에서 그 기능이 강화됨(1623)

ⓒ 총융청 : 경기 일대의 방어를 위해 설치(1624)

ⓓ 수어청 : 정묘호란 후 남한산성에 설치(1626), 경기도 및 그 부근 일대를 경비

ⓔ 금위영 : 숙종 때 왕실과 수도 방위 목적으로 추가로 설치(1682)

㉡ 지방군의 변화

ⓐ 지역 방어 체제의 변화 : 진관 체제(조선 초기) → 제승방략 체제(16세기 후반) → 속오군 체제(임진왜란 중)

ⓑ 속오군 : 양반에서 노비까지 모든 신분으로 구성, 평상시 생업 종사, 유사시 지역 방어

(2) 수취 체제의 개편

① 목적 : 국가 재정 확충, 농민 생활 안정

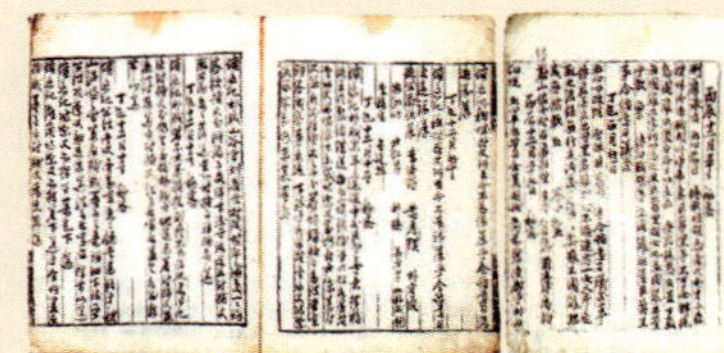

비변사등록 『비변사등록』은 비변사에서 한 일을 작성한 것으로 국방, 외교, 재정, 인사, 의례, 행정 등에 대한 사항이 담겨 있어 조선 후기 정치 상황을 알 수 있는 중요한 사료이다.

중앙군 개편의 배경

- **5위의 약화** : 15세기에 정비되었던 5위제는 왜란 이전에도 이미 제대로 운영되지 못하였고, 왜란을 당하자 폐지됨
- **정부의 대책** : 16세기 이후 현역 복무를 기피하여 다른 사람을 대립시키는 경우가 많아지자, 정부는 이를 양성화하여 군적 수포제를 실시

남한산성 수어장대

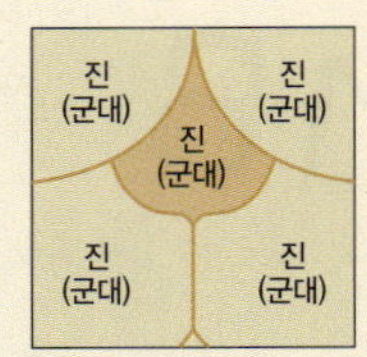

진관 체제

행정 단위인 '읍'과 군사 단위인 '진'이 일치하는 것으로서, 군 · 현 단위의 방위 체제. 수령이 지휘권을 가지고 있었음

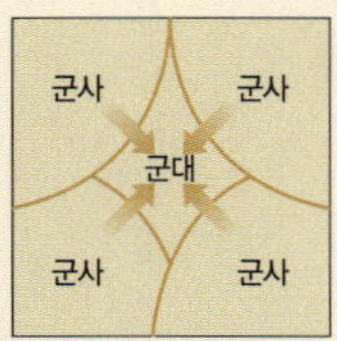

제승방략 체제

유사시에 필요한 방어처에 각 지역의 병력을 동원하여 중앙에서 파견되는 장수가 지휘하게 하는 방어 체제

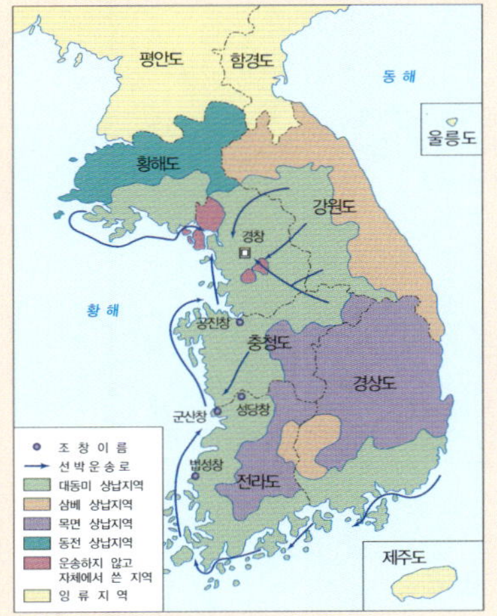

대동세의 징수와 운용

공인(貢人)
대동법이 실시되면서 정부에서 필요로 하는 물품을 구입 · 조달하는 것을 주 업무로 하던 어용 상인이다. 이들이 시장에서 대량으로 물품을 구매함에 따라 상품 수요가 증가하였고, 상품 화폐 경제가 발달하는 데 영향을 미쳤다.

② 전세의 정액화 : 영정법 실시(인조, 1635)

배경	양 난 이후 농경지의 황폐화와 전세 제도의 문란 → 토지 결수 감소(150만 결 → 30여만 결)
정부의 대책	• **개간 장려** : 경작지 확충 목적 • **토지 조사** : 양안에 누락된 토지를 찾아내어 전세 수입 증대 목적
영정법	연분9등법을 폐지하고 풍흉에 관계없이 전세를 토지 1결당 미곡 4두로 고정 → 전세의 정액화, 전세율 인하
결과 · 한계	전세의 비율이 다소 낮아짐, 농민들의 부담 증가(수수료, 운송비, 자연 소모에 대한 보충 비용 함께 납부)

③ 공납의 전세화 : 대동법 실시(광해군, 1608)

배경	방납의 폐해로 농민 부담 가중, 농촌 경제의 파탄 → 농민의 토지 이탈(일종의 조세 저항)
대동법	• **실시 과정** : 경기도에서 시험 실시(광해군, 1608) → 점차 전국으로 확대(숙종, 1708) • **내용** : 집집마다 부과하던 토산물 대신 토지를 기준으로 쌀(토지 1결당 쌀 12두) · 삼베 · 무명 · 돈 등으로 선혜청에서 징수
결과 · 한계	• 조세의 금납화, 관청에서 필요로 하는 물품을 구입해 주는 공인 등장, 지주의 부담은 늘고, 농민들의 부담은 줄어듦 → 상품 화폐 경제 발달 • 진상이나 별공은 여전히 존속

Click ! ● 대동법의 시행

선조 때에 문성공 이이가 수미법을 시행하기를 청하였으며, 이후에는 우의정 유성룡이 역시 미곡으로 거두기를 청하였으나 모두 성취되지 못하였다. 무신년(1608)에 이르러 좌의정 이원익의 건의로 이 법을 비로소 시행하여 토지에서 미곡을 거두었다. 먼저 경기에서 시작하였다.

－『만기요람』－

양역변통론(良役變通論)
극한 상태에 다다른 양역의 폐단을 해결해 보려는 논의로서, 주로 현실을 직시하고 있는 진보적 지식인들에 의해 제기되었다. 농병일치로의 환원을 주장한 유형원은 그 전제로서 우선 농민에게 제도적으로 일정한 토지를 지급할 것을 요구하였다. 한편 호포론은 지금까지 양인에게 개인 단위로 부과하던 군포를 전국 모든 가호에게 부과하자는 것이다. 그러나 양반들은 군역을 지게 되면 반상의 신분적 구분이 없어진다고 하여 반대하였다.

④ 군포 부담 경감 : 균역법 실시(영조, 1750)

배경	• 5군영 성립으로 모병제 제도화 → 수포군(포를 내는 것으로 군역을 대신함) 증가 • **군포 징수의 폐단** : 한 명이 이중 삼중으로 군포 부담, 군포의 양도 소속에 따라 각기 다름 • **납속, 공명첩의 실시** : 양반층 증가에 따른 군역 재원의 감소 • **양역변통론의 대두** : 병농일치론(유형원), 호포론(영조와 일부 관료, 개인에게 부과하던 군포를 전국의 모든 가호에 부과하자는 주장)
내용	1년에 2필씩 내던 군포를 1필만 내도록 함 → 부족분은 지주에게 결작이라고 하여 토지 1결당 미곡 2두 부담, 어장세 · 선박세 등으로 충당, 일부 부유층에게 선무군관 칭호를 주고 군포 1필을 내도록 함
결과 · 한계	농민의 부담 감소와 양반 지주의 부담 증가(군역의 일부 전세화) → 이후 군적 문란으로 농민 부담 가중

Click ! ● 균역법의 시행

• 왕이 명정전에 나아가 전 · 현직 대신을 비롯한 여러 신하들을 불러 양역의 변통 대책에 대해 논의하면서 말하였다. "호포나 결포가 모두 문제점이 있으니, 이제는 1필로 줄이는 것으로 온전히 돌아갈 것이다. 경들은 1필을 줄였을 때 생기는 세입 감소분을 대신할 방법을 강구하라."

• 2필 양역(良役)의 폐단이 나라를 망치는 근저가 된 지 오래되었습니다. 조종조(祖宗朝) 이래로 누차 변통시키는 계책을 강구하였지만, 지금에 이르도록 시일만 지체하면서 폐단은 날로 더욱 심해지니 ……. 급기야 임금께서 재차 궁궐 문에 임하시어 민정을 널리 물으셨지만, 호전(戶錢) · 결포(結布)의 주장을 모두 행할 수 없게 되자 마침내 개연히 눈물을 흘리시며, "2필의 양역을 비록 다 혁파할 수는 없지만 1필로 줄이는 이 정책은 행하지 않을 수가 없다."라고 하교하시기에 이르렀습니다.

－『영조실록』－

⑤ 결과 : 농민의 부담이 일시적으로 경감 → 실제 운영에서 관리들의 부정으로 농민의 부담이 다시 가중됨

❷ 봉당 정치의 변화와 탕평 정치 ★★★

세자 책봉에 있어서 선조는 후궁 인빈 김씨의 소생 신성군을 취하였고, 정철은 광해군을 추대하였다가 선조의 미움을 사게 되어 논죄의 대상이 된 사건이다.

(1) 붕당 정치의 전개

① 붕당 형성 : 선조 때 이조 전랑의 자리를 놓고 동인과 서인의 대립에서 시작(1575), 동인은 정여립 모반 사건(기축옥사, 1589)과 정철의 건저의(왕세자 책봉 논의) 문제(1591)를 계기로 온건파인 남인과 급진파인 북인으로 분열

② 북인 정권 : 광해군 때 의병 활동에 적극 참여한 북인이 정치 주도권 장악

③ 서인 정권 : 서인이 주도한 인조반정(1623)으로 북인 정권은 몰락하고, 서인이 우세한 가운데 남인이 참여하는 양상으로 전개, 서인은 후금과의 항쟁 과정에서 북벌 운동을 위한 국방력 강화에 주력하여 어영청 · 총융청 등을 설치(점차 서인의 권력 기구화)

④ 산림(山林)의 대두 : 각 학파에서 학식과 덕망을 겸비한 인물이 재야에서 여론을 주재, 기본적으로 상대 붕당의 존재와 비판을 인정

선조(동서, 남북 붕당) → 광해군(북인 주도) → 인조(인조반정, 서인 주도, 남인 견제) → 현종(예송 논쟁) → 숙종(잦은 환국, 서인 집권)

(2) 붕당 정치의 변질

① 서인과 남인의 대립 : 남인은 서인 정권이 추구한 북벌 운동의 무모함을 비판하면서 왕위 계승에 대한 정통성과 관련하여 예송 논쟁을 일으켜 서인과 대립

② 예송(현종)

㉠ 원인 : 효종 사후, 인조의 계비 자의대비의 복색 문제가 효종의 정통성 문제로 확대되면서 두 차례의 예송이 발생

㉡ 경과

구분	1차 예송(기해예송, 1659)	2차 예송(갑인예송, 1674)
계기	효종의 사망에 대한 자의대비의 복제 문제	효종 비의 사망에 대한 자의대비의 복제 문제
주장	서인(1년설) vs 남인(3년설)	서인(9개월설) vs 남인(1년설)
결과	서인 승리	남인 승리

㉢ 결과 : 남인이 우세한 가운데 서인과 공존

③ 환국 정치(숙종) : 일당 전제화 추세

㉠ 환국의 의미 : 정국을 주도하는 붕당과 견제하는 붕당의 교체로 인한 정국의 급격한 전환

㉡ 전개 과정

ⓐ 경신환국(1680) : 제2차 예송으로 밀려난 서인은 숙종 때 남인이 역모를 시도하였다고 공격하여 정권을 장악한 후 남인의 다수를 숙청, 서인 집권

2차 예송

- 대비께서 서거하셨습니다. 효종 대왕이 비록 둘째 아들이지만 왕위를 계승하였으므로 장자로 대우하여 대왕대비의 상복 입는 기간을 1년으로 해야 합니다 [남인의 주장]
- 아닙니다. 대왕대비는 효종 대왕의 어머니라서 신하가 될 수 없고 효종 대왕은 둘째 아들이므로 대왕대비의 상복 입는 기간을 9개월로 해야 합니다 [서인의 주장]

예송의 근거

서인과 남인은 각각 『경국대전』과 『의례』 등 자신들에게 유리한 근거를 바탕으로 하여 논쟁을 전개하였다.

Click! ● 경신환국

궐내에 보관하던 기름 먹인 장막을 허적이 다 가져갔음을 듣고, 임금이 노하여 "궐내에서 쓰는 장막을 마음대로 가져가는 것은 한명회도 못하던 짓이다."라고 말하였다. 시종에게 알아보게 하니, 잔치에 참석한 서인(西人)은 몇 사람뿐이었고, 허적의 당파가 많아 기세가 등등하였다고 아뢰었다. 이에 임금이 남인(南人)을 제거할 결심을 하였다. …… 허적이 잡혀오자 임금이 모든 관직을 삭탈하였다. -『연려실기술』-

강한사(경기 여주) 송시열의 제사를 지내는 사우로 송시열에 대한 존칭인 대로를 따서 대로사라고도 한다. 송시열은 서인의 우두머리로서 당시의 조선이 '송시열의 나라'라고 불릴 만큼 정치적 · 사상적으로 큰 영향을 발휘하였다.

탕평채 각 붕당의 조화를 통해 정국을 안정되게 이끌어가고자 했던 영조의 의지가 반영되어 있다는 음식

영조 어진

ⓑ 서인의 분화 : 남인 역모 사건(경신환국) 이후 남인에 대한 처벌을 놓고 서인이 강경파와 온건파로 분리, 경종 · 영조의 왕위 계승을 둘러싸고 대립

노론	남인 탄압에 강경한 입장, 송시열 중심의 노장파, 이이를 정통으로 계승, 영조 추대, 성리학의 절대화
소론	남인 탄압에 온건한 입장, 윤증 중심의 소장파, 성혼의 사상 계승, 경종 추대, 성리학에 대한 이해의 탄력성

ⓒ 기사환국(1689) : 서인이 지지하던 인현왕후가 아들을 낳지 못하자 장희빈의 소생을 세자로 하는 문제로 남인이 정권 장악, 인현왕후가 폐위되었으며, 희빈 장씨가 왕비로 책봉, 송시열을 중심으로 한 서인이 몰락함

ⓓ 갑술환국(1694) : 폐비 민씨 복위 문제로 소론 · 노론 재집권, 희빈 장씨의 인현왕후 저주 사건이 발각되면서 희빈 장씨에게 사약을 내려 사사(賜死), 남인이 완전히 축출됨

④ 노론과 소론의 대립 : 왕위 계승을 둘러싸고 장희빈의 소생 세자(경종)를 지지하는 소론과 숙빈 최씨 소생 연잉군(영조)을 지지하는 노론 사이에 대립이 격화

⑤ 신임사화(1721~1722) : 연잉군(영조)을 세제(世弟)에 책봉하는 문제를 둘러싸고 소론이 노론을 제거하고 실권을 장악한 사건

(3) 탕평 정치의 전개 과정

① 탕평론(蕩平論)의 대두

㉠ 탕평론의 본질 : '탕평'이란 임금의 정치가 한쪽을 편들지 않고 사심이 없으며 당을 이루지도 않은 상태에서 정치적 균형 관계를 재정립하여 왕권을 유지하려는 것

㉡ 숙종의 탕평론 제시 : 인사 관리를 통해 세력 균형 유지 → 편당적 인사 관리로 환국 초래, 명목상의 탕평론

② 영조의 탕평 정치

㉠ 집권 초기의 정국 : 소론의 몰락

ⓐ 초기의 탕평책 : 즉위 직후 탕평의 교서를 발표하고 성균관에 탕평비를 건립하여 정국을 바로잡으려 했으나 노론과 소론을 번갈아 등용하여 오히려 정국을 더욱 어지럽게 함

ⓑ 이인좌의 난(1728) : 소론과 남인의 일부가 영조의 정통을 부정하고 청주 등지에서 일으킨 반란

ⓒ 나주 괘서 사건(1755) : 영조의 탕평책에도 불구하고 소론의 윤지 등이 나주에서 모역을 도모하다가 발각된 사건

㉡ 탕평파 중심의 정국 운영

ⓐ 완론 탕평 : 당파의 시비를 가리지 않고 어느 당파든 온건하고 타협적인 인물을 등용, 탕평파를 육성하여 정국을 운영

ⓑ 붕당의 기반 약화 : 붕당의 뿌리를 제거하기 위하여 공론의 주재자로서 인식되던 산림의 존재를 인정하지 않았고, 그들의 근거지인 서원을 대폭 정리

└ 산림: 학식과 덕망을 갖추었으나, 향촌에서 은거 생활을 하며 유학자들로부터 존경을 받던 인물을 말한다.

ⓒ 이조 전랑의 권한 약화 : 붕당의 이익을 대변하던 이조 전랑이 자신의 후임자를 천거하고, 3사의 관원을 임명할 수 있게 해주었던 관행을 폐지

Click !

● 영조의 탕평책 실시

탕평비

붕당의 폐단이 요즈음보다 심한 적이 없었다. 처음에는 사문(유교)에 소란을 일으키더니, 지금은 한쪽 사람을 모조리 역적으로 몰고 있다. 근래에 들어 그 사람을 임용할 때 모두 같은 붕당의 사람들만 등용하고자 한다. 이와 같이 하고도 하늘의 이치에 합하고 온 세상 마음을 복종시킬 수 있겠는가? …… 관리의 임용을 담당하는 해당 부서에서는 탕평의 정신을 받들어 사람들을 거두어 쓰라.

–『영조실록』–

● 붕당 정치의 폐해

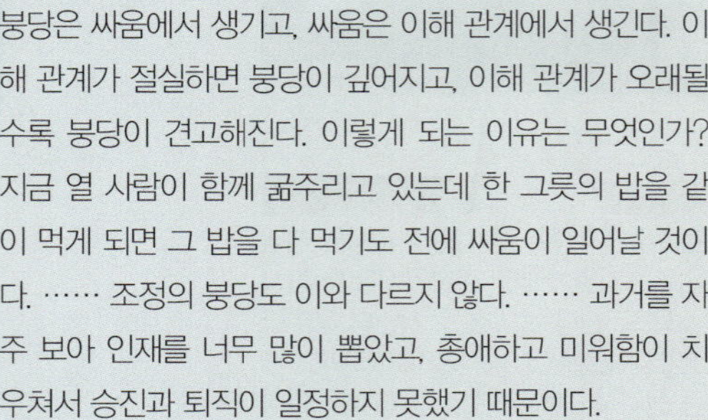
붕당은 싸움에서 생기고, 싸움은 이해 관계에서 생긴다. 이해 관계가 절실하면 붕당이 깊어지고, 이해 관계가 오래될수록 붕당이 견고해진다. 이렇게 되는 이유는 무엇인가? 지금 열 사람이 함께 굶주리고 있는데 한 그릇의 밥을 같이 먹게 되면 그 밥을 다 먹기도 전에 싸움이 일어날 것이다. …… 조정의 붕당도 이와 다르지 않다. …… 과거를 자주 보아 인재를 너무 많이 뽑았고, 총애하고 미워함이 치우쳐서 승진과 퇴직이 일정하지 못했기 때문이다.

– 이익, 『곽우록』 –

㉢ 영조의 개혁 정치

ⓐ 민생 안정 정책 : 균역법 실시(1750), 가혹한 형벌 폐지, 사형수에 대한 삼심제 시행, 노비종모법 확정(1731) (아버지가 노비 신분이라도 어머니가 양인인 경우 그 자녀는 양인이 됨)

ⓑ 문물 정비 : 『무원록』과 『속대전』 편찬, 군영 정비, 신문고 부활

ⓒ 청계천 준설 : 시민의 자발적인 협조를 얻어 청계천을 준설하여 도시를 재정비(1760)

㉣ 한계 : 강력한 왕권으로 붕당 사이의 다툼을 일시적으로 억제, 한때 탕평의 원리에 의하여 노론과 소론이 공존하였으나 노론이 정국을 주도

③ 정조의 탕평 정치

㉠ 준론 탕평

ⓐ 노론의 분열 : 벽파 · 시파의 대립(사도세자의 죽음을 계기로 분열) (1762.5)

시파	영조의 덕 없음을 비난하고 사도세자의 죽음은 지나치다는 입장, 노론의 일부와 불우했던 남인 · 소론 계통
벽파	사도세자의 근실하지 못함을 비판하고 사도세자의 죽음은 당연하다는 입장, 영조를 지지한 노론 강경파

ⓑ 준론 탕평 : 완론 탕평과 달리 각 당파의 시시비비를 철저히 가리는 적극적인 탕평책 실시, 노론과 소론 일부 · 남인(시파) 등용

㉡ 왕권 강화 정책

ⓐ 규장각 육성 : 학술 연구소인 규장각을 창덕궁에 설치(1776), 붕당의 비대화를 막고 자신의 권력과 정책을 뒷받침할 수 있는 강력한 정치 기구로 육성

ⓑ 장용영 설치(1785) : 친위 부대인 장용영을 설치하여 각 군영의 독립적 성격을 약화시키고 병권을 장악

ⓒ 초계문신 제도(1781) : 스스로 초월적 군주로 군림하면서 스승의 입장에서 신하들을 양성하고 재교육시키기 위해 의정부에서 신진 인물이나 중 · 하급 관리들 가운데 능력 있는 자들을 선발하여 재교육

ⓓ 수령의 향약 통제 : 수령이 군현 단위의 향약을 직접 주관하게 하여 지방 사림의 영향력을 줄이고 수령의 권한을 강화

준천시사열무도 영조가 청계천 준천 공사 과정을 참관하는 모습을 담은 목판화이다.

규장각

원래 규장각은 역대 왕의 글과 책을 수집, 보관하기 위한 왕실 도서관의 기능을 갖는 기구로 설치되었으나, 정조는 여기에 문한 기능을 부여하면서 과거 시험과 문신 교육을 주관하도록 업무를 부여하였다. 아울러 국왕의 비서 기능과 기밀 관리 기능까지 담당하도록 하였다.

화성 팔달문

ⓔ 상언과 격쟁 : 궁성 밖 행차와 화성에 참배 시 백성들과 접촉하는 기회를 확대하여 의견을 정치에 반영

㉢ 수원 중시와 화성 축조

ⓐ 화성 축조와 운영 : 수원으로 사도세자의 묘(현륭원)를 옮기고, 화성을 세워 정조의 이상 정치 실현을 위한 상징적 종합 도시로 육성, 건설 시 정약용 등 실학자들로 하여금 거중기 · 녹로 등을 제작하여 이용(1794~1796)

ⓑ 상공인 유치 : 상공인들을 유치하여 경제 중심지로 육성할 계획을 세움

ⓒ 대유둔전 설치 : 화성에는 행궁과 장용영의 외영을 두었으며, 국영 농장을 설치하여 화성 경비에 충당

ⓓ 어가 행렬 : 화성 행차의 편의를 위해 신작로(오늘날 시흥대로)를 만들고 정약용으로 하여금 배다리를 건설하게 함

ⓔ 『화성성역의궤』 편찬 : 공사가 끝난 뒤에 공사에 관련된 모든 경비, 인력, 물자, 기계, 건축물들을 상세히 기록

ⓕ 의의 : 수원 화성은 1997년 유네스코 세계 문화유산으로 등록

화성 행차도

㉣ 문물 제도 정비

ⓐ 신분 차별 완화 : 서얼에 대한 차별을 완화하여 능력 있는 인재를 등용, 규장각 검서관으로 박제가, 유득공, 이덕무 등 서얼 출신이 진출

ⓑ 신해통공(1791) : 재정 수입을 늘리고 상공업을 진흥시키기 위하여 육의전을 제외한 금난전권 폐지

ⓒ 문체반정 운동(1792) : 노론 벽파를 견제하기 위해 당시 유행한 연암 박지원의 『열하일기』에 등장하는 참신한 문장을 비판하면서 정통적 고문을 모범으로 삼게 함

ⓓ 편찬 사업 : 『대전통편』(법전), 『동문휘고』(외교 문서를 정리), 『탁지지』(재정 관계를 비롯한 각 기관의 기능을 정리), 『무예도보통지』(무예 훈련 교범) 등

탕평책과 문체반정

문체반정은 학문 정책으로 추진되었으나, 탕평책의 맥락에서 본다면 사색당파를 서로 견제하도록 함으로써 탕평을 실현하려는 목적으로 볼 수 있다. 즉, 노론을 견제하고 시파계 남인을 중심으로 한 정국 체제를 유지하고자 하는 목적에서 추진된 것이 문체반정이다. 노론의 상징적 영수인 우암 송시열을 '송자'라고 하여 격상시키고, 자신들만의 틀을 구축하고자 했던 노론의 문체가 정통적 문체와 거리가 있다 하여 비판함으로써, 결국 문체반정을 통해 노론의 입지를 약화시키고자 했던 것이다.

❸ 세도 정치의 전개

(1) 세도 정치의 의미 : 왕실과 혼인 관계를 맺은 특정 가문이 권력을 독점하는 정치 형태

(2) 세도 정치의 전개 과정

① 순조 : 정순 왕후의 수렴청정, 노론 벽파의 정국 주도, 안동 김씨(김조순)의 세도 정치

(수렴청정: 어린 왕이 즉위했을 때 왕의 어머니나 할머니가 왕을 대신하여 정사를 살피면서, 신하들 앞에 얼굴을 보이지 않으려고 앞에 발을 늘이고 정사에 임하는 정치 형태이다.)

② 헌종 : 외척인 풍양 조씨 가문이 정국 주도

③ 철종 : 안동 김씨 세력이 다시 정권 장악

(3) 세도 정치 시대의 권력 구조

① 정치 집단의 폐쇄화 : 새로운 정치 세력의 성장을 억제함 → 지역 차별

② 권력 구조의 변화

㉠ 고위직만 정치적 기능 발휘, 하위직 관리는 행정 실무만 담당

㉡ 비변사가 핵심적 정치 기구로 자리 잡았으며, 의정부와 6조가 유명무실해짐

정약용의 애절양

갈밭마을 젊은 여인 울음도 서러워라.
현문(관청의 문) 향해 울부짖다 하늘 보고 호소하네.
군인 간 남편 못 돌아옴은 있을 법도 한 일이나
예부터 사내가 생식기 잘랐다는 말은 들어 보지 못했노라.
시아버지 죽어서 이미 상복 입었고
갓난아인 배냇물도 안 말랐는데
3대의 이름이 군적(군역 장부)에 실리다니.

(4) **세도 정치의 결과 :** 왕권 약화, 정치 기강 문란, 삼정(전세, 군정, 환곡)의 문란 → 농민 생활 궁핍 → 농민 봉기

❹ 조선 후기의 대외 관계

(1) 청과의 관계

북벌 추진	• **효종** : 송시열, 송준길, 이완 등용 → 북벌 준비(군대 양성, 성곽 수리) • **숙종** : 윤휴를 중심으로 북벌 움직임 제기 → 실천되지 못함
북학론	• 청의 발달된 문화를 수용하여 부국강병을 이루자는 주장(18세기 후반)
나선 정벌	• 러시아가 만주 북부의 헤이룽강 부근으로 침략 → 청이 조선에 원병 요청 → 조선은 두 차례의 조총 부대 출병 → 승리
국경 분쟁	• **배경** : 청의 만주 지역 성역화(봉금 정책), 조선인의 만주 이주와 정착 증가 → 청과의 국경 분쟁 발생 • **백두산정계비 건립** : 1712년(숙종 38) 조선과 청의 두 나라 대표가 백두산 일대를 답사하고 국경 확정 → 정계비 건립(서쪽으로는 압록강, 동쪽으로는 토문강을 경계로 함) → 일본이 간도 협약(1909)으로 청에 넘김

(2) 일본과의 관계

1609년(광해군 1)에 일본과 국교를 재개하기 위해 대마도주와 맺은 조약이다.

일본과의 국교 재개	**배경** : 임진왜란 이후 외교 단절 → 에도 막부의 요청 → 유정(사명대사) 파견, 일본과 강화 체결, 조선인 포로 교환(1607) → 기유약조 체결(1609, 동래부에 왜관 설치, 제한된 교섭 허용)
통신사 파견	막부의 요청으로 선진 문물 수용, 막부의 권위를 인정받기 위한 목적, 일본에서는 국빈으로 예우, 외교 사절, 선진 문화의 일본 전파 역할 → 19세기 초 일본 국내의 반대 여론으로 파견 중단
울릉도와 독도	• 삼국 시대 이래 우리의 영토 → 일본 어민의 잦은 침범으로 충돌 • **숙종 때** : 안용복이 울릉도에 출몰하는 일본 어민 축출 → 일본에 건너가 울릉도와 독도가 조선의 영토임을 확인받음(1693 · 1696) • **19세기 말** : 정부의 적극적인 울릉도 경영(주민의 이주 장려, 군 설치, 관리 파견) → 독도까지 관할

삼정의 문란
- **전세** : 법정 액수 이상 부과, 각종 부가세 징수
- **군포** : 황구첨정, 백골징포, 족징, 인징 등
- **환곡** : 관리들의 부정과 고리대화로 삼정 중 폐해가 가장 극심

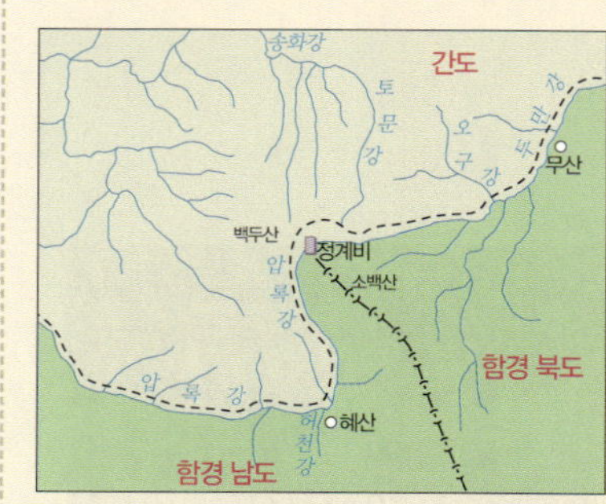

백두산정계비 오라총관 목극등이 국경을 조사하라는 교지를 받들어 이곳에 이르러 살펴보고 서쪽은 압록강으로 하고 동쪽은 토문강으로 경계를 정하여 강이 갈라지는 고개 위에 비석을 세워 기록하노라.
– 강희 51년(1712, 숙종 38) –

Click ! ● 조선 통신사

통신사의 행로

통신사 행렬도 통신사의 파견은 왜란 후 일본의 요청으로 이루어져 1607년부터 1811년까지 총 12회 파견되었다. 통신사 일행이 일본에 머무르는 동안 일본의 학자, 예술인들이 찾아와 조선의 선진 문물을 배우고자 하였다.

1 통치 체제의 개편

- [비변사] 임진왜란을 거치면서 국정 최고 기구로 성장하였다.
  - ↳ 임진왜란을 거치면서 국정 최고 기구로 자리 잡았다.
  - ↳ 임진왜란을 이후 조직과 기능이 확대되었다.
- [훈련도감] 상비군으로 구성된 훈련도감을 설치하였다.
  - ↳ 포수, 살수, 사수의 삼수병으로 구성된 훈련도감이 설치되었다.
  - ↳ 급료를 받는 상비군이 주축을 이루었다.
- [인조] 총융청과 수어청을 설치하여 도성을 방비하였다.
- 경기도에 한하여 대동법을 실시하였다.
  - ↳ 부족한 재정의 보충을 위해 선무군관포를 징수하였다.
  - ↳ 관청에 물품을 조달하는 공인이 등장하는 배경이 되었다.
  - ↳ [김육] 충청도 지역까지 대동법의 확대 실시를 건의하였다.
- [영조] 균역법을 실시하여 군역의 부담을 줄이고자 하였다.
  - ↳ 균역법을 시행하여 백성들의 군역 부담을 줄여주었다.
  - ↳ 어염세, 선박세를 국가 재정으로 귀속시켰다.
  - ↳ 선무군관에게 1년에 1필의 군포를 징수하였다.

2 붕당 정치의 변화와 탕평 정치

- 자의 대비의 복상 문제로 예송이 전개되었다.
  - ↳ [서인] 기해 예송에서 자의 대비의 기년복을 주장하였다.
  - ↳ [기해예송] 서인과 남인 사이에 발생한 전례 문제이다.
- 서인과 남인의 대립으로 인한 환국
- [경신환국] 허적과 윤휴 등 남인들이 대거 축출되었다.
  - ↳ [서인] 경신환국으로 정권을 장악하였다.
- [기사환국] 희빈 장씨 소생의 원자 책봉 문제로 환국이 발생하였다.
  - ↳ 인현 왕후(중전)가 폐위되고 남인이 권력을 장악하였다.
- [경신환국, 갑술환국] 남인이 축출되고 노론과 소론이 정국을 주도하였다.
- [영조] 붕당의 폐해를 경계하기 위한 탕평비가 건립되었다.
  - ↳ 탕평비를 건립하여 붕당의 폐해를 경계하고자 하였다.
  - ↳ 붕당 정치의 폐해를 극복하고자 탕평비를 건립하였다.
- [영조] 속대전을 편찬하여 통치 체제를 정비하였다.
  - ↳ 통치 체제를 정비하기 위해 대전회통이 편찬되었다.
  - ↳ 대전회통을 편찬하여 통치 체제를 정비하였다.
- [영조] 동국문헌비고를 간행하여 역대 문물을 정비하였다.
  - ↳ 역대 문물을 정리한 동국문헌비고가 편찬되었다.
- [정조] 문신의 재교육을 위한 초계문신제를 실시하였다.
  - ↳ 초계문신제를 실시하였다.
- [정조] 대전통편을 편찬하여 통치 체제를 정비하였다.
- [정조] 왕권 강화를 위해 장용영이 설치되었다.
  - ↳ 국왕의 친위 부대로 서울과 수원에 배치되었다.
  - ↳ 국왕의 친위 부대로 수원 화성에 외영을 두었다.

3 세도 정치의 전개

- [순조] 신유박해로 수많은 천주교인들을 처형하였다.
  - ↳ 신유박해로 다수의 천주교도가 처형되었다.
- [비변사] 세도 정치 시기에 외척의 세력 기반이 되었다.

4 조선 후기의 대외 관계

- [효종] 변급, 신류 등을 파견하여 나선 정벌을 단행하였다.
  - ↳ 청의 요청으로 조총 부대를 파견하였다.
  - ↳ 나선 정벌을 위해 조총 부대를 파견하였다.
  - ↳ 나선 정벌에 조총 부대가 동원되었다.
  - ↳ 조총 부대가 파견되어 러시아 군대와 교전하였다.
- (조선) 통신사의 활동 내용을 살펴본다.
  - ↳ [조선 통신사] 19세기 초까지 파견되어 문화 교류의 역할을 하였다.
- [숙종] 청과의 경계를 정한 백두산정계비를 세웠다.
  - ↳ 청과의 경계를 정한 백두산정계비가 건립되었다.
- [윤휴] 청의 정세 변화를 계기로 북벌을 주장하였다.

1 (가) 기구에 대한 설명으로 옳지 않은 것은? [2점]

> 의정부와 별도로 (가) 을/를 설치하여 재신들 중 군무(軍務)를 아는 자로 당상을 삼아 …… 변방의 일에 대응하도록 하였다. …… 조정의 명령이 부득불 모두 (가) (으)로 돌아가지 않을 수 없게 되어, (의정부의) 찬성, 참찬은 신병 치료나 하는 자리가 되고 말았다.
>
> -『연려실기술』-

① 을묘왜변을 계기로 상설 기구화되었다.
② 흥선 대원군이 집권한 시기에 혁파되었다.
③ 임진왜란을 거치면서 조직과 기능이 확대되었다.
④ 세도 정치 시기에 외척 세력의 권력 기반이 되었다.
⑤ 어사대의 관원과 중서문하성의 낭사로 구성되었다.

| 해설 | 조선 후기의 비변사

제시된 자료에서 다루고 있는 기구는 비변사이다. 비변사는 원래 16세기 중종 초에 여진족과 왜구의 침략에 대비하기 위해 설치한 임시 회의 기구로 1517년에 설치되었다. 이후 을묘왜변(1555)을 계기로 상설화되었고, 그 기능도 외교, 재정, 인사 문제 등 거의 모든 정무를 총괄하게 되었다. 이에 따라 의정부의 기능이 유명무실해졌다.

세도 정치기에는 비변사가 핵심 정치 기구로 자리 잡았으며, 유력한 외척 가문 출신의 몇몇이 비변사를 장악하고 권력을 행사하였다. 비변사는 행정상의 질서와 기능 중복 등의 문제로 폐지론이 여러 차례 제기되다가 흥선 대원군이 삼군부 제도를 부활시켜 군무를 처리하게 함으로써 폐지되었다(1865).

| 오답 넘기 |

⑤ 어사대의 관원과 중서문하성의 낭사로 구성된 것은 고려 시대의 대간으로 간쟁, 봉박, 서경권을 행사한 언관직이었다.

정답 ⑤

2 밑줄 그은 '이 부대'에 대한 설명으로 옳은 것은? [2점]

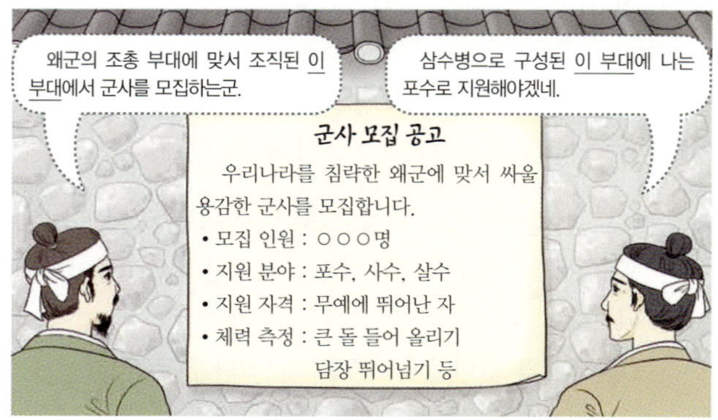

① 최씨 무신 정권의 군사적 기반이었다.
② 급료를 받는 상비군이 주축을 이루었다.
③ 국경 지역인 북계와 동계에 배치되었다.
④ 이종무의 지휘 아래 대마도 정벌에 참여하였다.
⑤ 국왕의 친위 부대로 수원 화성에 외영을 두었다.

| 해설 | 조선 후기의 군사 제도

자료의 군사 조직은 임진왜란 중에 설치된 훈련도감이다(1593). 5위를 중심으로 운영되던 조선 초기의 중앙군은 16세기 이후 군역의 대립제가 일반화되면서 제 기능을 수행하지 못하였다. 이에 임진왜란 초기에 패전을 경험한 조정에서는 새로운 군대의 필요성을 절감하고, 왜군을 물리치는 데 효과적인 편제와 군사 훈련 방식을 모색하였는데, 그 결과 훈련도감이 설치되었다. 훈련도감은 왜군의 조총에 대항하기 위해 포수, 살수, 사수의 삼수병으로 편제되었고, 직업 군인으로 조직된 상비군이었다.

| 오답 넘기 |

① 최씨 무신 정권의 군사적 기반이었던 삼별초는 좌별초 · 우별초 · 신의군으로 구성되었다(1219~1273).
③ 주진군은 5도 양계의 고려 시대 지방 행정 단위 가운데 북쪽의 국경 지역과 맞닿아 있던 양계 지역에 주둔하던 상비군이었다.
④ 조선 세종 때에는 이종무에 의해 쓰시마 섬(대마도) 정벌이 이루어졌다(1419).
⑤ 정조는 장용영을 설치하여 왕권을 뒷받침하는 군사적 기반을 갖추었다(1785).

정답 ②

3 밑줄 그은 '이 제도'에 대한 설명으로 옳은 것은? [2점]

이원익 대감의 건의로 경기도에 이 제도를 시행한다고 하네. 방납의 폐단이 경기도에서 특히 심해서라더군.

이제 각 고을에서는 공물을 현물 대신 쌀로 거두어 선혜청으로 납부한다는군.

① 양반에게도 군포가 부과되었다.
② 양전 사업을 실시하여 지계를 발급하였다.
③ 풍흉에 따라 전세를 9등급으로 차등 부과하였다.
④ 부족한 재정의 보충을 위해 선무군관포를 징수하였다.
⑤ 관청에 물품을 조달하는 공인이 등장하는 배경이 되었다.

| 해설 | **조선 후기의 수취 제도**

제시된 자료에서 설명하는 제도는 대동법이다. 대동법은 광해군 때 이원익의 건의로 경기도에서 먼저 시작되었다(1608). 대동법은 농민 집집마다에 부과하여 토산물을 징수하였던 공물 납부 방식을 토지의 면적에 따라 쌀, 삼베나 무명, 동전 등으로 납부하게 하는 제도로 선혜청에서 담당하였다. 또 대동법이 실시되면서 정부가 필요로 하는 물품을 사들이기 위해 공인이 등장하였고, 이들의 활동은 물품의 수요와 공급을 증가시켜 상품 화폐 경제의 발전을 촉진시켰다.

| 오답 넘기 |

① 흥선 대원군은 호포제를 시행하였는데, 종래 상민에게만 거두어들이던 군포를 양반에게도 징수하여 세금 부담을 공평히 하기 위한 목적이었다(1871).
② 대한 제국은 광무개혁에서 양전 사업을 실시하여 근대적 토지 소유권을 마련하기 위하여 지계를 발급하였다(1899~1904).
③ 조선 전기 세종은 조세를 토지의 비옥도에 따라 6등급, 풍흉에 따라 9등급으로 나누어 거두었다(1444).
④ 영조 때 시행된 균역법은 농민들이 1년에 군포 1필을 납부하게 하였으며, 감소된 재정을 보충하기 위해 결작 및 어염선세, 선무군관포 등이 징수되었다(1750).

정답 ⑤

4 (가)에 대한 설명으로 옳은 것은? [2점]

현종 때 일어난 (가) 에 대해 말씀해 주십시오.
(가) 은/는 효종 사후 인조의 계비인 자의 대비의 복상 기간을 두고 벌어진 논쟁입니다.

① 사림과 훈구의 갈등이 원인이 되었다.
② 서인과 남인 사이에 발생한 전례 문제이다.
③ 북인이 정국을 주도하던 시기에 전개되었다.
④ 외척 세력인 대윤과 소윤의 대립으로 일어났다.
⑤ 동인이 남인과 북인으로 분열되는 결과를 가져왔다.

| 해설 | **예송**

제시된 삽화의 (가) 예송은 둘째 아들로 왕이 되었던 효종이 죽자 효종의 계모인 자의 대비가 얼마 동안 상복을 입어야 하는지를 둘러싸고 일어난 논쟁이다. 이때는 송시열 등 서인의 주장이 받아들여져 서인의 위치가 흔들리지 않았다(기해예송, 1659). 그러나 현종 말년에 효종비가 사망하자 다시 자의 대비의 상복 문제를 둘러싸고 논쟁이 일어났는데(갑인예송, 1674), 이번에는 남인의 주장이 받아들여짐으로써 정국은 역전되고 남인이 우세를 차지하게 되었다.

| 오답 넘기 |

① 15세기 후반 이후 사림이 중앙 정계에 진출하면서 훈구 세력과 대립한 사건은 사화이다.
③ 임진왜란 당시 의병을 주도한 북인이 정권을 차지하였던 시기는 광해군 때(재위 1608~1623)이다.
④ 을사사화는 명종의 외척인 윤원형을 비롯한 소윤이 인종의 외척인 대윤에게 타격을 가한 사건으로 사림들이 피해를 입었다(1545).
⑤ 동인은 정여립 모반 사건(기축옥사)을 계기로 온건파인 남인과 강경파인 북인으로 갈라졌다(1589).

정답 ②

5 다음 상황 이후에 전개된 사실로 옳은 것은? [3점]

> 인평 대군의 아들 여러 복(복창군 · 복선군 · 복평군)이 본래 교만하고 억세었는데, 임금이 초년에 자주 병을 앓았으므로 그들이 몰래 못된 생각을 품고 바라서는 안 될 자리를 넘보았다. …… 남인에 붙어서 윤휴와 허목을 스승으로 삼고 …… 그들이 허적의 서자 허견을 복고 말하기를, "임금에게 만약 불행한 일이 생기면 너는 우리를 후사로 삼게 하라. 우리는 너에게 병조 판서를 시킬 것이다."라고 하였다. …… 이 때 김석주가 남몰래 그 기미를 알고 경신년 옥사를 일으켰다.
>
> –『연려실기술』–

① 자의 대비의 복상 문제로 예송이 전개되었다.
② 정여립 모반 사건으로 서인이 정국을 주도하였다.
③ 이괄의 난이 일어나 반란군이 도성을 장악하였다.
④ 북인이 서인과 남인을 배제한 채 정국을 독점하였다.
⑤ 희빈 장씨 소생의 원자 책봉 문제로 환국이 발생하였다.

| 해설 | 경신환국 이후의 역사적 사실

자료의 상황은 숙종 때 일어난 경신환국이다(경신대출척, 1680). 복상 문제에서 승리하여 정권을 잡은 남인의 전횡은 심해지고, 남인은 숙종으로부터 신임을 얻지 못하고 있었다. 또한, 남인의 영수였던 허적이 왕실의 물품을 함부로 사용하는 사건이 발생하였다. 이 사건을 빌미로 서인 세력이 정권을 재장악하였다.

⑤ 숙종 때 장희빈 소생의 원자 책봉 문제로 남인이 서인을 몰아내고 정권을 장악할 수 있었던 사건이 기사환국이다(1689, 숙종 15).

| 오답 넘기 |

① 조선 현종 때에는 효종의 왕위 계승에 대한 정통성과 관련하여 두 차례의 예송이 발생하면서 서인과 남인 사이에 대립이 격화되었다.
② 조선 선조 때 정여립 모반 사건을 계기로 동인은 북인과 남인으로 나누어졌다(1589).
③ 이괄은 인조반정 때의 공신이었으나 적절한 대우를 받지 못한 것에 불만을 품고 반란을 일으켰다(1624).
④ 임진왜란 당시 의병을 주도한 북인이 정권을 차지하였던 시기는 광해군 때이다.

정답 ⑤

6 밑줄 그은 '이 왕'의 업적으로 옳지 않은 것은? [2점]

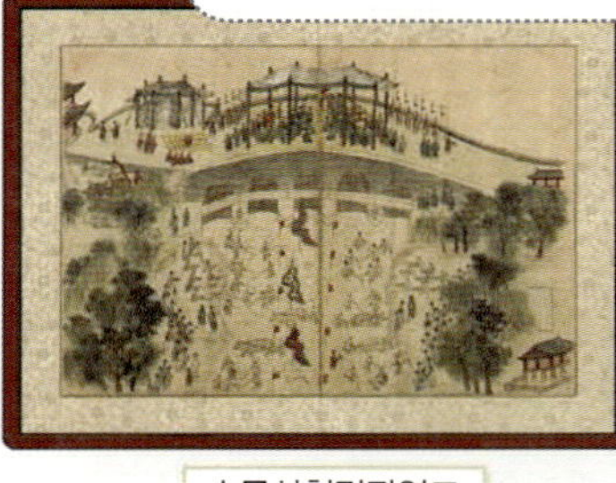
수문상친림관역도

이 그림은 한성의 홍수 예방을 위하여 이 왕이 시행한 청계천 준설 공사의 모습을 그린 기록화입니다. 이 왕은 신문고를 다시 설치하여 백성의 억울함을 듣고자 하였습니다.

① 속대전을 편찬하여 통치 체제를 정비하였다.
② 기유약조를 체결하여 일본과의 무역을 재개하였다.
③ 동국문헌비고를 간행하여 역대 문물을 정리하였다.
④ 균역법을 실시하여 군역의 부담을 줄이고자 하였다.
⑤ 탕평비를 건립하여 붕당의 폐해를 경계하고자 하였다.

| 해설 | 영조의 개혁 정치

자료의 왕은 영조이다. 영조는 18세기 이래 한양의 인구가 급증해 하수 배출이 늘어나고 땔감 채벌로 산의 나무가 줄어들어 청계천 범람으로 인한 피해가 늘어나자 청계천의 홍수 방지 공사를 실시하였다(1760). 또한 영조는 민생 안정을 위해 군사가 되는 대신 내는 베를 1년에 1필로 줄여주는 균역법을 실시하였으며(1750), 형벌 제도를 완화하고 신문고를 부활시켰다(1771). 『속대전』 등을 편찬하여 문물 제도도 정비하였다. 그리고 무엇보다 영조는 당파에 관계없이 인재를 고루 등용하는 탕평책을 실시하고, 이를 널리 알리기 위해 성균관에 탕평비를 세웠다(1742).

| 오답 넘기 |

② 임진왜란 이후 광해군 때 조선은 일본의 요구를 받아들여 제한적 무역을 허용하는 기유약조를 맺고 교류를 허용하였다(1609, 광해군 원년).

정답 ②

7 밑줄 그은 '이 왕'의 업적으로 옳은 것은? [2점]

이곳 만석거(萬石渠)는 이 왕이 수원 화성을 건립하면서 축조한 수리 시설 중 하나입니다. 수갑(水閘) 및 수도(水道)를 만든 기술의 혁신성, 백성들의 식량 생산에 이바지 한 점, 풍경의 아름다움 등 역사 문화적 가치를 인정받아 2017년 세계 관개 시설물 유산으로 등재되었습니다.

① 집현전을 계승한 홍문관을 설치하였다.
② 군역의 부담을 줄이고자 균역법을 제정하였다.
③ 초계문신제를 실시하여 문신들을 재교육하였다.
④ 붕당의 폐해를 경계하기 위해 탕평비를 건립하였다.
⑤ 삼정의 문란을 해결하기 위해 삼정이정청을 설치하였다.

| 해설 | 정조의 개혁 정치

자료의 수원 만석거는 정조가 수원 화성을 축조하면서 백성들의 논과 밭을 관개하는 데 도움을 주기 위해 1795년에 축조한 저수지다. 정조는 양주에 있던 아버지 묘소를 수원으로 옮겨 현륭원이라 하고, 현륭원 북쪽에 새로운 성곽 도시인 화성을 건설하였다. 또 붕당의 비대화를 막고 자신의 권력과 정책을 뒷받침하기 위해 새로운 인물이나 중·하급 관리 가운데 유능한 인사를 규장각에서 재교육하는 초계문신제를 시행하였다(1781).

| 오답 넘기 |

① 홍문관은 조선 성종 때에 집현전을 대체하여 설치된 기구로, 주로 경연을 담당하였다.
② 영조는 민생 안정을 위해 군사가 되는 대신 내는 베를 1년에 1필로 줄여주는 균역법을 실시하였다(1750).
④ 영조는 탕평책을 실시하고 이를 널리 알리기 위해 성균관에 탕평비를 세웠다(1742).
⑤ 삼정이정청은 철종 때 박규수가 진주 농민 봉기를 조사하고 농민들을 달래기 위해 삼정 개선을 건의하여 설치한 임시 기구이다(1862).

정답 ③

8 밑줄 그은 '이 시기'에 볼 수 있는 모습으로 적절하지 않은 것은? [2점]

이곳은 강화도의 용흥궁으로 철종이 왕위에 오르기 전에 살았던 곳이다. 농사를 짓던 그는 헌종이 후사 없이 승하하자 안동 김씨인 순원 왕후의 영향력으로 왕위에 올랐다. 그는 순원 왕후의 수렴청정을 받고, 김문근의 딸을 왕비로 맞이하면서 안동 김씨의 세도에 눌려 제대로 된 정치를 할 수 없었다. 이러한 사항은 소수의 외척 가문이 비변사의 요직을 독점하여 권력을 장악한 이 시기에 왕권이 약화된 모습을 보여준다.

① 이양선의 출몰을 보고하는 수군
② 군정의 문란으로 고통 받는 농민
③ 삼정이정청 설치를 건의하는 관리
④ 조선통보를 주조하는 관청 소속 장인
⑤ 왕조의 교체를 예언한 정감록을 읽고 있는 양반

| 해설 | 세도 정치

순조, 헌종, 철종의 3대 60여 년간 왕실과 혼인 관계를 맺은 안동 김씨나 풍양 조씨 등 몇몇 가문이 정권을 장악하면서 특정 가문이 권력을 독점하는 정치 형태인 세도 정치가 전개되었다.

세도 정치기에는 비변사가 핵심 정치 기구로 자리 잡았으며, 유력한 외척 가문 출신의 몇몇이 비변사를 장악하고 권력을 행사하였다. 또 세도 정치 시기에는 삼정의 문란이 극심하여 백성의 고통이 심화되었고 홍경래의 난 등 농민 봉기가 일어나기도 하였다. 이에 봉기의 원인이 삼정 문란에 있음을 파악하고 삼정이정청을 설치하여 개혁 방안을 논의하였다. 그러나 근본적인 대책은 강구하지 못하였다.

그리고 이 시기에는 우리나라 연해에 처음 등장한 이양선이 점차 통상을 요구하며 자주 출몰하였으며, 『정감록』이 민중을 구원하고, 새로운 세상을 열어 준다는 '진인(眞人)'의 출현을 예고하여 백성에게 영향을 주었다.

| 오답 넘기 |

④ 조선통보는 조선 세종과 인조 때에 발행된 화폐이다.

정답 ④

19 조선 후기의 경제와 사회 변동

일차 | 공부한 날 월 일

❶ 경제 생활의 변화 ☆☆☆

(1) 양반 지주의 경영 변화

① 양반의 토지 확대 : 토지 개간 · 매입으로 토지 확대, 소작 농민에게 토지를 빌려 주고 소작료를 받는 지주 전호제 경영(18세기 말에 일반화)

② 지주 전호제의 변화 : 소작 쟁의로 소작권 인정, 소작료 인하 → 신분적 관계에서 경제적 관계로 변화

③ 경제 활동 : 소작료 수입을 토지에 재투자, 물주로서 상인에게 자금 제공, 고리대로 부 축적 ↔ 경제 변동 과정에 적응 못한 몰락 양반 등장

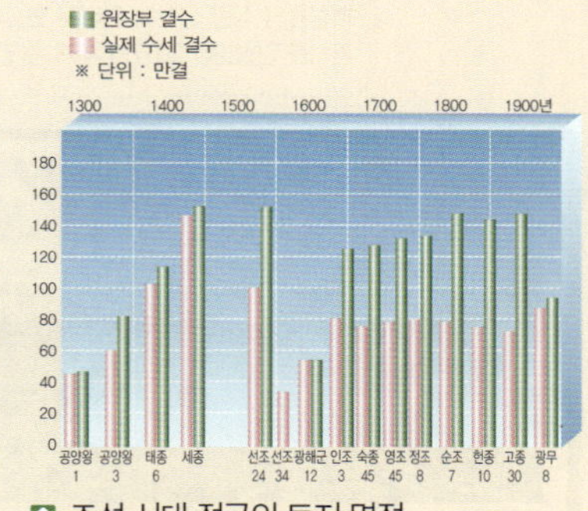

조선 시대 전국의 토지 면적

(2) 농민 경제의 변화

① 농업 생산력의 발달

㉠ 양 난 이후의 개간 사업 : 농민들은 황폐한 농토를 다시 개간하고 보 · 저수지 등의 수리 시설을 복구, 농기구와 시비법의 개량이 이루어짐

㉡ 모내기법(이앙법) 확대

ⓐ 15세기 : 볍씨를 뿌린 땅에서 그대로 키우는 직파법이 일반적이었고, 못자리에서 모를 길러 논으로 옮겨 심는 모내기법은 남부 지방 일부에만 보급

ⓑ 17세기 : 수리 시설을 갖추지 않은 상태에서 모내기법을 실시하면 가뭄에 따른 피해가 크다는 사실을 알면서도, 정부의 금지령에도 불구하고 일반화됨

ⓒ 모내기법의 장점과 단점 : 장점(노동력 절감, 수확 증대, 이모작), 단점(가뭄에 약함, 수리 시설 필요)

ⓓ 모내기법 발달에 의한 농업 경제의 변화 : 노동력 절감으로 인한 단위 면적당 생산량의 증가(광작 촉진으로 부농 형성), 벼와 보리의 이모작 발달

논에서의 보리 농사는 소작료의 수취 대상에서 제외되어 소득 증대에 기여하였다.

모내기법의 보급

이앙(모내기)을 하는 이유는 김매기의 노력을 더는 것이 첫째요, …… 어떤 사람들은 큰 가뭄을 만나면 모든 노력이 헛되어 버리니 위험하다고 하나 벼를 심는 논은 반드시 하천이 있어 물을 끌어들일 수 있으니 그렇지 않다.

–『임원경제지』–

Click ! ● 이앙법의 확대

- 이앙법은 본래 그 금령이 지극히 엄한데, 근래 소민(小民)들이 농사를 게을리하고 이익을 탐하여 광작을 하며, 그 형세가 늘어나 지금은 여러 도에 두루 퍼져 있으니 모두 금지하기 어렵다. –『비변사등록』–
- 이른바 이앙법의 이(利)라는 것은 봄보리를 갈아먹고 물을 몰아 모내기를 하여 벼를 수확하니 1년에 두 번 농사지음이 그것이다. –『석천유집』–

㉢ 밭고랑 파종법(견종법)의 보급 : 밭농사에서는 추위에 잘 견디기 위해 밭 두둑을 높이 만들어 고랑에 씨를 뿌리는 방법이 보급되어 토지 생산성이 이전에 비해 급증하였음

㉣ 외래 작물의 유입

ⓐ 담배 : 16세기 말 17세기 초에 일본에서 전래된 뒤로 전라도 지방을 중심으로 전국에서 재배, '남쪽에서 들어 온 신비한 풀'이라는 뜻의 남령초(南靈草)로 불림

논갈이와 모내기

상품 작물의 재배

농민이 밭에 심는 것은 곡물만이 아니다. 모시, 오이, 배추, 도라지 등의 농사도 잘 지으면, 그 이익이 헤아릴 수 없이 크다. 도회지 주변에는 파, 마늘, 배추, 오이밭 등이 많다. 특히 서도 지방의 담배, 북도 지방의 삼, 한삼의 모시, 전주의 생강, 강진의 고구마밭에서의 수확은 모두 가장 좋은 논에서 나는 수확보다 그 이익이 10배에 이른다.

– 정약용, 『경세유표』 –

ⓑ 고구마 : 18세기에 일본에서 조엽이 들여왔으며 개성을 중심으로 삼남 지방 각지에서 재배되었음

ⓒ 감자 : 감자는 18세기 말 19세기 초에 청(淸)에서 전래되었는데 고구마와 함께 구황 작물로 재배됨

ⓓ 기타 : 조선 후기에 고추, 호박, 토마토 등이 전래됨

② 상품 작물의 재배

㉠ 상품 작물의 재배 : 장시 증가로 인한 상품 유통 활발 → 쌀, 목화, 채소, 담배, 약초 등 판매 증가, 특히 수출 상품으로 인기가 높았던 인삼은 개성을 중심으로 하여 경상도, 전라도, 충청도 각지에서 널리 재배

㉡ 쌀의 상품화 : 쌀은 장시에서 가장 많이 거래된 물품이었고, 쌀의 수요가 늘면서 밭을 논으로 바꾸는 현상이 활발해짐

③ 농민층의 분화

㉠ 광작의 보급 : 모내기법으로 제초 노동력이 감소, 이전보다 넓은 농토 경작 가능 → 농가 소득 증대

㉡ 농민의 계층 분화 : 일부 농민은 부농층으로 성장, 많은 농민들은 경작지를 잃고 임노동자로 전락(도시, 광산, 포구 등)

④ 지대의 변화

㉠ 지대(地代) 변화의 배경 : 농업 경영상의 변동으로 인한 지주권의 약화와 전호권의 성장, 상품 화폐 경제의 발달과 병행하여 지대의 금납화가 이루어짐

㉡ 타조법(打租法) : 일정 비율로 소작료를 내는 방식으로, 병작 반수제(지주와 소작인이 수확량을 반씩 나누는 것)가 일반적 관행, 전세와 종자, 농기구를 소작인이 부담하게 되어 농민으로서는 불리한 조건임

㉢ 도조법(賭租法) : 풍작과 흉작에 관계없이 해마다 정해진 일정 지대액을 납부하는 방식으로 초과 생산량은 모두 소작농의 몫이었기 때문에 소작인에게는 기존의 타조법보다 유리

선대제(先貸制)

상인이 수공업자에게 생산에 필요한 원료나 도구를 미리 빌려 주고 생산을 하게 한 뒤 일정한 대가를 치르고 그 제품의 공급을 독점하는 형태의 가내 수공업

❷ 상공업의 발달 ★★

(1) 민영 수공업의 발달

① 배경 : 도시 인구 급증, 대동법 실시로 관수품 수요의 증가 → 시장 판매를 위한 수공업 제품 생산 활발

② 내용 : 18세기 말 장인 등록제(공장안)가 폐지되고, 장인세만 납부하면 자유롭게 자신의 제품을 만들어 직접 판매할 수 있게 됨

③ 형태 : 상인에게 미리 자금과 원료를 제공받아 제품 생산(선대제 수공업)

(2) 광업의 발달

① 조선 전기 : 정부가 독점하여 채굴

② 조선 후기 : 부역제가 해이해져 국가 직영에 의한 광산 개발이 어렵게 되자 정부의 감독 아래 세금을 받고 민간인의 채굴을 허용(설점수세제, 1651)

③ 은광, 금광 등의 개발 확대 : 민영 수공업의 발달(원료 수요 급증), 대청 무역으로 은의 수요 증가 → 잠채 성행(민간 자본이 몰래 광산 개발)

④ 덕대 등장 : 상인에게서 돈을 끌어 임노동자를 고용하는 전문 경영인이 등장함

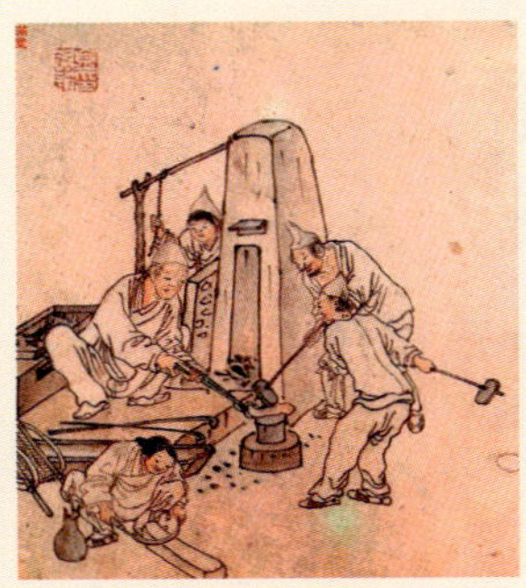
대장간(김홍도)

(3) 상품 화폐 경제의 발달

① 배경 : 농업 생산력 증대, 수공업의 발달, 대동법 실시(공인의 활동, 조세의 금납화 등), 금난전권 폐지 등 → 상품 화폐 경제 발달, 도시 인구 증가

② 관허 상인과 사상의 성장

㉠ 공인의 활약

ⓐ 공인(貢人) : 대동법 실시로 등장, 관청과 결탁한 어용 상인으로서, 관아에서 공가(貢價)를 미리 받아 필요한 물품을 사서 납부

ⓑ 도고(都賈)로 성장 : 특정 물품을 대량으로 취급하여 독점적 도매 상인인 도고로 성장하기도 함

큰 규모의 자본을 바탕으로 상품을 매점매석하여 가격 상승과 매매 조작을 노리는 상행위 또는 그러한 상행위를 하던 상인을 말한다.

㉡ 사상의 활동

ⓐ 사상(난전 상인)의 대두 : 17세기 후반 이후 종루(종로 근처), 이현(동대문 안), 칠패(남대문 밖), 누원(도봉산 입구) 등지에 근거지를 마련하여 종래의 시전과 대립하기도 함

ⓑ 시전 상인의 대응 : 기존의 독점적 시전 상인들은 정부에 대해 일정한 부담을 지기로 하고 금난전권을 얻어내어 사상들의 활동을 억압하려 함

ⓒ 금난전권의 철폐 : 사상이 번창해 가자 결국 정부로서도 사상의 성장을 막을 수 없게 되었고, 결국 육의전을 제외한 나머지 시전의 금난전권을 철폐(신해통공)

ⓓ 사상의 종류

구분	활동 지역	활동
경강상인	한강	운송업에 종사, 미곡 · 소금 · 어물 등 판매
송상	개성	대청 · 대일 무역 중계, 인삼 판매, 송방이라는 지점 설치
만상	의주	대청 무역 주도
내상	동래(부산)	대일본 무역 주도

㉢ 객주 · 여각 : 각 지방의 선상들이 물화를 싣고 포구에 들어오면 그 상품의 매매를 중개하고 부수적으로 운송 · 보관 · 숙박 · 금융 등의 영업 전개 → 일부는 도고로 성장

③ 장시의 발달

㉠ 장시의 확대 : 18세기 중엽 전국에 1,000여 개소로 확대

㉡ 형태 : 보통은 5일장 형태의 정기시, 특산물에 대해 연 1회 열리는 연시가 열림(대구 약령시) → 일부는 상설 시장으로 발전

㉢ 대표적인 장시 : 도성에서는 종가 · 이현 · 칠패의 장시가 발달하여 육의전의 상권을 압박, 지방에는 은진 강경장, 덕원 원산장, 창원 마산장, 평창 대화장 등이 유명

㉣ 보부상 : 여러 장시를 하나의 유통망으로 연계, 장날의 차이를 이용해 전국의 장시를 무대로 활동, 국가의 비호를 받는 관허 상인으로 조합 성격의 보부상단 조직(후에 상무사 → 혜상공국으로 변화)

ⓐ 보상(褓商) : 비교적 값비싼 필묵, 금, 은, 동 제품을 보자기에 싸서 들고 다니거나, 질빵에 걸머지고 다니며 판매하는 봇짐장수

ⓑ 부상(負商) : 나무, 그릇, 토기 등의 비교적 조잡한 일용품을 지게에 지고 다니면서 판매하는 등짐장수

잠채(潛採)
민간인이 비합법적으로 광산을 경영하는 행위. 18세기 중엽 이후 지방 수령의 광산 착취가 심해지자 관청의 감시가 덜한 깊은 산속에서 잠채가 성행하였다. 지방의 토호나 부유한 상인들이 수령과 결탁하여 잠채를 하는 경우도 있었다.

김만덕
조선 후기에 객주를 통해 거상으로 성장한 여성 상인으로 제주도에서 기근이 발생하자 전 재산을 기부해 빈민 구제에 나서기도 하였다.

포구의 역할 변화
종래의 포구는 세곡이나 소작료를 운송하는 기지의 역할을 했으나, 18세기에 이르러 강경포, 원산포 등이 상업의 중심지로 성장하였다. 포구의 상거래는 장시보다 규모가 훨씬 컸다.

장시 간의 연계성 강화
장시는 지방민의 교역의 장소로, 인근의 농민, 수공업자, 상인이 일정한 날짜에 일정한 장소에 모여 물건을 교환하였는데, 보통 5일마다 열렸다(5일장). 일부 장시는 상설 시장이 되기도 하였지만, 인근의 장시와 연계하여 하나의 지역적 시장권을 형성하는 것이 보통이었다.

장터길(김홍도)

등짐장수(권용정)

조선 후기 상업과 무역 활동

상평통보 1678년(숙종 4) 전국 유통을 결정하고 호조와 상평창, 훈련도감 등을 포함해 7개 관청에서 구리로 주조한 금속 화폐이다. 상평통보의 발행은 조선 후기의 경제가 금속 화폐의 전국적 유통을 필요로 하는 단계로까지 성장하였음을 반영한다.

벼슬받는 사람의 이름을 적는 곳

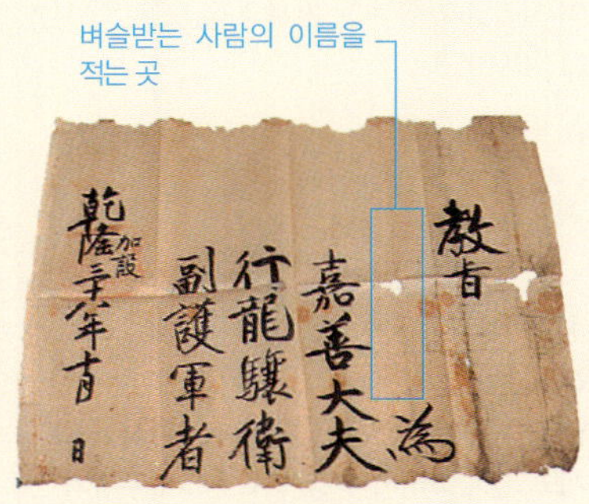
공명첩 나라의 재정을 보충하기 위하여 부유층으로부터 돈이나 곡식을 받고 팔았던 명예직 관리 임명장

④ 대외 무역의 발달
- ㉠ 대청 무역 : 17세기 중엽부터 개시(공무역)와 후시(사무역)가 활발
- ㉡ 대일 무역 : 17세기 이후 왜관 개시를 통해 활발한 무역 전개
- ㉢ 사상들의 무역 활동

구분	무역의 형태(주담당)	수출품	수입품
대청 무역	개시와 후시(만상)	은, 종이, 무명, 인삼	비단, 약재, 문방구
대일 무역	왜관 개시, 후시(내상)	인삼, 쌀, 무명	은, 구리, 황, 후추
중계 무역	주로 송상이 담당 ⇨ 자본 축적		

⑤ 화폐 유통
- ㉠ 배경 : 상공업이 발달함에 따라 교환의 매개로써 금속 화폐(동전)가 전국적으로 유통됨
- ㉡ 화폐의 보급 : 18세기 후반 상평통보가 널리 유통(1678)되어 조세와 지대의 금납화가 가능해짐, 신용 화폐 보급(환, 어음 등)
- ㉢ 전황 : 유통 화폐 부족 현상으로 지주나 대상인들이 화폐를 고리대나 재산 축적에 이용하였기 때문 → 일부 실학자들의 폐전론 등장

폐전론: 전반적인 금납화의 추세 속에서 전황으로 화폐를 얻기 어려워진 농민들이 고통을 받게 되자 중농파 실학자 이익은 화폐의 폐지를 주장하였다.

❸ 사회 구조의 변동 ★★★

(1) 신분제의 동요

① 신분제 변동의 배경
- ㉠ 정치 구조의 변동 : 붕당 정치의 변질과 일당 전제화
- ㉡ 상품 화폐 경제의 발달 : 농업 생산력 발달과 상품 화폐 경제의 진전, 상공업의 발달로 성리학적 신분 질서가 약화
- ㉢ 사회 계층 구성의 변질 : 자본주의적 관계의 발달로 모든 신분상에 계층 분화가 나타나 경영형 부농, 상업 자본가와 독립 수공업자 등이 출현
- ㉣ 정부의 정책 : 납속책과 공명첩 등을 통해 합법적으로 신분을 매매, 공노비 해방 등도 신분제 변동의 원인으로 작용함

납속책: 신분에 따라 미곡을 바치면 그에 해당하는 특권을 주는 것

② 신분제 변동의 내용
- ㉠ 양반층의 분화
  - ⓐ 배경 : 붕당 간의 대립 심화 → 다수 양반의 몰락
  - ⓑ 종류 : 권력을 잡은 양반(권반), 향촌에서 위세 유지(향반), 몰락한 양반(잔반)
- ㉡ 신분제의 변천
  - ⓐ 신분별 구성 비율의 변화 : 양반 수 증가, 상민과 노비 수 감소
  - ⓑ 신분 상승의 실태 : 부를 축적한 농민들은 군역 부담 회피와 지위를 높이기 위하여 양반 신분을 사거나 족보를 위조, 노비는 군공과 납속 등을 통하여 신분 상승
- ㉢ 신분 상승의 방법
  - ⓐ 합법적 수단 : 전공, 납속, 공명첩
  - ⓑ 비합법적 수단 : 족보 위조, 양반 사칭, 과거 합격증인 홍패 위조, 도망

㉣ 상민 감소의 문제점과 대책

ⓐ 문제점 : 역의 부담자가 줄어 국방상 · 재정상 지장을 초래

ⓑ 대책 : 상민의 증대를 위하여 노비를 서서히 풀어 주는 정책 실시 → 노비종모법 실시(1731), 순조 때 공노비 해방(1801)

㉤ 결과 : 양반 중심의 신분 질서 약화, 양반의 사회적 권위 하락

Click ! ● **조선 후기 신분제의 동요**

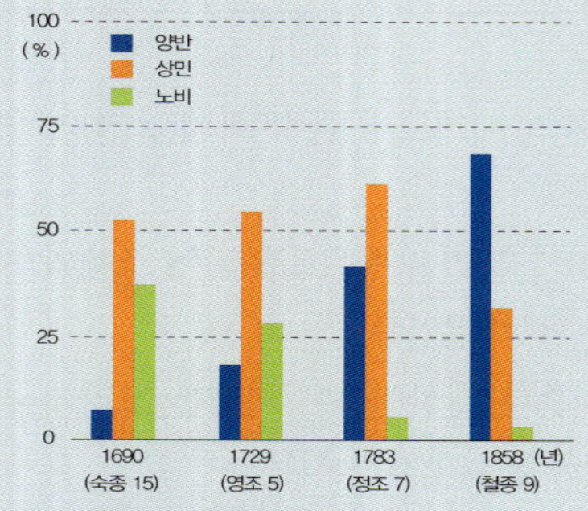

100 (%) 양반 상민 노비 75 50 25 0 1690 (숙종 15) 1729 (영조 5) 1783 (정조 7) 1858 (년) (철종 9)

신분별 인구 구성비(대구 호적)

정선 고을에 한 양반이 살고 있었다. 그는 어질고 글 읽기를 매우 좋아하였다. …… 하지만 그는 매우 가난하여 환곡을 받아 생활한 지 여러 해가 되어 천 섬의 빚을 지게 되어 옥에 갇히게 되었다. …… 때마침 그 동네에 사는 부자가 이 소문을 듣고 가족끼리 비밀리에 모여 말하였다. "이제 저 양반이 환곡을 갚을 길이 없어서 곤란한 모양이니 그 양반 자리를 더 유지할 수 없을 것이다. 이 기회에 내가 양반 신분을 사서 가지는 것이 어떨까?"

– 박지원, 『양반전』 –

(2) 중간 계층의 성장

① 배경 : 조선 후기에 이르러 사회 변동이 심화되는 가운데 서얼과 중인 등 중간 계층의 역할도 커짐

② 서얼(庶孼)의 신분 상승 운동

서얼은 문과의 생원, 진사 시험에 응시하지 못하며, 잡직 이외의 관직은 맡을 수 없었고, 승진에도 제한이 있었다.

㉠ 제약 : 양반의 소생으로서 인구 비중도 높았으나 서얼금고법에 의해 문과 응시는 법제적으로 금지되어 무관직이나 전문 기술직으로 간혹 등용

㉡ 차별 완화

ⓐ 납속 · 공명첩 : 서얼에 대한 차별은 임진왜란 이후 완화되기 시작하였는데 양 난 이후 납속책과 공명첩을 이용하여 관직 진출

ⓑ 적극적인 신분 상승 노력 : 영 · 정조 때에 서얼을 어느 정도 등용하자, 이들은 더욱 적극적으로 신분 상승을 시도하여 청요직으로의 진출을 허용해 줄 것을 요구(서얼 통청 운동)

ⓒ 정조 때 서얼의 등용 : 정조 때에는 유득공, 이덕무, 박제가, 서호수 등 서얼 출신들이 규장각 검서관으로 등용되어 능력을 발휘

ⓓ 신해허통(1851) : 철종 때 신해허통 조치를 통해 서얼의 청요직 진출이 허용됨

③ 중인(기술직)의 신분 상승 운동

㉠ 차별 : 기술직과 행정 실무를 담당한 중인층은 법제적으로는 문 · 무과 응시가 가능하여 요직에 진출할 수 있었으나, 실제로는 지켜지지 않고 천대를 받아 청요직 진출이 불가능

㉡ 소청 운동의 전개 : 주로 기술직에 종사하며 축적한 재산과 탄탄한 실무 경력을 바탕으로 철종 때 대규모의 소청 운동을 일으켰으나 실패

청요직(淸要職)

사헌부, 사간원, 홍문관의 관직을 일컫는 말. 조선 시대 문무 관리들이 선망하는 자리로서 이 자리를 거친 후에 판서나 정승으로의 진출이 가능하였다.

조선 후기 중인의 성장

신하가 되어서도 감히 임금을 가까이 모실 수 없으니 군신의 의리가 떨어지고 자식이 되어서도 감히 아버지라 부르지 못하니 부자의 인륜이 어그러지게 됩니다. 심지어 자기의 서자를 버리고 먼 일가붙이를 양자로 삼고 있으니 인륜을 파괴하고 하늘의 이치를 어김이 너무도 심합니다. – 이진택, 『규사』 –

기술직 중인의 통청 운동

오래도록 막혀 있으면 반드시 터놓아야 하고, 원한은 쌓이면 반드시 풀어야 하는 것이 하늘의 이치이다. 중인, 서얼을 가로 막는 것은 우리나라의 편벽된 일로 이제 몇백 년이 되었다. 서얼은 다행히 조정의 큰 성덕을 입어 문관은 승문원, 무관은 선전관에 임용되고 있다. 그런데도 우리 중인은 홀로 이 은혜를 입지 못하니 어찌 탄식조차 없겠는가? 이제 바야흐로 의논을 모아 글을 써서 원통함을 호소하고자 먼저 통문을 띄운다. 이달 29일 마동에 있는 홍현보의 집에 모여 상의코자 한다.

－『상원과방자료』 신해(1851) 4월 25일－

남귀여가혼

고려 시대에서 조선 전기까지는 남자가 여자 집에 장가를 가서 사는 '남귀여가혼'이 유행하였다.

친영(親迎) 제도

남자가 여자를 자신의 집으로 데리고 와서 혼례를 올리고 남자 집에서 생활하는 혼인 형태

신행(김홍도) 신부가 혼례식을 마치고 신랑 집으로 가는 의식을 그린 것이다.

㉢ 외래 문화 수용의 선구적 역할 : 중인들 중 특히 역관들은 전문적인 직업적 특수성을 기반으로 청과의 외교 업무에 종사하면서 서학을 비롯한 외래 문화 수용에 있어서 선구적 역할을 수행

㉣ 개항 이후 위상 강화 : 개화 운동과 초기 부르주아 개혁 운동에 적극 참여하였으며, 서구의 근대 문물을 받아들이는 과정에서 중요한 역할을 수행

④ 중인들의 문화 활동

㉠ 독자적인 역사서 편찬 : 『연조귀감』(향리), 『호산외기』(중인 출신들의 전기), 『규사』(서얼의 역사서), 『이향견문록』 등

㉡ 위항 문학(委巷文學) : 18세기 후반 이후 성장하였던 중인과 서얼층은 동호인들이 모여 시사(詩社)를 조직하여 문학 활동을 전개하면서 사회적 지위를 높임

(3) 향촌 질서의 변화

① 향촌 사회의 분화

㉠ 양반의 향촌 지배력 약화 : 양반 수 증가, 경제적 몰락 양반(향반, 잔반) 증가 → 청금록과 향안 작성, 문중 중심의 서원 · 사우(祠宇) 건립, 동약(洞約) 실시, 족보 편찬, 동성 마을 형성 등을 통하여 권위 유지 노력

(사우: 특정 가문의 선조에 대한 제사를 지내는 사당을 말한다.)

㉡ 부농층의 대두 : 납속, 향직 매매로 신분 상승 → 향촌 지배력 강화(관권과 결탁, 향안 참여 및 향회 장악, 정부의 부세 제도 운영에 참여, 향임직 진출)

② 향전 : 향촌 지배권을 두고 벌어진 기존 재지 사족(구향)과 새로이 양반 신분으로 성장한 부농층(신향) 사이의 충돌

③ 수령권의 강화 : 향청(유향소) 장악으로 자치적 기능 축소, 군현 단위의 향약 운영 주관, 향회가 수령의 부세 자문 기구로 전락, 관권의 실질적 세력인 향리의 권한 강화

(4) 가족과 혼인 제도의 변화

구분	전통적 가족 제도(조선 전기)	성리학적 가족 제도(조선 후기)
제사 · 상속	형제가 돌아가면서 제사 지냄, 자녀 균분 상속	큰아들 중심의 제사와 재산 상속
혼인	연애, 여성의 재가 가능, 근친혼과 동성혼 가능, 남귀여가혼	중매, 여성의 재가 금지, 근친혼 및 동성혼 금지, 친영 제도 정착
호적	연령순 기재, 여성 호주 가능	자녀순 기재, 여성 호주 금지, 양자 입적의 일반화
여성 지위	자녀 평등, 수평적 가족 관계	남녀 차별, 수직적 가족 관계
장례	일반적으로 화장	가묘(사당)

④ 사회 변혁의 움직임

(1) 예언 사상의 유행

① 배경 : 세도 정치로 인한 사회 혼란, 백성들의 생활 궁핍 → 초자연적인 힘에 의지하여 정신적 구원을 얻으려는 경향 등장

② 예언 사상 유행 : 말세 도래, 왕조 교체, 변란 예고 등 민심이 혼란스럽자 「정감록」이 널리 유행

③ 무격 · 미륵 신앙 확산 : 현세의 불만을 해결하려는 움직임, 미륵불을 자처하는 무리 등장(선운사 도솔암 마애불, 운주사 와불 등)

(2) 천주교의 수용과 확산

① 천주교의 소개

㉠ 서학 : 17세기 중국에 간 사신들이 서양인 선교사로부터 천주교 서적을 얻어 오면서 알려짐 → 당시에는 서학이라 하여 종교가 아니라 서양 문물의 하나로 이해

㉡ 소개 : 광해군 때 명에 갔던 이수광이 『지봉유설』에서 이탈리아 신부 마테오 리치가 지은 『천주실의』를 소개하면서 널리 알려짐

② 천주교의 수용

㉠ 시기 : 18세기 후반 정조 때부터 남인 계열의 일부 실학자들에 의해 신앙으로 받아들여짐, 권철신 · 이벽 등은 천주교 교리서의 천주를, 일찍이 읽었던 유교 경전의 천(天)과 접합시켜 천주교를 신봉

㉡ 최초의 신자 : 이승훈이 청에서 서양 신부에게 세례를 받고 돌아와 조선 교회 창설

㉢ 전파 : 서울에 이어 내포 · 전주 등에도 신앙 공동체 조직(교회) 건설

㉣ 교세 확산 : 사회적 불안, 현실에 대한 불만, 평등 사상 및 내세 신앙에 대한 공감(정권에 참여하지 못한 양반과 중인들 → 점차 서민층과 여성들에게 확산)

㉤ 특징 : 선교사의 전교에 의해서가 아니라 학문적 연구와 자율적 구도 활동을 통해 전개

③ 천주교의 박해

㉠ 초기 : 정부는 천주교의 유포에 대하여 처음에는 방관하는 자세

㉡ 박해 이유 : 유교의 제사 의식 무시, 인간 평등과 내세 사상 등을 조선의 성리학적 사회 질서에 대한 위협으로 인식

㉢ 정조

ⓐ 추조 적발 사건(1785, 정조 9) : 이벽 · 이승훈 · 정약용 · 권철신 등이 김범우의 집에서 예배를 드리다가 적발 → 천주교를 사교로 규정하는 금령 반포

ⓑ 신해박해(1791, 정조 15) : 전라도 진산에서 천주교 신자인 윤지충 · 권상연 등이 모친상을 당하여 신주를 불사르고 천주교식으로 장례를 치르자 이를 문제 삼아 윤지충을 사형에 처한 사건(진산 사건)

ⓒ 반회 사건(1787, 정조 11) : 이승훈 · 정약용 등이 반촌 김석대의 집에서 성경을 강습하다가 발각되어 천주교 금압령이 강화되고 천주교 서적 소각형이 내려짐

ⓓ 결과 : 정조 때에는 천주교에 대하여 비교적 관대하였던 시파가 정권을 잡았으므로 대대적인 탄압은 없었음

㉣ 순조

ⓐ 신유박해(1801, 순조 원년) : 순조가 즉위하여 노론 벽파에 의한 박해 시작, 이승훈 · 이가환 · 정약종 등이 사형을 당하고 정약용 · 정약전 등은 유형을 당함 → 실학의 쇠퇴

정감록

조선 후기에 민간에 성행한 예언서로 조선 이후의 흥망 대세를 예언하였다. 이씨의 한양 다음에는 정씨의 계룡산, 그 다음에는 조씨의 가야산이 흥할 것 등을 예언하였다.

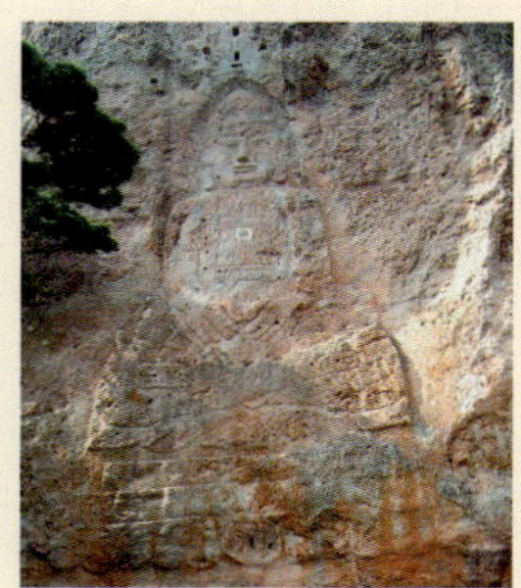

선운사 도솔암 마애불 고려 시대에 만든 석가여래상으로 19세기에는 명치 부위에 있는 감실에 비결(반왕조적 내용 등 혁세 사상을 담은 책)이 들어 있어서 그것이 나오는 날 한양이 망한다는 이야기가 퍼져 있었다.

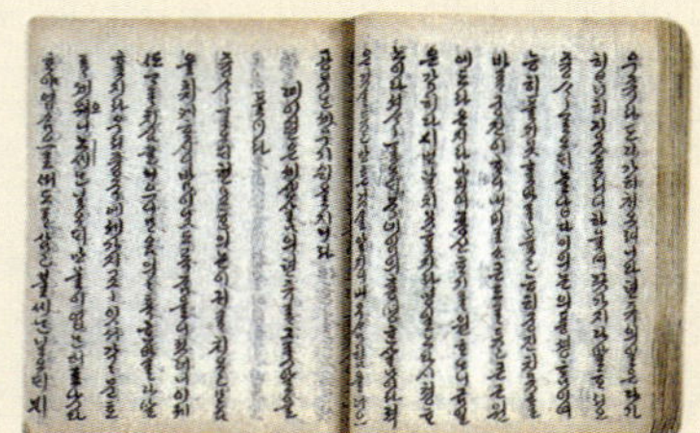

천주실의 본디 마테오 리치가 한문으로 지었으나 모든 사람이 이해하기 쉽도록 18세기에 한글로 옮긴 것이다.

천주교에 대한 비판

조선 후기에 가장 많이 읽힌 천주 교리서는 이탈리아의 마테오 리치(Matteo Ricci)가 지은 『천주실의』였다. 『천주실의』는 17세기 초에 베이징에서 간행되었고, 곧이어 이수광과 유몽인 등에 의하여 조선에 소개되었다. 이러한 천주 교리서에 대하여 당시 유학자들은 호기심을 가지고 탐독하기도 하였으나 이를 비판하기도 하였다. 실학자인 이익의 경우 천주교가 불교처럼 허망한 종교이고, 천주교의 천당 지옥설은 불교의 윤회설과 마찬가지로 세상을 현혹하는 종교라고 하였다.

ⓑ 황사영의 백서(帛書) 사건 : 남인파 신자 황사영이 베이징의 서양인 주교에게 신유박해의 전말을 보고하고, 열강이 해군 병력을 동원하여 정부를 위협해서 신앙의 자유를 얻게 해 달라는 서한을 비단에 써서 보내려다 발각되어 처형당한 사건(1801)

ⓜ 헌종

ⓐ 기해박해(1839, 헌종 5) : 조선교구가 독립되고 프랑스 신부들이 몰래 입국, 포교하여 교세가 점차 확산되자 정하상 등 신도와 서양인 신부들 처형 → 「척사윤음」(사교 금지문) 발표

ⓑ 병오박해(1846, 헌종 12) : 김대건이 최초의 신부로서 청에서 귀국하여 포교 활동을 하다가 순교

ⓗ 고종 : 대원군은 프랑스 신부들을 통해 러시아의 침투를 막으려다 거절당하자, 유교적 전통을 파괴한다는 명목으로 벌인 병인박해(1866, 고종 3) 등 탄압이 계속됨

Click ! ● 조선 후기 천주교의 박해 이유

천주교도의 처형지였던 절두산 성지

죽은 사람 앞에 술과 음식을 차려 놓는 것은 천주교에서 금하는 바입니다. 살아 있을 동안에도 영혼은 술과 밥을 받아먹을 수 없거늘, 하물며 죽은 뒤에 영혼이 어떻게 하겠습니까? 먹고 마시는 것은 육신의 입에 공급하는 것이요, 도리와 덕행은 영혼의 양식입니다. …… 사람의 자식이 되어 어찌 허위와 가식의 예로써 이미 돌아간 부모를 섬기겠습니까?

– 『상재상서』 –

(3) 동학의 성립

① 동학의 창시

㉠ 배경 : 지배 체제의 모순 심화, 불교와 성리학의 사회 지도력 상실, 위기의식의 고조(서양 세력의 접근)

㉡ 창시 : 경주 출신의 최제우가 창시(1860)

② 동학의 사상

㉠ 종합적 성격 : 유 · 불 · 선의 주요 내용이 바탕이 되었고, 주문과 부적 등 민간 신앙의 요소들이 결합

㉡ 시천주(侍天主)와 인내천(人乃天) 사상 : 양반과 상민을 차별하지 않고, 노비 제도를 없애며, 여성과 어린이의 인격을 존중하는 사회를 추구 → 농촌을 중심으로 농민들에게 환영받음

(시천주: 최제우가 세운 동학의 근본 사상으로 천주(한울님)를 모신다는 뜻이다.)
(인내천: 사람이 곧 하늘)

㉢ 후천개벽(後天開闢)과 보국안민(輔國安民) : 운수가 끝난 조선 왕조를 부정하고, 서양과 일본의 침투를 배척

(후천개벽: 현재의 세상이 뒤집어지고 새 세상이 열린다.)

③ 탄압 : 신분 질서를 부정하는 동학을 위험하다고 봄, 혹세무민(惑世誣民)의 이유로 최제우 처형(1864)

동학의 발생(최시형의 최초 설법)
사람이 곧 하늘이라. 그러므로 사람은 평등하며 차별이 없나니, 사람이 마음대로 귀천을 나눔은 하늘을 거스르는 것이다. 우리 도인은 차별을 없애고 선사의 뜻을 받들어 생활하기를 바라노라.

④ **교세 확장 :** 2대 교주 최시형의 노력

㉠ 경전 간행 : 『동경대전』(경전, 1880)과 『용담유사』(포교문 · 주문 · 가사, 1881) → 교리 정리

㉡ 교단 조직 정비 : 의식과 제도 정착을 통한 교단 조직(포 · 접) 정비 → 세력이 전국적으로 확산

동경대전
동학의 경전으로, 교조 최제우가 남긴 글을 제2대 교주 최시형이 간행

용담유사
최제우가 한글로 지은 포교집으로, 백성들이 교리를 쉽게 이해할 수 있었음

(4) 농민 봉기의 확산

① **홍경래의 난(1811)**

㉠ 원인 : 세도 정치로 인한 정치 혼란, 평안도 지방 사람들에 대한 부당한 차별 대우

㉡ 중심 세력 : 몰락 양반 홍경래의 지휘 아래 영세 농민, 중소 상인, 광산 노동자 합세

㉢ 경과 : 청천강 이북의 여러 고을 점령 → 정주성 싸움에서 진압됨

㉣ 영향 : 농민들이 각성하는 계기, 19세기 농민 봉기의 선구적 역할

② **임술 농민 봉기(1862)**

㉠ 원인 : 세도 정치기 삼정의 문란과 탐관오리 경상 우병사(경상 우도의 육군 본부 대장) 백낙신의 횡포

㉡ 주도 세력 : 몰락한 양반 유계춘이 주도(진주 농민 봉기), 농민 중심

㉢ 의의 : 전국적으로 농민 봉기 확산

③ **정부의 대응 :** 삼정이정청 설치, 암행어사 파견 등

삼정이정청
1862년 농민 봉기의 수습 방안 마련책으로 제기된 삼정의 폐단을 시정하기 위한 임시 관청

Click ! ● 조선 후기의 농민 봉기

19세기의 농민 봉기

● **홍경래의 난**

평서대원수는 급히 격문을 띄우노니 관서(평안도 지역)의 사람들은 모두 이 격문을 들어라. 예부터 관서는 벼슬아치가 많이 나오고 문물이 발전한 곳이다. 그러나 조정에서는 이곳을 더러운 흙과 같이 여겨 노비들마저 이곳 사람을 평안도 놈이라 일컫는다. 지금 나이 어린 임금이 있어서 권신들의 간악한 짓은 날이 갈수록 더 심해지고, 김조순, 박종경의 무리가 국가의 권력을 제멋대로 하니 이곳 관서에서 병사를 일으켜 의로운 깃발을 들어 백성들을 구하고자 한다. – 홍경래, 농민군의 「격문」 –

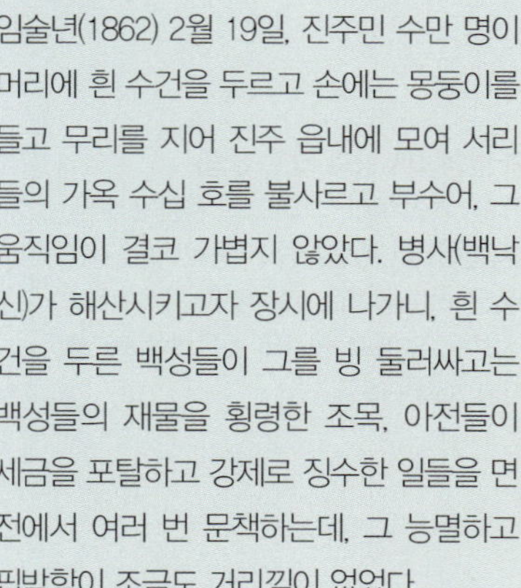
● **임술 농민 봉기**

임술년(1862) 2월 19일, 진주민 수만 명이 머리에 흰 수건을 두르고 손에는 몽둥이를 들고 무리를 지어 진주 읍내에 모여 서리들의 가옥 수십 호를 불사르고 부수어, 그 움직임이 결코 가볍지 않았다. 병사(백낙신)가 해산시키고자 장시에 나가니, 흰 수건을 두른 백성들이 그를 빙 둘러싸고는 백성들의 재물을 횡령한 조목, 아전들이 세금을 포탈하고 강제로 징수한 일들을 면전에서 여러 번 문책하는데, 그 능멸하고 핍박함이 조금도 거리낌이 없었다.

– 『임술록』 –

❶ 경제 생활의 변화

- 벼농사에서 이앙법이 (전국적으로) 널리 퍼지면서 광작이 유행하였습니다.
  - ↳ 모내기법의 확대로 벼와 보리의 이모작이 성행하였다.
  - ↳ 모내기법 등을 소개한 농가집성이 편찬되었다.

실전 자료 **조선 후기 이앙법의 확대**

- 이앙법은 본래 그 금령이 지극히 엄한데, 근래 소민(小民)들이 농사를 게을리하고 이익을 탐하여 광작을 하며, 그 형세가 늘어나 지금은 여러 도에 두루 퍼져 있으니 모두 금지하기 어렵다. －『비변사등록』－
- 이른바 이앙법의 이(利)라는 것은 봄보리를 갈아먹고 물을 모아 모내기를 하여 벼를 수확하니 1년에 두 번 농사지음이 그것이다. －『석천유집』－

- 담배와 면화 등이 상품 작물로 재배되었다.
  - ↳ 담배와 면화 등이 상품 작물로 활발하게 재배되었다.
  - ↳ 고추, 인삼 등을 상품 작물로 재배하는 농민
- 감자, 고구마 등의 구황 작물이 재배되었다.
  - ↳ 감자, 고구마 등의 구황 작물을 널리 재배하였다.
  - ↳ 고구마 등의 구황 작물이 재배되었다.

❷ 상공업의 발달

- 물주의 자금으로 광산을 경영하는 덕대
  - ↳ 광산을 전문적으로 경영하는 덕대가 나타났다.
  - ↳ 덕대가 광산을 전문적으로 경영하였다.
- 설점수세제를 시행하여 민간의 광산 개발을 허용하였다.
  - ↳ 설점수세제의 시행으로 민간의 광산 개발이 허용되었다.
- 독점적 도매상인인 도고가 활동하였다.
- [시전 상인] 금난전권을 행사해 사상의 활동을 억압하였다.
- 여러 장시가 하나의 유통망으로 연계되었다.
- 보부상이 장시를 돌아다니며 활동하였다.
- 국경 지대에서 개시 무역과 후시 무역이 이루어졌다.
  - ↳ 중강 개시와 중강 후시를 통한 중국과의 교역이 활발하였다.
- 왜관에서 개시 무역과 후시 무역이 이루어졌다.
- 송상, 만상이 대청 무역으로 부를 축적하였다.
  - ↳ [송상] 전국 각지에 송방이라는 지점을 설치하였다.
  - ↳ [만상] 책문 후시를 통해 청과의 무역을 주도하였다.
- 내상과 만상이 국제 무역을 통해 부를 축적하였다.
- 상평통보가 시장에서 유통되었다.
  - ↳ 상평통보로 물건을 구매하는 농민

❸ 사회 구조의 변동

- [중인] 관리 진출 제한을 없애달라는 소청 운동을 전개하였다.
  - ↳ 서얼이 통청 운동을 전개하였다.
  - ↳ 청요직 진출을 요구하는 상소를 집단으로 올렸다.
  - ↳ 시사(詩社)를 결성하여 문학 활동을 전개하였다.

❹ 사회 변혁의 움직임

- [홍경래의 난] 선천, 정주 등 청천강 이북의 여러 고을을 점령하였다.
- 군정의 문란으로 고통 받는 농민
- 왕조의 교체를 예언한 정감록을 읽고 있는 양반
- [진주 농민 운동] 백낙신의 탐학이 발단이 되어 일어났다.
  - ↳ 사건의 수습을 위해 박규수가 안핵사로 파견되었다.
  - ↳ 박규수의 건의로 삼정이정청이 설치되었다.
  - ↳ [삼정이정청] 임술 농민 봉기를 계기로 설치되었다.
  - ↳ 삼정이정청 설치를 건의하는 관리
- [동학] 마음속에 한울님을 모시는 시천주를 강조하였다.
  - ↳ 동경대전과 용담유사를 경전으로 삼았다.
  - ↳ 유·불·선을 바탕으로 민간 신앙의 요소까지 포함하였다.
- [천주교] 청에 다녀온 사신들에 의하여 서학으로 소개되었다.
  - ↳ 제사와 신주를 모시는 문제로 정부의 탄압을 받았다.

1 다음 자료를 통해 알 수 있는 시기의 경제 상황으로 옳지 않은 것은? [2점]

> 도성 안팎과 번화한 큰 도시의 파밭, 마늘밭, 배추밭, 오이밭은 10무(畝)의 땅에서 얻은 수확이 돈 수만을 헤아리게 된다. 서도 지방의 담배밭, 북도 지방의 삼밭, 한산의 모시밭, 전주의 생강밭, 강진의 고구마밭, 황주의 지황밭은 모두 상상등(上上等)의 논보다 그 이익이 10배에 달한다.
>
> –『경세유표』–

① 삼한통보, 해동통보가 발행되었다.
② 덕대가 광산을 전문적으로 경영하였다.
③ 모내기법의 확대로 이모작이 성행하였다.
④ 여러 장시가 하나의 유통망으로 연계되었다.
⑤ 국경 지대에서 개시 무역과 후시 무역이 이루어졌다.

| 해설 | **조선 후기의 경제상**

조선 후기 일부 농민은 인삼, 담배, 목화, 약초, 마늘, 채소 등 상품 작물을 재배하여 높은 수익을 올렸다. 특히 도시 인구가 증가하면서 쌀의 수요가 크게 늘어나 쌀의 상품화가 활발히 진행되었다. 상품 작물은 높은 소득을 올릴 수 있었기 때문에 이를 통해 부농이 되는 경우도 있었다. 이 시기에는 모내기법이 확산되어 벼와 보리의 이모작이 가능해졌고, 노동력이 크게 절감되어 광작이 나타났다. 그리고, 장시의 수가 더욱 늘어 전국에 천여 곳에 이르렀으며 광주 송파장, 은진 강경장 등은 상업의 중심지로 성장하였다. 또 광산 경영 전문가인 덕대가 출현하였으며, 개시와 후시를 통한 무역이 성행하였다.

| 오답 넘기 |

① 고려 시대에 상업 활동이 활발해지자 고려 조정은 건원중보, 삼한통보, 해동통보 등의 화폐를 발행하였다(숙종 대).

정답 ①

2 다음 자료에 나타난 시기의 경제 상황으로 옳지 않은 것은? [2점]

> 평안도에서는 …… 설점(設店)한 이후에 간사한 백성들이 때를 틈타 이익을 다투어 사사로이 잠채(潛採)하고 있다. 설점한 고을이 아니더라도 잠채하지 않는 곳이 없다. 묘지나 논밭을 가리지 않고 굴을 뚫고 땅을 파헤쳐서, 마을이 소란스러워짐이 말로 다할 수 없다. 쌀값이 크게 오르고 도둑질이 끊이지 않으며, 농사를 짓던 농민들도 생업을 팽개치고 이익을 좇는다.

① 상평통보가 시장에서 유통되었다.
② 강희맹이 농서인 금양잡록을 저술하였다.
③ 보부상이 장시를 돌아다니며 활동하였다.
④ 송상, 만상이 대청 무역으로 부를 축적하였다.
⑤ 왜관에서 개시 무역과 후시 무역이 이루어졌다.

| 해설 | **조선 후기의 수공업**

조선 후기에는 민영 수공업이 발달함에 따라 수공업의 원료인 광물의 수요도 늘어났다. 또한, 점차 부역제가 해체되면서 17세기 중반부터는 민간인에게도 세금을 받고 광산 채굴을 허용하였다. 광산물 수요의 증가와 함께 민간인이 몰래 광산을 채굴하는 잠채 현상도 나타났다. 또한, 청과의 무역이 활발해지면서 은의 수요가 증가하여 은광 개발이 촉진되었고, 18세기 중엽 이후에는 금광 개발도 활발해졌다.

① 조선 후기에는 상공업이 발달하면서 동전인 상평통보가 전국적으로 유통되었다(1678).
③ 조선 후기 보부상은 지방의 장시를 떠돌면서 장시를 하나의 유통망으로 연계시킨 상인이다.
④ 한성의 경강상인, 개성의 송상, 의주의 만상, 동래의 내상 등이 대표적인 사상이다.
⑤ 조선 후기에는 공무역인 개시와 사무역인 후시가 동시에 행해졌다.

| 오답 넘기 |

② 조선 전기에는 농업 생산력을 높이기 위하여 강희맹의 『금양잡록』(1492) 등 농서를 간행 보급하였다.

정답 ②

3 다음 상황이 나타난 시기의 경제 모습으로 옳지 않은 것은? [2점]

호조 판서 이성원이 말하기를, "종전에 허다하게 주조된 돈을 결코 작년과 금년에 다 써버렸을 리가 없고, 경외(京外) 각 아문의 봉부동전(封不動錢)* 역시 새로 조성한 것이 아닙니다. 작년과 금년에 전황(錢荒)이 극심한 것은 아마도 부상(富商)과 대고(大賈)가 이 때를 틈타 갈무리해 두고 이익을 취하려는 것으로 보이는데, 그 폐단을 바로잡을 방책이 없습니다."라고 하였다.

– 『비변사등록』 –

*봉부동전(封不動錢) : 창고에 넣고 쓰지 못하도록 봉해 둔 비상대비용 돈

① 덕대가 광산을 전문적으로 경영하였다.
② 담배와 면화 등이 상품 작물로 재배되었다.
③ 수조권이 세습되는 수신전, 휼양전이 있었다.
④ 송상, 만상이 대청 무역으로 부를 축적하였다.
⑤ 왜관에서 개시 무역과 후시 무역이 이루어졌다.

| 해설 | 조선 후기의 경제 활동

조선 후기에는 지주나 대상인들이 화폐를 고리대 및 재산 축적에 이용하여 발행량이 늘어도 유통이 제대로 되지 않는 동전 부족 현상인 전황이 발생하였다. 이로 인해 화폐 가치는 증가하고 물가 가치는 하락하는 디플레이션 현상이 발생하였다.

① 조선 후기에는 경영 전문가인 덕대가 물주에게 자본을 조달 받아 채굴업자와 제련 노동자 등을 고용하여 광물을 채굴하고 제련하였다.
② 조선 후기에는 장시가 점차 증가하여 상품의 유통이 활발해짐에 따라 농민들은 쌀, 목화, 채소, 담배, 약초 등을 재배하여 팔았다.
④ 조선 후기에는 개성의 송상, 평양의 유상, 의주의 만상, 동래의 내상 등이 유명하였다.
⑤ 조선 후기 일본과의 관계가 점차 정상화되면서 왜관 개시와 후시를 통한 대일 무역이 활발하게 이루어졌다.

| 오답 넘기 |

③ 전직 관리에게까지 토지를 분급하고 수신전 · 휼양전 등으로 실질적인 세습이 가능했던 토지 제도는 조선 전기 과전법이다(1391).

정답 ③

4 다음 자료가 작성된 시기에 볼 수 있는 모습으로 적절하지 않은 것은? [2점]

이현과 종루 그리고 칠패,
이는 도성(한양)의 3대 시장이라네.
온갖 수공업자가 다 모여 있고 사람들은 분주한데,
수많은 화물이 값을 다투며 수레가 줄을 이었네.
봉성의 털모자, 연경의 비단실,
함경도의 마포, 한산의 모시,
쌀, 콩, 기장, 조, 피, 보리 ……
어떤 사람은 소에 실은 나무를 사려고 고삐를 끌기도 하고,
어떤 사람은 말 이빨을 보고 나이를 알려고 허리에 채찍을 꽂고 있으며,
어떤 사람은 눈을 껌뻑이며 말 중개인을 부르기도 하네.

– 성시전도시 –

① 이앙법으로 벼농사를 짓는 농민
② 상평통보로 토지를 매매하는 양반
③ 공명첩을 통해 면역의 혜택을 받은 상민
④ 한강을 무대로 운송업에 종사하는 경강상인
⑤ 직전법에 의해 토지의 수조권을 지급받는 관리

| 해설 | 조선 후기의 경제 활동

조선 후기에는 사상의 활동이 서울을 비롯한 각지에서 전개되었다. 그런데 사상의 활동이 활발해지면서, 일찍부터 상업을 독점해 왔던 시전 상인들은 정부로부터 금난전권을 얻어 내어 사상들의 활동을 억압하려 하였다. 그러나 사상들은 이에 대항하여 종루, 이현, 칠패 등에서 상행위를 계속해 갔다. 그리고, 한성에서는 경강상인이 활동하였는데 한강을 무대로 운송업에 종사하면서 거상으로 성장하였다.

① 조선 후기에는 모내기법(이앙법)의 확산으로 이모작이 가능해졌고, 노동력이 절감되어 광작이 성행하였다.
② 조선 후기에는 상공업이 발달함에 따라 교환의 매개로써 금속 화폐, 즉 동전(상평통보)이 자연스럽게 전국적으로 유통되었다(1678).
③ 조선 후기 국가에서는 부유한 백성들에게 돈, 곡식을 받고 공명첩(벼슬의 내용은 적혀 있지만 벼슬받는 사람의 이름은 비워져 있음)이라는 명예직 관리 임명장을 만들어 팔았다.

| 오답 넘기 |

⑤ 직전법은 명종 때 토지 수급의 어려움과 국가의 재정 부족으로 인해 폐지되었다(1556).

정답 ⑤

5 (가) 신분에 대한 설명으로 옳은 것은? [2점]

이향견문록

이 책은 (가) 출신인 유재건이 지은 인물 행적기로, 위항 문학 발달에 크게 기여하였다. (가) 은/는 자신들의 신분에 따른 사회적인 차별에 불만이 많았는데, 시사(詩社)를 조직하는 등의 문예 활동을 통해 스스로의 위상을 높이고자 하였다. 책의 서문에는 이항(里巷)*에 묻혀 있는 유능한 인사들의 행적을 기록하여 세상에 널리 알리고자 이 책을 썼다고 밝히고 있다.

*이항 : 마을의 거리

① 매매, 증여, 상속의 대상이 되었다.
② 장례원을 통해 국가의 관리를 받았다.
③ 공장안에 등록되어 수공업 제품 생산을 담당하였다.
④ 양인이지만 천역을 담당하는 신량역천으로 분류되었다.
⑤ 관직 진출 제한을 없애달라는 소청 운동을 전개하였다.

| 해설 | **중인의 신분 상승 운동**

조선 후기 중인들은 시를 짓고 즐기기 위한 모임인 시사(詩社)를 조직하여 문예 활동과 활발한 저술 활동을 통해 자신들의 위상을 높이기도 하였다. 19세기 중인들은 주로 기술직에 종사하며 축적한 재산과 탄탄한 실무 경력을 바탕으로 신분 상승을 추구하였다. 이들은 서얼 허통에 자극을 받아 신분 상승을 위한 대규모 소청 운동을 벌이기도 하였다.

| 오답 넘기 |

① 조선 시대 노비는 재산으로 간주되어 매매, 상속, 증여의 대상이었다.
② 장례원은 노비와 관련된 소송을 전담하는 곳으로 노비에 대한 설명이다.
③ 국가 물품을 생산하는 수공업자 명부가 공장안으로 이를 통해 전문 기술자인 장인을 부역으로 동원하였다.
④ 신량역천이란 조선 시대 상민의 최하층으로 양인이면서도 천역에 종사한 신분을 말한다.

정답 ⑤

6 (가) 종교에 대한 설명으로 옳은 것은? [1점]

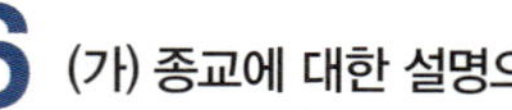
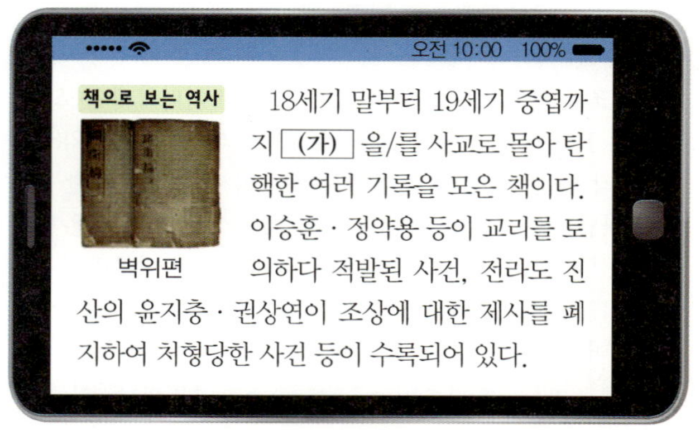

벽위편

18세기 말부터 19세기 중엽까지 (가) 을/를 사교로 몰아 탄핵한 여러 기록을 모은 책이다. 이승훈 · 정약용 등이 교리를 토의하다 적발된 사건, 전라도 진산의 윤지충 · 권상연이 조상에 대한 제사를 폐지하여 처형당한 사건 등이 수록되어 있다.

① 단군 숭배 사상을 전파하였다.
② 하늘에 제사 지내는 초제를 거행하였다.
③ 동경대전과 용담유사를 경전으로 삼았다.
④ 청에 다녀온 사신들에 의하여 서학으로 소개되었다.
⑤ 유 · 불 · 선을 바탕으로 민간 신앙의 요소까지 포함하였다.

| 해설 | **천주교의 전파**

신유박해(1801, 순조 원년)는 순조가 즉위하여 노론 벽파에 의한 박해로 이승훈(최초의 세례 교인) · 이가환 · 정약종 등이 사형을 당하고 정약용 · 정약전 등은 유형을 당한 사건이다. 신해박해(1791, 정조 15)는 전라도 진산에서 천주교 신자인 윤지충 · 권상연 등이 모친상을 당하여 신주를 불사르고 천주교식으로 장례를 치르자 이를 문제 삼아 윤지충을 사형에 처한 사건(진산 사건)이다. 따라서 (가) 종교는 천주교이다. 천주교는 17세기 청을 다녀온 사신들에 의해서 서학으로 소개되었고, 18세기 후반에 신앙으로 받아들여지면서 교세가 확장되었다.

| 오답 넘기 |

① 나철이 창시한 대종교는 단군 숭배 사상을 전파하였다(1909).
② 조선 시대 참성단에서 일월성신에 제사 지냈던 초제는 도교와 관련이 있다.
③ 『동경대전』(1880)과 『용담유사』(1881)는 동학의 사상을 정리해 놓은 책이다.
⑤ 19세기 후반 최제우에 의해 창도된 동학은 유 · 불 · 선의 주요 내용이 바탕이 되었고, 주문과 부적 등 민간 신앙의 요소들이 결합되었다(1860).

정답 ④

7 (가) 종교에 대한 설명으로 옳은 것은? [1점]

○○ 신문

○○○○년 ○○월 ○○일

최제우, 경주에서 체포

경상도 일대를 중심으로 교세를 확장하고 있던 (가) 의 교주 최제우가 23명의 제자들과 함께 경주에서 체포되었다. 체포 후 대구의 감영으로 이송되어 현재 문초가 진행되고 있으며, 혹세무민의 죄가 적용되어 효수에 처해질 것으로 보인다.

① 배재 학당을 세워 신학문 보급에 기여하였다.
② 마음속에 한울님을 모시는 시천주를 강조하였다.
③ 일제의 통제에 맞서 사찰령 폐지 운동을 펼쳤다.
④ 간척 사업을 추진하고 새생활 운동을 전개하였다.
⑤ 제사와 신주를 모시는 문제로 정부의 탄압을 받았다.

| 해설 | **동학의 성립**

제시된 자료에서 '최제우', '혹세무민' 등의 내용을 통하여 (가) 종교는 동학임을 알 수 있다. 조선 후기 최제우는 양반 지배층만의 사상인 성리학을 극복하고 서학으로 불린 천주교에 맞서기 위해 동학을 창시하였다(1860). 동학은 모든 사람이 평등하다는 시천주와 인내천 사상을 강조하였는데, 조선의 지배층은 신분 질서를 부정하는 동학을 위험하게 생각하여 최제우를 혹세무민(惑世誣民)의 죄로 처형하였다(1864).

| 오답 넘기 |

① 배재 학당은 감리교파의 선교사 아펜젤러가 1885년 서울에 설립한 사립 학교이다.
③ 불교계는 일제가 사찰령을 제정(1911)하여 불교를 통제하고 한국의 불교를 일본식으로 통합하려 하자 사찰령 폐지 운동을 전개하였다.
④ 박중빈이 창시한 원불교(1916)는 근검저축, 허례 폐지, 미신 타파, 금주 단연 등을 내용으로 하는 새생활 운동과 간척 사업을 전개하였다.
⑤ 조상에 대한 제사를 거부하는 일이 생기자 조선 조정은 천주교를 금지하고 대대적인 탄압을 가하였다(19세기).

정답 ②

8 (가) 사건에 대한 설명으로 옳은 것은? [2점]

이곳은 유계춘의 무덤입니다. 그는 경상 우병사 백낙신의 탐학과 향리들의 횡포에 맞서 농민들과 함께 (가) 을/를 열으켰습니다. 이를 계기로 농민 봉기가 삼남 지방으로 확산되었습니다

① 청의 군대에 의해 진압되었다.
② 최제우가 동학을 창시하는 계기가 되었다.
③ 왕이 도성을 떠나 공산성으로 피란하였다.
④ 남접과 북접이 연합하여 조직적으로 전개되었다.
⑤ 사건의 수습을 위해 박규수가 안핵사로 파견되었다.

| 해설 | **조선 후기의 농민 봉기**

19세기 후반에는 농민 봉기가 전국으로 확산되었는데 철종 말년에 병사 백낙신의 수탈에 저항하여 일어난 진주 농민 봉기가 가장 대표적이다. 이를 계기로 봉기가 전국으로 확산되었다(임술 농민 봉기, 1862). 이에 정부에서는 박규수를 안핵사로 파견하여 조사하는 한편, 봉기의 원인이 삼정 문란에 있음을 파악하고 삼정이정청을 설치하여 개혁 방안을 논의하였다. 그러나 근본적인 대책은 강구하지 못하였다.

| 오답 넘기 |

① 청의 군대에 의해 진압된 사건으로는 임오군란(1882)과 갑신정변(1884)이 있다.
② 19세기 중엽에 경주 출신의 가난한 양반인 최제우는 서학(천주교)에 대항한다는 의미에서 동학을 창도하였다(1860).
③ 이괄의 난 당시 인조는 공주에 있는 공산성으로 피난하였다(1624).
④ 남접과 북접이 연합한 동학 농민 운동 2차 봉기에서 농민군은 공주 우금치에서 관군 및 일본군과 치열한 전투를 벌였으나 화력에서 밀려 결국 패배하였다(1894).

정답 ⑤

20 조선 후기 문화의 새 기운

공부한 날 일차 월 일

❶ 성리학계의 동향과 양명학의 수용

(1) 성리학적 질서와 기능의 변화

① 지배층의 지배력 강화 노력 : 성리학적 질서를 절대적 도덕 규범으로 확립하려 함

② 성리학의 사상적 한계 : 지배층의 이론적 바탕이었던 성리학은 현실 문제를 해결할 수 있는 사상적 기능을 상실, 다른 견해나 주장을 사문난적(斯文亂賊)이라 하여 배척

유학의 반역자(실학 · 천주교 · 동학도 사문난적으로 배척됨)

(2) 성리학의 발달과 학통

① 영남 학파(동인)

㉠ 동인의 정국 주도(선조 때) : 영남 학파가 정계에 많이 진출하였고 학문적 활동이 두드러짐

㉡ 동인의 분열 : 처음에는 유성룡 등 남인 계열이 중용 → 광해군의 즉위로 북인 계열이 실권을 장악

ⓐ 남인 : 이황의 학통 계승 → 향촌 사회에서 영향력이 큼

ⓑ 북인 : 서경덕 · 조식의 학통 계승, 절의를 중시 → 의병장 다수 배출(정인홍, 곽재우)

② 기호 학파(서인) : 주기론

㉠ 서인의 집권 : 인조반정을 단행 후 정국 주도

㉡ 서인의 붕당 분화 : 정책의 수립과 상대 붕당의 탄압 과정에서 분화됨

ⓐ 노론 : 송시열을 중심으로 이이의 학통 정통, 정계와 학계를 주도(주기설 우세)

ⓑ 소론 : 윤증을 중심으로 성혼의 사상 수용, 이황의 학설에 호의적이며 이이에 대하여는 비판 견해, 윤휴의 학설을 변호, 양명학에도 깊은 관심을 보임 → 성리학의 이해에 탄력적

㉢ 주기론의 연구(호락 논쟁) : 18세기 주기론을 고집하는 충청도 지방의 노론과 주리론도 포괄적으로 이해하고자 한 서울 · 경기 지방의 노론 사이의 논쟁

충청도 노론(호론)	경기도 노론(낙론)
인간과 사물의 본성이 다르다는 인물성이론(人物性異論) → 위정척사 사상으로 계승되어 서양과의 수교 반대	인간과 사물의 본성이 같다는 인물성동론(人物性同論) → 북학 사상으로 계승되어 서양과의 수교에 융통적임

③ 남인 계열의 영남 학파 : 주리론

㉠ 활동 기반 : 향촌에서 서원과 향약을 통해 그 기반 확보, 학문의 본원적 연구에 노력

㉡ 남인의 분파 : 이황의 학설을 정통으로 잇고자 하는 경상도 지방의 남인과 이익, 정약용 등과 같이 주자의 해석에 구애받지 않고 독자적인 철학 세계를 구축하고자 한 경기도 지방의 남인으로 나뉘어짐

조선 후기 사회상
특정 사상에 얽매여 융통성을 잃어버리는 성리학의 교조화 경향은 사회 변화에 능동적으로 대처하지 못하였다.

성리학의 교조화에 반발
- 탈성리학 경향(윤휴, 박세당)
- 양명학의 수용
- 실학의 발달

경화사족
서울 근교에서 거주하는 근기 남인, 소론, 북학을 수용한 노론 낙론계 학자들이 중앙 학계의 주류를 이루면서, 여러 대에 걸쳐 관료 생활을 하는 가운데 성장한 집단을 말한다. 이들이 만든 석실 서원은 호론 · 낙론이 갈릴 때 인물성동론을 주장한 낙론의 진원지였다. 이후 이 석실 서원은 북학파의 산실이 되었다.

ⓒ 주리론의 발전 : 왜란과 호란을 겪고, 서양 세력과 천주교의 도전을 받으면서 기정진을 중심으로 한 이일원론(理一元論)으로 정립 → 한말 위정척사 운동의 철학적 기반

(3) 성리학의 변화와 양명학의 수용

① 성리학의 변화

㉠ 성리학의 절대화 : 서인(송시열)들이 명분론을 강화하고 주자 중심의 성리학을 강조

㉡ 성리학에 대한 비판(17세기 후반) : 윤휴, 박세당 → 사문난적(斯文亂賊)으로 몰림

ⓐ 윤휴 : 서경덕으로부터 많은 영향을 받았으며 대학, 중용, 주례, 효경 등을 독자적으로 해석하였으나 송시열과의 예송 논쟁에서 패하고 사문난적으로 몰려 죽임을 당함

ⓑ 박세당 : 양명학과 노장 사상의 영향을 받아 『사변록』을 저술하여 주자를 비판

② 양명학의 수용과 강화 학파의 형성

㉠ 양명학의 사상 — 명의 왕양명에 의해 정립된 새로운 경향의 유학으로, 이론보다 현실과 실천을 중시하였다.

ⓐ 지행합일설(知行合一說) : '앎은 행함의 시작이고, 행함은 앎의 완성'이라고 하여 학문의 실천성을 강조

ⓑ 치양지설(致良知說) : 선험적(先驗的) 지식인 양지(良知)는 사물을 바로 인식함으로써 완성

ⓒ 심즉리설(心卽理說) : 심(心)에 의해 모든 것의 성격이 판단되는 심의 우위성을 강조

㉡ 양명학의 수용과 연구

ⓐ 수용 : 정권에서 소외된 소론 계열의 학자들이 주로 수용

ⓑ 연구 : 18세기 이후 정제두에 의해 본격적 연구

ⓒ 정제두의 활동과 강화 학파의 형성

ⓐ 정제두 : 일반민을 도덕 실천의 주체로 상정하였으며, 이를 바탕으로 양반 신분제의 폐지를 주장, 「존언」, 「만물일체설」 저술

ⓑ 강화 학파의 형성 : 집안의 후손과 인척을 중심으로 하여 계승되어 강화 학파를 형성

윤휴의 주자 비판
윤휴는 "천하의 많은 이치를 어찌하여 주자만 알고 나는 모른단 말인가? 주자가 다시 태어난다면 내 학설을 인정하지 않겠지만, 공자나 맹자가 다시 태어난다면 내 학설이 승리하게 될 것이다."라고 하여 주자를 비판하였다.

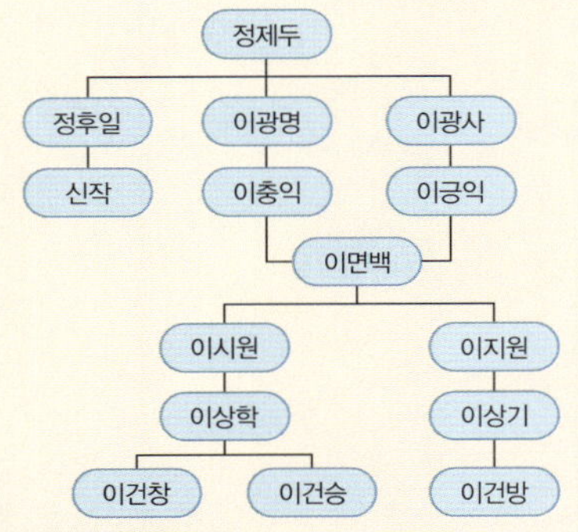

강화 학파의 계보

하곡 정제두(1649~1736)
조선 중기 학자로 대사헌 · 이조 참판 등을 지냈으며, 처음에는 주자학을 공부하였으나, 이론에 치우친 주자학에 반기를 들고 양명학을 연구 · 발전시켜 최초로 그 사상적 체계를 완성하였다.

Click ! ● 성리학의 상대화와 양명학의 수용

성리학의 상대화

나의 저술 의도는 주자의 해석과 다른 이설(異說)을 제기하려는 것보다 의문점 몇 가지를 기록했을 뿐이다. 만약 내가 주자 당시에 태어나 제자의 예를 갖추었더라도 …… 반드시 반복하여 질문하고 생각해서 분명하게 이해하기를 기대했을 것이다. …… 그런데 근래에 송영보(송시열)가 이단이라고 배척하였다. …… 주자의 가르침이라면 덮어놓고 의론(議論)을 용납하지 않으니, ……

－『도학원류속』－

양명학의 수용

지(知)는 심(心)의 본체이다. 심은 자연히 지를 드러내게 한다. 아버지를 보면 효(孝)를 안다. 형을 보면 자연히 제(悌 : 형제간의 우애)를 안다. 어린아이가 우물에 들어가려는 것을 보면 자연히 측은함을 안다. 이것이 양지이다. 지(知)는 행(行)의 시작이고 행(行)은 지(知)의 완성이며, 지와 행은 나눌 수 없다.

㉣ 양명학의 계승 : 한말과 일제 강점기에 이건창, 박은식, 정인보 등의 학자들에게 영향

❷ 실학 사상의 발달

(1) 실학의 연구

① 실학의 의미 : 17~18세기 사회 모순의 해결책을 구상하는 과정에서 대두된 학문과 사회 개혁론

② 실학의 등장 배경

㉠ 왜란 · 호란 이후의 자아 반성 : 성리학에 대한 반성과 비판 대두, 통치 질서의 와해 현상

㉡ 경제적 변화와 신분 질서의 변동 : 몰락한 양반층과 서민층의 생존 문제

㉢ 서학의 전래 : 17세기 이래 중국에서 간행된 각종 서학 서적들이 조선에 전래되어, 당시 지식인들에게 과학적 · 합리적인 사상을 전파

㉣ 고증학의 영향 : 청나라의 고증학이 전래되어 사실에 의거하여 객관적 태도로써 진리를 추구하려는 실사구시(實事求是)를 내세우고 학문 연구에서 실증적 · 실용적 방법을 강조

고증학: 실증적인 방법으로 여러 학문 분야를 광범위하게 연구한 학풍으로 청에서 유행하였다.

③ 실학의 선구자

㉠ 이수광 : 『지봉유설』에서 중국과 우리나라의 문화 전통을 폭넓게 정리, 「천주실의」 등을 소개

㉡ 한백겸 : 『동국지리지』에서 역사 지리 고증

㉢ 김육 : 시헌력의 채용과 상평통보의 주조를 건의, 대동법의 확대 실시 주장, 수차(水車) 제도의 이익을 강조

㉣ 허목 : 붕당 정치의 폐단을 시정하기 위해 왕과 6조의 기능 강화, 중농 정책의 강화, 사상의 난전 금지, 부세의 완화, 호포제 실시 반대, 서얼 허통의 방지 등을 주장

(2) 농업 중심의 개혁 사상

① 중농 학파의 사상

㉠ 농촌 문제에 학문적 관심 : 대부분 서울 부근의 경기 지방에서 활약한 남인 출신으로 서인들의 정책을 농촌 지식인의 시각에서 바라보고 비판

㉡ 경세치용(經世致用) : 농촌 사회의 안정을 위하여 농민의 입장에서 토지 제도를 비롯한 각종 제도의 개혁을 추구 → 경세치용 학파

㉢ 토지 제도의 개혁을 가장 중요시 : 주로 농촌 생활에 근거를 두었기 때문에 농민 생활을 안정시키기 위한 토지 제도의 개혁을 가장 중요하게 생각(개혁 방안에는 차이가 있음)

② 반계 유형원(1622~1673)

㉠ 『반계수록』 저술 : 균전론을 내세워 자영농 육성을 위한 토지 제도의 개혁을 주장하고, 양반 문벌 제도, 과거 제도, 노비 제도의 모순을 비판

㉡ 균전론(均田論) : 관리, 선비, 농민들에게 차등 있게 토지를 재분배 → 자영농을 육성

실학의 명칭

조선학 운동(1934) 때 처음으로 사용했으며, 정인보에 의해 체계적으로 정리되었다.

실사구시 현판

유형원의 균전론

진실로 현재의 적절하고 마땅한 점을 바탕으로 하여 옛 정전 제도의 뜻을 살려 행한다면 할 수 있는 방법도 있으니 …… 면적은 사방 100보를 1무로 하여 100무를 1경(약 40마지기)으로 하고, 4경을 1전(佃)으로 한다. 농부 한 사람이 1경의 토지를 받으며 법에 따라 조세를 내고, 4경마다 군인 1명을 내게 한다. 사(士)로서 처음 학교에 입학한 자는 2경의 토지를 받고, 내사(內舍)에 들어간 자는 4경을 받되 병역 의무는 면제한다. 현직 관료는 9품부터 7품까지는 6경, 그리고 정2품의 12경에 이르기까지 조금씩 더 준다. 그러나 모두 병역 의무는 면제하며, 현직에 근무할 때는 녹을 별도로 받는다. 퇴직하였을 때는 받은 토지로 생계를 유지한다. – 『반계수록』 –

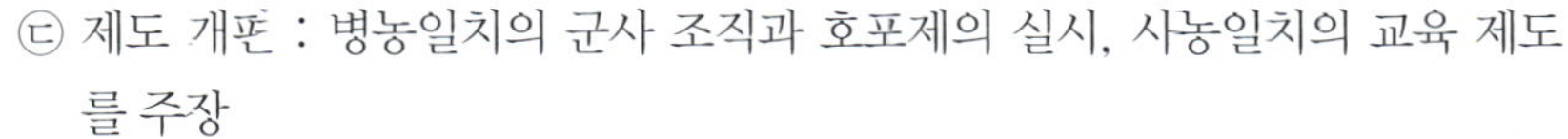

ⓒ 제도 개편 : 병농일치의 군사 조직과 호포제의 실시, 사농일치의 교육 제도를 주장

③ 성호 이익(1681~1763)

㉠ 성호 학파 형성 : 유형원의 실학 사상을 계승, 발전시켰으며 『성호사설』과 『곽우록』을 저술하고 많은 제자를 양성

㉡ 한전론(限田論) : 농촌 경제를 안정시키는 방법으로 매 호마다 영업전(永業田)을 갖게 하고 영업전은 매매를 금지하여 최소한의 땅을 보전하게 하며 그 나머지 토지는 매매를 허락하여 점진적으로 토지 균등을 이루도록 하자고 주장

㉢ 각종 경제 제도 개편 : 고리대와 화폐의 폐단에 대해서 비판적 입장(폐전론)을 취하였고, 환곡 제도 대신 사창 제도의 실시를 주장

㉣ 사회적 병폐 지적 : 나라가 빈곤하고 농촌이 피폐한 원인으로서 노비 제도, 과거 제도, 양반 문벌 제도, 사치와 미신 숭배, 승려, 게으름 등 여섯 가지를 나라의 좀이라고 규정

㉤ 붕당론 : 당쟁의 원인이 이해 득실에 있다고 보고, 한정된 관직에 비해 양반의 무한한 수적 팽창에 문제가 있다고 지적

다산 초당(강진) 정약용이 유배되어 10여 년을 거처한 곳

정약용의 정치 사상

정약용의 정치 사상의 핵심은 탕론과 원목에 잘 나타나 있다. 탕론과 원목에서는 군주의 권력이 백성에게서 나왔으며 통치자는 백성을 위해 존재해야 한다고 주장하였다.

④ 다산 정약용(1762~1836)

㉠ 출신 배경 : 남인 집안 출신으로 정조의 총애를 받았으나, 천주교 신자라는 이유로 신유박해 이후 전라도 강진으로 유배를 당함

㉡ 실학의 집대성 : 『목민심서』, 『경세유표』, 『흠흠신서』 등 3부작과 탕론, 원목, 전론 등 580여 권의 『여유당전서』가 전해짐

ⓐ 『목민심서』 : 지방의 행정 제도 개혁 방안 및 수령의 수신 지침서

ⓑ 『경세유표』 : 중앙의 여러 가지 제도 개혁 방안

ⓒ 『흠흠신서』 : 형법 제도의 개혁 방안

㉢ 토지 제도의 개혁 주장

ⓐ 여전론(閭田論) : 한 마을을 단위(1여는 30가호)로 토지를 집단화하여 공동으로 소유하고 공동 경작하며, 그 수확량을 노동량에 따라 공동 분배하는 일종의 공동 농장 제도

ⓑ 정전론(井田論) : 국가가 토지 매입 후 재분배

㉣ 주권 재민 사상 : '통치자는 백성을 위해 존재한다'고 주장하면서 역성 혁명의 정당성을 옹호

㉤ 향촌 단위 방위 체제 : 여전제의 토지 제도를 군사 조직의 근간으로 삼아 여(閭)-리(里)-방(坊)-읍(邑)에 따른 병농일치제적 군제 개혁안을 주장

㉥ 과학 기술과 상공업에 대한 관심 : 서양 선교사의 『기기도설』을 참조하여 거중기와 녹로(도르래)를 제작(수원 화성 축조에 도움), 배다리(舟橋) 설계, 제너의 종두법을 소개한 『마과회통』 저술(1798)

㉦ 기타 : 『대동수경』(강을 중심으로 한반도의 구조를 체계화), 『아방강역고』(발해의 역사 고증), 『아언각비』(우리의 속담을 수집 · 정리) 저술

⑤ 기타 : 박세당의 『색경』, 홍만선의 『산림경제』, 서유구의 『임원경제지』 등

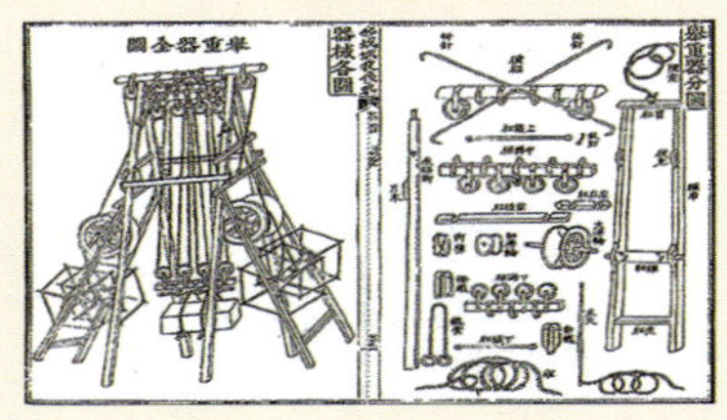

거중기

Click ! ● 중농주의 실학

이익의 한전론

한 가정의 생활을 유지하는 데 필요한 규모의 토지인 영업전은 법으로 매매를 금지하고, 나머지 토지만 매매를 허용하자고 주장 → 점진적 토지 소유의 평등 주장

국가는 마땅히 일가의 생활에 맞추어 재산을 계산해서 한전 몇 부를 한 가구의 영업전으로 하여 당나라의 제도처럼 한다. 그러나 땅이 많다고 해서 빼앗아 줄이지 않으며, 못 미친다고 해서 더 주지 않는다. 돈이 있어 사고자 하는 자는 비록 천백 결이라도 허락해 주고, 땅이 많아서 팔고자 하는 자는 영업전 몇 부 외에는 허락하여 준다. – 이익, 『곽우록』 –

정약용의 여전론

토지를 공동 소유 · 공동 노동 · 공동 경작하고, 생산물을 노동량에 따라 공동 분배하여 농민의 경제적 평등을 지향한 일종의 공동 농장 제도

농사를 짓는 사람에게는 토지를 갖게 하고, 농사를 짓지 않는 사람에게는 토지를 갖지 못하게 하려면 여전제를 실시하여야 한다. …… 1여는 내 땅 네 땅의 구분이 없이 공동으로 소유하게 하며, …… 백성이 공동으로 경작하도록 한다. …… 여장(여의 우두머리)은 매일 개개인의 노동량을 장부에 기록하여 두었다가 가을이 되면 수확물을 …… 국가에 바치는 세금과 여장의 봉급을 제하고, 그 나머지를 노동량에 따라 여의 백성에게 분배한다. – 정약용, 『여유당전서』 –

(3) 상공업 중심의 개혁 사상

① 중상적 실학 사상

㉠ 배경 : 18세기 후반 국내 상공업의 발달과 청 문화의 영향

㉡ 학파 : 서울의 도시적 분위기에서 성장하고 외국 여행의 경험이 있는 노론 집권층에서 다수 배출

ⓐ 북학파 : 인물성동론(人物性同論)을 철학적 기초로 삼은 이들은 청의 문화와 청을 통해 전래된 서양 문화에 관심

ⓑ 이용후생 학파 : 농업 및 상공업의 진흥과 기술 혁신 등 물질 문화의 발달에 관심

ⓒ 북학파 주장의 사상적 의미 : 청나라의 문물을 적극적으로 수용할 것을 주장 → 성리학적 명분론에 입각한 화이론(華夷論)의 극복을 의미

② 농암 유수원(1694~1755) : 상공업 중심 개혁론의 선구자

㉠ 「우서」 저술 : 중국과 우리나라의 문물을 비교하여 정치 · 경제 · 신분 · 사상 전반에 걸친 개혁안을 제시, 상공업의 진흥과 기술의 혁신을 강조하고 사농공상의 직업적 평등화와 전문화를 주장

㉡ 상공업 진흥 방안 : 대상인에게 금난전권을 허용하여 이들을 대규모의 상인 자본으로 육성하여야 한다고 주장

북학파
청나라의 앞선 문물 제도 및 생활 양식을 받아들일 것을 주장한 학파

연행사 1863년 연행사 일행이 청나라를 방문하였을 때 러시아 사진가가 찍은 사진이다. 중상주의 실학자들은 연행사 등의 사절 기회를 통해 청나라를 방문하여 새로운 문물을 수용할 수 있었다.

Click ! ● 유수원의 문벌 폐지론

이미 문벌에 따라 사람을 기용하니, 사람이면 모두 오장(五臟)과 칠규(七竅)가 있는데 어느 어리석은 사람이 양반이나 중인이 되려고 하지 않고, 군보(軍保)의 천역(賤役)을 즐겨 지려 하겠는가?
실 한 가닥이나 쌀 한 톨을 납부하더라도 역명을 붙이니 사람들이 반드시 부끄럽게 여긴다. – 『우서』 –

③ 담헌 홍대용(1731~1783)

㉠ 부국강병책 : 청에 왕래하면서 얻은 경험을 토대로 기술의 혁신과 문벌 제도의 철폐, 그리고 성리학의 극복이 부국강병의 근본이라고 강조

㉡ 『담헌서』 저술

ⓐ 『임하경륜』 : 균전제를 주장하며 양반의 생산 활동 참여 주장

ⓑ 『의산문답』 : 지구가 우주의 중심이 아니며 하루에 한 번씩 회전을 한다는 지전설을 받아들이고 무한 우주론을 주장하였으며 중국 중심의 세계관을 비판

박지원의 농업관

박지원은 『과농소초』에서 '한민명전의(限民名田議)'라고 하는 토지의 재분배론을 주장했다. 이는 일종의 한전법으로 토지 소유 상한선을 설정하고 그 이상의 소유는 허락하지 않으면 수십 년 후 매매와 상속을 통해 토지가 균등해질 것이라고 예상했다. 그는 이 방법을 통해 정전에서 추구했던 균산의 취지를 실현하고자 하였다.

중농 학파와 중상 학파의 비교

구분	중농 학파	중상 학파
학파	경세치용 학파	이용후생 학파
지향	토지 개혁, 자영농 육성	상공업 진흥, 기술 혁신
출신	경기도 남인계 출신	서울, 경기 노론계 출신
특징	지주제 반대, 토지 분배에 관심, 화폐 사용 부정적	지주제 긍정, 생산력 증대에 관심, 화폐 사용 긍정적
영향	한말 애국 계몽 운동, 국학에 영향	한말 개화 사상에 영향
공통점	부국강병, 민생 안정 지향, 문벌 제도 비판	

④ 연암 박지원(1737~1805)

㉠ 농업 진흥책 : 『과농소초』의 '한민명전의'에서 토지 소유 상한선을 제시한 한전론(限田論)을 주장하였고, 영농 방법의 혁신, 상업적 농업의 장려, 수리 시설 확충 등을 통하여 농업 생산력을 높이는 데 관심

㉡ 북학 사상의 발전 : 청에 다녀온 후 『열하일기』를 저술하여 청의 문물을 소개하고 상공업의 진흥을 강조하면서 수레와 선박의 이용 및 화폐 유통의 필요성을 주장

㉢ 양반의 모순 비판 : 「양반전」, 「호질」을 통해 양반 문벌 제도 비생산성 비판

⑤ 초정 박제가(1750~1805)

㉠ 『북학의』 저술 : 서얼 출신으로 정조 대에 규장각 검서관으로 활약, 박지원의 실학 사상을 계승하여 상공업의 육성과 통상 무역의 필요성을 주장(1778)

㉡ 상공업 진흥책

ⓐ 진흥안 : 청과의 통상 강화, 수레와 선박의 이용을 늘릴 것을 주장

ⓑ 소비 권장 : 소비와 생산 관계를 우물에 비유하고, 절검보다는 소비를 권장하여 생산을 자극시킬 것을 주장

Click ! ● 중상주의 실학

박지원의 상업론

중국이 재산이 풍족하고 한 곳에 지체되지 않으며 고루고루 유통되는 것은 모두 수레를 쓴 이익이다. …… 영남 어린이들은 새우젓을 모르고, …… 서북 사람들은 감과 고구마의 맛을 분간하지 못하며, 바닷가 사람들은 새우나 정어리를 거름으로 밭에 내건만 서울에서는 한 움큼에 한 푼을 하니, 이렇게 귀함은 무슨 까닭일까? …… 이것은 오로지 멀리 운반할 힘이 없기 때문이다. 사방이 겨우 몇천 리밖에 안 되는 나라에 백성의 살림살이가 이렇게 가난한 것은 국내에 수레가 다니지 못한 까닭이다. – 박지원, 『열하일기』 –

박제가의 소비관

비유하건대 자물은 대체로 우물과 같은 것이다. 퍼내면 차고, 버려두면 말라 버린다. 그러므로 비단옷을 입지 않아서 나라에 비단 짜는 사람이 없게 되면 여인네들의 길쌈과 바느질도 쇠퇴하고, 쭈그러진 그릇을 싫어하지 않고 기교를 숭상하지 않아서 공장(수공업자), 대장간 등이 도야(기술을 익힘)하는 일이 없게 되면 기예가 망하게 되며, 농사가 황폐해져서 그 법을 잃게 되므로 사농공상의 사민이 모두 곤궁하여 서로 구제할 수 없게 된다. – 박제가, 『북학의』 –

(4) 국학 연구의 확대

① 배경 : 민족적 전통과 현실에 대한 관심이 고조되면서 국학 연구가 활발해짐

② 국사 연구

이익	실증적 · 비판적 역사 서술 제시, 중국 중심의 역사관 비판, 민족의 주체적 자각 강조	안정복	이익의 제자, 『동사강목』(고조선~고려 말까지의 역사) 저술, 삼한 정통론 주장
한치윤	『해동역사』(중국 및 일본의 역사서 500여 종 참고) 저술	이종휘	『동사』(고구려의 역사 연구) 저술
유득공	『발해고』(발해를 우리 역사로 편입, 남북국 시대 명명) 저술	이긍익	『연려실기술』(조선 시대의 정치와 문화 정리) 저술
김정희	『금석과안록』, 북한산비가 진흥왕 순수비임을 밝힘		

안정복의 삼한 정통론

우리나라의 정통 왕조를 '단군 조선 – 기자 조선 – 마한 – 통일 신라 – 고려'로 보고, 삼국 시대를 정통 국가가 없는 시대로 파악하였다.

남북국 시대

발해를 우리 역사로 인식하여 발해를 북국, 통일 신라를 남국으로 불러야 한다는 주장이다.

Click ! ● 유득공의 역사 인식

부여씨가 망하고 고씨가 망한 다음, 김씨가 남방을 차지하고 대씨(발해)가 북방을 차지하고는 발해라 했으니, 이것을 남북국이라 한다. 남북국에는 남북국의 사서가 있었을 텐데, 고려가 편찬하지 않은 것은 잘못이다. 저 대씨가 어떤 사람인가. 바로 고구려 사람이다. 그들이 차지하고 있던 땅은 어떤 땅인가. 바로 고구려 땅이다.

–『발해고』–

③ 지리 연구

㉠ 지리서 : 한백겸의 『동국지리지』(역대 국가의 위치와 주요 지명 고증), 신경준의 『강계고』(우리나라의 지맥과 강들을 유기적으로 재구성), 이중환의 『택리지』(풍수지리 바탕, 각 지역의 인문 지리적 특성 제시), 정약용의 『아방강역고』(우리나라 전역의 산천과 역대 국가의 위치에 관한 사료를 모아 비교, 1811)

> 택리지: 각 지역의 자연 환경과 물산, 풍속, 인심 등을 서술하고 어느 지역이 살기 좋은 곳인가를 논한 책이다.

㉡ 지도 : 정상기의 동국지도(100리 척 사용), 김정호의 대동여지도(산맥 · 하천 · 도로망 표시 정밀, 10리마다 눈금 표시, 목판 인쇄)

> 100리 척: 100리를 1척으로 정한 지도 제작 방식

④ 언어 연구 : 최석정의 『경세정운』(훈민정음과 한자의 음운을 그림으로 표현), 신경준의 『훈민정음운해』(훈민정음을 초성 · 중성 · 종성으로 나누어 설명), 유희의 『언문지』(훈민정음이 표음 문자임을 밝힘) · 『물명고』(우리말 어휘 정리), 이의봉의 『고금석림』(각종 문헌에서 우리 어휘와 국외 언어 정리)

⑤ 백과사전 편찬 : 이수광의 『지봉유설』, 이익의 『성호사설』, 이덕무의 『청장관전서』, 이규경의 『오주연문장전산고』, 서유구의 『임원경제지』, 영조 때 편찬된 『동국문헌비고』(역대 제도와 문물 정리 → 대한 제국 시기에 『증보문헌비고』 완성)

(5) 실학의 의의와 한계

① 의의 : 실증적 · 민족적 · 근대 지향적 성격 → 개화 사상가들에게 영향

② 한계 : 주로 정권에서 소외된 몰락 지식인층의 주장으로 국가 정책에 반영되지 못함, 학문적 연구에 그침

3 과학과 기술의 발달

(1) 서양 문물의 수용

① 청과의 교류 확대 : 중국을 왕래하던 소현 세자, 정두원, 홍대용, 박지원 등이 화포 · 천리경 · 자명종 등의 서양 문물을 접하고 이에 대한 이해의 폭을 넓힘

② 서양인의 표류

㉠ 얀 벨테브레이(박연) : 훈련도감에 소속되어 서양식 대포의 제조법과 조종법을 가르쳐 줌

㉡ 헨드릭 하멜 : 17세기 중엽 제주도에 표착했다가 고국인 네덜란드로 돌아가 서양인이 쓴 우리나라에 관한 최초의 책인 『하멜 표류기』를 지어 조선의 사정을 서양에 전함

③ 한계 : 서양 과학 기술의 수용은 18세기까지는 어느 정도 이루어졌으나 19세기에는 더 이상 진전되지 못한 채 정체됨

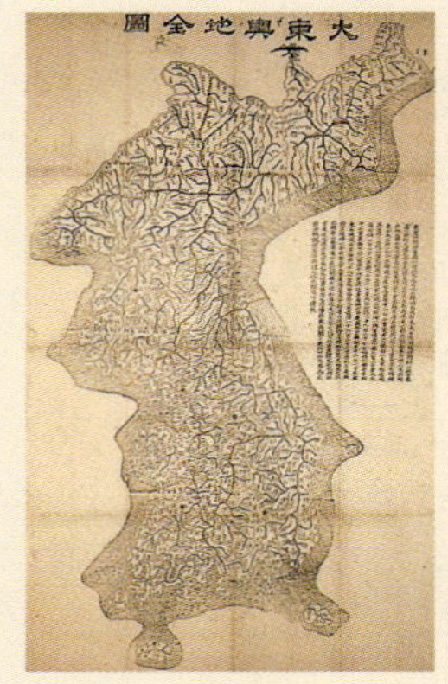

대동여지도

대동여지도는 전체 22첩으로 만들어진 목판 지도이다. 즉, 70여 장의 목판으로 만들어진 지도를 이어 붙인 전체 크기는 대략 가로 2.7m, 세로 6.4m인데, 접어서 책처럼 들고 다닐 수 있었다. 산맥, 하천, 포구, 도로망의 표시가 정밀하여 물자 운송 등과 관련한 당시 사회 · 경제적 요구를 잘 반영하고 있음을 알 수 있다.

소현 세자

소현 세자는 대청 외교를 담당하면서 청나라의 힘을 파악한 후, 청과의 타협을 꾀하였고 청과 서양 문물을 수용하고자 하였다. 그러나 이러한 소현 세자의 태도는 인조와 서인의 반감을 사게 되었고, 귀국 두 달여 만에 의문의 죽음을 당하였다.

지전설
조선 후기 서양의 영향을 받아 형성된 지구가 태양을 돈다는 인식

(2) 천문학과 지도 제작 기술의 발달

① 천문학

㉠ 지전설

ⓐ 김석문 : 『역학도해』에서 지구가 1년에 366회씩 자전한다고 주장하면서 천동설을 부정하는 지전설을 주장

ⓑ 홍대용 : 김석문에 이어 지전설을 주장하였으며 지구가 우주의 중심이 아니라는 무한 우주론을 제기함. 우주를 상대적으로 파악하여 다른 별에도 생명체가 있다고 주장

ⓒ 최한기 : 19세기 중엽 개화 사상의 선구자로 『기측체의』, 『지구전요』를 저술하여 코페르니쿠스의 지구 자전설과 공전설을 소개하였으며, 특히 『명남루총서』에서는 뉴턴의 만유인력설을 비롯한 서양 과학과 기술을 알림

㉡ 지전설의 의의 : 성리학적 세계관을 비판하며 근대적 우주관으로 접근

㉢ 시헌력의 도입 : 서양 선교사인 아담 샬이 중심이 되어 만든 역법으로 김육 등의 노력으로 채용

② 지리학 : 조선 후기에 서양 선교사가 만든 곤여만국전도 같은 세계 지도가 중국을 통하여 전해짐으로써 조선인들의 세계관을 확대시킴

Click !

● 성리학적 세계관의 변화

홍대용이 만든 혼천의

중국은 서양과 180도 경도 차이가 있다. 중국인은 중국을 중심으로 삼고, 서양을 변두리로 삼으며, 서양인은 서양을 중심으로 삼고 중국을 변두리로 삼는다. 그러나 실제에 있어서는 …… 중심도 변두리도 없이 모두가 중심이다. …… 하늘의 입장에서 보면 무슨 안팎의 차별이 있겠는가. 그러므로 저마다 제 국민을 사랑하고 제 임금을 존중하고 제 나라를 지키고 제 풍습을 좋아하는 것은 중국과 오랑캐가 다 마찬가지이다.
－『의산문답』－

● 서양 문물의 도입

천리경

자명종

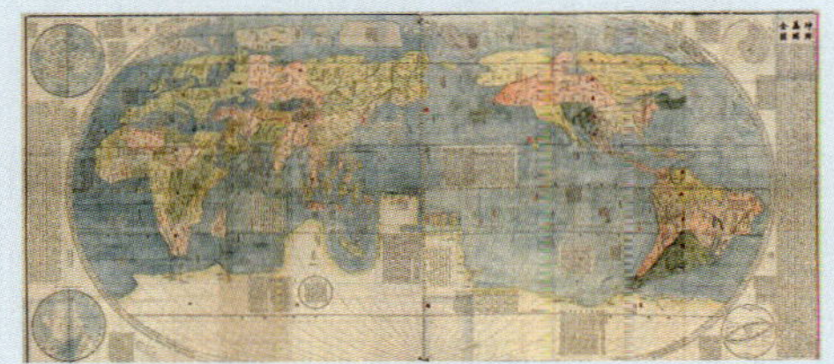
곤여만국전도

유럽과 아프리카 등 5개 대륙이 그려져 있고, 각지의 민족과 산물에 대해서도 기록되어 있다.

(3) 의학과 기술의 발달

① 의학의 발달

㉠ 허준의 『동의보감』 : 구하기 쉬운 약재를 사용한 치료법 소개, 우리의 전통 한의학을 체계적으로 정리(1610), 왕명으로 편찬된 동양 의학 백과사전으로 (1613) 중국 · 일본에서도 간행, 모든 향약명을 한글로 표기하여 의료 지식의 민간 보급에 기여하였으며 2009년 유네스코 세계 기록 유산으로 등재

㉡ 허임의 『침구경험방』 : 자신의 경험을 바탕으로 침구술을 집대성(1644)

㉢ 정약용의 『마과회통』 : 홍역에 관한 지식 집대성, 박제가 등과 함께 종두법 실험(1798)

㉣ 이제마의 『동의수세보원』 : 사람의 체질을 태양인, 태음인, 소양인, 소음인으로 구분하여 치료하는 사상 의학 체계 수립(1894)

② 농학의 발달

㉠ 『농가집성』(신속) : 벼농사 중심의 농법 소개, 이앙법의 보급에 공헌(1655)

1676 ㉡ 『색경』(박세당) : 곡물 재배법 외에 채소, 과수, 원예, 양잠, 축산 등의 기술 소개

㉢ 『임원경제지』(서유구) : 농촌 생활 백과사전(1827)

③ 기술의 발달

㉠ 정약용의 「기예론」 : 기술 개발에 앞장선 정약용은 기술 발달이 인간 생활을 풍요롭게 한다고 생각

㉡ 사례 : 선교사의 『기기도설』을 참고하여 거중기 제작(화성 축조에 사용), 배다리 설계

④ 어업의 발달

㉠ 어업 관련 서적 : 정약용의 형인 정약전은 흑산도 근해의 155종의 어류를 직접 채집, 연구하여 『자산어보』를 저술

㉡ 냉장선의 등장 : 18세기 후반에는 냉장선이 등장하여 어물 유통이 활발하게 전개

4 서민 문화의 발달 ★★★

(1) 조선 후기 문화의 성격

① 발달 배경 : 조선 후기 농업 생산력 증대, 상품 화폐 경제의 발달 → 서민의 경제력 확대, 서당 교육의 보급에 따른 서민의 의식과 지위 향상

② 특징 : 인간 감정의 솔직한 표현, 양반의 비리나 위선 고발, 사회 모순 풍자

(2) 문학과 공연 예술

① 한글 소설 : 17세기 초 허균의 『홍길동전』, 김만중의 『사씨남정기』와 『구운몽』, 작자 미상의 『전우치전』, 『곽재우전』 등 유행 → 18세기 이후 『장화홍련전』, 『흥부전』, 『심청전』, 『춘향전』 등 권선징악, 애정 문제 소재(사회 현실 비판, 평등 의식 향상에 기여)

② 한문학 : 양반 신분의 허구성과 허위의식 비판, 사회 비판 및 풍자(박지원의 『양반전』과 『호질』 등)

③ 시조 문학의 새로운 경향 : 사설시조 및 내방 가사 유행, 시사(詩社)의 조직

④ 공연 예술

㉠ 판소리 : 하층민과 양반 모두에게 호응(춘향가, 적벽가, 심청가, 토끼 타령, 흥부가 등 유행), 신재효(19세기 후반 판소리 사설 창작 · 정리)

㉡ 가면극 : 양반 사회의 허구와 위선 풍자(봉산 탈춤, 안동 하회 별신굿, 양주 산대놀이, 통영과 고성의 오광대, 북청 사자놀음 등)

(3) 회화의 새 경향

① 진경 산수화(18세기 전반)

㉠ 진경 산수화 : 중국 남종과 북종 화법을 고루 수용하여 우리 자연을 사실적으로 표현 → 회화의 토착화 이룩

㉡ 겸재 정선 : '인왕제색도', '금강전도' → 산수화의 새로운 경지 이룩

사상 의학

사람이 날 때 타고난 장부의 이치가 서로 같지 않은 것이 네 가지가 있다. 폐가 크고 간이 작은 사람을 태양인이라 하고, 간이 크고 폐가 작은 사람을 태음인이라 한다. 지라가 크고 콩팥이 작은 사람을 소양인이라 하고 콩팥이 크고 지라가 큰 사람을 소음인이라 한다.

– 『동의수세보원』 –

배다리

하천에서 배를 엮어 다리로 이용하던 것으로 왕이나 사신 등 귀한 사람이 강을 건널 때 이용해 왔다.

사설시조

두꺼비 파리를 물고 두엄 위에 치달아 앉아
건넌산 바라보니 백송골이 떠 있거늘
가슴이 선뜻하여 풀쩍 뛰어내리다가
두엄 아래 자빠져버렸구나.
마침 나였기 망정이지 피멍들 뻔하였도다.

– 『청구영언』 –

판소리

광대가 한 편의 이야기를 창 · 아니리 · 발림으로 연출하며, 고수와 관중이 추임새로 함께 어울리는 전통 예술이다.

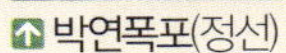
박연폭포(정선)

무동(김홍도)

연소답청(신윤복)

월하정인(신윤복)

영통골입구도(강세황)

② 풍속화(18세기 후반)

㉠ 단원 김홍도

ⓐ 도화원 출신 : 정조의 화성 행차와 관련된 병풍, 행렬도, 의궤 등을 그림

ⓑ 사실적 표현 : 밭갈이, 추수, 씨름, 서당 등에서 자신의 일에 몰두하는 사람들의 특징을 소탈하고 익살스러운 필치로 묘사

ⓒ 대표작 : '서당', '무동', '논갈이', '기와이기', '고누놀이', '씨름', '길쌈', '담배썰기', '편자박기', '우물가', '장터길', '행상', '행려풍속' 등

㉡ 혜원 신윤복

ⓐ 특징 : 주로 양반과 부녀자의 생활과 유흥, 남녀 사이의 애정 등을 감각적이고 해학적으로 묘사

ⓑ 대표작 : '단오풍정', '쌍검대무', '연소답청', '주유청강', '월하정인' 등

③ 서양화법의 도입 : 강세황이 원근법과 명암법을 이용하여 '영통골입구도'를 그림

④ 19세기의 회화

㉠ 복고적 문인화 유행

ⓐ 김정희(추사, 완당)의 '세한도' : 산수화의 진경을 그리면서 선비의 정신이 높은 이념의 세계를 표현(1844)

ⓑ 장승업 : 강렬한 필법과 채색법을 통해 기량을 발휘한 '군마도'를 그림

ⓒ 흥선 대원군(이하응)의 '묵란첩' : 난초 그림에 이름이 높았음

㉡ 민화

ⓐ 소재 : 해, 달, 나무, 꽃, 동물, 물고기, 농경이나 무속의 풍속 등

ⓑ 특징 : 부유한 중인이나 상민들이 집안을 장식할 때 활용, 출세와 장수, 행운과 복 기원

Click ! ● 조선 후기의 회화

● 진경 산수화

인왕제색도(정선)

금강전도(정선)

● 김홍도의 풍속화

씨름(김홍도)

● 신윤복의 풍속화

단오 풍정(신윤복)

● 19세기의 회화

세한도(김정희)

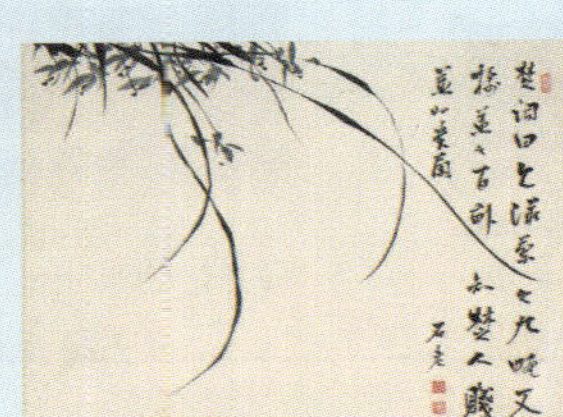
묵란첩(흥선 대원군)

ⓒ 궁궐도 : 서울의 번영을 보여주는 '동궐도', '서궐도'와 같은 화려하고 세련된 대작들이 등장

ⓓ 계회도 : 친목 모임의 회합을 기념하고 기록하는 것을 목적으로 그린 그림으로 일종의 기념 촬영이라고 볼 수 있음

Click ! ● 조선 후기의 민화

문자도

백수백복도

어락도

화조도

까치와 호랑이

운룡도

계회도

(4) 서예 · 공예 · 건축

① 서예

ⓐ 이광사 : 우리의 정서와 개성을 추구하는 단아한 글씨의 동국진체를 완성

ⓑ 김정희 : 우리 서예 발전의 성과를 바탕으로 고금의 필법을 두루 연구하여 굳센 기운과 다양한 조형성을 가진 추사체를 창안

죽로지실(김정희)

② 공예

ⓐ 자기 : 백자가 민간에까지 널리 사용되었고, 흰 바탕에 푸른 유약으로 그림을 그리는 다양한 형태의 청화 백자가 유행

ⓑ 옹기 : 음식 저장용 그릇으로서 서민들이 많이 사용

백자 청화 대나무무늬 각병

③ 건축

ⓐ 17세기 : 김제 금산사 미륵전, 구례 화엄사 각황전, 보은 법주사 팔상전 → 불교의 사회적 지위 향상과 양반 지주층의 경제적 성장 반영, 규모가 큰 다층 건물로 내부는 하나로 통하는 구조

우리나라 유일의 목조 5층탑으로 법주사 경내에 있는 팔상전은 부처님의 생애를 담은 팔상도가 그려져 있다.

ⓑ 18세기 : 논산 쌍계사 · 부안 개암사 · 안성 석남사(부농과 상인의 지원으로 건립), 수원 화성(종합적인 도시 계획으로 건설)

ⓒ 19세기 : 경복궁의 근정전과 경회루

Click ! ● 조선 후기의 건축

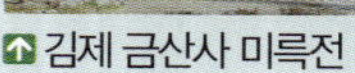
김제 금산사 미륵전

보은 법주사 팔상전

논산 쌍계사

경복궁 경회루

① 성리학계의 동향과 양명학의 수용

- [이황] 군주의 도를 도식으로 설명한 성학십도를 지었다.
- [이이] 다양한 개혁 방안을 제시한 동호문답을 저술하였다.
- [정제두] 양명학을 연구하여 강화 학파를 형성하였다.
- [김장생] 가례집람을 저술하여 예학을 조선의 현실에 맞게 정리하였다.

실전 자료 **돈암 서원**

이곳 논산 돈암 서원은 호가 사계(沙溪)인 김장생의 학덕을 기리기 위해 세워진 것으로, 최근 유네스코 세계유산에 등재된 9개 서원 중 하나입니다. 아들인 김집과 제자인 송시열, 송준길이 함께 배향되어 있으며, 두 차례나 사액을 받은 기호 지방의 대표적인 서원입니다.

- [송시열] 명에 대한 의리를 내세워 기축봉사를 올렸다.

② 실학 사상의 발달

- [한백겸] 동국지리지를 저술하여 삼한의 위치를 고증하였다.
- [유형원] 자영농 육성을 위해 신분에 따른 토지의 차등 분배를 주장하였다.
  ↳ 반계수록에서 토지 제도 개혁론을 제시하였다.
- [이익] 곽우록에서 토지 매매를 제한하는 한전론을 제시하였다.
- [정약용] 여전론을 통해 마을 단위 토지 분배와 공동 경작을 주장하였다.
  ↳ 경세유표를 저술하여 국가 제도의 개혁 방향을 제시하였다.
- [유수원] 우서에서 사농공상의 직업적 평등과 전문화를 주장하였다.
  ↳ 우서를 통해 농공상의 직업적 평등과 전문화를 주장하였다.
- [홍대용] 지전설을 주장하여 중국 중심의 세계관을 비판하였다.
  ↳ 지전설과 무한우주론을 주장하였다.
  ↳ 의산문답에서 중국 중심의 세계관을 비판하였다.
- [박지원] 양반전에서 양반의 위선과 무능을 풍자하였다.
  ↳ 양반전을 지어 양반의 허례와 무능을 지적하였다.
  ↳ 양반전을 지어 양반의 허례와 무능을 풍자하였다.
  ↳ 연행사를 따라 청에 다녀온 후 열하일기를 집필하였다.
- [박제가] 북학의에서 절약보다 적절한 소비를 강조하였다.
  ↳ 북학의에서 재물을 우물에 비유하여 절약보다 소비를 권장하였다.
- [박제가, 유득공, 이덕무] 서얼 출신으로 규장각 검서관에 등용되었다.
  ↳ 서얼 출신으로 규장각 검서관에 발탁되어 활동하였다.
- [김정희] 북한산비가 진흥왕 순수비임을 고증하였다.
  ↳ 북한산 신라 진흥왕 순수비를 처음으로 고증하였다.
- [유득공] (발해고에서) 남북국이라는 용어를 처음 사용하였다.
- 최초로 100리 척을 사용한 동국지도가 제작되었다.
  ↳ [정상기] 100리 척을 사용한 동국지도가 제작되었어요.
  ↳ 최초로 100리 척 축척법을 사용하여 지도를 만들었다.
- [서유구] 농업 기술 혁신 방안을 제시한 임원경제지가 저술됐어요.
- [정조] 훈련 교범인 무예도보통지가 편찬되었다.
- [박세당] 색경에서 담배, 수박 등의 상품 작물 재배법을 소개하였다.

③ 과학과 기술의 발달

- 폭탄의 일종인 비격진천뢰가 만들어졌어요.
- [정약용] 기기도설을 참고하여 거중기를 제작했어요.
  ↳ 기기도설을 참고하여 거중기를 설계하였다.
  ↳ 기기도설을 참고하여 거중기를 설계되었어요.
- 홍역에 관한 국내외 자료를 종합하여 의서를 편찬하였다.
- [이제마] (동의수세보원에서) 체질에 따라 처방을 달리해야 한다는 사상 의학을 확립하였다.
  ↳ 사상 의학을 정립한 동의수세보원이 편찬되었어요.

④ 서민 문화의 발달

- 저잣거리에서 이야기책을 읽어주는 전기수
- 담배 등의 상품 작물을 재배하는 농민
- 시사를 조직하여 활동하는 중인
- 청화 백자를 제작하는 도공

1 (가) 인물에 대한 설명으로 옳은 것은? [2점]

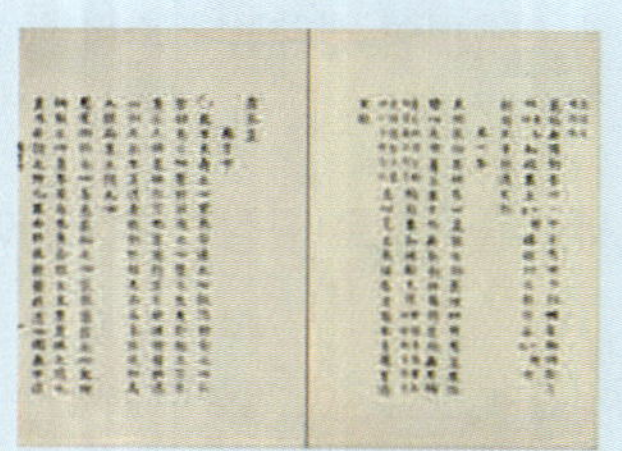
하곡집 중 존언 부분

이 책은 (가) 의 글을 모아 펴낸 문집이다. 그는 학변(學辨), 존언(存言) 등의 글에서 심(心)과 이(理)를 구별하는 주자의 견해를 비판하였다. 또한 지(知)와 행(行)을 둘로 구분하는 것은 물욕에 가려진 것이라고 하면서 양지(良知)의 본체에서 보면 지와 행은 하나라고 주장하였다. 그의 학문은 스승인 박세채, 윤증과의 교류를 통해 심화되었다.

① 계유정난을 계기로 정계에서 축출되었다.
② 일본에 다녀와서 해동제국기를 편찬하였다.
③ 서얼 출신으로 규장각 검서관에 임용되었다.
④ 양명학을 연구하여 강화 학파 형성의 기초를 마련하였다.
⑤ 성학집요를 저술하여 군주가 수양해야 할 덕목을 제시하였다.

| 해설 | 조선 후기의 양명학

제시된 자료의 인물은 양명학을 연구한 하곡 정제두이다. 그의 양명학은 '심즉리', 지와 행은 하나라는 '지행합일', '치양지'를 내세워 성리학의 교조화와 형식화를 비판하며 실천성을 강조하였다. 이미 중종 때에 조선에 전래되어 학자들 사이에 관심을 모았던 양명학은 퇴계 이황이 정통 주자학 사상과 어긋난다고 비판하면서 이단으로 간주되었다. 18세기 초에 정제두는 몇몇 소론 학자가 명맥을 이어가던 양명학을 체계적으로 연구하여 학파로 발전시켰다(강화학파).

| 오답 넘기 |

① 수양 대군(세조)이 일으킨 정변(계유정난)으로 김종서, 황보인 등이 피살되었다(1453).
② 『해동제국기』는 성종 때 신숙주가 일본의 정치 · 외교 · 사회 · 풍속 · 지리 등을 종합적으로 정리하여 기록한 책이다(1471).
③ 조선 정조 때 서얼 출신인 유득공, 박제가 등은 규장각 검서관으로 등용되기도 하였다.
⑤ 이이가 저술한 『성학집요』는 현명한 신하가 성학을 군주에게 가르쳐 그 기질을 변화시켜야 한다는 내용을 담고 있다(1575).

정답 ④

2 (가) 인물에 대한 설명으로 옳은 것은? [2점]

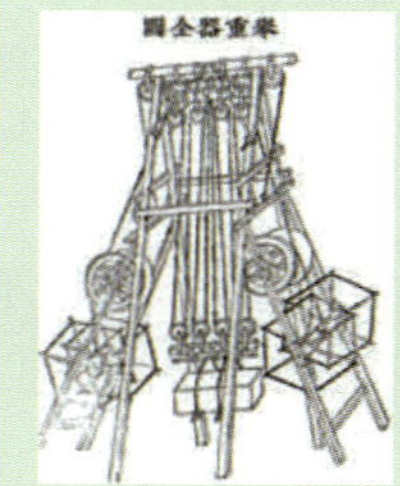

이 그림은 화성성역의궤에 수록된 거중기 전도이다. 거중기는 화성 건설에 참여했던 (가) 이/가 고안하였다. 그는 조선 후기의 실학자로 경세유표를 통해 국가 제도의 개혁 방향을 제시하였으며, 지방 행정의 개혁안을 담은 목민심서를 저술하였다.

① 양반전에서 양반의 위선과 무능을 비판하였다.
② 북학의를 저술하여 청의 문물 수용을 강조하였다.
③ 사람의 체질을 연구하여 사상 의학을 확립하였다.
④ 조선책략 유포에 반발하여 영남 만인소를 주도하였다.
⑤ 여전론을 통해 토지의 공동 소유와 공동 경작을 주장하였다.

| 해설 | 조선 후기의 실학자

자료는 (가) 인물은 다산 정약용이다. 정약용은 중농학파의 대표적 인물로서 농지의 공동 소유, 공동 경작, 공동 분배를 주장하였으며 실학을 집대성하였다. 정조 때에는 거중기를 고안하여 화성 축조에 크게 기여하였으며, 이후 천주교를 믿었다는 이유로 전남 강진에서 유배 생활을 하였다. 그는 이 시기에 방대한 양의 저술을 하였는데, 대표적으로 지방 수령들의 필독서가 되었다는 『목민심서』와 『흠흠신서』, 『경세유표』 등이 있다.

| 오답 넘기 |

① 연암 박지원은 『양반전』, 『허생전』, 『호질』 등의 한문 소설을 써서 양반 사회의 허구성을 지적하였다.
② 초정 박제가는 『북학의』에서 근검과 절약을 중시하는 경제관에서 탈피하여 소비를 강조하였다(1778).
③ 19세기에는 이제마가 『동의수세보원』을 저술하였는데, 사람의 체질을 넷으로 나누어 각각의 치료 방법을 제시한 사상 의학을 확립하였다(1894).
④ 김홍집이 제2차 수신사로 일본에 갔다가 가져온 『조선책략』이 유포되자(1880) 유림 이만손을 비롯한 유생들에 의해 영남만인소가 올려졌다(1881).

정답 ⑤

3 다음 글을 쓴 인물에 대한 설명으로 옳은 것은? [1점]

중국의 재산이 풍족할뿐더러 한 곳에 지체되지 않고 골고루 유통함은 모두 수레를 쓴 이익일 것이다. …… 평안도 사람들은 감과 귤을 분간하지 못하며, 바닷가 사람들은 멸치를 거름으로 밭에 내건만 서울에서는 한 웅큼에 한 푼씩 하니 이렇게 귀함은 무슨 까닭인가. …… 사방이 겨우 몇천 리 밖에 안 되는 나라에 백성의 살림살이가 이다지 가난함은 한마디로 표현한다면 수레가 국내에 다니지 못한 까닭이라 하겠다.

- 『열하일기』 -

① 양반전에서 양반의 위선과 무능을 풍자하였다.
② 북학의에서 절약보다 적절한 소비를 강조하였다.
③ 곽우록에서 토지 매매를 제한하는 한전론을 제시하였다.
④ 우서에서 사농공상의 직업적 평등과 전문화를 주장하였다.
⑤ 색경에서 담배, 수박 등의 상품 작물 재배법을 소개하였다.

| 해설 | **조선 후기의 실학자**

연암 박지원은 노론 벽파로서 서울에서 태어났는데 청나라에 다녀온 후 『열하일기』를 저술하여 청의 문물을 소개하였다. 상공업의 진흥을 강조하면서 수레와 선박의 이용 및 화폐 유통의 필요성을 주장하고, 양반 문벌 제도의 비생산성을 비판(「양반전」, 「호질」)하였다. 이러한 북학파의 개혁 사상은 농업에만 치우친 유교적 이상 국가론에서 탈피하여 부국강병을 위한 보다 적극적인 방안을 제시하였다는 점에서 의의가 크다. 북학파 실학 사상은 19세기 후반에 개화 사상으로 이어졌다.

| 오답 넘기 |

② 초정 박제가는 『북학의』에서 소비를 자극하여 생산을 늘릴 것을 강조하였다(1788).
③ 성호 이익은 『곽우록』에서 토지 소유의 점진적인 평등을 위해 영업전 이외의 토지만 매매를 허용하는 한전론을 제시하였다.
④ 『우서』는 조선 후기 실학자 농암 유수원의 저서로, 그는 사농공상의 직업 평등과 전문화를 주장하였다(1737).
⑤ 조선 후기 박세당은 『색경』에서 벼농사는 물론 과수와 축산, 원예 기술을 소개하였다(1676).

정답 ①

4 (가)에 들어갈 내용으로 옳은 것을 〈보기〉에서 고른 것은? [2점]

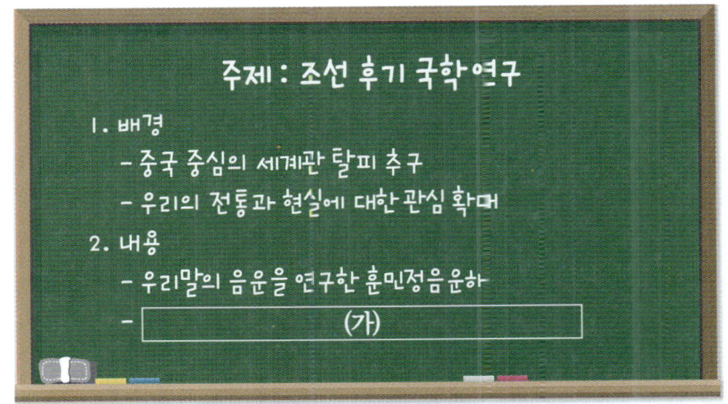

보기

ㄱ. 남북국 시대론을 제시한 발해고
ㄴ. 전국의 지리 정보를 정리한 팔도지리지
ㄷ. 우리나라의 역사 지리를 정리한 아방강역고
ㄹ. 고조선부터 고려까지의 역사를 정리한 동국통감

① ㄱ, ㄴ ② ㄱ, ㄷ ③ ㄴ, ㄷ
④ ㄴ, ㄹ ⑤ ㄷ, ㄹ

| 해설 | **조선 후기의 국학 연구**

조선 후기 실학자들은 우리 민족의 전통과 현실에 대한 깊은 관심을 기울여 중국 중심의 세계관을 비판하고 우리의 역사, 지리, 언어 등 국학을 연구하였다. 한글에 대한 학문적 연구도 활발해져 우리말의 음운을 연구한 신경준의 『훈민정음운해』, 유희의 『언문지』 등 많은 연구 서적이 나왔다.
역사에서 안정복은 「동사강목」에서 단군 조선 이전 동이족에서 고려 말까지의 우리 역사를 체계적으로 정리하였다(1778). 이를 통해 중국 중심의 역사관에서 벗어나 우리 역사의 독자적인 정통성을 세웠다. 또 유득공은 『발해고』에서 발해를 신라와 대등한 우리 역사로 인식하여 '남북국 시대'라는 용어를 처음으로 사용하였다.
역사 지리서로는 한백겸의 『동국지리지』, 정약용의 『아방강역고』 등이 나왔고, 이중환은 인문 지리서인 『택리지』를 지어 각 지방의 자연환경과 인물, 풍속, 물산 등을 자세히 서술하였다.

| 오답 넘기 |

ㄴ. 조선 전기 성종 시기에는 『팔도지리지』, 『동국여지승람』 등 지역의 정보를 담은 지리서가 편찬되었다.
ㄹ. 조선 초기에는 고조선부터 고려 말까지의 역사를 정리한 『동국통감』이 편찬되었다(1485).

정답 ②

5 교사의 질문에 대한 학생의 답변으로 가장 적절한 것은?

[2점]

이 그림은 김홍도가 중인들의 시사(詩社) 광경을 그린 '송석원시사야연도'입니다. 당시 중인들은 시사를 조직해 활발한 문예 활동을 전개하기도 하였습니다. 이 그림이 그려진 시기의 문화에 대해 발표해볼까요?

① 성현 등이 악학궤범을 편찬하였습니다.
② 정철이 관동별곡, 사미인곡 등의 작품을 지었습니다.
③ 노래와 사설로 줄거리를 풀어 가는 판소리가 발달하였습니다.
④ 서거정이 역대 문학 작품을 선별하여 동문선을 편찬하였습니다.
⑤ 청주 흥덕사에서 금속 활자본인 직지심체요절을 간행하였습니다.

| 해설 | **조선 후기의 회화**

풍속화는 조선 후기 회화에서 새로이 나타난 중요한 경향이었다. 김홍도는 서민을 주인공으로 하여 밭갈이, 추수, 집짓기, 대장간 등 주로 농촌의 생활상을 그렸다. 조선 후기에는 중인층과 서민층의 문학 창작 활동이 활발해지면서 동호인들이 모여 시사를 조직하거나 역대 시인들의 시를 모아 시집을 간행하였다. 그리고, 향촌 사회에서 공연된 판소리는 솔직하고 직접적인 감정 표현으로 서민 문화를 대표하였다.

| 오답 넘기 |

① 조선 전기 성종 때 성현은 『악학궤범』을 편찬하였다(1493).
② 16세기 정철의 『송강가사』에는 「관동별곡」과 「사미인곡」 등이 수록되어 있다.
④ 조선 성종 때 서거정은 삼국 시대부터 조선 초기까지의 시와 산문 중에서 빼어난 것을 골라 『동문선』을 편찬하였다(1478).
⑤ 청주 흥덕사에서 『직지심체요절』이 간행된 것은 고려 우왕 때이다(1377).

정답 ③

6 (가)에 들어갈 그림으로 옳은 것은?

[1점]

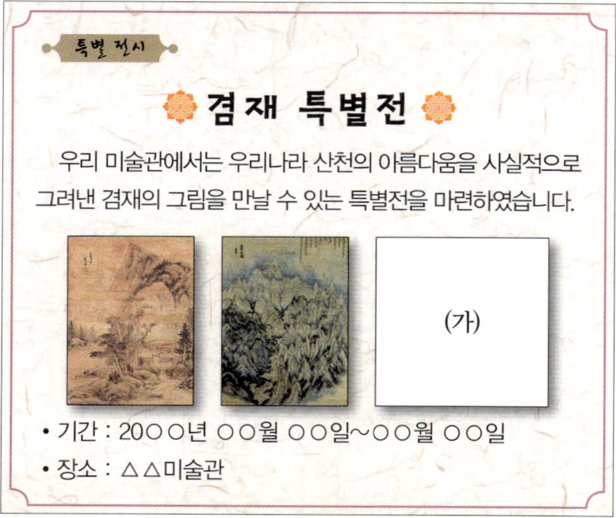

특별 전시
겸재 특별전
우리 미술관에서는 우리나라 산천의 아름다움을 사실적으로 그려낸 겸재의 그림을 만날 수 있는 특별전을 마련하였습니다.
(가)
• 기간 : 20○○년 ○○월 ○○일~○○월 ○○일
• 장소 : △△미술관

①

②

③

④

⑤
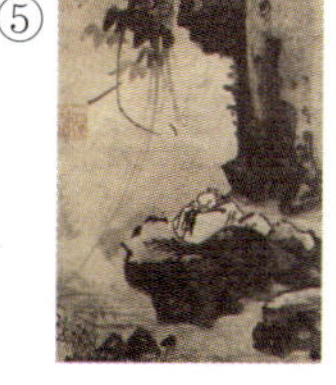

| 해설 | **조선 후기의 회화**

조선 후기 그림에서는 우리나라의 산천을 사실적으로 표현한 진경 산수화와 백성의 생활 모습을 생동감 있게 표현한 풍속화가 등장하였다. 특히 겸재 정선은 중국의 것을 모방하던 기존의 산수화에서 벗어나 새로운 묘사기법을 활용하여 '금강전도'와 '인왕제색도' 등의 진경 산수화를 그렸다. 그는 서울의 인왕산과 압구정 등은 물론 금강산을 비롯한 강원도 명승지를 실제 본 것과 같은 느낌을 주도록 사실적으로 그려 냈다. 그는 세밀한 선묘와 부드러운 묵묘를 조화롭게 사용하여 바위산과 폭포, 흙산과 구름을 정교하게 표현하였다.

| 오답 넘기 |

② 강세황의 '영통동구도', ③ 안견의 '몽유도원도', ④ 김정희의 '세한도', ⑤ 강희안의 '고사관수도'이다.

정답 ①

7 다음 특별전에 전시될 그림으로 가장 적절한 것은? [1점]

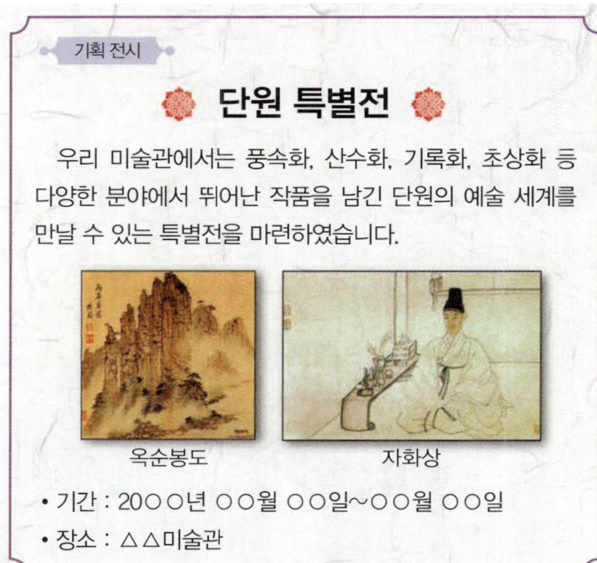

기획 전시
단원 특별전
우리 미술관에서는 풍속화, 산수화, 기록화, 초상화 등 다양한 분야에서 뛰어난 작품을 남긴 단원의 예술 세계를 만날 수 있는 특별전을 마련하였습니다.
옥순봉도
자화상
• 기간 : 20○○년 ○○월 ○○일~○○월 ○○일
• 장소 : △△미술관

① 
② 
③ 
④ 
⑤ 

| 해설 | 조선 후기의 회화

풍속화는 조선 후기 회화에서 새로이 나타난 또 하나의 중요한 경향이었다. 단원 김홍도는 서민을 주인공으로 하여 '밭갈이', '추수', '집짓기', '대장간' 등 주로 농촌의 생활상을 그렸다. 김홍도는 29세에 영조의 초상을 제작하는 데 참여할 정도로 재능이 뛰어났으며, 정조의 총애를 받아 화원 출신으로 벼슬을 지냈다. 그가 그린 풍속화로는 『행려풍속도』와 『단원풍속도첩』이 남아 있다.

③ 김홍도가 그린 풍속화인 '벼타작도'이다.

| 오답 넘기 |

① 김득신의 '파적도', ② 조선 전기 신사임당의 '초충도', ④ 정선의 '인왕제색도', ⑤ 김정희의 '세한도'이다.

 ③

8 (가)에 들어갈 문화유산으로 옳은 것은? [2점]

국보 제55호인 (가) 은 현존하는 유일의 조선 시대 목탑으로 임진왜란 때 불타 없어졌는데, 인조 때 다시 조성된 것입니다.

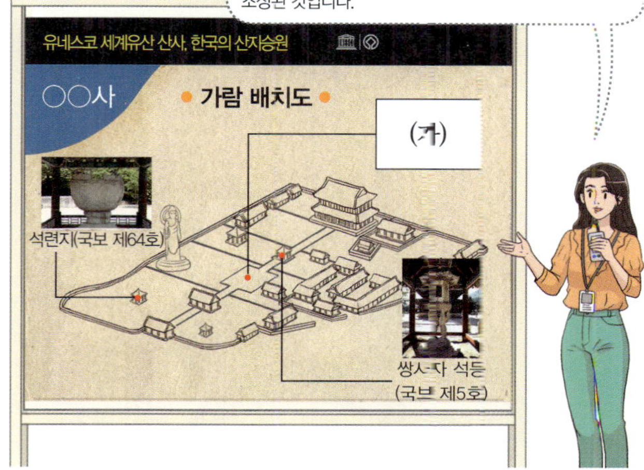

① 
마곡사 대웅보전

② 
금산사 미륵전

③ 
화엄사 각황전

④ 
무량사 극락전

⑤ 
법주사 팔상전

| 해설 | 조선 후기의 건축

보은 법주사 팔상전은 법주사의 건물 중 하나로 정유재란 때 불탄 법주사를 재건하면서 조선 인조 때 다시 세워졌는데, 현존하는 우리나라 유일의 목조 5층탑이다. 팔상전이란 석가모니의 전생부터 결반에 이르기까지의 일대기를 8장면으로 그린 '팔상도'를 모시고 석가여래를 기리는 곳을 말한다.

 ⑤

VII

근대 사회의 전개

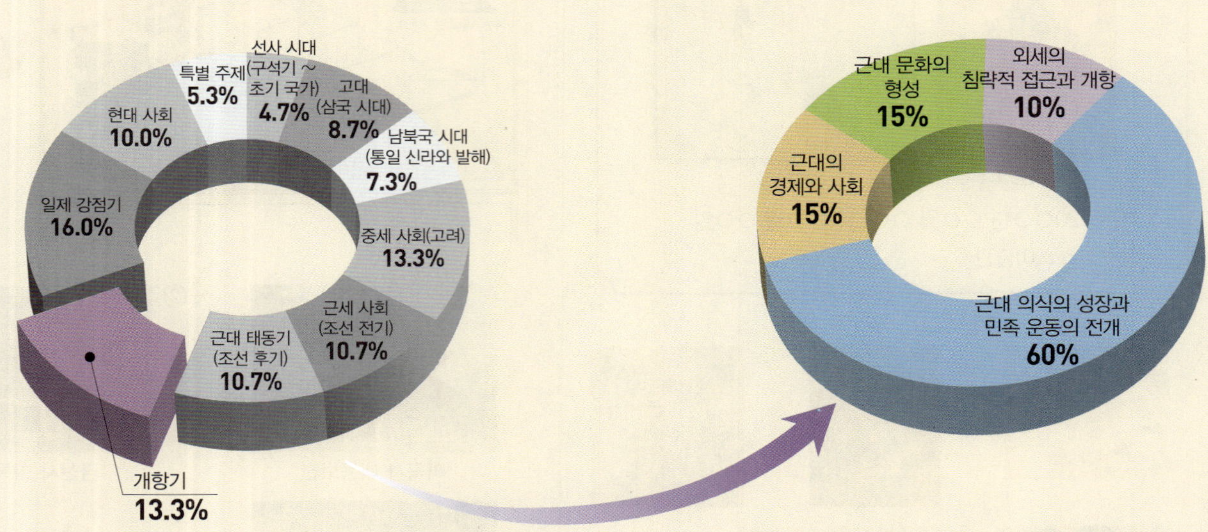

단원 들어가기

흥선 대원군이 물러난 후, 조선은 일본과 강화도 조약을 체결하고, 이어서 서양 각국과도 수교하게 되었다. 이로부터 서양 문물과의 접촉이 활발해지고 개화 정책이 추진되었다. 그러나 근대적 개혁을 주장하는 개화파와 전통 질서를 지키자는 척사파의 대립으로 혼란을 겪었으며, 이러한 가운데 임오군란과 갑신정변이 일어났다. 또한 농민들은 잘못된 정치를 바로잡고 외세의 침략에 대항하여 나라를 지키려는 동학 농민 운동을 일으켰으나 일본군의 개입으로 실패하였고 이를 계기로 갑오개혁이 추진되었다.

일본과 러시아가 우리나라를 사이에 두고 경쟁을 벌이는 가운데 삼국 간섭과 을미사변이 일어났고, 이때 독립 협회가 조직되어 민족의 자주 독립을 지키려는 민족 운동을 전개하였다. 국민의 자주 · 자강 운동에 힘입어 성립한 대한 제국은 국가의 면모를 새롭게 하여 여러 가지 개혁을 추진하였으나, 집권층의 보수적 성향과 외세의 간섭으로 어려움이 많았다. 대한 제국은 러 · 일 전쟁에서 승리한 일본에 외교권과 군사권을 차례로 강탈당하였다. 우리 민족은 이러한 일본의 침략에 대항하여 강력한 민족 운동을 전개하였다. 이때 전국적으로 전개되었던 의병 전쟁과 애국 계몽 운동은 항일 민족 운동의 가장 큰 두 흐름이었다.

1863 고종 즉위, 흥선 대원군 집권
1864 동학 교조 최제우 처형
1866 병인박해, 제너럴 셔먼호 사건, 병인양요
1868 남연군 묘 도굴 미수 사건
1871 신미양요, 척화비 건립
1873 고종 친정(흥선 대원군 실각)
1881 조사 시찰단 일본에 파견, 영선사 청에 파견, 별기군 창설
1882 조·미 수호 통상 조약, 임오군란
1883 한성순보 발간, 전환국 설치, 원산 학사 설립
1884 우정국 설치, 갑신정변
1885 거문도 사건, 광혜원 설립
1886 노비 세습제 폐지
1889 함경도 방곡령 실시
1893 보은 집회
1894 교정청 설치, 군국기무처 설치(갑오개혁 시작), 홍범 14조
1895 삼국 간섭, 을미사변, 을미개혁
1896 태양력 사용, 아관 파천, 독립 협회 설립
1897 대한 제국 선포
1898 만민 공동회 개최, 독립 협회 해산
1899 대한국 국제 반포, 경인선 개통
1902 서울~인천 간 전화 개통, 경의선 철도 기공식, 하와이 이민 시작

연표로 흐름잡기

21 외세의 침략적 접근과 개항

일차

공부한 날 월 일

❶ 서양 열강의 침략과 흥선 대원군의 정책

(1) 흥선 대원군의 집권

① 19세기 국내외 정세

㉠ 국내 : 세도 정치로 인한 정치 기강 문란, 삼정의 문란으로 전국 각지에서 농민 봉기 발생

㉡ 국외 : 중국과 일본의 문호 개방, 러시아의 연해주 획득, 서양 세력(이양선)의 접근 → 위기 의식 고조

② 고종의 즉위(1863) : 철종이 죽고 고종이 어린 나이로 왕위에 오르자 고종의 아버지인 흥선 대원군이 정권 장악

이양선 본래 '모양이 다른 배'란 뜻으로 우리나라에 통상을 요구하며 나타난 서구 열강의 배를 가리킨다.

(2) 흥선 대원군의 개혁 정책

① 정치 개혁

㉠ 인재 등용 쇄신 : 안동 김씨 세력을 몰아내고 당파, 지역, 신분을 초월하여 능력을 기준으로 등용

㉡ 정치 기구 개편(1864~1865) : 비변사 기능 약화 → 의정부와 삼군부 기능 부활(정치 · 군사 업무 분리)

비변사: 세도 정권이 비변사를 장악하고 권력을 행사하였다.

㉢ 통치 규범 재정비 : 법전을 정비하여 『대전회통』, 『육전조례』 편찬

법전을 정비: 경국대전 → 속대전(영조) → 대전통편(정조) → 대전회통(고종)

㉣ 국방 강화 : 훈련도감의 군사력 보강, 중국을 통해 서양의 화포 기술 도입, 수군 강화

② 서원 철폐(1864)

㉠ 목적 : 붕당의 근거지 제거, 국가 재정 확보, 양반 지배층의 수탈 억제

㉡ 내용 : 만동묘를 비롯한 면세 · 면역의 특권을 누리던 서원을 47개소만 남기고 없앰

㉢ 결과 : 농민 환영, 양반 유생 반발

만동묘 명 황제인 신종과 임진왜란 때 조선을 도운 명 의종을 제사 지내기 위해 세운 사당(1704)

Click ! ● 서원 철폐와 호포제의 실시

서원 철폐

대원군이 크게 노하여 말하기를, "진실로 백성에게 해가 되는 것이 있으면 비록 공자가 다시 살아난다 하더라도 나는 용서하지 않겠다. 하물며 지금 서원은 훌륭한 학자를 제사하는 곳인데도 도둑의 소굴이 되지 않았더냐."라고 하였다. 그리고는 형조와 한성부 병사들을 풀어서 대궐 문 앞에서 호소하려는 선비를 강 건너로 몰아냈다.

호포제의 실시

호포제 실시 전(1792)
납부층 양인 (15%)
면제층 양반 (49%)
면제층 노비 (36%)
호포제 실시 전 (1792)

호포제 실시 후(1872)
면제층 노비(7%)
면제층 관리 (19%)
호포제 실시 후 (1872)
납부층 양반 · 양인(74%)

호포제 실시 이후 군호 부담층의 변화(경북 영천)

"나라 제도로서 인정(人丁)에 대한 세를 신포라 하였는데 충신과 공신의 자손에게는 모두 신포가 면제되어 있었다. 대원군은 이를 수정하고자 동포(洞布)를 제정하였다. …… 이 때문에 예전에 면제된 자라도 신포를 바치지 않을 수 없게 되었다."

사창제의 실시
동리의 대소빈부를 헤아려 차등 분배하되 반상을 가리지 않고 헤아려 등분하게 함으로써 편중되거나 불공정한 폐단이 없도록 한다.
–『사창절목』–

원납전
경복궁 중건에 필요한 재원을 마련하기 위해 종친, 양반, 백성에게 부과한 기부금

③ 수취 체제의 개혁 : 삼정의 문란 시정
  ㉠ 전세 : 권세가와 양반 토호의 토지 겸병 금지, 양전 사업 실시
  ㉡ 군정 : 호포제(1871) 실시 → 양반에게도 군포를 부담시킴(현직 관리 제외)
  ㉢ 환곡 : 사창제 실시(1867) → 농민들에게 가장 큰 고통을 주었던 환곡제를 폐지 → 국가 재정 확충
  (사창제: 국가 기관이 운영하는 환곡과 달리 주민 자치적으로 운영한 구휼 제도이다.)

④ 경복궁 중건(1865~1868)
  ㉠ 목적 : 왕실의 권위와 위엄 과시
  ㉡ 원납전 징수(1865) : 양반들에게 기부금 강요
  ㉢ 당백전 발행(1866~1867) : 통화량 증가로 인플레이션 유발
  ㉣ 토목 공사에 농민 동원, 양반의 묘지림 벌목 → 양반과 백성 모두 반발

⑤ 흥선 대원군이 추진한 정책의 의의와 한계
  ㉠ 의의 : 국가 기강 정립, 민생 안정에 이바지
  ㉡ 한계 : 조선 왕조 체제 내에서 전제 왕권 강화 목표
    ⓐ 양반층의 불만 : 서원 정리, 호포제 실시
    ⓑ 백성들의 불만 : 경복궁 중건으로 당백전 발행, 원납전 · 문세 징수, 부역 동원

Click ! ● 경복궁 중건과 왕권 강화

당백전

우리나라 좋은 나무는 경복궁 중건에 다 들어갔네. / 덜커덩 소리가 웬 소리냐 경복궁 짓느라고 헛방아 찧는 소리다. / 석수장이 거동보소 방망치를 갈라 잡고 눈만 껌벅거린다. / 경복궁 역사(役事)가 언제나 끝나 그리던 가족을 만나볼까. – 경복궁 타령 –

흥선 대원군

대원군이 여러 재신을 향해 말하기를, "나는 천리를 끌어다 지척을 삼겠으며 태산을 깎아내려 평지를 만들고 또한 남대문을 3층으로 높이려 하는데 공들은 어떻게 생각하오?"하고 물었다.
– 황현, 『매천야록』 –

❷ 서양 세력의 침략과 양요

(1) 통상 수교 거부 정책
① 배경 : 이양선 출몰, 서양 세력의 통상 요구 → 서양 세력에 대한 경계심 고조
② 내용 : 서양 물품의 유입 금지, 국방력 강화(강화도에 포대 설치), 열강의 통상 요구 거부

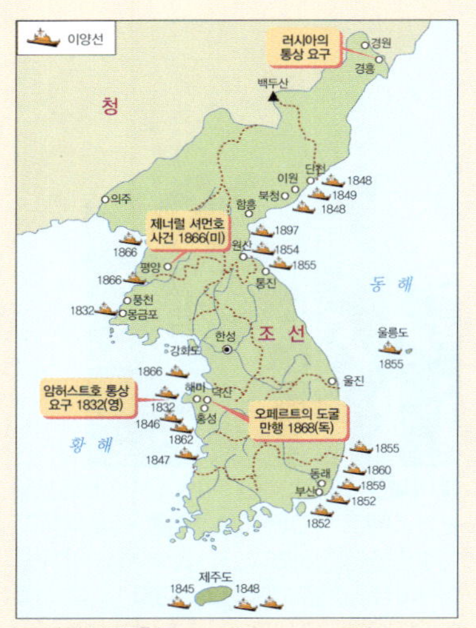

이양선의 출몰

(2) 흥선 대원군의 천주교 탄압
① 배경 : 프랑스 선교사들의 국내 선교 활동으로 천주교 교세 확장 → 흥선 대원군은 러시아의 남하를 막기 위해 선교사를 통해 프랑스 세력을 끌어들이려 하였으나 실패, 국내의 천주교 반대 여론 고조
② 병인박해 : 8천여 명의 신자와 프랑스 선교사 9명 처형

(3) 제너럴 셔먼호 사건(1866.8)
① 배경 : 미국 상선 제너럴 셔먼호가 평양(대동강)에 접근, 통상 요구
② 전개 : 통상 요구 거절 → 미국 상인들의 민가 약탈, 발포 → 평양 관민들 제너럴 셔먼호 소각 · 침몰

(4) 병인양요(1866.10)

① 원인 : 프랑스 함대가 병인박해를 구실로 삼아 조선과의 통상을 요구하며 강화에 침입

② 전개 과정

㉠ 경과 : 프랑스 함대가 강화도에 침입 → 문수산성(한성근 부대)과 정족산성(양헌수 부대)에서 프랑스군 격퇴

㉡ 프랑스 함대 퇴각 : 외규장각 소각, 의궤 · 금 · 은 등 약탈(외규장각 도서는 2011년 조건부 반환)

③ 영향 : 통상 수교 거부 정책 강화, 천주교 탄압 심화

(5) 오페르트 도굴 사건(1868.5)

오페르트는 당시 주청 상해 미국 영사관의 통역관이었던 젠킨스 등의 지원을 받았다. 이로 인해 오페르트 배후로 미국이 의심받았으나 미국은 공식 부인하였다.

① 내용 : 독일 상인 오페르트가 대원군의 아버지 남연군의 묘를 도굴하려다 실패하고 달아남

② 결과 : 천주교에 대한 탄압과 통상 수교 거부 정책의 강화

(6) 신미양요(1871.5)

① 배경 : 제너럴 셔먼호 사건 → 미국이 배상금 지불과 개항 요구 → 흥선 대원군의 거부

② 경과 : 미국의 강화도 침입 → 초지진 · 덕진진 점령 → 광성보 공격 → 어재연의 방어 → 미군 퇴각

③ 결과 : 척화비 건립(1871.5)

㉠ 목적 : 흥선 대원군이 통상 수교 거부 의지를 널리 알리기 위해 전국 각지에 건립함

㉡ 내용 : "서양 오랑캐가 침범하였을 때 싸우지 않음은 곧 화의하자는 것이요, 화의를 주장함은 나라를 파는 것이다."

(7) 통상 수교 거부 정책의 의의 및 한계

① 의의 : 서양 세력의 침략을 막아 내고 우리의 자주성을 지킴

② 한계 : 조선의 근대화가 늦어지는 결과를 초래함

Click !

● 병인양요와 신미양요

● 척화비(斥和碑)

1871년 대원군이 양인(洋人) 배척을 목표로 전국의 요충지에 세우게 한 비로, 비문의 내용은 '洋夷侵犯 非戰則和 主和賣國(서양 오랑캐가 침입하는데, 싸우지 않으면 화친하는 것이니, 화친을 주장함은 나라를 파는 것이다.)'으로 되어 있다.

외규장각

정조 때 규장각의 비중이 커지자, 강화 행궁에 외규장각을 지어 도서 가운데 영구 보존 가치가 있는 것들을 따로 보관하였다. 병인양요 때 프랑스 해군이 이곳에 보관 중이던 수백 권의 귀중한 서적을 약탈해 갔다. 외규장각 도서는 현재 대부분 프랑스 파리 국립 도서관에 소장되어 있는데 반환을 두고 한국과 마찰이 있다가 2011년 4월 반출된 지 145년 만에 영구 임대의 형식으로 귀환하였다.

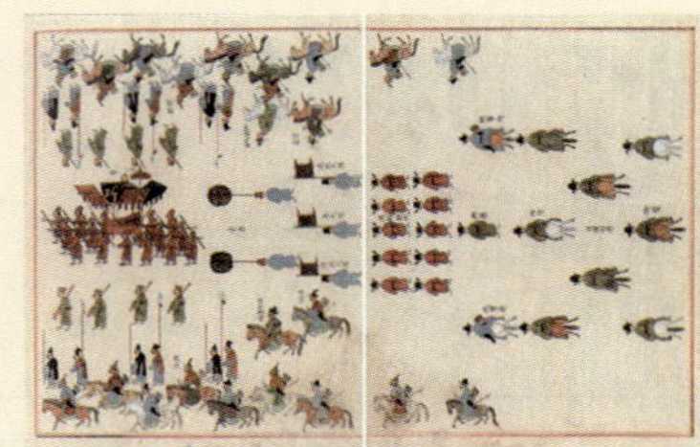

외규장각 의궤 조선 시대에 국가에서 거행한 주요 행사를 기록이나 그림으로 정리한 보고서 형식의 책

광성보

어재연 수자기 신미양요 당시 어재연 장군의 깃발로 '수(帥 : 장수)' 자를 적어 대장의 지휘권을 상징하였다. 광성보에서 퇴각하던 미군이 수자기를 가져갔으나, 2007년 장기 대여 형식으로 우리나라에 반환되었다.

운요호 사건
일본의 군함 운요호가 허락도 없이 강화도로 다가오자 초지진의 조선 수비대가 포격을 가하였다. 그러나 운요호는 물러가기는커녕 오히려 초지진과 영종진에 포탄을 퍼부었고, 영종도에 육전대(해병대)를 상륙시켜 살인과 방화를 저질렀다(1875.9).

치외법권
외국에 있으면서 그 나라 법률의 적용을 받지 않고, 자기 나라의 주권을 행사할 수 있는 권리

③ 문호 개방과 근대 사회의 개막 ☆☆☆

(1) 문호 개방의 배경

① 흥선 대원군의 하야(1873) : 양반 유생들의 반발(호포제, 경복궁 중건, 서원 철폐 등) → 고종의 친정 체제 성립, 통상 수교 거부 정책 완화

② 통상 개화론의 대두 : 박규수, 오경석, 유홍기 등, 서양 열강의 침략을 막고 부국강병을 실현하기 위해 문호 개방의 필요성 주장

③ 일본의 포함 외교 : 서계(외교 문서) 문제 발생 → 정한론(征韓論) 대두, 운요호 사건

서계: 메이지 정부가 조선에 수교를 요청하는 서계를 보냈는데, 흥선 대원군이 이를 종전과 다르다는 이유로 거부하자 일본에서는 무력을 통해서라도 조선을 가항시켜야 한다는 정한론이 대두되었다.

(2) 개항과 불평등 조약 체제

① 조 · 일 수호 조규(1876.2, 강화도 조약)

㉠ 내용 : 청의 간섭 배제, 3개 항구 개항, 해안 측량권, 영사 재판권(치외법권) 등 인정

㉡ 의의 : 최초의 근대적 조약, 불평등 조약 → 일본의 경제적 침략 발판 마련

Click ! ● 조 · 일 수호 조규(강화도 조약)

제1관 조선은 자주국이며 일본과 똑같은 권리를 갖는다.
➡ 청의 종주권을 부정하여 일본의 침략을 용이하게 함

제5관 경기, 충청, 전라, 경상, 함경 5도 연해 가운데 통상에 편리한 항구 2개를 개항한다.
➡ 부산 이외에 원산, 제물포(인천) 추가 개항 → 정치적 · 군사적 침략 의도

(불평등 조약)

제7관 조선국 연해의 도서와 암초를 조사하지 않아 매우 위험하다. 일본국 항해자가 자유로이 해안을 측량하도록 한다. ➡ 침략 의도(해안 측량권 인정)

제10관 일본국 인민이 조선국 항구에서 죄를 지었거나 조선국 인민에게 관계되는 사건은 모두 일본국 관원이 심판한다. ➡ 치외법권 인정

(부록) 제7관 일본국 인민은 본국에서 통용되는 여러 화폐로 조선국 인민이 보유하고 있는 물자와 교환할 수 있다.

간행이정(間行里程)
조선 내에서 일본인 여행 허용 지역의 범위를 말함

거중조정(居中調整)
양국 중 한 나라가 제3국과 분쟁이 있을 경우 다른 한 나라가 두 나라 사이에서 분쟁을 조정하는 것을 말한다.

최혜국 대우
통상, 항해 조약 등에서 한 나라가 가장 유리한 대우를 상대국에도 부여하는 것

② 부속 조약의 체결

㉠ 조 · 일 수호 조규 부록(1876.8) : 조선에서 일본 외교관의 여행의 자유 보장, 개항장에서 10리까지 일본인의 거주지 설정(간행이정), 개항장에서 일본 화폐 유통

㉡ 조 · 일 무역 규칙(1876.8) : 일본의 수출입 상품에 대한 무관세 허용, 양곡의 무제한 유출 허용

③ 서양 열강과의 수교

㉠ 조 · 미 수호 통상 조약(1882.5) : 서양 국가와 맺은 최초의 조약, 불평등 조약

ⓐ 배경 : 미국의 통상 시도, 청의 알선, 황준헌의 『조선책략』(러시아의 남하에 대응하기 위한 대책으로 친중국 · 결일본 · 연미국 주장) 유포

ⓑ 내용 : 거중조정 마련, 치외법권, 최혜국 대우, 협정 관세 등 인정

㉡ 각국과의 조약 체결 : 영국(1883), 독일(1883), 이탈리아(1884), 러시아(1884, 직접 수교), 프랑스(1886, 천주교 포교 인정) → 최혜국 대우 조항이 포함된 불평등 조약

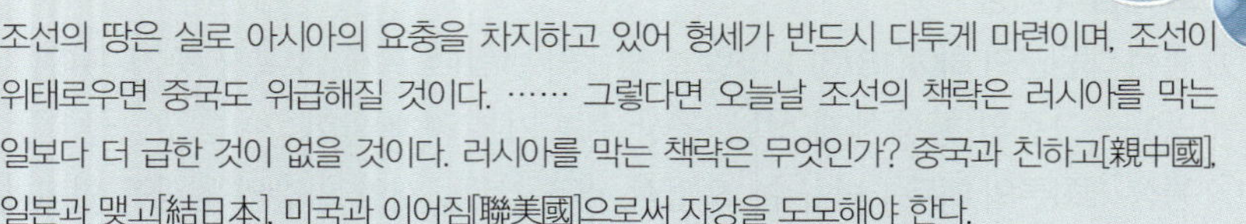

Click ! ● 조선책략

조선의 땅은 실로 아시아의 요충을 차지하고 있어 형세가 반드시 다투게 마련이며, 조선이 위태로우면 중국도 위급해질 것이다. …… 그렇다면 오늘날 조선의 책략은 러시아를 막는 일보다 더 급한 것이 없을 것이다. 러시아를 막는 책략은 무엇인가? 중국과 친하고[親中國], 일본과 맺고[結日本], 미국과 이어짐[聯美國]으로써 자강을 도모해야 한다.

– 황준헌, 『조선책략』 –

❹ 개화 정책의 추진과 반발

(1) 개화 사상과 개화파의 형성

① **배경** : 북학파 실학 사상의 영향, 서구 열강의 통상 요구, 청의 양무 운동과 일본의 문명개화론의 영향

② **통상 개화론자** : 서양 문물 소개, 통상 개화 주장

㉠ 박규수 : 박지원의 손자로 개화파의 중심 인물

ⓐ 1861년 : 연행사절로 중국에 다녀옴

ⓑ 1862년 : 진주 농민 봉기 때 안핵사로 임명되어 백성들 편에서 사태 수습을 위해 노력

ⓒ 1866년 : 제너럴 셔먼호 사건 당시 평안도 관찰사로 재직

ⓓ 1875년 : 운요호 사건 이후 강화도 조약의 체결 주장

㉡ 오경석 : 역관 출신으로 청을 왕래하며 세계 대세와 서양 문물 수용

㉢ 유홍기 : 한의사 출신으로 오경석이 전한 서양 관계 서적을 보고 개화 사상을 연구, 이후 개화파의 중심이 된 김옥균 · 홍영식 등을 지도함으로써 초기 개화 운동에 큰 영향을 줌

③ **개화 사상 형성** : 청에 왕래하면서 세계 정세 인식, 「해국도지」 · 「영환지략」 등의 서적 도입

(2) 개화 정책의 추진

① **특징** : 정부 주도, 전통 질서를 유지하면서 서양의 과학 기술을 수용하자는 동도서기론(東道西器論)의 입장에서 추진

② **정치 기구의 개편**

㉠ 통리기무아문 설치(1880) : 청의 총리아문을 모방하여 설치한 정부의 내정 개혁 담당 관청으로 신문물의 수용과 부국강병 도모가 그 목적이었음

㉡ 12사 : 통리기무아문 아래 부국강병을 추구하던 당시의 개화 정책에 알맞게 12사를 두어 외교, 군사, 산업 등의 개화 업무를 분장

③ **군사 제도의 개편**

㉠ 2영 : 5군영을 무위영, 장어영의 2영으로 개편

㉡ 별기군 신설 : 신식 군대로 일본인 교관을 통해 서양식 군사 훈련을 함

양무 운동
정치 제도를 그대로 둔 채 경제적 · 군사적 측면에서 서양의 문물을 받아들여(중체서용) 부국강병을 이루려는 청의 근대화 운동

문명개화론
19세기 후반 동아시아에서 형성된 서양 문명에 대한 수용 논리로, 서양의 기술 · 기기만이 아니라 문화와 풍속까지 수용할 것을 주장

오경석 조선 후기에 역관들은 각종 사절단의 통역으로 중국을 자주 왕래하면서 서양 문물을 접할 기회가 많았다. 오경석 역시 박규수가 중국에 사신으로 갈 때 수행하는 등 여러 차례 중국을 방문했기 때문에 세계 정세와 문화에 밝았다. 특히, 그가 가져온 「해국도지」와 「영환지략」 등은 가장 친한 유홍기 등에게 전해져 조선에서 일종의 개화 교과서 역할을 하였다.

통리기무아문
개항 이후 대외 관계의 변화에 대비하여 외교와 국방에 힘쓰고 신식 무기 수입 등 근대화 정책을 추진하기 위해 1880년 설립된 정부 기구이다.

보빙사 보빙은 답례로 외국을 방문한다는 의미로, 1882년 조·미 수호 통상 조약 체결에 따라 미국에 파견한 사절단이다. 이들 중 일부는 유럽을 방문하고 돌아와 조선의 근대화에 영향을 주었다.

면암 최익현(1833~1906)
- 1873년 서원 철폐를 비판하며 흥선 대원군 하야 상소
- 1876년 개항 반대 상소(왜양일체론)
- 1895년 단발령에 반대하다 투옥
- 1905년 을사조약을 계기로 의병 조직
- 1906년 쓰시마 섬에 유배되어 저항하다가 사망

영남만인소와 만언척사소
- **영남만인소** : 정부가 개화 정책을 추진하기 위해 「조선책략」을 유포시키자, 이것이 역효과를 내어 1881년에는 격렬한 척사 운동이 전개되었다. 경상도 유생 이만손을 대표로 한 영남 만인소가 「조선책략」을 비판하고, 그것을 들여온 김홍집을 처벌할 것을 요구한 데서 시작하여 전국의 유생들이 같은 내용의 상소를 올렸다.
- **만언척사소** : 강원도 유생 홍재학은 국왕에게 위정척사의 대의를 견지하여 주화 매국자를 엄단하고, 양물·양서를 소각하며, 통리기무아문을 혁파하고 5위제를 다시 설치하라는 격렬한 내용의 척화 상소문을 올렸다가 처형당하였다.

④ 사절단의 파견

㉠ 수신사 : 강화도 조약 이후 일본에 파견 → 일본의 문물 시찰, 2차 수신사 김홍집은 청나라 외교관 황준헌의 「조선책략」을 받아들여옴(1880.9)

㉡ 조사 시찰단(1881.4) : 박정양, 홍영식 등(비밀리에 파견, 일본의 문물 시찰, 보고서 제출), 수행원으로 동행한 유길준과 윤치호는 각각 게이오의숙과 도진사에 입학하여 유학생이 됨

㉢ 영선사(1881.9) : 청의 근대적 무기 제조법, 군사 훈련법 습득 → 기기창 설치

㉣ 보빙사(1883.6) : 민영익, 홍영식(조·미 수호 통상 조약 체결에 따라 미국 시찰), 미국 대통령 접견

Click ! ● 조사 시찰단의 보고

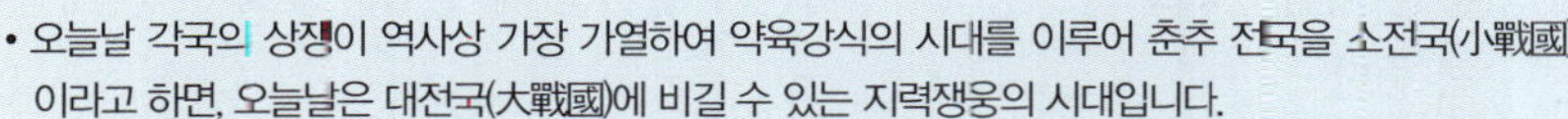

- 오늘날 각국의 상황이 역사상 가장 가열하여 약육강식의 시대를 이루어 춘추 전국을 소전국(小戰國)이라고 하면, 오늘날은 대전국(大戰國)에 비길 수 있는 지력쟁웅의 시대입니다.
- 조선의 과제는 하루속히 부강지도(富强之道)를 얻어 행하여 자강(自强)을 실현하는 것입니다. 부강지도가 근대적 거혁이며, 만일 이 방법에 의하여 부강을 이루지 못하면 이웃 나라의 수모를 받을 위험이 매우 큽니다. – 어윤중 –

(3) 개화 정책에 대한 반발

① 위정척사의 의미 : 개화 정책과 외세의 침략에 대한 반발

㉠ 위정(衛正) : 정학인 성리학을 수호하는 것

㉡ 척사(斥邪) : 성리학 이외의 모든 종교와 사상을 배격하는 것 (모든 종교와 사상: 천주교, 서양 문화)

② 위정척사 운동의 전개

시기	1860년대	1870년대	1880년대	1890년대
배경	• 이양선 출몰 • 병인양요	• 신미양요 • 강화도 조약	• 조선책략 유포 • 서양 열강과 수교	• 을미사변 • 단발령
주장	통상 반대 (척화주전론)	개항 반대 (왜양일체론)	• 개화 정책 반대 • 서양과 수교 반대 • 영남 만인소	항일 의병 운동
인물	이항로, 기정진	최익현, 유인석	이만손, 홍재학	유인석, 이소응

Click !

● **개항 반대 상소**

강화가 저들의 애걸에서 나왔다면 우리가 충분히 제압할 수 있지만, 우리가 약점이 있어서 서두른다면 주도권이 저들에게 있으므로 저들이 오히려 우리를 제어할 것이니, 그런 강화를 믿을 수 없습니다. …… 저들이 비록 왜인이라고 하나 실은 양적(서양 오랑캐)입니다. 강화가 한번 이루어지면 사학(邪學) 서적과 천주의 초상화가 교역하는 속에 들어올 것입니다. 그렇게 되면 얼마 안 가서 사학이 온 나라 안에 퍼지게 될 것입니다. – 최익현 상소문, 『면암집』 –

● **영남만인소(1881.2)**

수신사 김홍집이 가지고 와서 유포한 황준헌의 조선책략이라는 책자를 보노라면 어느새 머리카락이 곤두서고 쓸개가 떨려서 크게 소리 내어 울며 북받치는 눈물을 그칠 수 없습니다. …… 러시아, 미국, 일본은 모두가 오랑캐들이어서 어느 누구를 후하게 대하거나 박하게 대하기가 어렵습니다. 만일 저들이 일본에서 미국이 조약을 맺어 하던 여를 따라서 토지를 요구하면서 살려고 들어오거나 통상을 요구하여 오면 전하는 장차 어떻게 이를 막으려 하십니까. – 「영남만인소」 –

③ 의의와 한계 : 양반 중심의 성리학적 질서 지향, 반외세 · 반침략 운동, 항일 의병 운동으로 계승

(4) 임오군란(1882.6)의 발발

① 배경

㉠ 도시 빈민층 : 곡물의 일본 유출 → 곡물 가격 폭등 → 일본과 정부에 대한 불만 고조

개화 정책 추진으로 5군영이 2군영으로 통합되는 과정에서 많은 구식 군인이 실직하였고, 악화된 재정과 별기군 창설에 따른 비용 증가로 오랫동안 급료를 주지 못하여 불만이 고조되었다.

㉡ 구식 군인 : 신식 군대인 별기군과의 차별 대우

② 전개 과정

㉠ 구식 군대 봉기 : 고관 살해, 일본인 교관 살해 및 공사관 습격

㉡ 도시 하층민 합세 : 궁궐 습격, 명성 황후 피신, 고종이 흥선 대원군에게 수습 요청

㉢ 흥선 대원군 재집권 : 통리기무아문과 별기군 폐지, 5군영 복구 등 개화 정책 중단

㉣ 청의 개입 : 청 군대 파병, 흥선 대원군을 청으로 압송, 봉기 진압, 민씨 세력의 재집권

③ 결과

㉠ 청의 내정 간섭 강화 : 군대 주둔(위안스카이) 및 고문 파견(마젠창, 묄렌도르프), 조 · 청 상민 수륙 무역 장정 체결(조선이 청의 속국임을 명기, 치외 법권, 내지 통상권 등, 1882.8)

㉡ 일본과 제물포 조약 체결 : 임오군란으로 입은 피해에 대한 배상 요구, 공사관 경비를 이유로 한성에 군대 주둔

별기군 5군영으로부터 신체가 강건한 80명을 뽑아 조직한 근대식 군대였다. 교관은 일본군 장교 호리모토였으며, 공식 명칭은 교련병대였다(1881.4).

태극기의 제작 제물포 조약 체결을 위해 박영효가 일본으로 파견되었을 때 배 위에서 태극기가 제작되어 국기로 처음 사용되었으며, 1883년에 태극기가 정식 국기로 제정되었다.

Click ! ● 제물포 조약(1882.8)

제1조 금일부터 20일 안에 조선국은 흉도를 체포하고 그 괴수를 엄중히 취조하여 중죄에 처한다. 일본국은 관리를 보내 입회 처단케 한다. 만일 그 기일 안에 체포하지 못할 때는 응당 일본국이 처리한다.

제3조 조선국은 5만 원을 내어 해를 당한 일본 관리들의 유족 및 부상자에게 주도록 한다.

제5조 일본 공사관에 군인 약간을 두어 경비한다. 그 비용은 조선국이 부담한다.

5 급진 개화파와 갑신정변

(1) 개화파의 형성과 분화

① 개화파의 형성 : 김옥균, 박영효, 김윤식 등 양반 지식인 중심, 정계에 진출한 후 개화 정책 추진

② 개화파의 분화 : 임오군란 전후, 개화의 방법과 속도, 외교 정책을 둘러싸고 분화

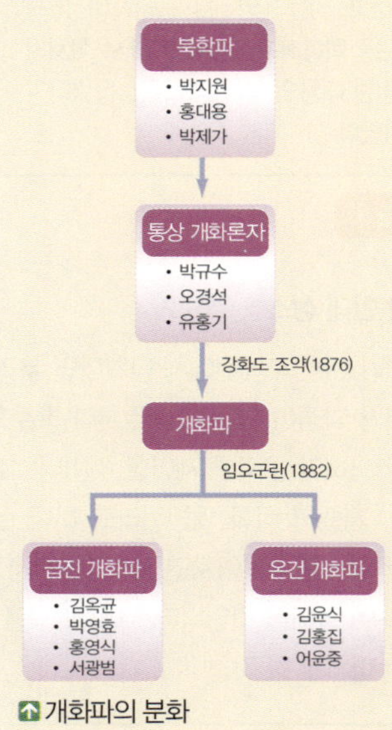

개화파의 분화

구분	온건 개화파(수구당, 사대당)	급진 개화파(개화당, 독립당)
중심 인물	김홍집, 어윤중, 김윤식	김옥균, 박영효, 홍영식, 서광범
성격	집권 세력의 일부, 민씨 정권과 결탁	소장파 관료
정치적 입장	친청 사대 정책	정부의 사대 정책과 청의 간섭 반대
개혁 방안	동도서기론에 바탕을 둔 점진적 개혁	정치, 사회 제도를 포함하는 급진적 개혁
개혁 모델	청의 양무 운동	일본의 메이지 유신

갑신정변의 주역들

Click ! ● 온건 개화파와 급진 개화파

처음 김옥균은 박규수 선생의 문하에서 배웠다. 자못 천하 대세에 밝았고 일찍이 동지들과 국사를 염려하였다. 1881년 나 김윤식은 영선사로서 중국에 들어갔고 김옥균은 조사 시찰단으로 일본에 건너갔다. 다 같이 부국(扶國)할 것을 기약하였다. 나는 임오군란 때 청나라 군대를 따라 귀국하였다. 이때로부터 청나라는 우리 내정을 자주 간섭하고 나는 청국당으로 지목되었다. 김옥균 등은 청나라가 우리 자주권을 침해하는 데 분노하여 마침내 일본 공사와 같이 갑신정변을 일으켰다. 마침내 일본당으로 지목되고 일이 허사로 돌아가자 세간에서는 그를 역적으로 규탄하였다. 나는 정부에 몸담고 있었기에 소리를 같이 하지 않을 수 없었다. 그러나 우리 두 사람의 마음은 서로 비추어가며 애국하는 데 있음을 알았다. 결코 다른 나라를 위한 것이 아니었다.

– 김윤식, 『속음청사』 –

(2) 개화당의 활동

① 해외 시찰 : 제2차 수신사 일행이 일본에 갈 때 홍영식이 동행하였으며, 보빙사 일행이 미국에 갈 때에는 유길준과 서광범이 동행, 임오군란 이후 박영효가 수신사로 일본에 갈 때에는 김옥균이 동행

② 개화 시책 : 박문국 설치(최초의 순한문 신문으로 한성순보를 간행), 유학생 파견(근대적 문물과 제도를 도입하기 위해 일본에 유학생을 파견), 우정국 설치(근대적 우편 사업 시행)

③ 개화 운동의 장벽 : 급진 개화파 김옥균이 일본으로부터 차관을 도입하려 했으나 실패, 임오군란 후 청의 내정 간섭 심화, 민씨 세력의 소극적인 개화 정책

김옥균의 차관 도입 실패
임오군란 이후 재정 문제로 민씨 정권과 묄렌도르프는 새로운 고액 화폐를 발행하려 하였으나 김옥균은 화폐 발행을 반대하고 일본에서 차관 도입을 주장하였다. 그러나 차관 도입 노력은 실패하였고, 이로 인해 급진 개화파의 입지는 더욱 축소되었다.

(3) 갑신정변(1884. 12)

1884년 청과 프랑스가 베트남에서의 주도권을 놓고 벌인 전쟁이다. 청은 이때 조선에 주둔하던 군대 중 일부를 철수시켰는데 급진 개화파는 이를 기회로 정변을 일으켰다.

① 배경 : 친청 수구 세력의 개화당 탄압, 청·프 전쟁으로 일부의 청군 철수, 일본 공사의 지원 약속

② 전개 : 우정국 개국 축하연을 이용하여 정변을 일으킴 → 개화당의 정권 장악, 새 정부 구성 → 근대 국가 수립을 위한 개혁 실시(14개조 정강) → 청군의 개입으로 3일 만에 실패(3일 천하) → 김옥균, 박영효 등은 일본으로 망명

③ 14개조 개혁 요강 마련

㉠ 정치 : 대원군 송환 요구, 청에 대한 조공 허례 폐지, 내각 중심의 정치 실시(군주권 제한)

㉡ 경제 : 지조법 개혁, 호조로 재정 일원화, 혜상공국 폐지

㉢ 사회 : 문벌 폐지, 인민 평등권 확립 등

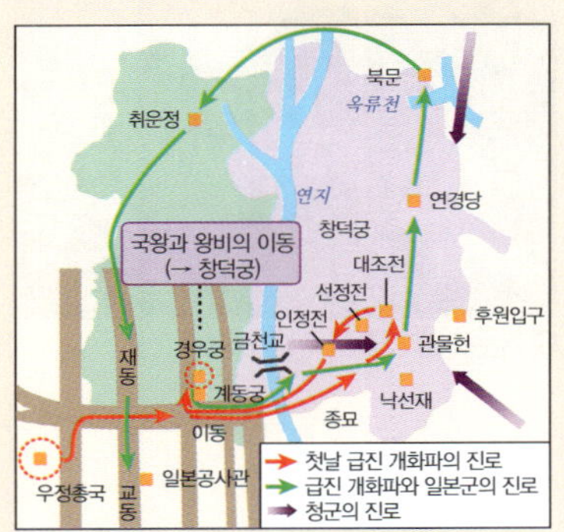

갑신정변의 전개 과정

지조법 개정
토지에 대한 세금 제도 개혁으로 토지세를 지가를 기준으로 정하자는 것이다. 당시 제기되었던 토지 개혁에 대응하여 개화당이 제시한 토지 문제 해결 방안이었다.

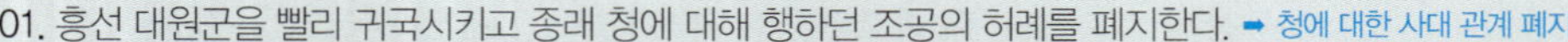

Click ! ● 갑신정변 개혁 정강 14개조

01. 흥선 대원군을 빨리 귀국시키고 종래 청에 대해 행하던 조공의 허례를 폐지한다. ➡ 청에 대한 사대 관계 폐지
02. 문벌을 폐지하고 인민 평등권을 제정하여 능력에 따라 관리를 임명한다. ➡ 양반 신분 제도 · 문벌 제도 폐지, 능력에 따른 관리 등용
03. 지조법을 개혁하여 관리의 부정을 막고 백성을 보호하며 재정을 넉넉히 한다. ➡ 조세 제도 개혁
05. 탐관오리 중에서 그 죄가 심한 자는 처벌한다.
08. 급히 순사를 두어 도둑을 방지한다. ➡ 근대적 경찰 제도 시행
12. 모든 재정은 호조에서 관할한다. ➡ 재정 일원화
13. 대신과 참찬은 의정부에 모여 정령을 의결하고 반포한다. ➡ 내각 중심의 입헌 군주제

④ **실패 원인** : 민중의 지지 부족(토지제의 개혁 요구 외면), 일본에 의존한 개혁 추진, 청군의 개입

⑤ **결과** : 청의 내정 간섭 심화, 일본과 한성 조약 체결(일본에 대한 사죄와 배상금 지불), 청과 일본이 텐진 조약 체결(청과 일본 군대의 동시 철수 및 동시 파견)

⑥ **의의와 한계** : 근대 국가 건설을 목표로 한 최초의 정치 개혁 운동, 근대화 운동에 영향, 소수 지식인 중심의 급진적 방식, 일본에 의존, 토지 제도 개혁 소홀

거문도를 불법 점령한 영국군 병사의 모습

(4) 갑신정변 이후의 국내외 정세

고종은 청을 견제하기 위해 러시아 세력을 끌어들이려 하였다. 이때 러시아는 베베르를 조선 공사로 파견하여 조선에서 세력을 확대하려 하였다.

① **러시아의 영향력 확대** : 조선과 러시아 사이의 비밀 협약 체결 시도 → 러시아의 남하 정책에 대항하여 영국은 거문도를 불법 점령(1885.4~1887.2)

② **조선의 중립화론 대두**

㉠ 부들러 : 조선 주재 독일 부영사 부들러는 한반도를 스위스와 같은 영세 중립국으로 만들자고 건의(1885.3)

㉡ 유길준 : 개화파인 유길준도 자신의 논문을 통해 조선의 안전이 어느 특정한 강대국의 보장만으로는 이루어질 수 없다고 판단하고, 조선의 중립화론 제기(1885.6)

㉢ 김옥균 : 일본에 있던 김옥균도 이홍장에게 서신을 보내 중립화 주장

㉣ 결과 : 조선 정부는 이 제안에 무관심하여 중립화론은 받아들여지지 않았음

③ **자주 외교 추진** : 일본과 미국에 공사관 개설, 외국인 고문과 기술자를 초빙하여 개화 정책 지속

영국군 함장이 거문도 주민들과 함께 찍은 사진

거문도의 영국군 수병 묘지

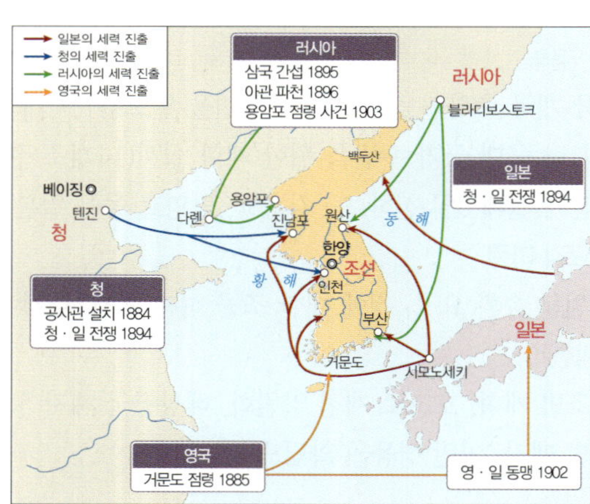

한반도를 둘러싼 외세의 각축

① 서양 열강의 침략과 흥선 대원군의 정책

- 이양선의 출몰을 보고하는 수군
- [서원] 흥선 대원군에 의해 47개소를 제외하고 철폐되었다.
- 환곡의 폐단을 시정하고자 사창제를 실시하였다.
- [호포제] 양반에게도 군포가 부과되었다.
- [신미양요] 제너럴 셔먼호 사건을 구실로 미군이 강화도를 침략하였다.
- 재정 문제를 해결하기 위해 당백전을 주조하였다.
- 궁궐의 공사비 마련을 위하여 당백전이 발행되었다.
- 오페르트가 남연군 묘 도굴을 시도하였다.

② 서양 세력의 침략과 양요

- [병인양요] 조선 정부의 프랑스 선교사 처형이 구실이 되어 일어났다.
  - ↳ 외규장각 도서가 약탈당하는 피해를 입었다.
- [신미양요] 어재연 부대가 광성보에서 결사 항전하였다.

③ 문호 개방과 근대 사회의 개막

- 운요호가 강화도에 접근하여 무력 시위를 벌였다.
  - ↳ 일본 군함 운요호가 영종도를 공격하였다.
- [조일 수호 조규(강화도 조약)] 양곡의 무제한 유출 조항을 포함하고 있다.
  - ↳ 부산 외 2곳에 개항장이 설치되는 결과를 가져왔다.
  - ↳ 부산, 원산, 인천에 개항장이 설치되는 결과를 가져왔다.
- [조일 통상 장정(무역 규칙)] 방곡령을 선포할 수 있는 조항을 명시하였다.
- [조청 상민 수륙 무역 장정] 외국 상인의 내지 통상권을 최초로 규정하였다.
- [조미 수호 통상 조약] 청의 알선으로 서양 국가와 맺은 최초의 조약이다.
  - ↳ 외국에 대한 최혜국 대우를 처음으로 규정하였다.
- 조선이 프랑스와 조약을 체결하고 천주교 포교를 허용하였다.

④ 개화 정책의 추진과 반발

- [오경석] 해국도지, 영환지략을 들여와 국내에 소개하였다.
- 김기수가 수신사로 일본에 파견되었다.
- 개화 정책을 담당하는 통리기무아문이 설치되었다.
  - ↳ 소속 부서로 교련사, 군무사, 통상사 등의 12사를 두었다.
- [김홍집] (수신사로) 귀국할 때 조선책략을 가지고 들어왔다.
- 근대식 무기 제조 기술 도입을 위하여 영선사를 파견하였다.
  - ↳ 김윤식을 청에 영선사로 파견하였다.
  - ↳ [영선사] 무기 제조 공장인 기기창 설립의 계기를 마련하였다(김윤식).
  - ↳ 근대식 무기 제조 공장인 기기창이 설립되었다.
- [조사시찰단] 암행어사 형태로 비밀리에 파견되었다.
- 신식 군대인 별기군이 창설되었다.
  - ↳ 5군영을 2영으로 축소하고 별기군을 창설하였다.
- [최익현] 지부복궐척화의소를 올려 왜양일체론을 주장하였다.
- 이만손 등이 영남만인소를 올렸다.
  - ↳ 이만손 등이 영남 유생들이 만인소를 올렸다.
  - ↳ 조선책략 유포에 반발하여 이만손 등이 영남만인소를 올렸다.
- 구식 군인들이 임오군란을 일으켰다.
  - ↳ [임오군란] 청의 군대에 의해 진압되었다.
  - ↳ 임오군란의 결과로 체결된 협정의 내용을 조사한다.

⑤ 급진 개화파와 갑신정변

- [김옥균] 입헌 군주제를 꿈꾸며 갑신정변을 일으키다.
  - ↳ [갑신정변] 청의 군사 개입으로 실패하였다.
  - ↳ 국가 재정을 호조로 일원화하고자 하였다.
  - ↳ 3일 만에 실패로 끝나 주동자들이 해외로 망명하였다.
- [거문도 점령] 영국이 거문도를 불법 점령하였다.
  - ↳ 영국군이 러시아를 견제하기 위해 거문도를 점령하였다.
  - ↳ 영국군이 러시아를 견제하기 위해 거문도를 불법 점령하였다.

1 (가) 인물이 추진한 정책으로 옳은 것은? [2점]

나라 안의 서원과 사묘(祠廟)를 모두 철폐하고 남긴 것은 48개소에 불과하였다. …… 만동묘는 철폐한 후 그 황묘위판(皇廟位版)은 북원*의 대보단으로 옮겨 봉안하였다. …… 서원을 창설할 때에는 매우 좋은 뜻으로 시작하였지만 오랜 세월이 흐르는 동안 날로 폐단이 심하였다. …… 그러므로 서원 철폐령을 내린 것을 어찌 막을 수 있겠는가? 그 일이 (가) (으)로부터 나온 것이라고 해서 모두 비방할 일은 아니다.

*북원 : 창덕궁 금원

– 『매천야록』 –

① 나선 정벌을 위해 조총 부대를 파견하였다.
② 청과의 경계를 정한 백두산정계비를 세웠다.
③ 신유박해로 수많은 천주교인들을 처형하였다.
④ 대전통편을 편찬하여 통치 체제를 정비하였다.
⑤ 환곡의 폐단을 시정하고자 사창제를 실시하였다.

| 해설 | 흥선 대원군의 개혁 정치

흥선 대원군은 노론 세력의 본거지로 물의를 일으키던 만동묘의 철폐를 시작으로 47개의 사액 서원만 남기고 전국의 서원을 모두 철폐하였다(1871). 따라서 자료의 (가) 인물은 흥선 대원군이다.

⑤ 흥선 대원군은 조세나 다름없는 환곡제를 폐지하고 면민들이 자치적으로 운영 · 관리하는 사창제를 실시하여 농민 경제를 안정시키고자 하였다(1867).

| 오답 넘기 |

① 만주 북부의 헤이룽 강 부근에 러시아가 침략해 오자, 청은 이를 물리치기 위해 조선에 원병을 요청하였다. 이에 조선은 두 차례에 걸쳐 조총 부대를 출병시켜 큰 전과를 올렸다. 이를 나선 정벌이라고 한다(1654 · 1658).
② 숙종 때 조선은 청과의 국경 분쟁 문제를 해결하기 위하여 백두산에 정계비를 설치하였다(1712).
③ 1800년 정조 사후 정권을 장악한 벽파는 남인계의 시파를 제거하기 위해 신유박해를 일으켰다(1801).
④ 조선 후기 정조는 『대전통편(大典通編)』의 편찬 등 법전 재정비를 통하여 국가의 집권 체제를 확립함으로써 왕권을 강화하고자 하였다(1785).

정답 ⑤

2 (가)에 대한 설명으로 옳은 것을 〈보기〉에서 고른 것은? [2점]

□□신문

제△△호 ○○○○년 ○○월 ○○일

서울시, 양헌수 장군 문집과 일기 등 유형문화재 지정

서울시는 (가) 때 정족산성 전투를 지휘한 양헌수 장군의 문집인 하거집과 일기 등을 서울시 유형문화재로 지정하였다. (가) 은/는 로즈 제독의 함대가 강화도를 침략한 사건으로, 양헌수 장군은 정족산성에서 이를 물리치는 데 크게 기여하였다.

하거집
양헌수가 관직 생활을 하면서 남긴 글을 모은 책

〈보기〉
ㄱ. 러시아의 절영도 조차 요구를 저지시켰다.
ㄴ. 외규장각 도서가 약탈당하는 피해를 입었다.
ㄷ. 어재연 부대가 광성보에서 결사 항전하였다.
ㄹ. 조선 정부의 프랑스 선교사 처형이 구실이 되어 일어났다.

① ㄱ, ㄴ ② ㄱ, ㄷ ③ ㄴ, ㄷ
④ ㄴ, ㄹ ⑤ ㄷ, ㄹ

| 해설 | 외세의 침략과 격퇴

프랑스는 천주교 신자와 프랑스 선교사 9명을 처형한 병인박해를 구실로 군함을 파견하여 조선을 침략하였다(병인양요, 1866). 강화읍을 점령한 프랑스군은 서울(한성)로 쳐들어가겠다고 위협하면서 온갖 만행을 저질렀다. 정부는 이에 맞서 군대를 재편성하였으며, 한성근 · 양헌수 부대는 문수산성과 정족산성에서 각각 프랑스를 물리쳤다. 조선군의 완강한 저항에 부딪친 프랑스군은 상당량의 금은과 외규장각에 보관 중이었던 서적들을 약탈하여 돌아갔다.

| 오답 넘기 |

ㄱ. 독립 협회는 만민 공동회를 통해 러시아의 절영도 조차 요구를 저지시켰으며, 러시아의 군사 고문단 파견이나 한 · 러 은행 설치를 좌절시키기도 하였다(1898).
ㄷ. 어재연은 광성보에서 미군과 치열한 전투를 벌였다(신미양요, 1871).

정답 ④

3 밑줄 그은 '조약'에 대한 설명으로 옳은 것은? [2점]

이번에 우리측 대표 신헌과
일본측 대표 구로다가
조약을 체결했다는군.
그렇다네. 작년에 일어났던
운요호 사건을 빌미로
일본이 요구했다더군.

① 방곡령을 선포할 수 있는 조항을 명시하였다.
② 메가타가 재정 고문으로 부임하는 근거가 되었다.
③ 외국에 대한 최혜국 대우를 처음으로 규정하였다.
④ 부산 외 2곳에 개항장이 설치되는 결과를 가져왔다.
⑤ 고종이 헤이그에 특사를 파견하여 부당성을 알리고자 하였다.

| 해설 | 강화도 조약

제시된 자료는 운요호 사건(1875.9)을 계기로 체결된 강화도 조약(조·일 수호 조규)이다(1876.2). 강화도 조약에서 조선이 자주국임을 명시하였는데, 이는 조선과 청의 전통적인 관계를 부인함으로써 조선을 침략하는 데에 청의 간섭을 배제하려는 의도가 있었다. 또 일본의 조선 해안 측량권을 인정하였다. 뿐만 아니라 일본인이 조선에서 범죄를 저지른 경우 조선의 사법권이 적용되지 않는 권한, 즉 치외 법권을 인정하였는데, 이 역시 조선의 주권을 침해하는 불평등한 조항이었다. 그리고 이 조약의 부록으로 체결된 수호 조규 부록에 의해 개항장(부산, 원산, 인천)에서의 일본 거류민의 거주 지역 설정이 허용되었다.

| 오답 넘기 |

① 방곡령은 일본으로의 양곡 유출을 막기 위하여 조·일 통상 장정의 규정에 따라 실시된 것으로 함경도 관찰사 조병식이 선포하였다(1889).
② 1904년 일제는 제1차 한·일 협약을 체결한 후 재정 고문 메가타를 파견하였다.
③ 조·미 수호 통상 조약에서 최혜국 대우가 처음으로 규정되었다(1882).
⑤ 고종은 을사늑약 강요의 부당함을 알리기 위하여 헤이그 만국 평화 회의에 이준, 이상설, 이위종을 특사로 파견하였다(1907.4).

정답 ④

4 다음 서술형 평가의 답안에 들어갈 내용으로 옳은 것은? [3점]

서술형 평가 ○학년 ○○반 이름 : ○○○

◎ 밑줄 그은 '이 기구'에서 추진한 정책을 서술하시오.

이 기구는 변화하는 국내외 정세에 대응하고 개화 정책을 총괄하기 위해 1880년에 설치되었다. 소속 부서로 외교 업무를 담당하는 사대사와 교린사, 중앙과 지방의 군사를 통솔하는 군무사, 외국과의 통상에 관한 일을 맡는 통상사, 외국어 번역을 맡은 어학사, 재정 사무를 담당한 이용사 등 12사가 있었다.

답안	

① 재판소를 설치하여 사법권을 독립시켰다.
② 미국과 합작하여 한성 전기 회사를 설립하였다.
③ 5군영을 2영으로 축소하고 별기군을 창설하였다.
④ 재정 문제를 해결하기 위해 당백전을 주조하였다.
⑤ 교육 입국 조서를 반포하고 외국어 학교 관제를 마련하였다.

| 해설 | 개화 정책의 추진

개항 이후 정부는 개화 정책을 적극적으로 추진하기 시작하였다. 1880년에 개화 정책 추진 기구로서 중국의 총리아문을 본떠 통리 기무아문을 설치하였고, 그 아래에 사대사, 교린사, 군무사 등 12개 부서를 두어 각종 대외 업무와 군사·경제 업무를 담당하게 하였다. 군사 제도도 개편하여 전통적인 5군영을 무위영과 장어영으로 합쳤으며, 신식 군대를 양성하기 위해 별기군을 창설하였다(1881).

| 오답 넘기 |

① 제2차 갑오개혁 때 재판소를 두어 사법권을 행정 기관으로부터 분리·독립시키고, 경찰권을 일원화하여 서울의 치안을 담당하게 하였다.
② 1898년 황실과 미국인의 합작으로 한성 전기 회사가 설립되어 발전소를 세우고 서울에 전등과 전차를 가설하였다.
④ 당백전은 흥선 대원군이 경복궁 중건을 위해 발행한 화폐이다(1866).
⑤ 1895년 2월 발표된 교육 입국 조서에 따라 소학교와 사범 학교, 외국어 학교 등 각종 관립 학교가 차례로 설립되었다.

정답 ③

5 (가)~(다) 주장에 대한 설명으로 옳지 않은 것은? [3점]

(가) 지금 국론이 두 가지 주장으로 맞서 있습니다. 서양의 적을 공격하는 것이 옳다고 말하는 것은 우리나라 쪽 사람의 주장이고, 서양의 적과 화친하는 것이 옳다고 말하는 것은 적국 쪽 사람의 주장입니다. 전자를 따르면 나라 안의 전통이 보전되고, 후자를 따르면 인류가 금수의 지경에 빠질 것입니다.

(나) 저들이 비록 왜인이라고 하지만 본질적으로 서양 오랑캐와 다를 것이 없습니다. 강화가 이루어지면 사악한 서적과 천주교가 다시 들어와 사악한 기운이 온 나라를 덮게 될 것입니다.

(다) 미국으로 말하면 우리가 원래 잘 모르던 나라입니다. …… 만일 그들이 우리나라의 허점을 알고서 우리가 힘이 약한 것을 업신 여겨 따르기 어려운 요구를 강요하고 비용을 떠맡긴다면 장차 어떻게 응대하겠습니까?

① (가) – 이항로와 기정진 등이 대표적인 인물이다.
② (가) – 흥선 대원군의 통상 수교 거부 정책을 뒷받침하였다.
③ (나) – 강화도 조약의 체결에 반대하였다.
④ (나) – 단발령과 을미사변을 계기로 제기되었다.
⑤ (다) – 조선책략의 유포로 인해 일어났다.

| 해설 | 위정척사 사상

(가) 1860년대 이항로는 서양 열강과의 통상을 반대하는 척화주전론을 주장하였다. 이항로는 1866년 병인양요와 1871년 신미양요를 거치는 시기로, 척화주전론을 펼치며 흥선 대원군의 통상 수교 거부 정책을 이론적으로 뒷받침하는 역할을 하였다. 이 시기 위정척사 사상을 대표하는 인물은 이항로, 기정진 등인데, 이항로는 전통적인 화이론과 소중화 사상에 근거해 주전(主戰)과 주화(主和)가 인류와 금수를 나누는 기준이 된다며 단호하게 척화론을 펼쳤다. (나) 자료에서 최익현은 일본이 운요 호 사건을 일으키며 개항을 요구해 오자, 개항불가론과 왜양일체론을 내세우면서 개항에 반대하였다. (다) 1881년 영남만인소는 영남 지방의 보수적 유생들이 「조선책략」의 유포에 반발하여 미국과의 수교 및 개화 정책에 반대하는 집단 상소문을 올린 것이다.

| 오답 넘기 |

④ 왜양일체론은 개항에 반대하면서 주장한 것이다.

정답 ④

6 다음 상황 이후에 전개된 사실로 옳은 것은? [2점]

대원군에게 군국사무를 처리하라는 명이 내려지자, 대원군은 궐내에 거처하면서 [통리]기무아문과 무위영 · 장어영을 폐지하고, 5영의 군제를 복구하고 군료(軍料)를 지급하도록 하였다. 그리고 난병(亂兵)에게 물러가라 명하고 대사령을 내렸다. 난병들은 대궐에서 물러나 사방으로 흩어졌다.

– 『매천야록』 –

① 전국 각지에 척화비가 건립되었다.
② 김기수가 수신사로 일본에 파견되었다.
③ 왕조의 통치 규범을 재정비한 대전통편이 편찬되었다.
④ 조선책략 유포에 반발하여 이만손 등이 영남만인소를 올렸다.
⑤ 일본 공사관 경비병의 주둔을 인정한 제물포 조약이 체결되었다.

| 해설 | 임오군란의 결과

자료의 '통리기무아문과 무위영, 장어영을 폐지'로 보아 임오군란에 대한 내용이다. 임오군란은 구식 군인들이 신식 군인인 별기군에 비해 차별을 받자, 도시 빈민들과 합세하여 일으킨 사건이다(1882.6). 임오군란을 수습하는 과정에서 흥선 대원군이 잠시 정권을 잡았으나 청이 군란의 책임을 물어 흥선 대원군을 청으로 납치해 가면서 다시 민씨 정권이 집권하였다. 임오군란 이후 청은 독일인 묄렌도르프를 고문으로 파견하는 등 조선의 내정과 외교 문제에 적극적으로 간섭하였으며, 일본은 공사관이 습격당한 일을 구실로 조선과 제물포 조약을 체결하였다(1882.8). 이 조약으로 조선은 일본에 배상금을 지불하고 일본군이 서울에 주둔하는 것을 허용하였다.

| 오답 넘기 |

① 흥선 대원군은 신미양요 직후 전국 각지에 척화비를 세웠다.(1871.5)
② 1차 수신사 파견(1876.4)은 김기수를 수신사로 한 일행 76명이 일본의 신식기관과 시설을 시찰하고 돌아왔다.
③ 조선 후기 정조는 대전통편(大典通編)의 편찬 등 법전 재정비를 통하여 국가의 집권 체제를 확립함으로써 왕권을 강화하고자 하였다.
④ 김홍집이 제2차 수신사로 일본에 갔다가 가져온 『조선책략』이 유포되자(1880.9) 이만손을 비롯한 영남 유생들에 의해 영남만인소가 올려졌다(1881.2).

정답 ⑤

7 (가) 사건에 대한 설명으로 옳은 것은? [2점]

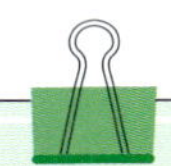

역사 동영상 제작 계획안

개화당, 새로운 세상을 꿈꾸다

▣ 기획 의도

근대적 개혁을 추구하였던 (가) 을/를 다큐멘터리 형식의 동영상으로 제작하여 그 역사적 의미를 살펴본다.

▣ 장면별 구성 내용

- 박규수의 사랑방에 젊은이들이 모인 장면
- 우정총국 개국 축하연 때 거사 장면
- 거사 실패 후 주요 인물이 일본으로 망명하는 장면

① 김옥균, 박영효 등이 주도하였다.
② 김기수를 수신사로 일본에 파견하였다.
③ 구본신참에 입각한 개혁을 추진하였다.
④ 개화 정책을 총괄하는 통리기무아문을 설치하였다.
⑤ 개혁의 기본 방향을 제시한 홍범 14조를 반포하였다.

| 해설 | 갑신정변

실학자 박지원의 손자인 박규수는 김옥균, 박영효, 김윤식 등 젊은 양반 지식인들에게 새로운 사상을 가르치며 개화파의 형성과 활동에 영향을 끼쳤다. 이후 개화파는 정계에 진출하여 정부의 개화 정책을 뒷받침하고 개혁을 추진하였다. 1884년 12월 김옥균과 박영효를 중심으로 한 급진 개화파는 우정총국 완공을 축하하는 연회를 이용하여 갑신정변을 일으켰다. 그러나 정변은 청군의 개입으로 3일 만에 실패로 끝났다. 김옥균, 박영효 등은 일본으로 망명하였고, 홍영식은 피살되었다.

| 오답 넘기 |

② 제1차 수신사로 김기수가 일본에 파견되었다(1876.4).
③ 대한 제국은 구본신참(舊本新參)의 원칙 아래 광무개혁을 추진하였다.
④ 강화도 조약 이후 정부는 통리기무아문을 설치하였다(1880.12).
⑤ 홍범 14조는 갑오개혁의 핵심을 담고 있는 일종의 헌법이다.

정답 ①

8 다음 글이 작성된 시기를 연표에서 옳게 고른 것은? [2점]

제 의견은 청 · 러시아 · 일본 3국이 서로 조약을 체결하여 서양 스위스의 예에 따라 조선을 영세중립국으로 보장하는 것입니다. 그러면 설혹 뒷날 타국이 공벌(攻伐)하고자 해도 조선에서 길을 빌릴 수 없을 것입니다. 그리고 조선도 스스로 수천 명의 군대를 파견하여 국경을 지키면서, 각국과 평화 조약을 체결하여 통상을 한다면 영원히 큰 이익을 누릴 것입니다.

– 독일 부영사 부들러 –

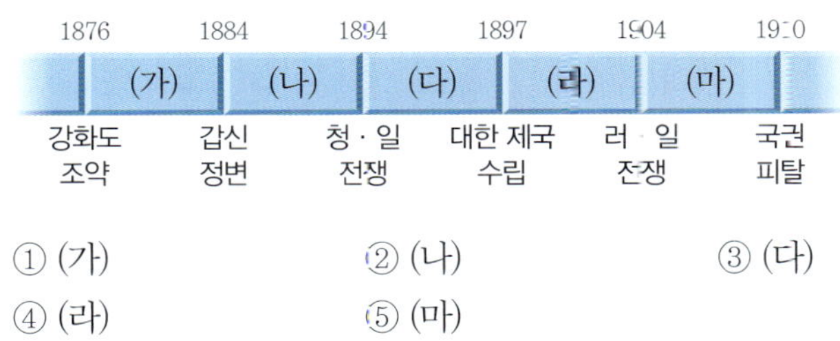

① (가) ② (나) ③ (다)
④ (라) ⑤ (마)

| 해설 | 조선 중립화론의 시기

갑신정변(1884) 이후 러시아는 부동항을 얻기 위해 남하 정책을 추진하는 과정에서 조선에 접근하여 조선 정부 안에 많은 친러 인사들을 만들고 세력을 확대하였다. 이러한 러시아의 남하 정책을 견제하기 위해 영국이 거문도를 불법으로 점령한 것이 거문도 사건이다(1885.4). 영국은 러시아가 조선의 어느 지역도 점령하지 않겠다는 약속을 받고 거문도에서 물러났다.
영국의 거문도 점령 사건 이후 부들러와 유길준 등은 열강의 각축장이 되는 것을 피하기 위해 한반도가 중립화 선언을 해야 한다고 주장하였다. 부들러는 프로이센 · 프랑스 전쟁(1871) 때 스위스의 예를 들며 조선의 영세 중립 선언을 주장하였다. 그의 중립화론은 청 · 일의 충돌을 무마하려는 데 주안점이 있었던 반면, 유길준의 중립화론은 러시아의 남하 정책을 저지하고 아시아 여러 나라가 세력 균형을 이룸으로써 조선의 안전을 확보하려는 데 초점이 맞추어졌다.

정답 ②

22 근대 의식의 성장과 민족 운동의 전개

일차

공부한 날 월 일

① 동학 농민 운동의 전개

(1) 동학 농민 운동의 배경

① 농민층의 동요 : 각지에서 농민 봉기 발생

㉠ 국가 재정의 궁핍 : 개화 정책 추진, 외국과의 분쟁에 따른 배상금 지불 → 국가 재정 적자 → 조세 부담 증가

㉡ 일본의 경제적 침투 : 곡물의 일본 유출로 쌀값 폭등, 외국 공산품 유입으로 국내 면포 산업 몰락 → 지배층에 대한 불만과 일본의 경제 침탈에 대한 반감 고조

② 교조 신원 운동의 전개

㉠ 동학의 교세 확장 : 교리 정비(『동경대전』, 『용담유사』), 최시형의 교단 조직 정비(포접제)

㉡ 교조 신원 운동 : 정치 운동으로 발전

ⓐ 공주 · 삼례 집회(1892.10~11) : 교조 최제우의 신원, 동학교도 석방, 포교의 자유 주장

ⓑ 서울 복합 상소(1893.2) : 교조 신원과 동학 공인 요구

ⓒ 보은 집회(1893.3~4) : 제폭구민(반봉건), 척양척왜(반외세)의 정치 운동 전개

(2) 동학 농민 운동의 전개 과정

① 고부 농민 봉기(1894.1)

㉠ 원인 : 전라도 고부 군수 조병갑의 부정과 비리

농민들에게 노역을 시켜 새 저수지 만석보를 만들게 하고 물세를 비싸게 받았다. 새로 개간한 논에도 강제로 세금을 거두어 갔으며, 자기 부친의 선정비를 세운다고 2만 냥을 거두어들였다.

㉡ 전개 : 전봉준이 농민들을 이끌고 관아 공격 → 정부가 안핵사 이용태를 파견했으나 농민에게만 책임 전가 → 고부의 백산에서 농민군 조직(사발통문 이용)

Click ! ● 동학 농민 운동 폐정 개혁안

01. 동학과 정부 사이의 반감을 없애고 정치에 협력한다.
02. 탐관오리의 죄상을 조사하여 이를 엄중히 처벌한다. → 반봉건
03. 횡포한 부호들을 엄중히 처벌한다. → 반봉건
04. 불량한 유림과 양반들을 징계한다. → 반봉건
05. 노비 문서를 불태워 없앤다. → 반봉건(신분제 폐지)
06. 모든 천인들의 대우를 개선하고 백정이 쓰는 패랭이를 없앤다. → 반봉건
07. 젊은 과부의 재혼을 허락한다. → 반봉건(봉건적 악습 철폐)
08. 규정 이외의 모든 세금을 폐지한다.
09. 관리의 채용은 문벌을 타파하고 인재를 등용한다. → 반봉건
10. 일본인과 몰래 통하는 자는 엄벌한다. → 반외세
11. 공 · 사채는 물론이고, 농민이 이전에 진 빚은 모두 무효로 한다. → 반봉건
12. 토지는 골고루 나누어 경작한다. → 반봉건

– 오지영, 『동학사』 –

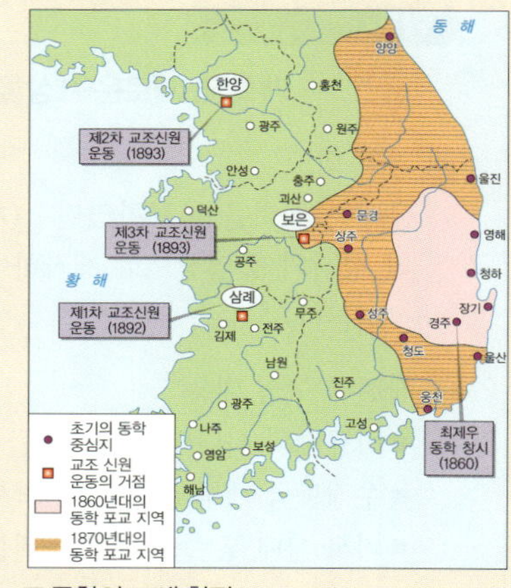

동학의 교세 확장

포접제

동학교도 모임 장소인 접소에 책임자인 접주를 두고 그 위에 도접주 · 대접주를 두어 접주를 통솔하게 하였다.

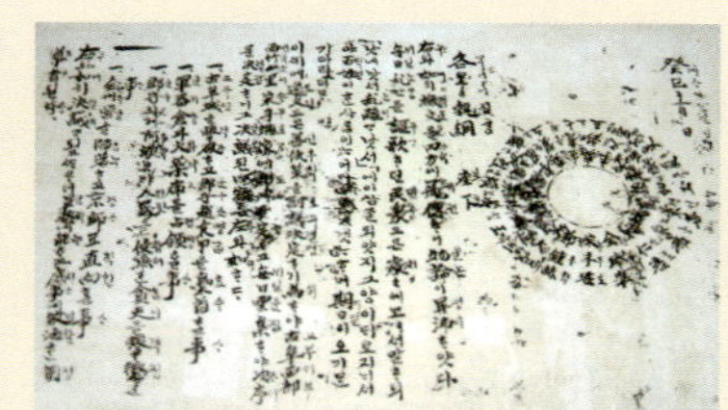

사발통문 사발을 뒤집어 놓고 거사에 동의하는 사람들의 이름을 원을 그리면서 써 넣었다.

각 개혁 내용의 비교

- **갑신정변, 갑오개혁의 공통점** : 국왕의 전제권 제한, 경찰제의 실시
- **갑신정변, 동학 농민 운동, 갑오개혁의 공통점** : 신분제의 폐지, 조세 제도의 개혁
- **갑신정변, 갑오개혁, 독립 협회의 공통점** : 재정의 일원화
- **갑신정변, 동학 농민 운동, 갑오개혁, 독립 협회의 공통점** : 평등 사회의 구현, 조세 제도의 개혁

② 제1차 농민 봉기(1894.3)

㉠ 동학 농민군 봉기 : 무장에서 전봉준, 손화중, 김개남 봉기 → 황토현 전투(전라도 감영군 격파) → 황룡촌 전투(경군 격파) → 전주성 입성(1894.4)

> 농민군이 중앙 정부군과 벌인 최초의 대규모 전투로, 황토현 전투에서 800여 명의 관군을 살상하고 총 600정을 얻는 등 큰 승리를 거두었다.

㉡ 농민군의 자진 해산 : 정부가 청에 구원 요청 → 청·일 양군 출병(톈진 조약에 의거) → 전주 화약 체결(1894.5.8) → 폐정 개혁 12개조 제시 → 자진 해산 → 집강소 설치(폐정 개혁안 실천)

> 동학 농민군이 전주성을 점령한 뒤 호남 지방 각 군현에 설치한 농민 자치 기구

㉢ 폐정 개혁 12개조 : 탐관오리 등 횡포한 봉건 세력 징벌, 신분제 철폐 및 고른 인재 등용, 봉건적 악습 폐지, 무명 잡세 폐지, 공사채 무효화, 토지 균분, 일본과 내통한 자 징벌 등

③ 제2차 농민 봉기(1894.9)

㉠ 일본군의 경복궁 점령 → 내정 간섭 → 갑오개혁 강요

㉡ 전봉준, 손병희의 남·북접 합세(논산 집결, 1894.10) → 공주 우금치 전투(전봉준, 1894.11), 청주성 공략(김개남), 광주 전투(손화중) 등에서 패배 → 순창에서 전봉준 체포

장태 황룡촌 전투에서 장태 안에 짚을 넣어서 불을 붙인 뒤 수백 개를 경군 쪽으로 굴려 화력을 모두 소모시키고 그 뒤에서 숨어서 경군에 접근하여 공격하였다.

동학 농민 운동의 지도자

전봉준, 손화중, 김개남은 동학 농민군의 3대 지도자였다. 제2차 봉기 때 세 사람은 각기 군사를 이끌고 전투를 벌였다. 전봉준이 우금치에서 격전을 치르고 있을 때, 김개남은 청주성을 공격하였으나 점령하지 못했다. 손화중은 후퇴한 농민군들과 합세하여 광주에서 치열한 전투를 벌였으나 성과를 거두지 못했다.

(3) 의의와 영향

① 의의 : 반봉건적·반외세적 근대 지향 운동

② 영향 : 안으로는 갑오개혁, 밖으로는 청·일 전쟁 발발에 영향

Click ! ● 동학 농민 운동의 전개 과정

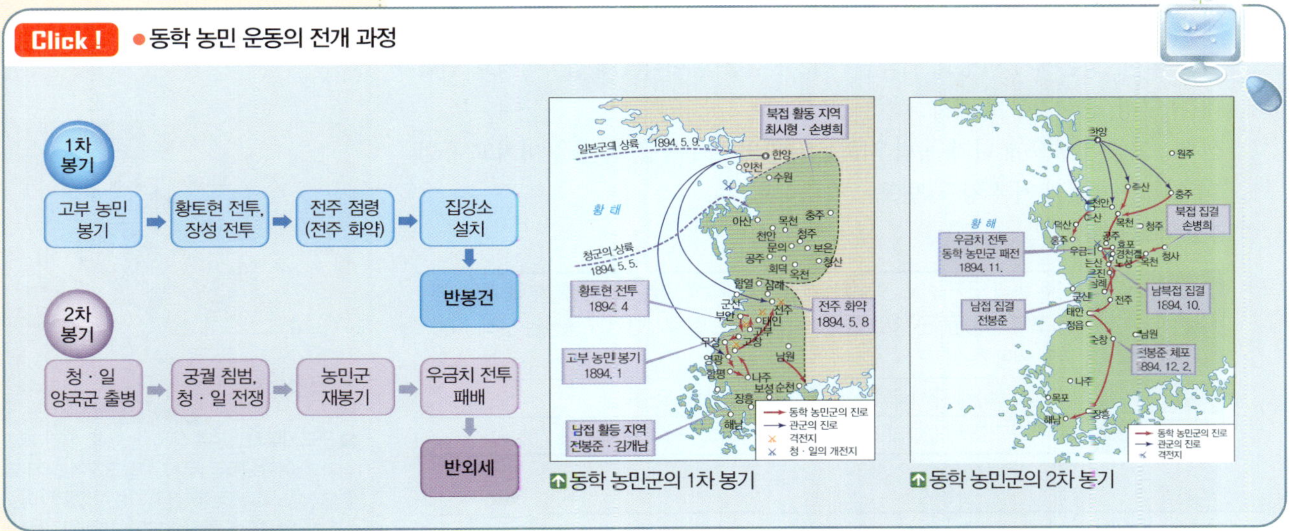

동학 농민군의 1차 봉기

동학 농민군의 2차 봉기

❷ 근대적 개혁의 추진 ★★★

(1) 개혁 추진의 배경

① 개혁의 필요성 대두 : 동학 농민군의 봉기 등 개혁 요구 → 정부의 개혁에 반영

② 교정청 설치(1894.6)

㉠ 설치 과정 : 갑신정변에 가담하지 않았던 온건 개혁파들이 내정 개혁에 관한 정책 입안을 위해 설치한 임시 관청으로 자주적 개혁 추진 시도, 일본군 철수 요구

㉡ 개혁 내용 : 주로 조세 제도의 개혁에 중점을 두어 부정부패 관리 처벌, 지방관의 자기 관할 내에서 토지 매매 및 소유 금지, 각 고을 아전들의 공정한 선

교정청의 설치

우리 정부는 왕명을 받들어 교정청을 설치하였고, 당상관 15명을 두고 먼저 폐정 몇 가지를 개혁하니 모두 동학당이 주장해 온 일이다. 자주 개혁을 점차 추진하여 일본인들이 끼어들을 막고자 하였다. …… 공사채를 물론하고 족징을 절대 금한다. – 김윤식, 『속음청사』 –

발과 뇌물 수수 금지, 각종 잡세 징수 금지, 정해진 세금 외 추가로 매기는 부가세의 징수 금지 등의 개혁 추진

(2) 제1차 갑오개혁(1894.7~12)

① 경과 : 일본군의 경복궁 무력 점령, 민씨 정권 붕괴 → 흥선 대원군 섭정, 김홍집 내각 수립, 군국기무처 설치

② **군국기무처 설치** : 갑오개혁을 추진하기 위하여 초법적 기구로서 군국기무처를 설치하고, 정치 · 경제 · 사회 등 국가의 주요 정책에 대한 개혁을 추진, 군국기무처에서 심의, 통과시킨 의안을 국왕이 재가하면 국법으로 시행

③ 주요 개혁 내용

1894년은 개국 503년, 청에 대한 사대 관계의 폐지를 의미한다.

정치	정부를 궁내부와 의정부로 구분(국정과 왕실 사무 분리), 청의 연호 대신 개국 기년 사용, 과거제 폐지(근대적 관리 임명 제도 마련), 6조를 8아문으로 확대 개편, 경무청 설치(경찰제 실시)
경제	재정 기관 일원화(탁지아문에서 관리), 왕실과 정부의 재정 분리, 조세의 금납화, 은본위 화폐 제도 채택, 도량형 개정 및 통일, 조세 항목을 지세와 호세로 통합
사회	신분제 폐지(공 · 사노비 제도 폐지), 조혼 금지(남자 20세, 여자 16세 이상), 과부의 재가 허용, 고문과 연좌법 폐지, 모든 공문서에 국문 또는 국한문 사용

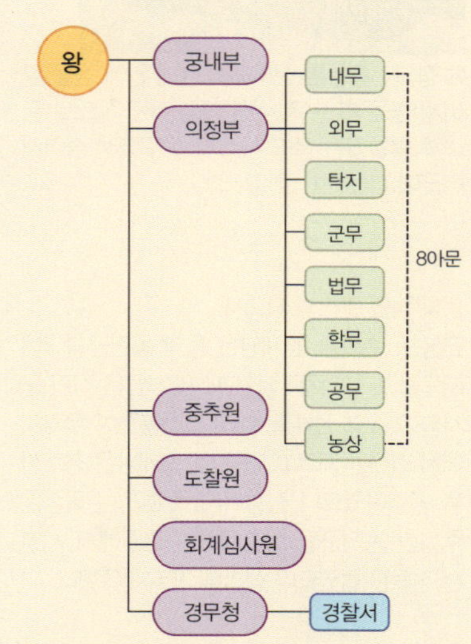

제1차 갑오개혁 때 정부 기구

(3) 제2차 갑오개혁(1894.12~1895.7)

① 배경 : 청 · 일 전쟁에서 승리한 일본이 조선의 내정에 적극적 간섭 → 흥선 대원군 퇴진, 일본에서 박영효 귀국 → 제2차 김홍집 내각(김홍집 · 박영효 연립 내각) 구성, 군국기무처 폐지

② 전개 : 고종이 종묘에 나가 독립 서고문(국왕의 자주독립 선언)을 바치고 홍범 14조(국정 개혁의 기본 강령) 반포

③ 주요 개혁 내용

정치	자주 독립 국가 선포, 의정부 8아문 → 내각과 7부, 8도 → 23부로 개편, 행정 구역 명칭을 '군'으로 통일, 각종 재판소 설치(사법권과 행정권 분리, 지방관의 권한 축소)
경제	탁지아문 아래 관세사와 징세사 설치(징세 사무 담당)
사회	교육 입국 조서에 따라 한성 사범학교, 외국어 학교 관제 반포

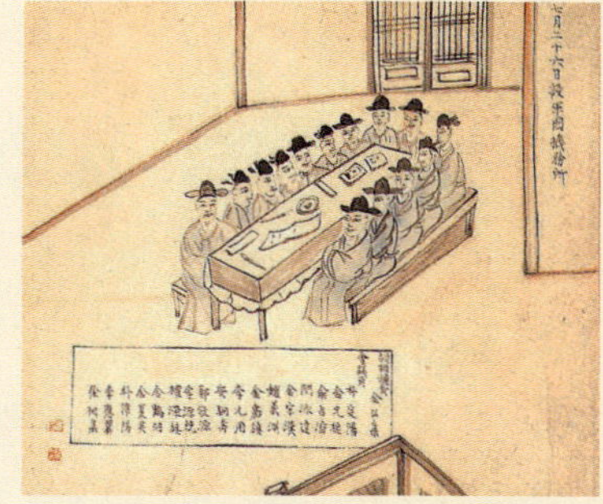
군국기무처 김홍집, 어윤중 등 온건 개화파가 참여한 군국기무처는 갑오개혁 당시 초정부적인 최고 정책 결정 기관이었다. 이곳에서는 약 4개월 동안 210여 건의 안건을 심의 · 의결하였다(1894.6~12).

Click! ● **갑오개혁 당시 홍범 14조(1885.1)**

04. 왕실 사무와 국정 사무를 나누어 서로 혼동하지 않는다. ➡ 왕실 사무와 행정 사무 분리, 의정부와 궁내부 분리
06. 납세는 법으로 정하고 함부로 세금을 징수하지 않는다. ➡ 조세 법정주의
07. 조세의 징수와 경비 지출은 모두 탁지아문의 관할에 속한다. ➡ 재정의 일원화
09. 왕실과 관부의 1년 회계를 예정하여 재정의 기초를 확립한다. ➡ 예산 제도
10. 지방 제도를 개정하여 지방 관리의 직권을 제한한다. ➡ 지방의 행정권과 사법권의 분리, 지방관 권한 축소
13. 민법, 형법을 제정하여 인민의 생명과 재산을 보전한다. ➡ 법치주의를 통한 국민의 기본권 보호
14. 문벌을 가리지 않고 인재 등용의 길을 넓힌다. ➡ 문벌 폐지, 능력에 따른 인재 등용

삼국 간섭(1895)
청 · 일 전쟁에서 승리한 일본이 랴오둥 반도를 차지하자 러시아가 독일, 프랑스와 함께 일본에 압력을 가해 이를 청에 반환하게 한 사건

친위대와 진위대
1895년 훈련대를 폐지하고 육군 편제 강령을 발표하여 중앙의 육군은 수도를 방위하는 친위대로, 지방군은 진위대로 편성하였다.

명성 황후 국장 모습

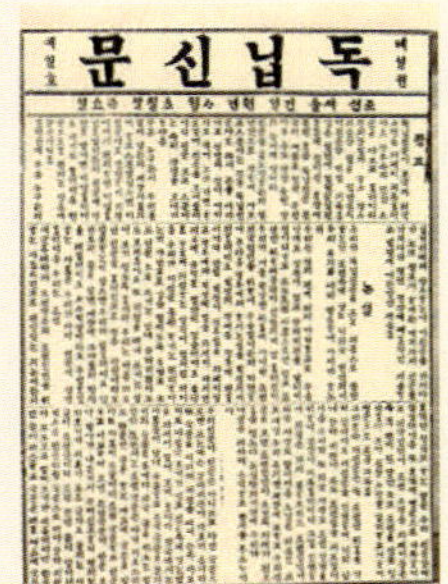
독닙신문

독립신문

중추원 관제
같은 수의 관선 의원과 민선 의원으로 중추원을 구성하고 법률의 개폐, 의정부의 건의 및 자문 사항, 국민의 청원 사항 등을 심의 · 의결하도록 규정하였다.

(4) 삼국 간섭과 명성 황후 시해 사건(을미사변)

삼국 간섭	• 배경 : 일본이 랴오둥 반도 차지(시모노세키 조약) • 내용 : 러시아는 독일, 프랑스와 함께 랴오둥 반도를 반환할 것을 요구함 → 일본은 랴오둥 반도를 반환함 • 결과 : 조선에서 러시아의 영향력이 강화됨
명성 황후 시해 사건	• 배경 : 명성 황후의 친러 성향 • 내용 : 일본이 명성 황후를 시해하는 만행을 저지름(1895.10)

(5) 을미개혁(1895.7~1896.2)

① 배경 : 을미사변 후 정권을 잡은 김홍집 내각이 다시 개혁을 실시함

② 주요 개혁 : 연호 제정(건양), 군제 개혁(친위대 · 진위대 설치), 단발령 실시, 태양력 사용, 종두법 실시, 우편 사무 재개, 소학교 설치

③ 결과 : 단발령에 반발하여 유생 주도의 항일 의병 운동(을미의병) 유발

민간에서 '마마'라고 부르던 악성 전염병인 천연두의 면역성을 갖게 하기 위해 실시한 예방 접종으로, 내무아문에 위생국을 두고 전염병 예방 및 종두 사무를 맡게 하였다.

(6) 을미사변 이후 국내 정세

① 춘생문 사건(1895.11) : 고종이 이범진, 이재순 등 정동구락부의 친위 관료들과 미국 공사관의 협조를 얻어 미국 공사관에 피신하려다 실패

② 아관 파천(1896.2) : 을미사변 이후 신변의 위협을 느끼던 고종은 일본군이 의병을 진압하기 위하여 지방으로 출동한 틈을 타 러시아 공사관으로 처소를 옮김

(7) 갑오 · 을미개혁의 의의와 한계

① 의의 : 갑신정변과 동학 농민군의 요구 반영, 봉건적 전통 질서를 타파한 근대적 개혁

② 한계 : 토지 제도의 개혁 외면, 상공업 진흥 · 국방력 강화와 관련된 개혁 소홀

❸ 독립 협회의 활동과 대한 제국

(1) 독립 협회의 창립과 활동(1896.7~1898.12)

① 독립 협회 창립 당시의 정세

㉠ 아관 파천 이후의 정세 : 친미 · 친러 내각 구성, 민심 수습 노력(각종 세금 탕감과 의병 해산 권유), 러시아의 영향력 증대, 열강의 이권 침탈 심화, 한반도를 둘러싼 러시아와 일본의 대립 지속

㉡ 독립신문 창간(1896.4) : 순한글 신문으로 영문판 발행 → 국민 계몽, 자주독립과 자유 민권 사상 전파에 이바지

② 독립 협회의 조직

㉠ 설립 : 서재필과 개화파 지식인들이 중심이 되어 조직(1896.7)

㉡ 회원 구성 : 초기에는 정부의 고관들도 회원으로 가입, 회원 자격에 제한을 두지 않았음(학자, 상인, 농민, 노동자, 천민 계층까지도 참여)

㉢ 활동 방향 : 국민의 계몽을 통한 정치 참여 → 자주 독립, 자유 민권, 자강 개혁 추진

③ 독립 협회의 활동

㉠ 자강 개혁 운동 : 관민 공동회 개최(헌의 6조 채택), 근대적 의회 설립 운동 → 의회식 중추원 관제 선포(입헌 군주제 지향)

ⓛ 자주 국권 수호 운동 : 영은문을 헐고 독립문 세움, 절영도 조차 요구 저지, 목포 · 증남포 해역의 토지 매도 저지, 한 · 러 은행 폐쇄, 고종의 환궁 요구, 황국 중앙 총상회와 함께 상권 수호 운동 전개

ⓒ 자유 민권 운동 : 개인의 자유 보장과 사유 재산 보장, 언론과 집회의 자유, 연좌제 부활 반대

④ 해산 과정 : 만민 공동회의 주장이 점차 강해지자 보수적인 정치인들이 위협을 느낌(익명서 사건) → 황국 협회를 앞세워 독립 협회와 충돌하게 함 → 독립 협회 해산(1898.12)

(2) 대한 제국과 광무개혁

① 대한 제국의 성립(1897.10.12)

㉠ 배경 : 자주 독립을 요구하는 국민 여론, 조선에서 러시아의 세력 독점을 견제하려는 국제적 여론 조성 → 고종의 환궁을 요구하는 국내외 여론 고조

ⓛ 과정 : 고종의 환궁(경운궁, 1897.2) → 대한 제국 선포(국호 : 대한 제국, 연호 : 광무) → 황제 즉위식 거행(환구단과 황궁우 건립)

ⓒ 국호 : 삼한(삼국)을 모두 아우른다는 뜻으로 '대한(大韓)'으로 변경

② 광무개혁의 원칙과 방향

㉠ 점진적 개혁 : 갑오 · 을미개혁의 급진성을 비판하고 점진적 개혁 추구

ⓛ 구본신참(舊本新參) : '옛 제도를 근본으로 하고 새로운 제도를 참작한다.'라는 복고적 경향의 개혁 방향 제시

③ 광무개혁의 내용

㉠ 정치 개혁

ⓐ 교정소 설치 : 법률이나 칙령의 개정안을 마련하기 위한 황제 직속의 특별 입법 기구를 설치하고 9개조의 대한국 국제를 발표

ⓑ 대한국 국제(1899.8) : 독립 협회 강제 해산 후 반포 → 대한 제국은 '만국공법'에 기초해서 건국된 국가로 자주 독립국임을 천명, 황제의 무한한 군주권 규정(전제 정치 실시를 명문화)

ⓒ 정궁과 행궁 설치 : 경운궁을 정궁으로 정하고 평양을 서경으로 높여 풍경궁을 건설하여 행궁으로 삼음

ⓓ 왕실의 격상 : 황제 국가에 걸맞게 역대 임금들을 황제로 추존

ⓔ 지방 제도 개편 : 갑오개혁 때 개편한 23부를 13도로 개편

ⓛ 군사 개혁 : 황제가 군권을 장악하기 위하여 원수부를 설치, 서울의 시위대 및 지방의 진위대를 증강, 무관 학교 설립, 해군 설치 계획, 징병제 실시 추진

ⓒ 외교 정책

ⓐ 해외 영토 · 이주민 관리 : 간도 · 연해주의 교민 보호 정책으로 연해주(블라디보스토크)에 통상 사무관을 파견하였으며, 이범윤을 간도 관리사로 파견(1902.6)

ⓑ 한 · 청 통상 조약의 체결 : 청과 최초로 대등한 통상 조약을 체결(1899.9)

ⓒ 울릉군의 승격 : 1900년 10월 울릉도를 군으로 승격시켰고 독도를 관할 구역에 포함시킴(대한 제국 칙령 제 41호)

ⓓ 중립 외교 : 러 · 일 전쟁 직전 중립 외교 선언(1904.1)

독립문

만민 공동회

구분	일시	내용
1차	1893.3.10 / 3.12	10일은 한성 종로 백목전 부근 / 12일은 한성 남촌에 평민 수만 명이 모여 개최
2차	1898.4.25 ~10.12	10.1~10.12 사이 철야 시위
관민 공동회	1898.10.13 ~11.4	정부 대신도 참여, 헌의 6조 제출
3차	1898.11.5 ~12.26	6조 거리에서 철야 장작불 집회

익명서 사건

조병식 등 보수파 관료들은 의회가 설립되어 내정 개혁을 단행하면 자신들이 배제될 것이라 우려하였다. 이에 독립 협회의 이름을 꾸며 넣은 비밀 전단(익명서)을 시내 곳곳에 붙여 일부러 발각되게 하였다. 당시 고종은 대한 제국을 선포하고 황제가 되어 있던 상태였는데, 비밀 전단에는 독립 협회가 공화정을 수립하려 한다는 내용이 담겨 있었다.

황국 협회

황실의 고위 관료들이 지원하여 조직된 보부상 중심의 어용 상인 단체(1898.6)로 독립 협회와 대립

대한 제국기 능 구조의 변화

조선 시대의 왕릉과 달리 황제국을 선포한 고종(홍릉)과 순종(유릉)의 능은 황제국 체제를 따라 다른 왕릉과는 형태가 다른데, 석물들이 배전인 일자각 앞으로 배치되었으며, 해태, 코끼리 등의 새로운 석물들이 등장했다.

Click !

환구단과 황궁우

환구단은 황제가 하늘에 제사를 지내는 제단이고, 황궁우는 일월성신 등 모든 신령의 위패를 모신 곳이다. 환구단에서 고종의 황제 즉위식이 거행되었다. 일제는 1913년 환구단을 허물고 그 자리에 호텔을 지어 지금은 황궁우만 남아 있다.

대한국 국제

제1조 대한국은 세계 만국이 공인한 자주 독립 제국이다.
제2조 대한국의 정치는 만세불변의 전제 정치이다.
제3조 대한국 대황제는 무한한 군권(군주권)을 누린다.
제5조 대한국 대황제는 육 · 해군을 통솔하고 군대의 편제를 정하며 계엄을 명한다.
제6조 대한국 대황제는 법률을 제정하며 그 반포와 집행을 명하고 대사 · 특사 · 감형 · 복권 등을 명한다.

지계

㉣ 경제 개혁

지계: 근대적 토지 소유권 증명서로, 대한 제국은 지계를 발급하여 조세 수입원을 정확히 파악하고 조세 수입을 늘리고자 하였다.

ⓐ 양전 지계 사업 : 양전 사업 실시, 근대적 토지 소유권 제드라 할 수 있는 지계(地契) 발급(1899~1904)

ⓑ 황실의 조세 관리 : 역둔토 · 광산 · 홍삼 사업 등의 많은 재정 업무를 궁내부 내장원으로 이관하여 황실 재정 확충, 황제권 강화(이용익이 주도)

ⓒ 상회사 설립 : 섬유, 철도, 운수, 광업, 금융 분야에서 근대적인 공장과 회사 설립

ⓓ 상무사 조직 : 지방의 영세 상인인 보부상을 지원하기 위해 상무사를 조직하여 상업 특권을 부여하고 영업세의 징수도 상무사에 맡김

ⓔ 산업 인재 양성 : 유학생 파견, 실업 학교와 기술 교육 기관 설립

ⓕ 통화 정책 : 금본위 화폐 제도 개혁, 중앙 은행 창립 추진, 민간 은행의 설립 허가, 정부 및 왕실 재정 보충을 위한 화폐 주조로 백동화를 남발

㉤ 사회 · 교육 개혁

ⓐ 근대 시설 확충 : 교통 · 통신 · 전기 · 의료 분야에서 근대 시설 도입

ⓑ 신 교육령 반포 : 소학교, 중학교, 사범학교 등의 설립

ⓒ 호적 제도의 정비 : 근대적인 호적 제도를 제정하여 종래와 달리 바뀐 호적에는 신분을 빼고 대신 직업을 표기

④ 광무개혁의 의의와 한계

㉠ 의의 : 근대적 토지 소유권 확립, 국방력 강화, 상공업 진흥 등에서 성과

㉡ 한계 : 황제권 강화 목적, 재정 부족 및 외국 자본 유입, 집권층의 부정부패

이용익

한말의 정치가. 보부상 출신이며 황실의 재정을 담당하였다. 국가 재정을 강화하기 위해 경제 정책을 주도하였고, 개혁당을 조직하여 친일파와 맞섰다. 보성 학원(고려대학교)을 설립했으며 해외에서 구국 운동을 펼치다 블라디보스토크에서 사망하였다.

④ 일제의 국권 침탈

(1) 러 · 일 전쟁(1904~1905)

① 배경

㉠ 러 · 일의 긴장 관계 고조 : 청 · 일 전쟁 이후 삼국 간섭, 을미사변, 아관 파천 등 한국 지배를 둘러싼 러시아와 일본의 각축(러시아의 부동항 확보 노력 ↔ 일본의 대륙 진출 야욕)

㉡ 대립의 심화 : 제1차 영 · 일 동맹 체결(러시아의 남하 정책에 대항하기 위한 영국과 일본의 군사적 동맹), 러시아의 용암포 조차 기도, 러시아의 한국 분할 차지 제안 → 일본이 러시아의 제안을 거절하고 러 · 일 전쟁 도발

러 · 일 전쟁의 전개 과정 일본은 승기를 잡았으나 예상보다 전쟁이 길어져 막대한 비용이 소요되었다. 러시아 또한 혁명이 일어나 사회 혼란이 가중되고 있었다. 이에 일본은 미국에 중재를 요청하였다.

② 전개

㉠ 대한 제국의 국외 중립 선언 : 러 · 일 전쟁 직전 대한 제국이 각국에 통고 → 일본이 무시

㉡ 발발 : 일본이 뤼순 항의 러시아 함대 선제공격, 선전 포고

㉢ 한 · 일 의정서 체결(1904.2) : 일본이 전쟁 수행에 필요한 지역을 임의로 사용하는 권리 확보

㉣ 한국에 대한 기본 방침 결정 : '대한 시설 강령' 결정 → 군대의 영구 주둔, 재정권과 외교권 탈취, 철도 등 교통 시설 장악 등을 핵심 과제로 제시

㉤ 제1차 한 · 일 협약(1904.8) : 일본이 추천한 외교 고문(스티븐스), 재정 고문(메가타) 고용

㉥ 열강의 일본 지원

ⓐ 가쓰라 · 태프트 밀약(1905.7) : 미국의 필리핀 지배와 일본의 한반도 지배권 상호 인정

ⓑ 제2차 영 · 일 동맹(1905.8) : 영국의 인도 지배권, 일본의 한반도 지배권 상호 인정

③ 결과 : 포츠머스 강화 조약 체결(1905.9) → 미국의 중재로 체결, 한반도에서 러시아 축출, 일본의 한반도 지배 인정

(2) 일제의 국권 침탈 과정

① 을사늑약(제2차 한 · 일 협약, 1905.11)

조약 체결에 찬성한 학부대신 이완용, 군부대신 이근택, 내부대신 이지용, 외부대신 박제순, 농상공부대신 권중현을 을사오적이라 한다.

㉠ 과정 : 일본군이 궁궐을 포위하고 고종과 대신들을 위협하여 체결 강요 → 일본이 을사 5적을 앞세워 조약의 성립을 일방적으로 공포

㉡ 내용 : 외교권 박탈 및 통감부 설치 → 초대 통감 이토 히로부미가 내정 전반 장악, 고종이 을사늑약 무효 선언, 헤이그 특사를 빌미로 고종 강제 퇴위

② 한 · 일 신협약(정미 7조약, 1907.7) : 통감의 내정 간섭 권한 강화, 군대 해산(1907.7.20), 차관 및 지방 관리를 일본인으로 임명

③ 국권 피탈 : 기유각서(1909.7, 사법권 박탈) 체결 → 경찰권 위탁 각서(1910.6, 경찰권 박탈) → 일진회의 합방 청원서 제출 → 한국 병합 조약 발표(1910.8)

이한응

영국 주재 한국 공사 서리 이한응은 제1차 한 · 일 협약과 침략적인 영 · 일 동맹 개정 조약 때 죽음으로써 항쟁하기로 결심하고 그해 5월 음독 자결했다. 그의 자결은 국권 박탈에 대한 최초의 자결이었으며 '대한매일신보' 등 국내 언론 기관에 상세히 보도되어 일제 침략에 반대하는 민족 운동을 불러일으키는 데 큰 계기가 되었다.

을사늑약의 명칭

일제에 의해 강제로 조약이 체결될 당시 조약 원문에는 공식적인 명칭이 없었다. 그래서 을사늑약, 제2차 한 · 일 협약, 을사보호 조약, 을사조약 등 다양한 명칭으로 불렸다. '늑약'이란 무력을 앞세운 협박으로 강제로 체결된 조약이라는 의미이다.

Click ! ● 일제의 국권 침탈

● 을사늑약

제2조 일본국 정부는 한국과 타국 간에 현존하는 조약의 실행을 완수하는 임무를 담당하고 한국 정부는 지금부터 일본국 정부의 중개를 거치지 않고서는 국제적 성질을 가진 어떤 조약이나 약속을 맺지 않을 것을 서로 약속한다.

제3조 일본국 정부는 그 대표자로 한국 황제 폐하 밑에 1명의 통감을 두되 통감은 오로지 외교에 관한 사항을 관리하기 위하여 경성에 주재하고 친히 한국 황제 폐하를 만날 수 있는 권리를 가진다.

● 한 · 일 신협약(정미 7조약)

제1조 한국 정부는 시정 개선에 관하여 통감의 지도를 받는다.

제2조 한국 정부의 법령 제정 및 중요한 행정상의 처분은 미리 통감의 승인을 받는다.

제4조 한국 고등 관리의 임면은 통감의 동의를 얻는다.

제5조 한국 정부는 통감이 추천하는 일본인을 한국 관리에 임명한다.

⑤ 항일 의병 전쟁의 전개

(1) 항일 의병 운동의 시작

① 의병 전쟁의 성격 : 일제 침략에 대한 가장 적극적인 민족적 저항

② 을미의병(1895)

㉠ 원인 : 을미사변(명성 황후 시해 사건)과 단발령(1895.11)

㉡ 전개 : 위정척사 사상을 가진 유인석(제천, 충주), 이소응(춘천), 허위(선산), 기우만(장성) 등의 보수적 유생층이 주도하였고, 농민들과 동학 농민군의 잔여 세력이 참여하여 친일 관리와 일본인을 처단하면서 전국적으로 확대

㉢ 결과 : 아관 파천(1896.2)을 계기로 친일 정권이 무너지면서 단발령이 철회되고, 국왕의 해산 권고 조칙이 내려짐에 따라 대부분 자진 해산, 이후 활빈당 참여

단발령의 실시

(1895년 11월) 15일에 고종은 비로소 머리를 깎고 내외 신민에게 명하여 모두 머리를 깎도록 하였다. …… 머리를 깎으라는 명령이 이미 내려지니 곡성이 하늘을 진동하고 사람들은 분하고 노해서 목숨을 끊으려 하였으며, 형세가 바야흐로 격변하여 일본인들은 군대를 엄히 하여 대기시켰다. 경무사 허진은 순검들을 인솔하고 칼을 들고 길을 막으며 만나는 사람마다 머리를 깎았다.

– 황현, 『매천야록』 –

Click ! ● 을미의병

원통함을 어이하리. 국모의 원수를 생각하며 이를 갈았는데, 참혹함이 더욱 심하여 임금께서 또 머리를 깎으시는 지경에 이르렀다. 의관을 찢긴 데다가 또 이런 망극한 화를 만났으니, 천지가 뒤집어져 우리 고유의 이성을 보전할 길이 없다. – 유인석, 『독립운동사자료집』 –

③ 을미의병 이후 농민들의 항일 운동

㉠ 제주도 농민 항쟁(1862~1901) : 제주 농민들은 1901년 프랑스 선교사들의 강압적 선교, 황실의 수탈, 일본 어선의 침략 등에 항의하여 봉기(이재수의 난)

㉡ 영학당 운동(1898~1899) : 전라도 북부 지역에서 동학의 접주가 주동자로 활약하며 농촌 시장에 출입하는 일본 상인과 횡포한 관료들을 규탄

㉢ 동학당 운동 : 해주, 재령 등 황해도 소백산맥 일대에서 활동(계 조직이나 기독교 등 종교 조직을 이용)

㉣ 활빈당(1900~1904)의 활동 : 의병의 주된 구성원인 농민들은 을미의병이 해산된 뒤 무장 조직인 활빈당을 조직하여 1900년 무렵에 반침략·반봉건 투쟁 전개

동학 농민 운동을 계승한 영학당의 활동

1898년과 1899년, 두 차례에 걸쳐 고부·흥덕 등 전라도 일부 지역에서 보국안민, 척왜양(斥倭洋)을 주장하는 농민 봉기가 일어났다. 이 봉기의 주도층은 "우리 당은 동학 농민군의 잔여 세력으로서 이번에 봉기하였다."라고 심문관에게 진술하였다.

(2) 항일 의병 전쟁의 확대

① 을사늑약에 대한 민족의 저항

㉠ 고종의 대처

ⓐ 헐버트 미국 파견 : 헐버트는 고종의 밀서를 휴대하고 미국에 돌아가 국무장관과 대통령을 면담하려 하였으나 실패

ⓑ 헤이그 특사 파견(1907.4) : 고종 황제는 헤이그에 이준·이상설·이위종을 비밀리에 파견하여 을사조약이 무효임을 밝히려고 시도 → 일제의 고종 강제 퇴위(1907.7.20)

㉡ 상소와 자결 : 이상설과 최익현 등 전직 고관과 유생들의 상소, 민영환과 조병세의 순국

헤이그 특사 1907년 6월 네덜란드 헤이그에서 제2차 만국 평화 회의가 개최되자 고종이 을사늑약의 부당함을 알리기 위해 파견한 사절(왼쪽부터 이준, 이상설, 이위종)이었는데, 일제의 방해로 성과를 거두지 못하였다.

㉢ 언론 활동

ⓐ 황성신문 : 장지연의 논설인 '시일야방성대곡'을 게재하여 일본의 침략 비난

ⓑ 대한매일신보 : 을사늑약 반대 운동 소식을 보도하여 민족의 항일 정신 고취

Click ! ●장지연의 '시일야방성대곡'

우리 대황제 폐하께서 강경하신 성의(聖意)로 거절하기를 그치지 않으셨으니, 이 조약이 성립되지 않는다는 것은, 생각하건대 이토 후작 스스로도 알고 간파하였을 것이다. 아, 저 개돼지만도 못한 소위 우리 정부의 대신이란 자들은 자기 일신의 영달과 이득이나 바라고 거짓 위협에 겁먹어 머뭇대거나 벌벌 떨며 나라를 팔아먹는 역적이 되는 것을 달갑게 여겨서 4천 년의 강토와 5백 년의 종묘사직을 남에게 들어 바치고, 이천만 백성을 남의 노예가 되도록 하였도다.…… 아! 원통하고, 아! 분하도다. 우리 2천만 남의 노예가 된 동포여! 살았는가, 죽었는가! 단군, 기자 이래 4천 년 국민 정신이 하룻밤 사이에 갑자기 멸망하고 말 것인가. 원통하고 원통하다. 동포여, 동포여!

– 황성신문(1905.11.20) –

안중근 근대적 지식을 가지고 애국 계몽 운동 · 의병 운동에 참여했으며, 한 · 중 · 일 삼국의 협력과 평화를 구상한 동양 평화론의 주창자로서 한국을 침략하여 동양 평화를 해치는 상징적 인물인 이토 히로부미를 처단하였다(1909.10.26).

㉣ 침략자와 매국노 처단

ⓐ 나철, 오기호 : 5적 암살단 조직, 을사 5적 처단 시도

ⓑ 전명운, 장인환 : 미국 샌프란시스코에서 스티븐스 사살(1908.3.23)

ⓒ 안중근 : 통감을 지낸 이토 히로부미를 하얼빈에서 사살(1909.10.26), 옥중에서 「동양평화론」 저술

ⓓ 이재명 : 이완용 암살 시도

② 을사의병(1905)

㉠ 계기 : 을사늑약 강요

㉡ 주도 세력 : 유생, 평민 출신 의병장 등장

㉢ 을사 의병장

ⓐ 민종식 : 전직 관리 출신으로, 1905년 11월 17일 을사늑약이 강요되자 충남 정산에서 의병을 일으킴, 홍주성까지 점령

ⓑ 최익현 : 유생 출신으로 임병찬과 함께 봉기, 관군과 대치하자 그는 "동족끼리 죽이는 일은 차마 못하겠다."고 하여 자진 체포되었고, 이후 일본군 사령부로 넘겨져 끈질긴 회유와 심문에도 굴하지 않고 저항하다가 쓰시마 섬(대마도)에서 순국

ⓒ 신돌석 : 평민 의병장으로 경북 울진, 강원도 양양, 평해 등지에서 활동, 부하의 배신으로 피살당함

신돌석 평민 출신 의병장으로 강원도, 경상도의 경계 지역과 울진 등 동해안을 근거지로 태백산의 험준한 지형을 이용하여 유격 전술을 펼쳤다.

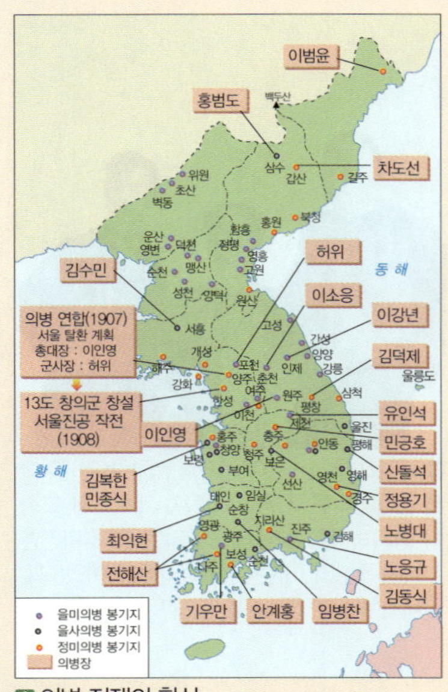

의병 전쟁의 확산

Click ! ●을사의병

아! 지난 10월 20일의 변은 전 세계 고금에 일찍이 없었던 것이다. 우리에게 이웃 나라가 있어도 스스로 결교(結交)하지 못하고 타인을 시켜 결교하게 하니 이것은 나라가 없는 것이요, 우리에게 토지와 인민이 있어도 스스로 주장하지 못하고 타인을 시켜 대신 감독하게 하니, 이것은 임금이 없는 것이다. 나라가 없고 임금이 없으니 우리 삼천리 인민은 모두 노예이며 신첩일 뿐이다. 남의 노예가 되고 남의 신첩이 된다면 살았다 하여도 죽은 것만 못하다.

– 최익현, 『면암집』 –

서울 진공 작전(1908.1)
전국의 의병 부대가 연합하여 일제 통감부를 타도하고 일제 침략군을 몰아내고자 연합 작전을 펼쳤으나 좌절되었다. 이때 총대장 이인영은 서울 주재 각국 영사관에 의병을 국제법상 교전 단체로 승인해 줄 것을 요구하는 서신을 발송하여 스스로 독립군임을 내세웠다.

③ 정미의병(1907) — 군대 해산에 반발하여 시위대 제1대대장이었던 박승환이 자결하였고, 이를 계기로 시위대는 서울 시내에서 일본군과 시가전을 벌였다.

㉠ 계기 : 고종의 강제 퇴위, 군대 해산

㉡ 특징 : 해산 군인의 합류로 전투력이 강화되면서 의병 전쟁으로 확대

㉢ 활동

ⓐ 서울 진공 작전(전국 의병의 연합 작전) : 이인영(총대장), 허위(군사장)를 중심으로 1만여 명이 양주에 집결하여 13도 창의군을 편성 → 서울 근교까지 진격(1908.1)

ⓑ 의병을 국제법상의 교전 단체로 인정해 줄 것을 요구

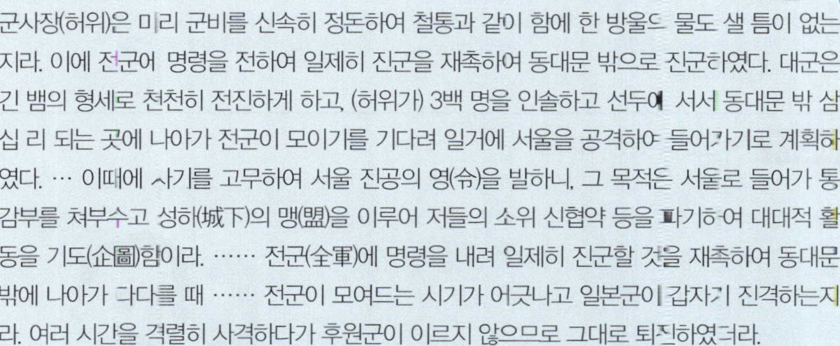
Click ! ● 13도 창의군의 서울 진공 작전

군사장(허위)은 미리 군비를 신속히 정돈하여 철통과 같이 함에 한 방울도 물도 샐 틈이 없는지라. 이에 전군에 명령을 전하여 일제히 진군을 재촉하여 동대문 밖으로 진군하였다. 대군은 긴 뱀의 형세로 천천히 전진하게 하고, (허위가) 3백 명을 인솔하고 선두에 서서 동대문 밖 삼십 리 되는 곳에 나아가 전군이 모이기를 기다려 일거에 서울을 공격하여 들어가기로 계획하였다. … 이때에 사기를 고무하여 서울 진공의 영(令)을 발하니, 그 목적은 서울로 들어가 통감부를 쳐부수고 성하(城下)의 맹(盟)을 이루어 저들의 소위 신협약 등을 파기하여 대대적 활동을 기도(企圖)함이라. …… 전군(全軍)에 명령을 내려 일제히 진군할 것을 재촉하여 동대문 밖에 나아가 다다를 때 …… 전군이 모여드는 시기가 어긋나고 일본군이 갑자기 진격하는지라. 여러 시간을 격렬히 사격하다가 후원군이 이르지 않으므로 그대로 퇴진하였더라.

④ 남한 대토벌 작전(1909.9~10) : 일제의 무자비한 진압(1만 7천여 명 피살) → 의병 활동 위축, 일부 의병 만주 · 연해주로 이동

⑤ 한계와 의의

㉠ 한계 : 군사력의 열세, 봉건적 지배 질서의 유지를 고집하는 양반 유생층의 지도 노선, 열강의 침략 경쟁이 보편화되고 외교권이 상실되면서 국제적 고립

㉡ 의의 : 만주, 연해주로 이동 → 일제의 식민지 체제하에서 항일 무장 독립 투쟁의 기반을 마련

⬆ 각계각층이 참여한 의병

6 애국 계몽 운동의 전개 ★★★

(1) 애국 계몽 운동의 특징

① 성격 : 사회 진화론에 입각, 국민 교육 · 산업 진흥(일종의 실력 양성 운동) 등으로 국권 회복 추구

② 중심 세력 : 개화 지식인들과 전직 관리들이 중심으로 국민들을 계몽

③ 활동 분야 : 을사늑약 체결 무렵부터 단체 조직, 언론 · 출판 활동, 학교 설립, 상공업 진흥 활동 전개

일진회
송병준과 이용구가 만든 대표적인 친일 매국 단체로, 1905년에 외교권을 일본에 넘길 것을 주장하였고, 1909년에는 한 · 일 병합 청원서를 제출하였다.

(2) 애국 계몽 운동 단체

① 보안회(1904.7) : 일제의 황무지 개간권 요구를 저지(1904.8)

② 헌정 연구회(1905.5) : 독립 협회 계승, 입헌 정치 수립 운동을 전개, 일진회의 반민족적 행위 규탄

③ 대한 자강회(1906.4) : 헌정 연구회 계승, '대한 자강회 월보' 간행, 고종 황제 퇴위 반대 운동 전개 → 일제의 탄압으로 해산(1907.8)

④ 대한 협회(1907.11) : 대한 자강회 계승, 교육 보급과 산업 개발, 민권 신장 노력

⬆ 대한 자강회 월보

⑤ 신민회의 활동(1907.4~1911.9)

조직	정치 활동에 대한 통감부의 탄압을 피하기 위해 비밀 단체로 조직(1907.4)
중심 인물	안창호, 이승훈, 양기탁 등이 중심(주로 교사와 학생들이 많이 가담)
활동 목표	국권 회복과 공화 정치 체제의 국민 국가 건설
활동 내용	• **민족 교육의 추진** : 대성 학교(평양), 오산 학교(정주) 설립 • **민족 산업의 육성** : 자기 회사, 태극 서관 운영 • **민족 문화의 계발** : 대한매일신보를 통해 국민 계몽에 앞장섬 • **독립 운동 기지 건설** : 민족의 독립 역량을 기르기 위해 만주에 독립 운동 기지 건설 → 만주 삼원보에 한인 집단 거주 지역 설치, 농장 운영(경제력 육성), 신흥 학교(민족 교육) · 군사 학교 설립
해체	일제가 조작한 105인 사건으로 와해(1911.9)

신민회는 이름 그대로 모든 면에서 나라를 새롭게 만들어 신국가 건설을 목표로 한 비밀 조직으로, 회원끼리 연락을 허용하지 않았고, 종적인 연락으로 비밀을 지키며 활동하였다.

일제는 신민회를 탄압하기 위해, 총독 암살 음모를 꾀하였다고 사건을 조작하여 민족 지도자 수백 명을 체포 · 투옥하고, 그 중에서 105인을 재판에 회부하였다.

대성 학교

Click ! • 신민회 결성 취지문

우리의 전략은 오직 나라를 위하는 한 길뿐이다. 우리 대한인은 남녀를 불문하고 모두 하나로 단결하여 힘껏 독립 자유의 한 길로 나아가는 것, 이것이 바로 신민회가 바라는 바이니, 간단히 말하면 신정신을 불러일으키고, 신단체를 조직함으로써 신국가를 건설할 뿐이다. 오라! 우리 대한 신민이여! 가시밭길이 험하여도 전진만 있고 후퇴는 없을 것이니 넘어지고 쓰러지더라도 전진을 위하여 본 단체는 헌신할 것이라!

– 주한일본공사관기록(1909), 헌병대장기밀보고 –

도산 안창호

• 도산 안창호(1878~1938)
- 1897년 독립 협회에 가입하여 활동
- 1900년 미국으로 건너가 대한인 공립 협회 설립
- 1907년 귀국하여 신민회 조직
- 1912년 미국에 망명하여 대한인 국민회 조직
- 1919년 상하이로 건너가 임시 정부에서 활동

(3) 교육 운동

① **기호학회** : 경기, 충청도 인사들이 중심이 되어 기호학보를 발행하였고 기호학교를 설립

② **서북학회** : 평안도, 황해도, 함경도 출신 인사들이 서울에서 조직한 애국 계몽 단체로 기존의 서우학회와 한북흥학회가 통합되어 창설, 서북학회 월보의 간행 및 농업 경영을 위한 교육 등의 활동을 전개

③ **사립 학교 설립** : 관료 · 지식인 · 선교사 등 주도 → 근대 문물 학습, 애국심 고취

(4) 애국 계몽 운동의 의의와 한계

① **의의** : 진보적 지식인 중심의 언론 · 학회 · 교육 활동을 통해 국민들의 민족적 자각과 애국심을 불러일으켜 민족 독립 운동의 정신적 기반 마련

② **한계** : 사회 진화론 수용에 따라 일본에 의한 한국의 지배를 필연적인 현실로 받아들여 경제 · 문화적 실력 양성에만 주목, 의병 투쟁 비판

사회 진화론
다윈의 진화론을 스펜서가 인간 사회에 적용한 이론으로, 약육강식과 적자생존의 국제 사회에서 제국주의 열강이 약소국 지배를 정당화하는 논리로 이용되었다.

1 동학 농민 운동의 전개

- 교조 신원을 요구하는 삼례 집회가 개최되었다.
- 농민군이 황토현 전투에서 관군에서 승리하였다.
- 정부와 농민군 사이에 전주 화약이 체결되었다.
- 정부와 약조를 맺고 집강소를 설치하였다.
  - ↳ 집강소를 중심으로 시행되었다.
- 토지의 평균 분배를 추진하였다.
- [전봉준] 반침략 기치를 들고 우금치 전투에 참여하다.
  - ↳ 보국안민을 기치로 우금치에서 일본군 및 관군과 맞서 싸웠다.

2 근대적 개혁의 추진

- 일본이 경복궁을 점령하고 내정 개혁을 요구하였다.
- [김홍집] 군국기무처의 총재로 개혁을 주도하다.
- [제1차 갑오개혁] 행정 기구를 6조에서 8아문으로 개편하였다.
  - ↳ 공사 노비법을 혁파하고 과거제를 폐지하였다.
  - ↳ [군국기무처] 공사 노비법의 폐지를 결정하였다.
- 교육입국 조서를 반포하고 한성 사범 학교 관제를 마련하였다.
- [2차 갑오개혁] 재판소를 설치하여 사법권을 독립시켰다.
- [을미개혁] 건양이라는 독자적인 연호를 사용하였다.

3 독립 협회의 활동과 대한 제국

- [아관 파천] 고종이 러시아 공사관으로 피신한 이유를 찾아본다.
- [독립 협회] 러시아의 절영도 조차 요구에 반대하였다.
  - ↳ 러시아의 절영도 조차 요구를 저지시켰다.
  - ↳ 만민공동회를 열어 민권 신장을 추구하였다.
  - ↳ 중추원 개편을 통한 의회 설립을 추진하였다.
- [박정양] 독립 협회의 제안을 받아들여 중추원 관제 개편을 추진하였다.
- [대한 제국] 양전 사업을 실시하여 지계를 발급하였다.
  - ↳ 양전 사업을 실시하고 지계를 발급하였다.
  - ↳ 관립 실업 학교인 상공 학교가 개교되었다.
  - ↳ 황제의 군사권을 강화하기 위하여 원수부를 설치하였다.

4 일제의 국권 피탈

- 러시아가 용암포를 점령하고 조차를 요구하였다.
- [제1차 한일 협약] 메가타가 재정 고문으로 부임하는 근거가 되었다.
  - ↳ 스티븐스가 외교 고문으로 부임하는 계기가 되었다.
- [을사늑약] 고종이 헤이그에 특사를 파견하여 부당성을 알리고자 하였다.
- [이상설] 헤이그에서 열린 만국 평화 회의에 특사로 파견되었다.
  - ↳ [이준] 네덜란드 헤이그에서 열린 만국 평화 회의에 특사로 파견되었다.

5 항일 의병 전쟁의 전개

- [을미의병] 단발령의 시행에 반발하여 봉기하였다.
  - ↳ 고종의 해산 권고 조칙에 따라 해산하였다.
- [을사의병] 을사늑약에 반대하여 의병을 일으켰다.
  - ↳ 민종식이 이끈 부대가 홍주성을 점령하였다.
- [13도 창의군] 국제법상 교전 단체로 승인해 줄 것을 요구하였다.
  - ↳ [허위] 13도 창의군을 지휘하여 서울 진공 작전을 전개하였다.
  - ↳ [13도 창의군] 양주에 집결하여 서울 진공 작전을 전개하였다.
- [최익현] 을사늑약에 반대하여 항일 의병을 이끌다.
- [홍범도] 평민 의병장에서 대한 독립군 사령관으로 활약하다.
- 안중근이 하얼빈에서 이토 히로부미를 사살하였다.
- 의병 진압을 위한 '남한 대토벌' 작전이 전개되었다.

6 애국 계몽 운동의 전개

- [대한 자강회] 고종의 강제 퇴위 반대 운동을 전개하였다.
  - ↳ 고종 강제 퇴위 반대 운동을 주도하였다.
- [안창호] 양기탁 등과 함께 신민회를 조직하였다.
  - ↳ 민족 교육을 위해 대성 학교를 설립하였다.
- [신민회] 대성 학교와 오산 학교를 세워 민족 교육을 전개하였다.
  - ↳ 태극 서관을 설립하여 계몽 서적을 보급하였다.
- [신민회] 일제가 데라우치 총독 암살 미수 사건을 계기로 105인 사건을 날조하였다.
  - ↳ 일제가 조작한 105인 사건으로 조직이 해체되었다.

1 (가) 운동에 대한 설명으로 옳은 것은? [1점]

① 을사늑약에 반발하여 봉기하였다.
② 백낙신의 탐학이 발단이 되어 일어났다.
③ 집강소를 중심으로 폐정 개혁안을 실천하였다.
④ 유계춘을 중심으로 봉기하여 진주성을 점령하였다.
⑤ 홍의장군으로 불린 곽재우가 의병장으로 활약하였다.

| 해설 | **동학 농민 운동**

제시된 (가)에 들어갈 사건은 동학 농민 운동으로 전봉준 등은 사발통문을 돌려 농민들을 모아서 고부 관아를 습격하여 군수를 내쫓고 아전을 징벌하였다. 고부 농민 봉기(1894.1) 후 동학 농민군은 장성 황룡촌에서 중앙 정부가 파견한 경군을 격파(1894.4)한 후 기세를 몰아 전주성까지 점령하였다(1차 봉기).

그러나, 농민군은 청군과 일본군의 개입으로 생길 혼란을 막기 위해 관군과 전주 화약(1894.5)을 맺고 전주성에서 물러났다. 그러던 중 경복궁 점령을 통해 조선의 내정에 개입하였던 일본은 평양 전투에서 승리한 후 개화파 정부로 하여금 농민군 진압을 요청하도록 유도하는 등 적대적 태도를 보였다. 이에 농민군은 항일 구국의 기치를 내걸고 다시 봉기하였다.

1894년 9월 전봉준이 이끄는 남접의 교도들이 전주 근교에 있는 삼례에 집결하기 시작하였다. 남접과 북접이 연합한 2차 봉기에서 농민군은 공주 우금치 전투(1894. 11)에서 관군 및 일본군과 치열한 전투를 벌였으나 화력에서 밀려 결국 패배하였다.

정답 ③

2 (가) 기구에 대한 설명으로 옳은 것은? [2점]

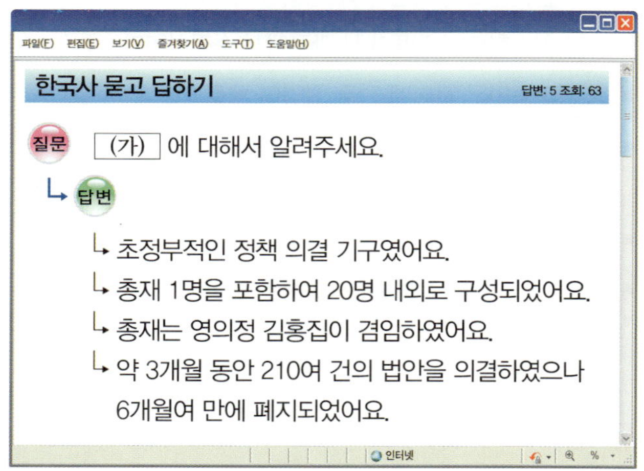

파일(F) 편집(E) 보기(V) 즐겨찾기(A) 도구(T) 도움말(H)
한국사 묻고 답하기
답변: 5 조회: 63
질문 (가) 에 대해서 알려주세요.
답변
초정부적인 정책 의결 기구였어요.
총재 1명을 포함하여 20명 내외로 구성되었어요.
총재는 영의정 김홍집이 겸임하였어요.
약 3개월 동안 210여 건의 법안을 의결하였으나 6개월여 만에 폐지되었어요.
인터넷

① 공사 노비법의 폐지를 결정하였다.
② 임술 농민 봉기를 계기로 설치되었다.
③ 조광조를 비롯한 사림의 건의로 혁파되었다.
④ 임진왜란을 거치면서 국정 최고 기구로 자리 잡았다.
⑤ 소속 부서로 교린사, 군무사, 통상사 등의 12사를 두었다.

| 해설 | **갑오개혁**

1894년부터 1895년 사이에 추진된 갑오개혁에서 김홍집 내각은 군국기무처를 신설하고 근대적 개혁을 추진하였다. 먼저, 청의 연호 사용을 폐지하고 독자적인 연호를 사용하였다. 국가 기구를 의정부와 궁내부로 이원화하여 왕권을 제한하고 의정부 중심의 국정 운영 체계를 구축하려고 하였다. 국가 재정을 탁지아문으로 일원화한 것도 이를 뒷받침하기 위한 것이었다. 또한, 과거제를 폐지하고 일본식 관료 제도를 도입하려 하였다.

경제 분야에서는 해묵은 과제였던 삼정 문제를 해결하기 위해 수많은 조세 항목을 지세와 호세로 통합하였으며, 조세의 금납화를 추진하기 위해 은본위 화폐제를 도입하려 하였다. 도량형의 통일도 삼정 문제를 해결하기 위한 정책 가운데 하나였다.

노비 제도의 혁파, 인신 매매 금지 등을 통해 신분적 차별을 철폐하였으며, 조혼을 금지하고 과부의 재가를 허용하는 등 봉건적 악습도 철폐하였다.

| 오답 넘기 |

② 삼정이정청, ③ 소격서, ④ 비변사, ⑤ 통리기무아문에 대한 내용이다.

 ①

3 다음 사건이 일어난 시기를 연표에서 옳게 고른 것은?

[2점]

일본 장교는 군사의 대오를 정렬하여 합문을 에워싸고 지키도록 명령하여, 흉악한 일본 자객들이 왕후 폐하를 수색하는 것을 도왔다. 이에 자객 20~30명이 …… 전각으로 돌입하여 왕후를 찾았다. …… 자객들은 각처를 찾더니 마침내 깊은 방 안에서 왕후 폐하를 찾아내고 칼로 범하였다. …… 녹원 수풀 가운데로 옮겨 석유를 그 위에 바르고 나무를 쌓아 불을 지르니 다만 해골 몇 조각만 남았다.

– 고등재판소 보고서 –

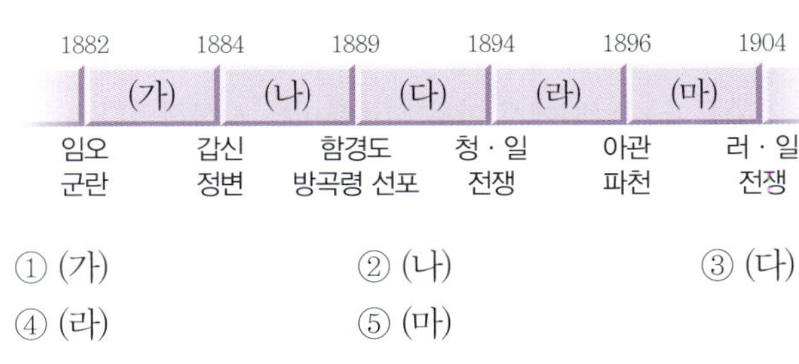

① (가) ② (나) ③ (다)
④ (라) ⑤ (마)

| 해설 | 을미사변

일본의 간섭이 심화되는 가운데, 러시아가 주도한 삼국 간섭(1895.4)을 지켜본 고종과 명성 황후는 러시아 세력을 끌어들여 일본의 내정 간섭을 막으려고 하였다. 위기를 느낀 일본은 미우라 고로를 주한 공사로 파견하여 세력을 만회하려 하였다. 미우라 공사는 일본 군대와 일본 낭인들을 경복궁에 난입시켜 명성 황후를 시해하였다(을미사변, 1895.10). 고종은 이러한 일본의 위협을 피하기 위해 러시아 공사관으로 거처를 옮겼는데 이를 아관 파천이라고 한다(1896.2). 이 사건 이후 서양 열강들이 경쟁적으로 광산과 삼림 이권 침탈에 본격적으로 개입하였다.
따라서 연표의 (라) 시기에 해당한다.

정답 ④

4 (가) 단체의 활동으로 옳은 것은?

[2점]

11월 4일 밤, 조병식 등은 건의소청 및 도약소의 잡배들로 하여금 광화문 밖의 내국 조방 및 큰길가에 익명서를 붙이도록 하였다. …… 익명서는 "(가) 이/가 11월 5일 본관에서 대회를 열고, 박정양을 대통령으로, 윤치호를 부통령으로, 이상재를 내부대신으로 …… 임명하여 나라의 체제를 공화정치 체제로 바꾸려 한다."라고 꾸며서 폐하께 모함하고자 한 것이다.

– 『대한계년사』 –

① 일본의 황무지 개간권 요구를 저지하였다.
② 러시아의 절영도 조차 요구에 반대하였다.
③ 고종의 강제 퇴위 반대 운동을 전개하였다.
④ 계몽 서적 출판을 위해 태극 서관을 설립하였다.
⑤ 일본에게 진 빚을 갚자는 국채 보상 운동을 주도하였다.

| 해설 | 독립 협회의 활동

1898년 11월 4일 밤, 독립 협회가 고종을 몰아내려 한다는 내용의 익명으로 작성된 벽보가 붙었다. 이로 인해 고종 황제는 독립 협회 해산을 명하고 17명의 독립 협회 간부를 체포하도록 하였다. 이에 맞서 독립 협회는 다시 만민 공동회를 열고 지도자 석방과 의회 설립을 요구하였다. 그러나 보부상으로 조직된 황국 협회가 만민 공동회를 습격하여 충돌은 격화되었다. 결국 대한 제국 정부는 만민 공동회를 불법 단체로 규정하고 군대를 동원하여 만민 공동회를 포위하였다. 이어 만민 공동회의 11가지 죄목이 열거된 칙어를 발표하였고, 이로써 만민 공동회는 해산되고 말았다.
② 독립 협회는 러시아의 절영도 조차 요구를 저지하였다(1898.3).

| 오답 넘기 |

① 보안회는 일제가 황무지 개간권을 요구해오자 반대 운동을 전개하여 이를 저지하는 데 성공하였다(1904.8).
③ 헌정 연구회를 계승한 대한 자강회는 고종 퇴위 반대 운동을 전개하였다(1907).
④ 신민회는 자기 회사와 태극 서관을 운영하였다(1908).
⑤ 국채 보상 기성회는 경제적 예속에서 벗어나자는 취지의 국채 보상 운동을 추진하였다(1907~1908).

정답 ②

5 (가) 시기에 실시된 정책으로 옳은 것은? [2점]

이 어진은 황룡포를 입은 고종의 모습을 그린 것입니다. 본래 조선의 왕은 홍룡포를 입었는데, 고종은 황룡포를 입고 황제 즉위식을 올린 후 새로운 국호인 (가) 을/를 선포하였습니다.

① 이범윤을 간도 관리사로 임명하였다.
② 김윤식을 청에 영선사로 파견하였다.
③ 건양이라는 독자적인 연호를 사용하였다.
④ 행정 기구를 6조에서 8아문으로 개편하였다.
⑤ 공사 노비법을 혁파하고 과거제를 폐지하였다.

| 해설 | **대한 제국의 성립**

1897년 2월 고종은 덕수궁으로 돌아온 후 동년 10월 12일 국호를 '대한 제국', 연호를 '광무'로 정하고 환구단에서 황제 즉위식을 거행하였다. 그리고 전제 왕권을 강화하는 광무개혁을 실시하였다.

① 대한 제국 정부는 이범윤을 간도 관리사로 임명하여 이를 한국 주재 청국 공사에게 통보하고 간도의 소유권을 주장하였다(1902).

| 오답 넘기 |

② 조선 조정은 영선사를 1881년 9월 청에 파견하여 근대 무기 제조법과 군사 훈련법을 배워오게 하였다.
③ '건양(建陽)'은 을미개혁 때의 연호이다.
④ 제1차 갑오개혁 때 6조를 8아문으로 개편하여 행정 사무를 분담하고 대간 제도를 폐지하였다(1894).
⑤ 제1차 갑오개혁 때 과거 제도를 폐지하고 새로운 관리 임용 제도를 실시하였다.

정답 ①

6 (가), (나) 조약 사이의 시기에 있었던 사실로 옳은 것은? [2점]

(가) 제4조 …… 대한 제국 정부는 대일본 제국 정부의 행동이 용이하도록 충분한 편의를 제공한다. 대일본 제국 정부는 …… 군사 전략상 필요한 지점을 수시로 사용할 수 있다.

(나) 제2조 한국 정부의 법령 제정 및 중요한 행정상 처분은 미리 통감의 승인을 거칠 것.

⋮

제5조 한국 정부는 통감이 추천하는 일본인을 한국 관리에 임명할 것.

① 안중근이 하얼빈에서 이토 히로부미를 사살하였다.
② 의병 진압을 위한 '남한 대토벌' 작전이 전개되었다.
③ 일본이 경복궁을 점령하고 내정 개혁을 요구하였다.
④ 헤이그에서 열린 만국 평화 회의에 특사가 파견되었다.
⑤ 영국군이 러시아를 견제하기 위해 거문도를 불법 점령하였다.

| 해설 | **한일 의정서~정미 7조약 사이의 사건**

(가) '대일본 제국 정부는 전략상 필요한 지점을 수시로 사용할 수 있다' 등의 구절을 통해 한·일 의정서임을 알 수 있다(1904.2). 러시아와 일본이 한반도를 둘러싸고 치열하게 세력 다툼을 벌이자 대한 제국은 국외 중립을 선언하였다. 하지만 일제는 1904년 2월 러시아에 전쟁을 도발한 후 강제로 한·일 의정서를 맺어 군사 전략상 필요한 곳을 마음대로 사용하였다. (나) 1907년 7월 일제는 한·일 신협약(정미 7조약)을 황제의 동의 없이 체결하였다. 이후 통감부의 권한은 더욱 강화되어 통감이 추천하는 일본인을 대한 제국 정부의 관리로 기용하였다.

④ 고종은 1905년 11월 17일에 강요된 을사늑약(제2차 한·일 협약)의 부당성을 알리기 위해 헤이그에 특사를 파견하였다(1907.4).

| 오답 넘기 |

① 1909년 10월 26일 안중근은 만주 하얼빈 역에서 한국 침략의 원흉인 이토 히로부미를 처단하였다.
② 일제는 1909년 호남 의병들을 소탕하기 위해 남한 대토벌 작전을 벌였다.
③ 동학 농민 운동을 진압한다는 명분 하에 일본군은 조선에 출병한 뒤 경복궁을 점령하여 국왕을 위협하고 친일 내각을 내세워 조선의 내정을 간섭하였다.
⑤ 영국은 러시아를 견제하기 위해 조선의 거문도를 불법으로 점령하는 거문도 사건을 일으켰다(1885.4).

정답 ④

7 밑줄 그은 '의병'에 대한 설명으로 옳은 것은? [1점]

이곳은 의암 유인석의 위패가 모셔져 있는 충청북도 제천의 자양영당입니다. 이곳에서 유인석은 국모의 원수를 갚고 전통을 보전한다는 복수보형(復讐保形)을 기치로 8도의 유림을 모아 의병을 일으키려는 비밀 회의를 열었습니다.

① 단발령의 시행에 반발하여 봉기하였다.
② 민종식이 이끈 부대가 홍주성을 점령하였다.
③ 국제법상 교전 단체로 승인해 줄 것을 요구하였다.
④ 의병 부대가 연합하여 서울 진공 작전을 전개하였다.
⑤ 조선 총독부에 국권 반환 요구서를 제출하고자 하였다.

| 해설 | 을미의병의 특징

을미의병은 을미사변(명성황후 시해 사건)과 단발령을 계기로 일어났다(1896). 위정척사 사상을 가진 유인석(제천, 충주), 이소응(춘천), 허위(선산), 기우만(장성) 등의 보수적 유생층이 주도하였고, 농민들과 동학 농민군의 잔여 세력이 참여하여 친일 관리와 일본인을 처단하면서 전국적으로 확대되었다. 을미의병의 결과 아관 파천으로 친일 개화파 정권이 붕괴되고 단발령이 철회되었으며, 고종의 해산 권고 조칙이 내려지면서 자진 해산되었다.

| 오답 넘기 |

② 을사의병 당시에는 전직 관리인 민종식, 양반 유생인 최익현 등이 의병을 조직하였다(1905).
③ 정미의병 당시 13도 창의군이 결성되어 각국 영사관에 국제법상의 교전 단체로 인정해 달라고 요구하고 국외 동포에게도 격문을 보냈다(1907.12).
④ 정미의병 당시 13도 창의군이 서울 진공 작전을 전개하였다(1908.1).
⑤ 대한 독립 의군부는 일본의 총리대신과 조선 총독에게 국권 반환 요구서를 보내고 전국적인 의병 전쟁을 준비하였다(1912.9).

정답 ①

8 (가) 단체에 대한 설명으로 옳은 것은? [1점]

> (가) 은/는 안창호, 양기탁, 이승훈이 중심이 되어 조직한 비밀 결사 단체로, 국권을 회복한 뒤 공화 정체의 국가를 수립하고자 하였다. 이를 위해서는 실력 양성에 온 힘을 쏟아야 한다고 규정하고 무엇보다 국민을 새롭게 할 것을 주장하였다.

① 연통제를 통해 독립운동 자금을 모았다.
② 일제의 황무지 개간권 요구를 저지하였다.
③ 중추원 개편을 통해 의회 설립을 추진하였다.
④ 복벽주의를 내세우며 의병 전쟁을 준비하였다.
⑤ 남만주 삼원보에 독립운동 기지를 건설하였다.

| 해설 | 애국 계몽 운동

을사조약 체결 이후 합법적인 계몽 운동에 한계를 느낀 안창호, 양기탁 등은 비밀결사인 신민회를 결성하였다(1907.4). 신민회는 언론인, 종교인, 교사, 학생 등 각계각층이 참여함으로써 800여 명의 회원을 확보한 전국적인 조직으로 성장하였다.

이들은 국권 회복과 공화 정체를 바탕으로 실력을 키워 근대 국민 국가를 건설할 것을 목표로 삼았다. 신민회는 대성 학교와 오산 학교를 세워 민족 교육과 신교육을 실시하며 민중을 계몽하였다. 민족 산업을 육성하기 위해 태극 서관과 평양 자기 회사를 운영하였다. 나아가 만주 삼원보에 한인촌을 조성하고 신흥학교를 세우는 등 독립운동 기지 건설에 앞장섰다.

| 오답 넘기 |

① 연통제는 대한민국 임시 정부가 국내에 조직한 비밀 행정망으로, 국내의 각 도, 군, 면에 책임자를 두어 임시 정부의 명령을 전달하고 군자금 조달 및 정보 보고 등을 담당하였다.
② 보안회는 일제가 황무지 개간권을 요구해오자 반대 운동을 전개하여 이를 저지하는 데 성공하였다(1904.8).
③ 1898년에 독립 협회는 최초의 근대적 민중 집회인 만민 공동회를 개최하고, 중추원 관제 개편을 통해 의회를 설립하고자 하였다.
④ 독립 의군부는 1912년 9월 임병찬이 고종의 비밀 지령으로 의병을 규합하여 결성한 단체로 복벽주의를 표방하고 의병 전쟁을 계획하였다.

정답 ⑤

23 근대의 경제와 사회

공부한 날 월 일

일차

❶ 개항 이후 열강에 의한 경제 침탈

(1) 일본 상인의 무역 독점

① 외국 상품의 유입

㉠ 유입 : 개항 이전 중국을 통해 국내 유입, 개항 이후 제한 없이 수입됨

㉡ 결과 : 근대적 생산 단계에 이르지 못했던 국내 산업계(수공업자들)에 큰 타격

② 개항 초기 일본 상인의 침투

㉠ 개항 초기 : 강화도 조약과 부속 조약에 의한 일본 상인의 특권 → 치외법권, 무관세 무역 등

거류지란 개항장에 외국인이 자유롭게 거주하면서 통상을 하고 치외법권을 누릴 수 있도록 설정한 지역이다. 중국과 한국에서는 조계, 일본에서는 거류지라고 하였다.

㉡ 거류지 무역 : 개항 초기 개항장의 외국인 거류지에서 조선 상인을 매개로 이루어진 무역(개항장 10리로 제한)

㉢ 약탈 무역 : 치외법권, 일본 화폐 사용, 수출입 상품 무관세 등의 특권 바탕

㉣ 중계 무역

ⓐ 미면 교환 체제 : 영국산 면직물과 공산품을 가지고 와서 팔고 그 대신 곡물(미곡, 콩) · 쇠가죽 · 금 등의 매입에 주력하여 막대한 이득을 취함

ⓑ 영향 : 곡물 가격 폭등으로 농민 생활 궁핍화, 국내 면직물 산업 타격

㉤ 청 · 일 간의 경쟁 : 임오군란 후 청나라 상인들의 대거 진출 → 일본 상인들과 치열한 경쟁

③ 일본 상인의 무역 독점 : 1890년 전후

㉠ 조 · 청 상민 수륙 무역 장정(1882.8) : 청 상인의 서울에서의 점포 개설, 내지 통상 허용 → 최혜국 대우에 따라 다른 외국 상인들도 내륙 진출

㉡ 청 상인의 활동 : 영국산 면제품을 직수입하여 조선의 상권 장악 → 청 · 일 전쟁 직전 청과 일본의 대조선 수출액이 대등 → 청 · 일 전쟁의 원인으로 작용

㉢ 결과 : 청 · 일 전쟁의 승전 이후 일본 상인들이 무역 독점, 조선의 중개 상인 몰락, 시전 상인들 타격

Click ! ● 개항기의 무역 구조

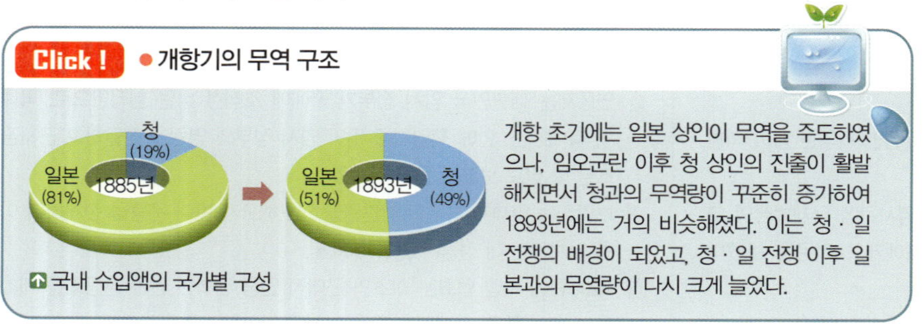

국내 수입액의 국가별 구성

개항 초기에는 일본 상인이 무역을 주도하였으나, 임오군란 이후 청 상인의 진출이 활발해지면서 청과의 무역량이 꾸준히 증가하여 1893년에는 거의 비슷해졌다. 이는 청 · 일 전쟁의 배경이 되었고, 청 · 일 전쟁 이후 일본과의 무역량이 다시 크게 늘었다.

(2) 제국주의 열강의 경제 침탈

① 열강의 이권 침탈 : 아관 파천 후 러시아를 비롯하여 일본, 미국, 프랑스, 독일 등이 조선에서 자원과 산업 분야의 여러 이권을 차지(최혜국 대우 규정 이용)

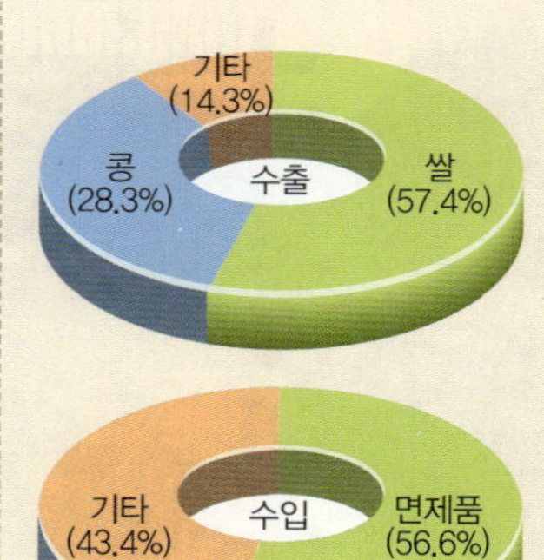

개항기 주요 수출입품 일본은 값싼 영국산 면제품을 무관세로 판매하는 대신 조선의 쌀을 마구 사들였다. 조선의 쌀값이 일본에 비해 쌌기 때문에 일본은 자국의 쌀을 유럽에 판매하고, 조선 쌀을 수입해 갔던 것이다.

(단위 : %)

(년)	청	일본
1885	18	82
1886	18	82
1887	26	74
1888	28	72
1889	30	70
1890	35	65
1891	39	61
1892	45	55
1893	49	51
1894	36	64

개항기 국가별 무역액

청 · 일의 경제적 침략

- **조 · 일 통상 장정**(1883.7) : 방곡령 선포 시 1개월 전 사전 통보, 관세권 설정, 최혜국 대우 허용
- **조 · 청 상민 수륙 무역 장정**(1882.8) : 청의 종주권 확인, 개항장과 서울의 양화진에 상점 개설 허용, 청 상인의 내륙 활동 허용, 영사 재판권 허용

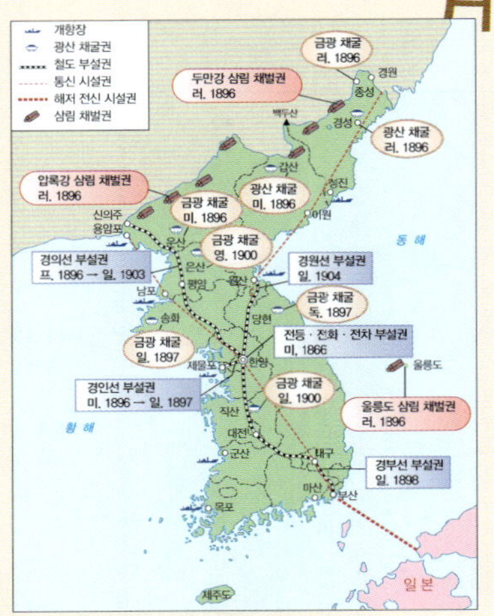

열강의 이권 침탈

구분	열강의 이권 침탈
미국	• 경인선 철도 부설권 → 일본에 양도 • 운산 금광 채굴권 • 전등 · 전화 · 전차 부설권(콜브란)
러시아	• 경성 광산 · 종성 금광 채굴권 • 두만강 · 압록강 및 울릉도 산림 벌채권
독일	• 당현 금광 채굴권
영국	• 은산 금광 채굴권
프랑스	• 경의선 철도 부설권 → 일본에 양도
일본	• 경인선 철도 부설권 → 미국에서 매입 • 경의선 철도 부설권 → 프랑스에서 매입 • 경부 철도 부설권, 경원선 부설권 • 직산 금광 채굴권

백동화의 교환

백동화를 3등급으로 나누어 상태가 좋은 갑종은 액면가 그대로인 2전 5리, 을종은 그 절반도 되지 않는 1전으로 교환해 주고, 병종은 화폐 가치를 인정해 주지 않아 교환을 거부하였다.

② 일본의 이권 침탈

㉠ 금융 · 재정 지배

ⓐ 일본 은행의 침투 : 일본 화폐와 제일 은행권의 유통 → 한국의 금융 지배

ⓑ 화폐 정리 사업(1905.7~1909.12)

- 내용 : 일본인 재정 고문 메가타의 주도로 당시의 조선 화폐인 백동화와 엽전 등을 일본 제일 은행권으로 교환 → 상공업자와 민간 은행 타격
- 문제점 : 교환 기간이 짧고 질이 나쁜 백동화는 교환 불가
- 결과 : 일본 상인들이 사전에 정보를 알고 대비, 사업에 필요한 자금을 일본 차관으로 조달 → 거액의 국채 발생

Click ! ● 화폐 정리 사업

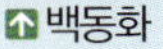
백동화

화폐 정리 사업 후 발행된 신화폐

구(舊) 백동화(白銅貨) 교환에 관한 건

제1조 구 백동화 교환에 관한 사무는 금고(金庫)로 처리하도록 하며 탁지부 대신이 이를 감독한다.

제2조 교환을 위해 제출한 구 백동화는 모두 화폐감정역(貨幣鑑定役)이 감정하도록 한다. 화폐감정역은 탁지부 대신이 임명한다.

제3조 구 백동화의 백동 비율[品位] · 쿠게[量目] · 무늬 모양[印像] · 형체가 정식 화폐[正貨] 기준을 충족할 경우, 1개 당 금 2전 5리로 새로운 화폐와 교환한다. 이 기준에 합당하지 않은 부정(不正) 백동화는 1개 당 금 1전의 가격으로 정부에서 사들인다. …… 단, 형태나 품질이 조악하여 화폐로 인정할 수 없는 것은 사들이지 않는다.

㉡ 일본의 차관 도입 강요

ⓐ 청 · 일 전쟁 후 : 조세 징수권과 해관세 수입을 담보로 차관을 제의하여 실현시킴

ⓑ 러 · 일 전쟁 후 : 화폐 정리의 명목으로 차관 강요 → 대한 제국을 재정적으로 일본에 예속시킴

㉢ 일제의 토지 약탈

ⓐ 내용 : '황무지 개간에 관한 규정', '국유 미간지 이용법', '토지 가옥 증명 규칙' 등 각종 악법을 만들어 토지를 빼앗고, 1908년 황실 소유 역둔토, 궁방전까지 국유화시킴

차관 도입 강요

일제는 근대화를 위한 사업이라는 명목으로 대한 제국에 차관을 강요하였다. 대한 제국은 채무국이 되었지만, 정작 들어온 돈의 대부분은 통감부에서 사용되었다.

ⓑ 결과 : 동양 척식 주식회사 설립(1908.12)으로 토지 약탈 지속, 이주 일본인들에게 매매 · 양도

❷ 경제적 구국 운동의 전개

(1) 경제적 침탈 저지 운동

① 방곡령의 시행

㉠ 배경 : 일본 상인들의 곡물 유출(입도선매), 흉년 등으로 곡물 가격 폭등

㉡ 전개 : 함경도와 황해도 등 각 지역의 지방관들이 조 · 일 통상 장정의 조항에 의거하여 방곡령 실시(1889, 1890) → 통고받은 일수가 1개월에 미치지 못한다고 일본이 항의하며 방곡령 철수와 손해 배상 요구

㉢ 결과 : 청에서 막대한 차관을 빌려와 배상금 지불

② 이권 수호 운동 : 아관 파천 이후 심화된 열강의 이권 침탈을 배경으로 전개

㉠ 독립 협회의 이권 수호 운동 : 러시아의 절영도 조차, 프랑스 · 독일의 광산 채굴권 요구 저지

㉡ 황무지 개간권 반대 운동

ⓐ 농광 회사의 설립 : 일부 관리들과 민간 실업자들은 민족 자본으로 황무지를 개간할 것을 주장하여 정부 허가를 받은 농광 회사 설립(1904.8)

ⓑ 보안회의 활동 : 일본의 황무지 개간권 요구 반대 운동 → 일본, 요구 철회

③ 국채 보상 운동(1907.2)

국채 보상 운동의 중심 역할을 한 것은 양기탁과 베델이 이끄는 대한매일신보사였다. 이에 통감부는 영국 정부에 베델을 재판에 회부하게 하고, 국채 보상 기성회의 간사인 양기탁을 성금 횡령 누명을 씌워 구속하였다.

㉠ 배경 : 대한 제국을 경제적으로 예속시키기 위한 일제의 차관 강요

㉡ 내용 : 대구에서 시작(서상돈 등 중심), 국채 보상 기성회 조직, 모금 운동 전개, 각종 애국 계몽 단체와 언론 기관의 호응

㉢ 결과 : 통감부가 배일 운동으로 간주하여 탄압, 일부 인사들이 횡령죄 등으로 재판 → 실패

Click ! ● 국채 보상 운동

- 대저 2천만 중 여자가 1천만이요, 1천만 중에 가락지 있는 이가 반은 넘을 터이오니 가락지 매 쌍에 2원씩만 셈하고 보면 1천만 원이 여인 수중에 있다 할 수 있습니다.
- 우리 동경 유학생으로 말하더라도 근 800인이라. …… 우리는 일제히 담배를 끊어 국채를 만분의 일이라도 갚고자 결심 동맹하였다.
- 경고 아 부인 동포라
우리가 함께 여자의 몸으로 규문에 처하와 삼종지의에 간섭할 사무가 없사오나, 나라 위하는 마음과 백성 된 도리에야 어찌 남녀가 다르리오. 듣사오니 국채를 갚으려고 이천만 동포들이 석 달간 연초를 아니 먹고 대전을 구취한다 하오니, 족히 사람으로 흥감케 할지요 진정에 아름다움이라 …….

(2) 조선 상인의 대응

① 개항 이후의 주요 상업 자본가

㉠ 서울의 시전 상인 : 청 상인(남대문로, 수표교)과 일본 상인(명동, 충무로 일대)의 상권 잠식에 청과 일본 상인의 점포 철수를 요구하는 시위와 철시 운동 전개, 황국 중앙 총상회 결성(1898.7)

방곡령

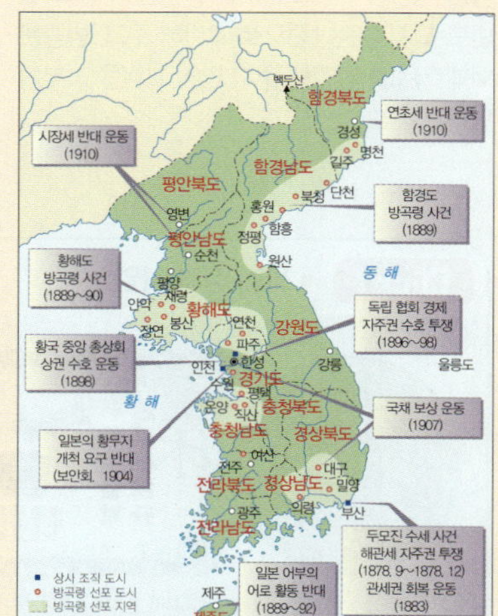

경제적 침략 저지 운동

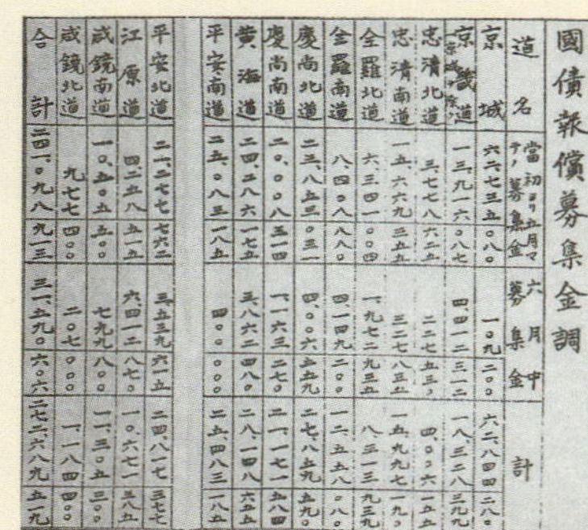

國債報償募集金調

道名	當初ヨリ五月マデ募集金	六月中募集金	計
京城	六六,七三五 〇八〇	一〇九 二〇〇	六六,八四四 二八〇
京畿道	一三,九一六 〇八七	四,四一二 三一二	一八,三二八 三九九
忠清北道	三,七七八 六二五	二二七 五三〇	四,〇〇六 一五五
忠清南道	一五,六六九 三五五	三二七 八五五	一五,九九七 [illegible]
全羅北道	六,三四一 〇〇四	一,九七二 九三五	八,三一三 九三九
全羅南道	八,四〇八 八八〇	四,一四九 二〇〇	一二,五五八 〇八〇
慶尚北道	二三,八五三 〇三一	四,〇〇六 五五九	二七,八五九 五九〇
慶尚南道	二〇,〇〇八 三一四	一,一六三 二七〇	二一,一七一 五八四
黃海道	二四,二八六 一七五	三,八六二 四八〇	二八,一四八 六五五
平安南道	二五,〇八三 一八五	四〇〇 〇〇〇	二五,四八三 一八五
平安北道	二一,二七七 七六二	三,五三九 六一五	二四,八一七 三七七
江原道	四,二五八 五一五	六,四一二 八七〇	一〇,六七一 三八五
咸鏡南道	一〇,五〇五 五〇〇	七九九 八〇〇	一一,三〇五 三〇〇
咸鏡北道	九七七 四〇〇	二〇七 〇〇〇	一,一八四 四〇〇
合計	二四一,〇九八 九一三	三一,五九〇 六〇六	二七二,六八九 五一九

국채 보상 모집 금액표 남자들은 금연으로 돈을 모으고, 부녀자들은 반지와 비녀를 팔아 보상금으로 냈다. 일본 유학생과 연해주의 동포들도 의연금을 보내왔다.

ⓛ 경강상인 : 미곡 유통 분야의 상권 주도, 일본인이 증기선을 이용하여 정부의 세곡 운반을 독점하려 하자 증기선을 구입하여 연안 구역 전개

ⓒ 개성 상인 : 인삼 재배 판매권이 일본 상인에 의해 침해당하자, 이에 조직적 저항을 계획

ⓔ 객주, 여각, 보부상 : 개항 이후 한때 활약 → 외국 상인의 내륙 진출이 허용된 후 타격받음

ⓜ 혜상공국 설치 : 정부는 영세 상인인 보부상을 보호하기 위해 혜상공국(惠商公局, 1883)을 설치

② 회사의 설립

ⓖ 초기의 회사 : 1880년대 대동 상회(평양)나 장통 상회(서울) 등의 상회사 설립

ⓛ 1890년대 후반의 기업 활동 : 철도 회사, 연초 회사 등 설립 → 일제의 탄압으로 성장하지 못함

ⓒ 박기종의 활동 : 부산에서 하단포까지, 한성에서 원산, 경흥에 이르는 철도를 부설하려고 계획

상회사
근대적 상업 체제로 상권을 지키기 위한 목적에서 1883년경부터 설립되기 시작하였다. 평안도 상인들이 설립한 대동 상회는 전국 곳곳에 직원을 파견하여 쌀이나 쇠가죽 등을 사고팔았으며, 국외 무역에도 진출하였다.

(3) 산업 자본과 금융 자본

① 근대적 산업 자본의 성장 : 조선 유기 상회, 대한 직조 공장, 종로 직조사 등을 설립

② 민족 자본에 의한 금융 기관의 설립 : 조선 은행(관료 자본 중심), 한성 은행, 대한 천일 은행 등 설립 → 화폐 정리 사업으로 몰락, 일본 금융 자본에 편입

③ 개항 이후의 사회적 변화

(1) 평등 사회로의 이행

① 신분제 사회의 동요

ⓖ 신분제 동요 : 농민층의 의식의 성장, 신분제 동요와 양반층의 분화로 인한 몰락 양반의 등장, 중인들의 신분 상승 운동 등으로 신분제가 동요

ⓛ 1801년 : 순조 때 대규모의 공노비 해방

ⓒ 1851년 : 철종 때 서얼, 중인 계층의 고위 관직 진출 허용

② 신분제의 해체 과정

ⓖ 갑신정변(1884) : 문벌 폐지, 인민 평등권 확립, 능력에 따른 관리 등용 주장

ⓛ 노비 세습제 폐지(1886) : 노비 소생의 매매 금지와 자동적으로 양인이 될 수 있는 것을 법적으로 보장

ⓒ 동학 농민 운동 폐정 개혁안(1894) : 노비 문서의 소각을 주장하며 신분제 폐지를 주장

ⓔ 갑오개혁(1894) : 공 · 사노비 제도의 폐지를 통해 평등 사회가 실현되었을 뿐만 아니라 고문, 연좌제 폐지, 인신 매매 금지, 여성 지위 향상(과부 재가 허용, 조혼 금지, 남편의 부인 학대 금지)이 이루어짐

ⓜ 아관 파천(1896) 이후 : 호적 제도가 개편되어 신분 대신 직업을 기재

평등 사상
유길준의 「서유견문」에서 천부 인권론에 의한 인간의 자유 · 평등을 주장하였고, 홍범 14조에서도 인민의 자유 · 평등의 권리를 천명하였다. 또한 제국의 바뀐 호적에는 신분을 빼고 대신 직업을 기록하게 하였다.

윤치호 등의 인권 옹호 상소
어떤 자는 말하기를 백성의 권한이 성하면 임금의 권한이 반드시 줄어들리라 하니, 사람의 무식함이 이보다 심하겠습니까? 만일 오늘날에 이와 같은 민의가 없다면, 정치와 법률은 따라서 무너져서 어떤 모양의 재앙의 기미가 어디에서 일어날지 모르는데, 폐하께서는 홀로 생각이 여기에 미치지 아니하십니까? 신 등의 충성된 분노가 격하여 품고 있는 생각을 진술하였지만 대단히 황송하여 조처할 바를 알지 못하겠습니다. 엎드려 바라옵건대 폐하께서는 재량하여 살펴 주십시오.
－『승정원일기』－

(2) 근대적 사회 의식의 성장

① **독립 협회의 계몽 활동** : 천부 인권 사상을 앞세워 민권 의식 고양, 만민 공동회를 통한 평등 의식 확산, 입헌 군주제의 추구와 의회 설립 운동을 통한 근대적 정치 의식 고양 → 백정 출신 박성춘이 관민 공동회에서 개막 연설을 함

Click ! ● **관민 공동회에서 백정 출신 박성춘의 개막 연설**

나는 우리나라에서 가장 천대받는 사람이고 아무 것도 모르는 사람이지만, 지금 나라에 이롭고 백성이 편안할 길은 관민이 합심해야 이룩될 수 있소. 저 천막에 비유하건대, 한 개의 장대로 받치면 역부족이지만 많은 장대를 합치면 그 힘이 매우 공고해집니다. 존귀하신 관민 여러분, 합심하여 우리 성덕에 보답하고 황제 폐하의 나라를 오래 부강하게 합시다.

② **애국 계몽기** : 사립 학교 설립을 통한 근대 민주주의 사상과 민족 의식 전파, 신민회의 공화주의 주장

③ **여성의 사회 활동**

㉠ 찬양회(1898) : 서울 북촌의 여성들이 중심이 된 최초의 여성 단체

㉡ '여권통문' 발표(1898.9) : 양반 부인들이 중심이 되어 '황성신문'에 발표한 것으로 당시 사회에 많은 충격을 줌, 여학교 설립 주장

㉢ 순성 여학교(1899) : 찬양회에서는 관립 여학교 설립을 추진하였지만 여의치 않자 1899년 한국인이 설립한 최초의 사립 여학교인 순성 여학교 설립

㉣ 여성 의병 윤희순 : 시아버지가 의병을 일으키자 여성 의병을 조직해 모금 운동을 하고 다양한 의병가를 지어 항일 독립 운동 정신 고취, 1910년 나라를 빼앗긴 후 만주로 망명하여 독립 운동 전개

㉤ 박에스더 : 한국 최초의 여의사

Click !

첫째, 여성은 장애인이 아닌, 남성과 평등한 권리를 갖는 온전한 인간이어야 한다. 여성은 먼저 의식의 장애로부터 해방되어야 한다.

둘째, 여성도 남성이 벌어다 주는 것에만 의지하여 사는 경제적으로 무능한 장애에서 벗어나 경제적 능력을 가져야만 평등한 인간 권리를 누릴 수 있다.

셋째, 여성 의식을 깨우치고 사회 진출 능력을 갖기 위해서는 무엇보다 여성들이 남성과 동등한 교육을 받아야 한다.

여학교 설시 통문(여권통문) 발표를 보도한 황성신문

만민 공동회

남녀평등의 주장

하나님이 세계 인생을 낳으실 때 사나이나 여편네나 사람은 다 한가지라. 여자도 남자의 학문을 교육받고 여자도 남자와 동등권을 가져 인생에 당한 사업을 다 각기 하는 것이 당연한 도리거늘 동양 풍속은 어찌하여 여자가 남자에게 압제만 받고 죽은 목숨처럼 지내는지 천지간 만물의 가운데에 오직 사람이 귀하다 함은 총명이 있는 연고인데, 총명이 한갓 남자에게만 있는 것이 아니라 남녀 간에 고락을 한가지로 하고 사업을 같이하여 생애를 고르게 하여 나라가 더 부강하고 집안이 더 태평할 터이니 그럴 지경이면 어찌 아름답지 아니하리오.

– 독립신문 논설 –

❶ 개항 이후 열강에 의한 경제 침탈

- 청과 조청 상민 수륙 무역 장정을 체결하였다.
  - ↳ 조청 상민 수륙 무역 장정의 내용을 분석한다.
- 조일 통상 장정이 체결되었다.
  - ↳ 함경도 관찰사 조병식이 방곡령을 선포하는 계기가 되었다.

실전 자료 **방곡령**

우리 고을에 흉년이 든 것은 일본 총영사께서도 잘 알고 계실 것입니다. 가난한 백성의 먹을 것이 없는 참상이 눈앞에 가득하니, 곡물 수출은 당분간 중지하지 않을 수 없습니다. …… 음력 을유년 12월 21일을 기점으로 한 달이 지난 이후부터는 쌀 수출이 금지되니 이러한 점을 귀국의 상민(商民)들에게 통지하여 주시기 바랍니다.

- 재정 고문 메가타의 주도 아래 화폐 정리 사업을 실시하였다.
  - ↳ 메가타의 주도로 화폐 정리 사업이 실시되었다.
  - ↳ 구(舊) 백동화를 제일은행권으로 교환하는 사업을 시행하였다.
  - ↳ 구(舊) 백동화가 제일은행권으로 교환된 시기를 검색한다.
  - ↳ 통화량이 줄어들어 국내 상인들이 타격을 입었다.

실전 자료 **구 백동화 교환에 관한 건**

제1조 구 백동화 교환에 관한 사무는 금고(金庫)로 처리하도록 하며 탁지부 대신이 이를 감독한다.
제2조 교환을 위해 제출한 구 백동화는 모두 화폐감정역(貨幣鑑定役)이 감정하도록 한다. 화폐감정역은 탁지부 대신이 임명한다.
제3조 구 백동화의 백동 비율[品位] · 무게[量目] · 무늬 모양[印象] · 형체가 정식 화폐[正貨] 기준을 충족할 경우, 1개 당 금 2전 5리의 새로운 화폐와 교환한다. 이 기준에 합당하지 않은 부정(不正) 백동화는 1개 당 금 1전의 가격으로 정부에서 사들인다. …… 단, 형태나 품질이 조악하여 화폐로 인정할 수 없는 것은 사들이지 않는다.
– 「관보」, 1905년 6월 29일 –

- 동양 척식 주식회사를 설립하여 토지를 약탈하였다.
  - ↳ 동양 척식 주식회사가 설립된 과정을 정리한다.

❷ 경제적 구국 운동의 전개

- 함경도 관찰사 조병식이 방곡령을 선포하였다.
- [보안회] 일본의 황무지 개간권 요구를 저지하였다.
  - ↳ [보안회] 일본의 황무지 개간권 요구를 저지시켰다.
  - ↳ 농광 회사가 주도하여 추진하였다.
- [국채 보상 운동] 국민의 성금을 모아 국채를 갚고자 하였다.
  - ↳ 대한매일신보의 후원으로 전국으로 확산되었다.
  - ↳ 대한매일신보 등 당시 언론이 적극적으로 참여하였다.
  - ↳ 금주 · 금연을 통한 차관 갚기 운동을 전개하였다.
  - ↳ [국채 보상 기성회] 일본에게 진 빚을 갚자는 국채 보상 운동을 주도하였다.
  - ↳ 김광제, 서상돈 등의 발의로 본격화되었다.

실전 자료 **국채 보상 운동**

- 대저 2천만 중 여자가 1천만이요, 1천만 중에 가락지 있는 이가 반을 넘을 터이오니 가락지 매 쌍에 2원씩만 셈하고 보면 1천만 원이 여인 수중에 있다 할 수 있습니다.
- 우리 동경 유학생으로 말하더라도 근 800인이라. …… 우리는 일제히 담배를 끊어 국채를 만분의 일이라도 갚고자 결심 동맹하였다.
- **경고 아 부인 동포라**
  우리가 함께 여자의 몸으로 규문에 처하와 삼종지의에 간섭할 사무가 없사오나, 나라 위하는 마음과 백성 된 도리에야 어찌 남녀가 다르리오. 듣사오니 국채를 갚으려고 이천만 동포들이 석 달간 연초를 아니 먹고 대전을 구취한다 하오니, 족히 사람으로 흥감케 할지요 진정에 아름다움이라 …….

- 시전 상인들이 (상권 수호를 위해) 황국 중앙 총상회를 조직하였다.
  - ↳ 시전 상인들이 철시 투쟁을 전개하였다.
  - ↳ 황국 중앙 총상회가 중심이 되어 반대 운동을 전개하였다.
- [보부상] 혜상공국을 통해 정부의 보호를 받았다.
- 근대적 상회사인 대동 상회를 설립하였다.
  - ↳ 상회사인 대동 상회, 장통 상회를 설립하였다.

❸ 개항 이후의 사회적 변화

- [제1차 갑오개혁] 공사 노비법을 혁파하였다.
  - ↳ [군국기무처] 공사 노비법의 폐지를 결정하였다.

1 다음 조약이 맺어진 배경으로 가장 적절한 것은? [2점]

제1조 중국 상무위원은 개항한 조선의 항구에 주재하면서 본국의 상인을 돌본다. …… 중대한 사건을 맞아 조선 관원과 임의로 결정하기가 어려울 경우 북양 대신에게 청하여 조선 국왕에게 공문서를 보내 처리하게 한다.

제2조 중국 상인이 조선 항구에서 개별적으로 고소를 제기할 일이 있을 경우 중국 상무위원에게 넘겨 심의 판결한다. 이밖에 재산 문제에 관한 범죄 사건에 조선 인민이 원고가 되고 중국 인민이 피고일 때에도 중국 상무위원이 체포하여 심의 판결한다.

① 영국이 거문도를 불법 점령하였다.
② 청일 전쟁에서 일본이 승리하였다.
③ 구식 군인들이 임오군란을 일으켰다.
④ 시전 상인들이 철시 투쟁을 전개하였다.
⑤ 운요호가 강화도에 접근하여 무력 시위를 벌였다.

| 해설 | **조 · 청 상민 수륙 무역 장정**

'중국 상무위원은 개항한 조선의 항구에 주재', '조선 항구에서 개별적으로 고소를 제기할 일이 있을 경우 중국 상무위원에게 넘겨 심의 판결한다.' 등의 내용으로 볼 때, 제시된 자료는 임오군란 후 체결된 조 · 청 상민 수륙 무역 장정이다(1882.11.8). 조 · 청 상민 수륙 무역 장정에 따라 청 상인들이 개항장 밖 내륙까지 진출하여 상업 활동을 하게 되었고, 최혜국 대우 규정을 내세운 다른 나라 상인들도 내륙에 진출할 수 있게 되었다. 이러한 상황을 배경으로 중개 무역을 주도하던 개항장의 객주, 여각 등이 큰 피해를 입었으며, 조선의 상권을 둘러싼 청 · 일의 대립이 본격화되었다.

| 오답 넘기 |

① 영국은 러시아를 견제하기 위해 조선의 거문도를 불법으로 점령하는 거문도 사건을 일으켰다(1885.4).
② 청 · 일 전쟁에서 승리한 일본은 청과 시모노세키 조약을 맺어 랴오둥 반도를 빼앗았다(1895.4).
④ 청 상인들이 경쟁이 심화되자 시전 상인들은 자신들의 상권을 지키고자 청과 일본 상인의 점포 철수를 요구하는 시위와 동맹 철시를 벌이며 강력히 저항하였다.
⑤ 일본이 운요호 사건을 일으키며(1875.9) 개항을 요구해오자 조선은 강화도 조약을 체결하였다(1876.2).

정답 ③

2 다음 상황이 나타난 배경에 대한 탐구 활동으로 가장 적절한 것은? [2점]

요즘은 공주, 전주 등에도 장이 열리면 청 상인들이 물건을 팔러 온다고 하네.
그렇다네. 청 상인들에게 상권을 빼앗긴 조선 상인들이 많다더군.

① 동양 척식 주식회사가 설립된 과정을 정리한다.
② 회사 설립을 신고제로 변경한 목적을 살펴본다.
③ 고종이 러시아 공사관으로 피신한 이유를 찾아본다.
④ 임오군란의 결과로 체결된 협정의 내용을 조사한다.
⑤ 구(舊) 백동화가 제일 은행권으로 교환된 시기를 검색한다.

| 해설 | **조 · 청 상민 수륙 무역 장정**

임오군란 후 청은 조선에 불평등 조약인 조 · 청 상민 수륙 무역 장정의 체결을 강요하여 개항장이 아닌 서울 양화진에 청국인이 점포를 개설할 수 있는 권리, 호조(일종의 여행 증명서)를 가진 자에게는 개항장 밖의 내륙 통상권과 연안 무역권까지 인정하였다(1882.8).

| 오답 넘기 |

① 동양 척식 주식회사는 일본이 조선의 식민지 경영을 위해 1908년 12월에 설립된 한 · 일 합작 회사이다.
② 제1차 세계 대전 이후 일본의 자본이 축적되자 일제는 회사령을 폐지하여 회사 설립을 허가제에서 신고제로 바꾸었다(1920.4).
③ 을미사변과 단발령에 반대하여 지방 유생들이 대거 봉기하였으며, 그 틈을 타서 고종은 러시아 공사관으로 피신하였다(아관 파천, 1896.2).
⑤ 화폐 정리 사업 과정에서 조선 상인이 보유한 백동화 상당수가 '병'으로 판정받아 사용이 불가능해 통화량이 줄어드는 현상이 발생하였다(1905.7~1909.12).

정답 ④

3 (가)~(라)에 들어갈 내용으로 적절한 것을 〈보기〉에서 고른 것은? [2점]

〈수행 평가 보고서〉

열강의 이권 침탈

이름 ○○○

1. 배경: 청 · 일 전쟁 및 아관 파천 이후 열강의 경제적 침탈이 더욱 심해졌다.

2. 주요 사례

국가	이권 침탈 내용
러시아	(가)
미국	(나)
영국	(다)
일본	(라)

보기

ㄱ. (가) – 한성과 의주를 연결하는 전신 가설권
ㄴ. (나) – 운산 금광 채굴권
ㄷ. (다) – 두만강 유역과 울릉도의 삼림 채벌권
ㄹ. (라) – 경부선 철도 부설권

① ㄱ, ㄴ ② ㄱ, ㄷ ③ ㄴ, ㄷ
④ ㄴ, ㄹ ⑤ ㄷ, ㄹ

| 해설 | 열강의 이권 침탈

청 · 일 전쟁과 아관 파천 이후 조선에 대한 제국주의 열강의 침탈이 더욱 심해졌다. 제국주의 열강들은 저마다 최혜국 대우를 내세우며 광산, 삼림, 철도 등의 이권을 가져갔다.

러시아는 친러 내각을 앞세워 광산 개발권, 삼림 채벌권 등을 빼앗아 갔다. 미국은 운산 광산 채굴권과 철도, 전기, 전차 부설권 등을 차지하였으며, 영국, 독일, 프랑스도 이권 침탈에 나섰다.

일본은 이권 침탈 경쟁에 뒤늦게 뛰어들어 철도 부설권, 금광 채굴권 등을 가져갔다. 일본은 미국인 모스에게서 경인선 부설권을 사들이고, 러시아와 경합하여 경부선 철도 부설권을 획득하였다. 또한 대한 제국과 한 · 일 양국 공동 경영을 전제 조건으로 경부 철도 합동 조약을 체결하였다(1898). 이 조약에는 철도 용지 무상 제공, 철도 용품 및 영업 이익의 무과세 등 매우 불평등한 내용이 포함되어 있었다. 이후 일본은 프랑스로부터 경의선 철도 부설권을 넘겨받아 군용 철도 명목으로 부설하였다.

정답 ④

4 다음 자료에 해당하는 사업에 대한 설명으로 옳은 것은? [2점]

구(舊) 백동화(白銅貨) 교환에 관한 건

제1조 구 백동화 교환에 관한 사무는 금고(金庫)로 처리하도록 하며 탁지부 대신이 이를 감독한다.

제2조 교환을 위해 제출한 구 백동화는 모두 화폐감정역(貨幣鑑定役)이 감정하도록 한다. 화폐감정역은 탁지부 대신이 임명한다.

제3조 구 백동화의 백동 비율[品位] · 무게[量目] · 무늬 모양[印像] · 형체가 정식 화폐[正貨] 기준을 충족할 경우, 1개 당 금 2전 5리로 새로운 화폐와 교환한다. 이 기준에 합당하지 않은 부정(不正) 백동화는 1개 당 금 1전의 가격으로 정부에서 사들인다. …… 단, 형태나 품질이 조악하여 화폐로 인정할 수 없는 것은 사들이지 않는다.

– 「관보」, 1905년 6월 29일 –

① 화폐 발행을 위해 전환국이 설치되었다.
② 재정 고문 메가타의 주도로 시행되었다.
③ 은본위제가 본격적으로 실시되는 배경이 되었다.
④ 황국 중앙 총상회가 중심이 되어 반대 운동을 전개하였다.
⑤ 함경도 관찰사 조병식이 방곡령을 선포하는 계기가 되었다.

| 해설 | 화폐 정리 사업

제시된 자료는 '구백동화 교환에 관한 고시'로 조선의 백동화와 엽전을 일본 제일 은행이 발행한 화폐로 교환하라는 내용이다. 일제는 대한 제국의 재정과 금융을 장악하기 위해 화폐 정리 사업을 실시하였다(1905.7). 조선의 국가 재정을 담당하는 탁지부의 고문인 메가타가 주도한 화폐 정리 사업 이후 대한 제국의 화폐 유통 체계는 혼란에 빠져 상인과 회사들이 많은 손실을 입었다.

| 오답 넘기 |

① 전환국은 1883년에 근대적 화폐를 발행하기 위해 설립되었다.
③ 은본위 화폐 제도는 갑오개혁 때 시행되었다.
④ 개항 이후 시전 상인들은 황국 중앙 총상회를 조직하였고(1898.7) 지속해서 상권 수호 운동을 전개하였다.
⑤ 1889년의 일로 일본으로의 양곡 유출을 막기 위하여 실시되었다.

정답 ②

5 다음 상황이 전개된 배경으로 가장 적절한 것은? [3점]

> 우리 고을에 흉년이 든 것은 일본 총영사께서도 잘 알고 계실 것입니다. 가난한 백성의 먹을 것이 없는 참상이 눈앞에 가득하니, 곡물 수출은 당분간 중지하지 않을 수 없습니다. …… 음력 을유년 12월 21일을 기점으로 한 달이 지난 이후부터는 쌀 수출이 금지되니 이러한 점을 귀국의 상민(商民)들에게 통지하여 주시기 바랍니다.

① 조 · 일 통상 장정이 체결되었다.
② 러시아가 절영도 조차를 시도하였다.
③ 일본이 황무지 개간권을 요구하였다.
④ 시전 상인들이 황국 중앙 총상회를 조직하였다.
⑤ 메가타의 주도로 화폐 정리 사업이 실시되었다.

| 해설 | 방곡령의 실시

개항기 조선의 주요 수출품은 쌀이었다. 일본 상인들은 값이 싼 조선 쌀을 대량으로 수입해 자국민에게 공급하였다. 쌀 수출이 늘어나자 조선의 쌀값이 크게 올랐다. 지주와 대상인들은 수출을 통해 이익을 남겼지만, 서민들은 비싼 쌀값 때문에 고통을 받았다. 이에 일부 지방관들은 방곡령을 내려 쌀의 유출을 금하였다. 조선의 국법에는 흉년이 들면 지방 간 쌀 교역을 금지하는 제도가 있었는데, 정부는 조 · 일 통상 장정을 비롯한 각국과의 통상 조약에 이러한 방곡령 규정을 마련해 놓았다. 1889년에 함경도 관찰사가 이 규정에 따라 방곡령을 실시하였는데, 일본 측은 늦게 통보 받았다는 구실을 내세워 방곡령을 철회시키고 막대한 배상금을 받아갔다.

| 오답 넘기 |

② 독립 협회는 러시아의 절영도 조차 요구를 저지하였다(1898.3).
③ 보안회는 일제가 황무지 개간권을 요구해오자 반대 운동을 전개하여 이를 저지하는 데 성공하였다(1904.7).
④ 개항 이후 시전 상인들은 황국 중앙 총상회를 조직하였고(1898.7) 지속해서 상권 수호 운동을 전개하였다.
⑤ 1904년 8월 일제는 제1차 한 · 일 협약을 체결한 후 재정 고문 메가타를 중심으로 이듬해부터 화폐 정리 사업을 추진하였다(1905.7~1909.12).

정답 ①

6 (가)~(라)에 들어갈 내용으로 옳은 것을 〈보기〉에서 고른 것은? [2점]

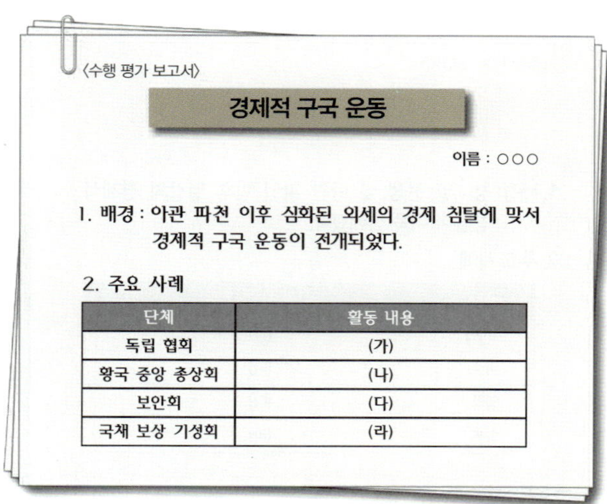

〈수행 평가 보고서〉

경제적 구국 운동

이름 : ○○○

1. 배경 : 아관 파천 이후 심화된 외세의 경제 침탈에 맞서 경제적 구국 운동이 전개되었다.

2. 주요 사례

단체	활동 내용
독립 협회	(가)
황국 중앙 총상회	(나)
보안회	(다)
국채 보상 기성회	(라)

보기

ㄱ. (가) – 대동 상회, 장통 상회를 설립하였다.
ㄴ. (나) – 러시아의 절영도 조차 요구를 저지하였다.
ㄷ. (다) – 일제의 황무지 개간권 요구를 철회시켰다.
ㄹ. (라) – 금주 · 금연을 통한 차관 갚기 운동을 전개하였다.

① ㄱ, ㄴ ② ㄱ, ㄷ ③ ㄴ, ㄷ
④ ㄴ, ㄹ ⑤ ㄷ, ㄹ

| 해설 | 경제적 구국 운동

ㄷ. 보안회는 일제가 황무지 개간권을 요구해오자 반대 운동을 전개하여 이를 저지하는 데 성공하였다(1904.7).
ㄹ. 국채 보상 운동은 농민 · 상인 · 군인 · 학생뿐만 아니라 부녀자 · 기생 · 승려 등 다양한 계층이 참여하여 담배 끊기 · 음주 절제 · 금은 패물 헌납 등으로 약 19만 원을 모집하였다(1907~1908).

| 오답 넘기 |

ㄱ. 1880년대 일반 상인들은 정부의 상업 진흥책에 따라 대동 상회, 장통 상회, 의신 회사 등 상회사를 설립하여 외국 자본과 경쟁하였다.
ㄴ. 독립 협회는 만민 공동회를 통해 러시아의 절영도 조차 요구를 저지시켰으며, 러시아의 군사 고문단 파견이나 한 · 러 은행 설치를 좌절시키기도 하였다(1898).

정답 ⑤

7 (가)에 들어갈 민족 운동에 대한 설명으로 옳은 것은? [1점]

 **학술 대회 안내**

우리 학회는 (가) 110주년을 맞이하여 일제의 경제 침탈에 맞서 거국적으로 전개되었던 (가) 을/를 조명하기 위한 학술 대회를 개최하고자 합니다.

기념비

■ 발표 주제
- 광문사 사장 김광제의 역할
- 논설 '단연보국채'의 내용과 영향
- 가족의 패물을 헌납한 조마리아의 애국 정신
- 통감부의 대응과 탄압

■ 일시 : 20○○년 ○○월 ○○일 13:00~18:00
■ 장소 : △△대학교 대강당

① 평양에서 시작되어 전국으로 확산되었다.
② '조선 사람 조선 것' 등의 구호를 내세웠다.
③ 자작회, 토산 애용 부인회 등의 단체가 활동하였다.
④ 민족주의 진영과 사회주의 진영이 함께 준비하였다.
⑤ 대한매일신보 등 당시 언론이 적극적으로 참여하였다.

| 해설 | 국채 보상 운동

제시된 자료의 (가)는 국채 보상 운동이다(1907.2). 이 운동은 일제의 차관 제공에 따른 경제적 예속화가 심화된 상황에서 백성들이 자발적으로 모금을 통하여 국채를 갚자는 취지로 일어났는데, 특히 언론 기관 중 대한매일신보는 국채 보상 운동을 전국으로 확산시키는 데 크게 이바지하였다. 그러나 통감부가 국채 보상 운동을 배일 운동으로 간주하여 탄압함으로써 운동은 중단되었다.

| 오답 넘기 |

① 조만식이 조직한 조선 물산 장려회의 주도로 시작된 물산 장려 운동은 평양에서 시작되었다(1920.8).
② 물산 장려 운동은 '조선 사람 조선 것으로', '내 살림 내 것으로'라는 구호를 내세웠다.
③ 물산 장려 운동은 자작회, 토산 애용 부인회 등이 참여하였다.
④ 6 · 10 만세 운동은 민족주의 세력과 사회주의 세력이 연대하여 독립운동을 전개할 수 있다는 새로운 이정표를 제시하였다(1926).

정답 ⑤

8 밑줄 그은 '이 사업'에 대한 설명으로 옳은 것을 〈보기〉에서 고른 것은? [2점]

역사 신문

제△△호 1905년 ○○월 ○○일

오늘부터 신화폐로 교환해야

정부는 지난 6월 발표한 탁지부령 제 호에 근거하여 구 백동화를 일본의 제일 은행권으로 교환하는 작업을 오늘부터 실시한다고 발표했다. 이 사업을 주도한 인물은 일본 정부가 추천한 재정 고문 메가타로 알려져 추진 배경에 의구심이 증폭된다.

보기

ㄱ. 화폐 주조를 위해 전환국이 설립되었다.
ㄴ. 통화량이 줄어들어 국내 상인들이 타격을 입었다.
ㄷ. 황국 중앙 총상회가 중심이 되어 반대 운동을 전개하였다.
ㄹ. 일본에서 차관이 도입되어 정부의 재정 예속화를 심화시켰다.

① ㄱ, ㄴ　② ㄱ, ㄷ　③ ㄴ, ㄷ
④ ㄴ, ㄹ　⑤ ㄷ, ㄹ

| 해설 | 외세의 경제적 침투

일제는 대한 제국의 재정과 금융을 장악하기 위해 화폐 정리 사업을 실시하였다(1905.7). 조선의 국가 재정을 담당하는 탁지부의 고문인 메가타가 주도하여 일본 제일 은행권을 본위 화폐로 삼고, 새로운 보조 화폐를 발행하여 대한 제국의 화폐 발행권을 빼앗자 국내의 화폐 유통 체계는 혼란에 빠져 상인과 회사들이 많은 손실을 입었다. 또 화폐 정리 사업 과정에서 조선 상인이 보유한 백동화 상당수가 병으로 판정받아 사용이 불가능해 통화량이 줄어드는 현상이 발생하였다. 그리고, 일본은 대한 제국의 황실 재정을 축소하여 정부 재정으로 통합시키는 한편, 거액의 차관을 받게 하여 조선을 일본에 재정적으로 예속시켰다.

| 오답 넘기 |

ㄱ. 화폐 정리 사업으로 전환국은 폐지되었다.
ㄷ. 개항 이후 시전 상인들은 황국 중앙 총상회를 조직하였고(1898.7) 지속해서 상권 수호 운동을 전개하였다.

정답 ④

24 근대 문화의 형성

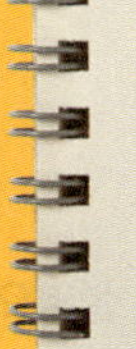

일차

공부한 날
월
일

❶ 근대 문물의 수용

(1) 근대 시설의 도입

① 계기 : 일본에 조사 시찰단과 청에 영선사의 파견 후 본격적으로 근대적 기술 도입

② 근대 문물과 시설

문자나 숫자를 전기 신호로 바꿔서 유선이나 무선으로 전하는 통신. 조선에 전신이 가설되고 전보 연락이 시작되면서 파발과 봉수는 유명무실해졌다. 이는 갑오개혁 때 공식 폐지되었다.

분야	시설		내용
출판	박문국(1883)		근대적 인쇄술 도입 → 한성순보 발간
	광인사(1884)		최초의 민간 출판사
화폐 주조	전환국(1883)		당오전 등 화폐 주조
무기 제조	기기창(1883)		근대식 무기 제조 공장(영선사가 설립)
통신	전신(1885)		서울과 인천 사이에 최초로 가설
	전등(1887)		경복궁에 처음으로 설치
	우편(1884)		갑신정변으로 중단, 을미개혁 때 재개, 만국 우편 연합 가입(1900)
	전화(1896)		궁중에 가설 → 서울 민가에도 가설(1902), 당시에는 전화를 덕진풍, 득률풍이라고 부름
의료 시설	광혜원(1885) (후에 제중원으로 이름 변경)		최초의 근대식 병원, 알렌 경영
	광제원(1900)		정부 출자 의료 기관 → 대한의원(1907)으로 개편
	자혜의원(1909)		진주, 청주, 함흥 등 전국 10여 곳에 설립된 도립 병원
	세브란스(1904)		에비슨이 설립, 의료 요원 양성
교통 시설	철도	경인선(1899)	미국(모스)이 착공, 일본이 완성
		경부선(1905)	일본이 완성
		경의선(1906)	프랑스가 착공, 일본이 러·일 전쟁 중 군사적 목적으로 양도하여 완성
		경원선(1914)	러·일 전쟁 당시 일본이 부설을 시도하였지만 전쟁의 조기 종료로 중단되었다가 1914년 완공
	전차	서대문~청량리(1899)	미국(콜브란)과 황실이 공동으로 한성 전기 회사 설립(1898), 전차 운행
	증기선(1884)		증기선을 도입한 후 국내에서 제작을 시도(경강 상인 주도), 정부에서 광제호·해룡호 등 기선을 구입하고, 해운 회사인 전운사와 이운사를 설치

③ 근대 건축

건축	내용
세창양행(1884)	독일의 무역 회사 세창양행의 직원용 건물
약현 성당(1892)	한국 최초의 천주교 성당
독립문(1896)	프랑스 개선문 모방, 독립 의식 고취 목적, 독립 협회가 설립

근대 시설 도입의 의미
- 긍정적 역할 : 민중들의 사회·경제적 생활 개선
- 부정적 역할 : 외세의 이권 침략과 관련되어 도입됨

우체부

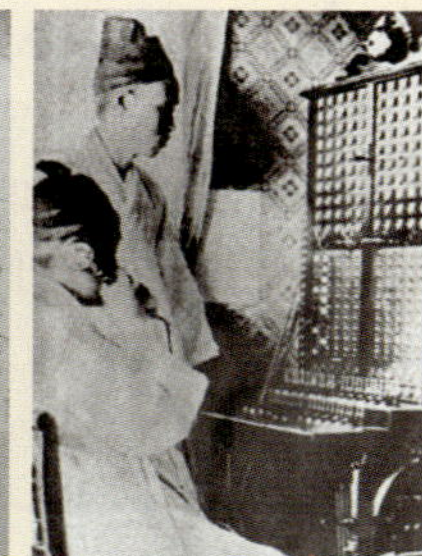
전화 교환원

전화의 개통과 김구
1897년 김구는 일본인 쓰치다를 명성 황후 시해 사건의 범인이라고 판단하여 죽인 죄로 사형을 선고받았으나, 사형 집행 직전 고종 황제의 중지 칙령이 전화로 전달되어 형 집행이 중지되었다. 이후 김구는 사람들의 도움으로 탈옥에 성공하여 독립 운동에 매진하였다.

경인선 개통식 1899년 9월 노량진~제물포의 33.2km 구간에 경인선이 최초로 부설되었다.

한국사 感 높이기

전차의 도입

전차의 도입 초기에는 '전차가 공중의 물기를 모두 흡수해 가뭄이 발생했다'라는 유언비어가 시중에 퍼져나갔었다. 또 개통 열흘 만에 어린아이가 전차에 치어 사망한 사건이 일어나자 이를 본 시민들이 돌을 던지며 달려들어 일본인 운전사는 도망갔고 전차는 방화로 불타버렸다. 그렇지만 전차는 점차 서울의 교통 수단으로 자리 잡으면서 시민의 일상적인 삶을 변화시켰다.

덕수궁	• 석조전(1910) : 르네상스식 건축, 광복 이후 미·소 공동 위원회가 개최되기도 함 • 정관헌 : 고종은 이곳에 외빈을 초대하여 연회를 열거나 다과를 드는 등 휴식 공간으로 사용 • 중명전 : 덕수궁에 딸린 접견소 겸 연회장으로 지어진 건물로 1905년에 이곳에서 을사늑약이 강제로 체결됨
명동 성당(1898)	고딕 양식 건축, 민주화 운동의 중심지로서의 역할을 함
손탁 호텔(1902)	독일 여성 손탁이 중구 정동에 세운 호텔, 유럽 궁전 건축 양식 모방, 대한 제국 시기 열강들의 외교 현장이었으며, 정동구락부와 그들의 후신인 독립 협회 회원들의 모임 장소로 활용
정동 제일 교회(1897)	미국의 북감리회 선교사 아펜젤러가 세운 한국 개신교 최초의 교회

1898년에 완공된 우리나라 최초의 순수 고딕 양식 건축물이다. 명동 성당은 '뾰족집'이라는 이름으로 장안의 명물이 되어 매일 많은 구경꾼이 몰려왔다고 한다.

Click ! ● 개항기의 새로운 건축물

러시아 공사관

정동 제일 교회

약현 성당

덕수궁 중명전

덕수궁 석조전

손탁 호텔

세브란스 병원

당시 건축된 서양식 건물 가운데 규모가 가장 큰 건물이다.

④ 근대 문물의 도입과 관련된 인물들

알렌	• 한국명은 안연 • 1884년(고종 21년) 의료 선교사로 한국에 왔다가 갑신정변 때 부상당한 민영익을 치료한 것이 인연이 되어 광혜원을 설립하고 의료 사업에 진력 • 1887년 가을에 주 워싱턴 한국 공사관 고문으로 전직되었다가 한국 주자 미국 총영사를 역임
지석영	• 1879년 부산에 있는 일본 병원인 제생의원에서 종두법을 배워 우리나라 최초로 종두를 실시 • 국문에도 관심을 보여 1905년 국문학 체계의 통일안을 작성해 정부의 재가를 받고 발표하였고, 이 통일안을 계기로 설치된 국문 연구소의 위원으로 활약

알렌

사바틴	• 조선에서 활동한 최초의 서양인(러시아인) 건축가 • 유럽의 전통 양식에 한국적 특색을 가미한 여러 건축물들을 설계 – 덕수궁의 여러 건물들을 설계 및 건축 – 독립문과 러시아 공사관 건립 – 인천의 세창양행과 해관청사, 손탁 호텔(최초의 서양식 호텔) 등을 설계 • 명성 황후 시해 사건의 목격자로 그 실상을 증언하기도 함

(2) 생활 모습의 변화

① 의생활의 변화

㉠ 법령 : 갑오개혁 이후 1900년 문관 복장 규칙으로 관복과 군복이 양복으로 변화되어 관복이 간소화됨, 상민들도 두루마기를 입게 되면서 신분별 의복의 차이가 소멸

㉡ 남성 복장 : 양복과 양장을 입음, 일부 상류층과 개화인사들은 상투를 자르고 단발하였으며, 갓 대신 모자를 쓰는 사람이 늘어남, 예전처럼 바지와 저고리 차림의 한복이었는데, 저고리 위에 마고자와 조끼를 입는 풍습이 새로이 생겨남

㉢ 여성 복장 : 서양 여선교사의 양장을 본떠 만든 개량 한복이 신여성의 옷차림으로 자리 잡아 갔으며 얼굴을 가리던 장옷과 쓰개치마 등이 점차 사라지고 양산이 이를 대신하기도 함

양복을 입은 고종 단발령이 실시되면서 고종과 왕세자가 단발을 하였다. 이후 고종은 서양식 복장을 입기도 하였다. 이는 백성들에게도 큰 영향을 끼쳐 점차 단발과 양복이 늘어 의생활에 큰 변화가 생기게 되었다.

② 음식 문화의 변화

㉠ 상차림의 변화 : 본래 전통 양식에서는 남녀 또는 양반과 상민이 한 상에서 음식을 먹을 수 없었는데 서양 선교사가 들어오면서 한자리에 둘러앉아 밥을 나누어 먹는 식사법이 생겨났으며 식생활의 변화는 평등 의식의 확산에 기여

㉡ 외국 음식의 전파

ⓐ 중국 음식의 전파 : 임오군란 이후 짜장면, 만두, 찐빵 등이 들어옴

ⓑ 일본 음식의 전파 : 청 · 일 전쟁 이후 초밥, 우동, 어묵, 단팥죽, 단무지, 청주 등이 소개됨

ⓒ 서양 음식의 전파 : 설탕 · 과자 · 빵 · 커피 등이 유행, 특히 1890년 무렵 전래된 커피는 '가배차' 또는 '양탕국'이라고도 불림

드레스를 입은 엄비

㉢ 주택 문화의 변화 : 민간에서도 서양식 건축물의 이점을 살려 한옥과 양옥을 절충한 건축물들이 지어지기 시작

㉣ 서양 상품의 유입 : 외국과 교류가 활발해지면서 양복, 양은, 양말, 양동이, 양잿물 등과 같이 양(洋)으로 시작하는 서양 상품들이 많아졌으며 염색약 · 금계랍(말라리아약) · 석유 · 성냥 등이 유입됨, 특히 일본으로부터 남포등(램프)이 수입되어 가정에서도 등잔불 대신 사용하기 시작

남포등

㉤ 서양식 시계의 보급 : 일반 사람들은 마을 중앙 광장이나 관공서에 높이 걸린 시계를 통해 시간을 확인하였으며 점차 회중 시계가 보급됨, 학교에서도 시간을 지킬 것을 강조하고, 교과서에서 '시계를 보는 법'을 가르침

❷ 근대 교육과 국학 운동

(1) 근대 교육의 전개

① 개항 이후 근대 교육의 시작

㉠ 개항 초기 학교의 설립

원산은 1880년에 개항되어 원산 주민들은 근대 교육의 필요성을 느꼈다. 마침 덕원부사였던 정현석은 개화파 인물로서, 원산 학사를 세우는 데 도움을 주었다.

학교	내용
원산 학사(1883.8)	개항 이후 함경도 덕원 주민들이 설립한 최초의 근대적 사립 학교, 근대 학문과 무술 교육
동문학(1883.8)	정부가 외국어 통역관을 양성하고자 설립
육영 공원(1886.9)	최초의 근대적 공립 학교, 상류층 자제에게 근대 학문 교육, 미국인 교사 초빙
연무 공원(1888.2)	근대식 사관 양성 학교, 미국인 교관 초빙

근대식 학교의 수업 장면

Click ! ● 원산 학사

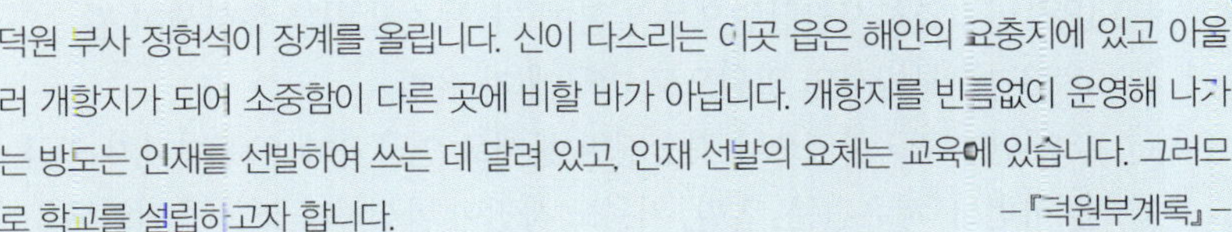

덕원 부사 정현석이 장계를 올립니다. 신이 다스리는 이곳 읍은 해안의 요충지에 있고 아울러 개항지가 되어 소중함이 다른 곳에 비할 바가 아닙니다. 개항지를 빈틈없이 운영해 나가는 방도는 인재를 선발하여 쓰는 데 달려 있고, 인재 선발의 요체는 교육에 있습니다. 그러므로 학교를 설립하고자 합니다. －『덕원부계록』－

㉡ 헐버트의 활동

ⓐ 1886년 : 대표적인 친한파, 길모어 등과 육영 공원에서 근대 학문을 가르침

ⓑ 1889년 : 세계지리 교과서인 사민필지를 한글로 발행함

ⓒ 1905년 : 을사조약 체결 후에는 고종 황제의 친서를 가지고 미국에 파견됨

ⓓ 1906년 : 헤이그에서 열린 만국 평화 회의에 특사로 파견되어 조선의 주권 확립을 위해 활동하였으나 일제의 탄압으로 실패

ⓔ 한국 관련 도서 집필 : 『한국사』, 『한국견문기』, 『대한제국멸망사』 등

ⓕ 1949년 : 국빈으로 초대되어 왔다가, 서울에서 사망함

헐버트

② 갑오개혁 이후의 근대 교육

교육입국조서의 핵심 내용은 '국가의 부강은 국민의 교육에 있다.'는 것으로 이에 따라 각종 관제가 공포되어 관립 학교가 설립되었다.

㉠ 교육입국 조서 반포(1895.2) : 국민 교육의 중요성을 강조하는 내용으로 갑오개혁 때 발표, 학무아문 설치, 지 · 덕 · 체를 아우르는 교육을 내세움

㉡ 관립 학교 설립 : 교육입국 조서의 반포 이후 한성 사범 학교, 소학교, 한성 중학교 등의 학교가 건립

1886년 선교사 스크랜튼이 창설한 한국 최초의 사립 여성 교육 기관

③ 선교사들의 학교 설립 : 배재 학당, 이화 학당, 경신 학교, 숭실 학교 등을 설립

1885년 선교사 아펜젤러에 의해 설립된 근대식 중등 교육 기관

④ 민족 사학의 설립 : 을사늑약 이후 교육 구국 운동의 일환으로 대성 학교, 양정 학교, 오산 학교, 보성 학교 등을 설립

⑤ 일제의 탄압 : 각급 학교에 일본인 교사 배치, 일본어 보급, 교과서 검정 제도 실시, 사립 학교령 공포(1908, 사립 학교 설립과 운영 통제)

교육입국 조서

아, 백성을 가르치지 않으면 나라를 굳건히 하기가 매우 어렵다. 세상 형편을 돌아보건대 부유하고 강하여 우뚝이 독립한 나라들은 모두 그 나라 백성들이 개명한 지식을 가지고 있다. 그래서 나는 임금과 스승의 자리에 있으면서 교육하는 책임을 스스로 떠맡고 있다. 교육에는 방도가 있으니 먼저 허명과 실용을 분별해야 한다. 책을 읽고 글자를 익혀 고인의 찌꺼기만 주워 모으고 지금 돌아가는 큰 형편에 어두운 자는 문장이 아무리 뛰어나다 하더라도 쓸모없는 선생에 지나지 않는다.
－『고종실록』－

(2) 국학 연구의 진전

① 국학 운동의 전개 : 을사늑약 이후 일제의 침탈로부터 국권을 회복하려는 국민적 자각 → 국어와 국사 연구를 통한 민족의식 고취

② 국사 연구

㉠ 근대 계몽 사학 성립 : 애국심 고취, 민족의 주체성 확립을 위한 역사 연구

ⓛ 신채호의 『독사신론』 : 대한매일신보에 게재, 민족을 역사 서술의 주체로 설정하여 민족주의 역사학의 연구 방향 제시

ⓒ 구국 위인전기 간행 : 『을지문덕전』, 『이순신전』 등

ⓔ 외국의 흥망사 번역 : 『미국 독립사』, 『월남 망국사』, 『이태리 건국 삼걸전』 등

ⓜ 조선 광문회 조직 : 박은식, 최남선 등이 고전의 정리 · 간행에 노력(1910.10)

ⓑ 현채의 『유년필독』 : 교과서용으로 가장 널리 사용된 책으로 역사가 주된 내용

③ 국어 연구

ⓐ 국 · 한문체의 보급 : 갑오개혁 이후 공문서의 국 · 한문 작성, 학교 교육에서 국 · 한문체 교과서 편찬, 독립신문과 제국신문의 국문 발간

ⓛ 국문 연구소 설립(1907.7) : 주시경, 지석영 등이 국문을 정리하고 국어의 새로운 이해 체계 확립

ⓒ 유길준의 활동

ⓐ 1870년대 : 박규수 등에게 개화 사상 습득

ⓑ 1881년 : 조사시찰단원으로 일본에 가 최초의 일본 유학생이 됨

ⓒ 1883년 : 보빙사의 일원으로 미국에 가 유학

ⓓ 1885년 : 귀국하였으나 갑신정변 문제로 연금되어 1892년까지 연금 생활을 하면서 『서유견문』 집필, 거문도 사건이 발생하자 조선 중립화론을 제기

ⓔ 1895년 : 국내에 처음으로 사회 진화론을 소개한 인물로서 최초의 국어 문법서인 『대한문전』 저술

유길준

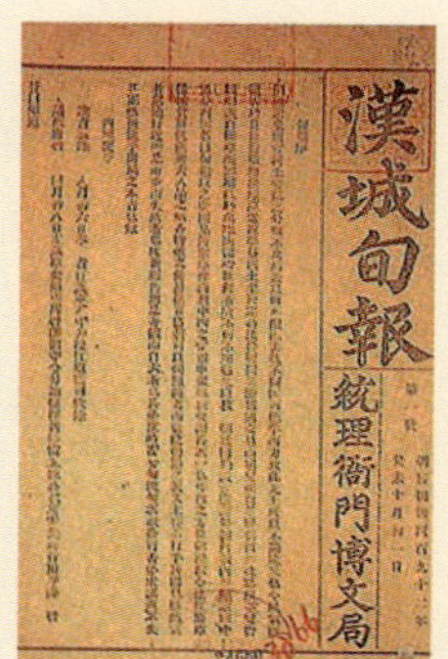

한성순보

대한매일신보와 베델

❸ 언론과 문화의 새 경향 

(1) 언론의 발달

① 신문의 간행

한성순보	박문국에서 발행, 최초의 신문(관보), 10일마다 발행(1883.9), 순 한문 → 갑신정변으로 1년 만에 폐간
한성주보	1주일에 한 번 간행된 신문으로서 상업 광고를 게재하기도 함(1886.1)
독립신문	최초의 민간 신문, 서재필이 창간, 한글과 영문으로 발행, 근대적 민권 의식 고취(1896.4)
황성신문	국 · 한문 혼용체, 장지연의 '시일야방성대곡' 논설 게재(1898.9)
대한매일신보	베델(영국인)과 양기탁이 창간, 일제의 침략상 폭로, 국채 보상 운동에 적극 참여, 민중의 무장 투쟁과 의병에 대한 새로운 평가(1904.7)
만세보	천도교 기관지, 국 · 한문 일간지(1906.6)
언론 탄압	신문지법 제정(1907), 신문지법 개정(1908)으로 민족 신문 탄압 → 국권 피탈 후 언론 · 출판의 자유 박탈

Click ! ● 한성순보 · 독립신문 창간사

• [한성순보 창간사] 그러므로 우리 조정에서도 박문국을 설치하고 관리를 두어 외국 소식을 폭넓게 번역하고 아울러 국내 일까지 실어, 나라 안에 알리는 동시에 여러 나라에 파분(派分)하기로 했다. …… 독자들의 견문을 넓히고 여러 가지 의문점을 풀어 주며 상리(商利)에도 도움을 주고자 한다. 중국과 서양의 관보, 신보를 우편으로 교신하는 것도 이런 뜻이다.

• [독립신문 창간사] 우리는 첫째 편벽되지 아니한 고로 무슨 당에도 상관이 없고 상하 귀천을 달리 대접 아니 하고 모두 조선 사람으로만 알고 조선만 위하여 공평히 인민에게 말할 터인데, …… 우리가 모두 언문으로 쓰기는 알아보기 쉽도록 함이라. 남녀 상하 귀천이 모두 보게 함이오. 또 한쪽에 영문으로 기록하기는 외국 인민이 조선 사정을 자세히 모르기 때문에 혹 편벽된 말만 듣고 조선을 잘못 생각할까 보아 실상 사정을 알게 하고자 하여 영문으로 조금 기록한다.

② 대한매일신보와 어니스트 베델 — 한국명은 배설이다. 영국 언론인이라는 치외법권을 활용하여 일본의 한국 침략을 비판하고 항일 운동을 후원하였다.

㉠ 한국과의 인연 : 1904년 러 · 일 전쟁이 일어나자 영국의 신문사 특파원으로 우리나라에 와 양기탁과 함께 '대한매일신보'를 창간하고 발행인으로 활동

㉡ 활동 : 을사늑약의 무효를 주장하고, 고종의 친서를 '대한매일신보'와 '런던 트리뷴'지에 게재하는 등 나라 안팎에 일본의 침략 행위를 폭로하는 항일 언론 활동을 벌이며 배일 사상을 고취

금수회의록 동물들의 회의에 빗대어 당시 인간 사회를 비판하는 내용을 다룬 책으로 일제에 의해 금서로 지정되었다.

(2) 문학과 예술의 새 경향

문학	• **신소설** : 고전 소설과 현대 소설의 중간적 위치에 순 한글로 쓰임. 금수회의록(안국선), 자유종(이해조), 혈의 누(이인직) • **신체시** : 해에게서 소년에게(최남선) → 1908년 잡지 '소년'에 발표
예술	• **음악** : 서양식 악곡 도입(창가 유행), 판소리 정리(신재효) • **연극** : 민속 가면극 성행, 최초의 서양식 극장인 원각사 건립(1908) • **미술** : 전통적 회화 성장, 서양 화풍 소개(서양식 유화 작품 등장)

원각사 1908년에 건립된 우리나라 최초의 서양식 사설 극장으로, 처음에는 판소리를 주로 공연하다가 나중에 연극을 상연하는 장소로 고정되었다. 당시 신연극이라는 이름으로 상연된 최초의 신극은 이인직의 소설을 원작으로 한 '은세계'였다.

(3) 종교의 새 변화

천주교	애국 계몽 운동에 참여, 고아원 설립, 교육 기관 설립
개신교	의료 사업과 교육 사업 전개 → 근대 문화와 근대 교육 발달에 기여
천도교	손병희가 동학을 천도교로 개칭, 교육 활동, 인쇄소 운영(만세보 발행) → 민족 의식 고취
대종교	나철 · 오기호 등이 창시, 단군 신앙을 체계화(1909~1910), 1910년대에 많은 애국지사들이 대종교에 가담하여 간도 · 연해주 등지에서 활발한 독립 운동 전개
유교	• 개신 유학자들의 유교 개혁 주장 • **박은식의 유교구신론(1909)** : 국민의 지식과 권리를 계발하는 새로운 유교 정신을 강조하고 진취적인 교화 활동의 전개와 간결하고 실천적인 유교 정신의 회복을 주장
불교	한용운이 '조선불교유신론'(1910)을 내세워 불교의 혁신과 자주성 회복 주장

한용운 — 불교계 대표로 3 · 1 운동에 참여하였으며, 이후 조선 불교 유신회를 조직하여 불교계의 혁신을 주장하고, 승려 교육을 통해 민족정신을 고취하려 하였다.

Click ! ● 박은식의 유교구신론(儒敎求新論)

유교계의 세 가지 큰 문제점을 지적하면서 유교의 개량과 혁신을 주장하였다(1909). 유교계의 첫째 문제로, 유교파의 정신이 전적으로 제왕 편에 있고, 인민 사회에 보급할 정신이 부족한 점을 들었다. 두 번째로, 공자가 여러 나라를 돌아다니면서 천하를 개혁하려 한 의지를 강구하지 아니하고 어린 아이들이 유학자를 찾아오기만을 앉아 기다리는 소극적 자세라는 점을 들었다. 세 번째 문제로는 한국의 유가가 지리멸렬하고 느린 법도만을 숭상한 점을 지적하였다. 결론적으로 주자학이나 양명학이 모두 공 · 맹(孔 · 孟)의 학문이므로, 새로운 시대에 맞게 유교를 전승시키려면 양명학을 더욱 보급하여야 한다고 주장하였다.

❶ 근대 문물의 수용

- 화폐 발행을 위해 전환국이 설치되었다.
- 전차 개통식에 참여하는 한성 전기 회사 직원
  - ↳ 미국과 합작하여 한성 전기 회사를 설립하였다.
  - ↳ 한성 전기 회사 창립을 협의하는 관리
- 전신선을 가설하는 인부
- 제중원에서 치료를 받고 있는 환자
  - ↳ [광혜원] 알렌의 건의로 만들어졌다.

❷ 근대 교육과 국학 운동

- [원산 학사] 덕원 지방의 관민들이 합심하여 설립하였다.
- 육영 공원에서 영어를 가르치는 미국인 교사
  - ↳ 서양식 근대 교육 기관인 육영 공원이 세워졌다.

◈ 실전 자료 **원산 학사와 육영 공원의 설립**

■ 덕원 부사 정현석이 장계를 올립니다. 신이 다스리는 이곳 읍은 해안의 요충지에 있고 아울러 개항지가 되어 소중함이 다른 곳에 비할 바가 아닙니다. 개항지를 빈틈없이 운영해 나가는 방도는 인재를 선발하여 쓰는 데 달려 있고, 인재 선발의 요체는 교육에 있습니다. 그러므로 학교를 설립하고자 합니다. －『덕원부계록』－

■ 정부는 좌원(左院)과 우원(右院)으로 구성된 신식 학교인 육영 공원을 건립할 예정이다. 관계자의 말에 따르면, 좌원에서는 양반 출신의 젊고 유능한 관리들을 특별히 선발하여 가르치고, 우원에서는 재주가 있고 똑똑한 인재들을 뽑아 공부시키기로 방침이 정해졌다고 한다. '영재를 기른다.'라는 의미의 교명이 붙어진 이 학교는 신학문을 가르치는 곳인 만큼 여러 사람들의 기대가 크다.

- 이화 학당에서 공부하는 학생
- [이상설] 서전서숙 설립과 민족 교육 진흥
  - ↳ 서전서숙을 설립하여 민족 교육에 힘쓰다.
  - ↳ 북간도에서 서전서숙을 설립하여 민족 교육을 실시하였다.
- [유길준] 서유견문을 집필하여 서양 근대 문물을 소개하였다.
- 박은식 등이 조선 광문회를 조직하였다.
- 주시경이 국문 연구소를 세워 한글을 체계적으로 연구하였다.
  - ↳ 국어의 이해 체계 확립을 위해 국문 연구소를 세웠다.

❸ 언론과 문화의 새 경향

- 박문국을 설치하여 한성순보를 발간하였다.
  - ↳ 박문국에서 한성순보가 발행되었다.
  - ↳ [한성순보] 정부에서 발행하는 순 한문 신문이었다.
  - ↳ 순 한문 신문으로 열흘마다 발행하는 것이 원칙이었다.
  - ↳ [한성주보] 최초로 상업 광고가 게재되었다.
  - ↳ 상업 광고가 처음으로 게재되었다.

◈ 실전 자료 **한성순보 창간사**

그러므로 우리 조정에서도 박문국을 설치하고 관리를 두어 외국 소식을 폭넓게 번역하고 아울러 국내 일까지 실어, 나라 안에 알리는 동시에 여러 나라에 파분(派分)하기로 했다. …… 독자들의 견문을 넓히고 여러 가지 의문점을 풀어 주며 상리(商利)에도 도움을 주고자 한다. 중국과 서양의 관보, 신보를 우편으로 교신하는 것도 이런 뜻이다.

- [양기탁] 영국인 베델과 제휴하여 대한매일신보를 창간하였다.
- [양기탁] 영국인 베델과 함께 대한매일신보를 발간하였다.
- [대한매일신보] 국채 보상 운동의 확산에 기여하였다.
- 대한매일신보의 기사를 읽고 있는 교사
- [만세보] 천도교의 기관지로 발행되었다.
- 황성신문에 연재된 소설의 주제와 문체
- 해에게서 소년에게에 나타난 신체시의 형식
- 금수회의록을 통해 본 신소설의 소재와 내용
- 안국선이 신소설 금수회의록을 집필하였다.
- 국내 최초의 서양식 극장인 원각사가 건립되었다.
  - ↳ 원각사에서 은세계 공연을 관람하는 학생
- [기독교] 배재 학당을 세워 신학문 보급에 기여하였다.
- [불교] 일제의 통제에 맞서 사찰령 폐지 운동을 펼쳤다.
- [원불교] 간척 사업을 추진하고 새생활 운동을 전개하였다.
- [천주교] 경향신문을 발간하여 민중 계몽에 힘썼다.
- [대종교] 단군 숭배 사상을 전파하였다.
  - ↳ 을사오적을 처단하기 위해 자신회를 결성하였다.

구한말(舊韓末) 우리 조상들의 모습

대한 제국 시기(1897–1910)는 근대 문물이 물밀 듯 들어오던 '과도기적' 시기였다. 당시의 모습을 찍은 사진들을 보면 일상의 영역에서는 여전히 전근대의 생활 모습들이 강하게 남아 있음을 알 수 있다. 불과 100여 년 전이지만 훨씬 그 이전인 것처럼 느껴지기도 한다. 그만큼 지금과 당시의 문화적 간격이 크게 느껴진다.

숯장수

나귀를 타고 나들이하는 양반

가마를 타고 외출에 나선 양반가 규수

담장을 쌓는 인부

서당(훈장과 어린 학도들)

혼례식

상류층 가족

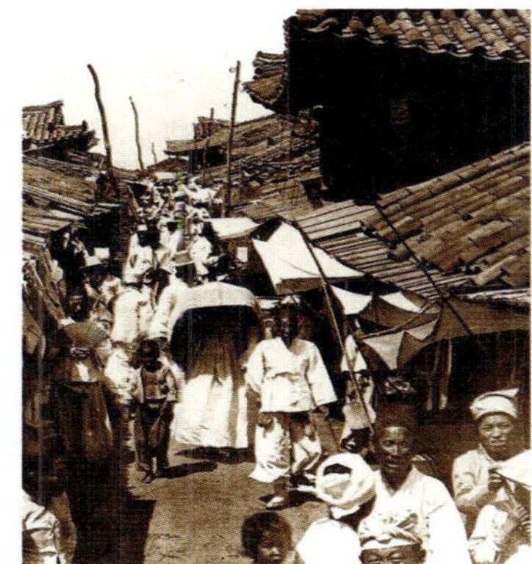
장시

주막

1 다음 가상 일기가 쓰인 이후의 사실로 옳지 않은 것은? [1점]

> ○○○○년 ○○월 ○○일
>
> 드디어 내일 우정총국에서 개국 축하연이 열린다. 이 연회에는 개화 정책의 최고 책임자들과 각국 공사 및 영사, 귀빈들이 참석한다고 한다. 우정총국은 보빙사의 일원으로 미국을 방문한 홍영식이 미국의 우편 제도를 보고 돌아와 임금님께 건의해 만들어진 기구로, 근대적 우편 사무를 담당한다. 앞으로 편지를 쉽게 보내고 받게 된다고 생각하니 벌써부터 마음이 설렌다.

① 독립 협회가 만민 공동회를 개최하였다.
② 서울과 인천을 연결하는 철도가 개통되었다.
③ 함경도 덕원 주민들에 의해 원산 학사가 세워졌다.
④ 황실이 자본을 투자한 한성 전기 회사가 설립되었다.
⑤ 최초의 서양식 극장인 원각사에서 은세계가 공연되었다.

| 해설 | 근대 문물의 수용

개항 이후 근대 제도와 시설이 도입되면서 국민들의 생활 양식이 점차 바뀌어 갔다. 정부는 우정총국을 설립(1884)하여 근대적인 우편 제도를 실시하려 하였으나 갑신정변으로 인해 중단되었다. 갑오개혁 이후 우편 사업이 재개되었고, 1900년부터는 국제 우편 업무도 실시하였다. 대한 제국은 국제기구에도 적극적으로 가입하여 활동하였는데 1900년에는 만국 우편 연합에 가입하였다.

① 독립 협회는 1898년 러시아의 내정 간섭과 열강의 이권 침탈이 심해지자 만민 공동회를 열고 자주 국권 운동을 전개하였다.
② 철도는 1899년 9월 경인선 개통 이후 경부선, 경의선이 차례로 부설되었다.
④ 1898년 황실과 미국인의 합작으로 한성 전기 회사가 설립되어 발전소를 세우고 서울에 전등과 전차를 가설하였다.
⑤ 원각사는 1908년 7월에 설립되어 은세계, 흥보가, 적벽가 등을 공연하였으나, 1909년 11월에 폐지되었다.

| 오답 넘기 |

③ 원산 학사는 1883년 8월에 설립된 우리나라 최초의 근대 사립 학교로서 함경도 덕원 주민들과 개화파 인사들의 합자로 설립되었으며, 외국어, 자연 과학, 국제법 등 근대 학문과 함께 무술을 가르쳤다.

정답 ③

2 (가), (나) 사이의 시기에 볼 수 있는 모습으로 적절하지 않은 것은? [3점]

> (가) 본 덕원부는 해안의 요충지에 위치해 있고 아울러 개항지입니다. 이곳을 빈틈없이 미리 대비하는 방도는 인재를 선발하여 쓰는 데 있고, 그 핵심은 가르치고 기르는 데 있습니다. 그래서 원산사(元山社)에 학교를 설치하였습니다.
>
> (나) 경인 철도 회사에서 어제 개업 예식을 거행하는데 …… 화륜거 구르는 소리는 우레 같아 천지가 진동하고 기관차 굴뚝 연기는 반공에 솟아오르더라. 수레를 각기 방 한 칸씩 되게 만들어 여러 수레를 철구로 연결하여 수미상접하게 이었는데, 수레 속은 상 · 중 · 하 3등으로 수장하여 그 안에 배포한 것과 그 밖에 치장한 것은 이루 형언할 수 없더라.

① 전신선을 가설하는 인부
② 이화 학당에서 공부하는 학생
③ 제중원에서 치료를 받고 있는 환자
④ 한성 전기 회사 창립을 협의하는 관리
⑤ 대한매일신보의 기사를 읽고 있는 교사

| 해설 | 개항기의 사회상

(가) 1883년 8월에 설립된 원산 학사는 우리나라 최초의 근대적 사립 학교이다. 원산 학사는 함경도 덕원부(원산) 주민들과 개화파 인사들의 합자로 설립되었으며, 외국어, 자연 과학, 국제법 등 근대 학문과 함께 무술을 가르쳤다. (나) 일본은 1899년 9월에 처음으로 제물포~노량진 간 경인선 철도를 개통시켰다. 대한매일신보는 양기탁이 영국인 베델을 사장으로 내세워 창간하였다(1904.7).

| 오답 넘기 |

① 전신 시설은 1884년 부산과 일본 나가사키에 처음 개통되었다.
② 이화 학당은 1886년 5월 선교사 스크랜턴이 설립한 우리나라 최초의 여성 사립교육기관이다.
③ 1885년 4월에 설립된 최초의 서양식 병원인 광혜원은 이름을 제중원으로 바꾸고 왕실뿐만 아니라 일반 평민에게도 의료 활동을 폈다.
④ 1898년 황실과 미국인의 합작으로 한성 전기 회사가 설립되어 발전소를 세우고 서울에 전등과 전차를 가설하였다.

정답 ⑤

3 (가) 교육 기관에 대한 설명으로 옳은 것은? [2점]

역사 신문

제△△호 1886년 ○○월 ○○일

정부 차원의 신식 학교 건립 예정

정부는 좌원(左院)과 우원(右院)으로 구성된 신식 학교인 (가) 을/를 건립할 예정이다. 관계자의 말에 따르면, 좌원에서는 양반 출신의 젊고 유능한 관리들을 특별히 선발하여 가르치고, 우원에서는 재주가 있고 똑똑한 인재들을 뽑아 공부시키기로 방침이 정해졌다고 한다. '영재를 기른다.'라는 의미의 교명이 붙여진 이 학교는 신학문을 가르치는 곳인 만큼 여러 사람들의 기대가 크다.

① 교육 입국 조서에 근거하여 세워졌다.
② 교원 양성을 목적으로 한 사범학교이다.
③ 전국의 부 · 목 · 군 · 현에 하나씩 설치되었다.
④ 미국인 헐버트, 길모어 등을 교사로 초빙하였다.
⑤ 장학 기금을 마련하기 위해 양현고를 설립하였다.

| 해설 | 근대식 교육 기관

'영재를 기른다는 의미의 교명'을 가진 육영 공원은 1886년 9월에 정부가 세운 근대식 학교이다. 정부는 헐버트, 길모어 등 미국인 3명을 초빙하여 영어, 지리, 정치, 경제, 역사 등 신지식을 교육하였다.

상류층 자제에게 근대 학문을 교육시키고자 설립된 관립 학교인 육영 공원은 최초의 근대식 공립 교육 기관으로서의 의의를 지니지만, 영어 교육을 지나치게 강조하고 상류층 자제만을 대상으로 삼았다는 한계를 지녔다.

| 오답 넘기 |

① 교육 입국 조서의 반포 이후 소학교와 중학교, 사범 학교, 외국어 학교 등 각종 관립 학교가 설립되었으며, 국 · 한문 혼용의 교과서가 편찬되었다.
② 한성 사범 학교는 초등 교육 기관을 널리 보급할 계획으로 교원 양성을 위해 1895년 4월 한국 최초의 근대식 관립(官立) 학교로 설립되었다.
③ 향교는 조선 시대 부 · 목 · 군 · 현에 설치되어 지방 관리와 서민 자제의 교육을 담당하였다.
⑤ 고려 예종 때에는 일종의 장학 재단인 양현고(養賢庫)를 두어 관학의 경제적 기반을 강화하였다(1119).

정답 ④

4 다음 조서가 반포된 이후의 사실로 옳은 것은? [2점]

짐이 정부에 명하여 학교를 널리 세우고 인재를 양성하는 것은 너희들 신하와 백성의 학식으로 나라를 중흥시키는 큰 공로를 이룩하기 위해서이다. 너희는 임금에게 충성하고 나라를 사랑하는 마음으로 덕성, 체력, 지혜를 기르라. 왕실의 안전도 신하와 백성의 교육에 달려 있고, 나라의 부강도 신하와 백성의 교육에 달려 있다.

① 박문국이 설치되었다.
② 육영 공원이 세워졌다.
③ 조사 시찰단이 파견되었다.
④ 통리기무아문이 설치되었다.
⑤ 한성 사범학교가 건립되었다.

| 해설 | 교육 입국 조서의 반포

제시된 자료는 1895년 2월에 반포된 교육 입국 조서의 일부이다. 갑오개혁 이후 근대식 교육 제도가 마련되면서 정부는 교육 행정 기구로 학무아문을 두고 교육 입국 조서를 발표하였다.

교육 입국 조서의 반포 이후 소학교와 중학교, 사범 학교, 외국어 학교 등 각종 관립 학교가 설립되었으며, 국 · 한문 혼용의 교과서가 편찬되었다. 이중 한성 사범 학교는 초등 교육 기관을 널리 보급할 계획으로 교원 양성을 위해 1895년 4월 한국 최초의 근대식 관립(官立) 학교로 설립되었다.

| 오답 넘기 |

① 조선 정부는 개화 정책을 추진하면서 인쇄와 출판에 관한 사무를 관장하기 위해 박문국을 설치하고 1883년 한성순보를 발간하였다.
② 1886년 9월에 우리나라 최초의 근대식 공립 교육 기관인 육영 공원이 설립되었다.
③ 1881년 4월에는 조사 시찰단을 파견하여 약 4개월에 걸쳐 체계적으로 일본을 시찰하도록 하였다.
④ 강화도 조약 이후 정부는 통리기무아문을 설치하고 그 아래 12사를 두어 외교, 통상, 재정, 군사 등의 업무를 맡게 하였다(1880. 12).

정답 ⑤

5 다음 검색창에 들어갈 신문에 대한 설명으로 옳은 것은? [1점]

파일(F) 편집(E) 보기(V) 즐겨찾기(A) 도구(T) 도움말(H)

문화유산DB 유네스코 등재유산 기록유산 문화유산 검색

문화유산 검색 [ ] 검색

문화재 검색
☑ 문화재정보
☑ 우리지역문화재
☑ 유형분류

• 종목 : 등록문화재 제509-3호
• 소유기관 : 문화재청
• 소개 : 영국인 베델과 양기탁이 함께 창간하고 박은식, 신채호 등이 항일 논설을 실었다. 외국인이 발행하는 신문이어서 일본의 사건 검열을 받지 않았다.

① 천도교의 기관지로 발행되었다.
② 상업 광고가 처음으로 게재되었다.
③ 국채 보상 운동의 확산에 기여하였다.
④ 농촌 계몽을 위해 브나로드 운동을 전개하였다.
⑤ 순 한문 신문으로 열흘마다 발행하는 것이 원칙이었다.

| 해설 | 근대 신문의 발간

대한매일신보는 신민회 간부인 양기탁이 영국인 베델을 사장으로 내세워 창간하였다(1904.7). 일제의 국권 침탈, 친일 정권의 무능과 부패를 거리낌 없이 비판하였으며, 의병 운동을 호의적으로 보도하여 많은 독자층을 확보하였다. 통감부는 1907년 7월에 신문지법을 공포하여 한국인이 발행하는 신문을 탄압하였다. 그럼에도 대한매일신보는 일제의 국권 침탈을 비판하고, 국채 보상 운동을 주도하는 등 국권 회복 운동에 앞장섰다.

| 오답 넘기 |

① 만세보는 천도교의 기관지이다(1906).
② 1886년 한성주보는 최초의 상업 광고인 세창 양행 광고를 게재하였다.
④ 일제 강점기 동아일보사는 학생을 중심으로 브나로드 운동(문맹 퇴치 운동)을 전개하였다(1931~1934).
⑤ 개항 이후 조선 정부는 박문국을 설립하고 10일마다 발행한 순한문 신문인 한성순보를 발간하였다(1883).

정답 ③

6 다음 인물에 대한 설명으로 옳은 것은? [2점]

이달의 인물
한글을 사랑한 ○○○
• 호 : 한힌샘, 백천(白泉)
• 생몰 : 1876~1914년
• 주요 활동
– 독립신문 교보원 활동
– 국문동식회 조직
– 국어문법, 말의 소리 저술
• 서훈 : 1980년 건국 훈장 대통령장

① 잡지 한글을 간행하였다.
② 한글 맞춤법 통일안을 제정하였다.
③ 가갸날을 제정하고 기념식을 거행하였다.
④ 국문 연구소에서 한글 연구를 체계화하였다.
⑤ 조선어 학회 사건으로 구속되어 옥고를 치렀다.

| 해설 | 국학의 연구

개항기에는 국어 분야의 연구도 활발히 일어났다. 한글 사용이 늘어남에 따라 언문일치 원칙에 따른 우리말 표기법 통일의 필요성이 높아졌다. 이에 주시경, 지석영 등은 국문 연구소를 설립하여 국문의 발음, 글자체, 철자법 등을 연구 · 정리하였다(1907.7). 이와 함께 유길준의 『대한문전』, 주시경의 『국어문법』 등 우리말 연구 성과물이 출간되었다.

| 오답 넘기 |

① · ③ 조선어 연구회는 잡지 '한글'을 발간하고 한글날의 전신인 가갸날을 제정하는 등 한글의 대중화에 주력하였다.
② 조선어 연구회는 조선어 학회로 발전하였는데, 이후 한글 맞춤법 통일안과 표준어 및 외래어 표기법 통일안을 제정하여 한글 표준화에 이바지하였다(1933).
⑤ 조선어 학회는 1942년 10월, 이른바 조선어 학회 사건으로 회원 30여 명이 일제에 의해 검거 · 투옥되면서 강제로 해산되었다.

정답 ④

7 (가) 인물에 대한 설명으로 옳은 것은? [3점]

① 여유당전서를 간행하고 조선학 운동을 전개하였다.
② 서유견문을 집필하여 서양 근대 문명을 소개하였다.
③ 한국독립운동지혈사에서 독립 투쟁 과정을 서술하였다.
④ 독사신론을 발표하여 민족을 역사 서술의 중심에 두었다.
⑤ 조선사회경제사에서 식민 사학의 정체성 이론을 반박하였다.

| 해설 | 근대 계몽 사학

(가) 인물은 단재 신채호로, 『조선상고사』에서 역사를 '아와 비아의 투쟁'으로 설명하였다. 개항기 신채호는 '황성신문'과' 대한매일신보' 논설 기자로 활동하였으며, 애국 계몽 운동에 앞장섰다. 또한 신채호는 『이순신전』, 『을지문덕전』 등 위인 전기를 통해 민족의식을 고취하였으며, 『독사신론』을 통해 민족 중심의 역사 서술을 강조하여 민족주의 역사학의 연구 방향을 제시하였다. 그는 독립 운동에 헌신하다가 1936년 2월 뤼순 감옥에서 순국하였다.

| 오답 넘기 |

① 정인보, 문일평, 안재홍 등은 『여유당전서』 간행 사업을 계기로 조선학 운동을 전개하였다(1934~1938).
② 서양 근대 문명을 소개한 유길준의 『서유견문』은 국한문체의 보급에 이바지하였다(1895).
③ 박은식은 근대 이후 일본의 침략 과정과 그에 맞선 우리의 민족 운동을 정리하여 『한국통사』(1915)와 『한국독립운동지혈사(1920)』를 저술하였다.
⑤ 사회 경제 사학자인 백남운은 1930년대 유물 사관에 입각하여 『조선사회경제사』(1933)와 『조선봉건사회경제사 상(上)』(1937)를 저술하였다.

정답 ④

8 (가)에 들어갈 내용으로 옳은 것은? [1점]

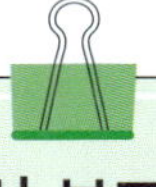

조사 보고서

◎ 주제 : 개항 이후 들어온 근대 문물

1. 한국 최초의 서양식 극장 ○○○
   - 위치 : 서울특별시 종로구
   - 운영 시기 : 1908~1909년
   - 특징
     - 개장 초기 판소리를 공연하기도 함.
     - (가)
     - 극장 건물은 1914년 화재로 소실됨.
   - 사진 자료

① 알렌의 건의로 만들어졌다.
② 나운규의 아리랑이 개봉되었다.
③ 신간회 창립 대회가 개최되었다.
④ 고종의 황제 즉위식이 거행되었다.
⑤ 은세계, 치악산 등의 신극이 공연되었다.

| 해설 | 문학과 예술의 새로운 변화

최초의 서양식 극장 원각사는 1908년 7월에 설립되어 은세계, 흥보가, 적벽가, 치악산 등을 공연하였으나, 1909년 11월에 폐지되었다.

| 오답 넘기 |

① 조선 조정은 선교사 알렌의 제안에 따라 1885년 4월 신식 병원인 광혜원을 설립하였다.
② 나운규가 각색, 주연, 감독을 맡아 제작한 영화 아리랑은 1926년 조선키네마에서 제작하였으며, 그해 10월 1일에 단성사에서 개봉된 흑백 무성 영화이다.
③ 1927년 2월 15일 서울 종로에 위치한 조선 중앙 기독교 청년회관 대강당에서 신간회 창립 대회가 열렸다.
④ 아관 파천 이후 러시아 공사관에 머물다가 환궁한 고종은 칭제의 건의를 받아들여 환구단에서 황제 즉위식을 거행하고 국호를 대한 제국이라 선포하였다(1897.10).

정답 ⑤

민족 독립운동의 전개

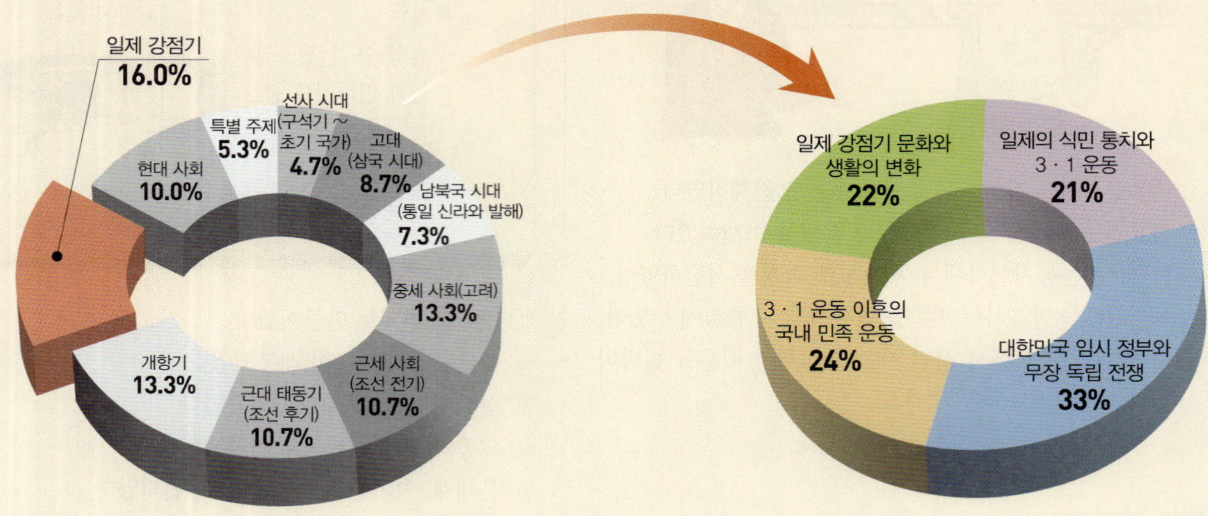

단원 들어가기

한국을 강점한 일제는 1910년대 헌병 경찰의 무력을 앞세운 무단 통치에서 1920년대 민족 분열 통치로 전환하면서 식민지 경제 수탈을 확대하여 갔다. 우리 민족은 이러한 일제의 강압적 식민 통치에 맞서 나라 안팎에서 활발한 독립운동을 전개했고, 이는 거족적인 3 · 1 운동과 대한민국 임시 정부 수립이라는 성과로 나타났다. 1920년대 나라 안에서는 민족주의 계열의 실력 양성 운동과 사회주의 계열이 주도하는 대중적 조직 운동이 활발한 가운데, 이념과 노선을 초월해 단결하자는 민족 유일당 운동이 일어나 신간회가 조직되었다. 한편, 나라 밖에서는 1910년대 독립운동 기지 건설의 성과가 이어지면서 봉오동 전투, 청산리 대첩 등 무장 독립 전쟁이 활발히 전개되었으며, 일부 애국지사들은 국내에 잠입하여 개인 폭력에 의한 의열 투쟁을 전개함으로써 일제의 간담을 서늘하게 했다.

1910 국권 피탈, 회사령 공포, 토지 조사 사업
1911 105인 사건
1912 조선 태형령, 토지조사령, 독립 의군부 조직
1913 안창호, 흥사단 조직
1914 대한 광복군 정부 수립
1915 대한 광복회 결성
1916 박중빈, 원불교 창설
1918 토지 조사 사업 완료, 대한 독립 선언서 발표
1919 2 · 8 독립 선언, 3 · 1 운동, 대한민국 임시 정부 수립
1920 봉오동, 청산리 전투
1921 자유시 참변
1923 국민 대표 회의 개최, 조선 물산 장려회 창립(서울), 일본에서 관동 대지진 발생
1925 치안유지법
1926 6 · 10 만세 운동
1927 신간회 창립
1928 혁신의회 조직
1929 원산 노동자 총파업, 국민부 조직, 광주 학생 항일 운동
1931 만주 사변, 조선어 연구회가 조선어 학회로 개칭
1932 이봉창 · 윤봉길 의거
1933 한글 맞춤법 통일안 발표
1934 조선 농지령 공포
1935 민족 혁명당 결성
1937 중 · 일 전쟁
1940 창씨 개명 실시, 한국 광복군 창설
1942 조선어 학회 사건
1943 카이로 회담, 한국의 독립 약속
1945 8 · 15 광복

| 연표로 흐름잡기 |

25 일제의 식민 통치와 3 · 1 운동

공부한 날 월 일

일차

❶ 일제의 식민지 지배 정책

(1) 무단 통치와 식민지 경제 체제의 구축

① 식민 통치 제도의 설립

㉠ 조선 총독부 : 일제 강점기의 최고 식민 통치 기구

㉡ 조선 총독 : 일본 육군이나 해군 현역 대장(또는 대장 출신자) 중에서 임명되었고, 일본 국왕의 직속으로 군대 통수권을 포함한 모든 권력을 갖고 있었던 식민 통치의 권력자

㉢ 총독부 산하 기구 : 행정 사무를 총괄하는 정무총감과 경찰 사무를 담당하던 경무총감이 있었으며, 그 외에도 철도국 · 전매국 · 임시 토지 조사국 등 일본 제국주의를 위한 식민 행정 기관으로 개편

> 경무총감: 현역 군인인 헌병 사령관이 겸임하였고 전국에 헌병 분대, 경찰서와 주재소를 두어 한국인을 감시하였다.

㉣ 중추원(中樞院)

ⓐ 기능 : 총독의 자문 기구로서 한국인을 정책 결정에 참여시킨다는 명분으로 설치

ⓑ 성격 : 식민 치하의 조선인에 대한 일종의 회유책

ⓒ 실상 : 의장은 일본인 정무총감이었고, 중추원의 소속 의원 80명도 전원이 이완용, 송병준, 김윤식 등의 친일파로 3 · 1 운동이 일어날 때까지 단 한 번의 정식 소집도 없었음

㉤ 지방 행정 조직 개편 : 1910년 9월 '조선 총독부 지방관 관제령'으로 종전의 부(府) · 군(郡)의 지방 관제를 면 단위로 바꾸고 면장을 식민 통치의 동반자로 끌어들여 효율적인 식민 통치 도모

② 무단 통치(헌병 경찰 통치, 1910년대)

㉠ 헌병 경찰의 역할

ⓐ 경찰 업무 대행, 즉결 처분권

> 즉결 처분권: 1910년 총독부가 제정하여 공포한 악법으로 한국인에게 벌금, 태형, 구류 등의 억압을 행사할 수 있는 즉결 심판권을 경찰서장과 헌병 분대장에게 부여하였다.

ⓑ 포괄적 재판 업무 : '범죄즉결례(1910.12)', '경찰범처벌규칙(1912.3)'을 통한 조선인 처벌 재판과 태형

ⓒ 기타 권한 : 언론의 지도, 사회 풍속 개선, 신용 조사 등

㉡ 헌병 경찰 통치의 내용

구분	내용
정치	집회와 결사의 자유 박탈 → 보안법 · 신문지법 · 출판법 적용, 갑오개혁 때 폐지한 태형령과 연좌제 부활
민족 운동	애국 계몽 운동 단체 해산, 독립 운동가 체포(105인 사건)
언론	민족 신문 발행 금지(황성신문, 대한매일신보 등)
교육	• 일반 관리와 학교 교원에게까지 제복을 입히고, 칼을 차게 함 • 일본어 중심의 교과목 편성, 한국인에게 고등 교육 기회 박탈 → 초보적인 기술과 실무적인 내용만 가르침

↑조선 총독부

중추원

총독의 자문 기관으로, 한 · 일 병합에 공로를 세운 자나 일본 정부로부터 작위를 받은 자, 친일 정객, 유력한 인사를 끌어들여 중추원의 명예직을 주었다.

↑조선에 주둔한 헌병대

즉결 처분권

경찰서장 또는 이와 동일한 직무를 수행하는 헌병 분대장에게 부여한 권한으로, 정식 법 절차나 재판 없이 재량으로 벌금, 구류, 태형, 3개월 이하의 징역 등의 처분을 내릴 수 있었다.

↑제복에 칼을 찬 교원

Click ! ● 태형 기구과 조선 태형령(1912.4)

- 태형은 감옥 또는 즉결 관서에서 비밀리에 행한다.
- 조선인에 한하여 5대 이상의 태형에 처할 수 있다.
- 수형자를 형판 위에 엎드리게 하고 손과 발을 묶은 후 볼기를 노출시켜 태로 친다.

➡ 갑오개혁 때 폐지되었던 태형을 부활시켜 한국인에게만 적용하였다.

태형 기구

③ 토지 조사 사업(1910~1918)

㉠ 목적 : 토지 소유 관계의 근대적 정리(표면적), 토지의 합법적 약탈(실제적), 식민 통치에 필요한 안정적인 재정 확보가 주목적임

㉡ 방법 : 토지 조사령 공포(1912.8)

ⓐ 내용 : 토지 소유권 확인, 토지 가격 확정, 토지의 모양과 형태 조사

ⓑ 과정 : 토지 소유자가 직접 신고(신고주의 원칙) → 복잡한 신고 절차, 반일 감정으로 신고하지 않음

㉢ 결과

ⓐ 총독부의 토지 약탈 : 미신고 토지, 대한 제국 정부와 황실 소유의 토지, 전국의 황무지와 소유 관계가 불분명한 토지(마을 · 문중의 토지)를 총독부가 차지

ⓑ 소작농의 권리 상실 : 소작 농민은 관습상의 경작권(도지권) 및 입회권 상실, 기한부 계약에 의한 소작농으로 전락하였고 소작 쟁의 발생

ⓒ 농촌 경제의 파탄 : 기한부 계약에 의한 소작농으로 전락한 농민들은 생산량의 절반 이상에 이르는 고율의 소작료를 내야 하는 상황에 이르렀으며, 몰락한 농민은 화전민이 되거나 만주, 연해주 등지로 이주

ⓓ 식민지 지주제 강화 : 지주의 소유권 및 권한 강화

ⓔ 과세지 면적 증가 : 총독부의 지세 수입 급증, 농민의 부담 가중

ⓕ 일본인 이민 증가 : 총독부는 약탈한 토지를 동양 척식 주식회사나 일본인에게 싼 값으로 넘겨줌

동양 척식 주식회사 : 일제가 1908년 설립한 특수 국책 회사로, 주로 토지 매수에 힘을 기울여 비옥한 논밭을 강제로 사들였고, 이후 막대한 농지를 소유하게 되어 국내 최대 지주가 되었다.

동양 척식 주식회사 1908년 일제가 조선의 토지와 자원을 수탈할 목적으로 설치한 식민지 착취 기관

도지권

경작지에 대해 소작인이 행사할 수 있는 권리로 소작지에서의 부분 소유권을 인정해주는 것이다. 영구적으로 경작을 할 수 있는 권리나 도지권을 임의로 타인에게 매매, 양도, 저당, 상속할 수 있는 권리이다.

Click ! ● 토지 조사 사업(1910~1918)

토지 측량 모습

일제 강점기 농민들의 구조

④ 산업 침탈

㉠ 회사령(1910.12)

ⓐ 목적 : 한국인 기업의 설립 통제, 한국으로 진출하는 일본 기업의 선별적 지원

ⓑ 내용 : 총독의 허가를 받아야 회사 설립 가능, 총독이 회사 폐쇄 가능

ⓒ 결과 : 전기 · 철도 · 금융 관련 사업은 일본 기업 장악, 한국인 기업 설립은 소규모 제조업, 매매업 한정

㉡ 전매 제도 실시 : 인삼, 소금, 담배 등에 전매 제도를 실시하여 조선 총독부의 수입 증대

㉢ 자원 약탈 : 삼림 · 광산 · 어업 자원을 일본인들이 거의 독점적으로 지배

㉣ 각종 시설 정비 : 철도, 도로, 항만, 통신 시설을 설치하여 대륙 침략을 위한 발판 마련

회사령
제1조 회사의 설립은 조선 총독의 허가를 받아야 한다.
제5조 회사가 본령이나 혹 본령에 의거하여 발하는 명령과 허가 조건에 위반하거나 또는 공공질서와 선량한 풍속에 반하는 행위를 할 때 조선 총독은 사업의 정지, 지점의 폐쇄 또는 회사의 해산을 명한다.
– 조선 총독부, 『조선법령집람』 제17집, 1938 –

(2) 민족 분열 통치와 경제 침탈의 확대

① 민족 분열 통치(문화 정치, 1920년대)

㉠ 배경 : 일제는 3 · 1 운동을 통해 무단 통치의 한계 자각 → 이른바 문화 정치로 전환

㉡ 문화 통치 목적 : 친일파를 길러 우리 민족을 이간 · 분열시키려는 정책 → 한민족의 단결을 억제하고 독립 운동을 약화시키고자 함

㉢ 문화 통치의 내용

ⓐ 총독 임명 규정의 제정 : 조선 총독에 문관 총독도 임명될 수 있도록 법령을 개정하였으나, 실제로 광복 전까지 문관 총독이 임명된 적은 없음

ⓑ 헌병 경찰 제도를 보통 경찰제로 전환 : 경찰 예산, 경찰서 수, 경찰관 수는 오히려 증가, 고등 경찰제 실시, 치안유지법 제정(1925.5) → 우리 민족에 대한 감시와 탄압 더욱 강화

ⓒ 조선일보 · 동아일보 창간 : 언론 · 출판의 자유를 허용하였으나 검열 강화, 신문 기사 삭제, 신문 정간 등으로 탄압 지속

ⓓ 교육 정책 : 한국인의 교육 기회를 확대한다고 하였으나, 초등 교육과 실업 기술 교육에만 치중

ⓔ 참정권 부여 : 지방 제도 개편으로 부 · 면 · 도 협의회 등을 설치하며 조선인에게 참정권, 자치권을 주는 것처럼 선전했으나, 이는 지방 사회 조선인 유지들을 식민 통치에 포섭하기 위한 것이며, 이들 기관은 실권 없는 자문 기관으로 일제의 들러리에 불과

㉣ 영향 : 일제의 식민 지배를 인정하는 범위 안에서 자치 운동을 하자고 주장하는 사람들 등장

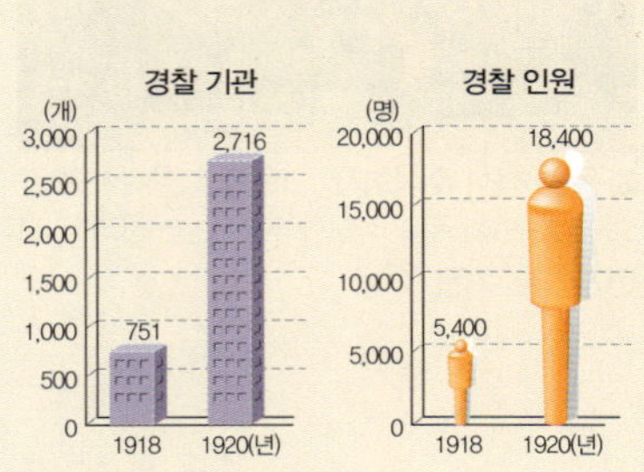

보통 경찰제의 실상

치안유지법
일제가 국가 체제나 사유 재산 제도를 부정하는 사회주의 사상을 탄압할 목적으로 1925년에 제정한 법률이다. 이 법은 사회주의자는 물론 민족주의 계열의 독립 운동가들을 탄압하는 데도 이용되었다.

② 산미 증식 계획(1920~1934)

산미 증식 계획으로 쌀의 생산이 늘어났지만, 일본으로 유출되는 양이 많아 1인당 쌀 소비량은 감소하였다.

㉠ 목적 : 수리 시설 개선 등으로 쌀 생산을 늘려 일본의 부족한 식량을 한국에서 보충

1918년 일본에서는 대규모 쌀 폭동(쌀 소동)이 일어났다.

㉡ 내용 : 한반도에서 품종 개량, 수리 시설 확충으로 쌀 증산 → 일본의 식량 문제 해결

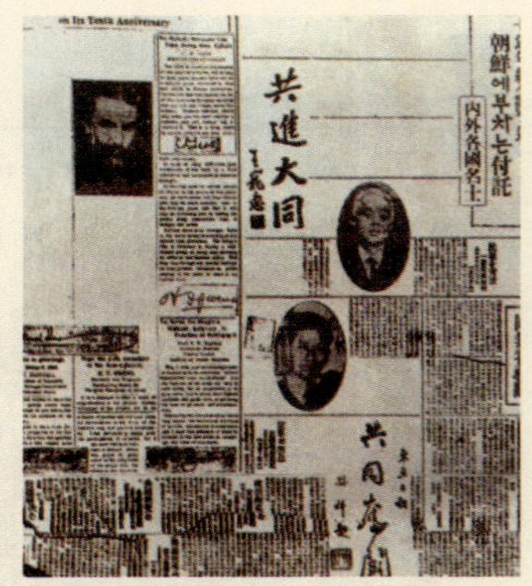

총독부의 검열로 기사가 삭제된 신문

ⓒ 방법 : 품종 개량, 비료 사용 확대, 수리 시설 확충, 개간, 밭을 논으로 바꾸는 방법 등으로 쌀 생산 증대 계획 → 각지에 수리 조합 조직, 토지 개량 사업 전개

ⓓ 결과

ⓐ 식량 사정 악화 : 증산량은 목표에 못 미쳤으나 수탈은 계획대로 강행(만주의 잡곡 수입)

ⓑ 농민 몰락 : 수리 조합비, 품종 개량비, 비료 대금 등 증산 비용을 농민들에게 전가하고, 지주들의 소작료 인상으로 화전민 · 도시 빈민(토막민) · 국외 이주민이 증가하였으며 이로 인해 소작 쟁의 격화

ⓒ 농업 구조 변화 : 일본으로 쌀을 수출하기 위해 벼농사를 강요하면서 쌀 중심의 단작형 농업 구조로 변화

일제 시대 경제적 수탈 과정

1910년대	회사령, 토지 조사 사업, 어업령, 삼림령, 광업령
1920년대	산미 증식 계획, 회사령 철폐, 관세 장벽 철폐, 신은행령
1930년대	남면북양 정책, 병참 기지화 정책
1940년대	미곡 공출 제도, 전쟁 물자 수탈, 인적 수탈

Click ! ● 산미 증식 계획(1920~1934)

(「한국자본주의 성립사론」, 조기준)

미곡 생산량과 수탈량의 변화

일본으로 가져 갈 쌀이 쌓여 있는 군산항

③ 회사령 폐지(1920.4)

㉠ 내용 : 허가제에서 신고제로 전환 → 일본 대기업들의 본격적인 한국 진출

㉡ 한계 : 한국인은 대부분 소규모 제조업이나 유통 관련 회사 설립, 자본금의 비중 미미

④ 관세 폐지(1923.4) : 값싼 일본 제품 수입 증가 → 한국인 회사가 더욱 어려워짐

(3) 민족 말살 통치와 수탈의 강화

① 황국 신민화 정책

㉠ 배경 : 경제 대공황 이후 일본의 침략 전쟁 확대(만주 사변, 중 · 일 전쟁, 태평양 전쟁)

㉡ 목적 : 민족성 말살 → 전쟁에 필요한 인적 · 물적 자원을 수탈하기 위함

㉢ 내용

ⓐ 황국 신민 서사 암송 강요(1937.10) : 학교, 관공서 등에서 일왕에 대한 충성 맹세문 제창

ⓑ 내선일체, 신사 참배 · 궁성 요배 강요 : 일왕이 있는 도쿄를 향해 요배, 남산에 조선 신궁 건설, 전국의 각 읍 · 면마다 신사를 세워 참배 강요

ⓒ 창씨 개명 : 우리 성과 이름을 일본식으로 바꾸게 함 → 거부자에게 불이익 (1940년 2월부터 시행)

ⓓ 우리말 사용과 우리 역사 교육 금지 : 한민족의 역사와 문화 말살

ⓔ 명칭 개정(1941.3) : 소학교를 '황국 신민의 학교'를 의미하는 '국민학교'로 개칭

'내(內)'는 일본, '선(鮮)'은 조선을 의미하며, 일본과 조선이 일체라는 뜻이다.

내선일체(內鮮一體)

Click ! ● 민족 말살 정책(1930~40년대)

1. 우리들은 황국 신민이다. 충성으로써 군국에 보답하자.
2. 우리들 황국 신민은 서로 신애 협력하고 단결을 굳게 하자.
3. 우리들 황국 신민은 인고 단련의 힘을 길러 황도를 선양하자.

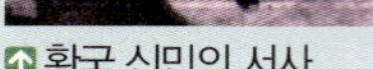
황국 신민의 서사

조선 신궁에 참배하는 학생들

내선일체 비석

② 농촌 진흥 운동(1932~1940) — 농촌 경제의 몰락에 따른 사회 불안 억제와 각종 농민 운동의 활성화를 통제하는 한편, 본격적인 침략 전쟁을 앞두고 황국 신민화 정책의 효과적 달성을 위한 목적으로 추진되었다.

㉠ 전개 : 자력갱생, 농촌 부채 근절 표방, 춘궁 농가의 식량 문제 해결

㉡ 조선 농지령 : 소작 쟁의 중재, 고율 소작료 제한, 소작농의 토지 구입 자금 대여

㉢ 실상 : 농민의 긴축 생활과 납세 이행 독려 → 농민들은 여전히 고율의 소작료에 시달림, 금융 기관에 대한 부채 증가, 중 · 일 전쟁 이후 흐지부지됨

③ 병참 기지화 정책

㉠ 목적 : 대공황 극복을 위한 침략 전쟁 전개 → 전쟁 수행에 필요한 물자 조달을 위한 공급지로 이용

㉡ 내용

ⓐ 공업화 추진 : 북부 지방에 발전소 건설, 금속 · 기계 · 화학 공업에 집중 투자

ⓑ 남면북양(南綿北羊) 정책(1934) : 대공황 이후 보호 무역 정책을 확대하며 공업 원료 부족에 대비하여 남부에 면화 재배, 북부에 면양 사육 장려

㉢ 영향 : 중화학 중심의 군수 공업 위주로 재편, 북부 지역에 공업 생산 집중, 일본의 대기업이 재벌로 성장, 인구 및 노동자 증가, 신흥 공업 도시 성장, 국외 이주자 증가

④ 국가 총동원법(1938.4) : 침략 전쟁의 확대 → 인력 · 자원 통제, 수탈 강화

㉠ 국민 정신 총동원 연맹 조직 : 마을마다 애국반 편성 → 일상생활 감시 · 통제

㉡ 물자 약탈 : 산미 증식 계획 재개(군량미 확보를 위한 식량 수탈), 식량 배급 및 공출제(민간의 물자나 식량을 강제로 정부에 내도록 한 제도) 시행, 전쟁 물자 공출(놋기구, 식기, 제기 등 쇠붙이 공출), 국방 헌금 강요

㉢ 인력 강제 동원

ⓐ 징용 : 일본, 중국, 동남아시아 등지의 공장, 탄광, 비행장 등에 강제 노무 동원

ⓑ 근로 동원 : 어린 학생들을 군사 시설 공사와 토목 공사에 동원

ⓒ 여자 정신 근로령(1944.8) : 여성을 강제 동원하여 군수 공장 등에 종사하게 함

ⓓ 군 위안부 : 여성들을 위안부로 만드는 반인권적 · 반인륜적 범죄 자행

ⓔ 병력 동원 : 지원병제(1938.2), 학도 지원병제(1943.10), 징병제(1944.4) 실시

농가 갱생 계획
농촌 진흥 운동의 하나로 일제의 독점 자본과 지주들의 착취 의도를 숨긴 채, 열심히 일하고(가족 노동력 최대 활용) 절약하면(자급자족) 잘 살 수 있다고 선전하였다.

국가 총동원법
제4조 정부는 전시에 국가 총동원상 필요할 때는 칙령이 정하는 바에 따라 제국 신민을 징용하여 총동원 업무에 종사하게 할 수 있다.
제8조 정부는 전시에 국가 총동원상 필요할 때는 칙령이 정하는 바에 따라 물자의 생산 · 수리 · 배급 · 양도 기타의 처분, 사용 · 소비 · 소지 및 이동에 관하여 필요한 명령을 내릴 수 있다.

'일본군 위안부' 피해 여성들

끌려감(김순덕 할머니 그림)

복벽주의(復辟主義)
나라를 되찾은 이후 임금이 다스리는 왕조를 다시 세우겠다는 생각으로 주로 유생들이 중심이 되어 주장하였다.

경학사
1910년 만주에서 조직된 최초의 독립 운동 단체. 이시영·이동녕·이상룡 등 신민회 간부들이 중심이 되어 만주 요령성 유하현에 민단적 성격을 띤 자치 단체인 경학사를 조직하였다.

② 3·1 운동 이전의 민족 운동

(1) 1910년대의 민족 운동

① **1910년대의 상황** : 105인 사건 이후 국내 민족 운동에 대한 일제의 탄압 심화 → 애국 계몽 운동가의 해외 이동, 의병 부대들도 대부분 만주와 연해주로 이동

② **독립 의군부(1912.9)** : 고종의 밀명으로 성립, 임병찬 등이 주도, 복벽주의 이념에 따라 국권 회복 후 고종 복위 목표, 전국적인 의병 전쟁 계획, 일본 내각 총리대신과 조선 총독에게 국권 반환 요구 서신 발송 시도

③ **대한 광복회(1915.7)** : 박상진(총사령), 김좌진(부사령) 등이 군대식 조직으로 대구에서 결성, 독립 전쟁을 통한 국권 회복과 공화정체 추구, 만주에 무관 학교 설립을 위한 군자금 모금, 친일 부호 처단

Click ! ● 대한 광복회 실천 사항

- 일본인이 징수한 세금을 압수해 무장을 준비한다.
- 남·북만주에 사관 학교를 설치하여 독립군을 양성한다.
- 행형부를 설치하여 일본인 관리와 민족 반역자를 처단한다.

④ **기타** : 평양의 송죽회(여성 중심)와 기성볼단(교사와 학생 중심), 자립단(함남 단천), 조선 국민회(대조선 국민군단의 국내 지부 성격)

(2) 독립 운동 기지의 건설

① **서간도의 삼원보** : 신민회 회원들이 이주하여 개척, 이회영·이상룡 등이 설치하였는데, 여기에 경학사란 자치 기구를 두었고, 신흥 학교를 설립하여 독립군을 양성(1911.6)

1913년 이상설, 김약연, 등이 용정촌과 명동촌을 중심으로 간민회 조직

② **북간도** : 용정, 왕청, 석현, 연길, 소·만 국경 지대의 밀산부 한흥동(이상설, 이승희 등이 만주와 러시아의 접경 지역에 설치) 지역, 이상설 등이 서전 서숙(1906)과 명동 학교(1908)를 설립하여 민족 교육 실시

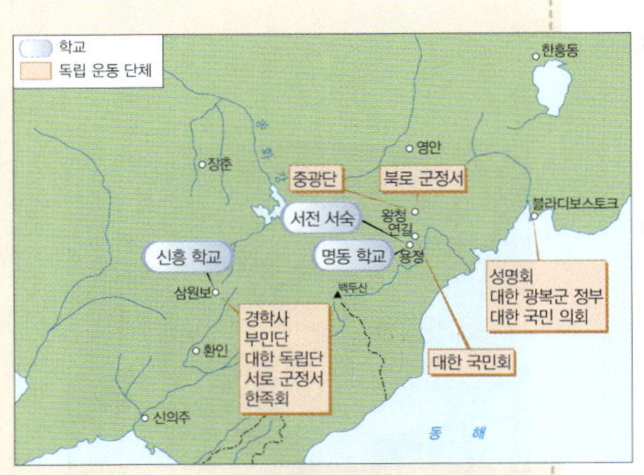

1910년대 국외 독립 운동 기지

③ **연해주**

㉠ 블라디보스토크 : 신한촌, 성명회(1910)·권업회(1911) 결성

㉡ 대한 광복군 정부(1914) : 이상설과 이동휘를 정·부통령으로 하는 대한 광복군 정부가 블라디보스토크에 수립됨으로써, 독립군의 무장 항일 운동의 터전이 마련되었을 뿐 아니라, 임시 정부 수립의 길을 열어 놓았음

④ **미주 지역의 활동** : 대한인 국민회(1910)·흥사단(이승만·안창호, 1913), 대조선 국민군단(하와이, 박용만, 1914), 숭무 학교(멕시코, 1910)

⑤ **중국 본토 지역** : 신한 청년당 결성

대한 독립 선언서
음력으로 무오년(1918)에 선포되었다 하여 무오 독립 선언서라고도 한다. 박은식, 신채호, 김좌진, 이승만 등 국외에서 활동하던 독립운동가 39명의 명의로 발표되었다.

③ 3·1 운동

(1) 3·1 운동의 태동

① **국제 정세의 변화** : 레닌의 식민지 민족 해방 운동 지원 선언, 파리 강화 회의에서 전후 처리 원칙으로 윌슨의 민족 자결주의 제창

② **국외의 움직임**

㉠ 신한 청년당의 활동 : 파리 강화 회의에 김규식을 민족 대표로 파견(1919)

ⓛ 무오 독립 선언(1919.2.1) : 만주의 독립 운동가 39명이 독립 선언서 발표, 무장 투쟁 결의

ⓒ 2 · 8 독립 선언서 발표(1919.2) : 일본 유학생들이 조선 청년 독립단의 이름으로 발표

③ 국내의 움직임

㉠ 고종 황제의 죽음 : 일본의 독살설이 유포되어 거족적인 민족 운동 폭발의 분위기가 조성

ⓛ 민족 운동 준비 : 천도교, 기독교, 불교계 지도자와 학생 대표들 중심 → 고종의 국장일에 대규모 시위 계획 → 대중화, 비폭력의 원칙 결정

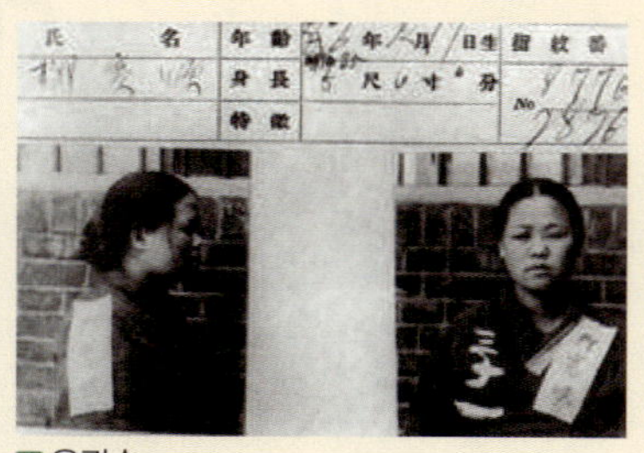

유관순

제암리 학살 사건 3 · 1 운동 당시 일본 군대가 경기 화성 제암리 주민들을 교회에 가둔 채 불을 지르고 총을 쏴 대량 학살한 사건

(2) 3 · 1 운동 전개 및 확산

① 전개 과정

단계	내용
1단계	민족 대표 33인은 태화관에서, 학생들은 탑골 공원에서 독립 선언서 낭독, 만세 시위 전개
2단계	청년 · 학생을 중심으로 전국 도시로 확산, 상인과 농민, 노동자의 참여
3단계	점차 조직적으로 전개되고 무장 투쟁으로 발전(농촌 지역으로 확산되면서 식민 통치 기관 습격 등)
4단계	만주, 연해주, 일본, 미국 지역으로 확산

② 일본의 무력 진압 : 유관순의 순국(1920.9), 화성 제암리 주민 학살(1919.4) 등

선교사 스코필드는 일제의 제암리 학살 만행의 생생한 모습을 사진에 담아 '수원에서의 잔학 행위에 관한 보고서'를 작성하였고, 이를 국제 여론화하였다.

Click ! ● 3 · 1 운동의 전개 과정

● 기미 독립 선언서

우리는 이에 우리 조선이 독립국임과 조선인이 자주 민임을 선언하노라. …… 오늘 우리의 이 거사는 정의, 인도, 생존, 존영을 위하는 민족적 요구이니 오직 자유적 정신을 발휘할 것이요 …

3 · 1 운동의 확산

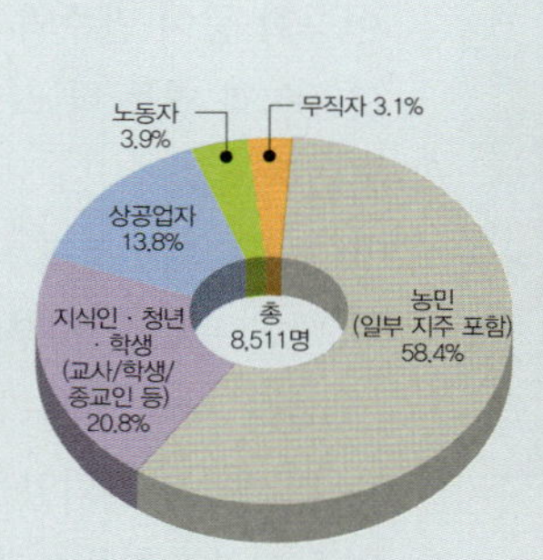

3 · 1 운동 당시 검거자의 직업별 구성

미국 필라델피아 만세 시위(1919.4)

(3) 3 · 1 운동의 의의와 영향

① 의의 : 모든 계층이 참여한 거족적 민족 운동, 제1차 세계 대전 전승국의 식민지에서 일어난 최초의 독립 운동

② 영향 : 일제 식민 통치 방식의 변화(문화 통치로 전환), 약소 민족 독립 운동에 영향(중국 5 · 4 운동, 인도 독립 운동 등), 대한민국 임시 정부의 수립 계기

5 · 4 운동

제1차 세계 대전 후 파리 강화 회의에서 독일이 중국 산둥성에 가지고 있던 권익을 일본에게 양보하라는 요구가 받아들여지자, 격분한 베이징의 학생들이 1919년 5월 4일 반대 집회를 벌였고, 이후 광범한 항일 민중 운동으로 발전하였다.

❶ 일제의 식민지 지배 정책

■ 헌병대 사령관이 치안을 총괄하는 경무총감부가 신설되었다.

■ [무단 통치기] 한국인에 한하여 적용되는 조선 태형령을 시행하였다.
↳ 한국인에 한해 적용되는 조선 태형령이 공포되었다.
↳ 헌병 경찰에게 태형을 당하는 상인

■ 민족 자본의 성장을 억제하기 위해 회사령을 공포하였다.
↳ 회사 설립 시 총독의 허가를 받도록 하는 회사령을 적용하였다.
↳ 회사 설립 시 총독의 허가를 얻도록 하는 회사령이 발표되었다.
↳ 회사 설립을 신고제로 변경한 목적을 살펴본다.

■ 근대적 토지 소유권 확립을 명분으로 토지 조사 사업을 실시하였다.
↳ 기한 내에 토지를 신고하게 하는 토지 조사령이 제정되었다.

■ 식민지 교육 방침을 규정한 제1차 조선 교육령을 제정하였다.

■ [문화 통치기] 사회주의 운동을 탄압하기 위한 치안 유지법이 마련되었다.
↳ 치안 유지법이 제정되는 결과를 가져왔다.
↳ 도 평의회, 부 · 면 협의회 등의 자문 기구를 설치하였다.

■ [일제 강점기 말] 독립운동을 탄압하기 위해 조선 사상범 보호 관찰령을 공포하였다.
↳ 조선 사상범 예방 구금령을 통해 독립운동을 탄압하였다.
↳ 국가 총동원법을 제정하여 인력과 물자를 수탈하였다.
↳ 여자 정신 근로령에 의해 강제로 끌려가는 여성

❷ 3 · 1 운동 이전의 민족 운동

■ 고종의 밀지를 받아 독립 의군부가 조직되었다.
↳ [임병찬] 고종의 밀지를 받아 독립 의군부를 조직하였다.
↳ 고종의 밀지를 받아 결성된 비밀 단체였다.
↳ 조선 총독부에 국권 반환 요구서를 제출하고자 하였다.
↳ 조선 총독부에 국권 반환 요구서를 제출하려 하였다.

■ 박상진이 주도한 대한 광복회 결성에 영향을 주었다.

■ 독립군을 양성하기 위하여 신흥 강습소를 설립하였다.
↳ 신흥 강습소를 세워 독립군을 양성한다.
↳ 신흥 강습소를 설립하여 독립군을 양성하였다.
↳ 신흥 무관 학교 설립과 독립군 양성

■ 동제사를 통한 한 · 중 교류 상황을 살펴본다.

■ 중광단이 북로 군정서로 개편된 과정을 조사한다.
↳ [대종교] 항일 무장 단체인 중광단을 결성하였다.

■ [권업회] 권업신문을 발행하여 민족의식을 고취하였다.
↳ [최재형] 권업회 조직과 권업신문 발간
↳ [대한 광복군 정부] 이상설과 이동휘를 정 · 부통령으로 선임하였다.
↳ [소련 연해주] 대한 광복군 정부를 세워 무장 독립 투쟁을 준비하였다.

■ [안창호] 재미 한인을 중심으로 흥사단을 창립하였다.
↳ [흥사단] 샌프란시스코에 중앙 총회를 두었다.

■ [하와이] 대한인 국민회를 중심으로 독립운동을 전개하였다.
↳ 대조선 국민 군단의 활동 내용을 분석한다.
↳ 대조선 국민 군단을 결성하여 군사 훈련을 실시하다.

■ [멕시코] (메리다 국민회가) 숭무 학교를 설립하여 독립군을 양성하였다.
↳ 숭무 학교의 설립 목적을 파악한다.

■ [김규식] 신한 청년당 결성과 파리 강화 회의 참석
↳ [중국 상하이] 신한 청년당을 결성하여 파리 강화 회의에 대표를 파견하였다.

❸ 3 · 1 운동

■ [조선 청년 독립단] 2 · 8 독립 선언서를 작성하여 발표하였다.
↳ [일본 도쿄] 조선 청년 독립단을 중심으로 2 · 8 독립 선언서를 발표하였다.
↳ 유학생들이 2 · 8 독립 선언서를 발표한 장소를 확인한다.
↳ 유학생을 중심으로 2 · 8 독립 선언서를 발표하다.

■ 대한민국 임시 정부가 수립되는 계기가 되었다.

■ 일제가 이른바 문화 통치를 실시하는 배경이 되었다.

1 (가)에 들어갈 내용으로 옳은 것은? [2점]

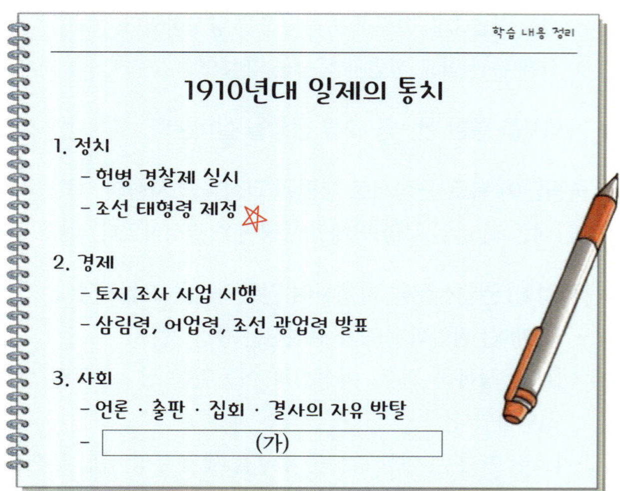

학습 내용 정리
1910년대 일제의 통치
1. 정치
- 헌병 경찰제 실시
- 조선 태형령 제정
2. 경제
- 토지 조사 사업 시행
- 삼림령, 어업령, 조선 광업령 발표
3. 사회
- 언론 · 출판 · 집회 · 결사의 자유 박탈
- (가)

① 국민 교육 헌장 발표
② 경성 제국 대학 설립
③ 한성 사범학교 관제 마련
④ 소학교 명칭을 국민학교로 변경
⑤ 보통학교 수업 연한을 4년으로 함

| 해설 | **무단 통치**

1910년대에 일제는 헌병 경찰을 앞세운 강압적인 무단 통치를 실시하였다. 전국에 배치된 헌병 경찰은 정식 재판 없이도 벌금, 태형 등을 가할 수 있는 즉결 처분권을 가지고 있었다. 또한, 일제는 일본어 위주로 교과목을 편성하였으며, 한국인에게는 고등 교육의 기회를 거의 부여하지 않고 주로 보통 교육과 실업 교육을 실시하였다. 수업 연한은 일본의 학제와 달리 4년으로 가능한 짧게 하였다.

| 오답 넘기 |

① 박정희 정부는 국민 교육 헌장을 제정 · 반포하여 민족 중흥과 국가 발전을 위한 교육을 강조하였다(1968.12).
② 조선 총독부는 자발적인 대학 설립 운동을 무마시키고, 일부 조선인들을 회유하기 위해 경성 제국 대학을 설립하였다(1924.6).
③ 1895년 2월 반포된 교육입국 조서에 따라 동년 4월에 한성 사범 학교가 설립되었다.
④ 민족 말살 통치 시기 일제는 황국 신민을 육성한다는 의미에서 '소학교'를 '국민학교'라는 이름으로 바꾸었다(1941.4).

정답 ⑤

2 다음 법령의 시행 결과로 옳지 않은 것은? [2점]

제1조 토지의 조사 및 측량은 이 영(令)에 의한다.

⋮

제4조 토지의 소유자는 조선 총독이 정하는 기간 내에 그 주소, 성명 또는 명칭 및 소유지의 소재, 지목, 자번호, 사표, 등급, 지적, 결수를 임시 토지 조사 국장에게 신고하여야 한다. 다만, 국유지는 보관 관청에서 임시 토지 조사 국장에게 통지하여야 한다.

제5조 토지의 소유자 또는 임차인, 기타 관리인은 조선 총독이 정하는 기간 내에 그 토지의 사방 경계에 표지판을 세우되, 민유지에는 지목 및 자번호와 소유자의 성명 또는 명칭을, 국유지에는 지목 및 자번호와 보관 관청명을 기재하여야 한다.

① 조선 총독부의 재정 수입이 증대되었다.
② 지계아문이 설치되어 지계가 발급되었다.
③ 일본에서 한국으로의 농업 이민이 증가하였다.
④ 만주와 연해주로 이주하는 농민들이 늘어났다.
⑤ 동양 척식 주식회사의 보유 토지가 확대되었다.

| 해설 | **토지 조사 사업의 결과**

토지 조사 사업은 일제가 근대적 토지 소유를 확립한다는 명분 아래 전국적으로 벌인 대규모 토지 조사였다(1910~1918). 그 결과 일제가 전국 농토의 40%를 차지하였고, 총독부는 이 토지를 동양 척식 주식회사 등에 넘겼다. 그리고 동양 척식 주식 회사는 헐값에 넘겨받은 토지를 일본인 이민자들에게 불하하여 농업 이민이 증가하였다. 또 조선 후기 이래 인정된 농민들의 관습상 경작권이나 영구 임대 소작권 같은 소작 농민의 권리는 무시되었고, 토지에 대한 지주의 소유권만 인정되었다. 그리하여 많은 농민들이 토지를 잃고 몰락하였고, 그로 인해 만주와 연해주로 이주하는 농민들이 증가하였다. 요컨대 일제가 지세를 확실하게 거둘 수 있는 기반이 형성되어 식민지 지배에 필요한 재정을 마련할 수 있었다.

| 오답 넘기 |

② 대한 제국 시기의 광무개혁으로 토지 소유권자에게 지계가 발급되었으며, 담당 기관은 지계아문이었다(1899~1906).

정답 ②

3 다음 대책이 발표된 이후 일제가 시행한 정책으로 옳은 것은? [1점]

> **1. 친일 단체 조직의 필요**
> …… 암암리에 조선인 중 …… 친일 인물을 물색케 하고, 그 인물로 하여금 …… 각기 계급 및 사정에 따라 각종의 친일적 단체를 만들게 한 후, 그에게 상당한 편의와 원조를 제공하여 충분히 활동토록 할 것.
> ⋮
> **1. 농촌 지도**
> …… 조선 내 각 면에 ○재회 등을 조직하고 면장을 그 회장에 추대하고 여기에 간사 및 평의원 등을 두어 유지(有志)가 단체의 주도권을 잡고, 그 단체에는 국유 임야의 일부를 불하하거나 입회를 허가하는 등 당국의 양해 하에 각종 편의를 제공할 것.
> – 『사이토 마코토 문서』 –

① 한국인에 한해 적용되는 조선 태형령이 공포되었다.
② 사회주의 운동을 탄압하기 위한 치안 유지법이 마련되었다.
③ 기한 내에 토지를 신고하게 하는 토지 조사령이 제정되었다.
④ 헌병대 사령관이 치안을 총괄하는 경무총감부가 신설되었다.
⑤ 회사 설립 시 총독의 허가를 얻도록 하는 회사령이 발표되었다.

| 해설 | **민족 분열 통치**

제시된 자료는 사이토 마코토가 제3대 조선 총독으로 부임하면서 발표한 시정 방침으로 1919년 3 · 1 운동 이후 무단 통치의 한계를 자각하면서 나타난 민족 분열 통치의 내용이다. 1920년대 일제는 이른바 문화 통치를 내세우면서 보통 경찰제를 시행하고, 문관 총독의 임명을 가능하도록 하였다. 또한 한국인의 언론 · 출판의 자유를 일부 인정하여 조선일보, 동아일보 등 한글 신문의 발행을 허가하였다. 그러나 실제 문관 총독은 임명되지 않았으며, 경찰력이 이전보다 증가하고 1925년 5월에 치안 유지법이 만들어져 독립운동에 대한 탄압이 강화되었다.

| 오답 넘기 |

① 조선 태형령이 공포된 것은 1910년대 무단 통치 시기이다(1912.4).
③ 1912년 일제는 토지 조사령을 발표하여 토지 조사 사업의 근거를 마련하였다.
④ 1910년대 헌병 경찰은 일상적인 경찰 업무 외에도 즉결 처분권을 통해 독립 운동가를 색출하여 처단하였다.
⑤ 조선 총독부는 1910년 12월에 회사령을 제정하여 회사를 설립할 대 조선 총독의 허가를 받도록 하였다.

정답 ②

4 밑줄 그은 '계획'에 대한 설명으로 옳은 것은? [2점]

> **역사신문**
> 제△△호 ○○○○년 ○○월 ○○일
>
> **일제, 쌀 증산을 위한 계획 발표**
>
> 조선에서 대대적으로 쌀 생산을 늘리겠다는 조선 총독부의 계획이 발표되었다. 조선 총독부는 일본에서 인구가 도시로 집중되면서 쌀 부족 현상이 나타나고, 도시에서 쌀 폭동까지 발생하자 본국의 쌀 생산 부족을 해결하기 위해 조선으로 눈길을 돌린 것이다. 일제는 이를 위해 관개 시설 확보, 종자 개량 및 개간 등의 정책을 추진할 예정이다.

① 농광 회사가 주도하여 추진하였다.
② 추진 과정에서 수리 조합 반대 운동이 일어났다.
③ 태평양 전쟁 이후 군량미 조달을 위해 시작되었다.
④ 하와이 노동 이민이 공식적으로 시작되는 배경이 되었다.
⑤ 함경도와 황해도에서 방곡령이 선포되는 결과를 가져왔다.

| 해설 | **산미 증식 계획**

일제는 공업화 정책을 추진하면서 자국의 식량이 부족해지자, 산미 증식 계획을 추진하였다(1920). 일제는 이 사업을 실시하면서 쌀의 증산을 위해 각지에 수리 조합을 조직하고 토지 개량 사업을 벌였다. 산미 증식 계획의 무리한 강행으로 한국의 농업 구조는 쌀농사 중심으로 바뀌었고, 증산에 투입된 비용을 지주가 소작인에게 전가하는 일이 빈번하였다.

② 산미 증식 계획 당시 일제가 가장 역점을 둔 사업은 수리 조합의 설치를 통한 토지 개량 사업이었다. 수리 조합을 설치하여 농경지에 관개, 배수함으로써 토지 생산성을 높이려고 하였다. 따라서 농민들은 수리 조합 반대 운동을 전개하였다.

| 오답 넘기 |

① 농광 회사는 1904년 일제의 토지 침탈 기도에 맞서, 개간 사업을 목적으로 설립된 근대적 농업 회사이다.
③ 태평양 전쟁 이후 일제는 쌀을 비롯한 각종 물자를 공출, 배급하는 제도를 시행하였다.
④ 하와이 노동 이민은 1902년 고종이 노동 이민을 허락함으로써 시작되었다.
⑤ 방곡령은 식량난을 해소하기 위해 곡물의 일본 수출을 금지하는 명령이다.

정답 ②

5 밑줄 그은 '이 시기'에 시행된 일제의 정책으로 옳은 것은? [1점]

> 이 국민 노무 수첩은 일제가 중 · 일 전쟁을 일으키고 침략 전쟁을 확대하던 이 시기에 노동력을 통제하고 관리하기 위하여 발행한 것입니다. 특히, 강제 동원된 한국인의 국민 노무 수첩은 일제에 의해 수많은 한국인들이 광산 등으로 끌려가 열악한 환경에서 혹사당했음을 보여주는 자료입니다.

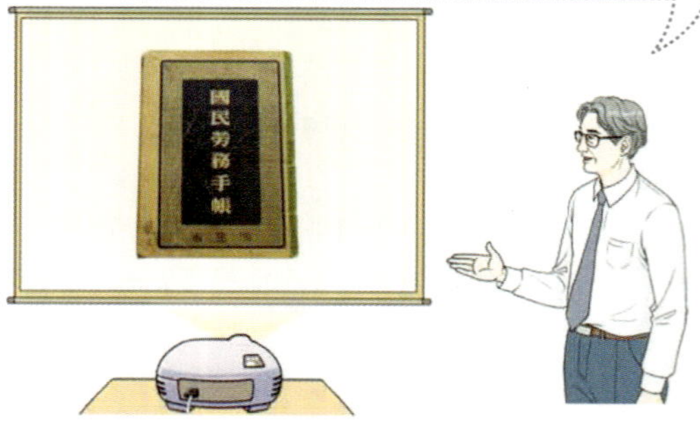

① 한국인에 한하여 적용하는 조선 태형령을 시행하였다.
② 민족 자본의 성장을 억제하기 위해 회사령을 공포하였다.
③ 조선 사상범 예방 구금령을 통해 독립운동을 탄압하였다.
④ 식민지 교육 방침을 규정한 제1차 조선 교육령을 제정하였다.
⑤ 근대적 토지 소유권 확립을 명분으로 토지 조사 사업을 실시하였다.

| 해설 | **민족 말살 통치**

제시된 자료의 '일제가 중 · 일 전쟁(1937.7)을 일으키고 침략 전쟁을 확대'하였다는 내용을 통하여 민족 말살 통치 시기에 대한 내용임을 알 수 있다. '국민 노무 수첩'은 일제가 민족 말상 통치 시기 노동력을 통제하고 관리하기 위해 발행한 것이다. 일제는 1936년 12월 조선 사상범 보호 관찰령을 발표하고, 1941년 2월에는 조선 사상범 예방 구금령을 발표하여 언제든지 독립운동가를 사상범으로 구금할 수 있도록 하였다.

| 오답 넘기 |

① 조선 태형령은 무단 통치 시기인 1912년 4월에 제정 · 시행되었다.
② 1910년 12월 무단 통치 시기 조선 기업의 활동을 억제할 목적으로 일제가 제정한 것이 회사령이다.
④ 식민지 교육 방침을 규정한 제1차 조선 교육령은 무단 통치 시기인 1911년 8월에 제정되었다.
⑤ 무단 통치 시기 토지 조사 사업(1910~1918)은 일제가 근대적 토지 소유를 확립한다는 명분 아래 전국적으로 벌인 대규모 토지 조사였다.

정답 ③

6 (가) 단체에 대한 설명으로 옳은 것은? [3점]

> 이것은 총사령 박상진이 이끌었던  (가) 소속의 김한종 의사 순국 기념비입니다. 김한종 의사는 이 단체의 충청도 지부장으로, 군자금 모금을 방해한 아산의 도고 면장인 박용하 처단을 주도하였습니다. 일제 경찰에 체포되어 박상진과 함께 대구 형무소에서 순국하였습니다. 1963년 건국 훈장 독립장이 추서되었습니다.

① 공화 정체의 국가 건설을 지향하였다.
② 대한민국 임시 정부의 주도로 결성되었다.
③ 봉오동에서 일본군을 상대로 승리를 거두었다.
④ 구미 위원부를 설치하여 외교 활동을 전개하였다.
⑤ 중국군과 함께 영릉가 전투에서 큰 전과를 올렸다.

| 해설 | **1910년대 국내의 항일 민족 운동**

(가)의 대한 광복회는 1910년대 대표적인 비밀 결사로 의병 전쟁과 계몽 운동에 참여하였던 두 세력이 모여 조직하였다(1915.7). 박상진, 김좌진 등의 주도로 독립 전쟁을 통한 국권 회복과 공화국 수립을 목표로 하였으며, 독립 군자금 모금, 친일파 처단 활동을 전개하였다.

| 오답 넘기 |

② 대한민국 임시 정부의 주도로 광복군 사령부가 결성되었다(1940.9).
③ 홍범도가 이끄는 대한 독립군은 봉오동 전투에서 승리하였다(1920.6).
④ 대한민국 임시 정부의 구미 위원부는 1919년 9월 미국 및 서구 여러 나라와의 외교를 담당하는 부서로서 설치되었다.
⑤ 양세봉의 조선 혁명군은 중국 의용군과 연합하여 영릉가에서 일본군을 격퇴하였다(1932.3~7).

정답 ①

7 (가)~(마) 단체에 대한 설명으로 옳은 것은? [3점]

한국사 과제 안내문

▣ 다음 국외 독립운동 단체 중 하나를 선택하여 보고서를 제출하시오.

- 간민회 ············ (가)
- 부민단 ············ (나)
- 신한 청년당 ············ (다)
- 대한인 국민회 ············ (라)
- 대한 광복군 정부 ············ (마)

▣ 조사 방법 : 문헌 조사, 인터넷 검색 등
▣ 제출 기간 : 20○○년 ○○월○○일~○○월○○일
▣ 분량 : A4 용지 3장 이상

① (가) – 샌프란시스코에 중앙 총회를 두었다.
② (나) – 숭무 학교를 설립하여 독립군을 양성하였다.
③ (다) – 권업신문을 발행하여 민족 의식을 고취하였다.
④ (라) – 2 · 8 독립 선언서를 작성하여 발표하였다.
⑤ (마) – 이상설과 이동휘를 정 · 부통령으로 선임하였다.

| 해설 | 1910년대 국외의 항일 민족 운동

⑤ 대한 광복군 정부는 1914년 이상설, 이동휘를 정 · 부통령으로 하여 러시아 연해주 블라디보스토크에서 설립되었다.

| 오답 넘기 |

① 대한인 국민회는 미주 지역에서 안창호가 중심이 되어 결성된 조직으로 샌프란시스코에 중앙 총회를 두었다. 1913년 북간도에서는 이상설, 김약연 등이 용정촌과 명동촌을 중심으로 간민회를 조직하였다.
② 1910년 멕시코 이주민들은 숭무 학교를 세워 무장 투쟁을 준비하였다. 경학사는 서간도의 삼원보에서 결성된 자치 기구로 부민단으로 확대 발전되었다.
③ 연해주의 블라디보스토크에서는 권업회가 독립운동의 경제 기반을 마련하고 학교와 도서관을 설치하였으며, 기관지로 권업신문을 발간하였다. 중국 상하이에서 조직된 신한 청년당은 독립 청원서를 작성하고 파리 강화 회의에 민족 대표로 김규식을 파견하였다.
④ 일본에 유학 중이던 한국 청년들은 조선 청년 독립단의 이름으로 독립 선언서를 발표하였다(2 · 8 독립 선언, 1919).

정답 ⑤

8 밑줄 그은 '만세 시위 운동'에 대한 설명으로 옳은 것은? [2점]

역사신문

제△△호 ○○○○년 ○○월 ○○일

일본군, 제암리에서 주민 학살

폐허가 된 제암리

지난 4월 15일, 경기도 수원군(현재 화성시) 제암리에서 일본군에 의한 참혹한 학살이 자행되었다. 일본군은 주민들을 교회에 모이게 하여, 밖에서 문을 잠그고 무차별 사격을 가한 후 불을 질러 약 30명을 살해하는 만행을 저질렀다. 그리고 인근 교회와 민가 수십 호에도 불을 질렀다. 이는 최근 <u>만세 시위 운동</u>이 전국으로 확산되는 과정에서 가해진 일본군의 탄압으로 보인다.

① 사회주의 세력의 주도 아래 계획되었다.
② 순종의 인산일을 기회로 삼아 추진되었다.
③ 조선 형평사를 중심으로 전국으로 확산되었다.
④ 대한민국 임시 정부가 수립되는 계기가 되었다.
⑤ 박상진이 주도한 대한 광복회 결성에 영향을 주었다.

| 해설 | 3 · 1 운동

미국 대통령 우드로 윌슨이 주창한 민족 자결주의를 통해 독립에 대한 희망을 품게 된 우리 민족은 고종 황제의 죽음과 2 · 8 독립 선언을 계기로 3 · 1 운동을 전개하였다. 이후 만세 운동은 서울 전역을 비롯한 전국의 도시와 농촌으로 퍼져 나갔다. 그러나, 일제는 우리 민족의 평화적인 만세 운동을 무력으로 무자비하게 탄압하였는데 경기도 화성 제암리에서는 주민들을 총살하였다(1919.4.15).

3 · 1 운동은 국내외의 모든 계층이 하나로 단결하여 참여한 최대 규모의 민족 운동이었다. 이를 계기로 대한민국 임시 정부가 수립되었으며, 중국의 5 · 4 운동과 인도의 비폭력 저항 운동 등 세계 약소민족의 독립운동에 큰 영향을 끼쳤다.

| 오답 넘기 |

① · ② 6 · 10 만세 운동, ③ 형평 운동, ⑤ 대한 광복회에 대한 설명이다.

정답 ④

26 대한민국 임시 정부와 무장 독립 전쟁

❶ 대한민국 임시 정부의 활동 ★★★

(1) 국내외 임시 정부의 수립 : 3 · 1 운동이 계기가 됨

① **블라디보스토크의 대한 국민 의회** : 전러 한족회 중앙 총회를 확대 개편(손병희 – 대통령)

② **상하이의 임시 정부** : 신한 청년당 중심의 민족 운동가들이 임시 의정원을 구성해 수립

③ **서울의 한성 정부** : 전국 13도 대표 명의로 수립(국민 대회 개최, 이승만 – 집정관 총재)

국내외의 임시 정부

(2) 대한민국 임시 정부의 통합과 정치 체제

① **임시 정부의 통합** : 전 국민을 대표할 수 있는 통합된 정부를 수립하여 강력한 독립 운동을 전개하기 위해 여러 임시 정부를 상하이의 대한민국 임시 정부로 통합(1919.4.11)

② **정부 위치** : 중국 상하이(서양 열강의 조계 지역이 많아 외교 활동에 적합)

③ **정치 형태** : 3권 분립(임시 의정원, 법원, 국무원)에 입각한 민주 공화정, 대통령 이승만, 국무총리 이동휘 임명

④ **정부 형태의 변천** : 대통령제(1919) → 국무령 중심의 내각 책임 지도제(1925) → 국무위원 중심제(1927) → 주석 지도 체제(1940) → 주석 · 부주석 중심 체제(1944)

임시 정부 청사

Click ! ● 대한민국 임시 정부의 체제

대한민국 임시 헌장(1919.4.11)

제1조 대한민국은 민주 공화제로 한다.
제2조 대한민국은 임시 정부가 임시 의정원의 결의에 의하여 이를 통치한다.
제4조 대한민국의 인민은 종교, 언론, 저작, 출판, 결사, 집회, 통신, 주소 이전, 신체 및 소유의 자유를 향유한다.

대한민국 임시 정부 헌법(1919. 9)

제1조 대한민국은 대한 인민으로 조직함.
제2조 대한민국의 주권은 대한 인민 전체에 있음.
제4조 대한민국의 인민은 일체 평등함.
제5조 대한민국의 입법권은 의정원이, 행정권은 국무원이, 사법권은 법원이 행사함.

임시 정부 의정원 축하 사진

(3) 대한민국 임시 정부의 활동

안창호의 주도로 1919년 7월부터 시행된 임시 정부의 국내 비밀 통치 기구이다.

구분	내용
행정 조직	• **연통제** : 국내외 업무를 연락하기 위한 비밀 행정 조직으로 각 도 · 군 · 면에 정부 연락 책임자를 둠 • **교통국** : 정보 수집 · 분석과 통신 담당
외교 활동	• 파리 위원부 설치(김규식이 대표 → 파리 강화 회의에 독립 공고서 제출) • 구미 위원부 설치(이승만), 한국 친우회 결성(미국 · 영국 · 프랑스) • 인터내셔널 제네바 회의 활동(조소앙 참가 → 한국 민족 독립 결정서 통과)

파리 강화 회의에 파견된 임시 정부 대표단

독립(애국) 공채 독립 운동 자금을 모으기 위해 발행하였으며, 광복 후에 원금과 이자 지급을 약속한 증서

군사 활동	• 군무부(군사 업무) · 참모부(군사 지휘) 설치, 군사 관련 법령 제정 • 육군 무관 학교 설립(상하이), 한국 광복군 창설(1940)
독립 운동 자금 마련	• 독립(애국) 공채 발행, 국민 의연금 모집 • 이륭 양행(만주)과 백산 상회(부산) 협조
문화 활동	• 독립신문 발행(기관지), 사료 편찬소 설치(한 · 일 관계 사료집 간행) • 민족 교육 실시(인성 학교와 삼일 중학교 설립)

임시 정부에서 발행한 외교용 선전 책자

(4) 국민 대표 회의 개최

① 임시 정부의 위축 : 1920년대 초 연통제와 교통국이 일제에 발각되어 와해 → 자금난과 인력난에 시달림, 외교 활동은 강대국의 외면으로 번번이 좌절

② 임시 정부 내부의 갈등 : 이념과 노선 차이로 갈등, 이승만의 위임 통치 요청 → 신채호, 박용만 등이 임시 정부와 의정원 해산 요구

③ 국민 대표 회의(1923.1~6) : 독립운동의 새로운 활로 모색

㉠ 창조파 : 임시 정부의 해체와 새로운 정부 수립 요구(박용만, 신채호 등)

㉡ 개조파 : 임시 정부의 개혁과 존속 주장, 실력 양성을 우선으로 하면서 외교 활동 강조(안창호, 김동삼 등)

㉢ 현상 유지파 : 임시 정부를 그대로 유지하자고 주장(김구)

④ 결과 : 창조파와 개조파로 분열, 성과 없이 결렬, 일부 세력의 임시 정부 이탈, 임시 정부의 내부 분열과 대립 심화

(5) 대한민국 임시 정부의 변화

① 이승만 대통령 탄핵(1925.3) : 박은식을 제2대 대통령으로 추대

② 한인 애국단 조직(1931.10) : 김구가 임시 정부의 위기를 극복하기 위한 노력 전개

❷ 국외 민족 운동의 전개 ★★★

(1) 1920년대의 무장 독립 전쟁

① 봉오동 전투와 청산리 전투

㉠ 봉오동 전투 : 홍범도의 대한 독립군은 일본군과 싸워 큰 승리를 거둠(1920.6)

㉡ 청산리 전투 : 김좌진의 북로 군정서군을 비롯한 여러 독립군 부대들이 크게 물리침(1920.10)

② 독립군의 시련

㉠ 간도 참변(1920.10~1921.4) : 독립군에게 패배한 일제의 보복으로 한인 촌락이 초토화됨

㉡ 대한 독립 군단 편성(1920.12) : 독립군 주력 부대들의 밀산부 이동 → 서일을 총재로 대한 독립 군단 조직 → 러시아의 자유시로 이동

㉢ 자유시 참변(1921.6) : 소련 자유시로 이동한 독립군이 소련 적색군의 공격으로 타격받은 사건 → 다시 만주로 이동

③ 독립군의 재편과 3부 통합 운동

㉠ 3부의 성립 : 만주로 돌아온 독립군이 독립군 단체 통합

3부는 민정 기관(동포들의 자치 행정 담당)과 군정 기관(독립군의 훈련과 작전 담당)을 갖춘 조직이었다.

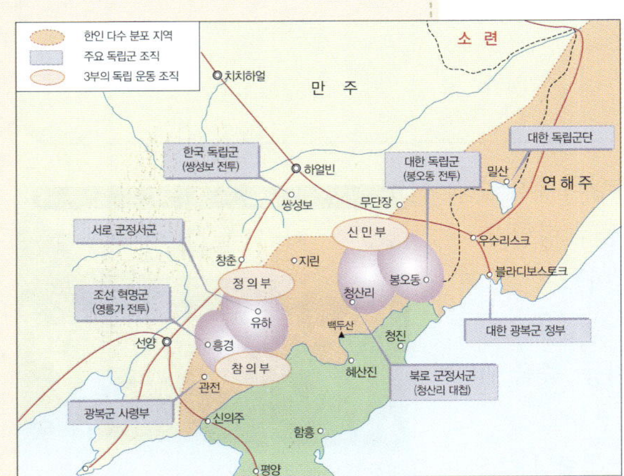

1920년대 무장 독립 단체와 3부

간도 참변

구분	특징
참의부 (1923)	• 압록강 연안에 성립 • 임시 정부 지지 세력이 임시 정부에 대표 파견(자신들의 조직을 인정해 줄 것을 요구) → 임시 정부 직할로 수립
정의부 (1924)	• 길림(지린)을 중심으로 한 남만주 지역에 성립 • 서로 군정서, 광정단 등 여러 무장 단체를 통합하여 수립
신민부 (1925)	• 북만주 지역에 수립 • 김좌진의 북로 군정서 등 북만주 지역의 독립군이 통합하여 수립

ⓛ 3부 통합 운동 : 민족 유일당 운동의 확산 → 독립군 단체 통합의 필요성 대두 → 혁신 의회와 국민부로 통합

④ **미쓰야 협정(1925.6)** : 일제가 만주 군벌 세력과 체결 → 독립군의 시련

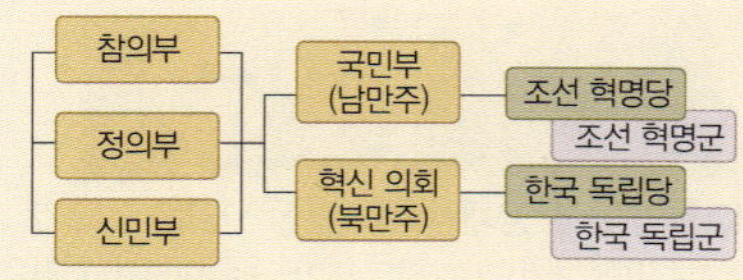

3부의 통합

만주 사변
일제가 1931년 9월 18일 류타오거우 사건(만철 폭파 사건)을 조작해 일본 관동군이 만주를 중국 침략 전쟁의 병참 기지로 만들고 식민지화하기 위해 벌인 침략 전쟁을 말한다.

(2) 1930년대의 항일 연합 전선의 형성

① **한 · 중 연합 작전의 전개** : 만주 사변(1931.9)과 만주국 수립(1932.3)이 계기

한국 독립군	혁신 의회 계열, 한국 독립당의 군사 조직	총사령 지청천, 중국 호로군과 연합하여 쌍성보, 사도하자, 대전자령 전투에서 승리 → 임시 정부의 요청으로 중국 관내 이동
조선 혁명군	국민부 계열, 조선 혁명당의 군사 조직	총사령 양세봉, 중국 의용군과 연합하여 영릉가, 흥경성 전투에서 승리 → 양세봉의 피살 이후 역량 약화

Click ! ● **한 · 중 연합군의 결성**

● **한국 독립군과 중국 호로군의 합의 내용(1931)**
1. 한 · 중 양군은 최악의 상황이 오는 경우에도 장기간 항전할 것을 맹세한다.
2. 중동 철도를 경계선으로 하여 서부 전선은 중국이 맡고, 동부 전선은 한국이 맡는다.
3. 전시 후방 전투 훈련은 한국 장교가 맡고, 한국군에 필요한 군수품 등은 중국군이 공급한다.

● **조선 혁명군과 중국 의용군의 합의 내용(1932)**
중국과 한국 양군의 군민은 한마음 한뜻으로 일제에 대항하여 싸우고, 인력과 물자는 서로 나누어 쓰며, 합작의 원칙하에 국적에 관계없이 그 능력에 따라 항일 공작을 나누어 맡는다.

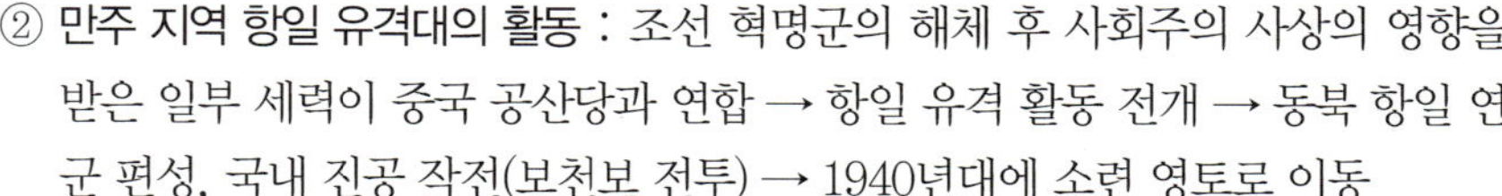

② **만주 지역 항일 유격대의 활동** : 조선 혁명군의 해체 후 사회주의 사상의 영향을 받은 일부 세력이 중국 공산당과 연합 → 항일 유격 활동 전개 → 동북 항일 연군 편성, 국내 진공 작전(보천보 전투) → 1940년대에 소련 영토로 이동

③ **중국 관내에서의 항일 무장 투쟁**

㉠ 배경 : 일제의 만주 점령으로 대부분의 독립군이 중국 관내로 이동, 중국 관내 여러 독립 운동 단체의 항일 통일 전선 필요성 고조

ⓛ 민족 혁명당 조직(1935, 난징) : 김원봉의 주도로 의열단 · 한국 독립당 · 조선 혁명당 등이 모여 결성한 한국 대일 전선 통일 동맹을 바탕으로 창당

ⓒ 한국 국민당(1935) : 김구 등 대한민국 임시 정부 중심의 민족주의 세력이 조직

ⓔ 조선 의용대(1938.10) : 김원봉이 중심이 되어 중국 내륙의 민족주의와 사회주의 세력이 통합되어 창설 → 일부 세력은 충칭으로 이동하여 한국 광복군에 합류(1942)

조선 의용대 창립

(3) 항일 의열 투쟁

① 의열단과 한인 애국단

구분	의열단	한인 애국단
배경	3·1 운동 이후 강력한 무장 조직의 필요 인식	국민 대표 회의 이후 임시 정부의 침체
주도	김원봉, 윤세주(1919.11)	김구 조직(1931.10)
목적	조선 혁명 선언(신채호)을 지침으로 활동 → 민중 폭력 혁명의 필요성 강조	적극적인 항일 무력 활동
활동	• 박재혁(부산 경찰서 투탄, 1920), 김익상(조선 총독부 투탄, 1921), 김상옥(종로 경찰서 투탄, 1923), 김지섭(일본 황궁 투탄, 1924), 나석주(동양 척식 주식회사와 식산 은행 투탄, 1926) • 후기의 방향 전환 : 황포 군관 학교에 단원 파견 교육, 조선 혁명 간부 학교 창립 및 조선 민족 혁명당 결성(1935)	• 이봉창 의거(1932) : 일본 도쿄에서 일본 국왕의 암살 시도 • 윤봉길 의거(1932) : 상하이 훙커우 공원에서 열린 상하이 점령 축하 기념식장에 폭탄을 투척하여 상하이 거류민 단장과 일본군 고관들 처단 → 중국 국민당 정부의 중국 영토 내 무장 독립 투쟁 승인 및 지원 계기

황포 군관 학교: 1924년 쑨원이 군지휘관 양성을 목적으로 세운 육군 군관 학교이다. 의열단장 김원봉을 비롯한 조선 청년들이 이곳에서 훈련을 받았다.

의열단원 김지섭(가운데 인물) 1924년, 일왕이 기거하는 황궁 앞에 폭탄을 투척하고 체포된 김지섭이 재판받는 모습

Click !

강도(强盜) 일본을 쫓아내려면 오직 혁명으로만 가능하며, 혁명이 아니고는 강도 일본을 쫓아낼 방법이 없는 바이다. …… 민중은 우리 혁명의 대본영(大本營)이다. 폭력은 우리 혁명의 유일한 무기이다. 우리는 민중 속에 가서 민중과 손을 잡아 끊임없는 폭력, 암살, 파괴, 폭동으로써 강도 일본의 통치를 타도하고 우리 생활에 불합리한 일체 제도를 개조하여 인류로써 인류를 압박하지 못하며 사회로써 사회를 약탈하지 못하는 이상적 조선을 건설할지니라.

Click ! ● 의열단과 한인 애국단

의열단장 김원봉

윤봉길

김원봉은 1898년생으로 의열단을 조직할 당시 20대 초반이었다. 신흥 무관 학교를 다니다 자퇴하고 동지를 규합하여 의열단을 조직하였다.

• [의열단] 그들의 생활은 밝음과 어두움이 기묘하게 혼합된 것이다. 언제나 죽음을 눈앞에 두고 있었으므로 살아 있는 동안이라도 마음껏 즐기려 했던 것이다. 그들은 놀라울 정도로 멋진 친구들이었다. …… 사진찍기를 아주 좋아했으며, 언제나 이번이 죽기 전에 마지막으로 찍는 것이라 생각하였다. – 님 웨일스, 『아리랑』 –

• **윤봉길의 훙커우 의거**

4월 29일, 새벽에 윤군과 같이 김해산의 집에 가서 마지막으로 식탁을 같이하여 아침밥을 먹었다. …… 마침내 오후 한 시쯤이 되자 곳곳에서 허다한 중국 사람들이 술렁거리는 소리가 들려왔지만, 전하는 말이 달라 정확한 상황을 확인할 수 없었다. …… 오후 두세 시경에 다음과 같은 신문 호외가 터져 나왔다. "훙커우 공원 일본인의 경축대 위에서 대량의 폭탄이 폭발하여 거류민단장 가와바다는 즉사하고, 시라카와 대장, 시게미츠 주중 공사, 우에다 중장, 노무라 중장 등 문무 대관이 모두 중상 ……." – 김구, 『백범일지』 –

• 너희도 만일 피가 있고 뼈가 있다면 반드시 조선을 위해 용감한 투사가 되어라. 태극기의 깃발을 높이 드날리고 나의 빈 무덤에 찾아와 한 잔의 술을 부어 놓아라. 그리고 너희들은 아비 없음을 슬퍼하지 마라. 사랑하는 어머니가 있으니…….

– 윤봉길 의사가 아들에게 남긴 유서 –

② **무정부주의자들의 활동** : 다물단(김창숙), 흑도회(박열), 남화 한인 청년 동맹(1930) 등이 조직되어 폭력 투쟁을 전개

③ **개인 차원의 의거** : 강우규(1919년 사이토 총독에게 폭탄 투척), 박열(일본 국왕 암살 기도), 조명하(타이완에서 일본 왕의 장인이자 육군 대장을 칼로 찌름)

이봉창 의사와 거사 전에 쓴 선서문

(4) 대한민국 임시 정부의 재정비

① 대한민국 임시 정부의 이동

㉠ 이동 : 윤봉길의 의거 이후 일제의 탄압 심화 → 중 · 일 전쟁 전선에 따라 이동

㉡ 한국 광복 운동 단체 연합회(1937) : 대한민국 임시 정부가 창사, 광저우로 근거지를 옮기면서 결성, 독립 운동의 역량 결집

㉢ 충칭에 정착(1940)

ⓐ 주석제 개헌 : 김구를 주석으로 하는 단일 지도 체제로 정비

ⓑ 한국 독립당 조직 : 한국 국민당(김구), 한국 독립당(조소앙), 조선 혁명당(지청천)을 통합하여 김구를 중심으로 하는 새로운 정당 결성 → 임시 정부의 집권당 역할

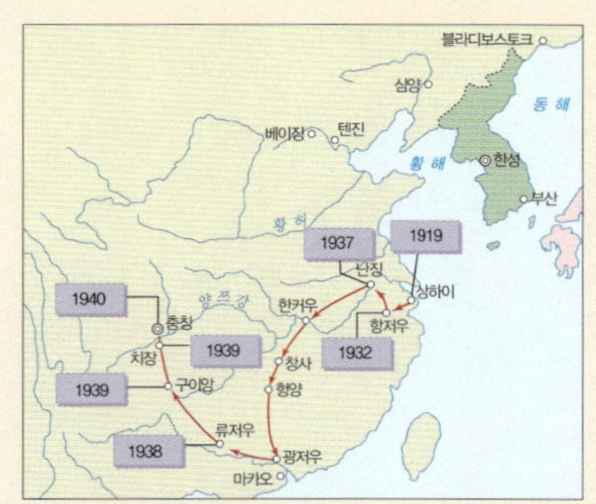

임시 정부의 이동 경로

② 한국 광복군

㉠ 창설 : 중 · 일 전쟁 이후 중국 내륙(충칭)으로 이동해 온 독립군을 바탕으로 편성(1940.9, 지청천 총사령관)

㉡ 선전 포고 : 태평양 전쟁 발발 직후 연합국의 일원으로 일본에 선전 포고(1941.12)

㉢ 군사력 증강 : 조선 의용대원들의 합류(1942.5)로 군사력 강화

㉣ 연합군과 작전 전개 : 영국군의 요청으로 인도 · 미얀마 전선에 공작대 파견, 문서 번역, 일본군을 상대로 한 정보 수집과 포로 심문 등의 활동 전개

㉤ 국내 정진군 조직(1945.3) : 미국 전략 정보처(OSS)의 지원 아래 국내 진공 작전 준비(실현 못함)

③ **건국 강령 발표(1941.11)** : 일제의 패망에 대비, 건국 방향 제시

㉠ 배경 : 조소앙의 삼균주의를 바탕으로 건국 이념과 독립 전쟁의 준비를 알림

㉡ 내용 : 보통 선거에 의한 공화정 수립, 의무 교육제 실시, 주요 생산 시설의 국유화, 자영농 위주의 토지 개혁

한국 광복군 제2지대 대원들의 모습

(5) 조선 독립 동맹의 활동

대표적 인물로 무정(김무정)이 있다. 그는 중국 팔로군의 포병 단장이었다.

① **결성(1942.7)** : 중국 공산당에서 활동한 한인, 민족 혁명당에서 이탈해 온 공산주의자, 조선 의용대 화북 지대 대원들이 김두봉을 주석으로 하여 결성

② **강령** : 보통 선거에 의한 민주 공화국 수립, 남녀평등, 토지 분배, 대기업의 국유화 등 포함

③ **조선 의용군 조직** : 조선 의용대 화북 지대 흡수, 중국 공산당의 팔로군과 함께 일본군과 교전, 일본군 점령지에 잠입하여 정보 수집, 선전 활동, 무정 등 조선 의용군 간부들의 국내 진입 노력 → 실패

④ **통합 노력** : 임시 정부와 통합 협의, 일제의 패망으로 논의 중단

1 대한민국 임시 정부의 활동

- 한성, 상하이, 연해주 지역의 임시 정부가 통합되었다. □
  - ↳ 한·일 관계 사료집을 편찬하고 독립신문을 발행하였다. □
  - ↳ 독립 공채를 발행하여 자금을 마련하였다. □
- [대한민국 임시 정부] 파리 강화 회의에 독립 청원서를 제출하였다. □
  - ↳ 국민 대표 회의를 열어 독립운동의 방향을 논의하였다. □
  - ↳ 무장 투쟁을 위해 육군 주만 참의부를 조직하였다. □
- 조소앙의 삼균주의를 기초로 기본 강령을 발표하였다. □
  - ↳ 삼균주의에 바탕을 둔 건국 강령을 발표하였다. □

2 국외 민족 운동의 전개

- [천도교] 의민단을 조직하여 무장 투쟁을 전개하였다. □
  - ↳ 만주에서 의민단을 조직하여 무장 투쟁을 전개하였다. □
- [대한 독립군] 봉오동 전투에서 일본군을 격퇴하였다. □
  - ↳ [홍범도] 봉오동 전투에서 일본군을 상대로 승리를 거두었다. □
  - ↳ 대한 국민회군과 연합하여 봉오동에서 일본군을 격파하였다. □
- [북로 군정서군] 김좌진의 지휘 아래 활동하였다. □
  - ↳ 홍범도 부대와 연합하여 청산리에서 일본군과 교전하였다. □
  - ↳ [김좌진] 독립군 연합 부대를 이끌고 청산리 전투에서 승리하였다. □
- [대한 독립 군단] 간도 참변 이후 조직을 정비하고 자유시로 이동하였다. □
  - ↳ 자유시 참변으로 큰 타격을 입었다. □
  - ↳ 미쓰야 협정이 체결되는 배경이 되었다. □
- [대한민국 임시 정부] 독립군 비행사 육성을 위해 한인 비행 학교(윌로스 비행 학교)를 세웠다. □
- [조선 혁명군] 조선 혁명당의 군사 조직으로 남만주 지역에서 활약하였다. □
  - ↳ 총사령 양세봉의 지휘 아래 활동하였다. □
  - ↳ 남만주에서 중국군과 연합 작전으로 항일 전쟁을 벌였다. □
  - ↳ 남만주에서 중국군과 연합 작전을 전개하였다. □
  - ↳ 중국군과 함께 영릉가 전투에서 큰 전과를 올렸다. □
- [한국 독립군] 중국 호로군과 연합 작전을 통해 항일 전쟁을 전개하였다. □
  - ↳ 대전자령 전투에서 일본군을 상대로 승리를 거두었다. □
  - ↳ 북만주 지역에서 활동한 한국 독립당의 산하 부대였다. □
  - ↳ 쌍성보 전투에서 한·중 연합 작전을 전개하였다. □
- [조선 의용대] 중국 관내(關內)에서 조직된 최초의 한인 무장 부대였다. □
  - ↳ 중국 관내(關內)에서 결성된 최초의 한인 군사 조직이었다. □
  - ↳ 중국 관내(關內)에서 결성된 최초의 한인 무장 부대였다. □
- [동북 인민 혁명군] 동북 항일 연군으로 개편되어 유격전을 전개하였다. □
- (조선) 민족 혁명당이 결성되었다. □
- [김원봉] 의열단을 조직하여 단장으로 활동하였다. □
  - ↳ [의열단] 조선 혁명 선언이 작성되었다. □
  - ↳ 조선 혁명 선언을 활동 지침으로 삼았다. □
  - ↳ 신채호의 조선 혁명 선언을 활동 지침으로 삼았다. □
  - ↳ [신채호] 민중의 직접 혁명을 주장하는 조선 혁명 선언을 집필하였다. □
- [의열단] 김상옥이 종로 경찰서에 폭탄을 투척하였다. □
  - ↳ 단원 일부가 황푸 군관 학교에 입학해 군사 훈련을 받았다. □
  - ↳ 조선 혁명 간부 학교를 설립하여 군사 훈련에 힘썼다. □
  - ↳ [김원봉] 중국 국민당 정부의 지원을 받아 조선 혁명 간부 학교를 설립하였다. □
- [한인 애국단] 김구에 의해 상하이에서 결성되었다. □
  - ↳ [김구] 한인 애국단 결성과 항일 의거 활동 □
  - ↳ 윤봉길이 훙커우 공원에서 폭탄을 던져 일제 요인을 살상하였다. □
- [한국 광복군] 연합군의 일원으로 인도·미얀마 전선에 파견되었다. □
  - ↳ 미국과 연계하여 국내 진공 작전을 계획하였다. □
  - ↳ [장준하] 한국 광복군의 일원으로 국내 진공 작전을 준비하였다. □

1 다음 공고가 발표된 이후 대한민국 임시 정부의 활동으로 옳은 것은? [3점]

임시 정부 포유문

1. 본 정부는 이번 제32회 임시 의정원 회의에 임시 약헌 개정으로 제출하여 임시 정부의 조직 기구를 변경하였으니 …… 국무위원회 주석과 국무 위원을 모두 회의에서 선출하여 종전에 국무 위원끼리 주석을 호선하던 제도를 폐하였다. 또 국무위원회 주석은 일반 국무를 처리함에는 총리격을 가졌고, 그 외 정부를 대표하며 국군을 총감하는 권리를 설정하였으니 이 방면으로는 국가 원수격을 가지게 되었다.

① 파리 강화 회의에 독립 청원서를 제출하였다.
② 삼균주의에 바탕을 둔 건국 강령을 발표하였다.
③ 무장 투쟁을 위해 육군 주만 참의부를 조직하였다.
④ 국민 대표 회의를 열어 독립운동의 방향을 논의하였다.
⑤ 임시 사료 편찬회를 두어 한 · 일 관계 사료집을 간행하였다.

| 해설 | 대한민국 임시 정부

제시된 자료에서 '국무 위원끼리 주석을 호선하던 제도를 폐하였다'라는 내용을 통해 임시 정부의 조직 기구를 변경하였음을 알 수 있다. 1940년 10월 충칭에 자리 잡은 대한민국 임시 정부는 헌법 개정을 통해 국무 위원제를 주석제로 바꾸고, 김구 주석 중심의 단일 지도 체제를 마련하였다. 일본 패망을 확신하고 새로운 국가 건설을 준비해 왔던 대한민국 임시 정부는 1941년 12월 대일 선전 포고를 하였고, 1941년 11월 조소앙의 삼균주의를 바탕으로 보통 선거를 통한 민주 공화국의 수립을 규정한 대한민국 건국 강령을 선포하였다. 건국 강령에는 정치적으로는 의회주의에 바탕을 둔 민주 공화국 건설, 경제적으로는 대기업의 국영화, 토지의 국유화, 자영농 위주의 토지 개혁 시행 등의 내용이 담겨 있다.

| 오답 넘기 |

① 1919년 상하이의 신한 청년당은 독립 청원서를 작성하여 김규식을 파리 강화 회의에 대표로 파견하였다.
③ 1924년 임시 정부 산하 조직으로 남만주에 위치했던 단체가 육군 주만 참의부이다.
④ 대한민국 임시 정부의 활동을 재평가하고 독립 운동 방향을 모색한 국민 대표 회의는 1923년에 개최되었다.
⑤ 상하이 임시 정부는 1919년 임시 사료 편찬소를 설치하고 한 · 일 관계 사료집을 간행하였다.

정답 ②

2 (가) 무장 투쟁에 대한 탐구 활동으로 가장 적절한 것은? [2점]

이것은 1920년 10월, 백운평 · 완루구 · 어랑촌 등지에서 일본군에 맞서 싸운 (가) 당시 독립군이 불렀던 노래 가사의 일부입니다. 독립군들의 비장한 각오를 잘 보여주고 있습니다.
하늘은 미워한다
배달족의 자유를 억탈하는 왜적 놈들을
삼천리 강산에 열혈이 끓어
분연히 일어나는 우리 독립군
맹세코 싸우고 또 싸우리니
성결한 전사를 하게 하소서
– 「기전사가(祈戰死歌)」 –

① 조선 의용대가 참여한 전투에 대해 알아본다.
② 일본군에서 탈출한 학도병들의 활동을 정리한다.
③ 북로 군정서와 대한 독립군의 활약상을 조사한다.
④ 조선 혁명군이 흥경성에서 승리한 요인을 살펴본다.
⑤ 한국 독립군이 대전자령에서 수행한 작전을 찾아본다.

| 해설 | 1920년대 무장 독립 전쟁

1920년 10월 10일 북로 군정서를 비롯하여 대한 독립군, 대한 신민단, 국민회군 등의 독립군 부대가 백두산 서쪽으로 향하는 길목인 화룡현 청산리에 집결하였다. 이에 일본군은 곧 추격 부대를 파견하였다. 10월 21일에는 김좌진의 북로 군정서군이 백운평 골짜기에서, 다음날에는 김좌진과 홍범도의 지휘를 받은 독립군 부대가 어랑촌 마을에서 일본군을 물리치고 큰 승리를 거두었다. 이어 26일까지 인근 지역에서 10여 회의 전투가 벌어졌는데, 이를 청산리 대첩이라 한다.

| 오답 넘기 |

① 1938년 10월 창립된 조선 의용대는 중국 국민당의 정부군과 합세하여 양쯔강 중류 일대에서 일본의 진격을 막았으며, 중국 각 지역에서 항일 투쟁을 전개하였다.
② 학도 지원병제가 실시된 것은 1943년 10월로 일본군에서 탈출한 학도병은 한국 광복군에 참여하였다.
④ 남만주에서 활약하던 조선 혁명군(총사령 양세봉)이 중국 의용군과 연합하여 승리한 전투가 영릉가 · 흥경성 전투이다.
⑤ 1930년대 초반 한국 독립군(총사령 지청천)은 중국 호로군과 연합하여 쌍성보 · 사도하자 · 동경성 · 대전자령 전투에서 승리를 거두었다.

정답 ③

3 밑줄 그은 '이 사건'이 일어난 시기를 연표에서 옳게 고른 것은? [1점]

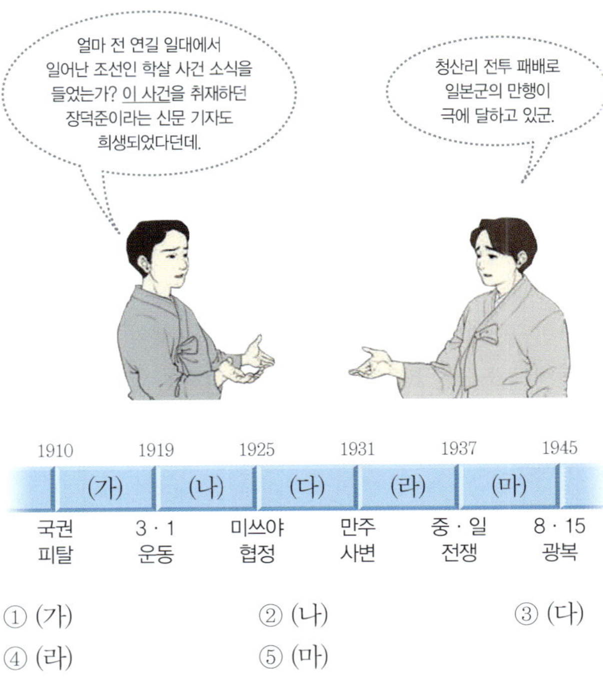

얼마 전 연길 일대에서 일어난 조선인 학살 사건 소식을 들었는가? 이 사건을 취재하던 장덕준이라는 신문 기자도 희생되었다던데.
청산리 전투 패배로 일본군의 만행이 극에 달하고 있군.
1910 1919 1925 1931 1937 1945
(가) (나) (다) (라) (마)
국권 피탈
3·1 운동
미쓰야 협정
만주 사변
중·일 전쟁
8·15 광복

① (가) ② (나) ③ (다)
④ (라) ⑤ (마)

| 해설 | 독립군의 시련

3·1 운동(1919) 이후 간도를 비롯한 만주 지역에서는 독립운동이 활발하게 전개되면서 수많은 독립군 양성 기관과 무장한 독립군 부대가 편성되었다. 이들은 여러 차례 국경을 넘어 국내로 진공하여 일제의 식민 통치 기관에 타격을 가하였다. 이에 일제는 일본군을 만주에 직접 투입하여 일거에 독립군을 소탕할 계획을 세우고, 훈춘 사건을 조작하여 이를 구실로 대규모 병력을 보내었다.

그러나 독립군 부대가 사전에 일본군이 공격해 오기 어려운 산 속 또는 중소 국경 지대로 이동해버림으로써 이러한 계획은 차질을 빚게 되었다. 특히 독립군을 추격하던 일본군이 봉오동 전투와 청산리 대첩으로 오히려 독립군에게 대패를 당하자, 이에 대한 보복으로 간도 지역의 한인들을 무차별 학살하는 만행을 저질렀다(간도 참변, 1920). 일제는 청산리 대첩 이후 약 3~4개월에 걸쳐 수많은 한인 마을을 불태우고, 재산과 식량을 약탈하였으며, 한인들을 보는 대로 무차별 학살하였다. 옌지 현 이란거우에서는 30여 호의 전 주민이 몰살당하고 마을 전체가 폐허가 되었다. 10월 9일에서 11월 5일까지 27일간 간도 일대에서 학살된 사람은 확인된 수만 해도 3,469명에 이른다. 그 외 확인되지 않은 숫자와 3~4개월에 걸쳐 학살된 수를 합하면 피해자는 적어도 수만 명에 이르렀을 것으로 추정되고 있다.

따라서 (나) 시기에 해당한다.

정답 ②

4 밑줄 그은 '이 부대'의 활동으로 옳은 것은? [2점]

이 건물은 승은문으로, 총사령 지청천이 이끈 이 부대가 길림 자위군과 연합하여 만주국 군대를 격파한 쌍성보 전투의 현장입니다.

① 동북 항일 연군으로 개편되어 유격전을 전개하였다.
② 대전자령 전투에서 일본군을 상대로 승리를 거두었다.
③ 간도 참변 이후 조직을 정비하고 자유시로 이동하였다.
④ 홍범도 부대와 연합하여 청산리에서 일본군과 교전하였다.
⑤ 조선 혁명당의 군사 조직으로 남만주 지역에서 활약하였다.

| 해설 | 1930년대 한·중 연합 작전

제시된 자료의 '총사령 지청천', '쌍성보 전투의 현장' 등의 내용을 통하여 밑줄 그은 '이 부대'가 한국 독립군임을 알 수 있다. 지청천이 이끈 한국 독립군은 중국의 호로군과 연합하여 쌍성보 경박호, 사도하자, 동경성 전투에서 일본군 또는 일·만 연합군을 크게 격파하였다. 특히 대전자령 전투에서는 4시간에 걸친 격전 끝에 승리하였으며 막대한 전리품을 획득하여 한·중 연합군의 사기를 크게 높였다(1933.6).

| 오답 넘기 |

① 한인 사회자들이 중심이 되어 조직된 동북 인민 혁명군은 1936년에 동북 항일 연군으로 개편되었다.
③ 간도 참변 이후 북로 군정서를 비롯한 간도의 독립군 부대는 간도를 떠나 소련의 자유시로 이동하는 과정에서 서일을 총재로 한 대한 독립 군단을 편성하였다(1920.12).
④ 김좌진이 이끄는 북로 군정서는 홍범도 부대와 연합하여 청산리 지역에서 일본군을 격퇴하였다(1920.10).
⑤ 조선 혁명당의 군사 조직으로 남만주 지역에서 활약한 부대는 조선 혁명군이다.

정답 ②

5 (가)에 대한 설명으로 옳은 것은? [3점]

□□ 신문
제△△호 20○○년 ○○월 ○○일

여성 독립운동가 기념 우표 발행

우정사업본부는 3·1 운동 100주년을 맞아 조국의 독립을 위해 헌신한 여성 독립운동가 4명의 기념 우표를 발행하였다. 그들 중 박차정은 근우회에서 활동하다가 보다 적극적인 독립운동을 위해 중국으로 망명하였다.

1938년 조선 민족 전선 연맹 산하의 군사 조직으로 우한에서 창설된 (가) 의 부녀복무단장으로 무장 투쟁을 전개하다가 35세의 젊은 나이로 순국하였다. 1995년 건국 훈장 독립장이 추서되었다.

① 총사령 양세봉의 지휘 아래 활동하였다.
② 미국과 연계하여 국내 진공 작전을 계획하였다.
③ 쌍성보 전투에서 한·중 연합 작전을 전개하였다.
④ 간도 참변 이후 조직을 정비하고 자유시로 이동하였다.
⑤ 중국 관내(關內)에서 조직된 최초의 한인 무장 부대였다.

| 해설 | **만주 지역의 무장 독립 투쟁**

여성 독립운동가 박차정(1910~1944) 소개 내용 중 '1938년 조선 민족 전선 연맹 산하의 군사 조직으로 우한에서 창설되었다'는 내용을 통해 (가) 독립 운동 단체는 조선 의용대이다. 김원봉이 주도하는 조선 민족 혁명당은 중국의 협조로 1938년 10월 중국 관내 최초의 한인 군사 조직인 조선 의용대를 편성하여 중국 국민당 정부군과 함께 항일 투쟁을 전개하였다.

| 오답 넘기 |

① 1930년대 초 남만주에서 양세봉이 지휘하던 조선 혁명군은 한·중 연합 작전을 전개하였다.
② 한국 광복군은 미국의 전략 정보처(OSS)의 지원으로 국내 진공 작전을 계획하였다.
③ 한국 독립군은 중국 호로군과 연합하여 쌍성보 전투(1932.9/1932.11) 등에서 일본군을 격퇴하였다.
④ 간도 참변 이후 북로 군정서를 비롯한 간도의 독립군 부대는 소련의 자유시로 이동하는 과정에서 대한 독립 군단을 편성하였다(1920.12).

정답 ⑤

6 (가) 단체에 대한 설명으로 옳은 것은? [2점]

김창숙은 동년 음력 3월 중순 상하이에 도착하여 본래부터 친분이 있는 (가) 의 간부 김원봉, 유우근, 한봉근 등을 만나 여러 가지로 의논하였다. …… (가) 의 단원인 나석주를 조선에 건너가서 암살할 자로 영남의 부호 장모, 하모, 권모 등을 지적한 일까지 있었다고 한다.

① 태평양 전쟁 발발 이후에 조직되었다.
② 고종의 밀지를 받아 결성된 비밀 단체였다.
③ 만민 공동회를 열어 민권 신장을 추구하였다.
④ 일제가 조작한 105인 사건으로 큰 타격을 입었다.
⑤ 단원 일부가 황푸 군관 학교에 입학해 군사 훈련을 받았다.

| 해설 | **항일 무장 단체의 활동**

제시된 자료에서 '김원봉', '나석주'를 통하여 (가) 단체는 김원봉이 윤세주 등과 함께 만주 길림(지린)성에서 1919년 11월에 조직된 의열단임을 알 수 있다. 나석주는 의열단의 단원으로 동양 척식 주식회사와 식산 은행에 폭탄을 던진 인물이다. 김원봉은 신채호에게 의열단 투쟁의 이념과 방향을 제시해 줄 것을 부탁하였고, 이를 수용하여 신채호가 쓴 글이 '조선 혁명 선언'이다(1923.1).

의열단은 일제 요인의 암살 및 식민 지배 기구의 파괴 활동을 통하여 애국심을 환기시키고, 민중 봉기를 유발하여 일제를 타도하고자 하였다. 그러나 의열단은 이러한 개별적인 투쟁의 한계를 인식하고 보다 조직적인 무장 투쟁을 전개하는 것이 필요하다고 판단하여 군대를 육성하고자 하였다. 이에 김원봉을 비롯한 단원들이 중국의 황푸 군관 학교에 입교하여 군사 훈련을 받기도 하였다.

| 오답 넘기 |

① 태평양 전쟁은 1941년 12월에 발발하였으므로 1919년 11월에 조직된 의열단과 관련이 없다.
② 독립 의군부는 1912년 9월 임병찬이 고종의 비밀 지령으로 의병을 규합하여 결성한 단체이다.
③ 독립 협회는 만민 공동회를 열어 민권 신장을 추구하였다(1898).
④ 105인 사건은 일제가 날조한 사건으로 그 결과 신민회가 해체되었다(1911.9).

정답 ⑤

7 (가) 단체의 활동으로 옳은 것은? [1점]

이달의 독립운동가

이 봉 창

서울 출신으로 1925년에 일본으로 건너가 막일로 생계를 유지하다 민족 차별에 분노하여 독립운동에 투신할 것을 결심하고 상하이로 갔다. 1931년 김구가 조직한 (가) 에 가입하고, 1932년 1월 도쿄에서 일왕이 탄 마차를 향해 폭탄을 던져다. 같은 해 사형을 선고받아 순국하였으며, 광복 후 서울 효창 공원에 안장되었다.

① 중국군과 함께 영릉가 전투에서 큰 전과를 올렸다.
② 영국군의 요청으로 인도 · 미얀마 전선에 투입되었다.
③ 홍커우 공원에서 일어난 윤봉길 의거를 계획하였다.
④ 조선 총독부에 국권 반환 요구서를 제출하려 하였다.
⑤ 조선 혁명 간부 학교를 설립하여 군사 훈련에 힘썼다.

| 해설 | 항일 애국 단체들의 성격과 활동

제시된 자료에서 '1931년 김구가 조직'이나 '이봉창'이라는 부분을 통해 (가) 단체는 한인 애국단임을 알 수 있다. 한인 애국단은 1931년 10월 대한민국 임시 정부를 이끌고 있던 김구에 의해 중국 상하이에서 조직되었다. 한인 애국단의 대표적 활동은 이봉창이 도쿄에서 일본 국왕의 마차에 폭탄을 투척한 사건(1932.1)과 윤봉길이 상하이 홍커우 공원에서 열린 기념식장에 폭탄을 투척한 사건(1932.4)이다.

| 오답 넘기 |

① 조선 혁명군은 중국 의용군과 힘을 합해 1932년 3월~7월 영릉가 전트에서 일본군과 만주군 연합군에 맞서 크게 승리하였다.
② 한국 광복군은 1943년 8월 영국군의 요청에 따라 미얀마와 인도 전선에 공작대를 파견하였다.
④ 대한 독립 의군부는 일본의 총리대신과 조선 총독에게 국권 반환 요구서를 보내고 전국적인 의병 전쟁을 준비하였다(1912.9).
⑤ 의열단은 중국 국민당 정부의 지원 아래 난징에 조선 혁명 간부 학교를 세워 운영하였다(1932.10).

정답 ③

8 (가) 군대에 대한 설명으로 옳은 것은? [1점]

이것은 대한민국 임시 정부 산하의 (가) 총사령부 건물로, 지난 3월 이곳 충칭의 옛 터에 복원되었습니다. 과거 임시 정부가 중국의 도움으로 (가) 을/를 창설하였듯이, 오늘날 이 총사령부 건물도 양국의 노력으로 세울 수 있었습니다.

① 김좌진의 지휘 아래 활동하였다.
② 자유시 참변으로 큰 타격을 입었다.
③ 미국과 연계하여 국내 진공 작전을 계획하였다.
④ 중국 관내(關內)에서 결성된 최초의 한인 무장 부대였다.
⑤ 중국 호로군과 연합 작전을 통해 항일 전쟁을 전개하였다.

| 해설 | 한국 광복군의 활동

제시된 자료는 충칭 시기 대한민국 임시 정부의 활동이다. 일제의 대륙 침략이 본격화된 이후 임시 정부는 무장 부대의 필요성을 느끼게 되었고, 충칭에 정착한 후 한인 무장 세력을 규합하여 1940년 9월 지청천을 총사령(이범석 참모장)으로 하는 한국 광복군을 창설하였다. 한국 광복군은 1943년 8월 영국군의 협조 요청에 응해 미얀마, 인도 전선에 파견되기도 하였다. 또 일제의 패망이 다가오자 한국 광복군은 미국과 연계하여 국내 진공 작전을 준비하였다(1945.3). 이를 위하여 국내에 침투할 특수 요원을 육성하기도 하였다.

| 오답 넘기 |

① 김좌진이 지휘한 군대는 북로 군정서군이다(1919~1920).
② 대한 독립 군단은 자유시 참변으로 세력이 크게 약화되었다(1921.6).
④ 1938년 10월에 결성된 조선 의용대는 중국 관내에서 최초로 조직된 한인 무장 부대이다.
⑤ 지청천이 지휘한 한국 독립군은 중국 호로군과 연합하여 쌍성보, 대전자령 등지에서 일본군에 대승을 거두었다(1930년대 전반).

 ③

27 3·1 운동 이후의 국내 민족 운동

일차

공부한 날 월 일

❶ 실력 양성 운동

(1) 민족 실력 양성론 대두

① 배경 : 3·1 운동 이후 일부 민족주의자들이 즉각적인 독립에 회의적인 태도를 보임 → 문화 통치에 기대, 사회 개조와 신문화 건설 주장

② 이념 : 사회 진화론(약육강식, 우승열패 강조)

③ 한계 : 민족 운동의 수준을 절대 독립의 단계에서 '선실력 양성 후독립'의 단계로 낮춤 → 자치론 등장의 계기가 됨

(2) 물산 장려 운동

① 배경 : 회사령 폐지 이후 한국인들의 중소기업 설립 증가, 일본과 한국 사이의 무역에서 관세 철폐 움직임

② 주도 단체 : 자작회(1922년 연희 전문 학교 학생들로 조직된 국산품 애용 계몽 단체), 평양의 조선 물산 장려회(1920.8, 조만식)(서울에서도 1923년 1월에 설립), 토산 애용 부인회 등

③ 활동 내용 : '내 살림 내 것으로', '조선 사람 조선 것' 등의 구호를 제창하면서 일본 상품 배격, 국산품 애용 강조, 근검·절약·금주·단연 운동 전개

④ 결과 : 민족 산업과 생산력이 취약한 관계로 물가만 올라 상인과 자본가만 이익을 얻었음. 사회주의자들이 '중산 계급의 이기적 운동'이라고 비판

물산 장려 운동의 한계

- 농민 몰락으로 구매력 저하
- 1920년대 경제 불황
- 일부 자본가의 이익 추구
- 자본가와 지주가 주동

Click! ● 물산 장려회 궐기문

내 살림 내 것으로!
보아라! 우리의 먹고 입고 쓰는 것이 다 우리의 손으로 만든 것이 아니었다. 이것이 세상에 제일 무섭고 위태한 일인 줄을 오늘에야 우리는 깨달았다. 피가 있고 눈물이 있는 형제자매들아, 우리가 서로 붙잡고 서로 의지하여 살고서 볼 일이다.
입어라! 조선 사람이 짠 것을.
먹어라! 조선 사람이 만든 것을.
써라! 조선 사람이 지은 것을.
조선 사람, 조선 것.

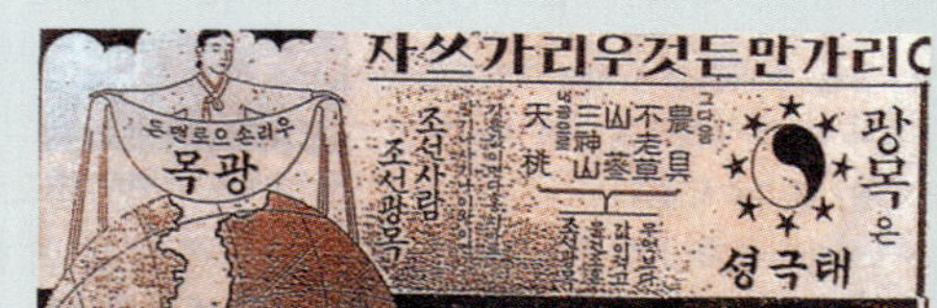

물산 장려 운동 선전 광고

물산 장려 운동 선전지

(3) 민립 대학 설립 운동

① 배경 : 제2차 조선 교육령 발표(보통학교 증설, 대학 설립 가능) → 초등 교육과 실업 교육에 한정, 고등 교육에 대한 대책 부재, 학교 수 부족

② 전개 : 한규설, 이상재 등이 조직한 조선 교육회가 주도하여 조선 민립 대학 기성 준비회 결성 → 발기인 총회를 개최하여 조선 민립 대학 기성회 조직(1922.11)

③ 활동 내용 : '한민족 1천만이 한 사람이 1원씩'의 구호 아래 모금 운동 전개

④ 결과 : 일제의 억압과 간섭으로 실패 → 일제가 민립 대학 설립 운동을 방해하기 위해 경성 제국 대학을 설립(1924)

민립 대학 기성회 창립 총회(기념 사진)

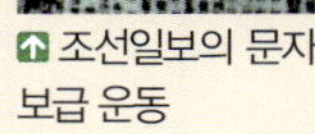

▲ 조선일보의 문자 보급 운동

▲ 동아일보의 브나로드 운동

(4) 농촌 계몽 운동 : 조선 총독부가 1935년 이후로는 전면적으로 금지시킴

① **야학 운동** : 1920년대에 많이 설립, 노동자와 농민 대상으로 문맹 퇴치 및 사회 생활에 필요한 능력 함양에 이바지, 민족 교육의 온상으로 인식

② **문자 보급 운동** : 1920년대 후반에 조선일보 주도로 전개, '아는 것이 힘, 배워야 산다'는 표어 제시, 한글 교재 배부 등의 활동 전개(~1934)

③ **브나로드 운동(1931)** : 동아일보 주관, 학생들을 통한 농촌 계몽 운동 전개 → 각 지방의 마을마다 야학 개설, 농민에게 한글 교육, 미신 타파, 근검절약 등 계몽 활동 전개(~1934)

④ **문맹 퇴치 운동** : 조선어 학회의 한글 교재 제작 및 보급, 조선어 강습회 개최 → 총독부의 금지 조치

⑤ **영향** : 이광수의 '흙', 심훈의 '상록수' 등 문학 작품 발표

❷ 민족 협동 전선 운동 ☆☆☆

(1) 사회주의 사상의 유입과 확산

① **배경** : 러시아 혁명 이후 연해주 및 일본의 유학생과 교포 등에 의해 수용 → 3·1 운동 이후 청년과 지식인 사이에 빠르게 전파

② **단체 결성** : 서울 청년회(1921), 조선 공산당(1925.5) 조직 → 농민·노동 운동, 청년 운동, 여성 운동 등에 관여

③ **영향** : 민족 운동 전선이 민족주의 계열과 사회주의 계열로 분화 → 대립·갈등

(2) 6·10 만세 운동(1926)

① **배경** : 일제의 수탈과 식민 교육 정책에 대한 반발, 사회주의 세력 성장, 순종의 죽음을 계기로 민족 감정 고조

② **주체** : 사회주의자, 조선 학생 과학 연구회를 중심으로 한 학생들

③ **전개** : 순종 인산일에 학생과 시민이 대규모 시위 전개, 동맹 휴학 확산

④ **영향** : 민족 유일당 운동의 계기, 민족주의와 사회주의의 연대

(3) 민족 유일당 운동

① **민족주의 계열의 분화** : 이광수의 '민족적 경륜' 발표(1924)를 계기로 타협적 자치 운동 대두

② **사회주의 세력 약화** : 치안 유지법 제정(1925.5), 6·10 만세 운동 이후 일제의 탄압 강화, 조선 공산당 내부의 파벌 싸움

③ **비타협적 민족주의자와 일부 사회주의자의 연합 모색**

㉠ 조선 민흥회 창립(1926.7) : 비타협적 민족주의자들과 일부 사회주의자들이 연합

㉡ 정우회 선언(1926.11) : 사회주의자들이 비타협적 민족주의자들과의 민족 협동 전선 제안

6·10 만세 운동의 격문

조선 민중아!
우리의 철천지 원수는 자본·제국주의 일본이다.
이천만 동포야! 죽음을 각오하고 싸우자!
만세 만세 조선 독립 만세.

민족적 경륜

총독부의 주선으로 동아일보 논설위원이 된 이광수는 동아일보에 '민족적 경륜'을 연재하여 실력 양성과 민족성 개조, 독립 운동을 일본이 허용하는 자치 운동으로 전환하자고 주장하였다.

신간회 강령

1. 우리는 정치·경제적 각성을 촉진함
2. 우리는 단결을 공고히 함
3. 우리는 기회주의를 일체 부인함

Click! ● 정우회 선언

민족주의적 세력에 대하여는 그 부르주아 민주주의적 성질을 명백하게 인식하는 동시에 또 과정적 동맹자적 성질도 충분히 승인하여, 그것이 타락하는 형태로 출현되지 아니하는 것에 한하여는 적극적으로 제휴하여 대중의 개량적 이익을 위하여서도 종래의 소극적 태도를 버리고 분연히 싸워야 할 것이다.

④ 신간회의 창립과 활동

㉠ 신간회 창립(1927.2) : 비타협적 민족주의 세력과 사회주의 세력의 민족 협동 전선론 모색의 결과 결성된 최대 규모의 정치·사회 단체

㉡ 강령 : 민족의 정치적·경제적 각성 촉진, 민족의 단결, 기회주의 부인

㉢ 활동 : 전국에 지회 설치, 강연회·연설회 개최, 노동·농민 운동 지원, 청년·여성·형평 운동과 연계, 광주 학생 항일 운동 적극 지원(대규모 민중 대회 계획)

1929년 광주 학생 운동이 일어나자 언론사와 천도교, 기독교, 불교 등 종교 세력, 그리고 근우회 등과 함께 '민중 대회'를 개최하려 하였으나, 사전에 비밀이 누설되어 무산되고 말았다.

㉣ 해소(1931.5) : 일제의 탄압, 내부의 이념 대립, 코민테른의 지시

1919년 설립된 각국 공산당 연합으로 '국제 공산당'이라고도 한다. 레닌의 주도로 창설되어 국제 공산주의 운동을 지도하다 1943년 해산되었다.

(4) 광주 학생 항일 운동(1929.11)

① 계기 : 광주·나주 간 통학 열차에서 일본인 남학생이 한국인 여학생을 희롱한 사건을 계기로 한·일 학생 간 충돌 발생

② 전개 : 한국인 학생에 대한 일방적 탄압 및 검거가 자행되자 광주 지역 한국 학생의 총궐기

③ 확산 : 신간회가 진상 조사단 파견, 민중 대회 계획, 시위와 동맹 휴학의 전국 확산

④ 의의 : 3·1 운동 이후 최대 규모의 민족 운동, 학생 스스로 독립 운동의 주역임을 확인

3 대중적 사회 운동

(1) 소년 운동

① 배경 : 3·1 운동 이후 청년 운동의 영향으로 어린이를 인격체로 여김

② 방정환의 활동 : 천도교 소년회 조직(1921.4), 색동회 조직(어린이 연구 단체)

③ 활동 : 어린이날 제정, 잡지 '어린이' 발간

(2) 청년 운동 : 심신의 단련 및 계몽 활동 주력, 조선 청년 총동맹(사회주의 계열과 민족주의 계열의 청년 운동 통합)

(3) 여성 운동

① 활동 : 여성에 대한 봉건적 차별 잔존 철폐, 문맹 퇴치, 생활 개선 운동 등 전개

② 근우회 창립(1927.5) : 신간회의 자매 단체, 여성의 공고한 단결과 지위 향상에 노력 → 남녀평등, 여성 노동자의 권익 옹호, 사회주의 계열과 민족주의 계열의 협동 단체, 기관지 '근우' 발간

(4) 형평 운동

① 배경 : 신분제 폐지(갑오개혁) 이후에도 백정에 대한 사회적인 편견과 차별 존재 → 교육에서의 차별, 호적에 도한(屠漢)으로 기재

② 조선 형평사 창립(1923.4) : 신분 차별과 멸시 타파를 목표로 진주에서 창립 → 전국 각지에 지사·분사를 둔 대규모 조직으로 발전

③ 의의 : 호적에서 백정 신분 표시 삭제, 백정 자녀의 학교 입학 허용 → 일제의 탄압으로 퇴조

조선 형평사는 사회주의 운동과 연계하여 계급 투쟁도 전개하였다. 1937년까지 존속하다가 일제의 탄압으로 해체하였다.

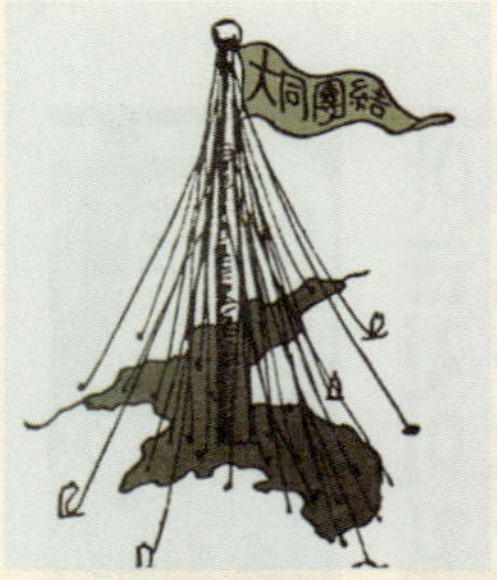

신간회 결성을 축하하는 삽화(동아일보)

광주 학생 항일 운동의 격문

"학생, 대중이여 궐기하라!
검거된 학생은 우리 손으로 탈환하자.
언론·결사·집회·출판의 자유를 획득하라.
식민지 교육 제도를 철폐하라.
조선인 본위의 교육 제도를 확립하라."

어린이날 포스터

근우회 행동 강령

1. 여성에 대한 사회·경제적 일체 차별 철폐
2. 일제의 봉건적 인습과 미신 타파
3. 조혼 폐지 및 결혼의 자유
4. 인신 매매 및 공창 폐지
5. 농촌 여성의 경제적 이익 옹호
6. 여성 노동의 임금 차별 철폐 및 산전 산후 임금 지불
7. 여성 및 소년공의 위험 및 야업 폐지

근우

조선 형평사 포스터

❶ 실력 양성 운동

- [물산 장려 운동] 조선 사람 조선 것이라는 구호를 내세웠다.
  - ↳ 조선 물산 장려회 발기인 대회에 참여하는 기업인
  - ↳ [조만식] 평양에서 조선 물산 장려회 발기인 대회를 개최하였다.

◈ 실전 자료 　물산 장려 운동

우리 생활의 제일 조건은 의식주의 문제, 즉 산업적 기초라. 이 산업적 기초가 파멸을 당하여 우리에게 남은 것이 없으면 그 아무 것도 없는 우리가 사람으로 사람다운 생활을 하지 못하고 사람다운 발전을 하지 못할 것은 당연하지 아니한가.

- 동아일보를 중심으로 브나로드 운동이 전개되었다.
  - ↳ [동아일보] 농촌 계몽을 위해 브나로드 운동을 전개하였다.
  - ↳ 배우자 가르치자 다 함께 브나로드를 구호로 내세웠다.

❷ 민족 협동 전선 운동

- [6·10 만세 운동] 사회주의 세력의 주도 아래 계획되었다.
  - ↳ 순종의 인산일을 기회로 삼아 추진되었다.
  - ↳ 순종의 인산일을 기회로 삼아 6·10 만세 운동이 일어났다.
  - ↳ 국내에서 민족 유일당 운동이 전개되는 계기가 되었다.

◈ 실전 자료 　6·10 만세 운동 격문

왕조의 마지막 군주였던 창덕궁 주인이 53세의 나이로 지난 4월 25일에 서거하였다. …… 지금 우리 민족의 통곡과 복상은 군주의 죽음 때문이 아니고 경술년 8월 29일 이래 사무친 슬픔 때문이다. … 슬퍼하는 민중들이여! 하나가 되어 혁명 단체 깃발 밑으로 모이자! 금일의 통곡복상의 충성과 의분을 모아 우리들의 해방 투쟁에 바치자!

- 사회주의 세력의 활동 방향을 밝힌 정우회 선언이 발표되었다.

◈ 실전 자료 　정우회 선언

민족주의적 세력에 대하여는 그 부르주아 민주주의적 성질을 명백하게 인식하는 동시에 또 과정적 동맹자적 성질도 충분히 승인하여, 그것이 타락하는 형태로 출현되지 아니하는 것에 한하여는 적극적으로 제휴하여 대중의 개량적 이익을 위하여서도 종래의 소극적 태도를 버리고 분연히 싸워야 할 것이다.

- [민족 유일당 운동] 한국 독립 유일당 북경 촉성회가 창립되었다.
- 민족 유일당 운동의 일환으로 신간회가 창립되었다.
  - ↳ 민족 유일당 운동의 일환으로 창립되었다.
  - ↳ 신간회 창립 대회에 참여하는 청년
  - ↳ 신간회의 간부로 활동하는 변호사

◈ 실전 자료 　신간회

신간회는 '우리는 정치적, 경제적, 사회적 각성을 촉진함', '우리는 단결을 공고히 함', '우리는 일체 기회주의를 부인함'이라는 3대 강령 하에서 탄생하여 금일까지 140개 지회의 39,000여 명의 회원을 포함한 단체가 되었다. －『동광』－

- 부민관에 폭탄을 설치하는 대한 애국 청년단원

❸ 대중적 사회 운동

- [소년 운동] 잡지 어린이 창간호를 준비하는 천도교 소년회원
  - ↳ 어린이 등의 잡지를 발간하여 소년 운동을 주도하였다.
- [여성 운동] 여성 계몽과 구습 타파를 주장하는 근우회가 창립되었다.
- [형평 운동] 백정에 대한 사회적 차별 철폐를 목적으로 하였다.
  - ↳ 조선 형평사 창립 대회가 개최되었다
  - ↳ 진주에서 시작되어 전국으로 확산되었다.
  - ↳ 조선 형평사를 중심으로 전국으로 확산되었다.
  - ↳ 백정에 대한 차별 철폐를 요구하는 조선 형평사가 창립되었다.

◈ 실전 자료 　조선 형평사 취지문

공평은 사회의 근본이고 애정은 인류의 근본 강령이다. 그런 고로 우리는 계급을 타파하고 모욕적 칭호를 폐지하여 교육을 장려하며, 우리도 참다운 인간이 되는 것을 기대하는 것이 본사의 큰 뜻이다. 지금까지 조선의 백정은 어떠한 지위와 어떠한 압박을 받아 왔던가? 과거를 회상하면 종일토록 통곡하여도 피눈물을 금할 길이 없다.

- [광주 학생 항일 운동] 신간회가 조사단을 파견하여 지원하였다.
  - ↳ 광주 학생 항일 운동을 주도하는 학생

1 다음 법령이 발표된 이후에 있었던 사실로 옳은 것은? [2점]

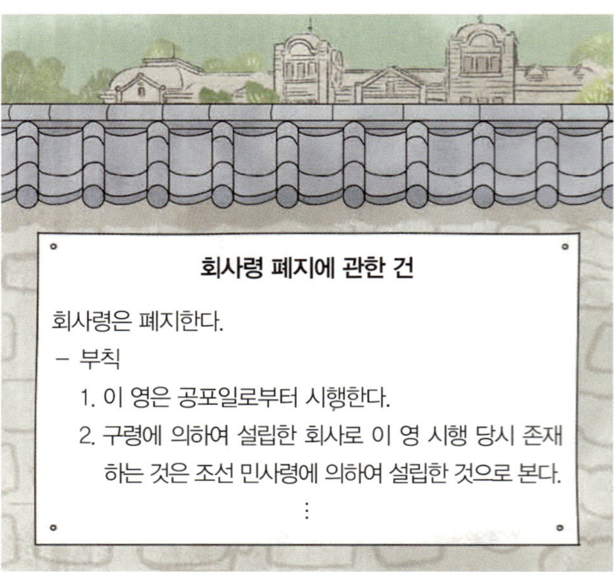

회사령 폐지에 관한 건

회사령은 폐지한다.

– 부칙

1. 이 영은 공포일로부터 시행한다.
2. 구령에 의하여 설립한 회사로 이 영 시행 당시 존재하는 것은 조선 민사령에 의하여 설립한 것으로 본다.

⋮

① 조선 물산 장려회가 발족되었다.
② 함경도에서 방곡령이 선포되었다.
③ 동양 척식 주식회사가 창립되었다.
④ 한성 은행, 대한 천일 은행이 설립되었다.
⑤ 메가타의 주도로 화폐 정리 사업이 실시되었다.

| 해설 |

조선 총독부는 1910년 12월에 회사령을 제정하여 회사를 설립할 때 조선 총독의 허가를 받도록 하였는데 한국인의 회사 설립을 억제함으로써 민족 자본의 성장을 막기 위한 조치였다. 일제는 제1차 세계 대전 이후 일본의 자본이 축적되자 일제는 회사령을 폐지하여 회사 설립을 허가제에서 신고제로 바꾸었다(1920.4).

① 물산 장려 운동은 회사령이 폐지되고 관세가 철폐된다는 소식에 위기의식을 느낀 민족주의 계열에서 추진한 민족 실력 양성 운동이었다(1920.8).

| 오답 넘기 |

② 방곡령은 일본으로의 양곡 유출을 막기 위하여 조 · 일 통상 장정의 규정(1883.7)에 따라 실시되었다.
③ 동양 척식 주식회사는 일본이 조선의 식민지 경영을 위해 1908년에 설립된 한 · 일 합작 회사이다.
④ 개항 이후 민간 자본에 의해 한성 은행, 천일 은행 등이 설립되었다.
⑤ 1904년 일제는 재정 고문 메가타를 중심으로 화폐 정리 사업을 추진하였다(1905~1909).

정답 ①

2 다음 취지서를 발표한 민족 운동에 대한 설명으로 옳은 것은? [3점]

발기 취지서

우리의 운명을 어떻게 개척할까? ……민중의 보편적 지식은 보통 교육으로도 가능하지만 심오한 지식과 학문은 고등 교육이 아니면 불가하며, 사회 최고의 비판을 구하며 유능한 인물을 양성하려면 최고 학부의 존재가 가장 필요하도다. …… 그러므로 우리는 이에 느낀 바 있어 감히 만천하 동포에게 향하여 민립 대학의 설립을 제창하노니, 형제 자매는 와서 찬성하고 나아가며 이루라.

① 근우회를 중심으로 진행되었다.
② 중국의 5 · 4 운동에 영향을 주었다.
③ 이상재 등이 주도하여 모금 활동을 전개하였다.
④ 어린이날을 제정하고 잡지 어린이 등을 발간하였다.
⑤ '배우자 가르치자 다 함께 브나로드' 등의 구호를 내세웠다.

| 해설 |

이상재 등 민족 지도자들은 조선 교육회를 만들어 조선인 본위의 교육을 실시하고자 노력하였다(1920.6). 이들은 우리 민족의 힘으로 대학을 설립하려는 민립 대학 설립 운동을 전개하였다. 1923년 3월 조선 민립 대학 기성 준비회가 언론사의 적극적인 지원 하에 전국적인 호응을 받으면서 모금 운동을 펼쳤다. '한민족 1천만이 한 사람이 1원씩'이라는 구호 아래 진행된 모금 운동은 국내는 물론 국외의 동포까지 호응하였다. 이에 일제는 경성 제국 대학 설립 계획을 서둘러 발표하는 등 방해 공작을 벌였다.

| 오답 넘기 |

① 민족주의 계열과 사회주의 계열의 여성 운동 단체들은 신간회의 창립에 발맞추어 근우회를 조직하였다(1927.5).
② 3 · 1 운동은 중국의 5 · 4 운동, 인도의 비폭력 불복종 운동에 영향을 미쳤다.
④ 천도교 소년회는 1922년 5월 1일을 어린이날로 이름 짓고, 기념행사, 소년 보호 운동을 전개하였다.
⑤ 일제 강점기 동아일보사는 학생을 중심으로 브나로드 운동(문맹 퇴치 운동)을 전개하였다(1931~1934).

정답 ③

3 밑줄 그은 '이 운동'의 표어로 적절한 것은? [1점]

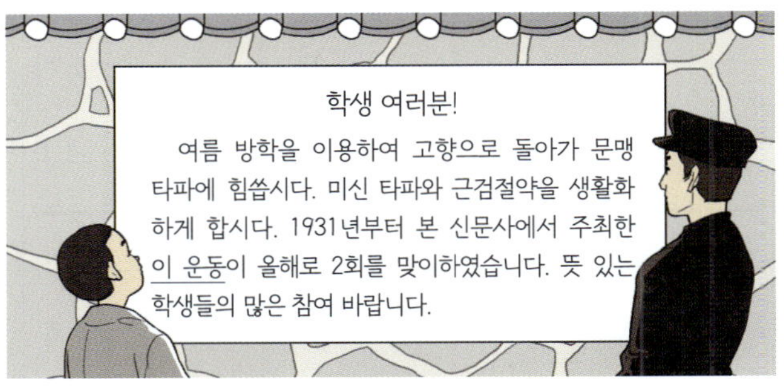

학생 여러분!
여름 방학을 이용하여 고향으로 돌아가 문맹 타파에 힘씁시다. 미신 타파와 근검절약을 생활화하게 합시다. 1931년부터 본 신문사에서 주최한 이 운동이 올해로 2회를 맞이하였습니다. 뜻 있는 학생들의 많은 참여 바랍니다.

① 조선 사람 조선 것으로
② 잘살려면 어린이를 위하라
③ 한민족 1천만이 한 사람이 1원씩
④ 배우자 가르치자 다 함께 브나로드
⑤ 천차만별의 천시(賤視)를 철폐하자

| 해설 |

조선일보는 1929년 8월부터 '아는 것이 힘, 배워야 산다'는 슬로건을 내걸고 방학에 귀향하는 학생들과 함께 문자 보급 운동을 전개하였다. 동아일보도 1931년부터 네 차례에 걸쳐 브나로드 운동을 전개하였는데, 야학을 개설하여 한글을 가르치는 일과 함께 미신 타파, 근검절약 등을 강조하는 계몽 활동을 병행하였다. 그러나 일제는 이러한 활동이 농민들에게 민족의식을 고취하려는 민족 운동이라는 이유를 들어 이를 강제로 중단시켰다(1935).

| 오답 넘기 |

① '조선 사람 조선 것으로'는 1920년 8월부터 시작된 물산 장려 운동의 표어이다.
② '잘살려면 어린이를 위하라'는 소년 운동의 표어이다.
③ '한민족 1천만이 한 사람이 1원씩'은 1923년 3월부터 본격화된 '민립 대학 설립 운동'의 표어이다.
⑤ '천차만별의 천시(賤視)를 철폐하자'는 경남 진주에서 1923년 4월부터 시작된 형평 운동의 표어이다.

정답 ④

4 밑줄 그은 '이 운동'에 대한 설명으로 옳은 것은? [1점]

이것은 순종의 인산일을 기회로 전개되었던 이 운동을 기념하기 위해 세운 기념비입니다. 기념비에서는 당시 중앙고보생을 비롯한 많은 학생들이 일제 경찰의 삼엄한 경비를 뚫고 시내 곳곳에서 만세 시위를 벌인 내용이 기록되어 있습니다.

① 미쓰야 협정이 체결되는 배경이 되었다.
② 신간회가 조사단을 파견하여 지원하였다.
③ 대한매일신보의 후원으로 전국적으로 확산되었다.
④ 국내에서 민족 유일당 운동이 전개되는 계기가 되었다.
⑤ 배우자 가르치자 다 함께 브나로드를 구호로 내세웠다.

| 해설 |

제시된 자료에서 '순종의 인산일을 기회로 전개되었다'는 내용을 통하여 6·10 만세 운동에 대한 설명임을 알 수 있다. 1926년 순종이 세상을 떠나자 사회주의 세력이 일부 민족주의 세력, 학생층과 연대하여 대규모 만세 시위를 계획하였으나 사전에 발각되어 실패하였다. 그러나 조직이 발각되지 않은 학생들은 순종의 인산일인 6월 10일에 일제의 삼엄한 경비를 뚫고 군중에게 격문을 뿌리며 독립 만세 시위를 벌였다. 이에 호응하여 시민들이 합세하였으나 일제의 무장 경찰에 의해 무자비하게 제압당하였다. 6·10 만세 운동은 3·1 운동 이후 침체되었던 민족 운동에 활력을 불러일으켰으며, 이후 민족주의 세력과 사회주의 세력이 연합하는 민족 유일당 운동의 계기가 되었다.

| 오답 넘기 |

① 미쓰야 협정은 6·10 만세 운동 이전인 1925년 6월에 체결되었다.
② 신간회가 조사단을 파견하여 지원한 것은 1929년 11월에 발생한 광주 학생 항일 운동이다.
③ 1907년 2월에 일어난 국채 보상 운동은 대한매일신보의 후원으로 전국적으로 확산되었다.
⑤ '배우자 가르치자 다 함께 브나로드'를 구호로 내세운 운동은 농촌 계몽 운동인 브나로드 운동이다(1931~1934).

정답 ④

5 (가) 단체에 대한 설명으로 옳은 것은? [2점]

> 지난 3일 전남 광주에서 일어난 고보학생 대 중학생의 충돌 사건에 대하여 종로에 있는 (가) 본부에서는 제19회 중앙상무집행위원회의 결의로 장성 · 송정 · 광주 세 지회에 대하여 긴급 조사 보고를 지령하는 동시에 사태의 진전을 주시하고 있던 바, 지난 8일 밤 중요 간부들이 긴급 상의한 결과, 사건 내용을 철저히 조사하고 구금된 학생들의 석방도 교섭하기 위하여 중앙집행위원장 허헌, 서기장 황상규, 회계 김병로 세 최고 간부를 광주까지 특파하기로 하고 9일 오전 10시 특급 열차로 광주에 향하게 하였다더라.
>
> – 동아일보 –

① 조선 혁명 선언을 활동 지침으로 삼았다.
② 민족 유일당 운동의 일환으로 창립되었다.
③ 조선학 운동을 전개하여 여유당전서를 간행하였다.
④ 조소앙의 삼균주의를 기초로 기본 강령을 발표하였다.
⑤ 대성 학교와 오산 학교를 세워 민족 교육을 전개하였다.

| 해설 | 신간회의 활동

신간회는 사회주의 계열과 비타협적 민족주의 계열이 연대한 일제 강점기 최대의 항일 단체로 전국적인 조직을 갖추었으며 민족 유일당의 일환으로 창립되었다(1927.2). 신간회는 일제의 민족 분열 통치로 인해 일부 세력이 독립이 아닌 일제 지배 하에서의 자치권 획득을 주장하자, 이를 기회주의로 규정하여 배척하였다. 또한 1929년 11월 광주 학생 항일 운동이 일어나자 조사단을 파견하는 한편, 이 운동이 전국적으로 확산될 수 있도록 노력하였다. 그러나 신간회는 일제의 탄압과 내부의 이념 대립으로 인해 1931년 5월에 해소되었다.

| 오답 넘기 |

① 조선 혁명 선언은 신채호가 작성한 것으로 의열단의 행동 강령으로 작성된 것이다(1923.1).
③ 1930년대에 정인보는 『여유당전서』 간행 사업을 계기로 조선학 운동을 전개하였다.
④ 건국 강령은 1941년 11월 조소앙의 삼균주의를 바탕으로 발표되었다.
⑤ 신민회는 대성 학교와 오산 학교를 세워 민족 교육과 신교육을 실시하며 민중을 계몽하였다(각 1908.9 / 1907.12).

정답 ②

6 다음 기사에 보도된 사건에 대한 설명으로 옳은 것은? [2점]

> □□ 일보
>
> 제△△호 ○○○○년 ○○월 ○○일
>
> **광주고보, 중학생 충돌 사건**
> **쌍방 기세 의연 험악**
>
> 지난 3일 광주역 부근 일대에서는 광주 공립 고등 보통학교 학생과 광주 일본인 중학교 학생 각 300여 명이 다투어 쌍방에 수십 명의 부상자를 내었다. 이후 고등 보통학교 학생들은 막대를 총과 같이 어깨에 메고 시내에서 시위를 벌였다. 두 학교에서는 극도로 감정이 격앙된 학생들을 진정시키기 위해 6일까지 사흘 동안 임시 휴교를 하였다는데 쌍방 학생의 기세는 아직도 험악하다고 하더라.

① 순종의 인산일을 계기로 일어났다.
② 일제의 무단 통치를 완화시키는 배경이 되었다.
③ 대한민국 임시 정부가 수립되는 계기가 되었다.
④ 대한매일신보의 후원 속에 전국적으로 확산되었다.
⑤ 전국 각지에서 일어난 동맹 휴학의 도화선이 되었다.

| 해설 | 광주 학생 항일 운동

신문 기사에서 설명하는 사건은 1929년 11월에 일어난 광주 학생 항일 운동이다. 광주 학생 항일 운동은 통학 기차 안에서 일본 학생이 한국 여학생을 희롱한 사건이 계기가 되어 발생하였다. 이후 각지의 학생들이 동맹 휴학과 시위로 이에 동조함으로써 광주 학생 항일 운동은 3 · 1 운동 이후 최대의 민족 운동으로 발전하였다. 특히, 신간회는 광주 학생 항일 운동이 일어나자 진상 조사단을 파견하는 한편, 이 운동이 전국적으로 확산될 수 있도록 노력하였다.

| 오답 넘기 |

① 6 · 10 만세 운동은 순종 인산일에 일어난 대규모 만세 시위이다.
② 일제는 거족적으로 일어난 3 · 1 운동에 놀라 헌병 경찰 통치를 이른바 문화 통치로 전환하였다.
③ 3 · 1 운동은 대한민국 임시 정부가 수립되는 계기가 되었다.
④ 언론 기관 중 대한매일신보는 국채 보상 운동을 전국으로 확산시키는 데 크게 이바지하였다.

정답 ⑤

7 다음 자료를 발표한 단체에 대한 설명으로 옳은 것은? [1점]

○○○○기념 행사

10년 후의 조선을 생각하라

– 어린 사람을 헛말로 속이지 말아 주십시오.
– 어린 사람을 늘 가까이 하시고 자주 이야기하여 주십시오.
– 어린 사람에게 경어를 쓰시되 늘 부드럽게 하여 주십시오.
– 나쁜 구경을 시키지 마시고 동물원에 자주 보내 주십시오.

1922년 5월 1일

① 잡지 근우를 발간하였다.
② 김기전, 방정환 등이 주도하였다.
③ 발명 학회와 과학 문명 보급회를 창립하였다.
④ 가갸날을 제정하고 기관지인 한글을 발행하였다.
⑤ 대성 학교와 오산 학교를 설립하여 민족 교육을 실시하였다.

| 해설 | 소년 운동

일제 강점기 소년 운동은 청년 운동의 영향으로 소년회가 조직되었는데, 방정환과 김기전이 중심이 되어 조직한 천도교 소년회의 활동이 활발하였다. 이들은 1922년 5월 1일을 어린이날로 이름 짓고, 기념행사, 소년 보호 운동을 전개하였으며, 이듬해에는 잡지 '어린이'를 발간하여 소년 애호 사상을 전파하였다.

| 오답 넘기 |

① 기관지로 '근우'를 발간(1929.5)한 것은 근우회이다.
③ 1924년 10월에 발명 학회와 과학 문명 보급회 등의 과학 연구 단체들이 창립되었다.
④ 조선어 연구회는 잡지 '한글'을 발간하고 한글날의 전신인 가갸날을 제정하는 등 한글의 대중화에 주력하였다(각 1926 / 1927).
⑤ 신민회는 대성 학교와 오산 학교를 세워 민족 교육과 신교육을 실시하며 민중을 계몽하였다.

정답 ②

8 밑줄 그은 '이 운동'에 대한 설명으로 옳은 것은? [1점]

형평사 창립 대회

공평은 사회의 근본이요 애정은 인류의 본성입니다. 이 운동은 우리들의 모욕적 칭호를 폐지하며, 교육을 장려하고, 참다운 인간이 되는 것을 목표로 하고 있습니다.

① 만세보를 발행하여 민중 계몽에 힘썼다.
② 조만식, 이상재 등의 주도로 시작되었다.
③ 백정에 대한 사회적 차별 철폐를 목적으로 하였다.
④ 일제가 이른바 문화 통치를 실시하는 계기가 되었다.
⑤ 고종의 인산(因山)을 기회로 삼아 대규모 시위를 전개하였다.

| 해설 | 형평 운동

제시된 자료는 백정과 관련된 형평 운동에 대한 내용이다. 백정들은 진주에서 조선 형평사를 조직하여 백정에 대한 사회적 차별과 백정 자녀의 교육 문제, 각종 사회 운동에 대한 대책을 토의하고 전국 회원의 단결을 꾀하였다(1923.4).

| 오답 넘기 |

① 만세보는 1906년 6월 천도교가 창간한 일간 신문이다.
② 1922년 11월 조만식, 이상재 등 민족주의자들은 민립 대학 기성 준비회를 결성하였다.
④ 일제는 거족적으로 일어난 3 · 1 운동에 놀라 헌병 경찰 통치를 이른바 문화 통치로 전환하였다.
⑤ 고종의 인산일을 계기로 일어난 운동은 3 · 1 운동이다.

정답 ③

28 일제 강점기 문화와 생활의 변화

일차 | 공부한 날 월 일

❶ 일제의 식민지 문화 정책과 친일파의 활동

(1) 일제 강점기 교육 정책

① 목적 : 식민지 지배에 순종하는 황국 신민 양성

② 일제의 교육 정책

구분	내용
우민화 정책 1차 조선 교육령 (1911~1922)	• 충량한 국민 육성과 일본어 보급 목적 • 보통 · 실업 · 전문 교육으로 한정, 대학 교육 금지, 보통학교 4년제 • 사립학교 규칙(1911, 사립학교 허가제), 서당 규칙(1918, 민족 서당 탄압)
유화 정책 2차 조선 교육령 (1922~1938)	• 일본식 학제(보통학교 6년제) • 조선어 필수, 경성 제국 대학 설립(1924) • 일어 상용자와 비상용자 구분하여 학제 적용
황국 신민화 3차 조선 교육령 (1938~1943)	• 보통학교 → 심상 소학교 • 황국 신민 서사 암송, 수신 과목 강화 • 조선어 선택(수의 과목) • 국민학교령(1941) : 소학교 → 국민학교
전시동원 4차 조선 교육령 (1943~1945)	• 학도 지원병제 실시(1943) • 조선어 · 조선 역사 완전 폐지 • 체련(체조+무도) 과목 신설

초등학교와 국민학교
'국민학교'는 '황국신민학교'의 줄임말이며(1941년 3월 '소학교'에서 명칭 개정), 현재의 명칭인 '초등학교'는 민족 정기의 복원을 위해 1996년 3월 1일에 개칭하였다.

일본어 교육을 받는 학부모

(2) 식민주의 역사학의 정립

① 목적 : 민족적 자긍심의 박탈, 식민 지배의 당위성 확보

② 주도 단체 : 조선사 편수회(1922) → 『조선사』 발간, 청구 학회(1930)

③ 내용 : 식민 통치의 합리화 → 단군 조선 부정, 패배적 역사 인식 주입

구분	내용
정체성론	우리 역사는 사회 · 경제 구조에서 아무런 내부적 발전이 없이 고대 상태에 정체해 있다는 주장(봉건 사회 부재론)
타율성론	한국의 역사가 독자적 발전 없이 외세의 간섭과 압력에 의하여 진행되었다는 주장(지정학적 숙명론, 만선 사관)
당파성론	조선의 붕당 정치를 부정적으로 해석, 우리 민족을 당파성이 심한 민족으로 비하(붕당 정치의 변질만 부각)
일선 동조론	한국인과 일본인은 같은 조상에서 나왔다는 주장

(3) 친일파의 활동

① 언론계 : 조선일보, 동아일보는 1938년 2월 '육군특별 지원병제'가 공포되자 이를 환영했고, 1940년 8월 폐간될 때까지 친일 충성 경쟁을 벌였음

② 종교계 : 1920년대에 친일로 돌아선 불교 · 천주교 · 기독교 · 천도교 · 유교 등 종교 단체들은 일본군 위문 행사 참여, 국방 헌금 모금, 조선인들의 침략 전쟁 참여를 선전

③ 교육계 : 송금선, 이숙종, 김활란 등은 황민화 정책 및 징병제 등을 선전

친일파의 비행기 헌납 일제가 국방 헌납을 강요하는 상황에서 지역 유지가 헌납한 비행기로, 기체에 '조선(朝鮮)'이라는 글씨를 써 놓았다. 기체에 헌납한 자의 이름이 있는 경우도 있었다.

④ 문화 · 예술계 : 중 · 일 전쟁 이후 일제의 민족 말살 정책에 호응 → 문학(이광수, 최남선, 서정주, 모윤숙, 노천명), 음악(홍난파, 현제명), 미술(김은호, 김기창)

❷ 민족 문화 수호 운동 ☆☆☆

(1) 한국사 연구

① 민족주의 사학 : 한민족의 기원을 밝히고 우리 문화의 우수성과 한국사의 주체적 발전 강조

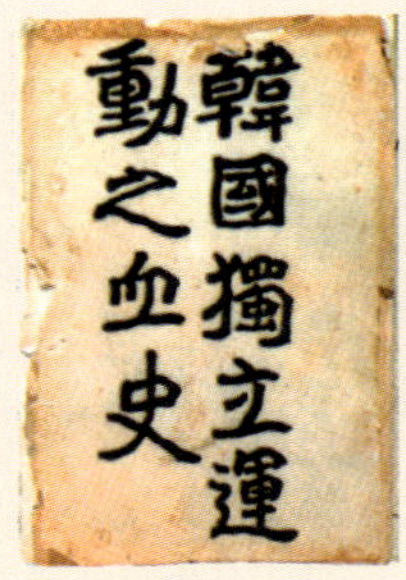

한국독립운동지혈사

박은식	• 『한국통사』(1915), 『한국독립운동지혈사』(1920) 저술 • '혼(魂)' 담은 민족사 강조 • 양명학자로 황성신문 등 언론사에서 활동, 대종교에서 활동, 임시 정부 참여, '유교 구신론'을 주장
신채호	• 주로 고대사 연구에 치중하여 『조선상고사』, 『조선사연구초』 등 저술 • 역사를 '아(我)와 비아(非我)'의 투쟁으로 봄, '낭가 사상(郎家思想)' 강조 • 무정부주의자, 황성신문 등 언론 활동, '조선 혁명 선언'을 지어 일제 타도를 위한 폭력 혁명의 중요성을 강조하기도 함, 묘청의 서경 천도 운동을 높게 평가

Click ! ● 백암 박은식의 '민족혼'

• 옛 사람이 이르기를, 나라는 없어질 수 있으나 역사는 없어질 수 없다고 하였으니, 그것은 나라는 형체이고 역사는 정신이기 때문이다. 이제 한국의 형체는 허물어졌지만, 정신만이라도 오로지 남아 있을 수 없는 것인가? 이것이 통사를 저술하는 까닭이다.

• 내가 세상에 태어난 이후 목격한 최근의 역사는 힘써 볼 만한 일이다. 이에 갑자년(1864)부터 신해년(1911)에 이르기까지 3편 114장을 지어 통사(痛史)라 이름하니 감히 정사(正史)를 자처하는 것은 아니다. 다행히 우리 동포들이 국혼(國魂)이 담겨 있는 것임을 인정하여 버리거나 내던지지 않기를 바랄 뿐이다.

Click ! ● 단재 신채호의 역사관

단재 신채호

역사란 무엇이뇨? 인류 사회의 '아(我)'와 '비아(非我)'의 투쟁이 시간부터 발전하여 공간부터 확대하는 심적 활동의 상태의 기록이니, 세계사라 하면 세계 인류의 그리 되어 온 상태의 기록이며, 조선사라면 조선 민족의 그리 되어 온 상태의 기록이니라. 무엇을 '아'라 하며 무엇을 '비아'라 하느뇨? 깊이 팔 것 없이 얕게 말하자면, 무릇 주관적 위치에 선 자를 아라 하고 그 외에는 비아라 하나니, 이를테면 조선인은 조선을 아라 하고 영 · 러 · 불 · 미…… 등을 비아라 하지만, 영 · 러 · 불 · 미 …… 등은 각기 제 나라를 아라 하고 조선을 비아라 하며, …(중략)… 그러므로 역사는 아와 비아의 투쟁의 기록이니라.

– 신채호, 『조선상고사』 총론 –

② 사회 경제 사학

㉠ 특징 : 유물사관에 토대, 세계사의 보편적 발전 법칙에 따른 한국사의 발전 강조 → 식민 사관의 정체성론을 논리적으로 비판

㉡ 백남운 : 『조선사회경제사』(1933), 『조선봉건사회경제사 상(上)』(1937) 저술

③ 실증 사학

㉠ 특징 : 랑케 사학에 기반, 객관적 사실에 근거하는 문헌 고증의 입장에서 한국사 연구 → 식민지라는 민족의 현실을 제대로 인식하지 못함

㉡ 진단 학회(1934) : 손진태, 이병도 등이 『진단학보』를 발행

유물사관

마르크스가 주장한 것으로 역사 발전의 원동력을 물적 토대에서 찾는 역사관이다. 역사는 생산 관계에 따라 원시 공산제에서 고대 노예제, 중세 봉건제, 근대 자본주의를 거쳐 공산주의로 발전한다고 주장하였다.

④ 조선학 운동

㉠ 계기 : 정인보, 문일평, 안재홍 등이 『여유당전서』(1934)의 간행을 계기로 시작(~1938)

㉡ 특징 : 기존의 민족주의 역사학이 국수주의적이었음을 비판하고 실학에서 자주적 근대 사상과 우리 학문의 주체성을 찾으려 함

㉢ 학자 : 정인보('얼' 강조, 『조선사연구』 저술), 문일평('조선심' 강조, 『조선사화』 저술)

(2) 국어 연구

① **조선어 연구회(1921)** : 강습회 · 강연회 개최, 잡지 '한글' 간행, 가갸날(1926) 제정

- 조선어 학회에서도 발행하였으며, 오늘날 한글 학회에서도 발행하고 있다.
- 한글 기념일로, 1928년부터 '한글날'로 바뀌었다.

② **조선어 학회(1931.11)** : 조선어 연구회 확대 개편, 한글 교재 보급(전국 순회 한글 강습회 개최), 한글 맞춤법 통일안 · 표준어 제정, '우리말 큰사전' 편찬 시도

③ **일제의 탄압** : 조선어 학회 사건(1942)으로 조선어 학회 해체

(3) 종교 활동 : 개신교(신사 참배 거부), 불교(한용운의 민족 불교 수호 운동), 원불교(금주 · 단연 등의 새 생활 운동 전개), 천도교(어린이 운동, '개벽', '어린이' 등 잡지 간행), 천주교(의민단 조직, 청산리 대첩 참여), 대종교(교단 본부를 만주로 옮겨 중광단 · 북로 군정서 조직) 등

- 만주 지린성 왕칭현에서 천주교인들이 주축이 되어 조직

(4) 언론 활동

① **조선일보와 동아일보** : 물산 장려 운동에 적극 호응, 문맹 퇴치 운동 주도, 다양한 문화 행사 및 스포츠 행사 주최

② **일제의 탄압** : 일장기 말소 사건(1936.8) → 총독부의 압력으로 조선일보 · 동아일보 폐간(1940.8)

- 동아일보에서 베를린 올림픽 마라톤 대회 우승자 손기정 선수의 유니폼에 붙어있던 일장기를 삭제한 사건

③ 농민 · 노동 운동과 사회주의 운동의 변화

(1) 농민 운동

① **배경** : 토지 조사 사업의 실시로 농민의 경작권 상실, 산미 증식 계획의 실시로 농민의 부담 증가 → 식민지 지주제 강화

② **1920년대의 농민 운동** : 소작권 이전, 고율 소작료 반대 투쟁, 생존권 투쟁 → 조선 농민 총동맹 결성(1927.9)

③ **1930년대의 농민 운동** : 일제의 수탈에 저항하는 항일 민족 운동의 성격, 혁명적 농민 조합 운동 → 격렬한 저항 운동 전개

④ **사례** : 암태도 소작 쟁의(1923.9, 소작료 인하를 요구하며 약 1년 동안 쟁의 지속, 소작료를 낮추는 성과를 거둠), 평북 용천군 불이흥업 서선 농장 소작 쟁의, 경남 김해군 박간 농장 소작 쟁의 등

(2) 노동 운동

① **배경** : 회사령 철폐 → 노동자 수 증가, 저임금, 열악한 노동환경, 사회주의 확산

② **1920년대의 노동 운동** : 임금 인상, 노동 시간 단축, 노동 조건 개선 등 생존권 요구 투쟁 → 조선 노동 총동맹 결성(1927.9)

③ **1930년대의 노동 운동** : 병참 기지화 정책으로 노동 조건의 악화 → 혁명적 노동 조합 운동, 일제의 탄압으로 합법적인 노동 운동이 불가능해지면서 사회주의자들이 주도한 비합법 조직의 형태로 쟁의 전개

조선학 운동

우리 민족의 전통 사상과 문화 속에서 민족의 고유한 특색을 찾아내어, 문화적으로 민족의 주체성을 유지하려는 민족 운동이다. 1930년대 중반에 본격적으로 전개되었다(1934~1938).

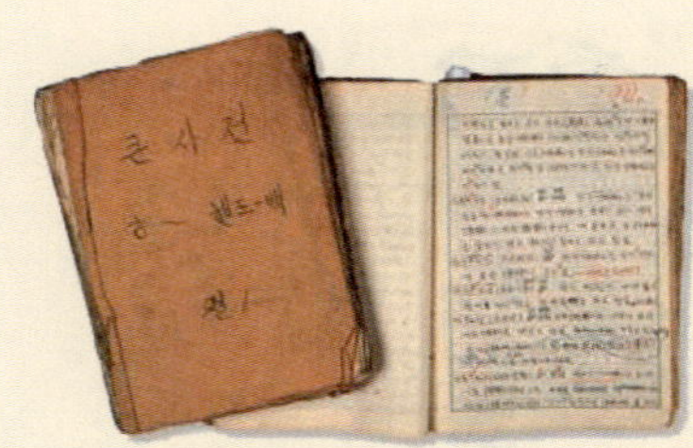
우리말 큰사전 원고

조선어 학회 회원들

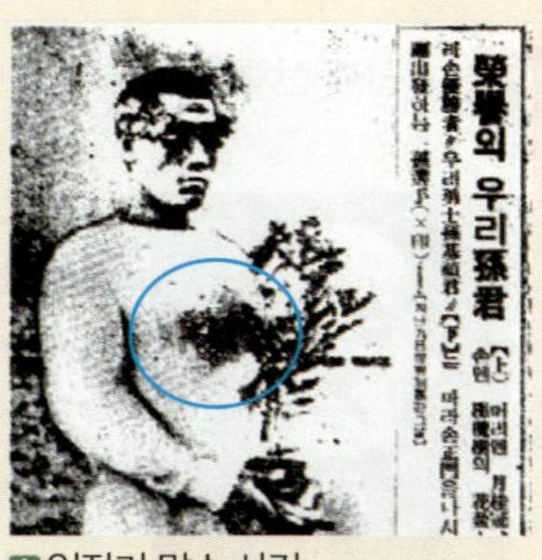
일장기 말소 사건

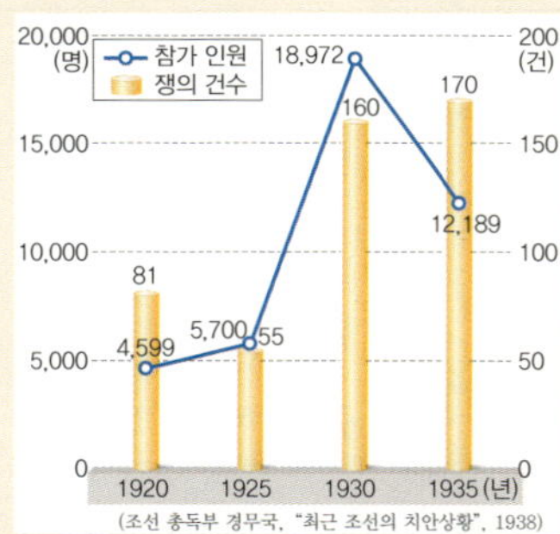

노동 쟁의 발생 건수

④ 사례 : 원산 총파업(1929.1~4, 일제 시기 최대의 노동 쟁의. 반제국주의 항일 투쟁 성격), 함남 신흥 탄광 노동자 투쟁(1930.6), 평양 평원 고무 공장 노동자 파업(1931.5)

소작 쟁의 발생 건수

(3) 사회주의 운동의 변화

① 조선 공산당 재건 운동 : 노동자와 농민에 기반을 둔 당으로 재건 → 혁명적 노동 조합과 혁명적 농민 조합 운동 전개

② 조직 : 이재유의 경성 트로이카, 박헌영의 경성 콤 그룹

④ 문학과 예술 · 체육 · 과학 활동

(1) 문학 활동

① 1920년대 : 순수 문학 추구('창조', '폐허', '백조' 등 동인지 발간), 사회주의의 영향으로 신경향파 문학과 프로 문학(KAPF) 등장(1925.8, 식민지 현실의 계급 모순 비판), 저항 문학(한용운 '님의 침묵', 심훈 '그날이 오면', 이상화 '빼앗긴 들에도 봄은 오는가' 등)

개인주의적이고 퇴폐적인 낭만주의 경향을 비판하고 일어난 사회주의 경향의 새로운 문학 유파로, 식민지 시대의 빈곤과 계급 차별을 폭로하고 이에 저항하는 인물을 주로 그리고 있다.

② 1930년대 이후 : 친일 문인 증가(이광수, 노천명 등), 저항 문학 계승(이육사 · 윤동주), 순수 문학(예술적 가치 중시)

나운규의 아리랑 (포스터)

(2) 예술 활동

① 연극 : 토월회(1923, 본격적 신극 운동 전개), 극예술 연구회 등 결성

② 영화 : 나운규의 아리랑(1926, 민족의 저항 의식과 한국적 정서 부각), 1930년대 유성 영화 등장

③ 음악 : 안익태(코리아 환상곡)

④ 미술 : 나혜석(여성 화가), 이중섭(소), 전형필(일본에 유출되는 문화재 수집)

(3) 체육 활동

① 스포츠의 대중화 : 야구 · 축구 등 서양 근대 체육 종목 보급

② 조선 체육회(1920) 결성 : 전조선 야구 대회 개최(1920), 경평 축구 대회 개최(1929년부터 경성 축구단과 평양 축구단의 시합)

③ 제11회 베를린 올림픽 대회 승전(1936) : 마라톤에서 손기정 우승, 남승룡 3위 차지

④ 엄복동 : 국권 상실기의 암울한 시대에 각종 자전거 대회에서 우승하여 국민적 영웅으로 칭송됨

안창남의 고국 방문 비행(1922)

(4) 과학 대중화 운동

① 발명 학회의 조직 : 김용관이 1924년 발명 학회를 조직하였고(과학 문명 보급회 창립 주도), 1933년 『과학조선』 간행

② 안창남 : 최초의 조선인 비행사로서 최첨단인 비행 분야에서 일본인을 능가했다는 안창남의 소식은 조선인들에게 민족의 자긍심을 불러일으킴

식민지 근대화론
일제 강점기를 수탈과 저항의 틀로만 바라보는 것은 문제가 있다고 주장하면서 등장하였다. 일제 강점기에 자본주의화가 이루어졌으며, 이는 1960년대 경제 개발의 밑거름이 되었다고 주장한다.

⑤ 의식주와 일상생활의 변화

(1) 식민지적 근대화와 실상

① 근대 문물 확산 : 조선 총독부에 의해 확산, 일본 선진 문물 전파를 통한 식민 통치의 정당성 확보 목적

② **근대적 도시화** : 대도시 중심의 근대적 도시화 진행, 인구 증가, 근대 문명의 혜택은 일본인과 일부 상류층 한국인이 향유, 대다수 한국인은 일제의 수탈과 세금 부과로 생활 악화

(2) 도시 발달과 도시 빈민의 형성

① **도시화** : 1940년대 경성 인구 100만 이상, 대도시(부) 인구 비율 11.6%로 증가, 청계천을 중심으로 북쪽의 한국인 거리(북촌)와 남쪽의 일본인 거리(남촌)의 격차 심화

② **중심가** : 신식 거리, 극장 · 은행 · 백화점, 양복점 등이 위치, 주로 일본인이 거주(진고개 일대에 일본인이 정착하며 중심지로 성장)

③ **변두리** : 농촌에서 이주한 사람들이 도시 외곽에 토막촌 형성(토막민의 집단 거주지), 주로 조선인이 거주하며 지게 품팔이와 넝마주이 등으로 생활

(3) 의식주 문화

① 의생활

㉠ 1920년대 이후 : 서양식 복장 증가(단발머리 등장, 모자, 구두, 핸드백, 고무신 보급), 바지와 셔츠 선호(도시), 하얀 한복에 염색(농촌)

㉡ 1930년대 : 색복 장려회 조직 → 염색법 강의

㉢ 중 · 일 전쟁 이후 : 남자는 국민복, 여자는 몸뻬를 입도록 강요

몸뻬: 여성의 노동력 착취를 위해 일하기 편리하도록 만들어진 일바지를 말한다.

② 식생활

㉠ 서양 음식 보급 : 빵, 아이스크림, 과자, 커피, 맥주 등

㉡ 새로운 음식 등장 : 청량 음료와 식용유 전래, 일본의 조미료 소개, 통조림 구입 가정 증가

㉢ 잡곡 소비 증가 : 산미 증식 계획 및 쌀 공출에 따른 쌀 부족, 식량 배급 제도 도입 → 쌀 소비 통제

③ 주거 생활

㉠ 일제의 '문화 주택' 건설 주장 : 2층 양옥 등장, 현관 · 욕실 · 응접실 · 화장실 · 침실 등 설비, 상류 계층 거주

㉡ 개량 한옥 : 유리와 벽돌 일부 사용, 현관과 화장실 설비, 중류 계층 거주

㉢ 영단 주택 : 일본식에 한국식 온돌 가미, 하류 계층 거주

영단 주택: 요즘의 다세대 연립 주택과 비슷한 것으로, 일제가 도시의 주택난 해결을 위해 건설을 추진하였다.

Click ! ● 식민지 경성의 여러 모습

경성 재판소 / 경성부 청사 / 경성 부민관 / 조선 은행 / 경성 우체국과 미쓰코시 백화점 / 남산의 신사

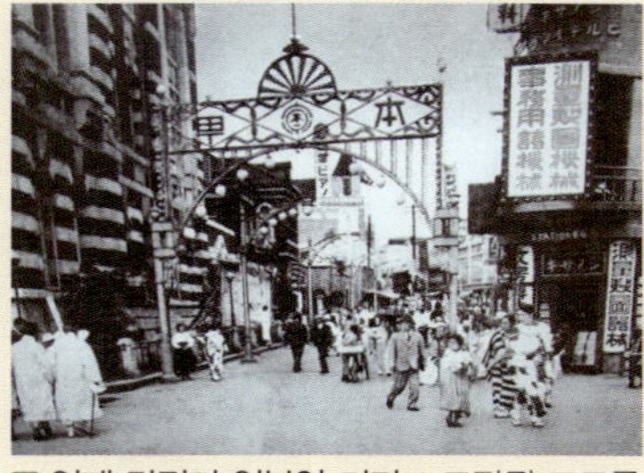

일제 강점기 일본인 거리 포장된 도로를 달리는 버스와 전차, 이색적인 건물과 번화한 상가들로 서울은 그 겉모습만으로는 상당한 수준의 근대적인 도시로 성장하였다.

변두리의 토막민 화려한 거리를 만들기 위해 많은 한국인들은 외곽으로 쫓겨나 도시의 주변부에 토막집을 짓고 근근이 생계를 유지하였다.

화신 백화점 박흥식이 종로 2가에 세운 것으로 한국인이 주로 애용하였다. 당시 일본인은 현재 명동에 위치한 미쓰코시 백화점을 주로 애용하였다.

(4) 교통 · 통신의 변화

① 내용 : X자형 간선 철도망 구축, 도로 확충 → 식민지 수탈과 대륙 침략 목적, 조선인의 국외 이주와 일본인의 조선 진출에 활용

② 영향 : 교통과 통신 이용자 증가, 전차 · 인력거 이용, 우편 · 전신망 발달 → 전통적인 시간과 공간 의식 변화

(5) 대중문화

① 서양 문화 전파 : 잡지, 만화, 영화, 대중음악 등의 보급으로 인한 파급 효과

② 유행 가요의 등장 : 축음기, 라디오 보급, 방송국 창설 등의 영향

③ 새로운 직업의 등장 : 안내원, 매표원 등

④ 모던 걸과 모던 보이 : 도시에서 스커트와 단발머리 차림에 하이힐을 신은 신여성과 맥고모자를 눌러쓰고 양복 저고리에 나팔 바지를 입은 남성 활보

모던 걸 팔뚝에 시계를 찬 모던 걸의 모습

(6) 전통 사회 구조의 변화

① 조선 민사령 공포(1912.4) : 일본 민법을 한국인에게 적용, 호적법에 의해 남성만 호주 가능, 호주가 강력한 가부장권 행사 → 여성의 지위 약화

② 사회 구조의 변화 : 양반의 사회 · 경제적 지위 약화, 중인과 상민 중 일부가 재산 축적, 일부는 신식 교육과 고등 문관 시험 등을 통해 관료 · 변호사 등이 되어 여유로운 생활 영위

③ 신여성의 등장과 활동

1930년대 신여성은 가족에 헌신하는 '구여성'에 대비되어 사치와 허영이 들떠 육아와 가사 노동을 게을리하는 부정적인 존재로 인식되어 비난받기도 하였으나 시대의 선구적 역할을 담당하였다.

㉠ 나혜석(1896~1948) : 서양 화가이자 시인, 소설가로 자유 연애를 하고, 아이를 둔 이혼남과 결혼하였으며, 이혼 뒤 기존의 인습을 비판하고 자신의 심경을 밝힌 '이혼 고백서'를 발표

㉡ 윤심덕(1897~1926) : 우리나라 최초의 소프라노 가수였다가 유행 가수로 전향

㉢ 강주룡(1901~1931) : 항일 노동 운동가로 1931년의 평양 고무 공장 파업에서 여공 파업과 시위를 주도하여 한국 최초의 여성 노동 운동가로 평가받고 있음, 특히 평양 을밀대 지붕 위에서의 항의 농성으로 유명함

신문에 실린 영화 광고

Click ! ● 을밀대 옥상녀(屋上女) 강주룡

- 혁명적 노동 조합 운동에 관련되어 그동안 평양 지방 법원 예심에 회부되어 있던 강주룡이 세상을 떠났다. 그녀는 작년 3월 평원 고무 공장 쟁의 당시 을밀대에 올라가 하룻밤을 새고 검거된 후 옥중에서 3일간 80여 시간을 물 한 모금 먹지 않고 단식한 것으로 세상에 알려졌다.
- (강주룡의 말) 고무 공장에서 일하는 우리는 양철 지붕 밑에서 화로를 안고 비지땀을 흘리며 일을 합니다. 고무 냄새 때문에 늘 코가 얼얼하고 머리가 아픕니다. 그렇게 열심히 일했는데 회사에서 우리들의 임금을 내리겠다고 합니다. 우리는 도저히 참을 수 없었습니다. 그래서 1931년 5월 16일 파업을 시작했습니다.

을밀대에서 시위하는 강주룡

④ 일제의 일상생활 통제 : 경찰의 수가 크게 증가하면서 서민의 일상생활을 폭넓게 규제, 좌측 통행 강요, 도살 및 묘지 매장 시 허가제 실시, 담배 전매제의 시행, 민간의 술 제조 금지

6 국외 이주 동포들의 생활

(1) 만주 이주 동포

① 1860년대 : 대부분 가난한 농민들로 주로 경제적인 이유에서 이주, 특히 두만강 이북 북간도에 다수 거주

② 국권 상실 이후 : 무장 투쟁론을 지지한 망명인 증가, 토지 조사 사업으로 토지를 상실한 농민들 대거 이주 → 일본군 대부대가 만주로 출병하여 독립 운동 기지를 초토화하고 간도 참변에 의해 수많은 동포들이 무차별 학살당함

③ 만주 사변 이후 : 일제는 만주 개척을 위해 조선인 농민 대규모 이주 추진 → 만주 거주 조선인 크게 증가, 무장 투쟁에 참여하거나 적극 지원

국외로 떠나는 한인 이주민 행렬

(2) 연해주 이주 동포

① 1860년대 : 러시아가 변방 개척을 위해 한국인의 연해주 이주를 허용하고 토지를 제공 → 이주민 크게 증가

② 국권 상실 이후 : 망명 정치인 증가 → 한인 자치 단체 조직

③ 소련의 탄압 : 1920년대 초 한국인의 무장 활동을 금지하고 무장 해제를 강요, 1937년 소련은 일본과 전쟁이 일어날 것에 대비하여 일본인과 외모가 비슷한 연해주 지역의 한국인들을 중앙아시아로 강제 이주 → '고려인 사회' 건설, 현재의 카레이스키(고려인)는 이들의 후손임

(3) 일본 이주 동포

① 1910년대 : 초기에는 학문을 배우기 위한 유학생이 이주하여 사회주의, 아나키즘의 영향을 받아 사상 운동 단체 조직, 노동자가 많은 도쿄와 오사카에서 노동 운동 전개

② 이주 급증 : 1차 대전 이후 노동력 확보를 위해 이주 허용, 농민들이 일본으로 건너가 산업 노동자로 취업

③ 조선인의 고통 : 일본인이 꺼리는 부문에 종사, 저임금 → 관동 대지진(1923), 당시 많은 조선인 희생(관동 대학살)

관동 대지진 때 학살된 조선인

(4) 미주 지역 이주 동포

① 노동 이민 : 최초로 하와이 사탕수수 농장 취업(1902) → 멕시코, 쿠바 등으로 이주하여 애니깽 농장 노동자로 생활, 사진 결혼을 통한 여성 이민 증가

(사진 결혼: 하와이에 이주한 청년의 사진만 보고 한국 여성들이 건너가 결혼하던 풍속이다.)

② 대한인 국민회 , 대한인 동지회 : 독립 운동 재정 지원, 외교 활동

Click ! ● 해외 동포들의 이주와 시련

연해주 1920년 신한촌에서의 3 · 1 운동 1주년 기념

간도와 만주 간도 참변으로 가족을 잃은 사람들

하와이와 미주 미주 지역으로 이주한 한인 노동자들

일본 관동 대지진 당시 죽창으로 무장한 일본인

❶ 일제의 식민지 문화 정책과 친일파의 활동

- [일제] 조선사 편수회를 설치하여 조선사를 편찬하였다.
  - ↳ [최남선] 조선사 편수회에 들어가 조선사 편찬에 참여하였다.

❷ 민족 문화 수호 운동

- [박은식] 독립 투쟁 과정을 정리한 한국독립운동지혈사를 저술하였다.
  - ↳ 한국독립운동지혈사에서 독립 투쟁 과정을 서술하였다.
  - ↳ 한국독립운동지혈사에서 독립 투쟁 과정을 정리하였다.
- [신채호] 독사신론을 저술하여 민족주의 사관의 기초를 마련하였다.

◈ 실전 자료 **신채호의 역사관**

역사란 무엇이뇨? 인류 사회의 아(我)와 비아(非我)의 투쟁이 시간부터 발전하며 공간부터 확대하는 심적 활동 상태의 기록이니, 세계사라 하면 세계 인류의 그리되어 온 상태의 기록이며, 조선사라 하면 조선 민족의 그리되어 온 상태의 기록이니라.

– 『조선상고사』 –

- [조선학 운동] 여유당전서 간행 사업을 계기로 전개되었다.
  - ↳ 여유당전서 간행 사업을 계기로 조직되었다.
  - ↳ [정인보, 안재홍] 조선학 운동을 전개하여 여유당전서를 간행하였다.
  - ↳ 여유당전서를 간행하고 조선학 운동을 주도하였다.
- [조선어 학회] 한글 맞춤법 통일안과 표준안을 제정하였다.
  - ↳ 일제가 한글 학자들을 구속한 조선어 학회 사건이 일어났다.
  - ↳ 조선어 학회 사건으로 최현배, 이극로 등이 투옥되었다.

◈ 실전 자료 **말모이 작전**

일제 강점기에 세상에 쓰이는 모든 조선말을 모으려는 말모이 작전이 펼쳐졌다. 전국 각지의 사람들은 자신이 쓰고 있는 말을 적어 보냈고, 이를 전달 받은 조선어 학회는 각 지역에서 쓰이는 어휘를 비교 분석한 후 정리하였다. 이 사업은 일제의 탄압으로 위기를 겪었으나, 광복 후 발견된 일부 원고를 바탕으로 1957년 '우리말 큰 사전'이 간행되면서 결실을 맺었다.

- [민립 대학 설립 운동] 인재 육성의 일환으로 민립 대학 설립 운동을 전개하였다.
  - ↳ 모금 활동을 통한 민립 대학 설립을 목표로 하였다.
  - ↳ 일제에 의해 경성 제국 대학이 설립되었다.
- 진단 학회를 창립하고 진단 학보를 발행하였다.
  - ↳ [이병도] 실증주의 사학의 연구를 위해 진단 학회를 창립하였다.
- [백남운] 식민 사학을 반박하는 조선봉건사회경제사를 저술하였다.
  - ↳ 조선사회경제사에서 식민 사학의 정체성 이론을 반박하였다.
- [천도교] 개벽, 신여성 등의 잡지를 발행하였다.
  - ↳ 개벽, 신여성 등의 잡지를 간행하여 민족의식을 높였다.
  - ↳ 잡지 개벽을 발행하여 민족의식을 고취하였다.
- 소설 고향을 통해 본 일제 강점기 소재와 내용
- 시 광야에 드러난 항일 정신과 작가의 독립운동

❸ 농민 · 노동 운동과 사회주의 운동의 변화

- 전국 단위의 노동 운동 단체인 조선 노동 공제회가 조직되었다.
- 농민 단체를 결성하여 소작 쟁의를 전개하였다.
  - ↳ 고액 소작료에 반발하여 암태도 소작 쟁의가 발생하였다.
- 조선 노동 총동맹과 조선 농민 총동맹이 성립되었다.
  - ↳ 조선 노동 총동맹의 주도로 추진되었다.
- 원산 총파업에 동참하는 노동자
  - ↳ 원산 총파업에 동참하는 공장 노동자
- 경성 고무 여자 직공 조합이 아사 동맹을 결성하였다.
- 노동자 강주룡이 을밀대 지붕에서 고공 농성을 전개하였다.

❹ 문학과 예술 · 체육 · 과학 활동

- 신경향파 문학이 등장하는 배경이 되었다.
- 카프(KAPF)에서 활동하는 신경향파 작가
- 신경향파 작가들이 카프(KAPF)를 결성하였다.
- 손기정 선수의 올림픽 우승 소식을 보도하는 기자
- 나운규가 제작한 영화 아리랑이 처음 개봉되었다.

1 (가)~(다) 학생이 발표한 법령을 공포된 순서대로 옳게 나열한 것은? [2점]

〈주제 : 일제 강점기 조선 교육령의 변천〉
○○ 모둠 발표
보통학교의 수업 연한을 4년으로 하고, 실업 교육을 위주로 하여 기능을 가르치는 데 목적을 두었습니다.
보통학교의 수업 연한을 6년으로 하고, 사범 학교와 대학을 설치할 수 있게 하였습니다.
조선어를 선택 과목으로 바꾸었고, 조선인 학교의 명칭을 일본인 학교와 동일하게 하였습니다.
(가)
(나)
(다)

① (가) – (나) – (다)
② (가) – (다) – (나)
③ (나) – (가) – (다)
④ (나) – (다) – (가)
⑤ (다) – (가) – (나)

| 해설 | **일제의 교육 정책**

(가)는 제1차 조선 교육령, (나) 제2차 조선 교육령, (다)는 제3차 조선 교육령이다. 따라서 (가)–(나)–(다) 순이다.

▣ 조선 교육령의 변천 과정

시기	정책	내용
1910년대	• 제1차 조선 교육령(1911) • 우민화 교육	• 보통 · 실업 · 전문 교육으로 한정 → 대학 교육 금지 • 사립 학교 허가 조건 강화 • 보통 학교 4년제
1920년대	• 제2차 조선 교육령(1922) • 유화 정책	• 보통 교육의 확대, 경성 제국 대학 설립 • 서당 설립의 허가제 → 일본식 교육 강화 • 일본식 학제(보통 학교 6년제)
1930년대 이후	• 제3차 조선 교육령(1938) • 황국 신민화 교육	• 조선어 · 조선 역사 교육 완전 폐지 • 일선 동조론

정답 ①

2 다음 글을 쓴 인물의 활동으로 옳은 것은? [2점]

> 대륙의 원기는 동으로 바다로 뻗어 백두산으로 솟았고, 북으로는 요동 평야를 열었으며, 남으로는 한반도를 이루었다. …… 저들이 일찍이 우리를 스승으로 섬겨 왔는데, 이제는 우리를 노예로 삼았구나. …… 옛사람이 이르기를 나라는 멸할 수 있으나 역사는 멸할 수 없다고 하였다. 나라는 형체이고 역사는 정신이다. 이제 한국의 형체는 허물어졌으나 정신만은 홀로 보존하는 것이 어찌 불가능하겠는가.
>
> 태백광노(太白狂奴) 지음

① 진단 학회를 창립하고 진단 학보를 발행하였다.
② 여유당전서를 간행하고 조선학 운동을 주도하였다.
③ 한국독립운동지혈사에서 독립 투쟁 과정을 정리하였다.
④ 독사신론을 저술하여 민족주의 사관의 기초를 마련하였다.
⑤ 조선사회경제사에서 식민 사학의 정체성 이론을 반박하였다.

| 해설 | **일제 강점기의 역사학**

자료의 인물은 백암 박은식으로 그는 1915년 저술한 『한국통사』의 서언에서 역사 저술의 목적이 민족정신을 보존함에 있다고 밝혔다. 그리고 그는 결론에서 '혼'이 살아 있으면 그 나라가 망하지 않는다고 하여 정신, 또는 혼을 역사로 이해하였고, 역사가 존재하면 '국혼'이 존재하는 것으로 주장하였다. 박은식은 근대 이후 일본의 침략 과정과 그에 맞선 우리의 민족 운동을 정리하여 『한국통사』(1915)와 『한국독립운동지혈사』(1920)를 저술하였다.

| 오답 넘기 |

① 실증 사학의 영향을 받은 이병도 등은 1934년에 진단 학회를 조직하여 철저한 문헌 고증으로 한국사를 객관적으로 서술하려 하였다.
② 정인보는 『여유당전서』 간행 사업을 계기로 '조선학 운동'을 전개하였다(1934~1938).
④ 신채호는 『독사신론』을 통해 민족 중심의 역사 서술을 강조하여 민족주의 역사학의 연구 방향을 제시하였다(1908).
⑤ 백남운은 『조선사회경제사』에서 유물 사관을 토대로 식민 사관의 정체성론을 극복하고자 하였다(1933).

정답 ③

3 다음 글을 쓴 인물의 활동으로 옳은 것은? [2점]

우리 조선의 역사적 발전의 전 과정은 …… 외관상의 이른바 특수성이 다른 문화 민족의 역사적 발전 법칙과 구별될 만큼 독자적인 것은 아니며, 세계사적인 일원론적 역사 법칙에 의해 다른 여러 민족과 거의 같은 궤도의 발전 과정을 거쳐 왔던 것이다. …… 여기에서 조선사 연구의 법칙성이 가능하게 되며, 그리고 세계사적 방법론 아래서만 과거의 민족 생활 발전사를 내면적으로 이해함과 동시에 현실의 위압적인 특수성에 대해 절망을 모르는 적극적인 해결책을 발견할 수 있을 것이다.

① 조선사 편수회에 들어가 조선사 편찬에 참여하였다.
② 실증주의 사학의 연구를 위해 진단 학회를 창립하였다.
③ 한국독립운동지혈사에서 독립 투쟁 과정을 서술하였다.
④ 임시 사료 편찬회에서 한·일 관계 사료집을 편찬하였다.
⑤ 식민 사학을 반박하는 조선봉건사회경제사를 저술하였다.

| 해설 | 일제 강점기의 역사학

『조선사회경제사』(1933)와 『조선봉건사회경제사』(1937)는 사회경제 사학자 백남운의 대표적인 저술이다. 사회경제 사학은 사적 유물론에 입각하여 우리 민족의 역사 발전 과정이 세계사적 발전 과정과 궤를 같이 하고 있음을 입증함으로써 식민 사관의 정체성론을 극복하고자 하였다.

| 오답 넘기 |

① 조선 총독부가 설치한 조선사 편수회(1925)는 식민주의 사관을 토대로 『조선사』를 편찬하여 한국사 왜곡에 앞장선 기관으로 이병도 등이 참여하였다(1932~1938).
② 실증 사학의 영향을 받은 이병도 등은 1934년에 진단 학회를 조직하여 철저한 문헌 고증으로 한국사를 객관적으로 서술하려 하였다.
③ 박은식은 『한국독립운동지혈사』에서 독립 투쟁 과정을 서술하였다(1920).
④ 상하이 임시 정부는 한국 독립의 당위성을 역사적으로 호소하기 위하여 임시 사료 편찬소를 설치하고 한·일 관계 사료집을 간행하였다(1919).

정답 ⑤

4 (가)에 대한 설명으로 옳은 것은? [3점]

✠ 학술 대회 안내 ✠

우리 학회는 일제의 식민 지배 이데올로기에 대항하여 한국 역사와 문화의 독자성·주체성을 탐구한 민족 운동인 (가) 의 역사적 의의를 조명하는 학술 대회를 개최합니다.

◈ 발표 주제 ◈

- 정인보의 조선 양명학 연구와 얼 사상
- 안재홍의 조선학과 신민족주의론
- 문일평의 조선학론과 역사 대중화

■ 일시 : 20○○년 ○○월 ○○일 13:00~17:00
■ 장소 : □□ 대학교 대강당
■ 주최 : △△학회

① 신경향파 문학이 등장하는 배경이 되었다.
② 여유당전서 간행 사업을 계기로 전개되었다.
③ 조선사 편수회를 설치하여 조선사를 편찬하였다.
④ 모금 활동을 통한 민립 대학 설립을 목표로 하였다.
⑤ 오산 학교와 대성 학교를 설립하여 민족 교육을 실시하였다.

| 해설 | 일제 강점기의 역사학

1930년대 민족주의 사학은 정인보, 안재홍, 문일평 등에 의해 계승되었다. 조선의 얼을 강조한 위당 정인보는 『여유당전서』 간행 사업을 계기로 안재홍과 함께 조선학 운동을 주도하였고(1934~1938), '조선 심(心)'을 강조한 문일평은 역사 대중화를 위해 노력하였다.

| 오답 넘기 |

① 1920년대 중반에는 사회주의 사상의 영향을 받은 신경향파 문학이 대두하여 식민지 현실을 고발하는 작품들이 창작되었다.
③ 조선사 편수회(1925)는 『조선사』를 편찬하여 타율성론과 정체성론을 중심으로 한 식민 사관으로 우리 역사를 왜곡하였다(1932~1938).
④ 1923년 3월 창립된 조선 민립 대학 기성회는 대학 설립을 위해 '한민족 1천만이 한 사람이 1원씩'이라는 구호를 내걸고 모금 운동을 전개하였다.
⑤ 신민회는 평양에 대성 학교(1908.9), 정주에 오산 학교(1907.12)를 설립하여 민족 교육을 실시하였다.

정답 ②

5 (가) 단체의 활동으로 옳은 것은? [1점]

예심 종결 결정문

주문(主文)

피고 이극로, 최현배 외 10명은 함흥 지방 법원 공판에 부친다. 피고 장지영 외 1명은 면소(免訴)한다.

이유(理由)

본 건(件) (가) 은/는 1919년 만세 소요 사건의 실례에 비추어 조선의 독립을 장래에 기약하는 데는 문화 운동에 의하여 민족정신의 환기와 실력 양성을 급무로 삼아서, 피고인 이극로를 중심으로 하여 문화 운동 중 그 기초적 중심이 되는 어문 운동의 방법을 취하여 그 이념으로써 지도 이념을 삼아 겉으로 문화 운동의 가면을 쓰고, 조선 독립을 목적한 실력 배양 단체로서 본 건이 검거되기까지 10여 년이나 오랫동안 조선 민족에 대하여 조선의 어문 운동을 전개해 왔다. ……

① 여유당전서 간행 사업을 계기로 조직되었다.
② 한글 맞춤법 통일안과 표준어를 제정하였다.
③ 국어의 이해 체계 확립을 위해 국문 연구소를 세웠다.
④ 개벽, 신여성 등의 잡지를 간행하여 민족의식을 높였다.
⑤ 인재 육성의 일환으로 민립 대학 설립 운동을 전개하였다.

| 해설 | **조선어 학회의 활동**

제시된 자료에 피고로 언급된 이극로 · 최현배 등은 조선어 학회의 중심 인물이다. 따라서 지문의 (가) 단체는 조선어 학회임을 알 수 있다.

② 조선어 학회는 1933년 10월 한글 맞춤법 통일안과 조선어 표준어를 제정하고, 외래어 통일안을 만들어 조선어 사전 편찬의 기초를 마련하였다. 또한 기관지 한글을 발간하여 한글의 정리와 보급에 노력하였다.

| 오답 넘기 |

① 1934년 문일평 · 안재홍 · 정인보는 『여유당전서』 간행 사업을 계기로 조선학 운동을 전개하였다(~1938).
③ 1907년 7월 주시경, 지석영 등은 학부 안에 국문 연구소를 설립하여 국문의 발음, 글자체, 철자법 등을 연구 · 정리하였다.
④ 천도교는 '개벽', '신여성' 등의 잡지를 발행하였다(각 1920 / 1923).
⑤ 1922년 11월에 이상재를 대표로 하는 조선 민립 대학 기성 준비회가 결성되어 민립 대학 설립 운동이 시작되었다.

정답 ②

6 다음 대화에 나타난 사건에 대한 설명으로 옳은 것은? [2점]

① 조선 노동 총동맹 결성으로 이어졌다.
② 원산 총파업이 일어나는 계기가 되었다.
③ 대한매일신보 등 언론 단체들이 참여하였다.
④ 임금 삭감 반대, 노동 조건 개선을 주장하였다.
⑤ 백정에 대한 사회적 차별 철폐를 목적으로 하였다.

| 해설 | **일제 강점기 노동 운동**

강주룡은 서간도에서 남편과 함께 독립 운동을 하다가, 남편이 죽은 뒤 귀국하여 평양의 고무 공장에 취직하였다. 1931년 5월 회사가 일방적으로 임금을 깎자 그녀는 동료들과 함께 파업을 주도하였다. 평양 대동강변의 정자인 을밀대 지붕에 올라가 농성을 벌이면서 "국권을 빼앗긴 후 일본인들의 경제적 진출로 임금은 떨어지고 한국인의 생활이 어려워졌다."라고 연설하다가 체포되었다. 이때 겪은 고초로 몸이 쇠약해져 이듬해 숨을 거두었다.

| 오답 넘기 |

① 전국적인 노동 운동 단체인 조선 노동 총동맹은 1927년 9월 결성되었다.
② 원산에서는 일본인이 한국인 노동자를 구타한 사건을 계기로 총파업이 일어났다(원산 총파업, 1929)
③ 대한매일신보는 일제의 국권 침탈을 비판하고, 국채 보상 운동을 주도하는 등 국권 회복 운동에 앞장섰다(1907~1908).
⑤ 일제 강점기 백정들은 일제 식민 통치하에서 차별을 거부하고 백정들의 신분 평등을 요구하는 형평 운동을 전개하였다(1923).

정답 ④

7 밑줄 그은 '그'에 대한 설명으로 옳은 것은? [2점]

○○ 신문

제△△호 ○○○○년 ○○월 ○○일

일본에 세워진 기억과 화해의 비

일본 교토 우지시에 그를 기리는 '기억과 화해의 비'가 세워졌다. 북간도 명동촌에서 태어나 연희 전문 학교를 졸업한 그는 일본 유학 중 반일 운동 혐의로 송몽규와 함께 체포되어 1945년 2월에 29세의 나이로 후쿠오카 형무소에서 생을 마쳤다. 이번 기념비 건립은 일본 시민들이 직접 모금하고, 지자체를 설득하여 만들었다는 점에서 의미가 깊다.

① 하늘과 바람과 별과 시라는 유고집이 있다.
② 조선어 학회를 창립하여 한글을 연구하였다.
③ 단성사에서 개봉된 영화 아리랑을 제작하였다.
④ 일제의 침략 과정을 서술한 한국통사를 저술하였다.
⑤ 카프(KAPF)를 조직하여 식민지 현실을 고발하였다.

| 해설 | 일제 강점기 저항 문학

교토(京都)에 세워진 '시인 윤동주 기억과 화해의 비'는 윤동주 탄생 100년을 기념하여 시민들의 모금을 모아 건립한 것이다. 윤동주는 민족의 의지를 문학 작품을 통해 표현한 문인으로 일본 유학 중 체포되어 형무소에서 순졌다. '서시', '별 헤는 밤'등의 시를 남겼다.

| 오답 넘기 |

② 조선어 학회의 중심 인물은 이윤재 · 이극로 · 최현배 · 이병기 등이다.
③ 나운규가 제작한 영화 아리랑의 첫 상영은 1926년에 이루어졌다.
④ 박은식은 『한국통사』를 저술하여 근대 이후의 일본의 침략 과정을 논하였다(1915).
⑤ 1920년대에는 문학의 사회적 실천을 강조하는 신경향파 문학이 나타났다. 신경향파 작가들은 1925년 8월 카프(KAPF)를 결성하였으며, 사회주의의 영향 아래 식민지 현실을 고발하고 계급 의식을 고취하는 것을 문학의 중요한 역할로 인식하였다.

정답 ①

8 다음 영화가 처음 개봉되었던 당시에 볼 수 있는 모습으로 가장 적절한 것은? [3점]

이 사진은 나운규가 감독 · 주연을 맡아 제작한 영화의 장면과 제작진의 모습입니다. 단성사에서 개봉된 이 영화는 식민 지배를 받던 한국인의 고통스런 삶을 표현한 작품입니다.

① 카프(KAPF)에서 활동하는 신경향파 작가
② 원각사에서 은세계 공연을 관람하는 학생
③ 육영 공원에서 영어를 가르치는 미국인 교사
④ 전차 개통식에 참여하는 한성 전기 회사 직원
⑤ 손기정 선수의 올림픽 우승 소식을 보도하는 기자

| 해설 | 일제 강점기의 예술과 문학

나운규가 제작한 영화 아리랑은 1926년 조선 키네마에서 제작하였으며, 그 해 10월 1일에 단성사에서 개봉된 흑백 무성 영화이다. 나운규는 독립운동 혐의로 옥고를 치르기도 한 인물로, 그가 주연을 맡은 영화 '아리랑'은 일제에 억압받고 있는 민족의 고통을 그린 작품이다.

① 신경향파 작가들은 1925년 8월 카프(KAPF, 조선 프롤레타리아 예술가 동맹)를 결성하였으며, 사회주의의 영향 아래 식민지 현실을 고발하고 계급 의식을 고취하는 것을 문학의 중요한 역할로 인식하였다.

| 오답 넘기 |

② 원각사는 1908년 7월에 설립되어 은세계 등을 공연하였으며 1909년 11월에 폐지되었다.
③ 우리나라 최초의 근대식 공립 교육 기관인 육영 공원은 1886년 9월에 설립되어 1894년까지 운영되었다.
④ 1899년 5월 서대문에서 청량리 구간 전차가 처음으로 개통되었다.
⑤ 1936년 8월 동아일보는 제11회 베를린 올림픽 마라톤 종목에서 우승한 손기정 선수의 일장기를 지운 사진을 신문 기사 1면에 실었다.

정답 ①

IX 현대 사회의 발전

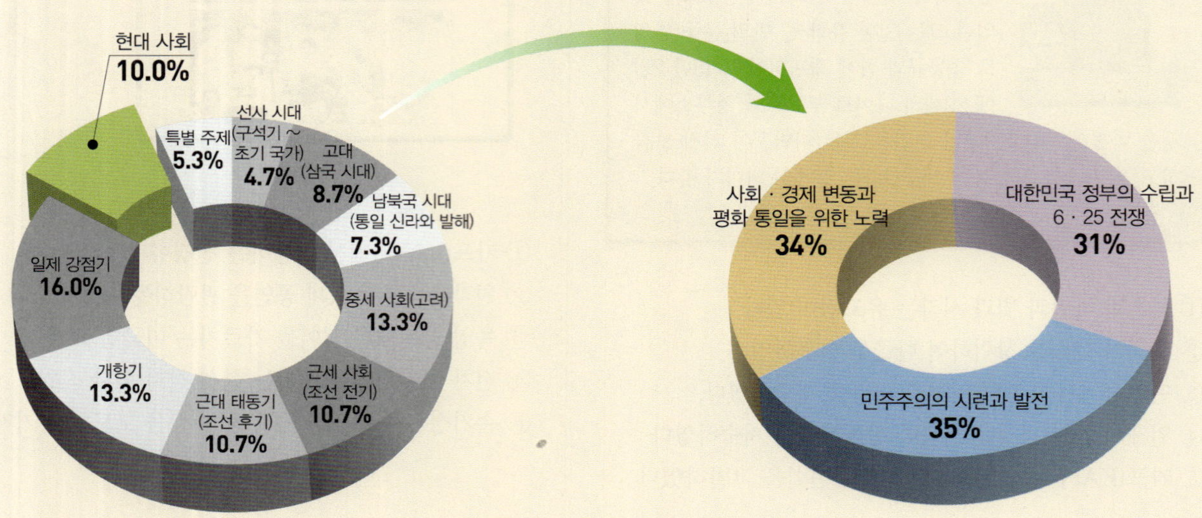

단원 들어가기

우리 민족은 8 · 15 광복 직후 하나의 국가를 만들지 못한 채 남쪽과 북쪽에 각각 체제와 이념을 달리하는 정부가 수립되었다. 그 후 1950년 6월 25일 북한이 남침을 감행하면서 일어난 6 · 25 전쟁을 거치면서 민족 분단이 고착되었다. 분단이 현실화된 뒤 남한에서는 4 · 19 혁명으로 민주주의의 토대가 마련되었으나, 5 · 16 군사 정변으로 정권을 장악한 박정희 정부가 조국 근대화를 기치로 내걸고 독재 체제를 강화하였다. 이후 민주화 세력의 저항 속에 박정희 정부가 무너지고, 1980년대 신군부 정권의 독재에 맞서 민주화 운동이 전개되면서 오늘날 민주주의의 발전으로 이어졌다. 한편 7 · 4 남북 공동 성명 발표 이후 평화 통일을 이룩하기 위한 노력이 꾸준히 전개되고 있다.

1945 광복, 모스크바 3국 외상 회의 개최
1946 제1차 미 · 소 공동 위원회 개최(1947, 2차 개최), 좌우 합작 운동
1948 남북 협상 제의, 제주도 4 · 3 사건, 5 · 10 총선거 실시, 대한민국 정부 수립, 반민족 행위 처벌법 제정, 북한 정권 수립, 여수 · 순천 10 · 19 사건
1949 농지개혁법 공포
1950 6 · 25 전쟁
1952 발췌 개헌
1953 휴전 협정 조인
1954 사사오입 개헌
1960 4 · 19 혁명, 장면 내각 성립
1961 5 · 16 군사 정변
1962 제1차 경제 개발 5개년 계획 시작
1964 6 · 3 시위, 베트남 파병
1965 한 · 일 협정 조인
1969 3선 개헌안 변칙 통과
1972 7 · 4 남북 공동 성명, 제1차 남북 적십자 회담, 10월 유신
1973 6 · 23 평화 통일 선언, 제1차 석유 파동
1974 긴급 조치 선포
1979 YH 무역 사건, 부 · 마 민주화 운동, 10 · 26 사태, 12 · 12 사태
1980 5 · 18 민주화 운동, 언론 기본법 공포
1987 6월 민주 항쟁
1988 서울 올림픽 대회 개최
1991 남북한 유엔 동시 가입
1993 금융 실명제 실시
1994 김일성 사망
1997 IMF 구제 금융 요청
2000 6 · 15 남북 공동 선언

| 연표로 흐름잡기 |

29 대한민국 정부의 수립과 6 · 25 전쟁

공부한 날 월 일

일차

❶ 건국 준비 활동과 8 · 15 광복 ★★★

(1) 광복 직전의 건국 준비 활동

① 대한민국 임시 정부(1919.4)

㉠ 한국 독립당의 대한민국 건국 강령 발표(1941.11) : 조소앙이 제창한 삼균주의에 바탕을 둠

㉡ 건국 방침 : 보통 선거를 통한 민주 공화국 건설, 토지 개혁, 주요 산업 국유화 등

② 조선 독립 동맹(1942.7)

㉠ 결성 : 중국 화북 지방에서 사회주의계 인사들이 결성, 김두봉과 무정의 활동

㉡ 건국 방침 : 보통 선거 통해 민주 정권 수립 추구, 대기업 국유화, 토지 분배, 8시간 노동제, 국민 의무 교육, 남녀평등 주장

③ 조선 건국 동맹(1944.8)

1945년 8 · 15 광복을 맞아 조선 건국 동맹의 기반을 확대하여 조선 건국 준비 위원회를 조직하고, 이를 기초로 조선 인민 공화국을 선포하였으나, 미군정의 인정을 받지 못하였다.

㉠ 국내에서 조직, 여운형 주도로 사회주의자와 민족주의자를 망라하여 결성

㉡ 건국 방침 : 일본 제국주의 세력 구축, 조선 민족의 자유와 독립 회복, 민주주의 국가 수립, 노농 대중 해방

④ 건국 준비 활동의 공통점

㉠ 민주 공화국 건립 목표 : 보통 선거에 의한 민주 공화국 건립을 목표로 함

㉡ 토지 국유화 : 토지 국유화를 바탕으로 정당한 절차를 통한 토지 분배를 추구

(2) 8 · 15 광복과 좌우익의 갈등

① 8 · 15 광복(1945)

㉠ 전후 처리 회담

ⓐ 카이로 회담(1943.11) : 미국 · 영국 · 중국의 수뇌 참가, 전쟁 수행 및 전후 처리 문제 논의, 우리나라의 독립을 연합국이 최초로 보장

ⓑ 얄타 회담(1945) : 미국 · 영국 · 소련의 정상이 종전 후 국제 문제 논의 → 독일의 분할 점령, 소련의 대일전 참전 합의, 우리 민족의 신국가 건설 과정에 대한 방침 제시

ⓒ 포츠담 회담(1945.7) : 미국 · 영국 · 중국 · 소련의 연합국 수뇌 참가 → 일본의 무조건 항복 요구, 우리나라의 독립 재확인, 독일 처리 및 대일전 논의

㉡ 8 · 15 광복과 국토의 분단

ⓐ 8 · 15 광복의 배경 : 연합국의 승리, 민족의 줄기찬 독립 투쟁

ⓑ 38도선의 설정 : 한반도에 남아 있는 일본군의 무장 해제를 구실로 북위 38도선을 미군과 소련군의 군사 분계선으로 설정

삼균주의

삼균이란 개인과 개인, 민족과 민족, 국가와 국가 간의 완전한 균등을 말하는데, 개인과 개인 간의 균등은 정치 · 경제 · 교육의 균등을 통해, 민족과 민족 간의 균등은 민족 자결을 통해, 국가와 국가 간의 균등은 식민 정책과 침략 전쟁의 배격을 통해 실현 가능하다고 하였다.

카이로 선언(1943.11)

카이로 회담에서 미 · 영 · 중 3대 연합국은 제2차 세계 대전이 끝난 뒤에 연합국이 일본의 영토를 어떻게 처리할 것인가에 대한 기본 방침을 처음으로 천명하였다. 선언문에서 한국민이 노예 상태에 놓여 있음을 상기하면서 적당한 시기에 적당한 절차에 따라 자유롭고 독립적인 국가로 만들도록 하였다.

포츠담 선언(1945.7)

포츠담 회담의 결과 채택된 선언문 제8항에서 카이로 선언의 모든 조항은 이행되어야 하며, 일본의 주권은 혼슈, 홋카이도, 규슈, 시코쿠와 연합국이 결정하는 작은 섬들에 국한시켰다.

Click! ● 국토의 분단과 8 · 15 광복 이후의 여러 모습

미 · 소 양군의 한반도 진주

임시 정부 환영식

38도선

38도선의 고착화
미국과 소련이 각각 한반도에서 자국의 영향력을 확대시키려는 정책을 추진하였기 때문에 일시적인 군사 분계선이었던 38도선이 점차 민족 분단을 고착시키는 민족 분할선이 되었다.

ⓒ 미군과 소련군의 진주 : 38도선 이북은 소련군이 인민 위원회를 통해 간접 통치, 38도선 이남은 미군이 직접 통치

㉢ 조선 건국 준비 위원회의 활동(1945.8)

광복 직후 조선 건국 준비 위원회의 부위원장이 되었으나, 좌익 세력의 독주에 반발하여 탈퇴하였다. 1946년에는 좌우 합작 위원회에 참여하여 위원으로 활약하였다

ⓐ 조직 정비 : 여운형이 조선 건국 동맹을 안재홍 등 민족주의계와 함께 좌우 합작 단체인 조선 건국 준비 위원회로 개편, 총독부로부터 치안 유지권 이양 교섭

ⓑ 주요 활동 : 전국 각지에 지부 결성, 자치적으로 행정과 치안 담당 → 좌익 주도로 조선 인민 공화국 선포

조선 건국 준비 위원회
여운형이 중심이 되어 1944년 조직된 조선 건국 동맹을 바탕으로 1945년 8월 15일 조직한 건국 준비 단체로, 설립 목적은 민족의 총역량을 일원화하여 자주적으로 과도기의 국내 질서를 유지하는 데 있었다.

Click! ● 조선 건국 준비 위원회

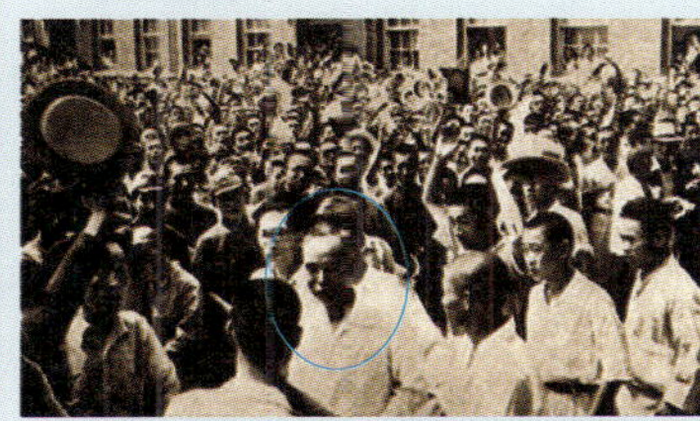

1945년 8월 16일 휘문고보 교정에서 환호하는 군중에 둘러싸인 여운형

1. 우리는 완전한 독립 국가의 건설을 기함
2. 우리는 전 민족의 정치적 · 사회적 기본 요구를 실현할 수 있는 민주주의 정권의 수립을 기함
3. 우리는 일시적 과도기에 있어서 국내 질서를 자주적으로 유지하며 대중 생활의 확보를 기함

– 매일신보, 1945.9 –

② 광복 직후의 정치 상황

㉠ 해외 독립 운동가들의 귀국 : 대한민국 임시 정부 요인들, 미국의 이승만 등이 귀국

㉡ 사회 혼란 : 새로운 국가 건설에 대한 다양한 의견 대립, 미국과 소련의 등장 등으로 혼란

③ 미군정의 실시(1945~1948)

㉠ 직접 통치 : 조선 건국 준비 위원회 활동과 조선 인민 공화국 수립 부정, 대한민국 임시 정부도 부정

㉡ 현상 유지 정책 : 조선 총독부의 관료와 경찰을 그대로 기용

㉢ 경제 정책 : 곡물의 자유 시장제를 실시하다 강제 수매로 전환

㉣ 미국의 영향력 확대 : 한국 민주당을 중심으로 한 우익 세력 지원, 친일파 처단 및 농지 개혁 등의 일제 잔재 청산에 소홀

맥아더 포고령 제1호
"북위 38도선 이남의 조선 영토와 조선 인민에 대한 통치의 모든 권한은 당분간 본관의 권한하에 시행한다."고 하여 한국인의 자치 행정과 치안 활동을 일체 인정하지 않았다.

④ 광복 후 여러 정치 세력의 동향

㉠ 한국 민주당 : 송진우, 김성수 등 지주 자본가 출신의 인사들이 결성한 정당으로 미군정청의 지원을 받으면서 우익 진영의 대표 정당으로 발전 (1945년 9월 결성)

㉡ 독립 촉성 중앙 협의회 : '무조건 대동단결'과 반공을 내세우며 이승만이 결성, 반탁 노선, 단독 정부 수립 운동, 한국 민주당과 우호적 관계 → 친일 보수 세력의 지지 (1945년 10월 결성)

㉢ 한국 독립당 : 김구가 주도한 대한민국 임시 정부의 핵심 정당, 반탁 운동 추진, 단독 정부 수립 반대

㉣ 국민당의 결성 : 안재홍, 김규식 등 중도 우파 세력이 결성, 각 계급의 단결을 강조하는 신민주주의와 신민족주의를 표방하고 대한민국 임시 정부에 대한 지지를 표명

㉤ 조선 인민당 : 건국 동맹과 조건 건국 준비 위원회 계승, 여운형이 조선 인민 공화국 와해 이후 창당, 좌우 합작 운동

㉥ 조선 공산당 : 박헌영 등 사회주의자 주도, 조선 정판사 위폐 사건 때문에 미군정의 탄압으로 약화 → 미군정과 대립, 남조선 노동당(남로당)으로 개편

⑤ 모스크바 3국 외상 회의(1945.12.16~28)

㉠ 배경 : 38도선을 기준으로 남북 각각 군정이 실시되는 가운데, 미국 · 영국 · 소련 3국 외상이 모스크바에 모여 한반도 문제를 논의

㉡ 내용 : 조선 임시 민주주의 정부 수립을 위한 미 · 소 공동 위원회 설치, 미 · 영 · 중 · 소 4개국에 의한 최대 5년간의 신탁 통치를 확정적으로 결의

Click ! ● **모스크바 3국 외상 회의 결정안(1945.12.27)**

1. 조선을 독립시키고 민주주의 국가로 발전시키는 동시에, 가혹한 일본의 조선 통치 잔재를 빨리 청산하기 위해 조선에 임시 민주주의 정부를 수립한다.
2. 조선 임시 정부 수립을 원조하기 위해 미 · 소 공동 위원회를 설치한다.
3. 공동 위원회는 조선 임시 민주 정부와 타협한 후 미국 · 영국 · 소련 · 중국의 4개국 정부가 공동 관리하는 최고 5년 기간의 신탁 통치에 관한 협정을 제안한다.

㉢ 좌우 대립 : 3국 외상 회의 결정 사항의 진상 보도에 대한 입장 차이

구분	남한	북한
좌익	임시 민주 정부 수립 중시 → 결정 사항 총체적 지지 입장으로 선회	신탁 통치 반대 운동 금지
우익	신탁 통치의 부당성 강조(반탁) → 신탁 통치 반대 국민 총동원 위원회 결성	

(3) 통일 정부 수립을 위한 노력

① 좌우 합작 운동(1946~1947)

㉠ 운동의 배경

ⓐ 제1차 미 · 소 공동 위원회(1946.3~5) : 임시 민주 정부 수립에 참여할 정당 및 사회 단체의 범위를 두고 미국과 소련 대립 → 결렬 (미국: 모든 정당 · 사회 단체 대표 참여 / 소련: 반탁 운동 단체 배제)

ⓑ 단독 정부 수립론의 대두(1946.6) : 이승만(정읍 발언에서 공개적으로 남한 단독 정부 수립 주장) → 한국 민주당 찬성, 김구 반대

김성수
경성 방직 회사를 설립하였으며, 동아일보를 창간하였고, 보성 전문 학교(현재 고려대학교)를 인수하였다. 한국 민주당 수석 총무, 신탁 통치 반대 투쟁 위원회 부위원장, 제2대 부통령 등을 역임하였다.

조선 정판사 위조 지폐 사건
조선 공산당이 정치 자금을 조달하기 위해 정판사에서 위조 지폐를 찍어냈다고 하여 문제가 된 사건이다(1946.5).

신탁 통치
국제 연합이 종래의 위임 통치 지역, 식민지에서 해방된 지역 등의 통치를 특정 국가에 위탁하여 주민의 복지 향상을 꾀하고 자치와 독립으로 이끄는 제도이다. 1949년 당시 아시아 · 아프리카 11개 지역이 신탁 통치를 받았으나 자치 능력을 갖게 됨에 따라 잇따라 독립하였다.

↑ 우익의 신탁 통치 반대 운동

↑ 좌익의 신탁 통치 찬성 모습

Click ! ● 이승만의 정읍 발언(1946.6.3)

이제 우리는 무기 휴회된 미·소 공동 위원회가 재개될 기색도 보이지 않으며 통일 정부를 고대하나 여의케 되지 않으니, 우리는 남방만이라도 임시 정부 혹은 위원회 같은 것을 조직하여 38 이북에서 소련이 철퇴하도록 세계 공론에 호소하여야 될 것이니 여러분도 결심하여야 될 것이다. 그리고 민족 통일 기관 설치에 대하여 지금까지 노력하여 왔으나, 이번에는 우리 민족의 통일 기관을 귀경한 후 즉시 설치하게 되었으니, 각 지방에서도 중앙의 지시에 순응하여 조직적으로 활동하여 주기 바란다.

미·소 공동 위원회

ⓛ 좌우 합작 위원회 구성(1946.7.25) : 중도 세력인 김규식과 여운형 중심

ⓒ 미군정의 지원 : 미국에 우호적인 정부를 세우기 위해 중도 세력의 좌우 합작 운동 지원

ⓔ 좌우익의 의견 대립 : 토지 문제와 친일파 처리 문제 등에 대한 입장 차이 발생

ⓜ 좌우 합작 7원칙 발표(1946.10.7) : 민주주의 임시 정부 수립, 주요 산업의 국유화와 토지의 체감 매상·무상 분배, 입법 기구를 통한 친일파 및 민족 반역자 문제 처리 등

ⓗ 좌절 : 좌우익의 거부, 여운형 암살, 제2차 미·소 공동 위원회 결렬로 좌절

Click ! ● 좌우 합작 7원칙(1946.10.7)

1. 조선의 민주 독립을 보장한 모스크바 3상 회의 결과에 의하여 남북을 통한 좌우 합작으로 민주주의 임시 정부를 수립할 것
2. 미·소 공동 위원회의 속개를 요청하는 공동 성명을 발표할 것
3. 토지 개혁에 있어 몰수, 유(有)조건 몰수, 체감 매상 등으로 토지를 농민에게 무상으로 분여하여 시가지의 기지와 대건물을 적정 처리하며 중요 산업을 국유화하여 사회 노동 법령과 정치적 자유를 기본으로 지방 자치제의 확립을 속히 실시하며, 통화급 민생 문제 등을 급속히 처리하여 민주주의 건국 과업 완수에 매진할 것
4. 친일파 민족 반역자를 처리할 조례를 본 합작 위원회에서 입법 기구에 제안하여 입법 기구로 하여금 심의 결정하여 실시케 할 것
5. 남북을 통하여 현 정권하에 검거된 정치 운동자의 석방에 노력하고 아울러 남북 좌우의 테러적 행동을 일체 즉시로 제지토록 노력할 것
6. 입법 기구에 있어서는 일체 그 기능과 구성 방법 운영을 본 합작 위원회에서 작성하여 적극적으로 실행을 기도할 것
7. 전국적으로 언론, 집회, 결사, 출판, 교통, 투표 등의 자유가 절대 보장되도록 노력할 것

유엔 한국 임시 위원단

② 유엔의 총선거 실시 결정

ⓐ 배경 : 미·소 공동 위원회의 결렬 → 모스크바 협정에 따른 한국 문제 해결이 불가능 → 미국이 한국 문제를 유엔 총회에 상정(1947.9)

ⓛ 국제 연합(유엔)의 결정(1947.11) : 인구 비례에 의한 남북한 총선거를 통한 한국 정부 수립, 소련은 불참

선거 감시를 두고 임시 위원단 내에 이견이 많자 투표를 통해 찬성 4, 반대 2, 기권 2로 선거 감시를 결의하였다.

ⓒ 경과 : 총선거 실시를 위해 8개국 대표로 구성된 유엔 한국 임시 위원단 파견 → 소련의 유엔 한국 임시 위원단 입북 거부 → 유엔 소총회는 접근 가능한 지역(남한)에서의 총선거 실시 결정(1948.2)

남북 협상을 위해 북으로 가는 김구

③ 남북 협상의 전개(1948.4)

ⓐ 배경 : 유엔의 결정 → 즉시 국가 건설 가능, 실질적으로 분단을 의미

ⓛ 중심 인물 : 김구(한국 독립당), 김규식(민족 자주 연맹) → 분단을 막기 위해 남북 협상 추진

㉢ 경과 : 평양에서 김일성 등 남북한 주요 정치 · 사회 단체 지도자들과 회담 개최 후 공동 선언문 채택 → 외국 군대 철수, 임시 정부 수립, 남한 단독 선거 반대 등

㉣ 결과 : 강화되는 냉전 체제의 구도 속에서 실패로 끝남, 김구 · 김규식 등 남북 협상파들은 남한의 5 · 10 총선거에 불참

21세 이상 모든 남녀에 선거권을 부여한 직접 · 비밀 · 평등 · 자유 원칙에 입각한 민주주의 선거였다.

Click ! ● 김구의 '삼천만 동포에게 읍고함'(1948. 2.10~12)

우리 독립이 원칙인 이상 독립이 희망 없다고 자치를 주장할 수 없는 것을 왜정하에서 충분히 인식한 것과 같이 우리는 통일 정부가 가망 없다고 단독 정부를 주장할 수 없는 것이다. …… 한국이 있고서야 한국 사람이 있고, 한국 사람이 있고서야 민주주의도 공산주의도 또 무슨 단체도 있을 수 있는 것이다. 그러면 우리의 자주 독립적 통일 정부를 수립하여야 하는 이때에 있어서 어찌 개인이나 자기 집단의 사리사욕을 탐하여 국가 민족의 백년대계를 그르칠 자가 있으랴. …… 나는 통일된 조국을 건설하려다가 삼팔선을 베고 쓰러질지언정 일신의 구차한 안일을 취하여 단독 정부를 세우는 데는 협력하지 아니하겠다.

❷ 대한민국 정부의 수립

(1) 남한 정부의 수립

① 정부 수립을 둘러싼 갈등

㉠ 제주 4 · 3 사건(1948)

ⓐ 발단 : 1947년 삼일절 기념 대회에서 경찰 발포 → 제주도민의 반발

ⓑ 내용 : 제주도 좌익 세력과 일부 주민이 단독 총선거에 반대하며 무장 봉기, 남한 단독 정부 수립 반대와 미군 철수 등 요구 → 한라산 등을 근거지로 저항

ⓒ 결과 : 정부의 대대적인 진압 작전으로 제주도민 희생, 일부 선거구의 선거 연기

㉡ 여수 · 순천 10 · 19 사건(1948)

ⓐ 내용 : 제주 4 · 3 사건 진압에 동원된 군부대 내 좌익 세력의 반란, 통일 정부 수립 등 요구 → 무장 봉기 주도

ⓑ 결과 : 정부의 진압 → 일부 군인들이 지리산 등지에서 저항 지속

② 5 · 10 총선거(1948)

㉠ 의의 : 38도선 이남에서 최초 민주적 총선거로 제헌 국회 수립, 임기 2년의 제헌 국회의원 선출

㉡ 한계 : 김구와 김규식 등의 남북 협상파와 좌익 세력 불참

③ 대한민국 정부 수립

대통령 중심제에 내각 책임제 요소가 가미된 것

㉠ 제헌 헌법 공포(1948.7.17) : 3권 분립, 대통령 중심제, 국회에서 임기 4년의 대통령 간접 선거, 단원제 국회 등을 요지로 하는 초대 헌법 공포, 3 · 1 운동 정신과 대한민국 임시 정부의 법통을 계승한 민주 공화국임을 밝힘

㉡ 정부 수립(1948.8.15) : 국회 간선제로 대통령(이승만), 부통령(이시영) 선출 → 대한민국 수립 선포

㉢ 파리 유엔 총회(1948.12) : 결의안 통과(유엔 감시하의 선거로 한반도에서 성립한 유일한 합법 정부로 승인받음)

소설 『순이 삼촌』(현기영)
1970년대 대표적인 문제 소설로 꼽히는 '순이 삼촌'은 1978년 계간 문학 비평지 〈창작과 비평〉에 발표되었다. 이 작품은 1949년 1월 16일 북제주군 조천면 북촌리에서 벌어진 양민 학살을 배경으로 하는데, 사건 이후 30여 년이나 묻혀 있던 제주도 4 · 3 사건의 진실을 소설의 형식을 빌려 고발하고 공론화시켰다.

5 · 10 총선거(1948)

대한민국 정부 수립 국민 축하식

북한의 토지 개혁 북한의 토지 개혁은 매매, 저당, 소작 등이 금지된 제한적인 소유권만을 인정하였으나 소작농들이 자신의 땅을 가지게 되면서 공산주의 세력이 기반을 확장할 수 있는 결정적 계기가 되었다.

반민족 행위자 투서함

Click ! ● 제헌 국회

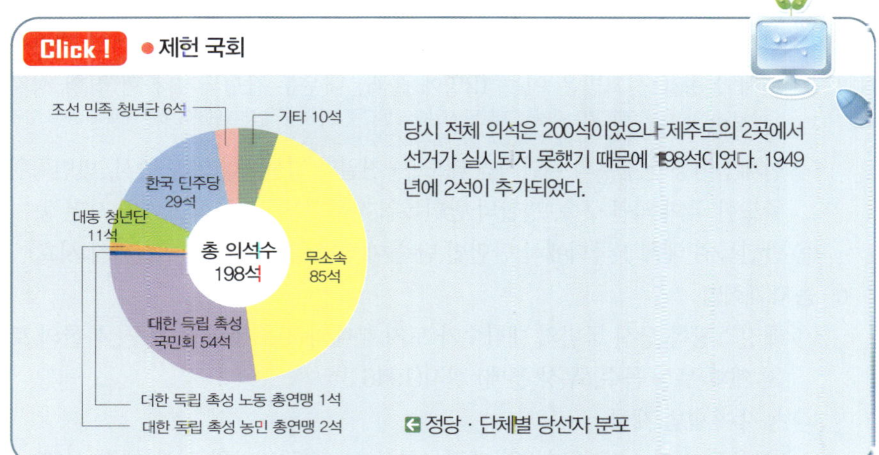

당시 전체 의석은 200석이었으나 제주도의 2곳에서 선거가 실시되지 못했기 때문에 198석이었다. 1949년에 2석이 추가되었다.

정당 · 단체별 당선자 분포

(2) 북한 정부의 수립

① 광복 직후의 북한
- ㉠ 건국 작업 시작 : 조만식을 중심으로 평남 건국 준비 위원회 결성
- ㉡ 소련군의 진주 이후 : 평남 건국 준비 위원회 강제 해체 → 좌우 합작의 인민 위원회로 개편 → 소련군 사령부가 인민 위원회에 행정권 위임 → 민족주의 계열 인사 숙청

② 북조선 임시 인민 위원회 설립(1946.2)
- ㉠ 주요 활동 : 친일파 처단, 토지 개혁(5정보 상한의 무상 몰수, 무상 분배), 남녀평등법 제정, 일본인 소유 재산 및 중요 산업 시설의 국유화 조치
- ㉡ 결과 : 사회주의 세력에 대한 주민들의 지지 → 북한 정부 수립의 밑거름

③ 북한의 정부 수립 과정
- ㉠ 준비 작업 : 군대 창설, 최고 인민 회의에서 헌법 확정(1948.8), 남북 협상 참가(분단을 막기 위해 노력하였다는 명분)
- ㉡ 북한 정부 수립(1948.9.9) : 김일성을 수상으로 하는 조선 민주주의 인민 공화국 수립

(3) 제헌 국회의 활동

① 친일파 청산을 위한 노력
- ㉠ 반민족 행위 처벌법(반민법) 제정(1948.9)
  - ⓐ 배경 : 대다수 국민과 정당 · 단체가 민족 반역자와 친일파 처단 요구, 초대 헌법의 반민족 행위자 처벌을 위한 특별법 제정의 소급 조항 규정
  - ⓑ 내용 : 일제 시대에 친일 행위를 한 사람들을 처벌하고 공민권을 제한하는 것 등

Click ! ● 반민법

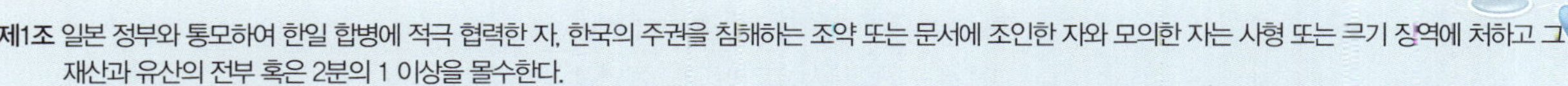

제1조 일본 정부와 통모하여 한일 합병에 적극 협력한 자, 한국의 주권을 침해하는 조약 또는 문서에 조인한 자와 모의한 자는 사형 또는 무기 징역에 처하고 그 재산과 유산의 전부 혹은 2분의 1 이상을 몰수한다.

제3조 일본 치하 독립운동자나 그 가족을 악의로 살상, 박해한 자 또는 이를 지휘한 자는 사형, 무기 또는 5년 이상의 징역에 처하고 그 재산의 전부 혹은 일부를 몰수한다.

㉡ 반민족 행위 특별 조사 위원회(반민특위)의 활동 : 박흥식, 노덕술, 최린, 최남선, 이광수 등 친일 혐의를 받았던 주요 인사들을 조사함 → 특별 재판부에서 실형을 선고받은 이는 12명에 불과, 대부분 감형되거나 형 집행 정지로 석방

일제 강점기 동안 자행된 친일파의 반민족 행위를 처벌하기 위하여 제헌 국회에 설치되었던 특별 기구로 약칭하여 '반민특위'라고도 한다.

㉢ 한계 : 이승만 정부의 비판적인 태도 → 친일파 청산보다 반공 중시, 반민특위 주도한 국회 의원 구속, 경찰의 반민특위 사무실 습격, 국회 프락치 사건 등

㉣ 반민특위 해체 : 국회에서 반민법 단축 개정법 통과(1949년 8월까지 시효)

② 농지 개혁법

㉠ 배경 : 광복 당시 국민의 대다수가 토지 분배와 지주제 개혁 요구, 북한의 토지 개혁(무상 몰수, 무상 분배) 실시(1946.3)

㉡ 농지 개혁법 제정

ⓐ 공포 시기 : 1949년 6월 제정 · 공포 → 1950년 3월 일부 개정 시행 → 6 · 25 전쟁으로 중단, 1957년 완료

ⓑ 개혁 방식 : 1가구당 3정보 소유 상한, 유상 매입(지가 증권 발급), 유상 분배(매년 수확량의 30%씩 5년간 상환)

ⓒ 의의 : 전근대적인 지주 계급 소멸 → 경자유전의 원칙 확립

ⓓ 한계 : 지주들이 개혁 대상 토지를 미리 처분, 지주층의 산업 자본가 전환 실패

③ **귀속 재산 처리법(1949.12) 시행** : 미군정청이 불하하고 남은 귀속 재산을 민간 불하, 특정 기업에 원조 물자 배정 → 자본주의 정착, 재벌 등장, 정경유착의 부작용

❸ 6 · 25 전쟁

(1) 6 · 25 전쟁

① 6 · 25 전쟁 무렵의 국내외 정세

㉠ 남북한의 대립 격화 : 남한, 북한 모두 통일 정부 수립 의지 표명 → 38도선 일대에서 잦은 군사적 충돌 발생, 유격대원을 남파하여 지리산, 태백산 일대의 무력 투쟁 지원

㉡ 애치슨 선언 : 미국이 동북아시아 방어선에서 한국을 제외 → 북한 지도부의 전쟁 승리 확신

여기에는 대한민국과 타이완이 미국의 방어선에서 제외되어 있다. 이는 한국이 외적의 침입을 받는 경우 한국인 스스로 방어해야 한다는 의미이다. 북한은 남침을 해도 미국의 지원이 없을 것이라 판단하여 전쟁을 일으켰다는 설이 있다.

Click ! ● **애치슨 선언(1950.1.10)**

내가 방위선을 취급하는 일차적인 이유는 방위선이 중요하기 때문이다. …… 미국의 방위선은 알류샨 열도에서 일본으로 이어지며, 다시 류큐 군도에 다다른다. 우리는 류큐 군도의 방위상 요지를 장악하고 있으며, …… 앞으로도 이곳을 유지하지 않으면 안 된다. 이 방위선은 류큐 군도에서 필리핀 군도로 연결된다.

국회 프락치 사건

1949년 3월에 외국 군대 철수, 남북 통일 협상 등 공산당의 주장과 일맥상통하는 주장을 했다 하여 당시 국회 부의장 김약수 등 13명의 국회 의원을 검거한 사건이다.

농지 개혁법

1948년 대한민국 정부 수립 후 논의가 본격화되어 1949년 6월 공포되고, 1950년 3월에 일부 개정되어 실시되었다. 6 · 25 전쟁으로 중단되었다가 전쟁이 끝난 후 재개되었다.

귀속 재산

광복 당시 조선 총독부, 기관, 일본인이 소유한 재산을 미군정에 속하도록 한 것. 적산(敵産)이라고도 한다.

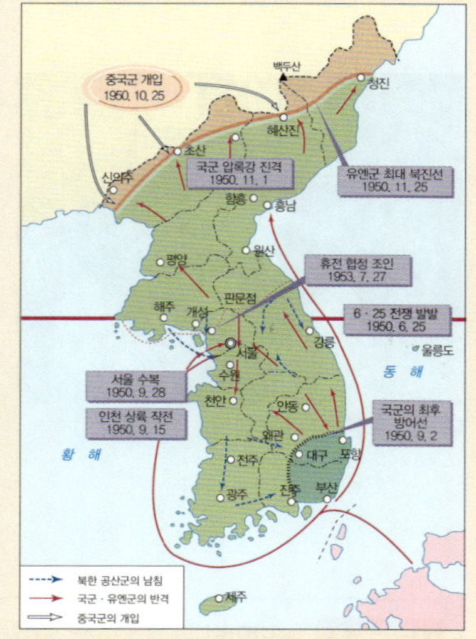

6 · 25 전쟁의 전황

굳세어라 금순아

중국군의 참전으로 6·25 전쟁의 전세는 새로운 국면에 접어들었다. 중국군은 많은 수의 병력을 확보하고 산악 전술에 능하였으며, 유격전에 익숙한 장점을 활용하여 유엔군과 국군을 압박하였다. 결국 유엔군과 국군은 평양과 흥남에서 철수하고, 1·4 후퇴로 서울에서 밀려날 수밖에 없었다. '굳세어라 금순아'는 흥남 철수 당시 부두에서 나이 어린 금순이를 잃어버리고 부산에 홀로 온 화자가 애타게 금순이를 찾는 내용의 노래이다.

인천 상륙 작전

학도병

㉢ 소련, 중국의 전쟁 지원
- ⓐ 김일성의 소련 방문 : 무기와 군사 고문단 지원 확보 → 군사력 강화
- ⓑ 북한과 중국의 비밀 군사 협정 체결 : 조선 의용군의 북한 인민군 편입

㉣ 남한 사회의 혼란 : 좌우익의 대립 심화

② 6·25 전쟁의 발발과 정전 협정

㉠ 발발 : 북한의 남침(1950.6.25) → 국군의 후퇴, 정부의 피란(부산) → 유엔의 결의에 따라 유엔군 결성·참전

㉡ 국군과 유엔군의 반격 : 낙동강을 사이에 두고 치열한 공방전 전개 → 인천 상륙 작전으로 전세 반전 → 서울 수복(1950.9.28) → 압록강까지 진격

㉢ 전쟁의 장기화 : 중국군의 개입 → 서울 재함락(1·4 후퇴) → 서울 재탈환 → 38도선 일대에서 치열한 공방전

㉣ 휴전 협정의 체결
- ⓐ 휴전 회담 시작(1951.7) : 소련의 제안으로 유엔군·북한군·중국군 간에 진행, 한국은 이승만 대통령이 개전 초기에 국군 작전 통제권을 유엔군 사령관에게 넘겨 휴전 회담에 참가하지 못함
- ⓑ 휴전 협정의 체결 과정 : 포로 송환 문제를 두고 갈등(공산군, 자동 송환 ↔ 유엔군, 자유 송환) → 송환을 원치 않는 포로는 중립국 포로 송환 위원회에 넘겨 처리하는 타협안 마련
- ⓒ 정전 협정 체결(1953.7.27) : 휴전선 확정, 비무장 지대 설치, 중립국 감시 위원단 설치 등에 합의
- ⓓ 이승만 정부의 반발 : 휴전에 반대, 북진 통일을 주장하며 거제도의 반공 포로 석방(1953.6.18)
- ⓔ 한·미 상호 방위 조약의 체결(1953.10.1) : 한국 정부의 휴전 반대에 대한 설득의 일환으로 미국 정부의 공약을 체결, 그 후 1954년 한국군의 작전 지휘권을 유엔군 사령부에 양도

이 조약에 따라 미국은 한국에서 무력 충돌 발생 시 유엔의 결정에 상관없이 직접 개입할 수 있게 되었다.

Click! ● 한미 상호 방위 조약

대한민국과 미국은 1953년 10월 워싱턴에서 서로의 군사적 안전을 보장하는 한미 상호 방위 조약을 체결하였다. 이로써 한국과 미국은 굳건한 군사 동맹국이 되었다. 조약은 1954년 1월 양국의 국회에서 승인되었고 11월 18일 정식 발효되었다.

제1조 당사국 관련될지도 모르는 어떠한 국제적 분쟁이라도 국제적 평화와 안전과 정의를 위태롭게 하지 않는 방법으로 평화적 수단에 의하여 해결하고 또한 국제 관계에 있어서 국제 연합의 목적이나 당사국이 국제 연합에 대하여 부담한 의무에 배치되는 방법으로 무력에 의한 위협이나 무력의 행사를 삼갈 것을 약속한다.

제2조 당사국 중 어느 일방의 정치적 독립 또는 안정이 외부로부터의 무력 침공에 의하여 위협을 받고 있다고 어느 당사국이든지 인정할 때에는 언제든지 당사국은 서로 협의한다.

제6조 본 조약은 무기한으로 유효하다. 어느 당사국이든지 타 당사국에 통고한 일 년 후에 본 조약을 중지시킬 수 있다.

③ 전쟁의 피해와 영향

㉠ 남북한의 기반 시설 파괴, 사상자·전쟁고아·이산가족 발생, 남북 간 적대감 심화, 한·미·일 방공 블록 형성, 전쟁 특수로 일본의 경제 성장

㉡ 군사 작전 과정에서 민간인 희생
- ⓐ 노근리 사건 : 6·25 전쟁 발발 직후인 1950년 7월 충청북도 영동군 황간면 노근리 철교 밑에서 한국인 양민에게 미군들이 무차별 사격을 가하여 300여 명을 사살한 사건

한국에서의 학살(피카소)

ⓑ 거창 사건 : 6 · 25 전쟁 당시 중국군의 개입으로 1 · 4 후퇴가 시작된 후 빨치산 공세가 강화되자 후방의 공비 토벌 과정 중 지리산에서 멀지 않은 거창군 신원면에서 발생한 대규모의 양민 학살 사건(1951.2)

(2) 전후 남북한의 정치 · 경제 상황

① 전후 남북한의 독재 체제 강화

㉠ 남한 : 반공을 앞세우고 무리한 개헌을 통해 정권 연장

㉡ 북한 : 전쟁 책임을 물어 박헌영 등의 정적 및 비판 세력 제거(1956년 8월 종파 사건) → 김일성 우상화와 1인 독재 체제 구축

② 전후 복구와 원조 경제

㉠ 전후 복구 사업

ⓐ 배경 : 전쟁으로 인한 생산 시설 파괴, 생필품 부족, 국가 재정 적자, 화폐 가치의 폭락으로 인한 물가 폭등

ⓑ 내용 : 채권 발행, 미국 원조 물자 판매, 고율의 환율 정책, 귀속 재산 불하 본격화

ⓒ 한계 : 생산재와 원료의 수입 의존, 농업 분야의 복구 미흡, 대충자금으로 인한 경제 체제 및 무기 체계의 대미 종속도 심화

㉡ 원조 경제 — 신생 한국의 경제적 위기를 방지하고 국력 부흥을 촉진하며 안정을 확보한다는 목적으로 1948년 12월 한미 원조 협정이 체결된 바 있다. 1961년 12월 한미 경제 원조 협정으로 대체되었다.

ⓐ 경제 원조 : 전쟁 중에는 물론, 전후 복구 기간에도 미국은 많은 경제 원조를 제공

ⓑ 내용 : 주로 식료품, 농업 용품, 피복, 의료품 등 소비재와 면방직, 제당, 제분 공업의 원료에 집중 → 이른바 삼백(三白) 산업(제분, 제당, 면방직) 발달

ⓒ 결과 : 대량의 농산물 유입으로 인해 농산물 가격 폭락, 국내 밀 · 면화 생산 위축, 철강 · 기계 산업 저조

ⓓ 한계 : 국내 농산물 가격 하락, 1950년대 후반 미국의 무상 원조 축소 · 유상 차관으로의 전환에 따라 경제 불황

차관 — 정부가 외자의 도입을 보증하고 일정 기간 후에 원금과 이자를 갚는 조건으로 빌려 주는 자금

Click ! ● 삼백 산업과 미국의 원조

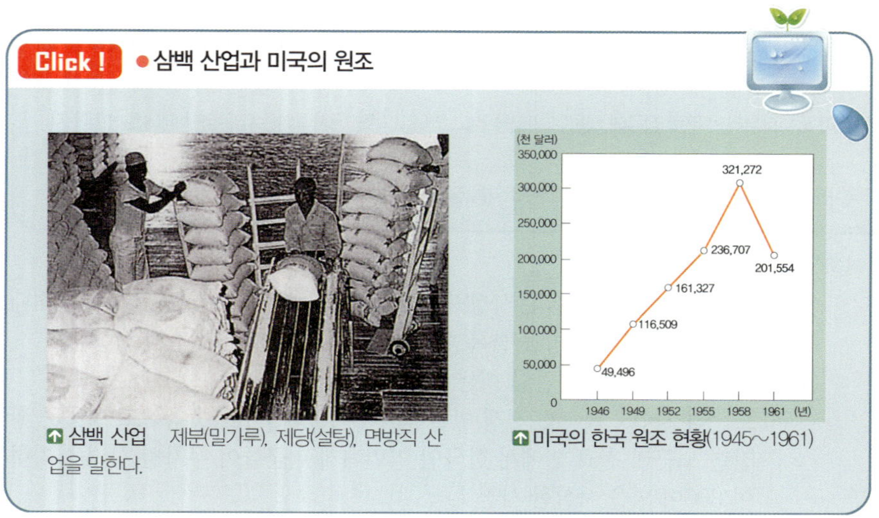

삼백 산업 제분(밀가루), 제당(설탕), 면방직 산업을 말한다.

미국의 한국 원조 현황(1945~1961)

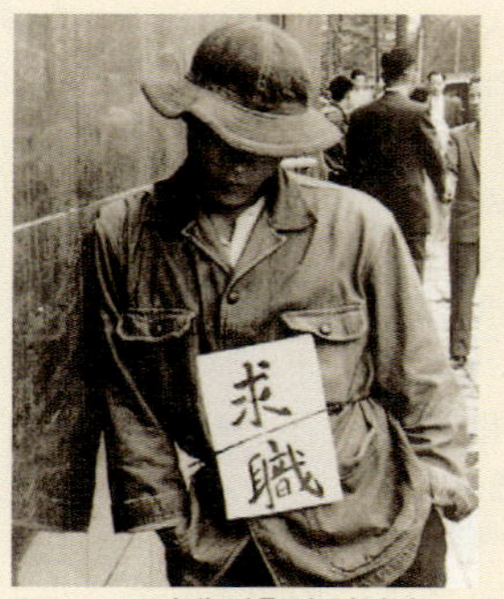

6 · 25 전쟁 이후의 실업난

대충자금
미국의 한국에 대한 원조는 미공법 480호(미국의 농산물 무역 촉진 원조법)에 의해 농산물이 중심을 이루었다. 한국은 원조받은 농산물을 시장에 팔아 그 대금을 한국 은행에 예치하였다. 이 예치금을 대충자금이라 하는데, 정부는 한미 합동 경제 위원회의 감독 아래 이를 사용하였다.

미국의 대한 원조

1 건국 준비 활동과 8 · 15 광복

- [여운형] 일제의 패망과 건국[광복]에 대비하여 조선 건국 동맹을 결성하였다.
- 조선 건국 준비 위원회가 결성되었다.
  - ↳ 여운형이 중심이 되어 조선 건국 준비 위원회를 조직하였다.
  - ↳ 조선 건국 동맹 세력을 바탕으로 조직되었다.
  - ↳ 치안대를 조직하여 질서 유지 활동을 하였다.
- [김성수, 송진우] 한국 민주당 창당
- 민족주의 정당을 중심으로 독립 촉성 중앙 협의회가 결성되었다.
- 모스크바 3국 외상 회의의 결정 사항이 보도되었다.
  - ↳ [김구] 신탁 통치에 반대하는 운동을 전개하였다.
  - ↳ [우익] 모스크바 3국 외상 회의의 결정을 반대하였다.
- [정읍 발언] 이승만이 정읍에서 (남한만의) 단독 정부 수립을 주장하였다.
  - ↳ 남한만의 단독 정부 수립을 주장한 정읍 발언이 제기되었다.
- 미군정의 후원을 받아 좌우 합작 운동을 전개하였다.
  - ↳ [좌우 합작 위원회] 여운형, 김규식 등 중도 세력을 중심으로 결성되었다.
  - ↳ [김규식] 여운형과 함께 좌우 합작 위원회를 조직하였다.
  - ↳ 토지 개혁 실시를 포함한 좌우 합작 7원칙을 제시하였다.
  - ↳ 좌우 합작 위원회가 결성되어 좌우 합작 7원칙에 합의하였다.
- 유엔이 한반도에서 인구 비례에 따른 총선거 실시를 결의하였다.
- 김구, 김규식 등이 남북 협상에 참석하였다.
  - ↳ 통일 정부 구성을 위한 남북 협상을 추진하였다.
  - ↳ 김구 등이 남북 지도자 회의에 참석하였다.
  - ↳ 분단을 막기 위해 평양에 가서 김일성 등과 회담하였다.
  - ↳ [김규식] 민족 자주 연맹을 이끌고 남북 협상에 참여하였다.
  - ↳ [김구, 김규식] 남북 제 정당 사회 단체 지도자 협의회 참여
  - ↳ 전조선 정당 사회 단체 지도자 협의회가 성명서를 발표하였다.

2 대한민국 정부의 수립

- [5 · 10 총선거] 우리나라 최초의 보통 선거인 5 · 10 총선거가 실시되었다.
  - ↳ 국회 의원 선거에서 여성의 선거권과 피선거권이 인정되었다.
  - ↳ 38도선 이남 지역에서만 실시되었다.
  - ↳ 제헌 국회를 구성하기 위한 선거였다.
  - ↳ 제주도의 일부 지역에서 선거가 무효 처리되었다.
- [제헌 헌법] 국회에서 간선 선거 방식으로 대통령이 선출되었다.
  - ↳ 대통령을 행정부 수반으로 규정한 헌법을 제정하였다.
  - ↳ 일제가 남긴 재산 처리를 위한 귀속 재산 처리법이 (처음으로) 제정되었다.
  - ↳ 귀속 재산 처리법을 제정하여 일본인들이 남기고 간 재산을 처리하였다.
- 반국가 활동 규제를 위한 국가 보안법이 만들어졌다.
- 제헌 국회에서 반민족 행위 처벌법이 제정되었다.
  - ↳ (친일파 청산을 위한) 반민족 행위 특별 조사 위원회가 구성되었다.
  - ↳ 경찰이 반민족 행위 특별 조사 위원회를 습격하였다.
  - ↳ [이승만 정부] 반민족 행위 처벌을 위한 특별 조사 위원회의 활동을 방해하였다.
- 경자유전의 원칙에 따른 농지 개혁법이 제정되었다.
  - ↳ 유상 매수, 유상 분배 원칙의 농지 개혁법이 제정되었다.
  - ↳ 지주들을 산업 자본가로 전환시키고자 하였다.

3 6 · 25 전쟁

- 미국의 극동 방위선을 조정한 애치슨 선언에 영향을 주었다.
- 북한의 전면적인 남침으로 6 · 25 전쟁이 발발하였다.
- [중국군 참전] 유엔군이 흥남항을 통한 대규모 해상 철수를 단행하였다.
- 이승만 정부가 반공 포로를 석방하였다.
- [정전 협정] 포로 송환 문제로 인해 체결이 지연되었다.
  - ↳ 군사 분계선을 확정하고 비무장 지대를 설정하였다.
- 한 · 미 상호 방위 조약을 체결하였다.

1 다음 자료의 단체에 대한 설명으로 옳은 것을 〈보기〉에서 고른 것은? [3점]

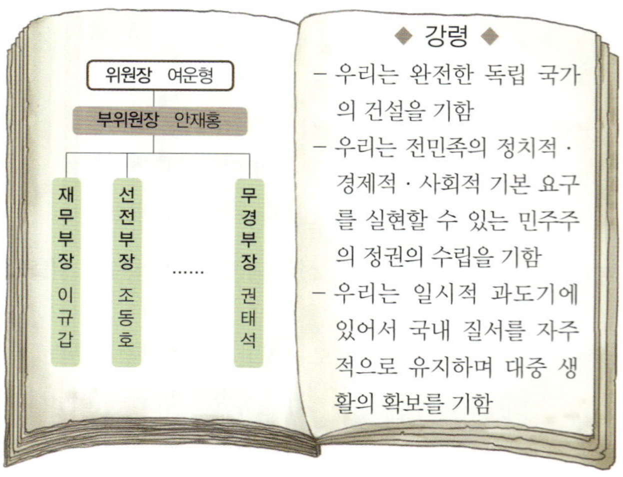

위원장 여운형
부위원장 안재홍
재무부장 이규갑
선전부장 조동호
……
무경부장 권태석
◆ 강령 ◆
– 우리는 완전한 독립 국가의 건설을 기함
– 우리는 전민족의 정치적·경제적·사회적 기본 요구를 실현할 수 있는 민주주의 정권의 수립을 기함
– 우리는 일시적 과도기에 있어서 국내 질서를 자주적으로 유지하며 대중 생활의 확보를 기함

보기
ㄱ. 조선 건국 동맹 세력을 바탕으로 조직되었다.
ㄴ. 치안대를 조직하여 질서 유지 활동을 하였다.
ㄷ. 모스크바 3국 외상 회의의 결정을 반대하였다.
ㄹ. 미 군정의 후원을 받아 좌우 합작 운동을 전개하였다.

① ㄱ, ㄴ ② ㄱ, ㄷ ③ ㄴ, ㄷ
④ ㄴ, ㄹ ⑤ ㄷ, ㄹ

| 해설 | 조선 건국 준비 위원회

일제의 패망에 앞서 신국가 건설 운동에서 가장 앞선 단체는 8 · 15 광복 전에 국내에서 활동하였던 조선 건국 동맹이었다(1944.8). 여운형 등 조선 건국 동맹의 핵심 인사들은 광복이 되자 곧바로 서울에서 좌익 세력과 우익 세력을 망라하여 조선 건국 준비 위원회(건준)를 발족시켰다. 건준은 전국 각지에 지부를 결성하였으며, 이를 기반으로 자치적으로 행정과 치안을 담당하는 등 정치적 공백을 메워 나갔다. 특히 질서 유지를 위해 치안대를 두고 전국에 지부를 두어 과도기 상태에서 정부 역할을 대신하였다.

| 오답 넘기 |

ㄷ. 모스크바 3국 외상 회의에서 신탁 통치 결정되었다는 소식이 전해지자 김구 등 임시정부 계열에서는 반탁 운동을 제2의 독립 운동으로 규정하고 신탁 통치 반대 국민 총동원 위원회를 구성하고 전 국민 궐기 대회를 개최하는 등 적극적인 활동을 벌였다.

ㄹ. 제1차 미소 공동 위원회가 아무런 성과를 거두지 못하고 결렬되자, 김규식과 여운형은 미군정의 지원 하에 좌우 합작 운동을 전개하였다.

정답 ①

2 다음 두 주장이 제기된 계기로 가장 적절한 것은? [1점]

> ○ 우리는 피로써 건립한 독립국과 정부가 이미 존재하였음을 다시 선언한다. 5천 년의 주권과 3천 만의 자유를 전취하기 위하여 자기의 정치 활동을 옹호하고 외래의 탁치 세력을 배격함에 있다.
> ○ 신탁 제도 역시 그 내용이 조선 독립을 달성하는 순서상 과도적 방도인 한 충분히 진보적 역할을 하는 것이며, 8월 15일 해방으로부터의 위대한 일보 전진이다. 그것은 을사조약이나 위임 통치와는 전연 다른 것일 뿐 아니라 우리가 통상 이해하는 신탁과도 아주 판이할 것이다.

① 이승만 정부가 반공 포로를 석방하였다.
② 김구, 김규식 등이 남북 협상에 참석하였다.
③ 제헌 국회에서 반민족 행위 처벌법이 제정되었다.
④ 모스크바 3국 외상 회의의 결정 사항이 보도되었다.
⑤ 유엔이 한반도에서 인구 비례에 따른 총선거 실시를 결의하였다.

| 해설 | 모스크바 3국 외상 회의

'외래의 탁치 세력을 배격'이라는 문구는 신탁 통치를 반대하는 입장이며, '신탁 제도 역시 …… 진보적 역할을 하는 것'이라는 문구는 모스크바 3상 회의 결과를 총체적으로 지지하는 입장이다.

모스크바 3국 외상 회의(1945.12)에서 '조선 임시 정부 수립, 5년 기한의 신탁 통치'를 결정했다는 소식이 전해지자, 좌익 세력은 신탁 통치 실시에도 불구하고 전체적인 내용이 크게 불리하지 않다고 보았다. 이들은 임시 민주 정부의 수립이 중요하다고 주장하며 회의 결정 사항을 총체적으로 지지한다고 입장을 바꾸었다. 반면, 김구, 이승만을 중심으로 한 우익 세력은 강력하게 반탁 운동을 전개하면서 대한민국 임시 정부를 즉각 승인해 줄 것을 연합국에 요구하였다. 반탁 운동은 즉시 독립을 갈망하던 한국인들에게 큰 호소력을 지니고 있었으며, 우익 세력의 확대에도 도움이 되었다.

한편, 중도 세력은 신탁 통치는 반대하지만, 임시 민주 정부를 조속히 수립하기 위해 미 · 소 공동 위원회에 협조해야 한다는 입장을 보였다.

정답 ④

3 (가), (나) 사이의 시기에 있었던 사실로 옳은 것은? [2점]

(가) 이제 우리는 무기 휴회된 공위가 재개될 기색도 보이지 않으며 통일 정부를 고대하나 여의치 않게 되었으니, 우리는 남방만이라도 임시 정부 혹은 위원회 같은 것을 조직하여 38도선 이북에서 소련이 철퇴하도록 세계 공론에 공론에 호소하여야 될 것이다.

(나) 귀국한 이래 3년이 지난 오늘까지 온갖 잡음을 물리치고 남북 통일과 독립을 이루고자 나머지 목숨을 38도선에 내놓은 김구의 얼굴에 이제 아무런 의혹의 티가 없었다. …… 이윽고 김구를 태운 자동차는 38도선을 넘어 멀리 평양을 향하여 성원 속에 사라졌다.

① 좌우 합작 7원칙이 발표되었다.
② 조선 건국 준비 위원회가 결성되었다.
③ 모스크바 3국 외상 회의가 개최되었다.
④ 반민족 행위 특별 조사 위원회가 구성되었다.
⑤ 유상 매수, 유상 분배 원칙의 농지 개혁법이 제정되었다.

| 해설 | 좌우 합작 운동

(가) 자료는 '남방만이라도 임시 정부 혹은 위원회 같은 것을 조직하여야 한다'는 내용을 통해 이승만의 정읍 발언(1946.6)임을 알 수 있다. (나) 자료는 '남북 통일과 독립을 이루고자 김구가 38도선을 넘어 평양을 향하여 가고 있다'는 내용을 통해 남북 협상(1948.4)과 관련된 사실임을 알 수 있다. 따라서 1946년 6월부터 1948년 4월 사이에 일어난 역사적 사실을 고르는 문제이다.

① 좌우익의 극한 대립과 우익 일부의 단독 정부 수립 움직임 속에서 중도 우익의 김규식을 중심으로 5명의 우익 인사와 중도 좌익의 여운형을 중심으로 5명의 좌익 인사들이 1946년 7월 25일 좌우 합작 위원회를 구성하였고, 동년 10월 7일 좌우 합작 7원칙을 발표하였다.

| 오답 넘기 |

② 조선 건국 준비 위원회가 결성된 것은 1945년 8월이다.
③ 모스크바 3국 외상 회의가 개최된 것은 1945년 12월이다.
④ 반민족 행위 처벌법은 1948년 9월에 제정되었으며, 동년 10월 반민족 행위 특별 조사 위원회가 구성되었다.
⑤ 유상 매수, 유상 분배 원칙의 농지 개혁법이 제정된 것은 1949년 6월이다(1950년 3월 공포).

정답 ①

4 (가) 사건에 대한 탐구 활동으로 가장 적절한 것은? [3점]

저는 지금 (가) 70주년을 맞아 큰넓궤에 나와 있습니다. 이곳은 1948년 토벌대의 제주도 중산간 마을에 대한 초토화 작전을 피해 동광리 주민들이 두 달 가까이 은신했던 장소입니다. 하지만 결국 발각되어 많은 사람들이 학살당했습니다. 70주년 추념식에 참석한 대통령은 제주도민에게 깊은 사과와 위로를 전했습니다.

① 통일 주체 국민 회의의 역할을 알아본다.
② 국가 보위 비상 대책 위원회의 설치 배경을 찾아본다.
③ 5년 단임의 대통령 직선제가 실시된 계기를 파악한다.
④ 비상 국무 회의에서 마련한 유신 헌법의 내용을 검색한다.
⑤ 단독 정부 수립에 대한 반발로 일어난 사실들을 조사한다.

| 해설 | 단독 선거 반대 투쟁

1948년 5월 10일, 유엔 한국 임시 위원단의 감시 하에 총선거가 실시되었다. 김구와 김규식 등 남북 협상을 주장하는 사람들은 선거에 참여하지 않았다. 총선거를 앞두고 제주에서는 단독 총선거에 반대하는 시위가 일어났다. 1948년 4월 3일 제주도에서는 공산주의자와 일부 주민이 단독 정부 수립 반대와 미군 철수를 주장하며 무장 봉기하였다(제주 4·3 사건). 이로 인해 제주도 3개의 선거구 중 2개의 선거구에서 총선거를 치르지 못하였고, 사건의 진압 과정에서 수만 명의 제주도민이 희생되었다. 1980년대 이후 4·3 사건의 진상 규명을 위한 각계의 노력이 결실을 맺어 2000년 1월 국민 화합 차원에서 진상 규명과 보상을 위한 「4·3 특별법」이 제정되었다.

| 오답 넘기 |

① 7차 개헌(유신 헌법) 이후 대통령을 통일 주체 국민 회의에서 간선제 방식으로 선출하였다(1972.12).
② 국가 보위 비상 대책 위원회(국보위)는 전두환 등 신군부가 정권을 장악하기 위해 설치한 것이다(1980.5).
③ 9차 개헌은 6월 민주 항쟁 이후 개정된 헌법으로 5년 단임의 대통령 직선제가 마련되었다(1987.10).
④ 1972년 12월에 공포된 유신 헌법은 대통령에게 입법, 사법, 행정권을 집중시킨 비민주적인 헌법이었다.

정답 ⑤

5 밑줄 그은 '총선거'에 대한 설명으로 옳지 않은 것은? [1점]

제시된 자료는 유엔 한국 임시 위원단이 지켜보는 가운데 실시된 총선거의 투표 방법 안내 포스터로, 선거인 등록부터 기표한 용지를 투표함에 넣는 것까지 매우 상세하게 알려주고 있습니다.

① 비례 대표제가 적용되었다.
② 우리나라 최초의 보통 선거였다.
③ 38도선 이남 지역에서만 실시되었다.
④ 제헌 국회를 구성하기 위한 선거였다.
⑤ 제주도의 일부 지역에서 선거가 무효 처리되었다.

| 해설 | **5 · 10 총선거**

1948년 5월 10일, 우리나라 역사상 최초의 보통 선거로 21세 이상의 모든 국민이 투표권을 갖고 국회 의원을 선출하는 총선거가 38도선 이남에서 실시되었다. 5 · 10 총선거로 구성된 제헌 국회는 국호를 대한민국으로 정하고 헌법을 제정 · 공포하였으며(1948.7.17), 대한민국이 3 · 1 운동으로 건립된 대한민국 임시 정부의 독립 정신을 계승한 민주 공화국임을 선포하였다. 뒤이어 국회에서 대통령으로 선출된 이승만은 대한민국 정부의 수립을 국내외에 선포하였으며(1948.8.15), 국제 연합은 대한민국을 한반도의 유일한 합법 정부로 승인하였다.

⑤ 제주 4 · 3 사건으로 인해 제주도 3개의 선거구 중 2개의 선거구에서 총선거를 치르지 못하였고, 사건의 진압 과정에서 수만 명의 제주 도민이 희생되었다.

| 오답 넘기 |

① 한국의 비례 대표제는 1963년 11월 제6대 국회 의원 선거에서 처음 채택되었다. 당시 5 · 16 쿠데타로 집권한 군부 세력은 선거법 개정을 통해 전체 의석의 4분의 1(44명)을 비례 대표제로 선출하도록 했고, 지역구 선거에서의 정당 간 득표 비율을 배정 기준으로 삼았다.

정답 ①

6 밑줄 그은 '국회'에 대한 설명으로 옳은 것은? [2점]

지난 5 · 10 총선을 통해 구성된 국회가 반민족 행위자를 처벌할 수 있는 법안을 통과시켰습니다. 이 법의 적용을 받는 자는 한 · 일 합방에 협력한 자, 한국의 주권을 침해하는 데 도움을 준 자, 일본 치하 독립운동가나 그 가족을 살상 · 박해한 자 등입니다. 아울러 반민족 행위를 예비 조사하기 위해 특별 조사 위원회를 설치하기로 했습니다.

① 민의원, 참의원의 양원으로 운영되었다.
② 한 · 미 자유 무역 협정(FTA)을 비준하였다.
③ 초대 대통령에 한해 중임 제한을 철폐하였다.
④ 유상 매수 · 유상 분배 원칙의 농지 개혁법을 제정하였다.
⑤ 의원 정수 3분의 1일 통일 주체 국민 회의에서 선출되었다.

| 해설 | **제헌 국회의 활동**

1948년 5 · 10 총선거로 구성된 제헌 국회는 정부 수립 직후 국민적 열망에 따라 반민족 행위 처벌법(반민법)을 제정하였고, 이에 따라 반민족 행위 특별 조사 위원회(반민특위), 특별 재판부 등의 기구들이 설치되었다. 또 제헌 국회는 1949년 6월 농지 개혁법을 제정하였는데 유상 매수 · 유상 분배의 원칙으로 3정보 이상의 토지를 매매하는 형식이다(1950년 3월 공포).

| 오답 넘기 |

① 4 · 19 혁명 후 1960년 내각 책임제와 민 · 참의원의 양원제를 골자로 하는 3차 개헌이 추진되고 총선거가 실시되었다.
② 한 · 미 자유무역협정(FTA)은 노무현 정부 때 체결되었다(2007.6). 다만 비준은 몇 년 뒤에 이루어져 이명박 정부 때 비준되었다(2011.11).
③ 이승만 정부는 대통령의 중임을 2회로 제한하였으나 1954년 11월 일명 '사사오입 개헌'을 통해 초대 대통령의 중임 제한을 철폐하였다.
⑤ 1972년 12월에 공포된 유신 헌법에 따라 의원 정수 1/3이 통일 주체 국민 회의에서 선출되었다.

정답 ④

7 다음 조약에 대한 설명으로 옳은 것은 〈보기〉에서 고른 것은? [2점]

국제 연합군 총사령관을 한쪽 편으로 하고 조선 인민군 최고 사령관 및 중국 인민 지원군 사령원을 다른 쪽으로 하는 아래의 서명자들은 쌍방에 막대한 고통과 유혈을 초래한 한국에서의 충돌을 정지시키기 위하여, 최후적인 평화적 해결이 달성될 때까지 한국에서의 적대 행위와 일체 무장 행동의 완전한 정지를 보장하는 정전을 확립할 목적으로, 아래의 조항에 기재된 정전 조건과 규정을 접수하며 또 그 제약과 통제를 받는 데 각자 공동 상호 동의한다. 이 조건과 규정들의 의도는 순전히 군사적 성질에 속하는 것이며 이는 오직 한국에서의 교전 쌍방에만 적용한다.

보기

ㄱ. 포로 송환 문제로 인해 체결이 지연되었다.
ㄴ. 미국과 소련의 군정이 종식되는 계기가 되었다.
ㄷ. 군사 분계선을 확정하고 비무장 지대를 설정하였다.
ㄹ. 미국의 극동 방위선을 조정한 애치슨 선언에 영향을 주었다.

① ㄱ, ㄴ ② ㄱ, ㄷ ③ ㄴ, ㄷ
④ ㄴ, ㄹ ⑤ ㄷ, ㄹ

| 해설 | **6 · 25 전쟁의 전개 과정**

제시된 자료는 1953년 7월 27일에 체결된 휴전 협정이다. 6 · 25 전쟁이 장기화되는 것에 부담을 느낀 미국은 소련에 비공식으로 휴전 협정을 제의하였다. 이에 소련은 유엔을 통해 휴전 회담을 제의하였고, 1951년 6월부터 유엔군과 북한군 및 중국군 사이에 정전 회담이 시작되었다.
정전 회담에서 가장 큰 걸림돌은 포로 송환 문제였다. 북한은 전쟁이 끝나는 즉시 포로를 모두 돌려보내야 한다고 주장하였다. 반면 유엔군은 인도주의를 내세워 포로 본인이 스스로 돌아갈 곳을 결정해야 한다고 주장하였다. 양측은 좀처럼 타협하지 못하다가 결국 '송환을 원하지 않는 포로는 중립국 포로 송환 위원회에 넘겨 처리한다.'라는 타협안에 합의하였다. 이 과정에서 정전에 반대하던 이승만 정부가 반공 포로의 석방을 강행하기도 하였다(1953.6.18). 유엔군과 중국군, 북한군은 1953년 7월 27일에 비무장 지대 설치, 군사 정전 위원회와 중립국 감시 위원단의 설치 등을 내용으로 한 정전 협정에 조인하였다.

정답 ②

8 다음 자료에 나타난 시기의 경제 상황으로 옳은 것은? [2점]

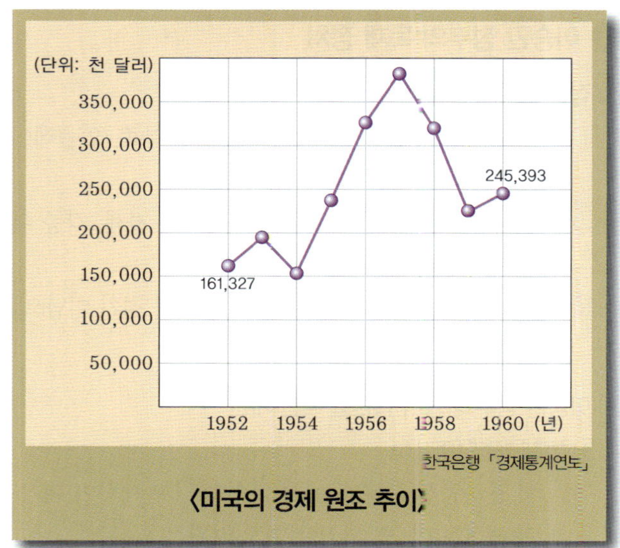

〈미국의 경제 원조 추이〉

① 제2차 석유 파동으로 경제 위기를 맞았다.
② 한 · 미 자유 무역 협정(FTA)이 체결되었다.
③ 제3차 경제 개발 5개년 계획이 시작되었다.
④ 삼백 산업 중심의 소비재 산업이 발달하였다.
⑤ 농촌 근대화를 목표로 새마을 운동이 추진되었다.

| 해설 | **원조 경제**

제시된 자료는 미국의 경제 원조 추이를 보여주고 있다. 연도가 1952~1960년임을 통해 당시는 이승만 정부의 시기임을 알 수 있다. 미국은 6 · 25 전쟁 중에는 물론 전후, 복구 기간에도 많은 경제 원조를 제공했는데, 원조는 주로 식료품, 농업 용품, 피복, 의료품 등 소비재와 면방직, 제당, 제분의 이른바 삼백 산업의 원료에 집중되었다.

| 오답 넘기 |

① 1978년의 제2차 석유 파동은 심각한 경제 위기를 불러일으켰다.
② 2000년대에 접어들어 한국은 칠레, 미국 등과 자유 무역 협정(FTA)을 체결하였다.
③ 1972년에 시작된 제3차 경제 개발 5개년 계획에서는 수출 주도형 중화학 공업화를 추진하였다.
⑤ 1970년 4월에 시작된 새마을 운동은 근면, 자조, 협동을 바탕으로 한 지역 사회 개발 운동으로 농촌의 근대화와 농민의 소득 증대를 목적으로 시작되어 점차 전국적인 의식 개혁 운동으로 이어졌다.

정답 ④

30 민주주의의 시련과 발전

공부한 날 월 일

일차

❶ 이승만 정부의 독재 정치

(1) 집권 초기의 상황

① 사회 · 경제적 혼란 : 실업자 급증, 식량 부족, 인플레이션, 제주 4 · 3 사건의 여파 → 사회적 불안 지속

② 국민들의 불만 : 친일파 청산에 소극적인 자세, 각종 부정부패 사건(국민 방위군 사건) 등

③ 반공주의를 앞세운 독재 정치 : 반공주의를 정치 이념으로 전면 제시, 6 · 25 전쟁을 거치면서 더욱 강화

국민 방위군 사건
1951년 1 · 4 후퇴 당시 제2 국민병으로 편성된 국민 방위군의 고급 장교들이 국고금과 군수 물자를 부정 처분하여 착복함으로써 아사자와 동사자가 속출한 사건

(2) 이승만 정부의 장기 집권을 위한 개헌

① 발췌 개헌(1952.5)

㉠ 배경 : 총선(1950.5)에서 이승만 지지 세력이 대거 탈락 → 대통령 간선제를 통해서는 이승만의 당선이 어려워짐

㉡ 과정 : 여당인 자유당을 창당(1951.12), 백골단 · 땃벌떼를 동원하여 공포 분위기 조성, 후방 지역에 계엄령 선포, 야당 국회의원들을 헌병대로 연행

㉢ 내용 : 강압적인 분위기 속에서 여당의 대통령 직선제안과 야당의 내각 책임제안을 발췌 · 절충하여 개헌안을 상정하고 기립 표결로 진행된 국회 투표에서 반대표 없이 통과

㉣ 결과 : 제2대 대통령 선거에서 이승만이 대통령에 당선(1952.8)

헌병에 끌려가는 국회의원

② 사사오입(四捨五入) 개헌(1954.11)

㉠ 배경 : 제헌 헌법에 대통령 장기 집권을 막기 위해 중임 제한 규정

㉡ 과정 : 초대 대통령에 한하여 횟수 제한 없이 대통령에 출마할 수 있도록 편법으로 개정

㉢ 결과 : 제3대 대통령 선거에서 대통령에 이승만, 부통령에 민주당의 장면 당선

사사오입 개헌
표결 결과 재적 203명 중 찬성 135표로 개헌 정족수인 136표에 1표가 미달하여 부결되었으나, 이틀 후 자유당은 국회의원 재적 203명의 2/3는 135.333…으로 소수점 4 이하는 반올림이 안 되어 135명이 정족수가 된다며 가결을 선언하였다.

(3) 독재 체제의 강화

① 3대 정 · 부통령 선거(1956.5) : 자유당 정권의 위기감 고조

㉠ 무소속 조봉암 : 유효 득표의 30% 차지, 후에 진보당 창당

㉡ 민주당 신익희 : "못살겠다 갈아보자."라는 구호를 내걸고 정권 교체의 바람을 일으켰지만 선거 도중 갑자기 사망

㉢ 자유당 이승만 : 대통령에 당선, 3선에 성공

② 진보당 사건(1958.1) : 간첩 혐의로 조봉암과 진보당 간부들을 구속 → 조봉암은 유죄로 최종 확정되어 1959년 7월 처형됨

③ 신국가 보안법 제정(1958.12) : 대공 사찰과 언론 통제 강화 목적으로 국가 보안법 개정, 여당인 자유당 의원만 참석한 가운데 강행 통과, '대통령을 비난하는 자는 10년 이하의 징역에 처한다.'라는 내용을 골자로 함

간첩의 개념을 넓게 정의하여 정부를 비판하는 행위를 국가 보안법으로 처벌할 수 있게 하였다. 보안법 파동은 이때의 일이다.

④ 언론 탄압 : 정부에 비판적이던 경향신문 폐간 조치(1959.4)

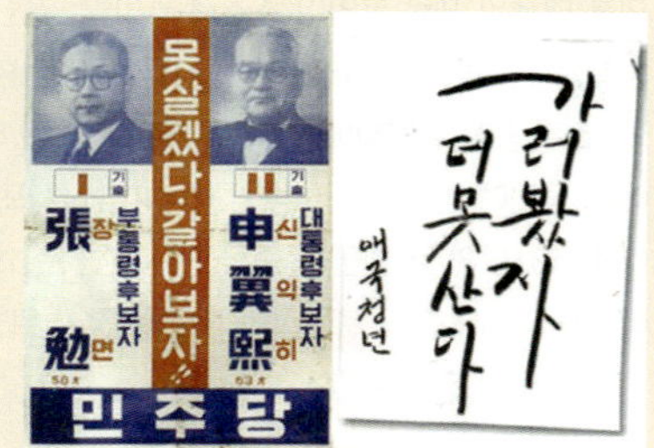

제3대 대통령 선거

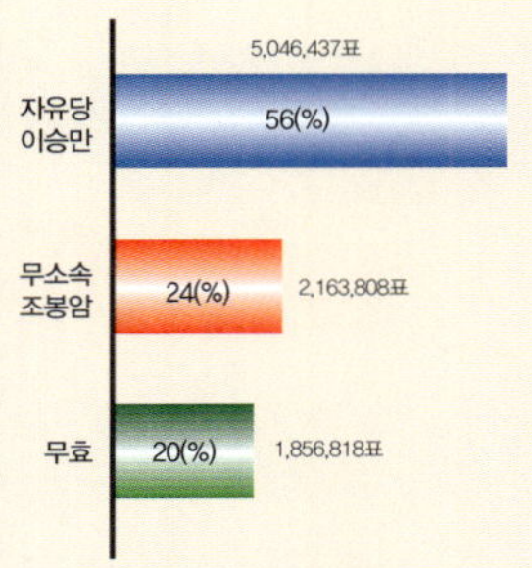

제3대 대통령 선거 결과

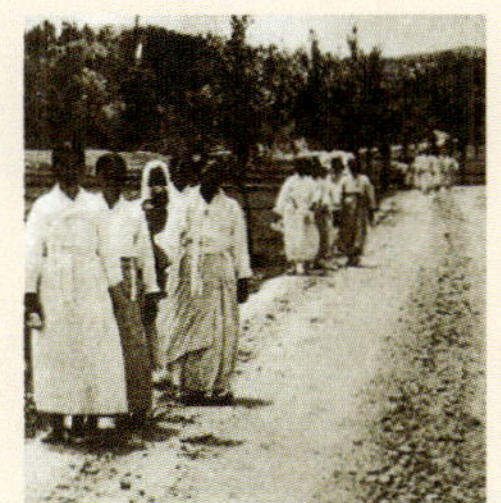
3 · 15 부정 선거 당시 선거 행렬

❷ 4 · 19 혁명

(1) 4 · 19 혁명(1960)의 배경

① 경제 불황 : 미국의 원조 감소에 따른 경제난, 이승만 정부의 부정부패

② 3 · 15 부정 선거 : 제4대 정 · 부통령 선거(1960), 부통령 후보 이기붕을 당선시키기 위해 대대적인 부정 선거 자행

└ 관권 동원, 사전 투표, 3인조 공개 투표 등

(2) 부정 선거에 대한 국민적 저항

① 이승만 정부의 탄압 : 경찰을 동원하여 부정 선거 규탄 시위를 폭력적으로 진압 → 마산에서 여러 명 사망

② 김주열의 죽음 : 최루탄에 맞아 사망한 고등학생 김주열의 시신이 마산 앞바다에서 발견(1960.4.10)

③ 범국민적 부정 선거 규탄 시위 : 4월 19일 절정 → 이승만 대통령 퇴진 운동으로 발전

④ 이승만 정부의 몰락 : 강경 진압으로 대규모 유혈 사태 발생, 정부가 계엄령 선포, 군대 동원 → 서울 시내 대학 교수들이 시국 선언 발표 → 이승만의 하야 성명 발표(1960.4.26, 하와이로 망명)

(3) 의의 : 시민 혁명을 통해 독재자 추방 → 민주화 운동, 통일 운동 활성화

Click ! ● 4 · 19 혁명의 여러 모습

"부모 형제들에게 총을 쏘지 말라"는 초등학생의 시위

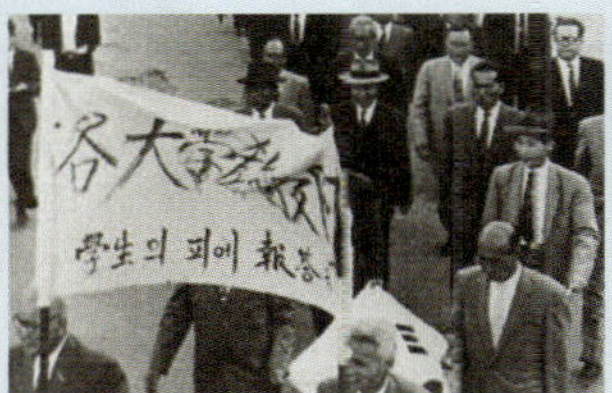

"학생의 피에 보답하라"는 대학 교수단의 시위

이승만의 하야 소식에 질서 회복에 나선 학생과 시민의 승리의 행진

계엄군의 탱크 위에서 승리의 만세를 부르는 시민들

(4) 내각제 개헌과 장면 정부

① 헌법 개정(1960.6) : 허정의 과도 정부 수립(내각 책임제와 국회 양원제 개헌) → 총선에서 민주당 압승(대통령 윤보선, 국무총리 장면)

② 활동 : 남북 통일 · 대일 외교 정상화 등에 대한 의지 표명, 경제 개발 5개년 계획 수립, 언론의 자유 보장, 각종 정부 규제 완화 → 노동 운동, 교원 노조 결성 운동, 청년 및 학생 운동 활성화

(경제 개발 5개년 계획을 마련하였으나 5 · 16 군사 정변으로 실시하지는 못했다.)

③ 통일 논의 : 민족 통일 학생 연맹(대학생 중심) · 민족 자주 통일 협의회(혁신계 정치 세력 중심) 결성 → 남북 학생 회담 개최 제의

④ 한계

㉠ 개혁 추진 미흡 : 학생 및 혁신 계열의 통일 운동에 부정적, 부정 선거 책임자와 부정 축재자 처벌에 소극적

㉡ 민주당 내의 분열 : 민주당 내 신 · 구파의 대립 → 구파가 탈당하여 신민당 창당 → 정치 불안 고조

양원제 국회
1960년에 의원 내각제로 헌법이 바뀌며 초대 참의원(상원) 58명과 제5대 민의원(하원) 233명이 선출되어 양원제 국회가 구성되었다.

❸ 5 · 16 군사 정변과 유신 체제

(1) 5 · 16 군사 정변(1961)

① 배경 : 4 · 19 혁명 후 사회 혼란에 대한 장면 내각의 대응책 미흡, 6 · 25 전쟁 이후 군부 세력 성장

② 전개 과정 : 박정희 등 일부 군인들이 권력 장악 → 혁명 공약 발표, 국가 재건 최고 회의 창설 → 군정 실시

③ 군정 실시

㉠ 군정 기구 설치 : 군사 혁명 위원회를 국가 재건 최고 회의로 개편하여 행정과 입법 포괄하는 핵심 권력 기구로 삼음, 그 산하에 중앙정보부 설치

㉡ 경제 개혁 : 농어촌 고리채 정리법 · 부정 축재 처리법 제정, 화폐 개혁, 경제 개발 5개년 계획 추진(1962)

㉢ 박정희 정부 수립 : 대통령 중심제 및 단원제 국회로 개헌, 민주 공화당 창당 → 박정희가 대통령에 당선(1963.10)

Click ! ● 5 · 16 군사 정변(혁명 공약)

첫째. 반공을 국시의 제1의(義)로 삼고 반공 태세를 재정비 강화한다.

둘째. 유엔 헌장을 준수하고 미국을 위시한 자유 우방과의 유대를 더욱 공고히 한다.

셋째. 이 나라 사회의 모든 부패와 구악을 일소한다.

넷째. 민생고를 시급히 해결하고 국가 자주 경제 재건에 총력을 경주한다.

다섯째. 통일을 위하여 공산주의와 대결할 수 있는 실력 배양에 전력을 집중한다.

여섯째. 과업이 성취되면 양심적인 정치인들에게 정권을 이양하고 우리들은 본연의 임무에 복귀할 준비를 갖춘다.

5 · 16 군사 정변을 일으킨 군인들 (가운데 박정희)

(2) 박정희 정부

① 한 · 일 국교 재개(한 · 일 협정, 1965)

㉠ 추진 배경 : 정권 정당성 확보를 위해 경제 개발 자금 확보 목적, 미국의 한 · 미 · 일 집단 안보 체제 구상

㉡ 김종필 · 오히라 비밀 회담(1962.11) : 무상 원조와 차관 제공으로 식민지 보상에 합의

㉢ 6 · 3 시위(1964) : 대학생과 시민의 굴욕적 대일 외교 반대 시위 → 정부는 계엄령 선포, 진압

(당시 시위에 참가했던 대학생 그룹을 6 · 3 세대라고 부른다.)

㉣ 한 · 일 협정 체결(1965.6.22) : 경제 개발에 필요한 자금 확보, 식민 지배 사과와 배상 문제 및 독도 문제 등 미해결

(발효는 동년 12월 18일)

② 베트남 파병(1964~1973)

㉠ 배경 : 아시아의 반공 전선을 확고히 하려는 미국의 의도와 경제 개발에 필요한 재원을 확보하려는 박정희 정부의 이해 관계가 일치

㉡ 브라운 각서(1966.3) : 베트남 파병에 따른 미국의 군사적 · 경제적 지원 약속

㉢ 내용 : 1973년까지 연인원 32만 명에 이르는 규모의 부대 파견

김종필 · 오히라 비밀 교섭

1962년 11월 김종필과 일본 오히라 외상 비밀 교섭에서 한국민에 대한 정신적 · 물질적 피해 배상이나 사과 없이 '독립 축하금' 지급, 경제 협력 명분의 차관 제공 등이 규정되었다('김종필 · 오히라 메모').

수많은 젊은이가 희생되었고, 한국군에 의해 많은 베트남 양민이 희생되었으며, 한국인 혼혈인(라이따이한)이 남겨졌다.

㉣ 결과 : 베트남 전쟁 특수로 경제 성장, 군 전력 증강 → 많은 사상자 발생, 전쟁 후유증으로 인한 고통

Click ! ● 한 · 일 회담 반대 시위와 베트남 파병

한 · 일 회담 반대 시위(1964)

베트남 파병

③ 3선 개헌

㉠ 남북 간 긴장 고조

ⓐ 1 · 21 사태(1968) : 북한의 무장 게릴라들이 청와대 습격을 시도

ⓑ 푸에블로호 사건(1968.1) : 북한이 미국 정찰함 푸에블로호를 나포

㉡ 3선 개헌 강행

ⓐ 개헌 강행 : 대통령의 3회 연임을 허용하는 개헌안 마련, 야당과 학생들의 반대 속에 편법으로 통과(1969.9)

ⓑ 장기 집권 : 제7대 대통령 선거에서 신민당의 김대중 후보가 돌풍을 일으켰으나 근소한 차이로 박정희 후보가 3선에 성공

(3) 유신 체제의 성립과 붕괴

유신 헌법(제7차 개헌)

제39조 1. 대통령은 통일 주체 국민 회의에서 토론 없이 무기명 투표로 선거한다.

제53조 1. 대통령은 천재지변 또는 중대한 재정 · 경제상의 위기에 처하거나, 국가의 안전 보장 또는 공공의 안녕 질서가 중대한 위협을 받거나 받을 우려가 있어 신속한 조치를 할 필요가 있다고 판단할 때에는 …… 긴급 조치를 할 수 있다.

제59조 1. 대통령은 국회를 해산할 수 있다.

① 유신 체제의 배경

㉠ 국외 : 닉슨 독트린(1969.7)으로 인한 동아시아 정세 급변 → 미군의 베트남 철수 시작, 주한 미군의 감축 계획 발표, 미국 대통령 닉슨의 중국 방문

㉡ 국내 : 제8대 국회의원 선거에서 야당이 선전 → 집권 세력의 위기감 초래

② 유신 체제의 성립(1972.10)

㉠ 성립 : 비상 계엄을 선포하고 국회 해산 → 비상 국무 회의에서 유신 개헌안 통과, 국민 투표로 확정

㉡ 명분 : 국가 안보와 지속적인 경제 성장, 평화 통일을 위한 정치적 안정 → '한국적 민주주의'라고 선전하면서 대통령 권한 극대화

③ 유신 체제의 특징

㉠ 국민의 기본권과 자유 제한 : 민주주의의 원칙을 무시한 독재 체제

㉡ 대통령 간선제 실시 : 통일 주체 국민 회의에서 간접 선거로 대통령 선출(대통령 임기 6년으로 연장 및 연임 횟수 제한 폐지)

㉢ 의회와 사법부 통제 : 대통령이 국회의원 3분의 1 추천(사실상 임명권), 대통령이 국회 해산권과 대법원장 · 헌법 위원회 위원장 임명권 행사

㉣ 긴급 조치권 부여 : 대통령에게 각종 법의 효력을 정지시킬 수 있는 초법적인 권한 부여, 국민의 기본권 제한, 일상생활 및 사회 통제, 반대 세력 억압

④ 유신 체제에 대한 저항과 탄압

㉠ 김대중 납치 사건(1973.8) : 일본 도쿄에서 반유신 운동을 준비하던 김대중 납치

㉡ 민청학련 사건(1974.4) : 대학생 주도, 전국 민주 청년 학생 총연맹(민청학련) 선언을 통해 유신 헌법 폐지 요구 → 정부의 단속과 탄압

㉢ 2차 인혁당(인혁당 재건위) 사건(1974.4) : 인민 혁명당이 국가 전복 활동을 지휘했다는 혐의로 구속 · 사형

㉣ 장준하의 의문사(1975.8) : 개헌 청원 운동을 벌이던 장준하가 불의의 죽음을 당함

㉤ 3 · 1 민주 구국 선언(1976.3) : 재야 정치 지도자들이 주도

⑤ 유신 시대의 문화 통제 : 대중문화 통제, 청년 문화 통제, 야간 통행 금지

장준하
한국 광복군 소속으로 중국에서 항일 투쟁을 전개하였으며, 광복 이후 김구의 비서로 귀국하여 '사상계'를 창간하고 반독재 투쟁과 유신 반대 운동의 선봉에 섰다.

Click! ● 유신 체제하의 사회상

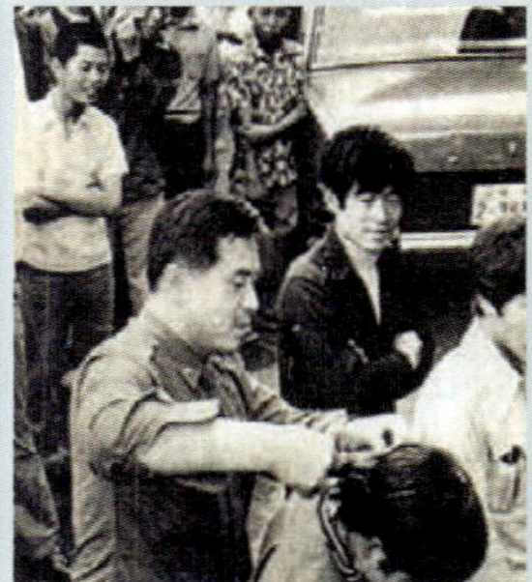
장발 단속

양희은(아침이슬)

동아일보 백지 광고

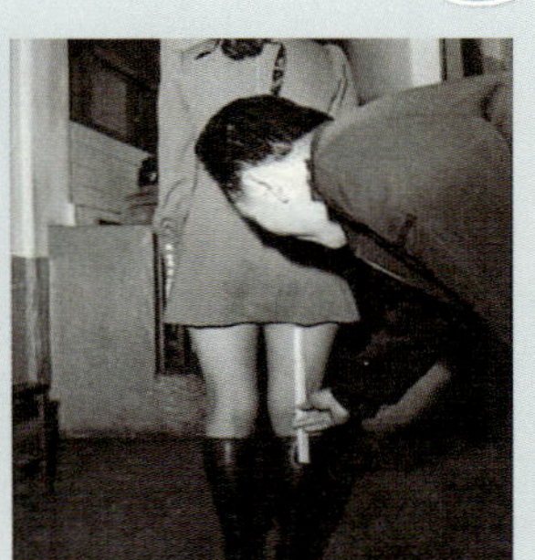
미니 스커트 길이 단속

⑥ 10 · 26 사태와 유신 체제의 붕괴

㉠ YH 무역 농성 사건(1979.8) : 회사 폐업 조치에 항의하며 신민당사 농성 중 진압 과정에서 여성 노동자 사망 → 정부를 강하게 비난하던 김영삼의 국회 의원직 제명

㉡ 부 · 마 민주 항쟁(1979.10) : 부산, 마산, 창원 지역에서 일어난 대규모 유신 반대 시위 운동

㉢ 10 · 26 사태(1979) : 부 · 마 민주 항쟁의 처리 방법을 두고 권력자 간 내분이 발생하여 중앙정보부장 김재규가 박정희 대통령 암살 → 유신 체제 붕괴

신민당사에서 경찰에 의해 강제로 끌려나오는 YH 무역 여성 노동자들

4 1980년대 민주화 운동과 민주주의의 발전 ★★★

(1) 신군부의 등장과 5 · 18 민주화 운동

신군부: 4년제 육사 출신 장교들로 구성되었으며, 유신 체제하에서 박정희의 비호를 받아 성장한 전두환, 노태우 등이 대표적인 인물이다.

① 신군부의 집권

㉠ 10 · 26 사태 후 : 계엄령 선포 후 통일 주체 국민 회의에서 최규하 대통령 선출

㉡ 12 · 12 사태(1979) : 전두환, 노태우 등 신군부 세력이 군권 장악 후 정치적 실권 행사

㉢ 서울의 봄(1980) : 신군부 퇴진, 유신 헌법 철폐 등을 요구하며 학생과 시민들이 대규모 시위 전개

② 5 · 18 민주화 운동(1980.5)
㉠ 배경 : 신군부의 권력 장악 음모, 민주 인사와 학생 운동 지도부 검거
㉡ 전개 과정 : 광주에서 비상 계엄 저항 시위 → 계엄군의 무차별 진압에 분노한 시민들 합류 → 시위 군중 무장, 시민군 조직 → 계엄군의 무력 진압
㉢ 의의 : 이후 민주화 운동의 기반, 아시아 여러 나라의 민주화 운동에 영향

(2) 전두환 정부

① 집권 과정 : 5 · 18 민주화 운동의 무력 진압 → 신군부가 국가 보위 비상 대책 위원회를 구성하여 사실상 국가 권력 장악 → 최규하의 대통령직 사임, 통일 주체 국민 회의에서 전두환을 대통령으로 선출 → 7년 단임의 대통령 간선제 개헌 → 전두환 대통령 선출(1981.3)
② 유화 정책 : 중 · 고등학생 교복과 두발 자유화, 야간 통행 금지 폐지, 대학 내 학생회 부활, 해외 여행 자유화, 프로 야구 창설, 컬러 TV 방송 시작 등
③ 강압 통치 : 언론 통제(언론 통폐합, 보도 지침 시달), 정치인들의 정치 활동 규제, 삼청 교육대 운영 등

삼청 교육대: 신군부가 사회 정화를 명분으로 설치한 특수 교육 기관. 교육 대상자 중에는 17명 이상의 중학생을 비롯한 980명의 학생이 포함되었고, 교육 기간 중 54명이 사망하였다.

(3) 6월 민주 항쟁(1987)

① 개헌 요구 확산
㉠ 대통령 직선제 개헌 요구 : 민주화의 필수 요소라 판단 → 전국 각지에서 민주화와 전두환 정부 퇴진 요구 시위 발생
㉡ 전두환 정부의 폭력성 : 부천 경찰서 성고문 사건, 박종철 고문치사 사건 등
② 4 · 13 호헌 조치 : 기존 헌법 고수 입장, 신군부 세력인 노태우를 차기 대통령 후보로 선출 → 개헌 요구 더욱 확산

4 · 13 호헌 조치: 전두환이 개헌에 대한 합의가 이루어지지 않았다는 구실로 개헌하지 않겠다고 선언

③ 6 · 10 국민 대회 : 전국적으로 '박종철군 고문 살인 · 은폐 조작 규탄 및 민주 헌법 쟁취 범국민 대회' 개최 → 국민들의 민주화 요구 확산, 이한열 사망 사건 이후 시위 확산

Click ! ● 6 · 10 국민 대회 선언문(일부)

국가의 미래요 소망인 꽃다운 젊은이를 야만적인 고문으로 죽여 놓고 그것도 모자라서 국민을 속이려 했던 현 정권에게 국민의 분노가 무엇인지 분명히 보여 주고, 국민적 여망인 개헌을 일방적으로 파기한 4 · 13 폭거를 철회시키기 위한 민주 장정을 시작한다.

– 민주헌법쟁취국민운동본부 –

④ 6월 민주 항쟁의 의의 및 결과
㉠ 민주화 운동 확산 : 참여 계층 확대, 이전과 달리 '넥타이 부대'로 표현되는 중산층이 대거 참여
㉡ 사회 민주화의 기틀 마련 : 범국민적 민주화 운동 전개 → 시민 의식 성장
㉢ 6 · 29 민주화 선언 : 민주 정의당 대표 노태우가 국민들의 민주화 요구를 수용하고 대통령 직선제 개헌을 골자로 하는 시국 수습 방안 발표
㉣ 헌법 개정(1987) : 대통령 단임제(임기 5년), 대통령 직선제 선출 등

무장한 광주 시민

유네스코 세계 기록유산에 등재된 5 · 18 민주화 운동 기록물
- 정부나 군 지휘부 등 공공 기관이 생산한 문서(현장 공무원들의 상황 일지 등)
- 5 · 18 민주화 운동 기간에 개인, 단체 등이 작성한 문건(각종 성명서와 일기장, 기자들의 취재 수첩, 피해자들의 구술 증언 테이프 등)
- 5 · 18 민주화 운동 이후 진상 규명, 명예 회복 과정에서 생산된 자료, 주한 미국 대사관이 미국 국무성과 국방부 사이에 주고받은 전문 등

박종철 고문치사 사건
1987년 1월 대학생 박종철이 경찰의 물고문으로 사망한 사건으로, 정부의 고문 은폐 시도가 드러나 전두환 정권에 대한 국민들의 분노는 더욱 커졌다.

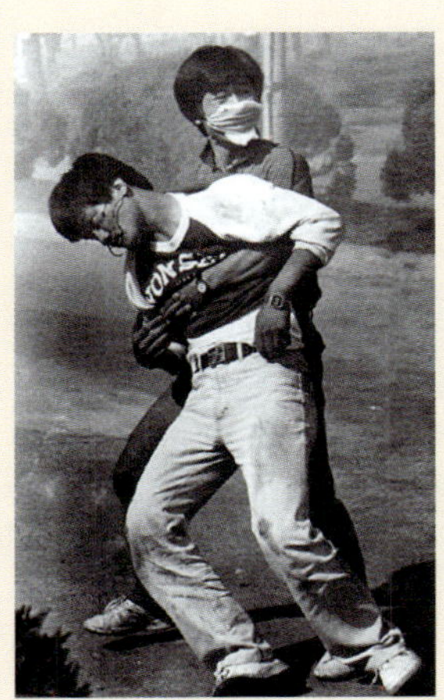
시위 중 최루탄을 정면으로 맞은 이한열 열사

(4) 직선제 개헌 이후의 정부

① 노태우 정부(1988~1993)

㉠ 성립 : 새 헌법에 따라 1987년 대통령 선거 실시 → 야당의 분열로 민주 정의당의 노태우 후보 당선 → 1988년 국회의원 선거에서 여소야대 정국 전개

㉡ 3당 합당 : 여소야대 정국을 극복하기 위해 민주 정의당이 두 야당(통일 민주당, 신민주 공화당)과 합당 → 민주 자유당 결성(1990.1)

㉢ 활동 : 언론 기본법 폐지, 서울 올림픽 개최(1988.9), 북방 외교(동유럽 공산 국가들 및 소련 · 중국과 수교), 남북한 유엔 동시 가입(1991.9), 지방 자치 제도 부분 실시 등

반쪽 올림픽이었던 모스크바 · LA 올림픽에 비해 대부분의 공산 진영까지 포함한 159개국 8,465명의 선수가 참가하였다.

② 김영삼 정부(1993~1998)

㉠ 성립 : 1992년 대통령 선거에서 민주 자유당 김영삼 후보의 당선

㉡ 문민 정부 표방 : 5 · 16 군사 정변 후 최초의 민간인 출신 대통령

㉢ 활동 : 지방 자치제의 전면 실시(1995.6), 공직자 재산 공개, 금융 실명제 와 부동산 실명제 실시, 역사 바로 세우기 운동, 경제 협력 개발 기구(OECD) 가입(1996.12)

금융 실명제는 1993년 8월부터, 부동산 실명제는 1995년 7월부터 시행되었다.

㉣ 외환 위기(1997.11) : 집권 말기 국가 부도 위기로 국제 통화 기금(IMF)의 구제 금융 신청

③ 김대중 정부(1998~2003)

㉠ 성립 : 대선에서 야당의 김대중 후보가 당선 → 대한민국 정부 수립 이후 선거에 의한 최초의 평화적 여야 정권 교체

㉡ 활동 : 신자유주의 정책에 바탕을 둔 구조 조정과 대외 개방 단행, 노사정 위원회 구성, IMF 관리 체제 극복, 햇볕 정책, 남북 교류 활성화, 국민 기초 생활 보장 등 사회 복지 제도 확충

㉢ 대북 화해 협력 정책(햇볕 정책) 추진 : 금강산 (해로) 관광 사업 시작(1998.11), 남북 정상 회담 개최 후 6 · 15 남북 공동 선언 발표(2000.6)

노무현 정부 때인 2003년 9월부터 금강산 육로 관광 시작

④ 노무현 정부(2003~2008) : 권위주의 청산 추구, 친일 진상 규명법 제정, 행정 수도 이전 추진, 한미 FTA 협상 타협(2007.4), 2차 남북 정상 회담 개최(2007.10)

⑤ 이명박 정부(2008~2013) : 섬기는 정부, 활기찬 시장 경제, 능동적 복지, 인재 대국, 성숙한 세계 국가 등 국정 과제 제시, 한미 FTA 발효(2012.3)

우리나라의 지방 자치제

5 · 16 군사 정변 이후 중단되었던 지방 자치제는 1991년에는 지방 의회 선거, 1995년에는 지방 자치 단체장 선거가 실시되면서 본격적으로 시행되었다.

노사정 위원회

김대중 정부에서 경제 위기와 국제 통화 기금(IMF) 관리 체제를 극복하기 위해 만든 사회적 협의 기구로서 경제 · 사회 개혁과 노사 관계 제도 개선을 위해 노력하였다.

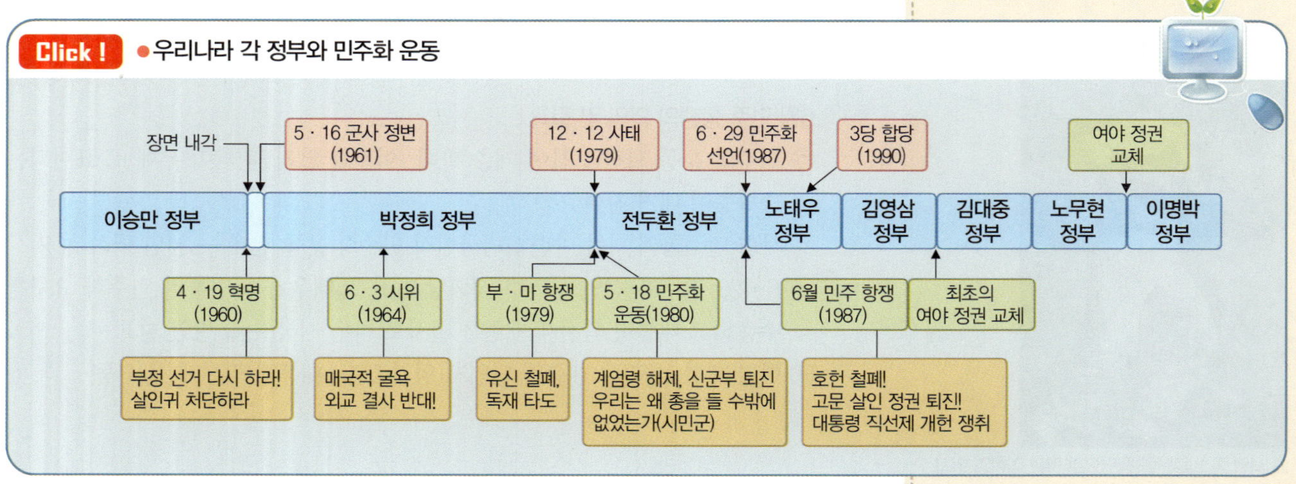

1 이승만 정부의 독재 정치

- [발췌 개헌] 정·부통령 직접 선거를 주 내용으로 하는 개헌이 이루어졌다.
  - ↳ 임시 수도 수반에서 대통령 직선제 개헌안이 통과되었다.
  - ↳ 국회의 형태를 양원제로 규정하였다.
- [사사오입 개헌] 초대 대통령에 한해 중임 제한을 철폐하였다.
  - ↳ 개헌 당시의 대통령에 한해 중임 제한이 철폐되었다(중임 제한을 적용하지 않았다.).
- [이승만 정부] 평화 통일론을 주장한 진보당의 조봉암이 구속되었다.
  - ↳ 평화 통일론을 주장한 진보당의 조봉암을 제거하였다.
- 국가보안법 개정안을 통과시킨 이른바 보안법 파동이 일어났다.

2 4·19 혁명

- 여당 부통령 후보 당선을 위한 3·15 부정 선거가 자행되었다.
- 부정 선거에 항거하는 4·19 혁명이 전국 각지에서 일어났다.
  - ↳ [4·19 혁명] 3·15 부정 선거에 항의하는 시위가 전국으로 확산되었다.
  - ↳ 대통령 하야를 요구하는 대학 교수단의 시위 행진이 있었다.
  - ↳ 허정 과도 정부가 구성되는 계기가 되었다.
  - ↳ 양원제 국회와 장면 내각이 출범하는 계기가 되었다.
  - ↳ 대통령 중심제에서 의원 내각제로 바뀌는 계기가 되었다.
  - ↳ 독재 정권을 타도하였으나 미완의 혁명으로 평가받기도 한다.
- [제3차 개헌] 민의원, 참의원의 양원으로 운영되었다.

3 5·16 군사 정변과 유신 체제

- 국가 재건 최고 회의가 구성되었다.
- [박정희 정부] 한·일 협정을 체결하여 국교 정상화를 추진하였다.
- [6·3 시위] 한·일 국교 정상화에 반대하여 일어났다.
  - ↳ 굴욕적인 한·일 국교 정상화에 반대하였다.
  - ↳ 굴욕적 대일 외교 반대를 주장하는 6·3 시위가 일어났다.
  - ↳ 6·3 시위가 전개되고 비상 계엄령이 선포되었다.
- 장기 독재를 가능하게 한 유신 헌법이 공포되었다.
  - ↳ 비상 국무 회의에서 마련한 유신 헌법의 내용을 검색한다.
- [7차 개헌] 통일 주체 국민 회의 대의원이 선출되었다.
  - ↳ 의원 정수 3분의 1이 통일 주체 국민 회의에서 선출되었다.
- [유신 반대 운동] 긴급 조치 철폐를 요구하는 3·1 민주 구국 선언이 발표되었다.
  - ↳ 3·1 민주 구국 선언을 통해 긴급 조치 철폐 등을 요구하였다.
  - ↳ 3·1 민주 구국 선언을 통하여 장기 독재에 저항하였다.
- YH 무역 노동자들이 폐업에 항의하며 농성하였다.
  - ↳ YH 무역 노동자들의 농성을 강경 진압하였다.

4 1980년대 민주화 운동과 민주주의의 발전

- 사회 정화를 명분으로 삼청 교육대를 설치하였다.
- [5·18 민주화 운동] 신군부의 비상 계엄 확대가 원인이 되어 일어났다.
  - ↳ 신군부의 계엄령 확대와 무력 진압에 저항하였다.
  - ↳ 신군부의 계엄 확대와 무력 진압에 저항하는 시위가 벌어졌다.
  - ↳ 전개 과정에서 시민군이 자발적으로 조직되었다.
- 김영삼과 김대중을 공동 의장으로 한 민주화 추진 협의회가 조직되었다(1984.5).
- [6월 민주 항쟁] 치안본부 대공 분실에서 박종철 고문 치사 사건이 발생하였다.
  - ↳ 4·13 호헌 조치 철폐를 요구하는 전 국민적인 저항이 벌어졌다.
  - ↳ 4·13 호헌 조치에 반발하여 호헌 철폐 등의 구호를 내세웠다.
  - ↳ 호헌 철폐와 독재 타도 등의 구호를 내세운 시위가 전개되었다.
  - ↳ 호헌 철폐와 독재 타도 등의 구호를 내세웠다.
  - ↳ 5년 단임의 대통령 직선제 개헌을 이끌어 냈다.
  - ↳ 5년 단임의 대통령 직선제 개헌이 이루어졌다.

1 밑줄 그은 '개헌안'의 시행 결과로 옳은 것은? [2점]

政府, 改憲案通過로 認定
28日國務會議後, 葛處長發表

정부, 개헌안 통과로 인정
–28일 국무 회의 후, 갈 처장 발표 –

27일 국회에서 개헌안에 대하여 135표의 찬성표가 던져졌다. 그런데 민의원 재적수 203석 중 찬성표 135, 반대표 60, 기권 7, 결석 1이었다. 60표의 반대표는 총수의 3분의 1이 훨씬 되지 못한다는 사실을 잘 주의해서 보아야 한다. 민의원의 3분의 2는 정확하게 계산할 때 $135\frac{1}{3}$인 것이다. 한국은 표결에 있어서 단수(端數)*를 계산하는 데에 전례가 없었으나 단수는 계산에 넣지 않아야 할 것이며 따라서 개헌안은 통과되었다는 것이 정부의 견해이다.

*단수(端數) : '일정한 수에 차고 남는 수'로, 여기에서는 소수점 이하의 수를 의미함

① 대통령 중심제가 의원 내각제로 바뀌었다.
② 통일 주체 국민 회의에서 대통령이 선출되었다.
③ 개헌 당시의 대통령에 한하여 중임 제한이 철폐되었다.
④ 선거인단이 선출되는 7년 단임의 대통령제가 실시되었다.
⑤ 우리나라 최초의 보통 선거인 5 · 10 총선거가 실시되었다.

| 해설 | **이승만 정부의 독재 체제 강화**

1952년 7월 발췌 개헌을 통해 재선에 성공한 이승만은 장기 집권을 위해 초대 대통령에 한해 3선 금지 조항을 없앤 사사오입 개헌까지 추진하여 권력을 유지하고자 하였다. 표결 결과 개헌 정족수에 1표가 부족하여 부결되었으나, 이틀 뒤에 자유당은 사사오입의 논리를 내세워 개헌안의 통과를 선언하였다(1954.11).

| 오답 넘기 |

① 4 · 19 혁명 후 내각 책임제와 민 · 참의원의 양원제를 골자로 하는 3차 개헌을 추진하고 총선거를 실시하였다.
② 1972년 12월에 공포된 유신 헌법 하에서는 대통령을 통일 주체 국민 회의에서 6년마다 간선제로 선출하였다.
④ 1980년 10월 유신 헌법을 일부 수정한 새 헌법이 제정되었는데(8차 개헌), 골자는 통일 주체 국민 회의와 비슷한 대통령 선거인단이 간접 선거로 대통령을 선출하고, 대통령의 임기는 7년 단임으로 한 것이었다.
⑤ 1948년 우리나라 최초의 보통 선거인 5 · 10 총선거가 실시되었다.

정답 ③

2 (가)에 들어갈 민주화 운동에 대한 설명으로 옳은 것은? [2점]

이곳은 이승만의 장기 독재에 저항하여 일어난 (가) 당시 희생된 김주열 열사의 묘소입니다. 3 · 15 부정 선거를 규탄하는 시위에 참가하였던 열사가 마산 앞바다에서 시신으로 발견되면서, 시위가 전국적으로 확산 되었습니다.

① 장면 내각이 출범하는 배경이 되었다.
② 4 · 13 호헌 조치의 철폐를 요구하였다.
③ 굴욕적인 한 · 일 국교 정상화에 반대하였다.
④ 신군부의 계엄령 확대와 무력 진압에 항거하였다.
⑤ 3 · 1 민주 구국 선언을 통하여 유신 체제에 저항하였다.

| 해설 | **4 · 19 혁명**

1960년 3 · 15 부정 선거에 항거한 4 · 19 혁명은 수많은 학생과 시민이 목숨을 걸고 이승만 독재 정권을 무너뜨린 민주 혁명으로 이후에 전개된 민주화 운동에 큰 영향을 미쳤다. 이승만 정부가 무너진 뒤 내각 책임제와 양원제 국회를 주요 내용으로 하는 제3차 헌법 개정이 이루어졌고, 새로 출범한 장면 내각은 민주 정치의 실현과 경제 개발 계획의 추진을 위하여 노력하였다. 그러나 장면 내각은 사회 각층의 민주화 요구를 제대로 정책에 반영하지 못하는 한계를 보였다.

| 오답 넘기 |

② 전두환 정부는 직선제 개헌을 하지 않겠다는 내용의 4 · 13 호헌 조치를 발표하였고(1987), 이에 반발하여 6월 민주 항쟁이 일어났다.
③ 6 · 3 시위에서 시민, 학생, 언론들은 한 · 일 국교 정상화 회담을 굴욕적인 외교로 평가하고 강력하게 반대하였으며, 더 나아가 정권 퇴진 운동으로 발전시켰다(1964).
④ 5 · 18 광주 민주화 운동 당시 시민군은 신군부의 계엄군에게 무력으로 진압당했지만, 시민들은 계속 민주화 운동을 벌였다(1980).
⑤ 3 · 1 민주 구국 선언을 통해 긴급 조치 철폐를 요구한 것은 박정희 정부 때 유신 체제 반대 운동이다(1976).

정답 ①

3 다음 자료가 작성된 이후에 일어난 사실로 옳은 것은? [2점]

1. 무상 원조에 대해 한국 측은 3억 5천만 달러, 일본 측은 2억 5천만 달러를 주장한 바 3억 달러를 10년에 걸쳐 공여하는 조건으로 양측 수뇌에게 건의함.
2. 유상 원조(해외 경제 협력 기금)에 대해 한국 측은 2억 5천만 달러, 일본 측은 1억 달러를 주장한 바 2억 달러를 10년 간에 걸쳐 이자율 3.5%로 제공하기로 양측 수뇌에게 건의함.
3. 수출입 은행 차관에 대해 한국 측은 별개 취급을 희망하고 일본 측은 1억 달러 이상을 프로젝트에 따라 늘릴 수 있도록 하자고 주장한 바 양측 합의에 따라 국교 정상화 이전이라도 협력하도록 추진할 것을 양측 수뇌에게 건의함.

① 반민족 행위 특별 조사 위원회가 구성되었다.
② 6 · 3 시위가 전개되고 비상 계엄령이 선포되었다.
③ 평화 통일론을 주장한 진보당의 조봉암이 구속되었다.
④ 유엔 한국 재건단의 지원으로 문경 시멘트 공장이 건설되었다.
⑤ 일제가 남긴 재산 처리를 위하여 귀속 재산 처리법이 제정되었다.

| 해설 | **한 · 일 국교 정상화**

지문은 1962년 11월 김종필과 오히라가 한 · 일 국교 정상화를 위한 협상에서 합의한 내용이다. 한 · 일 국교 정상화 회담에서 국민은 일본의 사죄와 정당한 배상을 요구하였으나, 박정희 정부는 경제 개발 자금을 획득하는 데 치중하여 갈등을 빚었다. 시민, 학생, 언론들은 한 · 일 국교 정상화 회담을 굴욕적인 외교로 평가하고 강력하게 반대하였으며, 더 나아가 정권 퇴진 운동으로 발전시켰다(6 · 3 시위, 1964). 그러나 정부는 공권력을 동원하여 시위운동을 탄압하고 마침내 1965년 6월 한 · 일 협정을 체결하였다.

| 오답 넘기 |

① 제헌 국회는 반민족 행위 처벌법(반민법)을 제정하였고, 이에 따라 반민족 행위 특별 조사 위원회(반민특위)가 설치되었다(1948.10).
③ 1956년 3대 대통령 선거 이후 이승만은 조봉암을 간첩죄로 처형하는 등 혁신 세력인 진보당을 탄압하며 독재 체제를 강화해 갔다(1958.1).
④ 유엔 한국 재건단의 지원으로 문경 시멘트 공장이 준공되었다(1957.9).
⑤ 이승만 정부는 1949년 12월 귀속 재산 처리법을 제정하여 일본인들이 남기고 간 재산을 처리하였다.

정답 ②

4 다음 헌법 조항이 시행된 시기의 민주화 운동으로 옳은 것은? [2점]

제39조 ① 대통령은 통일 주체 국민 회의에서 토론 없이 무기명 투표로 선거한다.
제40조 ① 통일 주체 국민 회의는 국회 의원 정수의 3분의 1에 해당하는 수의 국회의원을 선거한다.
② 제1항의 국회의원의 후보자는 대통령이 일괄 추천하며, 후보자 전체에 대한 찬반을 투표에 부쳐 재적 대의원 과반수의 출석과 출석 대의원 과반수의 찬성으로 당선을 결정한다.
제47조 대통령의 임기는 6년으로 한다.
제59조 ① 대통령은 국회를 해산할 수 있다.

① 굴욕적 대일 외교 반대를 주장하는 6 · 3 시위가 일어났다.
② 긴급 조치 철폐를 요구하는 3 · 1 민주 구국 선언이 발표되었다.
③ 부정 선거에 항의하는 4 · 19 혁명이 전국 각지에서 전개되었다.
④ 4 · 13 호헌 조치 철폐를 요구하는 전 국민적인 저항이 벌어졌다.
⑤ 김영삼과 김대중을 공동 의장으로 한 민주화 추진 협의회가 조직되었다.

| 해설 | **유신 체제 반대 운동**

'통일 주체 국민 회의', '대통령의 임기 6년', '국회 해산' 등의 내용을 통해 유신 헌법임을 알 수 있다. 1972년 12월 시행된 유신 헌법은 대통령에게 입법, 사법, 행정권을 집중시킨 비민주적인 헌법이었다. 이 헌법으로 대통령 중임 제한이 철폐되어 영구 집권이 가능해졌고, 대통령 직선제도 통일 주체 국민 회의에 의해 6년마다 선출하는 간선제로 바뀌었다.
② 1976년 3월 김대중, 윤보선, 함석헌 등의 재야인사들이 명동 성당에 모여 유신 체제를 정면으로 비판하는 3 · 1 민주 구국 선언을 발표하였다.

| 오답 넘기 |

① 1964년 6 · 3 시위에서 시민, 학생, 언론들은 한 · 일 국교 정상화 회담을 굴욕적인 외교로 평가하고 강력하게 반대하였다.
③ 1960년 3월 15일에 치러진 정 · 부통령 선거는 원천적인 부정 선거로서 4 · 19 혁명의 배경이 되었다.
④ 전두환 정부는 직선제 개헌을 하지 않겠다는 내용의 4 · 13 호헌 조치를 발표하였고, 이에 반발하여 6월 민주 항쟁이 일어났다.
⑤ 전두환 정부 시기인 1984년 5월 김영삼과 김대중을 공동 의장으로 하는 민주화 추진 협의회(민추협)가 조직되었다.

정답 ②

5 다음 자료에 해당하는 민주화 운동에 대한 설명으로 옳은 것은? [1점]

> 광주 시민들에 따르면, 공수 부대가 학생들의 시위에 잔인하게 대응하면서 상호 간에 폭력적인 결과를 가져왔다고 한다. 계엄령 해제와 수감된 야당 지도자의 석방을 요구하는 학생들이 행진하면서 돌을 던졌다고 하지만, 그렇게 폭력적이지는 않았다고 한다. 광주에 거주하는 25명의 미국인들 – 대부분 선교사, 교사, 평화 봉사단 단원들 – 가운데 한 사람은 "가장 놀랐던 것은 군인들이 저지른 무차별적 폭력이었다."라고 증언하였다.
>
> – 당시 상황을 보도한 외신 기사 –

① 한 · 일 국교 정상화에 반대하여 일어났다.
② 관련 기록물이 유네스코 세계 기록유산으로 등재되었다.
③ 대통령 중심제에서 의원 내각제로 바뀌는 계기가 되었다.
④ 3 · 1 민주 구국 선언을 통해 긴급 조치 철폐 등을 요구하였다.
⑤ 4 · 13 호헌 조치에 반발하여 호헌 철폐 등의 구호를 내세웠다.

| 해설 | 5 · 18 민주화 운동

'광주 시민, 계엄령 해제, 군인들의 무차별적 폭력'이라는 내용을 통해 1980년에 광주에서 전개된 5 · 18 민주화 운동임을 알 수 있다. 12 · 12 사태로 신군부 세력이 등장하자 1980년 광주에서 시위가 발생하였다. 이때 신군부 세력은 군대를 동원하여 시위를 진압하였고, 이에 저항하여 시민들은 시민군을 조직하여 투쟁하였다. 이것이 5 · 18 민주화 운동이다. 5 · 18 민주화 운동은 신군부 세력의 폭력성과 비민주성을 드러내는 사건이었으며, 1980년대 이후 민주화 운동의 확산에 큰 영향을 미쳤다. 5 · 18 민주화 운동 기록물은 2011년 유네스코 세계 기록 유산으로 등재되었다.

| 오답 넘기 |

① 한 · 일 국교 정상화를 위한 한 · 일 회담은 6 · 3 시위라는 국민의 저항을 초래하였다.
③ 4 · 19 혁명의 결과 내각 책임제와 국회 양원제를 근간으로 한 개헌이 이루어졌다.
④ 3 · 1 민주 구국 선언을 통해 긴급 조치 철폐를 요구한 것은 박정희 정부 때 유신 체제 반대 운동이다.
⑤ 전두환 정부는 직선제 개헌을 하지 않겠다는 내용의 4 · 13 호헌 조치를 발표하였고, 이에 반발하여 1987년 6월 민주 항쟁이 일어났다.

정답 ②

6 밑줄 그은 '민주화 운동'에 대한 설명으로 옳은 것은? [1점]

이것은 당시 치안본부 남영동 대공 분실에서 고문을 당하여 죽은 박종철에 대한 국민 추도회 사진이야.
민주화 운동 사진전
이 고문 치사 사건은 호헌 철폐 · 독재 타도를 외쳤던 민주화 운동의 도화선이 되었어.
고 박종철 군 국민추도회

① 장면 내각이 출범하는 배경이 되었다.
② 굴욕적인 한 · 일 국교 정상화에 반대하였다.
③ 5년 단임의 대통령 직선제 개헌을 이끌어 냈다.
④ 신군부의 계엄령 확대와 무력 진압에 저항하였다.
⑤ 3 · 15 부정 선거에 항의하는 시위가 전국으로 확산되었다.

| 해설 | 6월 민주 항쟁

1987년 6월 10일 야당과 민주 헌법 쟁취 국민 운동 본부는 '박종철 고문 살인 조작 · 은폐 규탄 및 호헌 철폐 국민 대회'를 전국 18개 도시에서 개최하여 전두환 정부의 강압 정치를 비판하고 대통령 직선제 개헌을 요구하였다. 이 과정에서 연세대에서 민주화 시위를 벌이던 이한열군이 최루탄에 맞아 사망하였다. 그 후 6월 민주 항쟁 이후 개정된 헌법에 의해 5년 단임의 대통령 직선제가 마련되었다.

| 오답 넘기 |

① 4 · 19 혁명으로 이승만 정부가 무너진 뒤 내각 책임제와 양원제를 핵심으로 하는 헌법 개정이 이루어지고 장면 내각이 출범하였다(1960).
② 박정희 정부의 굴욕적인 한 · 일 국교 정상화에 반대하여 6 · 3 시위가 전개되었다(1964).
④ 신군부가 1980년 5월 17일에는 비상계엄을 전국으로 확대하여 억압적인 분위기를 조성하는 가운데 5 · 18 민주화 운동이 발생하였다.
⑤ 1960년 3 · 15 부정 선거에 항거한 4 · 19 혁명이 발생하였다.

정답 ③

7 다음 조치를 시행한 정부 시기의 사실로 옳은 것은? [1점]

> **국민 생활의 안정을 위한 대통령 긴급 조치**
>
> 제 1 조 (목적) 이 긴급 조치는 …… 격동하는 세계 경제의 충격에 따른 국민 경제의 위기를 국민의 총화적 참여에 의하여 극복함을 목적으로 한다.
>
> ⋮
>
> 제 4 조 (석유류세 세율의 특례) 휘발유에 대하여는 석유류세법에 의한 석유류세의 세율을 100분의 300으로 한다.
>
> ⋮
>
> 제11조 (취득세 세율의 특례) ① 고급 주택, 별장, 골프장, 고급 승용차, 비업무용 고급 선박 또는 고급 오락장을 취득하거나 법인이 비업무용 토지를 취득하는 경우에는 지방세법에 의한 취득세의 세율을 취득가액 또는 연부금액의 100분의 15로 한다.
>
> ⋮

① 미국과의 자유 무역 협정(FTA)이 체결되었다.
② YH 무역 노동자들이 폐업에 항의하며 농성하였다.
③ 경자유전의 원칙에 따른 농지 개혁법이 제정되었다.
④ 남북 간 경제 교류 활성화를 위한 개성 공단이 건설되었다.
⑤ 금융 거래의 투명성을 확보하고자 금융 실명제가 실시되었다.

| 해설 | **박정희 정부 시기의 역사적 사실**

지문은 박정희 정부 시기에 발표된 「국민 생활의 안정을 위한 대통령 긴급 조치」이다(1974). 박정희 정부 시기 회사 폐업에 항의하며 신민당 당사에서 농성하던 YH 무역의 여성 노동자 중 한 명이 경찰의 강제 진압 과정에서 사망하였고(YH 무역 사건, 1979.8), 이와 관련해 당시 신민당 총재였던 김영삼이 국회에서 제명당하였다.

| 오답 넘기 |

① 한 · 미 자유무역협정(FTA)은 노무현 정부 때 체결되었다(2007.6). 다만 비준은 몇 년 뒤에 이루어져 이명박 정부 때 발효되었다(2012.3).
③ 이승만 정부 시기 1949년 6월 농지 개혁법이 제정되었고, 1950년 3월에 이의 일부가 수정되어 공포되었다.
④ 6 · 15 남북 공동 선언 이후 노무현 정부 때인 2004년 6월에 개성 공단이 건설되었다.
⑤ 김영삼 정부는 1993년 8월 금융 실명제를 실시하여 부정부패를 없애고자 하였다.

정답 ②

8 (가)~(라)의 헌법을 공포된 순서대로 옳게 나열한 것은? [3점]

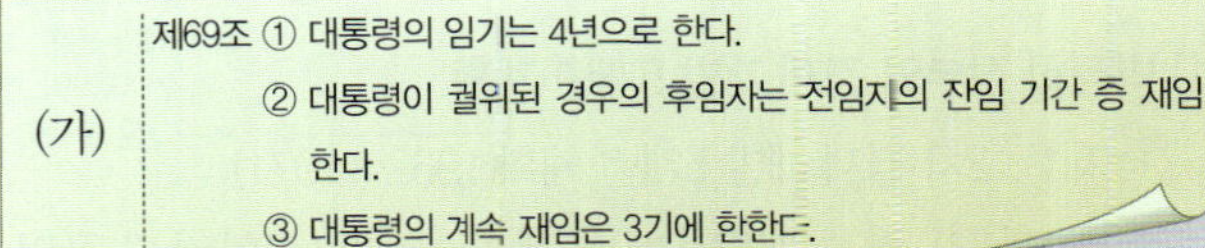
(가)
제69조 ① 대통령의 임기는 4년으로 한다.
② 대통령이 궐위된 경우의 후임자는 전임자의 잔임 기간 중 재임한다.
③ 대통령의 계속 재임은 3기에 한한다.

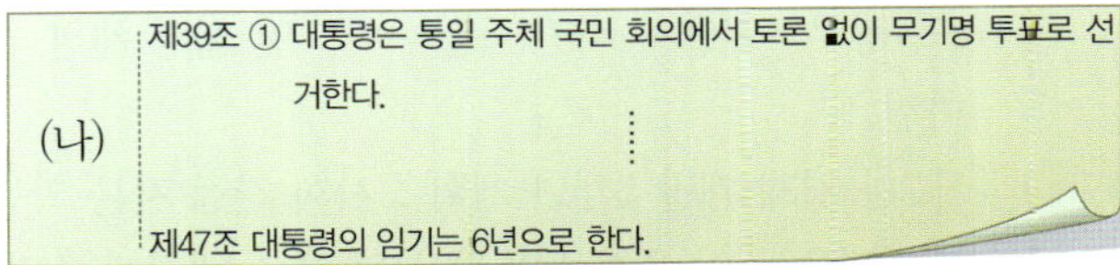
(나)
제39조 ① 대통령은 통일 주체 국민 회의에서 토론 없이 무기명 투표로 선거한다.
⋮
제47조 대통령의 임기는 6년으로 한다.

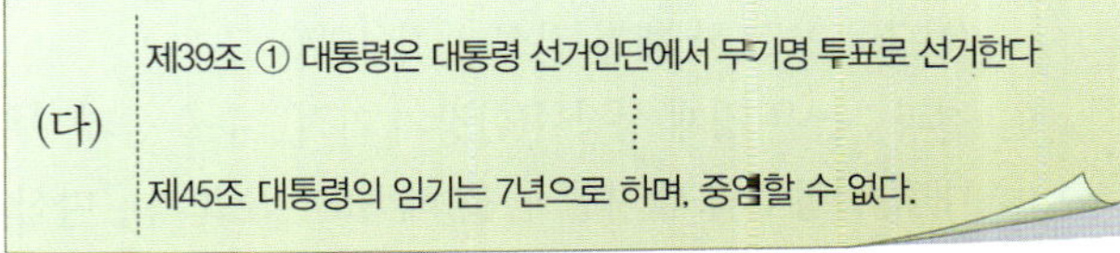
(다)
제39조 ① 대통령은 대통령 선거인단에서 무기명 투표로 선거한다
⋮
제45조 대통령의 임기는 7년으로 하며, 중임할 수 없다.

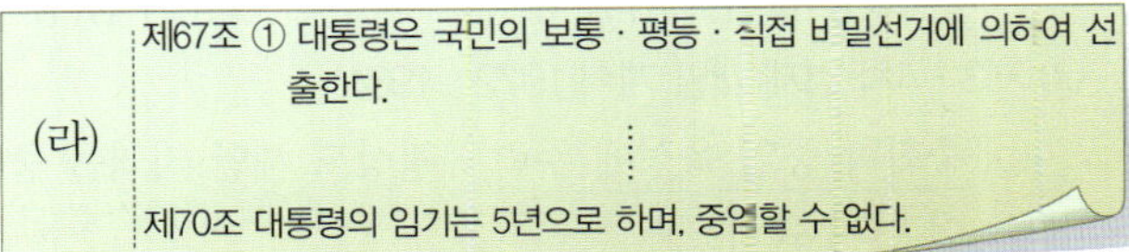
(라)
제67조 ① 대통령은 국민의 보통 · 평등 · 직접 비밀선거에 의하여 선출한다.
⋮
제70조 대통령의 임기는 5년으로 하며, 중임할 수 없다.

① (가) – (나) – (다) – (라)
② (가) – (다) – (라) – (나)
③ (나) – (가) – (라) – (다)
④ (나) – (라) – (가) – (다)
⑤ (다) – (라) – (나) – (가)

| 해설 | **우리나라의 역대 개헌**

(가) 1969년 10월에 공포된 제6차 개헌, (나) 1972년 12월에 공포된 제7차 개헌(유신 헌법), (다) 1980년 10월에 공포된 제8차 개헌, (라) 1987년 10월에 공포된 제9차 개헌의 내용이다. 따라서 순서는 (가)–(나)–(다)–(라)이다.

▣ 우리나라의 역대 개헌

구분	개헌	내용
박정희 정부(제3공화국)	5차 개헌(1962.12.26)	직선제/대통령 중심제/단원제
	6차 개헌(1969.10.21)	대통령의 3선 허용/직선제
박정희 정부(제4공화국)	7차 개헌(1972.12.27)	유신 헌법/간선제(통일 주체 국민 회의에서 대통령 선출)/6년(연임 제한 없음)
전두환 정부(제5공화국)	8차 개헌(1980.10.27)	간선제(선거인단에서 대통령 선출)/7년(단임)
노태우 정부(제6공화국)	9차 개헌(1987.10.29)	직선제/5년(단임)

정답 ①

31 사회 · 경제의 변동과 평화 통일을 위한 노력

공부한 날 월 일

일차

❶ 산업화와 경제 성장

(1) 박정희 정부의 경제 개발 5개년 계획

한국의 경제 개발 5개년 계획은 정부 주도, 수출과 외자 의존, 저임금 정책의 성격을 띠고 있으며, 장면 내각이 계획을 수립하였으나, 이를 실천에 옮긴 것은 5 · 16 군사 정변 이후이다.

① 제1 · 2차 경제 개발 5개년 계획(1962~1971)

㉠ 제1차 경제 개발 5개년 계획 : 노동 집약적 경공업을 육성하여 수출 증대 시도, 광부 · 간호사 파견(독일), 한 · 일 협정 체결, 베트남 파병 등으로 자금 마련

㉡ 제2차 경제 개발 5개년 계획 : 사회 간접 자본 확충, 경공업 및 비료 · 시멘트 · 정유 산업 육성을 통한 산업 구조 개편에 주력 → 경부 고속 국도 건설(1970.7), 포항 제철 건설 시작(1970.4)

㉢ 결과 : 높은 경제 성장률(한강의 기적), 수출 증가, 무역 적자로 인해 외채 증가

㉣ 대책 : 정부의 대기업 금융 혜택(8 · 3 조치), 마산 · 창원에 자유 무역 단지를 조성해 외국 기업 유치 → 국민의 금융 부담 증가, 노동자들의 저임금

② 제3 · 4차 경제 개발 계획(1972~1981)

㉠ 중화학 공업 육성에 주력 : 경상도 해안 지역을 중심으로 대규모 중화학 공업 단지 육성 (중화학 공업 육성 선언(1973.1))

㉡ 산업 구조의 고도화 : 1차 산업의 비중 축소, 2 · 3차 산업의 비중 증가

㉢ 제1 · 2차 석유 파동에 따른 위기

ⓐ 제1차 석유 파동(1973) : 산유국들의 건설 투자에 우리 기업들이 대거 참여함으로써 극복

ⓑ 제2차 석유 파동(1978) : 외채 위기, 실업률 증가 등 경제 위기

③ 박정희 정부 경제 성장 정책의 한계 : 저임금 · 저곡가 정책으로 소득 격차와 도농 간 격차 심화, 경제의 외국 의존도 심화, 정경 유착, 재벌 중심의 독점 자본 성장, 산업 간 불균형 심화

(2) 1980년대 이후 경제 변화

① 1980년대 중반 : 3저 호황(저유가 · 저달러 · 저금리)(1986~1988(전두환 정부 시기)) 상황을 배경으로 경제 성장

② 1990년대 전반 : 전자 · 통신 · 반도체 산업 발달, 국내 기업의 해외 투자 활발

가발 공장의 여성 근로자들 1970년대까지 우리의 주요 수출 산업은 낮은 임금에 바탕을 둔 노동 집약적 산업이었다.

8 · 3 조치(1972)
1960년대 이후 외자 기업들이 성장 한계에 다다르고 부실 기업이 속출하자 이를 해결하기 위해 정부가 취한 조치이다. 정부는 기업의 재무 구조를 개선해 주기 위해 사채를 동결 조정하였다. 그 결과 기업의 사채 이자 부담이 일시에 약 3분의 1로 경감되었다.

석유 파동(1973 · 1978)
원유 가격이 큰 폭으로 상승하면서 나타난 세계 경제의 혼란을 일컫는 말이다. 중동 전쟁으로 시작된 제1차 석유 파동과 이란의 원유 수출 중단으로 시작된 제2차 석유 파동이 있었다.

100억 불 수출 기념 아치(1977)

Click! ● 경제 개발의 여러 모습

포항 종합 제철

경부 고속 국도 개통

마산 수출 자유 지역

고리 원자력 발전소

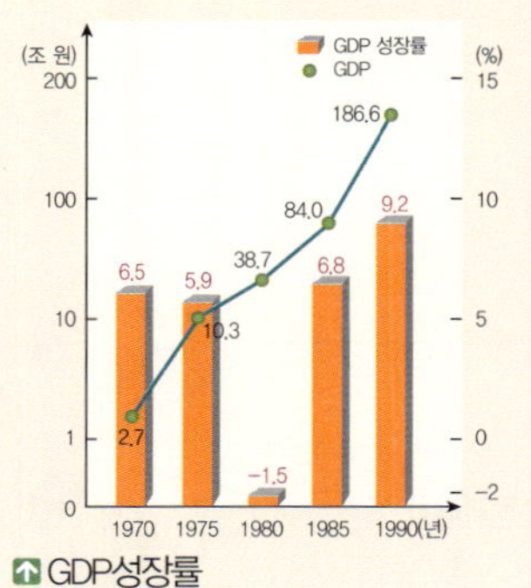

GDP성장률

③ 1990년대 후반

㉠ 경제 협력 개발 기구(OECD) 가입(1996.12) : 국제 투기 자본 유입에 따른 외환 질서 혼돈, 국내 산업의 경쟁력 약화

㉡ 외환 위기 및 국제 통화 기금(IMF)의 긴급 금융 지원(1997.11) : 기업 구조 조정, 정부의 정보 · 통신 산업 지원 강화, 금 모으기 운동 전개 (1998.1~4)

④ 2000년대 이후 : 중화학 공업 비중 감소, 고부가가치 산업 중심으로 재편 → 칠레, 미국 등과 자유 무역 협정 체결

❷ 사회의 변화와 문화의 동향

(1) 산업 구조의 변화와 도시화

① 배경 : 급속한 경제 성장 → 국민 소득과 생활 수준 향상, 일상생활의 변화

② 전개 : 농업 비중 축소, 제조업과 서비스 산업 등 2 · 3차 산업 비중 증가 → 도시로 인구 집중('달동네' 형성)

③ 문제점 발생 : 도시에서의 주택 부족 · 공해 · 빈곤과 실업 문제 등, 1990년대 대도시 외곽 지역 개발, 재개발 사업 전개 → 원주민들의 피해와 저항 발생

④ 광주 대단지 사건(1971.8)

㉠ 내용 : 서울시가 무허가 판잣집을 정리하면서 철거민의 처지를 고려하지 않은 무리한 사업 추진으로 생활고에 시달린 경기도 광주 대단지 주민들이 집단으로 공권력을 해체시킨 채 도시를 점거하였던 사건

㉡ 의미 : 1960년대 이후 산업화와 도시화 그리고 그에 따른 농업의 해체와 실업 문제 등 도시 빈민 문제의 본질을 드러낸 사건

새마을 운동

(2) 농촌 문제와 농민 운동

① 새마을 운동(1970.4)

1970년에 시작된 범국민적 지역 사회 개발 운동으로, 박정희 대통령이 농촌 마을 가꾸기 사업을 제창하고 이것을 '새마을 가꾸기 운동'이라고 한 것에서 시작되었다.

㉠ 배경 : 산업화의 진전, 저곡가 정책 등으로 인한 도시와 농촌 간의 소득 격차 확대

㉡ 전개 : 근면 · 자조 · 협동을 바탕으로 농촌 환경 개선에 중점을 둔 정부 주도 운동

㉢ 의의 및 한계 : 농가 소득 증대 및 농어촌 근대화에 기여 → 점차 도시와 직장으로 확대, 국민 정신 운동으로 전개, 유신 체제 합리화에 이용되기도 함

함평 고구마 피해 보상 운동(1976) 고구마 가격을 낮추려는 농협과 관련 기업의 농간으로 고구마 수매가 이루어지지 않자 3년간의 피해 보상 운동 끝에 농민들은 피해를 보상받았다.

② 농민 운동

㉠ 1970년대 : 추곡 수매 운동, 전남 함평 고구마 피해 보상 운동 등 정부의 농업 정책에 맞선 농민 운동 전개

㉡ 1980년대 이후 : 농축산물 시장 개방 반대 운동

㉢ 1990년대 : 1995년 우루과이 라운드 협상 발효로 농산물 시장 개방 → 농산물 시장 개방 반대, 농산물 제값 받기, 쌀 시장 개방 반대 등

농축산물 수입 개방 반대 투쟁

(3) 노동 운동의 발전

① 1970년대

㉠ 전태일 분신(1970.11) : 근로 기준법 준수 요구, 노동 문제 관심과 노동 운동 본격화 계기

㉡ 여성 노동 운동 : 동일 방직 사건(1978.3), YH 무역 사건(1979.8) 등

전태일 분신 사건

평화 시장 여성 노동자의 열악한 근로 환경을 고발하고자 평화 시장의 재단사 전태일이 '근로 기준법을 준수하라!'는 구호와 함께 분신한 사건이다(1970.11.13).

② 1980년대 : 1987년 7~9월 노동자 대투쟁 이후 전국적으로 시위와 파업 전개 → 민주 노조 설립

③ 1990년대 : 전국 민주 노동조합 총연맹(민주 노총) 결성 → 한국 노동조합 총연맹(한국 노총)과 양대 산맥

Click ! 1970년대 노동 운동

● 아름다운 청년 전태일

평화 시장 다락방 작업장

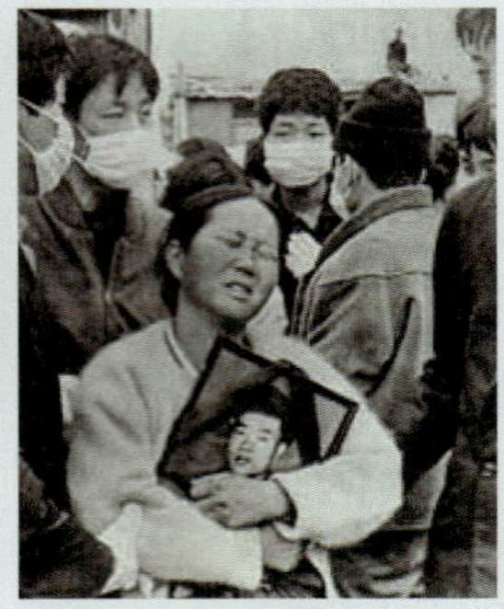
오열하는 전태일의 어머니

● 대통령에게 드리는 글(전태일)

존경하는 대통령 각하! …… 저희들은 근로 기준법의 혜택을 조금도 못 받으며, 더구나 2만여 명을 넘는 종업원의 90% 이상이 평균 연령 18세의 여성입니다. …… 또한, 2만여 명 중 40%를 차지하는 보조공들은 평균 연령 15세의 어린이들입니다. 이들은 전부가 다 영세민들의 자제이며, 굶주림과 어려운 현실을 이기려고 하루에 90원 내지 100원의 급료를 받으며 1일 15시간씩 작업을 합니다.

– 박정희 대통령에게 보낸 탄원서, 1970년 –

(4) 교육의 확대와 각종 사회 운동의 진전

① 교육 정책의 변화

㉠ 미군정 시기 : 민주 시민 양성을 목표로 한 교육 정책, 6-3-3 학제 도입, 남녀 공학제 도입

㉡ 6 · 25 전란 중 : 피란지에 개설된 천막 학교에서 수업

㉢ 이승만 정부 : 홍익인간(교육 이념), 초등학교 의무 교육, 멸공 통일 교육 강조

㉣ 박정희 정부 : 국민 교육 헌장 제정(1968), 중학교 무시험 진학(1968), 고교 평준화(1974)

㉤ 전두환 정부 : 과외 전면 금지, 대학 본고사 폐지, 졸업 정원제 실시

㉥ 1990년대 후반 : 교육 정보화 사업 추진 → 사교육 문제, 경쟁 위주 입시 교육, 학력 과잉 문제 등

② 각종 사회 운동 : 1980년대 후반 사회 민주화의 진전 이후

㉠ 여성 운동 : 남녀고용평등법(1987.12), 여성부 출범(2001.1), 호주제 폐지(2005.3) 등

호주제
민법상 가(家)를 규정할 때 '호주'를 중심으로 가족을 구성하는 제도인데, 호주 승계 순위에서 남성이 모든 여성에 우선하도록 하는 규정과 같은 여성 차별 조항이 문제가 되었다.

Click ! ● 현대 사회의 여러 모습

TV 방송국 개국(1961.12)

서울 올림픽(1988.9~10)

금 모으기 운동(1998.1~4)

KTX 개통식(2004.4)

ⓛ 시민 운동 : 경제정의 실천 시민연합(경실련, 1989), 참여 연대(1994) 등

(5) 일상생활의 변화

① 아파트 : 대규모 단지 등장으로 전 국민의 반 이상이 아파트 거주(2000년대)
② 1990년대 : 마이카(my car) 시대, 해외 여행 자유화, 컴퓨터 사용 일반화
③ 통신 생활의 변화 : 인터넷, 전자 메일, 휴대 전화 사용 크게 늘어남
④ 한국 고속 철도 : 서울－대구(2004), 대구－부산(2010), 호남선 개통(2015)
⑤ 스포츠의 성장 : 프로야구 출범(1982), 서울 올림픽(1988), 한 · 일 월드컵(2002) 개최

❸ 통일을 위한 남북의 노력☆☆☆

(1) 남북의 대립과 갈등

① 이승만 정부 : 북진 통일론 주장, 평화 통일론 탄압
② 조봉암의 평화 통일론 : 유엔 감시하의 남북한 총선거에 의한 평화 통일을 주장, 진보당을 결성한 조봉암은 간첩 혐의로 처형됨
③ 4 · 19 혁명 직후의 통일 운동 : 학생들의 남북 학생 회담 추진, 재야 정치인들의 민족 자주 통일 중앙 협의회 결성
④ 장면 내각 : 유엔 감시하의 남북한 총선거를 통한 평화 통일 제시
⑤ 박정희 정부 : '선 건설 후 통일론' → 강력한 반공 정책

남북 학생 회담 거리 시위(1961) 교수, 학생, 시민들이 "가자 북으로 오라 남으로", "이 땅이 뉘땅인데 오도 가도 못하나"라는 구호를 걸고 남북 학생 회담 개최를 위한 거리 시위를 벌였다.

(2) 남북 관계의 진전

① 박정희 정부 시기 : 7 · 4 남북 공동 성명(1972.7)의 발표
ⓐ 배경 : 닉슨 독트린 발표(1969.7) 후 냉전 완화, 주한 미군의 일부 철수, 남북 적십자 회담(1971, 이산가족 문제 협의) 등 남북 대화 추진
ⓛ 전개 : 자주 · 평화 · 민족 대단결의 3대 통일 원칙 제시(서울과 평양에서 동시 발표), 실무 진행을 위해 남북 조절 위원회 설치
ⓒ 의의 : 남북한 정부가 최초로 합의한 평화 통일안(이후 전개된 남북 통일 논의의 기본 원칙이 됨), 남북한 독재 체제 강화에 이용되는 한계(남 – 유신 헌법, 북 – 사회주의 헌법 제정)

7 · 4 남북 공동 성명(1972)
1. 통일은 외세에 의존하거나 외세의 간섭을 받지 않고 자주적으로 해결해야 한다.
2. 통일은 상대를 반대하는 무력에 의거하지 않고 평화적 방법으로 실현해야 한다.
3. 사상과 이념, 제도를 초월하여 하나의 민족으로서 민족적 대단결을 도모하여야 한다.

② 전두환 정부 시기 : 민족 화합 민주 통일 방안 제시(1982.1) → 남북한 이산가족 고향 방문 및 예술 공연단 교환 방문(1985.9)
③ 노태우 정부 시기
ⓐ 북방 외교의 추진 : 동유럽 사회주의 체제의 붕괴, 독일의 통일(1990) 등 국제 정세의 변화 → 동유럽의 여러 나라와 수교, 소련(1990.9) · 중국(1992.8)과 외교 관계 수립
ⓛ 남북 관계 진전 : 남북 고위급 회담 개최, 남북한 유엔 동시 가입(1991.9), 한민족 공동체 통일 방안 제안(1989.9)
ⓒ 남북 기본 합의서 채택(1991.12) : 남북한 정부 간 최초의 공식 합의서, 서로의 체제 인정 · 상호 화해 · 상호 불가침에 합의 → 한반도 비핵화 공동 선언(1991.12)으로 계승

최초의 이산가족 고향 방문단(1985.9.21~22)

Click ! ● 남북 기본 합의서

제1조 남과 북은 상대방의 체제를 인정하고 존중한다.
제2조 남과 북은 상대방의 내부 문제에 간섭하지 아니한다.
제9조 남과 북은 상대방에 대하여 무력을 사용하지 않으며 상대방을 무력으로 침략하지 아니한다.

④ 김영삼 정부 시기
- ㉠ 남북 갈등 : 북한의 핵 확산 금지 조약(NPT) 탈퇴(1993.3) 및 김일성 사망(1994.7)으로 남북 관계 경색
- ㉡ 전환 모색 : 비전향 장기수 송환(1993.3) 및 남북 경제 교류(나진 · 선봉 개발에 참여, 경수로 건설 사업 추진)로 관계 개선 모색

⑤ 김대중 정부 시기
- ㉠ 배경 : 대북 화해 협력 정책인 햇볕 정책 추진 → 금강산 (해로) 관광 사업(1998.11) → 남북 정상 회담 실시(2000.6)
- ㉡ 6 · 15 남북 공동 선언 : 통일 문제를 자주적으로 해결하기로 합의, 남측의 연합제 안과 북측의 낮은 단계의 연방제 안의 공통성 인정, 남북 경제 · 문화 협력 교류 확대 약속 → 남북 관계의 진전(경의선 복구 사업, 개성 공단 설치 합의, 이산가족 상봉 및 면회소 설치 등)

노무현 정부 때인 2003년 6월 착공

⑥ 노무현 정부 시기 : 대북 화해 협력 정책 계승, 제2차 남북 정상 회담 개최(2007.10, 남북 관계의 발전과 평화 번영을 위한 선언 채택)

10 · 4 남북 공동 선언

(3) 민간 교류의 확대

① 1980년대 : 체육 회담, 예술 공연단의 교환 방문 등
② 1990년대 : 남북 단일 탁구팀의 우승(1991), 북한의 수해 피해 구원 활동(1995), 정주영의 소 떼 방북(1998.6 / 1998.10)
③ 2000년대 : 금강산 육로 관광 실시(2003.9), 개성 공단 입주(2004.6)

금강산 관광 개시(1998)

6 · 15 남북 공동 선언에 서명한 남북 정상
김대중 대통령과 북한 김정일 국방 위원장이 평양에서 2000년 6월 13일부터 15일까지 2박 3일 동안 가진 정상 회담으로, 남북한의 정상이 직접 만나기는 분단 이후 처음 있는 일이었다.

Click ! ● 통일 정책 · 통일 운동

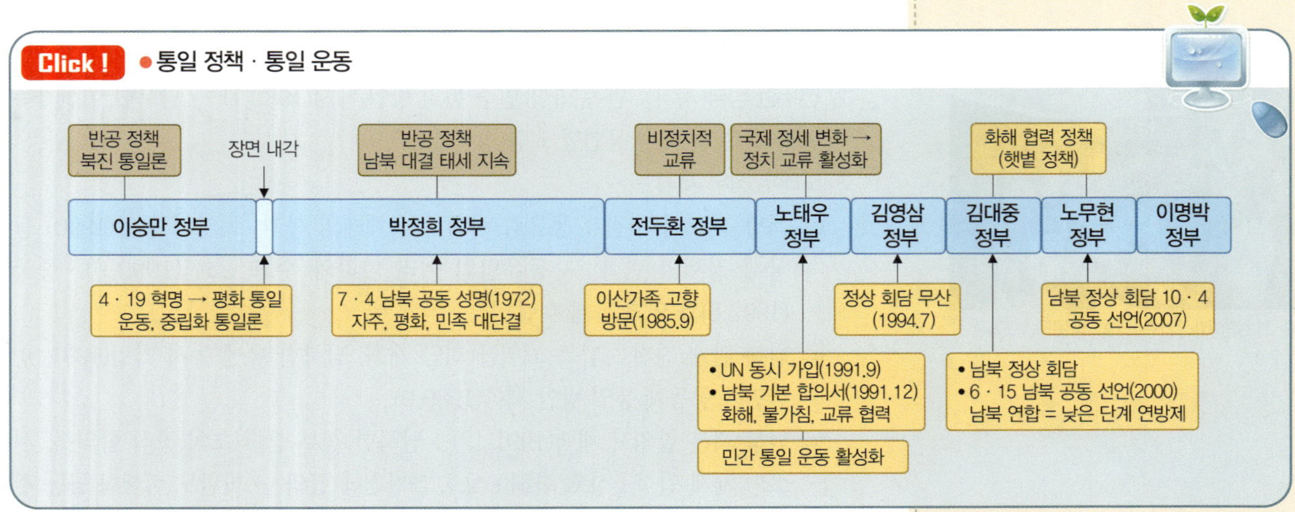

① 산업화와 경제 성장

- [1948년] 한 · 미 원조 협정이 체결되었다.
- [이승만 정부] 제분 · 제당 · 면방직의 삼백 산업이 성장하였다.
  - ↳ 원조 물자를 가공하는 삼백 산업이 발달하였다.
  - ↳ 미국의 경제 원조로 삼백 산업 중심의 소비재 산업이 발달하였다.
  - ↳ 유엔 한국 재건단의 지원으로 문경 시멘트 공장이 건설되었다.
- [박정희 정부] 제1차 경제 개발 5개년 계획이 추진되었다.
  - ↳ 한 · 독 정부 간의 협정에 따라 서독으로 광부가 파견되었다.
  - ↳ 농촌 근대화를 표방한 새마을 운동이 전개되었다.
  - ↳ 제3차 경제 개발 5개년 계획이 추진되었다.
- [전두환 정부] 3저 호황으로 물가가 안정되고 수출이 증가하였다.
- [김영삼 정부] 금융 거래의 투명성을 확보하고자 금융 실명제가 실시되었다.
  - ↳ 대통령의 긴급 명령으로 금융 실명제가 (전격) 실시되었다.
  - ↳ 대통령 긴급 명령으로 금융 실명제를 시행하였다.
  - ↳ [1995년] 세계 무역 기구(WTO)의 출범으로 시장 개방이 가속화되었다.
  - ↳ 경제 협력 개발 기구(OECD)에 가입하였다.
  - ↳ 외환 위기 극복을 위해 금 모으기 운동이 전개되었다(1998.1~4).
- [노무현 정부] 한 · 칠레 자유 무역 협정(FTA)이 체결되었다.
  - ↳ 칠레와 자유 무역 협정(FTA)을 체결하였다.
  - ↳ 미국과의 자유 무역 협정(FTA)이 체결되었다.
- [이명박 정부] 한 · 미 자유 무역 협정(FTA)을 비준하였다.

② 사회의 변화와 문화의 동향

- [박정희 정부] 재건 국민 운동 본부를 중심으로 혼 · 분식 장려 운동이 전개되었다.
  - ↳ 허례허식을 없애기 위해 법령으로 가정 의례 준칙이 제정되었다.
- [전두환 정부] 사회 정화를 명분으로 삼청 교육대가 설치되었다.
  - ↳ 언론의 통폐합이 강제로 단행되고 언론 기본법이 제정되었다.
- [전두환 정부] 프로 야구단이 정식으로 창단되었다.
  - ↳ 한국 프로 야구가 6개 구단으로 출범하였다.
- [노태우 정부] 중화 인민 공화국과 국교를 수립하였다.

③ 통일을 위한 노력

- [박정희 정부] 7 · 4 남북 공동 성명을 발표하였다.
  - ↳ 7 · 4 남북 공동 성명을 실천하기 위한 남북 조절 위원회를 구성하였다.
- [전두환 정부] 최초의 이산가족 고향 방문과 예술 공연단 교환이 이루어졌다.
  - ↳ 최초의 이산가족 고향 방문을 실현하였다.
  - ↳ 이산가족 고향 방문을 최초로 성사시켰다.
- [노태우 정부] 남북한이 유엔에 동시 가입하였다.
  - ↳ 남북한 간 최초의 공식 합의서인 남북 기본 합의서를 교환하였다.
  - ↳ 남북 기본 합의서를 교환하였다.
  - ↳ 남북한이 한반도 비핵화 공동 선언을 채택하였다.
  - ↳ 한반도 비핵화 공동 선언에 서명하였다.
- [김대중 정부] 6 · 15 남북 공동 선언을 채택하였다.
  - ↳ 개성 공업 지구 조성에 합의하였다.
  - ↳ 남북한의 교류 협력을 위한 개성 공업 지구 조성에 합의하였다.
  - ↳ 금강산 해로 관광 사업이 시작되었다.

> ◈ 실전 자료 **개성 공단**
>
> **개성 공단 착공식 개최**
>
> 정부는 (2003년 6월) 30일 11시 개성 공단 착공식이 북한 개성 현지 1단계 지구에서 남측과 북측 인사 300여 명이 참석한 가운데 열린다고 발표하였다. 남북이 분단 이후 처음으로 공동 조성하는 대규모 수출 공업 단지인 개성 공단은 남측의 기술력 및 대외 무역 능력과 북측의 노동력을 바탕으로 만들어지는 남북 경협의 마중물이 될 것으로 기대된다.

- [노무현 정부] 남북 간 경제 교류 활성화를 위한 개성 공단이 건설되었다.
  - ↳ 제2차 남북 정상 회담을 개최하고 10 · 4 남북 공동 선언을 발표하였다.
  - ↳ 10 · 4 남북 공동 선언을 채택하였다.

1 다음 뉴스의 사건이 일어난 정부 시기의 경제 상황으로 옳은 것은? [1점]

오늘 서울에서는, 국교 정상화 추진을 위해 열리는 한 · 일 회담에 반대하는 시위가 일어났습니다. 여기서 학생과 시민들은 정부가 굴욕적 회담을 추진하고 있다고 거세게 비판하면서 '민족적 민주주의 장례식'을 거행하였습니다.
학생과 시민들, '민족적 민주주의 장례식' 거행

① 경제 협력 개발 기구(OECD)에 가입하였다.
② 칠레와 자유 무역 협정(FTA)이 체결되었다.
③ 금융 거래의 투명성을 확보하고자 금융 실명제가 실시되었다.
④ 세계 무역 기구(WTO)의 출범으로 시장 개방이 가속화되었다.
⑤ 자립 경제 구축을 내세운 제1차 경제 개발 5개년 계획이 진행되었다.

| 해설 | **박정희 정부 시기의 경제 상황**
제시된 뉴스는 1965년 6월에 체결된 한 · 일 협정과 관련된 것이다. 박정희 정부는 경제 개발 자금 확보를 목적으로 한 · 일 관계를 정상화하기 위한 회담을 추진하였다. 그러나 이 과정에서 일본으로부터 식민 통치에 대한 사죄와 정당한 배상을 받아내지 못하고 독립 축하금과 차관 명목으로 자금을 제공받는 것에 그쳤다. 이 사실이 알려지면서 전국적으로 한 · 일 회담 반대 시위인 6 · 3 시위가 일어났다(1964).
⑤ 제1차 경제 개발 계획(1962~1966)은 '자립 경제의 기반 구축'에 역점을 두고, 섬유, 식료품, 장신구 등 노동 집약적인 경공업을 집중적으로 육성하였다.

| 오답 넘기 |
① 김영삼 정부 시기에 경제 협력 개발 기구(OECD)에 가입하였다(1996.12).
② 2000년대에 접어들어 한국은 칠레, 미국 등과 자유 무역 협정(FTA)을 체결하였다.
③ 김영삼 정부는 금융 실명제(1993) 등을 통해 부정부패 척결에 노력하였다.
④ 1995년 1월 1일 세계 무역 기구(WTO)가 출범함으로써 시장 개방이 가속화되었다.

정답 ⑤

2 다음 협정이 적용된 시기 우리나라의 경제 상황으로 옳은 것은? [2점]

> 대한민국 정부는 대한민국의 경제적 위기를 방지하며 국력 부흥을 촉진하고 국내 안정을 확보하기 위하여 미합중국 정부에 재정적, 물질적, 기술적 원조를 요청하였으며, 미합중국 의회는 …… 대한민국 국민에게 원조를 제공할 권한을 미합중국 대통령에게 부여하였고, 대한민국 정부 및 미합중국 정부는 대한민국 정부의 독립과 안전 보장에 합치되는 조건에 의한 그 원조의 제공이 …… 한국 국민과 미국 국민 간의 우호적 연대를 일층 강화할 것을 확신하므로 …… 아래와 같이 협정하였다. ……
>
> – 한 · 미 원조 협정 –

① 경부 고속 국도를 개통하였다.
② 경제 협력 개발 기구(OECD)에 가입하였다.
③ 제분 · 제당 · 면방직의 삼백 산업이 성장하였다.
④ 3저 호황으로 물가가 안정되고 수출이 증가하였다.
⑤ 대통령의 긴급 명령으로 금융 실명제를 실시하였다.

| 해설 | **우리나라의 경제 발전 과정**
제시된 자료는 대한민국 정부 수립 직후 체결된 한미 원조 협정이다(1948.12). 미국은 6 · 25 전쟁 중에는 물론 전후, 복구 기간에도 많은 경제 원조를 제공했는데, 원조는 주로 식료품, 농업용품, 피복, 의료품 등 소비재와 면방직, 제당, 제분의 이른바 삼백 산업의 원료에 집중되었다. 미국의 경제 원조로 식량이나 생활필수품이 대량으로 공급되어 물자 부족이 해소되고, 소비재 공업도 성장하였다. 그러나 밀, 면화 같은 농산물이 값싸게 들어와 당시 농촌 경제는 타격을 입었다.

| 오답 넘기 |
① 1970년 7월 경부 고속 국도가 개통되어 전국을 1일 생활권으로 만들었다.
② 김영삼 정부 시기에 우리나라는 선진국들의 모임인 경제 협력 개발 기구(OECD)에 가입하였다(1996.12).
④ 1970년대 두 차례의 석유 파동으로 어려움을 겪던 한국 경제는 1980년대 중반, 저달러, 저유가, 저금리라는 3저 호황을 맞아 크게 성장하였다(1986~1988).
⑤ 김영삼 정부는 공직자 재산 등록과 금융 실명제(1993.8) 등을 통해 부정부패 척결에 노력하였다.

정답 ③

3 다음 뉴스가 보도된 정부 시기의 사실로 옳은 것은? [2점]

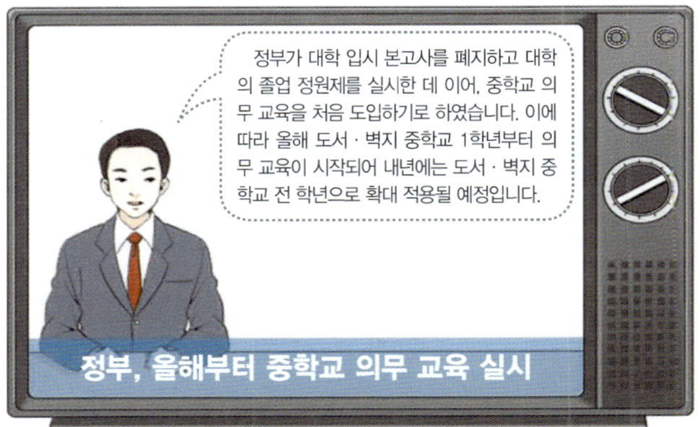

정부가 대학 입시 본고사를 폐지하고 대학의 졸업 정원제를 실시한 데 이어, 중학교 의무 교육을 처음 도입하기로 하였습니다. 이에 따라 올해 도서 · 벽지 중학교 1학년부터 의무 교육이 시작되어 내년에는 도서 · 벽지 중학교 전 학년으로 확대 적용될 예정입니다.
정부, 올해부터 중학교 의무 교육 실시

① 프로 야구단이 정식으로 창단되었다.
② 금강산 해로 관광 사업이 시작되었다.
③ 제1차 경제 개발 5개년 계획이 추진되었다.
④ 외환 위기 극복을 위해 금 모으기 운동이 전개되었다.
⑤ 대통령의 긴급 명령으로 금융 실명제가 전격 실시되었다.

| 해설 | **전두환 정부 시기의 사회상**

뉴스의 내용 중 '대학 입시 본고사 폐지', '졸업 정원제 실시', '중학교 의무 교육 도입'의 내용은 모두 전두환 정부 때 실시된 것이다.

① 한국 야구 위원회(KBO)가 만들어진 것은 1981년 말이고, 프로 야구단이 정식으로 창단되어 프로 야구가 시작된 것은 1882년 3월의 일이다.

| 오답 넘기 |

② 금강산 (해로) 관광 사업이 시작된 것은 김대중 정부 시기인 1998년 11월이다.
③ 제1차 경제 개발 5개년 계획이 추진된 것은 박정희 정부 시기인 1962년이다.
④ 외환 위기 극복을 위한 금 모으기 운동은 김영삼 정부 시기인 1998년 1월부터 김대중 정부 시기인 1998년 4월까지 집중적으로 전개되었다.
⑤ 김영삼 정부는 1993년 8월 대통령의 긴급 명령으로 금융 실명제를 실시하여 부정부패를 없애고자 하였다.

정답 ①

4 다음 뉴스에 보도된 사건 이후의 사실로 옳은 것을 〈보기〉에서 고른 것은? [3점]

어제 동대문 평화시장 재단사 전태일 씨가 분신하는 사건이 발생하였습니다. 이 과정에서 그는 노동자들의 열악한 근무 환경 실태를 고발하며 근로 기준법의 준수를 외쳤습니다.

보기

ㄱ. 최저 임금법이 제정되었다.
ㄴ. 한 · 미 원조 협정이 체결되었다.
ㄷ. 연간 수출액 100억 달러가 달성되었다.
ㄹ. 제1차 경제 개발 5개년 계획이 추진되었다.

① ㄱ, ㄴ　② ㄱ, ㄷ　③ ㄴ, ㄷ
④ ㄴ, ㄹ　⑤ ㄷ, ㄹ

| 해설 | **노동 운동의 전개**

박정희 정부는 수출품의 가격 경쟁력을 유지하기 위해 저임금 정책을 지속하며 노동 운동을 강력히 통제하였다. 그러자 1970년 11월에 일어난 평화시장 재단사인 전태일의 분신자살을 계기로 노동 운동이 점차 활발해졌다. 그리고, 지식인, 노동자, 학생들이 노동 문제에 관심을 가지고 노동 운동에 참여하게 되었다.

ㄱ. 1986년 12월 최저 임금법이 제정된 이후 최저 임금제 시행, 사회 보장 정책 확대 등을 통해 빈부격차를 줄여 나가고 있다.
ㄷ. 경제 개발 5개년 계획이 성공적으로 추진되면서 1977년에는 수출액이 100억 달러를 넘어섰고 연평균 8.9%에 달하는 경제 성장을 이루었다.

| 오답 넘기 |

ㄴ. 1950년대 한국 경제에 가장 큰 영향을 미쳤던 것은 미국의 경제 원조였다. 한 · 미 원조 협정은 1948년 12월 한미 정부 간에 체결된 미국 원조 관련 협정이다.
ㄹ. 제1차 경제 개발 계획(1962~1966)은 '자립 경제의 기반 구축'에 역점을 두고, 섬유, 식료품, 장신구 등 노동 집약적인 경공업을 집중적으로 육성하였다.

정답 ②

5 다음 자료를 발표한 정부의 통일 정책으로 옳은 것을 〈보기〉에서 고른 것은? [2점]

> 국민 여러분! 나는 오늘 다시 이 자리를 빌어 북괴에 대해 지금이라도 늦지 않았으니 우리의 평화 통일 제의를 하루 속히 수락하고, 무력과 폭력을 포기할 것을 거듭 촉구하면서 평화 통일만이 우리가 추구하는 통일의 길임을 다시 한 번 천명하는 바입니다. …… 특히 이번에 우리 대한 적십자사가 제의한 인도적 남북 회담은 1천만 흩어진 가족을 위해서 뿐만 아니라, 5천만 동포들의 오랜 갈증을 풀어 주는 복음의 제의로서 나는 이를 여러분과 함께 환영하며 그 성공을 빌어 마지 않습니다.
>
> – 제○○주년 광복절 경축사 중에서 –

보기

ㄱ. 남북 조절 위원회를 구성하였다.
ㄴ. 남북 기본 합의서를 채택하였다.
ㄷ. 7 · 4 남북 공동 성명을 발표하였다.
ㄹ. 한반도 비핵화 공동 선언에 합의하였다.

① ㄱ, ㄴ ② ㄱ, ㄷ ③ ㄴ, ㄷ
④ ㄴ, ㄹ ⑤ ㄷ, ㄹ

| 해설 | 7 · 4 남북 공동 성명

1969년 7월 괌에서 발표된 닉슨 독트린의 영향으로 냉전이 완화되면서 남북 관계도 개선되었다. 1971년에 이르러 이산가족 재회를 위한 남북한 적십자 회담이 성사되면서 남북 대화가 시작되었고, 1972년에는 7 · 4 남북 공동 성명이 발표되어 자주 · 평화 · 민족 대단결의 통일 원칙이 제시되었다. 7 · 4 남북 공동 성명에 따라 남북 조절 위원회가 설치되어 통일을 위한 실무자 회의가 전개되기도 했지만 성과를 얻지 못하였다. 남북한은 7 · 4 남북 공동 성명을 정치적으로 이용하여 남한의 박정희는 유신 헌법을, 북한의 김일성은 사회주의 헌법을 제정하는 등 독재 체제를 강화하였다.

| 오답 넘기 |

ㄴ. 1991년 12월 13일 노태우 정부는 남북 사이의 화해와 불가침 및 교류 · 협력에 관한 합의서(남북 기본 합의서)를 채택하였다.
ㄹ. 1991년 12월 31일 노태우 정부 시기 남북한은 한반도 비핵화 공동 선언에 합의하였다.

정답 ②

6 다음 정부 시기의 통일 노력으로 옳은 것은? [2점]

사진으로 보는 ○○○ 정부

서울 올림픽 개최	3당 합당	남북한 유엔 동시 가입

① 남북 기본 합의서를 교환하였다.
② 7 · 4 남북 공동 성명을 발표하였다.
③ 개성 공업 지구 조성에 합의하였다.
④ 10 · 4 남북 공동 선언을 채택하였다.
⑤ 이산가족 고향 방문을 최초로 성사시켰다.

| 해설 | 남북 기본 합의서

노태우 정부는 서울 올림픽을 성공적으로 개최하였으며(1988.9~10), 북방 정책을 추진하여 소련 · 중국 및 동구권의 여러 공산국가들과 국교를 맺게 되었다. 또한 여소야대의 정국을 극복하기 위해 정부 여당인 민주 정의당과 일부 야당을 통합하여 민주 자유당(민자당)을 만드는 정계 개편을 단행하였다(3당 합당, 1990.1). 1991년 노태우 정부 시기에는 북한과 함께 유엔에 동시 가입하였으며, 동년 12월에는 남북 사이의 화해와 불가침 및 교류 · 협력에 관한 합의서(남북 기본 합의서)를 채택하였다.

| 오답 넘기 |

② 남북한 당국은 박정희 정부 시기인 1972년 서울과 평양에서 7 · 4 남북 공동 성명을 발표하였다.
③ 김대중 정부 시기 6 · 15 남북 공동 선언 이후 개성 공단 조성 사업이 착수되었다.
④ 남북 교류와 협력 사업이 추진되는 가운데 2007년 노무현 정부는 한 차례의 정상 회담을 더 열어 10 · 4 남북 공동 선언을 이끌어 냈다.
⑤ 전두환 정부 시기인 1985년 9월에 최초의 이산가족 상봉이 이루어졌다.

정답 ①

7 밑줄 그은 '이 선언'이 발표된 결과로 옳은 것은? [2점]

POST CARD

보고 싶은 조카에게

잘 지내니?
남북 통일에 대해 관심이 많다고 들었어. 분단의 고통을 해소하고, 민족의 지속적인 발전을 위해서도 통일은 꼭 필요하지.
이 사진은 분단 이후 처음으로 남북 정상이 2000년에 평양에서 만나는 역사적인 장면이란다.

두 정상은 회담 후에 이 선언을 발표하였지.
다음에 만나서 통일에 대해 더 이야기해 보자.

삼촌이

① 남북 기본 합의서가 채택되었다.
② 남북 조절 위원회가 설치되었다.
③ 남북한 유엔 동시 가입이 이루어졌다.
④ 남북한이 개성 공단 조성에 합의하였다.
⑤ 이산가족의 고향 방문이 처음으로 성사되었다.

| 해설 | **6 · 15 남북 공동 선언**

김대중 정부 시기에는 이른바 '햇볕 정책'을 통해 북한과의 교류가 활성화되었고, 이러한 움직임은 두 정상이 만나는 2000년의 남북 정상 회담과 6 · 15 남북 공동 선언으로 이어졌다. 6 · 15 남북 공동 선언 이후 남북 정상이 합의한 대로 이산 가족의 상봉이 추진되고, 생사와 거주지 확인, 서신 교환, 비전향 장기수들의 송환이 이루어졌다. 남북 협력 사업도 더욱 활성화되어 끊어진 경의선과 동해선 철도 연결이 추진되고, 북한의 개성에 남한 기업이 공업 단지를 조성하는 사업도 시작되었다.

| 오답 넘기 |

① 1991년 12월 13일 노태우 정부 시기에 남북 사이의 화해와 불가침 및 교류 · 협력에 관한 합의서(남북 기본 합의서)가 채택되었다.
② 박정희 정부 시기 7 · 4 남북 공동 성명의 결과 남북 조절 위원회가 구성되었다(1972).
③ 1991년 9월 18일 노태우 정부 시기 남북한의 유엔 동시 가입 등이 이루어졌다.
⑤ 전두환 정부 시기인 1985년 9월에 이산가족 고향 방문과 예술 공연단 교환이 실현되었다.

정답 ④

8 밑줄 그은 '정부'의 통일 노력으로 옳은 것은? [1점]

□□신문

제△△호 ○○○○년 ○○월 ○○일

개성 공단 착공식 개최

정부는 30일 11시 개성 공단 착공식이 북한 개성 현지 1단계 지구에서 남측과 북측 인사 300여 명이 참석한 가운데 열린다고 발표하였다. 남북이 분단 이후 처음으로 공동 조성하는 대규모 수출 공업 단지인 개성 공단은 남측의 기술력 및 대외 무역 능력과 북측의 노동력을 바탕으로 만들어지는 남북 경협의 마중물이 될 것으로 기대된다.

① 남북한이 한반도 비핵화 공동 선언을 채택하였다.
② 최초의 이산가족 고향 방문과 예술 공연단 교환이 이루어졌다.
③ 남북한 간 최초의 공식 합의서인 남북 기본 합의서를 교환하였다.
④ 7 · 4 남북 공동 성명을 실천하기 위한 남북 조절 위원회를 구성하였다.
⑤ 제2차 남북 정상 회담을 개최하고 10 · 4 남북 공동 선언을 발표하였다.

| 해설 | **10 · 4 남북 공동 선언**

2002년 12월 제16대 대통령 선거에서 집권당의 노무현이 대통령에 당선되었다. 노무현 정부는 지역감정 해소, 친일 · 독재 등 과거사 정리를 위해 노력하였으며, 제2차 남북 정상 회담을 통해 남북 교류를 더욱 활성화시켰다. 개성 공단 착공(2003.6) 등 남북 교류와 협력 사업이 추진되는 가운데 2007년 10월 노무현 정부는 한 차례의 정상 회담을 더 열어 10 · 4 남북 공동 선언을 이끌어 냈다.

| 오답 넘기 |

① 남북한이 한반도 비핵화 공동 선언을 채택한 것은 노태우 정부 시기인 1991년 12월이다.
② 최초의 이산가족 고향 방문과 예술 공연단 교환이 이루어진 것은 전두환 정부 시기인 1985년 9월이다.
③ 남북한 간 최초의 공식 합의서인 남북 기본 합의서가 교환된 것은 노태우 정부 시기인 1991년 12월이다.
④ 7 · 4 남북 공동 성명을 실천하기 위한 남북 조절 위원회가 구성된 것은 박정희 정부 시기인 1972년 11월이다.

정답 ⑤

특별 주제

주제 **1**

간도와 독도

주제 **2**

우리나라의 세시 풍속

주제 **3**

우리나라 각 지역의 역사

주제 **4**

우리 문화유산의 이해
(한국의 유네스코 등재 유산)

특별 주제

주제 1 간도와 독도

(1) 간도를 둘러싼 귀속(영유권) 분쟁

19세기 후반에 이르러 간도 귀속을 둘러싼 영유권 분쟁 발생 → 백두산정계비 해석 문제(토문강의 위치 논란) 대두

구분	내용
청과의 국경 분쟁	• 청이 간도 지역(백두산 일대)을 여진족의 발상지로 인식하여 성역화(봉금 지대로 설정) • 조선인들이 국경을 넘어 일부 간도 지역에 정착 → 청과 국경 분쟁 발생
백두산정계비 건립 (1712)	• 국경을 명확하게 하자는 청의 요구에 따라 양국 대표가 모여 백두산 일대를 답사하여 국경을 확정하고 건립 • 내용 : 양국 간의 국경은 서쪽으로는 압록강, 동쪽으로는 토문강을 경계로 함(…西爲鴨綠 東爲土門 故於分水嶺上…) • 문제점 : 19세기에 이르러 토문강의 위치에 대한 해석상의 차이로 간도 귀속 문제가 발생
개화기, 대한 제국 시기의 간도 관리	• 영유권 분쟁 발생 : 1881년 청이 봉금을 해제하고 청국인들의 간도 이주와 개간, 농경 장려, 1883년에 이르러 간도에서의 조선인 철수 요구 → 토문강에 대한 해석을 둘러싼 영유권 분쟁 발생 → 두 차례에 걸친 감계 회담(1885 · 1887)에서 조선 측 토문 감계사 이중하가 간도에 대한 영유권을 강력하게 주장 • 현지 조사단 파견 : 1897년과 1898년 두 차례에 걸쳐 현지 조사단 파견, 함경북도 관찰사 이종관이 1898년에 만주와 연해주 일대에 대한 영유권을 주장하는 보고서 올림 → 1901년 회령에 변계경무서 설치 • 간도 관리사 파견 : 1903년에 이범윤을 북변 간도 관리사로 임명(직접적인 관할권 행사), 함경도 행정 구역으로 편입
간도 협약 (1909)	• 간도 파출소 설치 : 일제가 1905년 을사늑약 강요 이후 간도 용정에 통감부 소속 간도 파출소 설치(1907.8) • 1909년 9월 일제가 청과 간도 협약 체결(남만주 철도 부설권을 획득하는 대가로 간도를 청의 영토로 인정, 백두산정계비에 대한 청 측 해석을 그대로 인정)
조 · 중 변계 조약 (1962)	중국과 북한이 두만강을 국경선으로 확정하되 북한은 백두산 천지의 2/3를, 중국은 1/3을 영유하기로 조약을 체결

간도는 19세기 후반 이래 우리 민족이 '중간에 있는 섬', '새로 개간한 땅'이라는 의미로 부르던 지명으로, 현재의 중국 옌볜 조선족 자치주인 옌지, 허룽, 왕칭, 훈춘 일대를 가리킨다.

청은 토문강을 두만강으로 해석하였고, 조선은 만주 쑹화강의 지류라고 주장하였다.

(2) 독도

① 대한 제국의 울릉도 · 독도 관리

㉠ 배경 : 1895년 청일 전쟁 승리 이후 일본인들의 불법 거주 → 한일 양국 실태 조사(1900)

㉡ 대한 제국 칙령 제41호 발표(1900.10) : 조사관의 보고서를 토대로 울릉도와 독도가 대한 제국의 영토라는 사실 선언 → 칙령 제41호에 따라 울릉도는 울도로 개칭되어 강원도에 부속, 독도는 울도군 남면에 부속 → 울도군 초대 군수로 배계주 파견

② 일제의 독도 침탈 : 러일 전쟁 중 일본이 시마네 현 고시 후 불법적으로 자국 영토로 편입(1905.2) → 일본의 해군성과 외무성이 이 기회에 독도를 일본 영토로 편입하고, 그곳에 러시아 함대 감시를 위한 망루 설치 기도

㉠ 대한 제국 정부의 대응 : 1906년 4월 일본의 시마네 현의 관리 일행이 독도를 시찰하러 와서 울릉도 군수 심흥택에게 통지[독도를 일본의 속지(屬地)라 자칭] → 보고를 받은 내부대신과 참정대신이 전혀 이치에 맞지 않다며 사실 관계를 다시 조사할 것을 지시(을사늑약의 강요로 외교권이 박탈되어 외교적 항의를 할 수 없었음)

ⓛ 대한 제국 언론의 대응 : 일본의 독도 영토 편입 조치의 불법성 보도 → 대한매일신보는 '무변불유(無變不有 : 변이 생겼다)'라는 제목으로 대한 제국의 지령문을 인용하면서 항의, 황성신문도 항의 표시

③ **일제의 항복과 독도의 반환** : 패전 후 '무조건 항복 문서'에 공식 서명하고, 포츠담 선언의 주요 사항들을 수행할 것을 수락 → 독도는 1905년 일본이 불법이면서 효력 없이 자국령으로 편입하였기 때문에 한국의 영토로 반환

> 독도는 『세종실록』 지리지를 비롯하여 우리나라의 옛 문헌들에 기록되어 있다. 조선 초기에는 울릉도민들을 본토에 옮겨 살게 하는 공도 정책을 추진하여, 한때 정부의 관리가 소홀하였으나 우리 어민들은 고기잡이를 하는 거점으로 줄곧 활용해 왔다.

㉠ '연합국 최고 사령관 각서'(1946) : 울릉도와 독도가 일본 영토에서 분리되어 한국 관할 구역으로 편입, 1947년 8월 16일 미군정 민정장관 안재홍이 국사관장 신석호를 단장으로 하는 조사단을 독도에 파견

ⓛ 샌프란시스코 강화 조약(1951)('샌프란시스코 조약' 또는 '대일 강화 조약') : 한국의 독립과 영토의 반환에 관한 조항 → 일본은, 일본으로부터 분리되는 지역의 하나로 독도가 열거되어 있지 않다는 이유로 이후 독도가 자국의 영토라고 억지 주장

ⓒ 이승만 정부의 '평화선' 발표 : 1952년 1월에 '인접 해양의 주권에 대한 대통령의 선언(통칭 '평화선' 또는 '이승만 라인') 발표 → 역사 · 지리 · 국제법적으로 대한민국 고유 영토임을 대내외에 천명

ⓔ 일본의 지속적인 독도 영유권 주장과 독도 왜곡 교육

ⓐ 독도 영유권 주장 : 일본 총리 및 각료들이 수시로 독도를 자국의 영토라고 억지 주장, 2005년 시마네 현 의회가 2월 22일을 '다케시마의 날'로 하는 조례 의결

ⓑ 교과서 왜곡 : 2001년 일부 중학교 교과서에 독도를 자국의 영토로 기술, 2011년 이후에는 많은 초 · 중 · 고등학교 교과서들이 독도를 자국 영토로 기술

Click! ● 울릉도와 독도의 한반도 귀속 역사

시대	내용
삼국 시대	• 신라가 우산국 병합(512, 지증왕 13) : 신라 장군 이사부가 우산국을 정벌하고 신라에 편입(『삼국사기』), 당시 우산국은 울릉도와 죽도, 독도로 이루어진 소국
고려 시대	• 우산국 조공(태조 왕건) : 우산국의 토두가 백길을 사자로 보내어 태조 왕건에게 토산물 바침, 태조 왕건은 백길에게 품계 수여 • 울릉도 이주 중단(무신 정권기) : 최이가 동해안의 주민을 울릉도로 이주시키려 하였으나 풍랑 사고가 잇따르자 중단
조선 시대	• 쇄환[공도] 정책 실시(태종) : 울릉도 주민을 육지로 강제 이주시키고 섬을 비우는 쇄환[공도] 정책 실시 → 섬을 보호하기 어려울 때 백성을 안전한 지역으로 이주시킨 것, 울릉도에 정기적으로 관리를 파견하여 순찰 • 조선 영토로 기록(『세종실록』 지리지) : 『세종실록』 지리지에 울진현의 동쪽 바다에 울릉도와 독도가 있는데, 두 섬의 거리가 가까워 맑은 날이면 볼 수 있다고 기록 • 안용복(?~?)의 활동 : 임진왜란 이후 일본 어민들이 울릉도와 독도를 자주 침범하자 숙종 때 안용복이 일본 어부를 쫓아내고, 두 차례나 일본으로 건너가 울릉도와 독도가 조선 영토임을 확인받음(1693 · 1696) • 쇄환 정책 중단(1881) : 울릉도와 부속 도서에 대한 쇄환 정책 중단 → 육지 이민을 이주시키고 관리 파견 **울릉도 검찰사 임명** : 1882년 이규원을 울릉도 검찰사로 임명(현지 조사) → 100여 명의 조사단을 이끌고 울릉도를 조사하여 『울릉도 검찰 일기』와 울릉도 지도(내도와 외도)를 고종에게 제출 **울릉도 개척사 임명** : 1883년 울릉도 개척령을 내리고 김옥균을 울릉도와 독도를 포함한 동남 제도의 개척사로 임명 → 이주민 16호 54명을 모집하여 이주시킴, 식량과 곡식의 종자, 가축, 무기 등 지원

독도 강탈 과정

일제는 독도 편입 사실을 을사늑약 이후인 1906년 4월에야 비로소 대한 제국 정부에 고지하였는데, 대한 제국 정부는 독도가 한국 영토임을 분명히 하였다.

현대사에서의 독도

1943년에 미국, 영국, 중국의 대표들이 서명한 카이로 선언에서는 일본이 폭력과 탐욕에 의해 빼앗은 모든 지역으로부터 물러나야 한다고 선언하였다.

주제 2 우리나라의 세시 풍속 ☆☆☆

월	일	명절	내용
1월 (정월)	1일	설날	• 우리나라의 최대 명절, 세찬(歲饌)[떡국]과 세주(歲酒)를 마련하여 이른 아침에 차례 지냄, 새 옷(세장)을 입고 웃어른에게 세배하고 덕담 주고받기 • 원일(元日) · 원단(元旦) · 세수(歲首) · 연수(年首)라고도 부름, '근신하여 경거망동을 삼간다'는 뜻으로 신일(愼日)이라고도 함, 일제 강점기 신정(新正)이 등장하면서 구정(舊正)으로 불림 • 야광귀(夜光鬼)에게 빼앗기지 않도록 신발을 방 안에 둠, 이른 아침에 (복을 담는) '복조리'를 사서 벽에 걸어 놓고 복이 많이 들어오기를 빎, 윷놀이(한 해의 운세를 점 침), 널뛰기, 연날리기 등
	15일	정월 대보름	• 대보름은 어둠, 질병, 재액을 밀어내는 밝음의 상징이자 풍요의 상징, 보름달 보고 소원 빌기 • 부스럼 예방을 위해 부럼 깨기[깨물기](밤, 호두, 잣 등), 귀가 밝아지고 좋은 소식만 듣게 된다는 귀밝이술 마시기, 오곡밥 먹기(약밥, 달떡) • 액운을 물리치고 복(건강)을 기원하는 달집 태우기, (해충 피해 방지를 위한) 쥐불놀이(들판에 쥐불을 놓으며 풍년을 기원), 줄다리기, 고싸움놀이, 놋다리밟기, 지신밟기, 탈놀이, 별신굿 등
3월	3일	삼짇날	• 강남 갔던 제비가 (옛집을 찾아) 돌아와 새봄을 알린다는 명절, '중삼(中三)', '답청절(踏靑節)'이라고도 부름 • 진달래꽃으로 장식한 화전 부치기, 노랑나비를 보면 길하다는 풍습에 따라 살아있는 노랑나비(호랑나비) 날려 보내기, 풀각시놀이(각시풀로 머리채를 만든 다음 인형처럼 가지고 놀기), 활쏘기 대회
4월	5일 또는 6일 (양력)	한식	• 동지로부터 105일째 되는 날로, 불을 금하고 음식을 차게 먹음, 집안의 묵은 불을 새 불로 교체하던 풍습, 춘추 시대의 개자추 고사 • ('손 없는 날' 또는) '귀신이 꼼짝 않는 날'로 여겨 산소에 잔디를 새로 입히는 개사초(改莎草)를 하거나, 비석 또는 상석을 세우거나 이장(移葬), 제사 • 조선 시대에는 4대 명절 중 하나로 중시 • 서울(한성)에서는 금화도감 낭청이 관원을 거느리고 마을을 순찰하며, 지방에서는 고을 수령들이 동리의 정장(正長)으로 하여금 순찰
5월	5일	단오	• 1년 중 양기가 가장 왕성한 날로, 수릿날(· 중오절 · 천중절) 등으로도 불림 • 왕이 무더위를 잘 견디라는 의미로 신하들에게 부채를 선물[기록] • 액운을 쫓기 위해 부녀자들은 창포를 넣어 삶은 물(창포물)로 머리를 감음 • 수리취나 쑥으로 떡을 해먹기도 하고(수리취떡), 앵두로 화채를 만들어 먹음, 그네뛰기(부녀자), 씨름(남자들) 등 • 강릉의 행사가 유명, 유네스코 '인류 무형 문화유산'으로 등재
6월	15일	유두	• 물가에 가서 몸을 씻으며[탁족] 더위를 쫓고 서늘하게 하루를 보냄(유두잔치), 또 각 가정에서는 햇밀가루로 국수[구슬 모양의 오색면(유두면)]와 떡을 만들고, 새로 익은 참외 · 수박 등과 함께 사당에 올려 제사(유두천신). • 수단(찹쌀가루, 밀가루로 만든 경단을 만들어 얼음 꿀물에 넣어 먹으면 더위를 타지 않고 장수), 건단, 연병 등을 만들어 먹음
7월	7일	칠석	• 헤어져 있던 견우와 직녀가 (까마귀와 까치가 놓은) 오작교에서 만나는 날(고구려 덕흥리 고분 벽화) • 여인들은 계절 과일이나 정화수를 상에 올려놓고 바느질 솜씨가 좋아지도록 직녀성에 기원(걸교), 청년들은 학문 연마 소원 • 고려 공민왕 때 왕이 왕후와 함께 궁중에서 견우와 직녀에게 제사를 지냄[기록] • 조선 시대에 성균관과 지방의 유생들을 대상으로 (특별히) 과거 시험인 절제(節製)를 거행 • 눅눅해진 옷과 책을 햇볕에 말리는 '폭의'(曝衣)와 '폭서(曝書)' 행함
	15일	백중	• 호미 씻는 날, 머슴날, 백종, 중원 등으로도 불림, 백중을 전후하여 논의 김매기가 마무리되면, 농민들은 그동안의 노고를 서로 축하하며 술과 음식을 차리고 잔치 벌임(호미씻이, 호미걸이), 지주는 머슴에게 (일손을 쉬게 하고) 음식을 장만하여 잘 대접하고 새 옷을 해주거나 돈을 주어 장에 가서 하루를 즐기도록 함 • 장원례(백중날 머슴 시상 → 농사가 가장 잘 된 집의 머슴을 뽑아 소에 태워 마을을 돌며 위로) • 지역에 따라 다양한 백중놀이가 전해옴[밀양 백중 놀이 → 농사일을 거의 끝낸 해방감과 풍년을 기원하는 마음이 융합된 민속놀이]

8월	15일	추석	• 한 해 풍성한 수확에 감사하는 날로, 한가위 · 가배 · 중추절 등으로도 불림, 추석 직전 조상의 묘를 찾는 성묘와 무덤 주변을 정리하는 벌초 행함 • 햇곡식과 햇과일로 차례 지내고, (햇곡식으로) 송편을 빚어 먹음 • 달맞이(보름달 보고 소원 빌기), 반보기(결혼한 딸과 친정어머니가 양쪽 집의 중간쯤 되는 곳에서 만나는 일), 지역에 따라 강강술래, 소먹이놀이, 소싸움, 가마싸움과 같은 다양한 놀이 행함 • 신라 유리 이사금 때 6부 여자들의 길쌈 시합 후 풍습(『삼국사기』)
11월 (동짓달)	중순	동지	• 1년 중 밤이 가장 길고 낮이 가장 짧은 날, 태양의 부활이라는 의미를 지니고 있어서 민간에서 '작은 설' 혹은 '아세(亞歲)'라고 부름, 날씨가 춥고 밤이 길어 호랑이가 교미한다고 하여 '호랑이 장가가는 날'이라고도 함 • 밤이 가장 긴 날이므로 귀신의 기운이 강해진다하여 (악귀를 쫓고 잔병치레를 막기 위해) 흰 새알심을 넣은 팥죽을 쑤어 먹음 • 새해 달력 만들기[관상감에서 임금에게 달력 올림, 임금은 백관에게 황색 표지 달력과 백식 표지 달력에 '동문지보(同文之寶)'를 찍어 하사], 버선 모양 복주머니 만들기, 장수와 복을 기원하는 부적 찍기[쓰기] 등을 함
12월	31일	섣달 그믐	• 눈썹 세는 날, 제야, 제석 등으로도 불림, '묵은 설'이라 하여 저녁을 먹고 집안 어른들에게 세배(묵은세배) • 새로 떠오르는 해를 지켜야 새해에 복을 받는다고 여겨 밤에 집 안팎에 불을 밝히고(해 지킴이), 뜬눈으로 밤을 새우기도 함(수세) • 만둣국, 동치미, 삼실과(세 가지 색의 과일, 대추, 밤, 감), 포 같은 음식을 차려 조상에게 차례 지냄, 집 안의 묵은 때를 청소하거나 미루어 둔 일을 마무리

* 이 외의 세시 풍속으로 '2월 1일 영등맞이', '4월 8일 초파일', '9월 9일 중양절(중양일)', '10월 중순(15일 전후) 상달'도 있음

주제 3 우리나라 각 지역의 역사

(1) 각 시기 수도의 역사적 특징

① 평양의 역사

고대	• 백제의 근초고왕은 369년, 371년에 황해도 일대에서 벌어진 고구려와의 전쟁에서 승리하고 고구려의 평양성을 공격하여 고국원왕을 전사시킴 • 장수왕이 427년 수도를 국내성에서 평양성으로 옮긴 뒤 240여 년간 고구려의 수도로 대동문, 을밀대, 안학궁터, 강서 고분 등이 남아 있음
중세	• 고려 태조는 북진 정책의 전진 기지로 3경 중 하나인 서경을 중시하였으며, 이러한 차원에서 개경의 중앙 정부와 유사한 기구 체제인 분사(分司)를 서경에 설치 • 묘청의 서경 천도 운동의 근거지이며, 무신 집권기 서경 유수 조위총의 반란지이기도 함
근세	조선 후기에는 유상(평양 상인)의 주요 활동 지역
근대	개항기 제너럴 셔먼호 사건(1866)의 발생지이며, 1920년대 초 조만식을 중심으로 조선 물산 장려회가 발족되어 물산 장려 운동을 전개한 곳

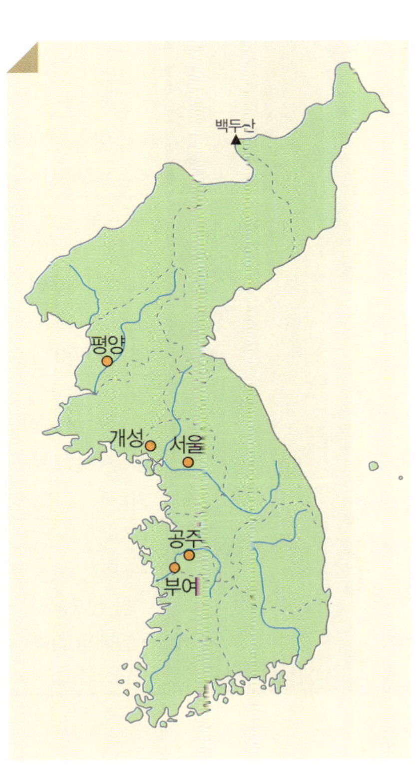

② 개성의 역사

고대	신라 말 궁예는 송악(개성)을 수도로 삼고 후고구려(901)를 세웠음
중세	• 고려의 도읍지로 거란의 침입을 막기 위해 나성을 축조하였으며 고려의 궁궐터인 만월대와 고려 첨성대, 선죽교 등의 문화재가 남아 있음 • 무신 집권기 개경(개성)에서는 사노비인 만적이 신분 해방을 넘어 정권을 장악하기 위한 봉기를 계획하였으나, 사전에 발각되어 실패
근세	조선 후기에는 인삼의 재배와 교역으로 유명했던 송상이 송방이라는 전국적인 유통망을 바탕으로 활발한 활동을 벌임
근대	2000년 6 · 15 남북 공동 선언 채택 후 북한의 경제 특구인 개성 공단이 설치된 곳

③ 서울의 역사

구분	내용
선사	우리나라에서 밝혀진 신석기 시대의 최대 집단 취락지인 암사동 유적이 있는 곳
고대	• 고구려 주몽의 아들로 알려진 온조는 고구려 계통의 유이민 세력을 이끌고 남쪽으로 내려와 오늘의 서울 지역(하남 위례성으로 풍납 토성과 몽촌 토성 지역)에 정착한 후 백제를 건설 • 고구려 광개토 대왕은 한강 이북 지역을 확보하였으며, 그의 아들인 장수왕은 백제를 공격하여 한강 이남을 차지함 • 신라 진흥왕은 백제와 연합하여 고구려를 쳐서 한강 상류 지역을 점령하였을 뿐 아니라, 이후 동맹국인 백제가 되찾은 한강 하류 지역까지 차지하여 한강 유역 전체를 신라의 영토로 만든 뒤 북한산 진흥왕 순수비를 건립
중세	고려 중기부터는 동경 대신에 남경(한양)이 길지로 새롭게 대두하여 이성계의 한양 천도는 무학대사의 영향과 이러한 남경 길지설이 바탕이 됨
근세	조선 태조가 천도한 한양은 한강 유역에 자리 잡고 있어 육로 교통과 수로 교통이 모두 편리하고, 한반도의 중앙에 있어서 새로운 중심지가 되기에 적합하였음
근대	일제는 한성부를 경성부(京城府)로 개칭하고 조선 총독부를 설치하여 식민 통치를 시행

④ 공주와 부여의 역사

지역	시대	내용
공주	선사	공주 석장리(충남)는 남한 최초로 발굴된 구석기 유적지로 전기 · 중기 · 후기 구석기 유물이 골고루 출토되었는데 후기 유적층에서 집자리가 발견됨
	고대	5세기 후반 백제는 고구려 장수왕의 공격을 받아 수도인 한성이 함락되고 한강 유역을 빼앗긴 뒤 수도를 웅진성(공주)으로 옮김(475)
	중세	고려 무신 집권기에는 공주의 명학소 주민들이 망이, 망소이 형제를 중심으로 봉기
부여	고대	백제 성왕은 사비(부여)로 천도한 후 국호를 남부여로 개칭

(2) 각 지역의 역사

① 요동과 요서의 역사

지역	시대	내용
요동	고대	• 5세기 고구려 광개토 대왕은 요동 지방을 포함한 만주 대부분의 땅을 확보 • 9세기 전반, 발해 선왕 때에는 동쪽으로는 연해주, 서쪽으로는 요동, 남쪽으로는 신라와 국경을 접하는 대제국을 건설 • 수의 뒤를 이은 당은 안시성을 총공격하였으나 고구려군과 백성들은 굳세게 저항하여 당의 군대를 물리침(안시성 싸움, 645)
	중세	고려 후기 공민왕은 고구려의 옛 땅을 되찾기 위하여 요동 지방을 공격하는 등 기세를 떨쳤으며, 우왕과 최영은 명의 철령위 설치 통보에 크게 분개하여 요동 정벌을 계획
	근세	조선 초 태조 때에는 정도전이 중심이 되어 요동 정벌을 준비하면서 명과 갈등이 있기도 하였음
	근대	일본은 청 · 일 전쟁에서 승리하여 한국에 대한 우위권을 확인하고 요동 반도까지 확보하였으나 러시아를 비롯한 프랑스, 독일 등의 이른바 삼국 간섭으로 요동을 반환
요서	선사	기원전 10세기경 고조선의 세력 범위
	고대	• 4세기 후반에는 백제 근초고왕의 진출 지역 • 6세기 후반 돌궐이 수에 의해서 멸망하자 고구려는 먼저 요서 지방을 선제공격 • 발해의 압력을 받던 흑수 말갈이 당과의 연계를 꾀하자 발해는 산동 반도를 공격하는 한편, 요서에서 당군과 격돌

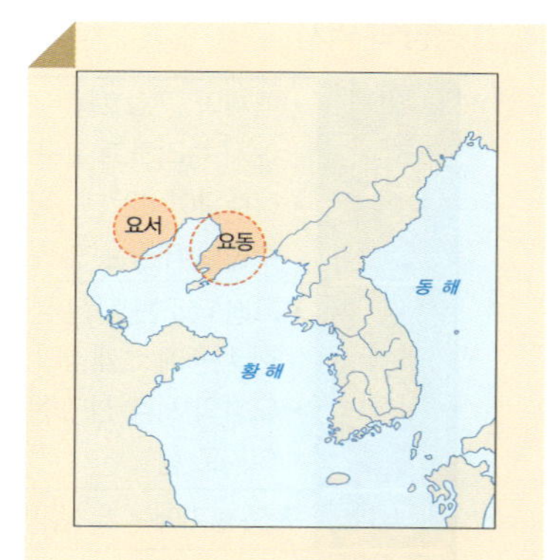

② 강화도의 역사

선사	강화도는 선사 시대의 고인돌 유적이 분포되어 있는데 강화 고인돌 유적은 유네스코에서 세계 문화유산으로 지정되어 있음
중세	몽골이 침입하자 최씨 무신 정권은 수도를 개경에서 강화도로 옮기고 몽골과의 전쟁에 대비하였는데 강화도로 수도를 옮긴 후 재조대장경(팔만대장경)을 조판함
근세	• 1627년 후금은 기마병을 앞세워 조선에 쳐들어왔고, 인조는 급히 강화도로 피란하여 항전(정묘호란) • 강화도 마니산 참성단은 단군이 하늘에 제사 지냈다는 전설이 깃든 곳으로 조선 시대에는 초제를 지냈던 곳 • 조선 후기 정제두가 강화도에서 학문적 체계를 세우고 제자를 육성함으로써 지행합일의 실천성을 강조하는 양명학의 학파(강화학파)가 형성
근대	서울에서 가까운 지리적 위치 때문에 근대에 들어서도 병인양요, 신미양요, 운요호 사건 등 역사적 사건의 무대가 됨

③ 제주도의 역사

선사	제주도 한경 고산리는 우리나라의 신석기 시대를 약 기원전 1만 년까지 소급하게 한 유적지
중세	고려 시대에 삼별초는 개경 환도에 반대하여 대몽 항쟁을 계속하였는데 강화도에서 진도, 제주도로 근거지를 옮겨가며 항쟁하였으나 결국 진압됨
근세	• 조선 시대에 제주도는 거의 논이 없었기 때문에 쌀이 많이 나지 않고, 바닷길도 험한 데다 운송 거리까지 멀어 조운에서 제외된 잉류 지역 • 조선 시대에는 광해군이 인조반정으로 폐위되어 강화도에 유배되었다가 제주도로 옮겨졌고, 추사 김정희도 노론 시파가 정권을 잡은 세도 정치기에 제주도에 유배를 당함 • 네덜란드인 벨테브레이와 하멜은 모두 일본 나가사키로 향하다가 제주도에 표착 • 정조 때 김만덕은 상인들을 상대로 장사하면서 큰 이익을 얻은 인물로 제주에 큰 흉년이 들자 그동안 모은 돈으로 쌀을 사서 굶주린 사람들에게 나누어 주는 선행을 베풂
현대	1948년 4월 3일 남한만의 단독 선거에 반대하여 제주도에서 격렬한 반대 투쟁이 일어남

④ 충주와 청주의 역사

충주	선사	구석기 유적지인 단양 상시 동굴 등이 있음
	고대	• 고구려 장수왕 때 세운 중원(충주) 고구려비가 있음 • 통일 신라 시대 5소경 중 중원경(충주)이 설치된 곳
	중세	고려 시대 충주 다인철소 등지에서 몽골의 침략에 맞서 천민들이 항쟁한 지역
	근세	• 조선 시대에는 『조선왕조실록』을 보관하는 사고 중 하나였으며 조창이었던 충주 가흥창 등이 위치한 곳 • 임진왜란 당시에는 조총으로 무장한 왜군이 침입하자 신립이 배수진을 치다 패배한 지역
	근대	명성 황후 시해와 단발령에 반발하여 위정척사 사상을 가진 유인석이 1895년 을미의병을 일으킨 곳
청주	선사	충북 청원군 두루봉 동굴에서 발견된 어린이(일명 흥수 아이)는 약 4만 년 전 인류 화석으로 얼굴뿐 아니라 온몸의 뼈가 거의 온전한 형태로 발굴됨
	고대	통일 신라의 민정 문서는 서원경(청주) 부근 4개 촌락에 대한 문서로 일본 정창원에서 발견되었음
	중세	고려 시대 청주 흥덕사에서 현존하는 세계 최초의 금속 활자인 직지심체요절이 간행

⑤ 원산의 역사

선사	초기 국가 중 동예가 위치했던 지역
고대	신라가 삼국을 통일했을 때의 국경선인 대동강~원산간 일대에 해당됨
근대	• 18세기 말 원산장은 전국적인 유통망을 연결하는 상업의 중심지였으며, 강화도 조약에 따라 부산, 원산, 인천을 개항 • 개항기 원산 학사는 한국 최초의 근대적 사립 교육 기관이며, 일제 강점기에는 원산 총파업의 발생지이기도 함

주제 4 우리 문화유산의 이해☆☆☆

(1) 서울의 주요 문화재

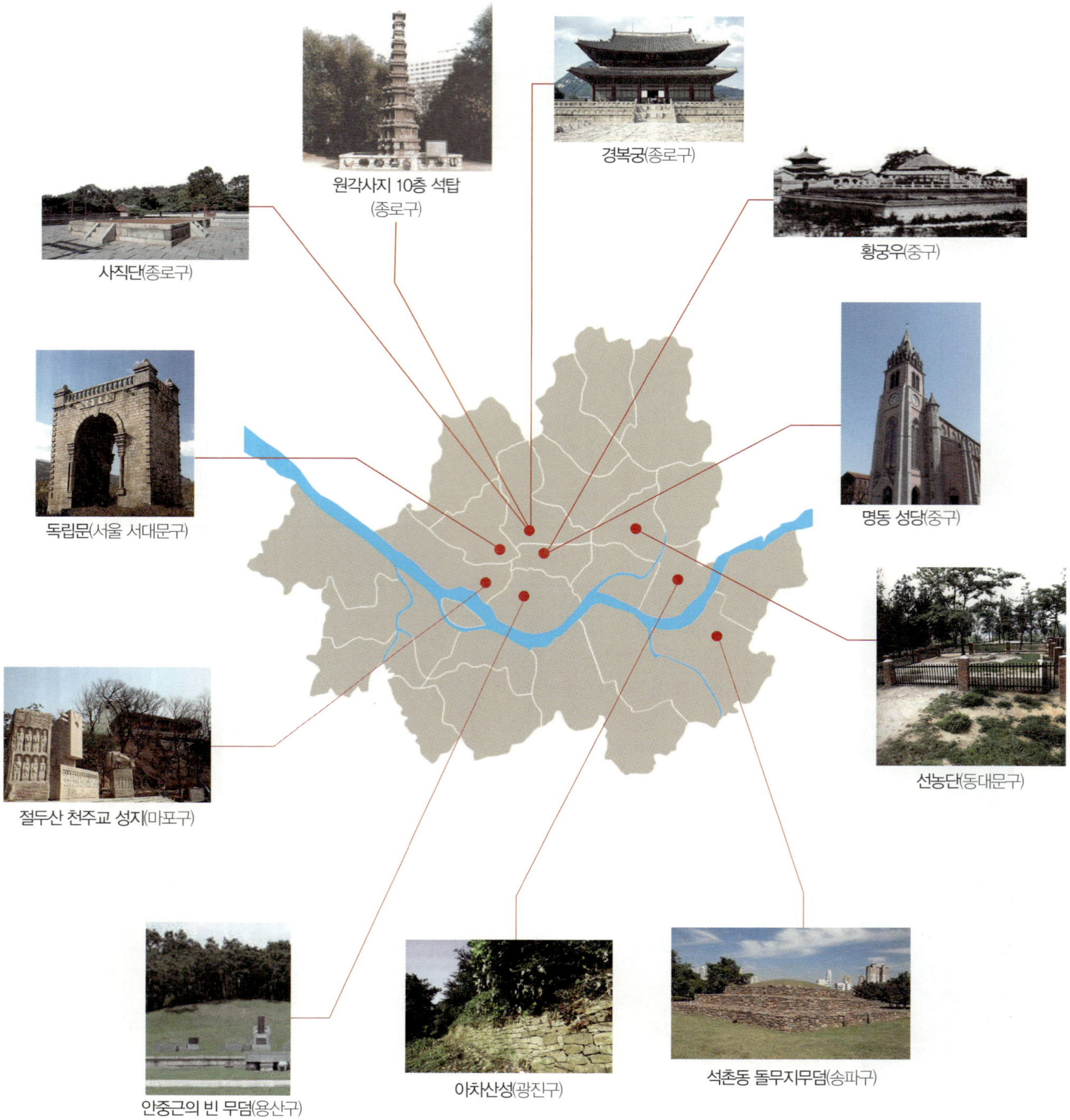

원각사지 10층 석탑(종로구)

경복궁(종로구)

사직단(종로구)

황궁우(중구)

명동 성당(중구)

독립문(서울 서대문구)

선농단(동대문구)

절두산 천주교 성지(마포구)

안중근의 빈 무덤(용산구)

아차산성(광진구)

석촌동 돌무지무덤(송파구)

(2) 각 지역의 주요 문화재

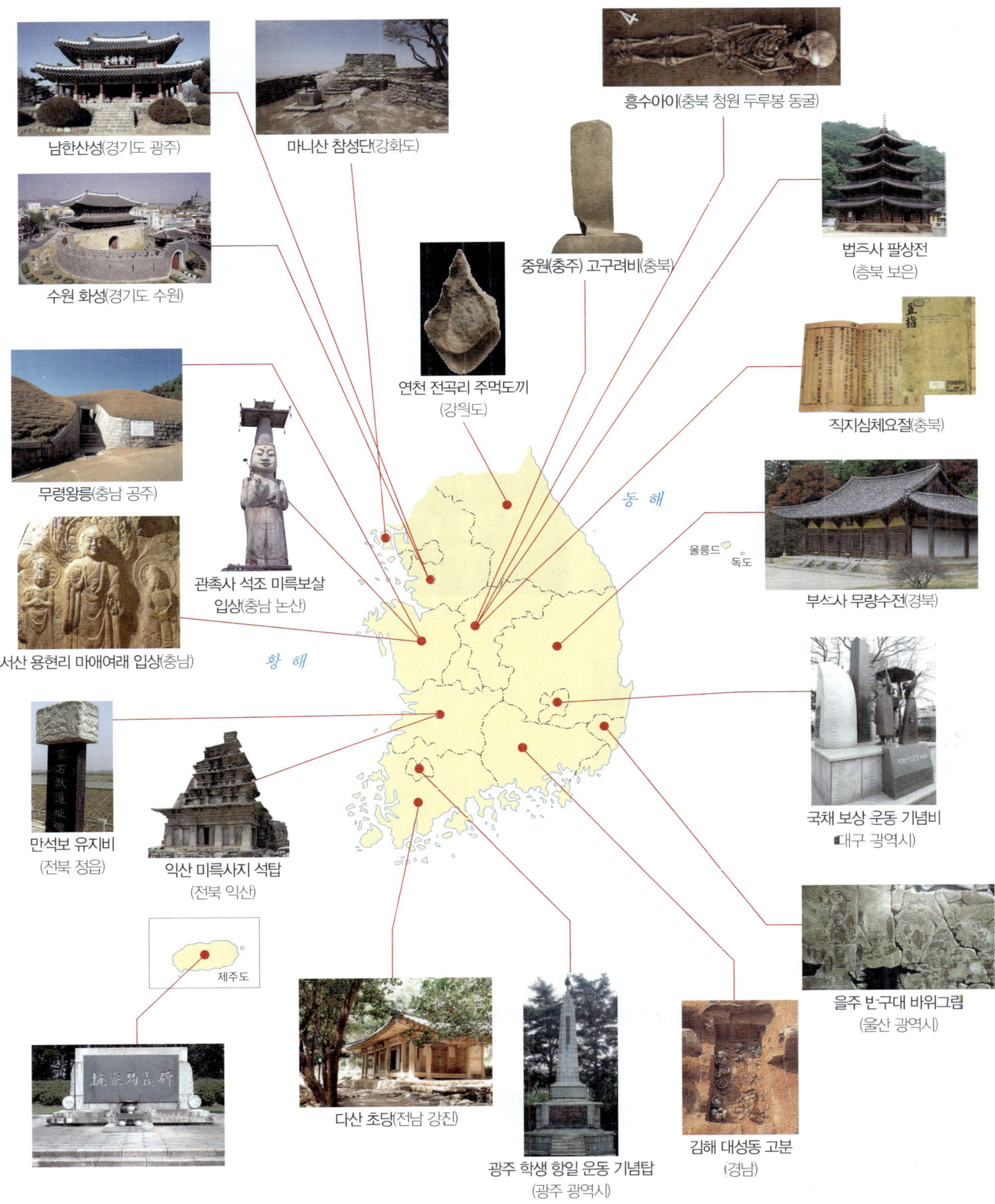

남한산성(경기도 광주)

마니산 참성단(강화도)

흥수아이(충북 청원 두루봉 동굴)

중원(충주) 고구려비(충북)

법주사 팔상전 (충북 보은)

수원 화성(경기도 수원)

연천 전곡리 주먹도끼 (강원도)

직지심체요절(충북)

무령왕릉(충남 공주)

관촉사 석조 미륵보살 입상(충남 논산)

부석사 무량수전(경북)

서산 용현리 마애여래 입상(충남)

국채 보상 운동 기념비 (대구 광역시)

만석보 유지비 (전북 정읍)

익산 미륵사지 석탑 (전북 익산)

울주 반구대 바위그림 (울산 광역시)

다산 초당(전남 강진)

광주 학생 항일 운동 기념탑 (광주 광역시)

김해 대성동 고분 (경남)

(3) 한국의 유네스코 등재 유산

세계 유산(문화, 자연, 복합)

불국사와 석굴암
1995년

해인사 장경판전
1995년

종묘
1995년

창덕궁
1997년

수원 화성
1997년

경주역사유적지구
2000년

고창 · 화순 · 강화
고인돌 유적
2000년

제주 화산섬과 용암 동굴
2007년

조선왕릉
2009년

하회 · 양동 역사마을
2010년

남한산성
2014년

백제역사유적지구
2015년

산사, 한국의 산지승원
2018년

한국의 서원
2019년

한국의 갯벌
2021년

가야 고분군
2023년

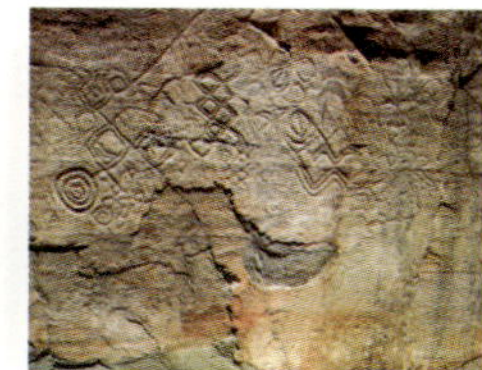
반구천의 암각화
2025년

※ 출처 : 국가유산청(www.heritage.go.kr)

세계 기록 유산

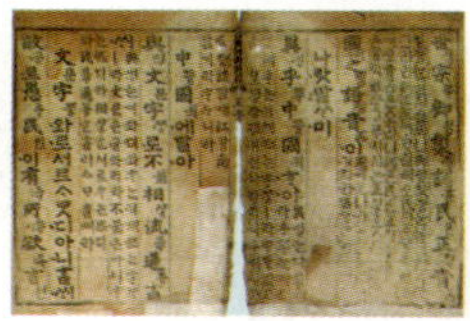
훈민정음(해례본)
1997년

조선왕조실록
1997년

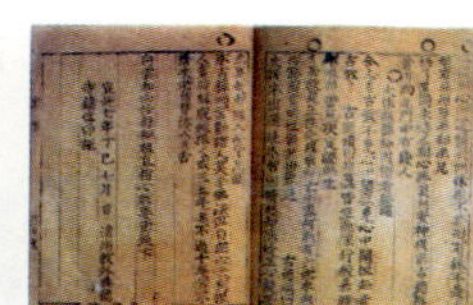
직지심체요절
2001년

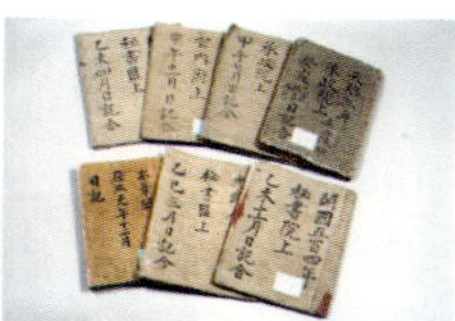
승정원일기
2001년

조선왕조의궤
2007년

고려 대장경판 및 제경판
2007년

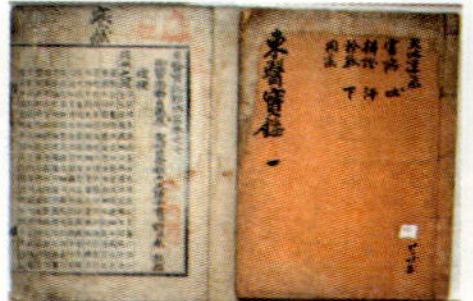
동의보감
2009년

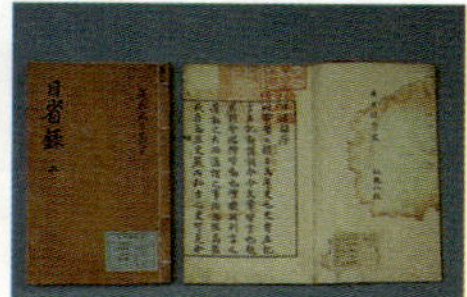
일성록
2011년

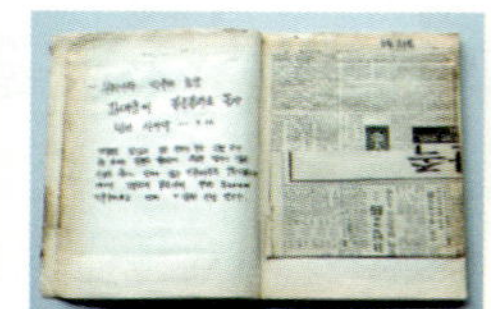
5 · 18 광주 민주화 운동
기록물 2011년

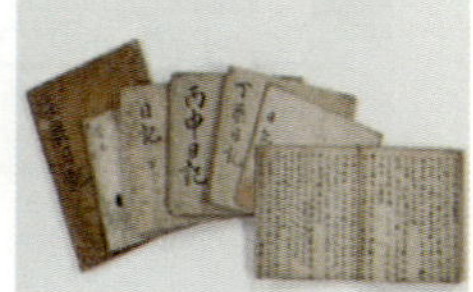
난중일기
2013년

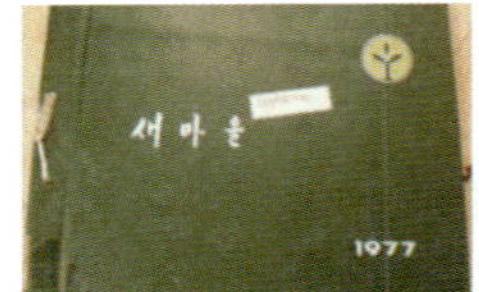

새마을 운동 기록물
2013년

KBS특별생방송 '이산가족을 찾습니다' 기록물
2015년

한국의 유교 책판
2015년

국채 보상 운동 기록물
2017년

조선 통신사에 관한 기록
2017년

조선 왕실 어보와 어책
2017년

4 · 19 혁명 기록물
2023년

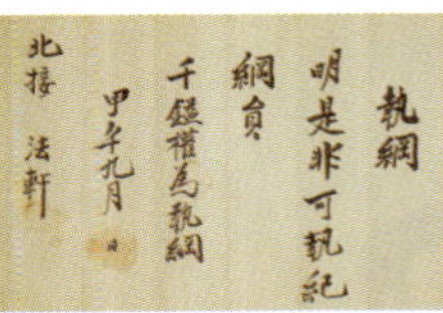

동학농민혁명 기록물
2023년

산림녹화 기록물
2025년

제주 4 · 3 기록물
2025년

인류 무형 문화 유산

종묘제례 및 종묘제례악
2001년

판소리
2003년

강릉단오제
2005년

강강술래
2009년

남사당놀이
2009년

영산재
2009년

제주 칠머리당 영등굿
2009년

처용무
2009년

가곡
2010년

대목장
2010년

매사냥
2010년

택견
2011년

한산 모시짜기
2011년

줄타기
2011년

아리랑
2012년

김장문화
2013년

농악
2014년

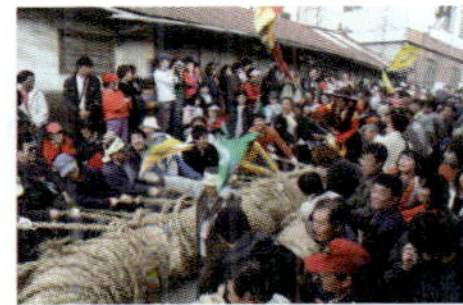

줄다리기
2015년

제주 해녀 문화
2016년

한국의 전통 레슬링(씨름)
2018년

연등회
2020년

한국 탈춤
2022년

한국의 장 담그기 문화
2024년

※ 출처 : 국가유산청(www.heritage.go.kr)

- **유네스코 세계 유산** : 인류 전체를 위해 보호되어야 할 뛰어난 보편적 가치가 있다고 인정하여 세계유산목록에 등재한 유산(문화/자연/복합유산)
- **유네스코 세계 기록 유산** : 고문서 등 전 세계의 귀중한 기록물을 보존하고 활용하기 위하여 세계적 가치가 있는 기록유산을 선정(서적이나 문서, 편지 등 여러 종류의 동산 유산 포함)
- **유네스코 인류 무형 문화유산** : 문화적 다양성과 창의성이 유지될 수 있도록 대표목록 또는 긴급목록에 각국의 무형유산을 등재

1 (가) 섬에 대한 설명으로 옳은 것은? [1점]

울릉 군수 심흥택이 보고한 내용입니다. 이번 달 4일 진시 즈음에 배 1척이 울릉군 내 도동포에 정박하였는데, 일본 관인 일행이 내려 말하길 '(가) 이/가 지금 일본 영토가 된 까닭으로 시찰차 왔다' 하온 바 …… 이에 보고하오니 살펴주시기 바랍니다.

강원도 관찰사 서리 이명래

보고는 잘 받아보았다. (가) 이/가 일본의 영토라는 말은 전혀 근거 없는 것이니 그 섬의 형편과 일본인들이 어떻게 행동하는지를 다시 조사해서 보고하라.

참정 대신 박제순

① 하멜 일행이 표류하다 도착한 곳이다.
② 배중손이 이끄는 삼별초가 몽골군에 저항하였다.
③ 정제두가 양명학을 연구하며 학파를 형성하였다.
④ 러시아가 저탄소 설치를 명분으로 조차를 요구하였다.
⑤ 대한 제국이 칙령 제41호를 통해 관할 영토임을 명시하였다.

| 해설 | 간도와 독도

조선 숙종 때 안용복은 일본으로 건너가 울릉도와 더불어 독도가 조선의 영토임을 확인받고 돌아왔다(1693 · 1696). 1900년 대한 제국에서 반포한 칙령 제41호는 울릉도를 울도로 개칭하고, 도감을 군수로 개정하며, 울도군은 울릉 전도와 죽도, 석도를 관할한다고 하였다. 여기서 죽도는 울릉도 바로 옆의 죽서도를 가리키고, 석도는 독도를 가리킨다. 일본은 러 · 일 전쟁 중인 1905년에 군사적 요충지를 확보하기 위해 독도를 자국의 시마네현에 불법으로 편입시켰다.

| 오답 넘기 |

① 조선 후기 하멜은 제주도에 표류하였다가(1653) 동료와 함께 탈출하여 『하멜 표류기』를 지었다(1668).
② 대몽 항쟁을 전개하던 삼별초는 배중손의 지휘로 진도에서 반몽 정권을 세우고 저항하였다(1270).
③ 양명학은 18세기 초 하곡 정제두에 의해 체계적으로 연구되면서 그를 따랐던 제자들이 모여들어 강화도에서 강화 학파가 형성되었다.
④ 러시아는 저탄소 설치를 위해 부산의 절영도(오늘날의 영도) 조차를 요구하였다(1897).

정답 ⑤

2 (가)에 행해지던 풍습으로 가장 적절한 것은? [1점]

우리나라의 세시 풍속

조상에 제사 지내고 성묘하는 날, (가)

1. 문헌 자료

병조에서 아뢰기를, "동지로부터 105일이 지나면, 세찬 바람과 심한 비가 있으니 (가) (이)라 부른다고 합니다. …… 원컨대, 지금부터 (가) 에는 밤낮으로 불과 연기를 일절 금지하고, 관리들이 순찰하게 하옵소서."라고 하였다.

－「세종실록」－

2. 관련 행사

'손 없는 날' 또는 '귀신이 꼼짝 않는 날'로 여겨 산소에 손을 대도 탈이 없다고 한다. 그래서 산소에 잔디를 새로 입히는 개사초(改莎草)를 하거나, 비석 또는 상석을 세우거나 이장을 하였다.

① 진달래꽃으로 화전 부치기
② 새알심을 넣어 팥죽 만들기
③ 창포를 삶은 물로 머리 감기
④ 불을 사용하지 않고 찬 음식 먹기
⑤ 부스럼을 예방하기 위한 부럼 깨기

| 해설 | 세시 풍속

문제의 (가)에 들어갈 세시 풍속은 한식으로, 불을 피우지 않고 찬 음식을 먹는다는 옛 습관에서 나온 것이다. 동지에서 105일째 되는 날인 한식에는 조상의 묘를 찾아 돌보는 등의 활동을 하였다.

| 오답 넘기 |

① 음력 3월 3일 삼짇날은 '강남 갔던 제비 오는 날'이라고도 하며, 화전을 비롯한 음식들을 먹고 하루를 즐겼다.
② 동지에는 찹쌀경단을 넣은 팥죽을 쑤어 먹었는데 나쁜 기운을 제거한다 하여 팥죽물을 대문간, 대문 판자에 뿌린다.
③ 우리 선조들은 단오(음력 5월 5일)가 되면 창포 삶은 물에 머리를 감고 그네뛰기, 씨름 등의 민속놀이를 즐겼다.
⑤ 정월 대보름날에는 아침 일찍 부럼이라는 껍질이 단단한 견과류(잣 · 날밤 · 호두 · 은행 · 땅콩 등)를 깨물어 마당에 버리는데, 이렇게 하면 1년 내내 부스럼이 생기지 않는다고 하였다.

정답 ④

3 (가)에 들어갈 세시 풍속으로 옳은 것은? [2점]

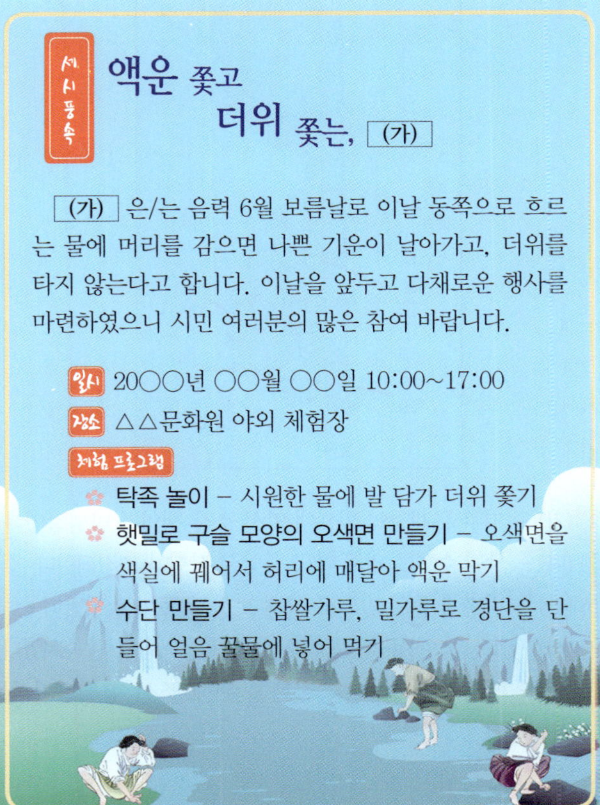

세시풍속
액운 쫓고
더위 쫓는, (가)
(가) 은/는 음력 6월 보름날로 이날 동쪽으로 흐르는 물에 머리를 감으면 나쁜 기운이 날아가고, 더위를 타지 않는다고 합니다. 이날을 앞두고 다채로운 행사를 마련하였으니 시민 여러분의 많은 참여 바랍니다.
일시 20○○년 ○○월 ○○일 10:00~17:00
장소 △△문화원 야외 체험장
체험 프로그램
탁족 놀이 – 시원한 물에 발 담가 더위 쫓기
햇밀로 구슬 모양의 오색면 만들기 – 오색면을 색실에 꿰어서 허리에 매달아 액운 막기
수단 만들기 – 찹쌀가루, 밀가루로 경단을 만들어 얼음 꿀물에 넣어 먹기

① 동지 ② 한식 ③ 칠석
④ 유두 ⑤ 삼짇날

| 해설 | 세시 풍속

유두(流頭, 음력 6월 15일)는 흐르는 물에 머리를 감는다는 뜻으로, 동류수두목욕(東流水頭沐浴)이란 말의 약어이다.

이날은 일가 친지들이 맑은 시내나 산간폭포에 가서 머리를 감고 몸을 씻은 뒤, 가지고 간 음식을 먹으면서 서늘하게 하루를 지낸다. 이것을 유두잔치라고 하는데, 이렇게 하면 여름에 질병을 물리치고 더위를 먹지 않는다고 한다. 또한, 농촌에서는 밀가루로 떡을 만들고 참외나 기다란 생선 등으로 음식을 장만하여 논의 물꼬와 밭 가운데에 차려놓고, 농신에게 풍년을 기원하면서 고사를 지낸다.

정답 ④

4 (가) 지역에서 있었던 사실로 옳지 않은 것은? [3점]

답사 계획서

- 주제 : (가) 의 유적과 인물을 찾아서
- 기간 : 20○○년 ○○월 ○○일~○○일
- 일정 및 경로
  - 1일차 : 대동문 → 보통문 → 을밀대 → 부벽루
  - 2일차 : 안학궁 터 → 대성산성

대성산성
안학궁 터
을밀대
부벽루
보통문
대동문

① 제1차 미 · 소 공동 위원회가 개최되었다.
② 안창호가 민족 교육을 위해 대성 학교를 설립하였다.
③ 고무 공장 노동자 강주룡이 노동 쟁의를 전개하였다.
④ 미국 상선 제너럴 셔먼호가 관민들에 의해 불태워졌다.
⑤ 조만식 등을 중심으로 조선 물산 장려회가 결성되었다.

| 해설 | 지역의 역사

제시된 지도의 대동문 · 보통문 · 을밀대 · 부벽루 · 안학궁 터 · 대성산성 등은 모두 모두 평양(서경)에 있는 유적지이다. 대성 학교는 신민회가 1908년 9월 평양에 설립한 학교이며, 고무 공장 노동자 강주룡은 1931년 5월 회사가 일방적으로 임금을 깎자 평양 대동강변의 정자인 을밀대 지붕에 올라가 노동 쟁의를 전개하였다. 또 1866년 8월에 발생한 제너럴 셔먼호 사건은 미국 상선 제너럴 셔먼호가 대동강을 거슬러 평양까지 들어가 통상을 요구하며 횡포를 부리자 분노한 평양 관민들이 박규수의 지휘 아래 배를 불태워 침몰시킨 사건이다. 그리고, 조만식 등을 중심으로 1920년 8월 평양에서 처음 조직된 조선 물산 장려회는 국산품 애용과 자급자족을 통해 민족의 산업을 발전시키고 민족 자본을 육성하여 일제로부터의 경제적 자립을 이루고자 하였다.

| 오답 넘기 |

① 1946년 3월 제1차 미소 공동 위원회가 개최된 곳은 서울 덕수궁 석조전이다.

정답 ①

5 (가) 지역에 대한 탐구 활동으로 가장 적절한 것은? [2점]

답사 안내

유구한 역사와 전통이 살아 숨쉬는 우리 고장의 문화유산을 찾아가고자 합니다. 시민 여러분의 많은 참여 바랍니다.

- **주제** : (가) 의 유적과 역사 인물을 찾아서
- **일시** : 20○○년 ○○월 ○○일 09:00~17:00
- **경로**
  촉석루 → 김시민 장군 전공비 → 강민첨 탄생지 → 옥봉 고분군

① 김만덕의 빈민 구제 활동에 대해 알아본다.
② 정묘호란에서 정봉수의 활약상을 살펴본다.
③ 정약전이 자산어보를 저술한 곳을 검색한다.
④ 산림이 배수의 진을 치고 싸운 장소를 찾아본다.
⑤ 유계춘이 백낙신의 수탈에 맞서 봉기한 지역을 조사한다.

| 해설 | 지역의 역사

촉석루와 김시민 장군 전공비, 강민첨 탄생지, 옥봉 고분군 등의 경로로 보아 (가) 지역은 진주이다. 임진왜란 당시 진주 대첩에서는 김시민과 의병들이 진주성에서 왜군을 물리쳤지만 끝내 김시민 장군은 전사하였다. 이 싸움의 승리로 조선은 다른 경상도 지역을 보존하였을 뿐 아니라 적으로 하여금 호남 지방을 넘보지 못하게 하였다. 또 논개는 임진왜란 당시 진주성이 일본군에게 함락될 때 촉석루에서 왜장을 끌어 안고 남강에 투신한 의로운 여인이다. 그리고, 진주는 고려의 무신 강민첨의 탄생지이며, 가야의 고분군인 옥봉 고분군이 위치해 있는 곳이다.

⑤ 1862년 진주에서 몰락 양반 유계춘을 중심으로 경상 우병사 백낙신의 부정부패에 항의하는 농민 봉기가 발생하였고, 유사한 봉기가 전국으로 확산되었다(임술 농민 봉기).

| 오답 넘기 |

① 제주도, ② 평안북도 철산, ③ 전남 흑산도, ④ 충북 충주의 탄금대이다.

정답 ⑤

6 (가)~(마) 지역에서 있었던 사실로 옳은 것은? [2점]

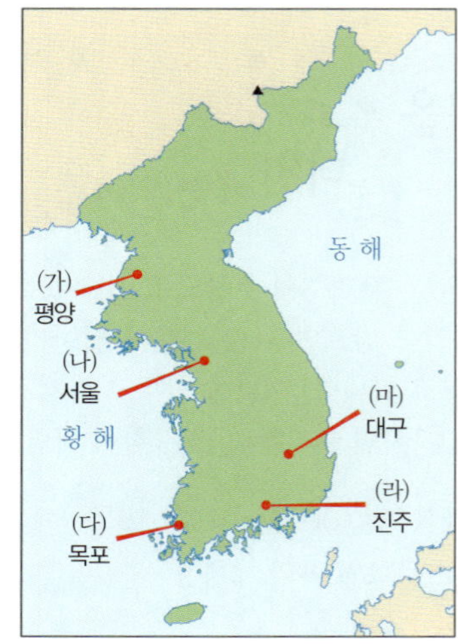

① (가) – 지주 문재철의 횡포에 맞선 소작 쟁의가 발생하였다.
② (나) – 상권 수호를 위해 황국 중앙 총상회가 조직되었다.
③ (다) – 김광제 등의 발의로 국채 보상 운동이 일어났다.
④ (라) – 토산품 애용을 위한 조선 물산 장려회가 발족되었다.
⑤ (마) – 백정에 대한 차별 철폐를 위해 조선 형평사가 창립되었다.

| 해설 | 지역의 역사

(나) 서울의 시전 상인들은 조 · 청 상민 수륙 무역 장정 체결(1882.8) 이후 외국 상인들이 서울에 들어와 상업 활동을 하자, 황국 중앙 총상회를 조직하여(1898.7) 상권 수호 운동을 전개하기도 하였다.

| 오답 넘기 |

① 1923년 8월 전남 무안군 암태도에서 발생한 암태도 소작 쟁의는 문재철이라는 대지주와 일제에 대항하여 승리를 쟁취한 대표적인 사례였다. 따라서 (다) 목포이다.
③ 1907년 2월에 일어난 국채 보상 운동은 일본의 강요로 도입한 차관 1,300만 원을 갚아 경제적 예속에서 벗어나자는 취지로, (마) 대구에서 시작되었다.
④ 물산 장려 운동은 1920년 3월 회사령이 폐지되고 관세가 철폐된다는 소식에 위기의식을 느낀 민족주의 계열에서 추진한 민족 실력 양성 운동이었다. 1920년 8월 (가) 평양에서 시작되어 전국으로 확산되었다.
⑤ 백정은 자신들에 대한 차별 대우를 폐지하여 저울처럼 평등한 세상을 만들겠다는 의지를 모아, (라) 경남 진주에서 조선 형평사를 창립하고 형평 운동을 전개하였다(1923.4).

정답 ②

7 (가) 문화유산에 대한 설명으로 옳은 것은? [1점]

유네스코 세계유산, (가)
■ 종목 : 사적 제125호
■ 소개
태조 이성계가 왕실의 정통성을 확립하고 효를 실천하기 위해 한양으로 천도하면서 가장 먼저 짓기 시작한 공간이다. 건축물들은 임진왜란 때 소실되어 1608년에 중건되었다. 정전은 국보 제227호, 영녕전은 보물 제821호로 지정되었다. 1995년 유네스코 세계 유산에 등재되었다.
■ 주요 관람 코스
향대청 → 재궁 → 전사청 → 정전 → 영녕전
■ 안내도
영녕전
정전
전사청
재궁
향대청

① 역대 국왕과 왕비의 신주가 모셔져 있다.
② 공자와 여러 성현들의 위패를 모셔 놓았다.
③ 신농씨와 후직씨에게 풍년을 기원하는 곳이다.
④ 토지와 곡식의 신에게 제사를 지내는 공간이다.
⑤ 일제에 의해 경내에 조선 총독부 청사가 세워졌다.

| 해설 | 유네스코 세계 유산

제시된 지문의 (가)에 해당하는 유적은 종묘이다. 종묘는 조선 왕조의 역대 왕과 왕비 및 추존된 왕과 왕비의 신주를 모신 유교 사당으로 가장 정제되고 장엄한 건축물 중의 하나이다. 태조 3년(1394) 10월 조선 왕조가 한양으로 도읍을 옮긴 그해 12월에 착공하여 이듬해 9월에 완공하였으며, 곧이어 개성으로부터 태조의 4대조인 목조, 익조, 도조, 환조의 신주를 모셨다. 종묘는 제왕을 기리는 유교 사당의 표본으로서 16세기 이래로 원형이 보존되고 있으며, 세계적으로 독특한 건축 양식을 지닌 의례 공간이다.

| 오답 넘기 |

② 성균관 대성전, ③ 선농단, ④ 사직단, ⑤ 경복궁이다.

정답 ①

8 밑줄 그은 '이 자료'에 대한 설명으로 옳지 않은 것은? [2점]

이 자료는 조선 시대

갑오개혁 이후에는 부서의 명칭이
바뀌어 다른 이름으로 되어 있는
것도 있습니다.

① 인조 때부터의 기록이 남아 있다.
② 국왕과 신료들이 열람할 수 있었다.
③ 시정기나 사초 등을 토대로 기술되었다.
④ 유네스코 세계 기록 유산으로 등재되었다.
⑤ 업무 관련 내용이 일지 형식으로 작성되었다.

| 해설 | 유네스코 세계 유산

『승정원일기(承政院日記)』는 왕명의 출납을 관장하던 승정원에서 날마다 취급한 문서와 국왕을 수행하면서 그 언행을 기록한 일기식의 사료로, 편년체로 편찬되었다. 승정원은 국왕의 최측근에 있으면서 그 명령을 출납하는 임무를 담당하였으므로 오늘날의 대통령 비서실에 해당하는 기관이다. 『승정원일기』는 조선 건국 이후 계속 작성되었지만 조선 전기에 쓴 것들은 임진왜란 때 불타버리고 인조 때부터 순종 때까지의 기록이 남아 있다. 그리고 1999년 4월에 국보 제303호로 지정되었고, 2001년 9월에 유네스코에서 지정하는 세계 기록 문화유산에 등록되었다.

| 오답 넘기 |

③ 조선 시대에 한 국왕이 죽으면 다음 국왕 때 춘추관을 중심으로 실록청을 설치하고 사관이 국왕 앞에서 기록한 사초, 각 관청의 문서를 모아 만든 시정기 등을 종합, 정리하여 실록을 편년체로 편찬하였다(『조선왕조실록』).

정답 ③

역대 왕계표

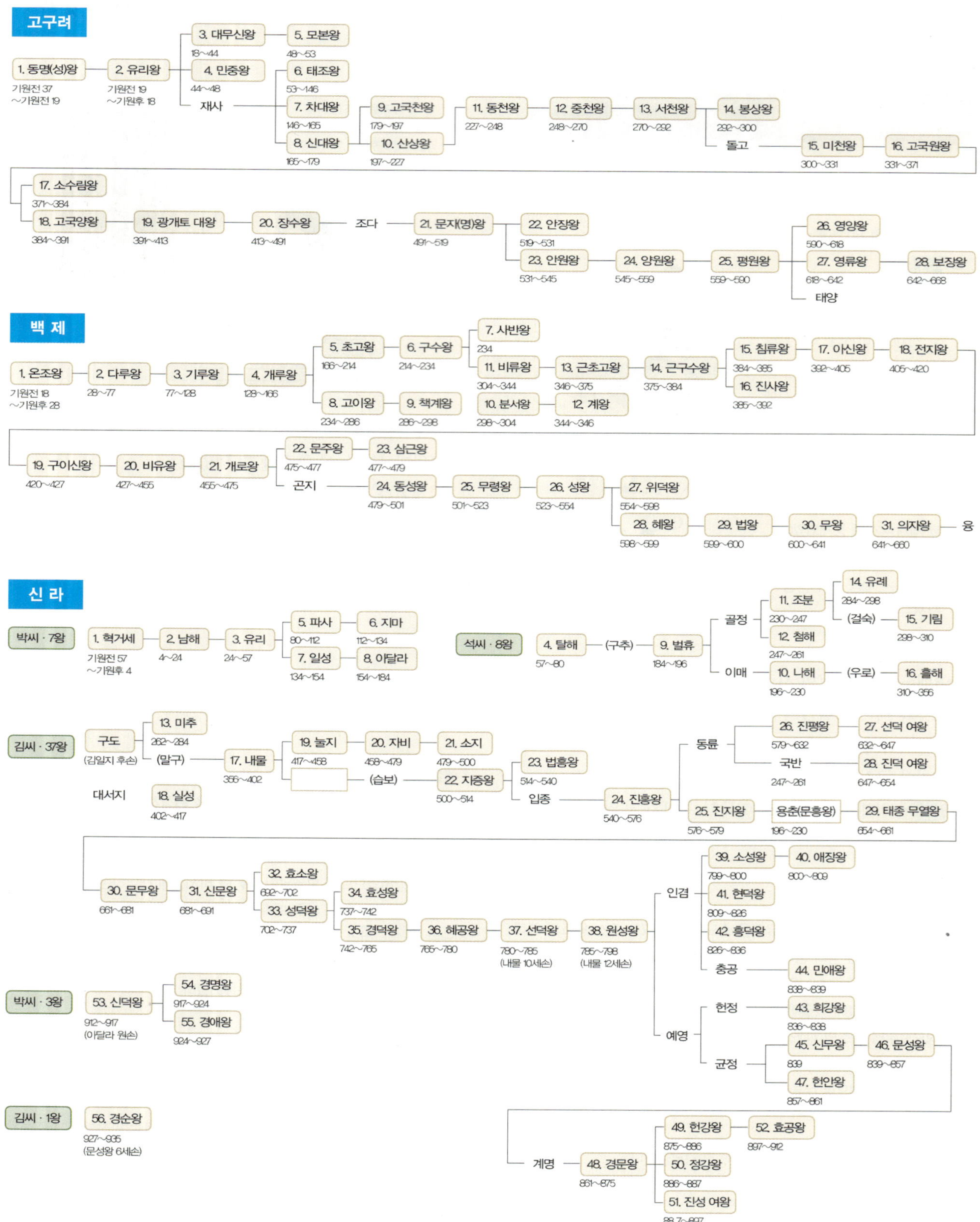

고구려
1. 동명(성)왕 기원전 37~기원전 19
2. 유리왕 기원전 19~기원후 18
3. 대무신왕 18~44
4. 민중왕 44~48
5. 모본왕 48~53
6. 태조왕 53~146
재사
7. 차대왕 146~165
8. 신대왕 165~179
9. 고국천왕 179~197
10. 산상왕 197~227
11. 동천왕 227~248
12. 중천왕 248~270
13. 서천왕 270~292
14. 봉상왕 292~300
돌고
15. 미천왕 300~331
16. 고국원왕 331~371
17. 소수림왕 371~384
18. 고국양왕 384~391
19. 광개토 대왕 391~413
20. 장수왕 413~491
조다
21. 문자(명)왕 491~519
22. 안장왕 519~531
23. 안원왕 531~545
24. 양원왕 545~559
25. 평원왕 559~590
26. 영양왕 590~618
27. 영류왕 618~642
태양
28. 보장왕 642~668
백제
1. 온조왕 기원전 18~기원후 28
2. 다루왕 28~77
3. 기루왕 77~128
4. 개루왕 128~166
5. 초고왕 166~214
6. 구수왕 214~234
7. 사반왕 234
8. 고이왕 234~286
9. 책계왕 286~298
10. 분서왕 298~304
11. 비류왕 304~344
12. 계왕 344~346
13. 근초고왕 346~375
14. 근구수왕 375~384
15. 침류왕 384~385
16. 진사왕 385~392
17. 아신왕 392~405
18. 전지왕 405~420
19. 구이신왕 420~427
20. 비유왕 427~455
21. 개로왕 455~475
22. 문주왕 475~477
23. 삼근왕 477~479
곤지
24. 동성왕 479~501
25. 무령왕 501~523
26. 성왕 523~554
27. 위덕왕 554~598
28. 혜왕 598~599
29. 법왕 599~600
30. 무왕 600~641
31. 의자왕 641~660
융
신라
박씨 · 7왕
1. 혁거세 기원전 57~기원후 4
2. 남해 4~24
3. 유리 24~57
5. 파사 80~112
6. 지마 112~134
7. 일성 134~154
8. 아달라 154~184
석씨 · 8왕
4. 탈해 57~80
(구추)
9. 벌휴 184~196
골정
11. 조분 230~247
12. 첨해 247~261
14. 유례 284~298
(걸숙)
15. 기림 298~310
이매
10. 나해 196~230
(우로)
16. 흘해 310~356
김씨 · 37왕
구도 (김알지 후손)
13. 미추 262~284
(말구)
17. 내물 356~402
대서지
18. 실성 402~417
19. 눌지 417~458
20. 자비 458~479
21. 소지 479~500
(습보)
22. 지증왕 500~514
23. 법흥왕 514~540
입종
24. 진흥왕 540~576
동륜
26. 진평왕 579~632
27. 선덕 여왕 632~647
국반 247~261
28. 진덕 여왕 647~654
25. 진지왕 576~579
용춘(문흥왕) 196~230
29. 태종 무열왕 654~661
30. 문무왕 661~681
31. 신문왕 681~691
32. 효소왕 692~702
33. 성덕왕 702~737
34. 효성왕 737~742
35. 경덕왕 742~765
36. 혜공왕 765~780
37. 선덕왕 780~785 (내물 10세손)
38. 원성왕 785~798 (내물 12세손)
인겸
39. 소성왕 799~800
40. 애장왕 800~809
41. 헌덕왕 809~826
42. 흥덕왕 826~836
충공
44. 민애왕 838~839
예영
헌정
43. 희강왕 836~838
균정
45. 신무왕 839
46. 문성왕 839~857
47. 헌안왕 857~861
계명
48. 경문왕 861~875
49. 헌강왕 875~886
50. 정강왕 886~887
51. 진성 여왕 88 7~897
52. 효공왕 897~912
박씨 · 3왕
53. 신덕왕 912~917 (아달라 원손)
54. 경명왕 917~924
55. 경애왕 924~927
김씨 · 1왕
56. 경순왕 927~935 (문성왕 6세손)

발 해

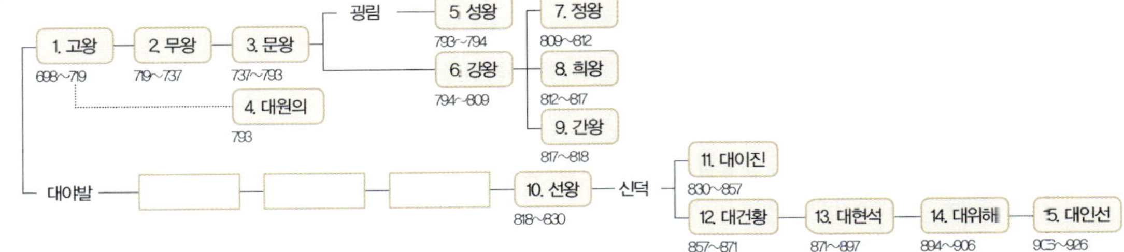
1. 고왕
698~719
2. 무왕
719~737
3. 문왕
737~793
광림
5. 성왕
793~794
6. 강왕
794~809
7. 정왕
809~812
8. 희왕
812~817
9. 간왕
817~818
4. 대원의
793
대야발
10. 선왕
818~830
신덕
11. 대이진
830~857
12. 대건황
857~871
13. 대현석
871~897
14. 대위해
894~906
15. 대인선
906~926

고 려

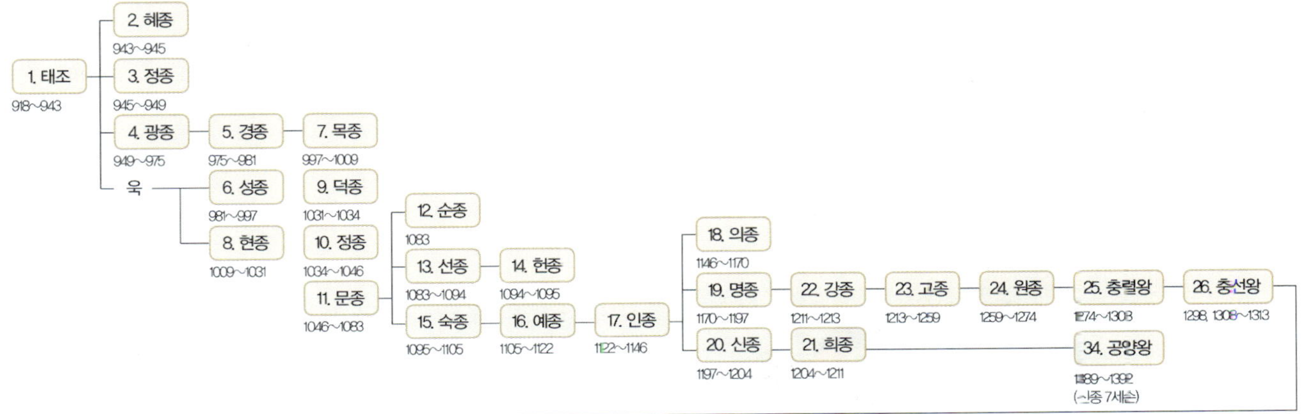
1. 태조
918~943
2. 혜종
943~945
3. 정종
945~949
4. 광종
949~975
5. 경종
975~981
7. 목종
997~1009
욱
6. 성종
981~997
8. 현종
1009~1031
9. 덕종
1031~1034
10. 정종
1034~1046
11. 문종
1046~1083
12. 순종
1083
13. 선종
1083~1094
14. 헌종
1094~1095
15. 숙종
1095~1105
16. 예종
1105~1122
17. 인종
1122~1146
18. 의종
1146~1170
19. 명종
1170~1197
20. 신종
1197~1204
21. 희종
1204~1211
22. 강종
1211~1213
23. 고종
1213~1259
24. 원종
1259~1274
25. 충렬왕
1274~1308
26. 충선왕
1298, 1308~1313
34. 공양왕
1389~1392
(신종 7세손)

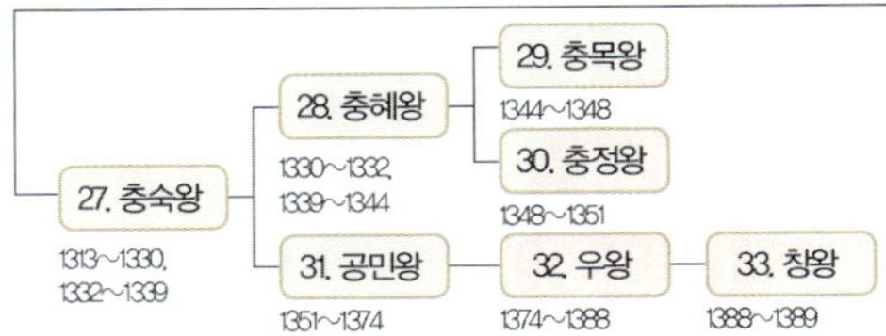
27. 충숙왕
1313~1330,
1332~1339
28. 충혜왕
1330~1332,
1339~1344
29. 충목왕
1344~1348
30. 충정왕
1348~1351
31. 공민왕
1351~1374
32. 우왕
1374~1388
33. 창왕
1388~1389

조 선

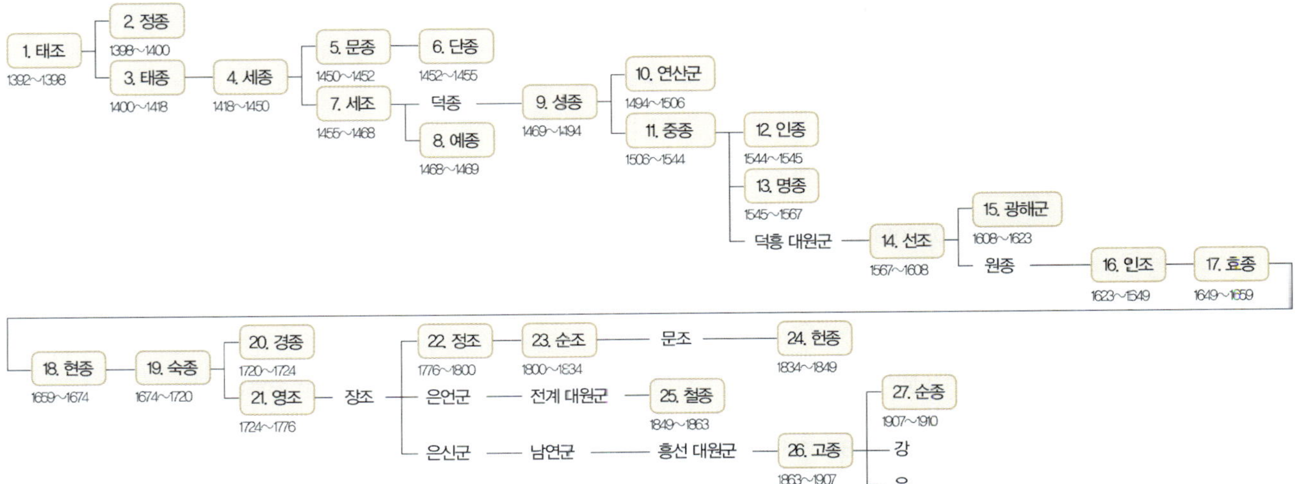
1. 태조
1392~1398
2. 정종
1398~1400
3. 태종
1400~1418
4. 세종
1418~1450
5. 문종
1450~1452
6. 단종
1452~1455
7. 세조
1455~1468
덕종
8. 예종
1468~1469
9. 성종
1469~1494
10. 연산군
1494~1506
11. 중종
1506~1544
12. 인종
1544~1545
13. 명종
1545~1567
덕흥 대원군
14. 선조
1567~1608
15. 광해군
1608~1623
원종
16. 인조
1623~1649
17. 효종
1649~1659
18. 현종
1659~1674
19. 숙종
1674~1720
20. 경종
1720~1724
21. 영조
1724~1776
장조
22. 정조
1776~1800
23. 순조
1800~1834
문조
24. 헌종
1834~1849
은언군
전계 대원군
25. 철종
1849~1863
은신군
남연군
흥선 대원군
26. 고종
1863~1907
27. 순종
1907~1910
강
은

참고자료

- 한국사능력검정시험 심화(1 · 2 · 3급) 시대별 기출문제집/신지원
- 한국사능력검정시험 심화(1 · 2 · 3급) 회차별 기출문제집/신지원
- 고졸 검정고시 핵심총정리/신지원
- 고등학교 국사 교과서 7차 교육과정/국사편찬위원회
- 중학교 국사 교과서 7차 교육과정/국사편찬위원회
- 국가유산청(www.heritage.go.kr)

한국사능력검정시험
개념완성 기본서

발 행 2026년 2월 10일

편저자 이 금 수
발행인 최 현 동
발행처 신 지 원

주 소 07532 서울특별시 강서구 양천로 551-17, 813호(가양동, 한화비즈메트로 1차)
전 화 (02)2013-8080
팩 스 (02)2013-8090
등 록 제315-2014-000091호

교재구입문의 (02)2013-8080~1

ISBN 979-11-6633-628-7 13900
정가 22,000원

100% 합격을 위한 완벽 학습 플랜(Plan-A)

(1회 또는 하루에 1강 진도, 회독 완료 시 해당 난에 체크 'v', 최종의 경우 '친필 사인')

구분		회독 수						
		1		2**		3		최종***
		핵심*	문제*	핵심	문제	핵심	문제	
Ⅰ. 선사 시대 문화와 국가의 형성	01							
	02							
Ⅱ. 삼국의 성립과 발전	03							
	04							
	05							
Ⅲ. 통일 신라와 발해	06							
	07							
	08							
Ⅳ. 고려의 성립과 발전	09							
	10							
	11							
	12							
	13							
Ⅴ. 조선의 성립과 발전	14							
	15							
	16							
	17							
Ⅵ. 조선 사회의 변동	18							
	19							
	20							
Ⅶ. 근대 사회의 전개	21							
	22							
	23							
	24							
Ⅷ. 민족 독립운동의 전개	25							
	26							
	27							
	28							
Ⅸ. 현대 사회의 발전	29							
	30							
	31							
특별 주제								

* '핵심'은 '핵심 요약' 본문을, '문제'는 각 장의 '실전 문제 다잡기'를 가리킴

** 2회독 이후부터는 틀린 문제가 많은 장부터 복습(1회 또는 하루 ˉ 개 장 복습)

*** 시험 직전 최종 복습 후 '친필 사인'

100% 합격을 위한 완벽 학습 플랜(Plan-B)

(1회 또는 하루에 2강 진도, 회독 완료 시 해당 난에 체크 'v', 최종의 경우 '친필 사인')

구분		회독 수						
		1		2**		3		최종***
		핵심*	문제*	핵심	문제	핵심	문제	
Ⅰ. 선사 시대 문화와 국가의 형성	01							
	02							
Ⅱ. 삼국의 성립과 발전	03							
	04							
	05							
Ⅲ. 통일 신라와 발해	06							
	07							
	08							
Ⅳ. 고려의 성립과 발전	09							
	10							
	11							
	12							
	13							
Ⅴ. 조선의 성립과 발전	14							
	15							
	16							
	17							
Ⅵ. 조선 사회의 변동	18							
	19							
	20							
Ⅶ. 근대 사회의 전개	21							
	22							
	23							
	24							
Ⅷ. 민족 독립운동의 전개	25							
	26							
	27							
	28							
Ⅸ. 현대 사회의 발전	29							
	30							
	31							
특별 주제								

* '핵심'은 '핵심 요약' 본문을, '문제'는 각 장의 '실전 문제 다잡기'를 가리킴

** 2회독 이후부터는 틀린 문제가 많은 장부터 복습(1회 또는 하루 1개 장 복습)

*** 시험 직전 최종 복습 후 '친필 사인'

실전 문제 다잡기 '틀린 문제 수' 기록표

[본문 학습 후(1회독 시) 최선을 다해 풀고, 틀린 문제 수를 정확히 기록할 것]

구분		틀린 문제 수	복습 순위*
Ⅰ. 선사 시대 문화와 국가의 형성	01 선사 문화의 전개		
	02 고조선과 국가의 형성		
Ⅱ. 삼국의 성립과 발전	03 삼국의 성장과 발전		
	04 삼국의 경제와 사회		
	05 삼국의 문화와 교류		
Ⅲ. 통일 신라와 발해	06 통일 신라와 발해의 정치적 변화		
	07 통일 신라, 발해의 경제와 사회		
	08 통일 신라와 발해의 문화		
Ⅳ. 고려의 성립과 발전	09 고려의 성립과 통치 체제의 정비		
	10 문벌 귀족 사회와 무신 정권		
	11 고려의 대외 관계와 고려 후기의 정치 변화		
	12 고려의 경제와 사회		
	13 고려의 문화		
Ⅴ. 조선의 성립과 발전	14 조선의 건국과 발전		
	15 조선 전기의 정치 변화와 양난		
	16 조선 전기의 경제와 사회		
	17 조선 전기의 문화		
Ⅵ. 조선 사회의 변동	18 조선 후기의 정치 변동		
	19 조선 후기의 경제와 사회 변동		
	20 조선 후기 문화의 새 기운		
Ⅶ. 근대 사회의 전개	21 외세의 침략적 접근과 개항		
	22 근대 의식의 성장과 민족 운동의 전개		
	23 근대의 경제와 사회		
	24 근대 문화의 형성		
Ⅷ. 민족 독립운동의 전개	25 일제의 식민 통치와 3 · 1 운동		
	26 대한민국 임시 정부와 무장 독립 전쟁		
	27 3 · 1 운동 이후의 국내 민족 운동		
	28 일제 강점기 문화와 생활의 변화		
Ⅸ. 현대 사회의 발전	29 대한민국 정부의 수립과 6 · 25 전쟁		
	30 민주주의의 시련과 발전		
	31 사회 · 경제적 변동과 평화 통일을 위한 노력		
특별 주제			

* 틀린 문제 수를 확인한 후 복습 우선순위를 정할 것

(최신) 회차별 '신개념' 정리표

(기억해야 할 내용을 중심으로 정리할 것)

구분	새로운 출제 내용	구분	새로운 출제 내용
(　　) 회	□	(　　) 회	□
	□		□
	□		□
	□		□
	□		□

* 활용 시 복사

심화

한국사능력검정시험 답안지

〈답안지 작성 시 유의사항〉

1. 수험번호란에는 아라비아숫자로 기재하고 해당란에 "●"와 같이 완전하게 표기하여야 합니다.
2. 답란에는 반드시 컴퓨터용 사인펜으로 표기하여야 합니다.
3. 답란에는 "●"와 같이 완전하게 표기하여야 하며, 바르지 못한 표기를 하였을 경우에는 불이익을 받을 수 있습니다.
(잘못된 표기 예시 ⊙ ♉ ⦶ ⊠ ◐)
4. 답안지에 낙서를 하거나 불필요한 표기를 하였을 경우 불이익을 받을 수 있습니다(답안 예비 표기 금지).

성 명	

수 험 번 호								
⓪	⓪	⓪	⓪	⓪	⓪	⓪	⓪	⓪
①	①	①	①	①	①	①	①	①
②	②	②	②	②	②	②	②	②
③	③	③	③	③	③	③	③	③
④	④	④	④	④	④	④	④	④
⑤	⑤	⑤	⑤	⑤	⑤	⑤	⑤	⑤
⑥	⑥	⑥	⑥	⑥	⑥	⑥	⑥	⑥
⑦	⑦	⑦	⑦	⑦	⑦	⑦	⑦	⑦
⑧	⑧	⑧	⑧	⑧	⑧	⑧	⑧	⑧
⑨	⑨	⑨	⑨	⑨	⑨	⑨	⑨	⑨

감독관 확인(응시자는 표기하지 말 것)			
결 시 자	○	부 정 행 위 자	○
감 독 관 서 명	(서명 또는 날인)		

답									란
1	①②③④⑤	11	①②③④⑤	21	①②③④⑤	31	①②③④⑤	41	①②③④⑤
2	①②③④⑤	12	①②③④⑤	22	①②③④⑤	32	①②③④⑤	42	①②③④⑤
3	①②③④⑤	13	①②③④⑤	23	①②③④⑤	33	①②③④⑤	43	①②③④⑤
4	①②③④⑤	14	①②③④⑤	24	①②③④⑤	34	①②③④⑤	44	①②③④⑤
5	①②③④⑤	15	①②③④⑤	25	①②③④⑤	35	①②③④⑤	45	①②③④⑤
6	①②③④⑤	16	①②③④⑤	26	①②③④⑤	36	①②③④⑤	46	①②③④⑤
7	①②③④⑤	17	①②③④⑤	27	①②③④⑤	37	①②③④⑤	47	①②③④⑤
8	①②③④⑤	18	①②③④⑤	28	①②③④⑤	38	①②③④⑤	48	①②③④⑤
9	①②③④⑤	19	①②③④⑤	29	①②③④⑤	39	①②③④⑤	49	①②③④⑤
10	①②③④⑤	20	①②③④⑤	30	①②③④⑤	40	①②③④⑤	50	①②③④⑤

심화

한국사능력검정시험 답안지

〈답안지 작성 시 유의사항〉

1. 수험번호란에는 아라비아숫자로 기재하고 해당란에 "●"와 같이 완전하게 표기하여야 합니다.
2. 답란에는 반드시 컴퓨터용 사인펜으로 표기하여야 합니다.
3. 답란에는 "●"와 같이 완전하게 표기하여야 하며, 바르지 못한 표기를 하였을 경우에는 불이익을 받을 수 있습니다. (잘못된 표기 예시 ⊙ ♡ ⦶ ⊠ ◐)
4. 답안지에 낙서를 하거나 불필요한 표기를 하였을 경우 불이익을 받을 수 있습니다(답안 예비 표기 금지).

성 명	

수	험	번	호					
⓪	⓪	⓪	⓪	⓪	⓪	⓪	⓪	⓪
①	①	①	①	①	①	①	①	①
②	②	②	②	②	②	②	②	②
③	③	③	③	③	③	③	③	③
④	④	④	④	④	④	④	④	④
⑤	⑤	⑤	⑤	⑤	⑤	⑤	⑤	⑤
⑥	⑥	⑥	⑥	⑥	⑥	⑥	⑥	⑥
⑦	⑦	⑦	⑦	⑦	⑦	⑦	⑦	⑦
⑧	⑧	⑧	⑧	⑧	⑧	⑧	⑧	⑧
⑨	⑨	⑨	⑨	⑨	⑨	⑨	⑨	⑨

감독관 확인(응시자는 표기하지 말 것)			
결 시 자	○	부정행위자	○
감독관 서명	(서명 또는 날인)		

답 란									
1	① ② ③ ④ ⑤	11	① ② ③ ④ ⑤	21	① ② ③ ④ ⑤	31	① ② ③ ④ ⑤	41	① ② ③ ④ ⑤
2	① ② ③ ④ ⑤	12	① ② ③ ④ ⑤	22	① ② ③ ④ ⑤	32	① ② ③ ④ ⑤	42	① ② ③ ④ ⑤
3	① ② ③ ④ ⑤	13	① ② ③ ④ ⑤	23	① ② ③ ④ ⑤	33	① ② ③ ④ ⑤	43	① ② ③ ④ ⑤
4	① ② ③ ④ ⑤	14	① ② ③ ④ ⑤	24	① ② ③ ④ ⑤	34	① ② ③ ④ ⑤	44	① ② ③ ④ ⑤
5	① ② ③ ④ ⑤	15	① ② ③ ④ ⑤	25	① ② ③ ④ ⑤	35	① ② ③ ④ ⑤	45	① ② ③ ④ ⑤
6	① ② ③ ④ ⑤	16	① ② ③ ④ ⑤	26	① ② ③ ④ ⑤	36	① ② ③ ④ ⑤	46	① ② ③ ④ ⑤
7	① ② ③ ④ ⑤	17	① ② ③ ④ ⑤	27	① ② ③ ④ ⑤	37	① ② ③ ④ ⑤	47	① ② ③ ④ ⑤
8	① ② ③ ④ ⑤	18	① ② ③ ④ ⑤	28	① ② ③ ④ ⑤	38	① ② ③ ④ ⑤	48	① ② ③ ④ ⑤
9	① ② ③ ④ ⑤	19	① ② ③ ④ ⑤	29	① ② ③ ④ ⑤	39	① ② ③ ④ ⑤	49	① ② ③ ④ ⑤
10	① ② ③ ④ ⑤	20	① ② ③ ④ ⑤	30	① ② ③ ④ ⑤	40	① ② ③ ④ ⑤	50	① ② ③ ④ ⑤

심화 한국사능력검정시험 답안지

〈답안지 작성 시 유의사항〉

1. 수험번호란에는 아라비아숫자로 기재하고 해당란에 "●"와 같이 완전하게 표기하여야 합니다.
2. 답란에는 반드시 컴퓨터용 사인펜으로 표기하여야 합니다.
3. 답란에는 "●"와 같이 완전하게 표기하여야 하며, 바르지 못한 표기를 하였을 경우에는 불이익을 받을 수 있습니다. (잘못된 표기 예시 ⊙ ♉ ⦶ ⊠ ◐)
4. 답안지에 낙서를 하거나 불필요한 표기를 하였을 경우 불이익을 받을 수 있습니다(답안 예비 표기 금지).

성 명	

수	험	번	호					
⓪	⓪	⓪	⓪	⓪	⓪	⓪	⓪	⓪
①	①	①	①	①	①	①	①	①
②	②	②	②	②	②	②	②	②
③	③	③	③	③	③	③	③	③
④	④	④	④	④	④	④	④	④
⑤	⑤	⑤	⑤	⑤	⑤	⑤	⑤	⑤
⑥	⑥	⑥	⑥	⑥	⑥	⑥	⑥	⑥
⑦	⑦	⑦	⑦	⑦	⑦	⑦	⑦	⑦
⑧	⑧	⑧	⑧	⑧	⑧	⑧	⑧	⑧
⑨	⑨	⑨	⑨	⑨	⑨	⑨	⑨	⑨

감독관 확인(응시자는 표기하지 말 것)			
결 시 자	○	부 정 행 위 자	○
감 독 관 서 명	(서명 또는 날인)		

답					란				
1	① ② ③ ④ ⑤	11	① ② ③ ④ ⑤	21	① ② ③ ④ ⑤	31	① ② ③ ④ ⑤	41	① ② ③ ④ ⑤
2	① ② ③ ④ ⑤	12	① ② ③ ④ ⑤	22	① ② ③ ④ ⑤	32	① ② ③ ④ ⑤	42	① ② ③ ④ ⑤
3	① ② ③ ④ ⑤	13	① ② ③ ④ ⑤	23	① ② ③ ④ ⑤	33	① ② ③ ④ ⑤	43	① ② ③ ④ ⑤
4	① ② ③ ④ ⑤	14	① ② ③ ④ ⑤	24	① ② ③ ④ ⑤	34	① ② ③ ④ ⑤	44	① ② ③ ④ ⑤
5	① ② ③ ④ ⑤	15	① ② ③ ④ ⑤	25	① ② ③ ④ ⑤	35	① ② ③ ④ ⑤	45	① ② ③ ④ ⑤
6	① ② ③ ④ ⑤	16	① ② ③ ④ ⑤	26	① ② ③ ④ ⑤	36	① ② ③ ④ ⑤	46	① ② ③ ④ ⑤
7	① ② ③ ④ ⑤	17	① ② ③ ④ ⑤	27	① ② ③ ④ ⑤	37	① ② ③ ④ ⑤	47	① ② ③ ④ ⑤
8	① ② ③ ④ ⑤	18	① ② ③ ④ ⑤	28	① ② ③ ④ ⑤	38	① ② ③ ④ ⑤	48	① ② ③ ④ ⑤
9	① ② ③ ④ ⑤	19	① ② ③ ④ ⑤	29	① ② ③ ④ ⑤	39	① ② ③ ④ ⑤	49	① ② ③ ④ ⑤
10	① ② ③ ④ ⑤	20	① ② ③ ④ ⑤	30	① ② ③ ④ ⑤	40	① ② ③ ④ ⑤	50	① ② ③ ④ ⑤

심화 한국사능력검정시험 답안지

〈답안지 작성 시 유의사항〉

1. 수험번호란에는 아라비아숫자로 기재하고 해당란에 "●"와 같이 완전하게 표기하여야 합니다.
2. 답란에는 반드시 컴퓨터용 사인펜으로 표기하여야 합니다.
3. 답란에는 "●"와 같이 완전하게 표기하여야 하며, 바르지 못한 표기를 하였을 경우에는 불이익을 받을 수 있습니다. (잘못된 표기 예시 ⊙ ♡ ⦶ ⊠ ◐)
4. 답안지에 낙서를 하거나 불필요한 표기를 하였을 경우 불이익을 받을 수 있습니다(답안 예비 표기 금지).

성 명	

수	험	번	호					
⓪	⓪	⓪	⓪	⓪	⓪	⓪	⓪	⓪
①	①	①	①	①	①	①	①	①
②	②	②	②	②	②	②	②	②
③	③	③	③	③	③	③	③	③
④	④	④	④	④	④	④	④	④
⑤	⑤	⑤	⑤	⑤	⑤	⑤	⑤	⑤
⑥	⑥	⑥	⑥	⑥	⑥	⑥	⑥	⑥
⑦	⑦	⑦	⑦	⑦	⑦	⑦	⑦	⑦
⑧	⑧	⑧	⑧	⑧	⑧	⑧	⑧	⑧
⑨	⑨	⑨	⑨	⑨	⑨	⑨	⑨	⑨

감독관 확인(응시자는 표기하지 말 것)			
결 시 자	○	부 정 행 위 자	○
감 독 관 서 명	(서명 또는 날인)		

답 란									
1	① ② ③ ④ ⑤	11	① ② ③ ④ ⑤	21	① ② ③ ④ ⑤	31	① ② ③ ④ ⑤	41	① ② ③ ④ ⑤
2	① ② ③ ④ ⑤	12	① ② ③ ④ ⑤	22	① ② ③ ④ ⑤	32	① ② ③ ④ ⑤	42	① ② ③ ④ ⑤
3	① ② ③ ④ ⑤	13	① ② ③ ④ ⑤	23	① ② ③ ④ ⑤	33	① ② ③ ④ ⑤	43	① ② ③ ④ ⑤
4	① ② ③ ④ ⑤	14	① ② ③ ④ ⑤	24	① ② ③ ④ ⑤	34	① ② ③ ④ ⑤	44	① ② ③ ④ ⑤
5	① ② ③ ④ ⑤	15	① ② ③ ④ ⑤	25	① ② ③ ④ ⑤	35	① ② ③ ④ ⑤	45	① ② ③ ④ ⑤
6	① ② ③ ④ ⑤	16	① ② ③ ④ ⑤	26	① ② ③ ④ ⑤	36	① ② ③ ④ ⑤	46	① ② ③ ④ ⑤
7	① ② ③ ④ ⑤	17	① ② ③ ④ ⑤	27	① ② ③ ④ ⑤	37	① ② ③ ④ ⑤	47	① ② ③ ④ ⑤
8	① ② ③ ④ ⑤	18	① ② ③ ④ ⑤	28	① ② ③ ④ ⑤	38	① ② ③ ④ ⑤	48	① ② ③ ④ ⑤
9	① ② ③ ④ ⑤	19	① ② ③ ④ ⑤	29	① ② ③ ④ ⑤	39	① ② ③ ④ ⑤	49	① ② ③ ④ ⑤
10	① ② ③ ④ ⑤	20	① ② ③ ④ ⑤	30	① ② ③ ④ ⑤	40	① ② ③ ④ ⑤	50	① ② ③ ④ ⑤